p. 32 Chauncy 35
A. p. XIX-Y
A. XIV A XV

M. 1102.
Fa.

1657b

GUIDE
du Voyageur
en Suisse
PAR RICHARD
Ingénieur-Géographe

avec Figures

Chaumière Suisse

LIBRAIRIES
de
AUDIN — U. CANEL
Paris
M D CCC XXIV.

GUIDE
DU
VOYAGEUR EN SUISSE.

ITINÉRAIRE
TRACÉ PAR EBEL.

CHAPITRE PREMIER.

ITINÉRAIRE A L'USAGE DE CEUX QUI VEULENT FAIRE LE TOUR DE LA SUISSE.

Premièrement pour les voyageurs qui viennent du côté de l'Allemagne avec l'intention d'y rentrer à leur retour.

N° I.

Lieues de Suisse (*)

Je conseillerais à ceux qui entrent en Suisse du côté de *Schaffouse*, de se diriger de la manière suivante:

De *Schaffouse*, par Stein sur le Rhin, Constance et Arbon, à *Roschach*. 16

(*) La lieue de Suisse est composée de 6,000 pas, dont chacun contient deux pieds et demi de Zurich; par conséquent la lieue fait 15,000 pieds. Cinq lieues de Suisse font environ six lieues d'Allemagne. La lieue de Suisse approche beaucoup de la lieue commune de France, à 23 au degré nonagésimal, laquelle contient à peu près 55,555555 kilom, car celle de Suisse en fait 5,2,868. Quinze pouces de Zurich, de 12 au pied, font un mètre à 2,10000 près. La lieue de Suisse contient 18,000 pieds de Berne.

Lieues de Suisse.

De là on pourra prendre deux routes différentes :

1re. Le long du lac de Constance, par la plus belle partie du Rhinthal, par Rhinech, Altstetten, Haard, par la forêt du Rhinthal et par Eggerstenden au bourg d'Appenzell. De là, en passant par Gaiss (*Gœs*, selon la prononciation du pays), par-dessus le Gæbrisberg (*), par Troghen, Speicher et Vœgliseck, à *Saint-Gall*.................... 13 à 14

De *Saint-Gall*, par Hérisau, en suivant la grande route, *ou bien* en suivant les sentiers de la montagne par Teuffen [*Tüfe* (**)] Schwellbrounn et Peterzell à Waltwyl, et de là par Hoummelwald, Bildhaus, Kaltbrouin et Schennis, à *Wesen*.... 13 à 14

2e. *Ou bien de Roschach* par Saint-Gall, Vœgliseck, Speicher, Troghen, par-dessus le Gabrisberg, à Gaiss. De là, par Bühler et Teuffen, ou bien par Haslen et Wonnestein (nom d'un couvent de religieuses); à Hérisau, à Houndwyl et Appenzell; de là on entrera dans le Rhinthal par la forêt du Rhinthal et par Eggerstanden; ensuite, en poursuivant sa route par Kobelwies, Oberied, par le Hirtzensproung, par Sennewald, Saletz, Werdenberg, Bouchs, Sevelen, Altemoos, Trübenbach, Sargans et Wallenstad, l'on s'embarquera dans ce dernier lieu sur le lac de ce nom pour se rendre à *Wesen*...................... 27 à 28

De *Wesen*, par Mollis, à *Glaris*............ 2

De *Glaris* au *Pantenbrück* (le pont de Panten), et de là pour revenir à *Glaris*................ 1 1

De *Glaris*, par le Klœnthal, en passant par-dessus le mont Praghel et par le Mouttenthal, à *Schwytz* (on aura 4 heures et demie de montée).. 10 à 11

De *Schwytz*, en traversant le mont Haken, ou bien par Mytenberg, à *N.-D.-des-Ermites* (*Einsiedeln*), (1 heure et demie de montée.)....... 3

De *N.-D.-des-Ermites*, en passant par le mont Etzel, on se rendra à Richterschewyl, où l'on peut

---

(*) « Le lecteur observera, une fois pour toutes, que BERG signifie en « allemand montagne, et THAL vallée. Nous ne traduirons point ces « deux mots lorsqu'ils entreront dans la composition d'un nom. » (Note du traducteur.)

(**) On a une lieue et demie de détour en passant par Teuffen; mais ou jouit en chemin de la vue d'une belle partie de l'Ausser Rhoden, ou Appenzell réformé

ITINÉRAIRE.

Lieues de Suisse.

s'embarquer sur le lac pour se rendre à *Zurich*, si l'on n'aime mieux y aller à pied............ **8**

<blockquote>Ce voyage, d'environ 80 lieues (*), peut se faire commodément à pied en seize jours, et cela de manière à jouir pleinement de tout ce que la nature offre d'intéressant dans ces contrées.</blockquote>

De *Zurich*, par Bade, Windich, Kœnigsfelden, Schinznach et Wildech, à *Arau*.............. **9**

(*Ou bien de Bade*, en passant par Mellinghen et Lentzbourg, pour se rendre à *Arau*, on abrégera de 4 lieues; mais ce chemin-là est moins intéressant)........................... **5**

D'*Arau* on passera par la montagne de Schafmatt, dans le canton de Bâle, d'où l'on se rendra d'abord à *Liestall*....................... **6 à 7**

<blockquote>On a une lieue à monter pour arriver sur la Schafmatt. Il faut prendre un petit garçon à Erlisbach, village situé au pied de la montagne, pour se faire conduire jusqu'à l'endroit où l'on ne peut plus se tromper de chemin.</blockquote>

De *Liestall* par Hœlstein, Wallenbourg, Langhenbrouck, d'où l'on passe par la montagne du Hauenstein, à Ballstall, et par la Clouss et Widlisbach, à *Soleure*..................... **9 1/2**

(*Ou bien d'Arau* par Olten, Arbourg, Zofingue et Langhenthal, à *Soleure*)............ **14 1/2**

<blockquote>On a une lieue de montée en passant par le Hauenstein; un sentier de plusieurs lieues de longueur mène de Langhenthal à Soleure.</blockquote>

De *Soleure* par Bienne, Arberg, Seedorf, Frinisbeg et Neuhaus (maison neuve), à *Berne*..... **12**

De *Berne* par Langnau dans l'Emmenthal, Eschlismatt, Schüpfen, Hasli, Entlibouch en passant la Brameck, puis par Schachen et Malters, à *Lucerne*............................ **17**

A *Lucerne* on s'embarque sur le lac pour aller à Küfsnacht, d'où l'on va par terre à Immensée sur le lac de Zoug; l'on traverse ce dernier pour se rendre à *Zoug*............................ **5**

De *Zoug* à *Egheri* (1 l. et demie de montée)... **5**

(*) On observera que, dans la suite, comme ici, je propose le plus souvent diverses routes pour se rendre d'un lieu dans un autre: par conséquent il faut avoir égard à cette circonstance, quand on veut trouver la somme totale des lieues d'un voyage, et ne point additionner les lieues indiquées à la marge sans en soustraire préalablement celle de la route que l'on ne veut pas faire.

Lieues de Suisse.

D'*Egheri* par Morgarten et Sattel, où l'on prend un sentier pour passer le Steinerberg et de là descendre à *Art* (1 lieue et demie de montée)........ 4 1/2

(*Ou bien* d'*Egheri* en traversant le Rotzberg, ou le Roufiberg pour se rendre à *Art* (1 l. et demie de montée)........................ 3 1/2

Ceux qui n'ont pas envie de voir ces contrées, peuvent de *Zoug* aller en droiture à *Art*, en traversant le lac ou en côtoyant les bords à pied... 3

D'*Art* sur le mont Righi, d'où l'on redescend à *Weggis*.................................. 7

De *Weggis*, en traversant le lac des Waldstettes, on se rend à Alpnach, et de là à *Sarnen*....... 4 1/2

De *Sarnen* on peut d'abord aller par Kerns et Stantz dans la vallée d'Enghelberg, d'où l'on revient aussi par Stantz à *Bouochs*............... 13

(*Ou bien* de Sarnen, par Sachseln, où l'on passera le lac de Sarnen; par Ghyswyl, par-dessus la montagne du Kayserstuhl; puis en traversant ou en longeant à pied le lac de Lungren, à Lungren; de là on traversera le mont Brunig, en passant par le Zolhaus (la maison du péage) et par Wyler, on arrivera à *Meyringhen* (1 lieue et demie de montée.) 8

On peut passer la nuit au Zolhaus, sur le sommet du Brunig.

De *Meyringhen* on passe la petite montagne de Kirchet, d'où, après avoir traversé Hasliground, Weiler et le Ghentethal, on monte sur les *Alpes*(*) de Rossweid et d'Engstlen, d'où l'on s'élève sur le mont Joch, 5 lieues de montée, ensuite passant à côté du petit lac du mont Joch et par l'Alpe d'Obertrubsée on arrive à *Enghelberg*.......... 10 à 11

On peut passer la nuit dans les chalets d'Engstlen.

(*Ou bien* enfin, on ira de *Sarnen* par Melchthal, et de là en passant le Storreck, ou bien en prenant un chemin plus court, mais plus pénible, par la Min-Alp et le Jouchli à *Enghelberg*).......... 7 à 8

D'*Enghelberg* à *Bouochs*................... 5

On peut se rendre d'Enghelberg à Altorf en traversant les Alpes de Sourenen par un chemin pénible,

---

(*) Tel est le nom que l'on donne en Suisse aux pâturages élevés des montagnes, où l'on conduit les bestiaux pour les y garder pendant une partie de l'été. Chaque Alpe un peu considérable est munie d'un ou de plusieurs chalets.

long de 8 à 9 lieues, et praticable seulement pendant les mois les plus chauds de l'année. Au reste, comme les voyageurs trouveront assez de montagnes à voir sur leur route, ils feront bien mieux de se rendre à Altorf par le lac, qui est très-intéressant dans ces quartiers.

Lieues de Suisse.

Ainsi de *Bouochs*, en traversant le lac, on se rendra à Fluelen, et de là à *Altorf*. 6 1/2

D'*Altorf* en traversant la vallée de la Reuss, (Reussthal) par les villages d'Am Stæg, Wasen et Gœschenen, d'où l'on arrivera au passage dit des Schœllinen ; puis, après avoir passé le pont du Diable, on entrera dans la vallée d'Urseren, et, passant par les villages d'An der Matt et d'Hospital, on arrivera à l'*Hospice du Saint-Gotthard*........ 11

De l'*Hospice* par Airole à *Dazio* (*)(Zolhaus).. 5

De *Dazio* par Faido, Giornico (Irnis), et Poleggio à *Bellinzone*. 9

De *Bellinzone* on passera le mont Cenere pour se rendre à *Lugano*................... 6

De *Lugano* on prendra le sentier qui suit les bords du petit lac Muzzano et mène à Viglio, d'où l'on traversera en bateau le lac d'Agno et le petit lac (Laghetto) ; puis on débarquera au pont de la Trésa (Ponte-Tresa), et on ira à pied, par Osteria Madonna del Piano, à *Luvino*........... 4

De *Luvino* on s'embarque sur le lac Majeur pour aller voir les îles Borromées ; de là on retourne à Mergozzo, où l'on se met en marche, et, en passant par Ugogna, on arrive à *Domo d'Ossola*.. 16

Si l'on ne peut pas faire ce voyage en un jour, il faut aller coucher à Intra ou à Palanza, vis-à-vis des îles Borromées, et se rendre le lendemain à Domo d'Ossola. On ne trouverait ailleurs que de mauvais gîtes.

De *Domo d'Ossola* on passe le Simplon. On va d'abord à Divedro, puis à Gunt ou Ruden, auberge isolée, au village de Simplon, et de là à l'hospice situé sur le point le plus élevé du passage, à 10 l. de Domo d'Ossola, d'où l'on descend à *Brieg* (6 l. de montée)........................ 14

De *Brieg* à *Oberghestelen*, dans le haut Valais, presqu'au pied du Grimsel..................... 9

(*) Maison où l'on paie le péage.

SUISSE.

Lieues de Suisse.

D'*Oberghestelen* on entre dans le *Gherenthal* pour aller voir le glacier de Rhône; puis l'on monte sur le Grimsel en passant par la Mayenwand, et l'on redescend à *Spithal* (l'Hôpital) 5

(Si l'on veut éviter la Mayenwand, passage qui, sans être dangereux, est pénible et très-fatigant, il faut, depuis le glacier du Rhône, redescendre à Oberghestelen, d'où l'on suit la route du Grimsel au moins jusqu'à *Spithal*).............. 7

De *Spithal* par le chalet de Handeck, et par les villages de Gouttanen et de Halisground, à *Meyringhen*............................... 7

De *Meyringhen* on passe le mont Scheideck. Le chemin traverse d'abord le village de Schwande; de là on arrive au moulin à scie (Sægemühle), puis au bain de Rosenlaui, à la Brouche-Alpe, et à la Schwarzwald-Alpe, où l'on trouve les derniers chalets; ensuite, après avoir passé par l'Alpighell-Alpe, l'Eselsrüken, et par le point le plus élevé du passage du Scheidech, on descend au *Grindelwald* (5 lieues 1/2 de montée).................. 8

Du *Grindelwald* par Zweylütschinen à *Lauterbrounn*............................ 4

(Mais on fera un chemin beaucoup plus intéressant en passant depuis le *Grindelwald* par la Wenghen-Alpe et par le *Lauterbrounn-Scheidech*. 5 ou 6

De *Lauterbrounn* il faut retourner à Zweylüstchinen, et se rendre par Wilderschwyl (ou passant par Gsteig, chemin qui présente une excursion plus agréable), à *Interlaken*............. 3 1/2

D'*Interlaken* à Untersèen, d'où l'on peut, en traversant le lac de Thoun, aller à Foulensée. (Autrement on peut suivre à pied les bords de ce lac jusqu'à Leusighen.) Ensuite on se rendra, par Eschi, Müllinen et Froutinghen, au *Kanderstæg*... 8 1/2

Du *Kanderstæg* on passe le mont Ghemmi. On arrive d'abord à l'auberge de Schwarrbach: ensuite, après avoir passé à côté du *Taubensée* (petit lac situé sur le sommet de la montagne), on descend aux *Bains de Louësche* (plus de 5 lieues de montée)............................... 7 ou 8

Des *Bains de Louësche* (Leukerbad), à Sierre (Siders); par Sion, Sitten et Martigny, à *Saint-Maurice*............................. 15

De *Saint-Maurice* par Bex, Aigle, Roche et

ITINÉRAIRE. VII

Lieues de Suisse.

Villeneuve à *Montreux* (Moutru)............... 6

De *Montreux* on passe la Dent de Jaman pour entrer dans le canton de Fribourg, et par Montbovon on se rend à *Gruyères* (2 ou 3 lieues de montée)... 8

De *Gruyères* (Griers), par Bulle à *Fribourg*.... 7

De *Fribourg*, par Morat, Payerne, Moudon, Carrouge du Jorat, Mézières, Essertes, et, en passant près du lac de Bré, à *Vevey*................ 14 1/2

Ou bien d'Aigle, par Sepey, soit Ormond dessous, par les Mosses, et la Lécherette (auberge isolée) à *Château d'Oex* (Oesch), (3 lieues de montée)... 7 ou 8

De *Château d'Oex* par Rougemont, Gessenai (Sanen) et Lauenen, après quoi l'on passe le Haslenberg pour aller à *Ander Lenk* (4 ou 5 lieues de montée)... 10

D'*Ander Lenk* par Sweyzimmen, Weissenbourg et Wimmis à *Thoun*......................... 12 ou 13

De *Thoun* par Berne, Fribourg, Bulle et Saint-Denis à *Vevey*.. 24

De *Vevey*, par Lausanne, Morges, Rolles, Nyon et Coppet, à *Genève*.................................. 16

De *Genève* par Chêne, Nangi, Contamine, Bonneville, Cluse, Maglan, Saint-Martin, Sallenche, Chède et Servos, après quoi on passe l'*Arve* sur le pont Pélissier; on entre dans la vallée de Chamouny par un chemin de montagnes en corniche, que l'on nomme les Montées ; puis, passant d'abord par les Ouches, on se rend au *Prieuré*, chef-lieu de la Vallée... 18

En retournant à Genève par la même route..... 18

De *Genève* par Nyon, Rolle et Gimel, au-dessus duquel on passe la montagne de Marchairu, pour se rendre à la vallée du *Lac de Joux*............ 10 ou 12

(*Ou bien de Nyon* par Saint-Cergues, d'où l'on peut aller sur la montagne de la Dolaz, puis par les Rousses et le bois d'Amont, au *Brassu*, premier village de la vallée du lac de Joux (2 ou 3 lieues de montée)...................................... 8 ou 9

Du *Brassu* au *Lieu*; puis, après avoir passé à côté du petit lac Tar, on fera le tour du lac des Brenets, et l'on ira à l'*Abbaye*, au bord du lac de Joux... 3 ou 4

De l'*Abbaye*, dans la vallée du lac de Joux, on

	Lieues de Suisse.
passera la Dent de Vaulion pour se rendre à Romainmortiers, et de là par Orbe à *Yverdon*............	6 ou 7
(*Ou bien* de la *Dent de Vaulion* on descendra à Valorbe, et, passant par Balaigues, Lignerolle et Valeire, on se rendra à *Yverdon*)............	6 ou 7
D'*Yverdon*, par Granson, Vaumarcus, Saint-Aubin, Boudry, Colombier, Saint-Auvernier et Serrières, à *Neuchâtel*............	6
De *Neuchâtel*, par Peseux, Corcelle, Rochefort, Brot, Noiraigues, Rosières, Travers et Couvet, à *Motiers*............	6
De *Motiers*, par Saint-Sulpi, Verrières, Bayard la Côte-aux-Fées, Brévine et le Locle à *la Chaux-de-Fond*............	9
(*Ou bien* de *Motiers*, quand on est arrivé à Boveresse ou à Saint-Sulpi, on peut traverser la montagne pour aller en droiture à *Brevine*. On a une lieue de montée, mais on abrége considérablement).	
De *la Chaux-de-Fond*, par le Val Saint-Imier, à *Sonceboz*............	8
(*Ou bien* de *la Chaux-de-Fond* par la vallée de Sagne, des Ponts et de Rutz, et par Valengin à *Neuchâtel*)............	7 — 8
De *Neuchâtel* par Saint-Blaise, Cornaux, Cressier, Montet, Neuville (Neuenstadt), Gléresse (Ligerz), Douanne (Twann), Bienne, Boujean (ou Beaujean, Bœtzinghen) et Ruchenette à *Sonceboz*.	8 1/2
(*Ou bien* de *Neuchâtel* par Saint-Blaise, Marin, Pont-de-Thièle (Zihlbrücke), Cerlier (Erlach), et de là, après avoir traversé le lac de Bienne en bateau, par Bienne à *Sonceboz*)......	9

> OBSERVATION. Ce dernier chemin pour aller de la Chaux-de-Fond à Sonceboz est véritablement beaucoup plus long que celui qui passe par le Val Saint-Imier ou par l'Erguël; mais en revanche il est infiniment plus agréable, moins monotone et plus intéressant sous tous les rapports. C'est toujours avec plaisir que l'on voit, même pour la seconde fois, des contrées aussi remarquables. D'ailleurs, si le voyageur suit le plan que j'ai tracé, il arrivera pendant les vendanges, sur les bords des lacs de Neuchâtel et de Bienne, circonstance qui ajouter au plaisir qui l'y attend.

De *Sonceboz* par Pierre-Pertuis, Tavanne (Dachsfelden), Mallerai, Court, Moutier (Münster), La Roche, Correndelin, Sangern (Soihier), Laufen, Grellighen, Esch et Reinach à *Bâle*............	15-16

Le voyage de *Zurich* à *Bâle*, dont je viens de tracer le plan, est d'au moins 400 lieues, et peut se faire très-commodément pendant 2 mois et 12 jours. Mais comme on ne peut pas cheminer sans interruption, vu qu'on est obligé de s'arrêter en divers endroits pendant une ou plusieurs journées, soit pour se reposer, soit pour voir les curiosités d'une ville, soit pour laisser passer le mauvais temps, il faut compter tout au moins quatre mois, et par conséquent quatre mois et demi ou cinq mois pour la totalité du voyage. Ceux qui se proposent de suivre ce plan devront se rendre en Suisse vers la fin d'avril.

Les personnes qui auraient envie d'aller, depuis *Lugano*, faire une excursion de quelques jours à *Milan*, pourraient se rendre sur le lac à *Capo-di-Lago*, où ils trouveraient une voiture qu'il faudrait faire retenir d'avance depuis *Lugano*, et qui les mènerait en un jour par *Mendrisio* et *Come* à *Milan*. Pour qui voudrait s'arrêter à *Come* et remonter sur le lac de ce nom jusqu'à *Villa-Pliniana*, il faudrait s'arranger pour une journée et demie. De *Milan* on revient en voiture jusqu'à *Sesto*, où l'on prend une barque pour se faire conduire aux îles *Borromées*, et de là à *Intra* ou à *Palanza*, où l'on peut passer la nuit. En partant de *Milan* à 3 heures du matin, on pourra être à *Intra* au coucher du soleil.

De *Lugano* on peut encore gagner en droiture le lac de *Come* en passant par *Porlezzo*, puis à côté du petit lac *di Piena*, et enfin en traversant une montagne, au pied de laquelle on se trouve à *Menasio*, sur le lac de *Come*. Mais cette route est fort décriée, à cause des voleurs : il faut donc s'informer à *Lugano* si cela n'a point changé.

Le passage du *Simplon* est extrêmement intéressant ; on y voit des contrées hérissées des rochers les plus effrayans, et dont l'aspect n'est pas moins admirable que terrible. La nouvelle route elle-même, au moyen de laquelle les carrosses passent du Valais en Italie, est très-digne de l'attention du voyageur. Cependant, si l'on souhaitait abréger le voyage des bords du *Lac Majeur* jusque sur le *Grimsel*, on pourrait atteindre ce but en traversant, pour se rendre sur cette montagne, les vallées suivantes qui ne sont guère moins curieuses. D'*Intra* sur le *Lac Majeur* à *Locarno*, environ 7 ou 8 lieues ; de là, en traversant le *Val-Maggia* (Maynthal), à *Maggia*, 3 lieues ; à *Cepio*, 3 lieues (ce n'est qu'une mauvaise auberge) ; à *Bosco* (petit village où l'on parle allemand ; on y loge chez le curé), 3 lieues. De *Bosco* on a une lieue et demie pour gravir le mont *Furca* (montagne de la Fourche), d'où l'on redescend en trois heures et demie droit dans la vallée de *Formazzo*, dans le village de *Pommat*, où l'allemand et le piémontais sont également en usage. Enfin, au sortir de *Pom-*

mat, on traverse le glacier de *Gries*, et l'on arrive à *Oberghestelen*, dans le haut Valais. Tout ce trajet est d'environ 21 lieues dont il y en a 5 de montée. D'*Oberghestelen* on suit la route qui a été indiquée ci-dessus.

Les voyageurs qui viennent en Suisse par *Munich* et par *Augsbourg* ont coutume de passer par *Ulm*, et de se rendre à *Schaffouse*. Je leur conseillerais d'aller plutôt à *Memminghen*, de là à *Lindau* sur le lac de *Constance* ; sans faire plus de chemin, ils se procureront la vue de ce superbe lac dans toute sa magnificence. Arrivés à *Lindau*, ils en longeront la rive du côté de l'Allemagne jusqu'à *Mersbourg*, où ils s'embarqueront pour se rendre à *Constance* : de là ils iront par terre à *Saint-Gall*, et continueront leur voyage comme il a été dit plus haut. Ils pourront aussi de *Lindau* se rendre immédiatement par eau à *Constance*, ou bien encore aller par terre de *Lindau* par *Breghentz*, *Rhinech* et *Roschach* à *Saint-Gall*, ce qui fait une course de 8 ou 9 lieues de chemin. Quand les vents sont favorables, on va sur le lac, en peu d'heures, de *Lindau* à *Roschach* et à *Constance*. Au surplus, il vaut beaucoup mieux suivre par terre la rive du lac du côté de l'Allemagne, à cause de la beauté des vues qu'y présente le rivage suisse. Les voyageurs dont il est question pourront, à la fin de leur route, se rendre de *Bâle* à *Schaffouse* pour faire entrer cette dernière ville dans leur plan; ou, si cela ne s'accorde pas avec leurs projets ultérieurs, il faut qu'ils aillent de *Zurich* à *Schaffouse*, et puis à *Bâle*, et de là ils poursuivront leur voyage comme il a été dit.

N° 2.

Lieues de Suisse.

De *Schaffouse* à *Sargans*, comme au n° 1. On compte.................................... 36

De *Sargans* par Ragats et Zitzers, à *Coire*.... 4

1re. De *Coire* par Reichnau, Trims, par la vallée que l'on nomme *die Grube*, par Ilantz et Trons à *Disentis*, deux journées.

(Ou bien de *Ragatz*, par Pfeffers, dans le Vettisthal; ensuite on traverse le Kunkelsberg, montagne très-escarpée, pour se rendre à Tamins, et de là à *Trims*, d'où l'on se rend à Disentis, comme nous venons de le dire. En prenant ce chemin-là, on aura également deux journées de marche).

ITINÉRAIRE.

Lieues de Suisse.

(*Ou bien* encore de *Schaffouse* à *Glaris*, comme au n° 1, on a 46

De *Glaris* à Schwanden; puis par la vallée de Sernft, autrement dite la Petite-Vallée, par Enghi et Matt, à *Elm*.................... 5

D'*Elm* en passant par le Wichlerberg, au travers d'une étroite gorge de rochers, nommée le *Jetzschlund*, jusque sur les hauteurs du Hausstock, d'où l'on descend, par une pente très-rapide, dans le pays des Grisons; là, on se rend, par Panix, Andaest et Brighels, à *Disentis*.......... 8-9

(*Ou bien* de *Glaris* à *Linthal*)............ 5

De *Linthal*, en passant entre le Selbstsanft et le Tœdiberg, à *Disentis*..................

OBSERVATION. Le chemin qui mène par la vallée de Sernft dans le pays des Grisons est très-remarquable à cause des rochers; mais, outre qu'il est fatigant, il n'est praticable qu'au cœur de l'été: quant au passage entre le Selbstsanft et le mont Toedi, il est assez dangereux.

De *Disentis* par Sédrun, dans la vallée de Tavetsch, *Salva*, *Camot*, par l'Alpe de *Surpaliks*, et de là, en côtoyant le lac de l'Ober-Alpe, entre les montagnes de Nurgalas et de Piz-de-Terms, dans la vallée d'*Urseren*................... 6-7

(*Ou bien* de *Disentis*, par la vallée de Medels, et par les montagnes de Santa-Maria et de Lukmanier, dans la vallée de Blegno; puis, par Polegio et Airolo, sur le mont Saint-Gotthard et à la vallée d'*Urseren*)................... 21-22

2ᵉ. Partant de *Coire*, par Reichenau, Bonadontz, Rhetzuns, dans la vallée de Domletschg : de là, en suivant le revers du Heintzenberg, on se rendra, par Tusis, par la Via-Mala, par la vallée de Schams, par Zilis et par les Roffles, à *Splüghen*.. 15

De *Splüghen* par Medels, Planura, Novena (Nouffenen), au *Rhin postérieur* (Hinterrhein).. 2

De là on va voir la source du Rhin en passant par l'Alpe de Zaport: on en revient, par le Paradis et par l'Enfer, au *Rhin postérieur*....... 8

Du *Rhin postérieur*, passant par le mont Bernardin, par la vallée de Misox, pour aller à Bellinzone, et de là dans la Val-Lépontine, on gagne celle d'*Urseren* en trois journées et demie.

(*Ou bien* du *Rhin postérieur*, par Splüghen et

	Lieues de Suisse.
par le Splügenberg, par Isola et Campodolcino, à Clève, soit *Chiavenna*..................	10-11
A *Chiavenna* on s'embarque sur le lac pour *Come*.	10
De *Come*, par Mendrisio, à Lugano........	5
De *Lugano*, passant le pont de la Trésa, on se rend à Luvino, et de là sur le lac Majeur, aux îles *Borromées*....................	7-8
De ces *îles*, par Mergozzo et Ugogna, à *Domo d'Ossola*...................	
De *Domo d'Ossola*, soit 1° par la vallée de Vichezza et par Centovalli, à *Locarno*.......	13-14
De *Locarno*, par Bellinzone, par la Val-Lépontine et par Airolo, dans la vallée d'*Urseren*; ou bien de Locarno, par Val-Maggia et Val-Lavizzara, sur le Campo della Turba (Champ de la Tourbe), puis par Airolo, à *Urseren*........	20-24
Depuis *Urseren*, par Réalp, pour aller passer le Furca, et voir de près le glacier du Rhône, d'où on ira à *Oberghestelen*................	6-8
D'*Oberghestelen*, par les Loufenen, par Alaqua, Ronco et Bedretto, à *Airolo* (6 lieues de montée).	9
D'*Airolo*, soit en allant passer près de l'hospice du Saint-Gotthard, soit par la vallée de Canaria et l'Alpe inférieure, on retournera à *Urseren*...	8-10

OBSERVATION. Les voyageurs qui arrivent à Airolo du côté de l'Italie, feront bien de passer par Bedretto, Ronco, les Loufenen et Oberghestelen, de voir le glacier du Rhône, et de passer le Furca pour se rendre à Urseren.

De *Domo d'Ossola*, soit 2° par la Val d'Oscello (das Obere Eschenthal), à *Formazza* (Pommat).	9
De *Formazza*, en passant près de la superbe cascade de la Tosa, et en traversant le glacier du Gries, à *Oberghestelen*................	
D'*Oberghestelen*, en passant le Mont Furca, ou bien par Ronco Bedretto, Airolo, à la Val d'*Urseren*.	
De la Val d'*Urseren* à *Altorf*............	9
D'*Altorf*, par Bürglen, à *Unterschæchen*.....	4
D'*Unterschæchen*, en passant à côté des Alpes de Claride, sur le Balme, les Clauses et par l'Alpe d'Uri, d'Umer-Alp, à *Linthal* (4 lieues de montée).	7
De *Linthal* à *Glaris*..................	5
De *Glaris*, par le Klœnthal, en passant le mont Praghel, par le Mouttathal, à *Schwytz* (4-5 lieues de montée)..................	10-11

	Lieues de Suisse.
De *Schwytz*, par le mont Haken, *N. D.-des-Ermites* (Einsiedeln).	5
D'*Einsiedeln*, par le mont Etzel et par Rapperschwyl, à *Zurich*.	8-9
De *Zurich*, par le mont Albis, à Zoug, et de là par Art, sur le mont Righi, jusqu'au couvent (3 lieues de montée).	10
Du sommet de cette montagne on redescendra à Weggis, où l'on s'embarquera sur le lac pour Lucerne (une lieue et demie de montée).	6-7
De *Lucerne* à Winkel où l'on prendra le bateau pour aller à Strandztadt; puis de là, à pied par Stanz, à *Enghelberg* (2 l. de montée)	8
D'*Enghelberg* sur les Alpes de Trübsée et d'Obertrübsée, près du petit lac du mont Joch, sur les Alpes d'Engstlen et de Rosweid, par le Gentelthal, Weiller, et Im Ground, en passant le Kirchet, à *Meyringhen*.	10-11

(3-6 l. de montée.) On peut trouver un gîte pour passer la nuit sur l'Alpe d'Engstlen.

De *Meyringhen* à Brientz où l'on s'embarque sur le lac pour Interlaken, et de là, par terre, à *Lauterbrounn*.	9 1/2
De *Lauterbrounn*, par la Wenghen-Alpe, et par le Scheideck dit le Lauterbrounn, au *Grindelwald* (2-3 l. de montée).	5-6
Du *Grindelwald*, par le Scheidek, à *Meyringhen* (2 l. et demie de montée).	8
De *Meyringhen*, par Hasliground, Guttanen, Handeck et Roedrischboden, à l'hospice du Grimsel (presque toujours en montant).	7-8
Du mont *Grimsel* Oberghestelen (4 l. et demie de montée)	3-4
D'*Oberghestelen*, par Münster, Ernen, Lax, Moerel et Natters, à *Brieg*.	9
De *Brieg*, par Vicge (Visp), Raron et Louësche (Leuk), aux *Bains* du même nom (2 ou 3 lieues de montée).	9
Des *Bains de Louësche*, on monte sur le *Ghemmi*, en.	2
Du sommet du *Ghemmi* on a trois chemins différens pour aller au village d'*Ander Lenk*.	
1° Par Kanderstag, Frontinghen, Müllinen, Wimmis, Weissenbourg et Zweysimmen, en	20-21

	Lieues de Suisse.
2° Par Aelboden, en	14
3° En droiture par la vallée d'Engstlen, en passant à côté du Stroubel, en.................	10

OBSERVATION. On n'a pas de montée à faire en suivant la première de ces routes, au lieu qu'en passant par les deux autres, on a plusieurs lieues à monter. Pendant toute la troisième, on ne rencontre pas un village, et pas même une cabane; c'est pourquoi il faut se pourvoir d'un bon guide.

| D'*Ander Lenk* à *Lauenen* .... | 5 |

De *Lauenen* on a aussi trois différens chemins pour aller à *Martigny* dans le Bas-Valais:

1° Par le Gessenai, Rougemont, Château-d'Oex, la Lécherette (auberge isolée), les Mosses, Ormond-dessous (ou Sepey), Aigle, Bex et Saint-Maurice..	17-18
2° Par Gsteig, par les montagnes à Ormond-dessus, par Bex et Saint-Maurice............	12-13
3° En passant le Sanetsch, par Sion et Saint-Pierre............................	12-13

(On aura quelques lieues de montée à faire par chacune de ces trois routes).

De *Martigny*, plusieurs chemins mènent aussi à Genève; savoir:

1° par Saint-Maurice, Bex, Aigle, Saint-Gingoulph, Meillerie, la Tour-Ronde, Evian, Thonon, au-dessous du côteau de Boissi, et par Cologny, en.......................	19
2° Par le Col-de-Balme (*ou bien* par la Tête-Noire), par Chamouny, Sallenche, la Cluse et Bonneville (2-4 lieues de montée), en	27
3° En montant le Saint-Bernard, par Saint-Branchier, Osière, Liddes et Saint-Pierre, à l'hospice du grand Saint-Bernard (4-5 l. de montée)..	8
De l'*Hospice*, on descend à la Val d'Aosta et à la *Cité d'Aosta*	6
De la *Cité*, par la vallée de Doire, et par Salle, à *Courmayeur*............................	7 1/2

De *Courmayeur*, on traverse une forêt de mélèzes, d'où l'on aperçoit le magnifique glacier de *Brenva*; puis on entre dans la vallée de Veni, jusqu'où descend le glacier de *Miage*; passant par une gorge des plus sauvages, on longe le petit lac de Combal, en suivant l'*Allée-Blanche*; puis on traverse le col de la Seigne, et, après avoir rencontré le chalet Motet, on arrive au hameau de *Glacier*. . | 8 |

ITINÉRAIRE. XV

Lieues de Suisse.

De *Glacier*, en passant le *col des Fours*, ou bien par Chapin, sur le Bon-Homme, par le Plan-des-Dames, par le plateau du mont Jovet, près des cabanes de Nantbourand, et par le village de Contamine, à *Bionnai*.............................. 9-10

De *Bionnai*, on suit la vallée du Mont-Joie pour aller passer le col de la Forclaz, et se rendre par les Ouches, à *Chamouny*........................ 5

(On aura au moins 14 ou 15 lieues à monter par ce chemin-là.)

1° De *Chamouny*, par le col de Balme (ou par la Tête-Noire), par Martigny, Saint-Maurice, Aigle, Saint-Gingoulph, etc., à *Genève*......... 27

2° Ou par Sallenche et Bonneville, en droiture à *Genève*..................................... 18

3° Ou bien enfin, par le col de Balme et par la vallée de Trient, par la Tête-Noire dans la Valorsine, par la Courteraie, le long du Bérard jusque sur le col du même nom, près de la pierre à Bérard (nom d'un grand rocher plat, sous l'abri duquel on a pratiqué une étable pour les vaches); et, de la Table-au-Chantre, jusque sur le sommet du *Buet*, d'où l'on redescend à Fonds et où l'on va passer la nuit; puis, par l'abbaye de Sixt, et par Samoin, à *Genève* (3 journées et demie).

OBSERVATION. On a 9 l. et demie de marche pour atteindre le sommet du Buet, en partant de la Courteraie, et il faut faire deux ou trois lieues sur la neige. Cette course de montagne est très-pénible, mais très-intéressante.

De *Genève* par Lausanne à *Vevey*............. 16
De *Vevey*, en passant près du lac de Bré à *Moudon*. 5 1 2
De *Moudon* par Payerne et Morat à *Berne*..... 11
De *Berne* par Soleure à *Bienne*............... 12
De *Bienne* par Neuchâtel à *Yverdon*......... 13
D'*Yverdon* on ira à la vallée du *Lac de Joux*, et l'on en reviendra, comme il a été indiqué au n° 1, en.. 12-14

Ou bien d'*Yverdon* droit à *Motiers* par les sentiers.. 4

De *Motiers* par le Locle à *la Chaux-de-Fond*. Voyez n° 1.

De *la Chaux-de-Fond* par le val Saint-Imier, par Sonceboz, Pierre-Pertuis et par Moutier-Grand-Val (Münsterthal) à *Bâle*..................... 23-24

Le voyage dont on vient d'offrir le plan est de 471 lieues que l'on peut faire commodément pendant l'espace de 2 mois et 18 jours, à ne compter tout au plus que 6 lieues par jour. Mais, comme il faut faire entrer dans son calcul le temps qu'on emploie à séjourner dans divers endroits, ce voyage n'exige guère moins de 5 mois à 5 mois et demi.

C'est principalement à l'usage des amateurs de la géologie et de la minéralogie que cet Itinéraire a été tracé. C'est pourquoi j'ai principalement pris à tâche de conduire autant que possible les voyageurs dans les contrées les moins fréquentées et les plus remarquables par leurs rochers, où les observations intéressantes se présentent en foule.

Ceux qui veulent faire de grandes collections de pierres sont obligés de mener un mulet afin de porter les caisses nécessaires pour mettre toutes celles que l'on emporte. A un très-petit nombre d'exceptions près, on peut traverser à cheval toutes ces montagnes remplies de rochers.

Il est certain que, pour voyager avec plaisir dans les hautes Alpes, il faut être très-favorisé par le temps. Au surplus, quand on a quelque passage difficile et peu fréquenté à faire, il est bon de prendre un guide sur les lieux, outre celui dont on se fait accompagner partout, sans quoi l'on courrait risque de s'égarer, car on perd fort souvent la trace des sentiers sur les hauteurs des montagnes. On passe sur des pierres glissantes, ou sur des débris de rochers, où quelques perches, dressées de loin en loin, indiquent la direction qu'il faut prendre. Mais quand un orage vient à les abattre, ou qu'une nuée enveloppe soudain le voyageur dans un épais brouillard, il se voit exposé au péril imminent de s'égarer, et à tous les accidens qui peuvent en résulter. Quand on a un conducteur sûr et intelligent, ce qu'il y a de mieux à faire, c'est de lui demander s'il est nécessaire ou non de prendre un guide dans le pays où l'on se trouve.

N° 3.

Ceux qui entrent en Suisse par *Bâle* pourront se rendre de cette ville à *Schaffouse*, d'où ils suivront, pour leur voyage, la marche qui a été proposée au n° 1.

CHAPITRE II.

Pour les voyageurs qui viennent en Suisse du côté de l'Allemagne, mais qui ne veulent pas y retourner.

N° 4.

Lieues de Suisse.

Je conduirais de la manière suivante ceux qui arrivent à *Bâle*.

De *Bâle* par Reinach, Esch, Laufen, Correndelin, Moutier-Grand-Val, Pierre-Pertuis, Sonceboz et le val Saint-Imier, à la *Chaux-de-Fond*....	24
De la *Chaux-de-Fond* par le Locle, Brévine, les Bayards, les Verrières et Saint-Sulpi à *Motiers*..	6-8
(Ou bien de *la Chaux-de-Fond* par Brévine en droiture, en traversant la montagne à *Motiers*)..	5
De *Motiers*, en suivant les sentiers à *Yverdon*.	4
D'*Yverdon* on ira voir la vallée du *Lac de Joux*, et on en reviendra par les chemins indiqués au n° 1, en..................	12-14
D'*Yverdon* à *Neuchâtel*.............	6 1/2
De *Neuchâtel* à *Bienne* (*Voyez* n° 1.).....	8-9
De *Bienne* à *Soleure*...............	6
De *Soleure* par Langhenthal, Zofinghen, Arbourg, Arau, Schintznach et Bade à *Zurich*....	19-20
De *Zurich* à *Schaffouse*.............	8 1/2

De *Schaffouse* par Constance, Appenzell, Glaris, Schwytz et Notre-Dame-des-Ermites à *Zurich* (*Voyez* n° 1), 16 journées.

De *Zurich* par Zoug, Art et par le mont Righi; puis par Lucerne et Stantz à *Enghelberg* (*V.* n° 2).	25
D'*Enghelberg* on revient à Bouochs, d'où l'on se rend par eau à Flüelen, et de là à *Altorf*...	12

D'*Altorf* sur le mont Saint-Gotthard, puis à Lugano, où l'on s'embarque sur le Lac Majeur; on revient par le Grimsel, par la vallée de Hasli, par le Grindelwald, Lauterbrounn et par Unterséen, d'où l'on va passer le mont Ghemmi; après quoi l'on parcourt le bas Valais pour se rendre par Aigle à *Montreux* (*Voyez* n° 1), 23 journées.

De *Montreux* on se rend à Montbovon en passant la Dent de Jaman, puis par la corniche du défilé de la Tine, par Rossinière, Château d'Oex, le Gessenai (Sanen), Lauenen, An der Lenk, par le Simmenthal et par Thoun à *Berne* (*Voyez* n° 1), 6 ou 7 journées.

De *Berne*, par Fribourg, Morat et Lausanne à *Genève*. 27

De *Genève* à *Chamouny*, et de *Chamouny* à *Genève*, 4 ou 5 journées.

Il faudra aussi consacrer 4 ou 5 mois à ce voyage.

N° 5.

Les voyageurs qui entrent en Suisse par *Schaffouse* pourraient se rendre de cette ville à *Bâle*, d'où ils suivraient le plan de voyage indiqué au n° 4. Mais au lieu d'aller, comme il est dit, de *Zurich* à *Schaffouse*, ils se porteraient en droiture à *Constance*, d'où ils continueraient leur route selon l'Itinéraire.

N° 6.

Quant à ceux qui arrivent d'*Allemagne* par *Lindau*, ils pourront se diriger comme il suit :

Par Alstetten, Haard, par la forêt du Rhinthal et par Eggerstanden, par Appenzell et Gais; puis passant le Gæbriseck, ils iront à Troghen, et ensuite par Speicher, Vœglisberg, Saint-Gall, Constance, Stein et Schaffouse, à *Bâle*. De là, en suivant les directions du n° 4, ils se rendront à *Zurich*.

De *Zurich* ils remonteront le lac jusqu'à Lachen; ils iront de là par Wesen, Glaris et par le mont Praghel à Schwytz; ensuite ils passeront le Haken pour se rendre à Notre-Dame-des-Ermites, et de là par Katzenstrick, Rothenthurm, Sattel et Egheri à *Zoug*.

De *Zoug* ils continueront leur route selon l'Itinéraire. (*Voyez* n° 4.)

CHAPITRE III.

Pour les voyageurs qui viennent de France ou d'Italie, et qui se proposent de commencer leur voyage par Genève.

N° 7.

Lieues de Suisse.

De *Genève* par Nyon, Rolle, Gimel, et après avoir passé la montagne de Marchairu à la *Vallée du lac de Joux*................................ 10-12

(*Ou bien* de *Nyon* par Saint-Cergues, d'où l'on peut aller sur la montagne de Dolaz, l'une des plus hautes sommités du Jura; puis par les Rousses et le Bois d'Amont au *Brassu*, premier village de la vallée du Lac de Joux (2 ou 3 lieues de montée).... 8-9

Du *Brassu* au *Lieu*; puis après avoir passé à côté du petit Lac-Tar, on fera le tour de celui des Brenets, et l'on ira à l'*Abbaye*, village sur le Lac de Joux.. 3-4

De l'*Abbaye* du Lac de Joux, par Yverdon et Neuchâtel dans les vallées du canton de ce nom; de là par Moutier-Grand-Val à Bâle (*Voyez* n° 1), 9 ou 10 journées.

De *Bâle* à *Schaffouse*........................ 17 3/4

De *Zurich* à *Schaffouse*, conformément au plan de route n° 1, 16 journées.

De *Zurich* on continuera, selon le n° 1, jusqu'à Genève.

De *Genève* à *Chamouny*, et de *Chamouny* à *Genève*.. 36

N° 8.

De *Genève*, comme par le n° 7, à Neuchâtel. Après avoir visité les vallées du canton de ce nom, on retournera à *Neuchâtel*.................. 6-7

	Lieues de Suisse.

De *Neuchâtel*, par Lausanne, Vevey, par la Dent de Jaman, par Monbovon, Rossinière, Château d'Oex, le Gessenaï, Lauenen, An der Lenk, et par le Simmenthal, à *Wimmis* (*Voyez* n° 1)...... 7-8

De *Wimmis*, par Müllinen, Froutinghen, Kanderstæg et par le Ghemmi, aux *Bains de Louesche*. 2

Des *Bains de Louesche*, par le bourg de même nom (Leuk) à *Brieg*.................. 1

De *Brieg*, en passant le Simplon, à *Domo d'Ossola*.................................. 2

De *Domo d'Ossola*, par Ugogna, à Mergozzo; puis, sur le lac Majeur, aux îles *Borromées*, et de là à *Intra*............................... 1

(*Ou bien de Domo d'Ossola*, par la vallée de Vichezza, à Mélesca (où l'on passe la nuit), 6 lieues. Puis, par Centovalli, à Locarno, une journée. De Locarno aux îles Borromées, 8-9 lieues. Des îles à *Luvino*, 3 lieues.)

D'*Intra*, par eau, à Luvino, et de là, par le pont de la Trésa, à *Lugano*................... 1 1,2

De *Lugano*, par Bellinzone, puis en montant le St-Gotthard, par le Val Lépontine, dans la vallée d'*Urseren*.................................. 5 1,2

D'*Urseren*, après avoir passé le mont Furca, on ira voir les glaciers du Rhône; puis on montera par la Mayenwand, sur le Grimsel, jusqu'à l'*Hospice*. 1

De l'*Hospice* on descendra à *Meyringhen*..... 1

De *Meyringhen*, par la Scheideck, au Grindelwald; puis, par Lauterbrounn et Interlaken, à *Brientz*.............................. 4 1,2

De *Brientz*, par Meyringhen, par le Ghentelthal et par le mont Joch, à Enghelberg; de là, par Stantz, à Stantzstad, d'où l'on passera sur le lac à *Kussnacht*.................................. 4 1,2

(*Ou bien d'Interlaken* à Unterséen, d'où l'on se rendra à Thoun par le lac; de là, passant par l'Emmenthal, par Langnau, par la vallée d'Entlibouch, par Lucerne, Winkel, Stantzstad et Stanz, à Enghelberg, d'où l'on reviendra à Bouochs; là on traversera le lac pour se rendre à *Kussnacht*...... 5 1,2

De *Kussnacht* à Immensée, où l'on s'embarquera pour Zoug; de là, par Art, sur le mont Righi,

ITINÉRAIRE.

Lieues de Suisse.

d'où l'on redescendra à Lowertz, et de Lowertz à *Schwytz*.................................... 2

(*Ou bien de Zoug*, par Egheri, Morgarten, Sattel, Lowertz, sur le mont Righi, et de là, par Lowertz à *Schwytz*........................... 2

De *Schwytz*, par Brounnen, d'où l'on se rend par eau à Flûelen; de là par Altorf et par le Schæchenthal, sur les Alpes de Claride, et par Lintthal, à *Glaris*.. 2 1/2

(*Ou bien*, en n'allant de *Schwytz* que jusqu'à la chapelle de Tell, pour revenir à Brounnen, on ira par Mouttethal sur le mont Praghel et par le Klœnthal, à *Glaris*)................................. 2

De *Glaris* par Wesen, à Lachen; puis, après avoir passé le mont Etzel, par N.-D.-des-Ermites et Richterschwyl, à *Zurich*.................... 2 1/2

De *Zurich*, par Rapperschwyl, Schmerikon, Utznach, Bildhaus, Hoummelwald, Wattwyl, et de là passant la montagne, par Peterzell, à *Hérisau*... 2 1/2

De *Hérisau*, par Hundwyl, Appenzell, Gais, par le Gæbbrisberg, par Troghen, Speicher, Vœgliseck, St-Gall, Constance et Stein, à *Schaffouse*. 4

De *Schaffouse* à *Bâle*........................ 2

De *Bâle*, par Moutier-Grand-Val, à *Bienne*... 2

De *Bienne*, par Soleure, Berne, Fribourg, Morat et Lausanne, à *Vevey*..................... 5-6

(*Ou bien de Fribourg*, par Bulle et St-Denis, à *Vevey*)...................................... 5

De *Vevey*, par Aigle, Bex, St-Maurice et Martigny, d'où l'on va passer le col de Balme (*ou la Tête-Noire*); puis, par Chamouny, Sallenche et Bonneville, à *Genève*.......................... 4

Chacun des voyages que l'on vient de proposer exige deux mois et huit, dix ou vingt jours, et quatre à cinq mois en y comprenant les séjours qu'il faut faire en divers endroits. Quant aux détails plus circonstanciés pour les distances des lieux dont il est question, ainsi que les noms de tous ceux par où il faut passer, on les trouvera aux n°s 1 et 2.

CHAPITRE IV.

A l'usage des voyageurs qui ne se proposent pas de faire tout le tour de la Suisse, mais seulement d'en parcourir quelque partie remarquable.

N° 9.

De *Schaffouse*, par Stein, Constance, en traversant le canton d'Appenzell et celui de Glaris, puis par Schwytz, à Zurich (*Voyez* n° 1) 16 journées.

Lieues de Suisse.

1° De *Zurich*, par Talwyl, par-dessus la Bocke et par Hütten, à *Egheri ou bien* par *Thalwyl* et par le pont de la Sil, à Mentzighen et à *Egheri*), par l'un et par l'autre chemin.	7
D'*Egheri* par Zoug et Art, au couvent, sur le mont *Righi*.	8
Du *Couvent*, sur le sommet de la montagne, d'où l'on redescendra à Weggis; puis, par le lac des Waldstettes, à Flüelen, et de là à *Altorf*.	9
D'*Altorf*, par Am Stæg, Wasen, Ghestinen, à l'Hôpital, dans la vallée d'*Urseren*.	8 1/2
D'*Hôpital*, par Zum-Dorf et Réalp, après quoi l'on passera le mont Furca et la Mayenwand, pour gagner l'hospice du *Grimsel*.	9 1/2
(*Ou bien* depuis le glacier du Rhône, on poussera jusqu'à Oberghestelen, d'où l'on se rendra à l'hospice du *Grimsel*).	11 1/2
De l'*Hospice*, par Handeck, Gouttanen et Im Ground à *Meyringhen*.	7
De *Meyringhen*, par le Scheideck, au *Grindelwald*.	8
Du *Grindelwald* par la Wengher-Alpe, à *Lauterbrounn*.	6-7
De *Lauterbrounn*, par Interlaken, à *Brientz*.	6 1/2
De *Brientz*, après avoir passé le Brünig, par Lungern, à *Sarnen*.	6 1/2

ITINÉRAIRE.

Lieues de Suisse.

De *Sarnen* à Alpnach; puis par le lac, à Winkel et à *Lucerne*. 3 1,2

(*Ou bien de Sarnen* par Stantz et Stantzstad; puis par le lac à *Lucerne*). 5-6

De *Lucerne*, par Malters, Schachen, par la Bramck à Entlibouch, puis par Hasli, Schupfen, Eschlismatt, et Langnau dans l'Emmenthal, à *Berne*. 17

De *Berne*, par Thoun, Mullinen, Froutinghen, à *Kanderstœg*. 11

De *Kanderstœg*, par le mont Ghemmi, aux Bains de *Louësche*. 6-7

Des *Bains*, par Sierre (Siders) et Sion, à *Martigny*. 13

De *Martigny*, passant par le col de Balme, ou par la Tête-Noire, à Chamouny; puis par Sallenche, à *Genève*. 26

(*Ou bien de Martigny*, par Bex, Aigle, Vevey et Lausanne, à *Genève*. 24

De *Genève* à Chamouny, et de *Chamouny* à *Genève*. 36

De *Genève*, par la vallée du Lac de Joux, Yverdon, et Neuchâtel, à *Bâle*. (*Voy.* n° 1). ... 65-70

Total. ... 305

2° *Ou bien* de *Zurich* sur le *Righi*, comme ci-dessus. 15

Du *Righi* à Weggis, et de là par eau à *Lucerne*. 6

De *Lucerne*, par les vallées d'Entlibouch et d'Emmenthal à *Berne*. 17

De *Berne*, par Thounn et Unterséen à *Interlaken*. 10 1,2

D'*Interlaken* à *Lauterbrounn*. 3 1,2

De *Lauterbrounn*, par le Grindelwald sur la *Wengen-Alpe*. 6

De la *Wengher-Alpe*, par le Scheideck, à *Meyringhen*. 7-8

De *Meyringhen*, par le Brünig, à Sarnen, et par Stantz, à *Enghelberg*. 15

(*Ou bien* passant par le Ghentelthal et le mont Joch à *Enghelberg*). 12-13

D'*Enghelberg*, par Bouochs, et, par le lac, à Flüelen et à *Altorf*. 12

D'*Altorf*, par Am Stæg, par la vallée d'Urseren, et par le mont Furca, à *Oberghestelen*. 14-15

	Lieues de Suisse.
D'*Oberghestelen*, par Münster, Ernen, Lax, Moerel et Naters, à *Brieg*..............	9
De *Brieg*, par Viège (Vips), Raron et Louësche, aux *Bains* de même nom............	9
Des *Bains de Louësche*, par le Ghemmi et Ander-Lenk, au *Gessenai*. (*Voy.* n° 1)......	17 ou 27
Du *Gessenai*, par Château d'Oex, Rossinière, Montbovon, par la Dent de Jaman, à *Montreux*. (3-4 lieues de montée)............	11-12
De *Montreux*, par Aigle, Bex et St-Maurice, à *Martigny*.................	7 1/2
De *Martigny*, par le col de Balme, à Chamouny et à *Genève*.................	27
De *Genève*, par Lausanne, Vevey, Saint Denis et Bulle, à *Fribourg*...............	28
De *Fribourg*, par Belfaux, Groley, Léchelles, Montagny, Payerne, Cugy, Montet, le Chable, Cheiri, Yvonans et Chescaux, à *Yverdon*......	8 1/2
D'*Yverdon* à *Bâle*. (*Voy.* n° 1)...........	54
Total....	312

N° 10.

De *Schaffouse* à *Zurich*................	8 1/2
De *Zurich*, par Thalwyl et Hutten, à *Egheri*..	7
D'*Egheri*, par Morgarten, Sattel, Rothenthourm et Katzenstrick, à *N.-D.-des-Ermites*........	5
De *N.-D.*, par le Haken, à *Schwytz*.........	3
De *Schwytz*, par le Mouttathal, sur le Praghel, et par le Klænthal, à *Glaris*.............	9-10
De *Glaris* à Wesen; puis, par le lac de Wallenstadt, à Wallenstadt, et de là à *Sargans*.......	9
De *Sargans*, par Werdenberg, Saletz, Sennwald, Oberried et Kobelwies, à *Alstetten*......	11
D'*Alstetten*, par Rhineck et Roschach, à *Saint-Gall*..........................	8 1/2
De *Saint-Gall*, par Vœglisseck, Speicher, Troghen; par-dessus le mont Gæbris à Gais; puis par Appenzell et Hundwil à *Hérisau* (Ou bien d'*Appenzell*, par Haslen, et par le couvent de Wonneinstein à *Hérisau*)................	6-7
De *Hérisau*, par Schwellbrounn et Peterzell, à *Wattwyl*........................	6

	Lieues de Suisse.

De *Wattwyl* par Hommelwald, Bildhaus, Utznach, Schmerikon, Rapperschwyl, Stæfa, Meilen et Küssnacht à *Zurich*.................. 14-15

De *Zurich* par Zoug, par le mont Righi et par Lucerne à *Entlibouch*. (V. n° 9.)............ 25

D'*Entlibouch* par Marpach, Tschangnau, par le Schellenberg, Schwarzeneck, Steffisbourg à Thoun, d'où l'on se rendra par le lac à *Unterséen* 10

(*Ou bien* par Schupfen, en passant par-dessus le Flüli et le Hirseck dans la vallée de Habcheren, d'où l'on descendra en suivant le Lombach et en tournant le Harder à *Unterséen*.............. 11

D'*Unterseen* par Lauterbrounn, Grindelwald, Meyringhen, par le Brünig, dans le canton d'Unterwald, de là par Altorf sur le Saint-Gotthard, sur le mont Furca, puis parcourant le haut et le bas Valais, on passera par Brieg, Louësche, Sierre, Sion, Martigny; ensuite par le Col de Balme à Chamouny, et de là par Genève et Lausanne à *Vevay*. (V. n° 9.).................. 127

De *Vevay* on entrera par la Dent de Jaman dans le canton de Fribourg, arrivant d'abord à Montbovon; puis par Gruyères, Bulle et Afri à *Fribourg*........................... 16

De *Fribourg* par Yverdon et Neuchâtel à *Bienne*. (V. n° 9.)............................ 44-21

(*Ou bien* de *Bienne* à *Soleure*............ 6

De *Soleure* par Widlispach, Ballstall, par le mont Hauestein, par Langhenbrouck, Waldenbourg, Hoellenstein et Liestall à *Bâle*....... 12 1/2

Total..... 327

N° II.

A *Zurich*, on peut prendre la diligence ou une voiture de louage pour se rendre à *Genève* par Berne et Lausanne. Si l'on veut faire ce voyage à pied, on passera par Bade, Vindisch, Schintznach, Arau, Arbourg, Zofinghen, Langhenthal, Soleure, Berne, Morat, Moudon, Vevay, Lausanne et Genève. De la première manière, on aura quatre journées de marche; mais on en mettra dix en allant à pied.

SUISSE.

Lieues de Suisse.

De *Genève* par Chamouny et par le Col de Balme à *Martigny*.. 27

De *Martigny* par Sion et Sierre aux *Bains de Louësche*... 15

Des *Bains* par le mont Ghemmi, par Kanderstag, Froutinghen, Müllinen et Eschi à Unterséen. 16

(Ou bien de *Martigny* par St-Maurice, Bex, Aigle et Villeneuve à Montreux................. 8

De *Montreux* par la Dent de Jaman à Montbovon, puis par les vallées du Gessenai et du Simmenthal à *Wimmis*. (V. n° 1.) 7 journées.

De *Wimmis* à Foulenzée ; puis par le lac de Thoun à *Unterséen*............................. 3

Journées.

D'*Unterséen* par Lauterbrounn et Grindelwald à *Meyringhen* (V. les n°s 1 et 2)............ 2 1/2

De *Meyringhen* sur le Grimsel, et par la Mayenwand au glacier du Rhône ; puis par le mont Furca dans la vallée d'Urséen, et de là à Altorf. 3 1/2

D'*Altorf* par le lac à *Lucerne*........................ 1

De *Lucerne* par le lac à Küsnacht ; puis à Immensée, d'où l'on va par eau à Zoug ; ensuite par Baar sur le mont Albis, et de là à Zurich........ 1-2

(Ou bien de *Meyringhen* par Brientz, Unterséen et par le lac de Thoun à *Thoun*............ 4

De *Thoun* par l'Emmenthal et l'Entlibouch à *Lucerne*.. 2

De *Lucerne* par le lac à Küssnacht ; puis par Zoug et Art à Schwytz................................ 1

De *Schwytz* par le Haken à N.-D.-des-Ermites, et par le mont Etzel à Zurich..................... 1 1/2

(Ou enfin de *Meyringhen* par le Brünig dans le canton d'Unterwald ; par Stanz, Stanzstad, et par le lac à Brounnen et à *Schwytz*........... 2

De *Schwytz* par le Mouttenthal, par le mont Praghel, par Glaris, Wesen, Lachen et Rapperschwyl, ou bien par Richterschwyl à *Zurich*.... 2 1/2

Total.... 34-36

N° 12.

De *Bâle* par Moutier-Grand-Val, par Bienne, Neuchâtel, par les vallées de la principauté de ce nom, à *Yverdon*. (V. n° 1.)........................... 4-7

D'*Yverdon* par Lausanne à Vevay ; puis pas-

sant près du lac de Bré, et de là par Moudon à Berne....................................	4
De *Berne* par Thoun, par le lac de ce nom, par Lauterbrounn, Grindelwald, Meyringhen, par le Brünig pour passer dans le canton d'Unterwald, et par Stantz à Bouochs; puis par le lac à Brounnen, et de là à Schwytz; par le Haken à N.-D.-des-Ermites, et par le mont Etzel à *Wesen*....	7-8
De *Wesen* à Wallenstadt par le lac du même nom; puis par Sargans, Werdenberg, Sennwald à Kobelwies; par la forêt du Rhinthal et par Eggerstanden à Appenzell; par Gais, Troghen, Speicher, Saint-Gall, Hérisau, Peterzell, Wattwyl, Bildhaus, Schmérikon, Rapperschwyl, et Zurich à Schaffhouse.........................	6-7
Total...	23-50

N° 13.

Lieues de Suisse.

De *Genève* par Lausanne, Vevay, Saint-Denis, Bulle et Fribourg à *Berne*...................	34
1°. De *Berne* par l'Emmenthal et l'Entlibouch à *Lucerne*.......................................	17
De *Lucerne* par eau à Küssnacht; par Immensée, et Art à *Schwytz*.................................	9
De *Schwytz* par Brounnen, et par le lac à Flüelen; par Altorf à *Am Stæg*.....................	8
D'*Am Stæg* dans la vallée d'Urseren; par le mont Furca, et par le Mayenwand sur le Grimsel, et de là à *Meyringhen*............................	20-21
Par le *Scheideck*, par Grindelwald, Lauterbrounn, Unterséen, Eschi, Froutinghen, Kanderstæg, par le mont Ghemmi, par les bains de Louësche, par Sierre et Sion à *Martigny*.......	43-44
De *Martigny* par le col de Balme à Chamouny, et à *Genève*.......................................	27
Total....	160

2°. *Ou bien de Berne* par Thoun, Lauterbrounn, Grindelwald et Meyringhen; puis par le mont Brünig, par Sarnen, Stanz et Bouochs; par le lac à Altorf; de là dans la vallée d'Urseren; par le mont Furca, par Oberwald, Münster, Lax, Brieg, Louësche, et les bains de même nom; par le mont

XXVI SUISSE.

Lieues de Suisse.

Ghemmi dans le Kander-Thal; puis par Müllinen et Wimmis; par le Simmenthal à An der Lenk; par Lauinen, le Gessenai, Château-d'Oex, et Mont-Bovon où l'on passe la Dent de Jaman; puis par Montreux, Aigle, Bex, Martigny; par le col de Balme et par Chamouny à Genève (en comptant les 34 lieues de *Genève* à *Berne*)............ 190

3°. *Ou bien de Berne* par Thoun, Unterséen, Brientz, Meyringhen, Grindelwald, Lauterbrounn, Unterséen, Eschi, Froutinghen, Kandersteg, par le Ghemmi à Louësche; puis par Brieg, Naters, Lax, Münster et Oberwald; on ira voir le glacier du Rhône; on passera par le mont Furca dans la vallée d'Urseren pour se rendre à Altorf; là on s'embarquera pour Lucerne, d'où on ira à Zoug, en partie par eau; puis après avoir passé l'Albis, ou bien par le pont de la Sil (Silbrücke), à Zurich; de là par Constance, Stein, Schaffhouse, Bade et Schintznach à Arau; puis par Langhenthal ou par Olten à Soleure; enfin par Bienne, Neuchâtel et Yverdon à *Genève* (en comptant les 34 l. de *Genève* à *Berne*)................. 214

Comme on trouve en détail aux n°s 1 et 2 les noms des lieux intermédiaires, et leurs distances respectives, je me contente d'y renvoyer les lecteurs pour tous ses autres plans de voyage.

L'itinéraire des n°s 9 et 10 est calculé pour une marche de 5 ou 6 semaines; ainsi il faudrait consacrer à chacun de ces deux voyages de 2 mois et demi à 3 mois, en y comprenant les séjours que l'on serait obligé de faire en divers endroits.

N° 11. Ce voyage demanderait 4 ou 5 semaines de marche, et, y compris les séjours, 7 ou 8 semaines de temps; quant au douzième, on aurait à marcher pendant 3 ou 4 semaines de suite, de sorte qu'à cause des séjours il faudrait y mettre 6 ou 7 semaines.

Le n° 13 comprend trois différens itinéraires : le premier exige 22 journées de marche; le second 27, et le troisième 30. Ce voyage-là durera donc 4, 5 ou 6 semaines en comptant les séjours indispensables.

CHAPITRE V.

A l'usage de ceux qui, ne pouvant s'arrêter longtemps en Suisse, désirent de faire quelques petits voyages dans les contrées les plus intéressantes de ce pays-là.

N° 14.

En partant de *Zurich* pour y revenir au retour.

Lieues de Suisse.

De *Zurich* par le lac à *Lachen*; ou bien en suivant le rivage par Wollishofen, Kilchberg, Rüschlikon, Thalwyl, Oberrieden, Horghen, Wedenschwyl, Richterschwyl, Bech, Freyenbach, Pfeffikon et Altendorf à *Lachen*............	7-8
De *Lachen* par Galgnen, Siebnen, Schubelbach, Reichenbourg, Bilten, Nieder-Urnen et Zieghelbrücke à *Wesen*.......................	4
De *Wesen* par le lac de Wallenstadt, à la ville de ce nom et de là à *Sargans*.............	7
De *Sargans* par le district de Wartau, par Werdenberg et par le pays de Sax (savoir, dans cette dernière contrée, par les villages de Saletz et de Sennwald) dans le Rhinthal, où l'on arrivera d'abord au Hirtzensproung; puis à Oberried et à Kobelwies; ensuite par la forêt du Rhinthal et par Eggerstanden au bourg d'*Appenzell*.........	12
1°. D'*Appenzell* par Gais, par le Gæbrisberg, par Troghen, Speicher, Vœgliseck, et Saint-Gall à *Hérisau*........................	6
De *Hérisau* par Schwellbrounn, Peterzell, Wattwyl, Hommelwald, Bildhaus et Utznaeh à *Schmérikon*...........................	11
A *Schmérikon* on s'embarquera pour Stæfa, d'où l'on se rendra à *Zurich* en suivant les bords du lac.........................	10
Total.....	58

	Lieues de Suisse.
2° (*Ou bien d'Appenzell* par Gais, Teuffen, Hérisau et Saint-Gall à *Roschach*.)	8
De *Roschach* par Arbon, Constance et Stein à *Schaffhouse*.	16
De *Schaffhouse* par Eglisau, ou par Winterthour à *Zurich*.)	8-9
Total.	64

N° 15.

De *Zurich* à *Lachen*.	7-8
De *Lachen* par Bilten, Urnen, Næfels et Netstal à *Glaris*.	5
De *Glaris* on aura, en passant par le Klœnthal par le Praghel et par le Mouttathal pour se rendre à *Schwytz*, une journée de.	10-11
De *Schwytz* par Brounnen, et de là par eau à Bouochs; puis par Stanz, Stanztad et par eau à *Lucerne*.	8 1/2
De *Lucerne* on s'embarquera pour Küssnacht, d'où l'on gagnera Immensée; là on traversera le lac pour aller à *Zoug*.	5 1 2
De *Zoug* par le mont Albis, *ou bien* par le passage de la Sihlbrouch (pont de Sil), par la Bocke, en laissant Horghen sur la droite, et par Thalwyl à *Zurich*.	5-6
Total.	44

N° 16.

De *Zurich* par Richterschwyl, et par le mont Etzel à *N.-D.-des-Ermites*.	9
(*Ou bien de Zurich* par Richterschwyl et Schindelleghi à *N.-D.*).	8
(Ou encore de *Zurich* par Horghen, la Bocke, Lœlismülli et Schindelleghi à *N.-D.*).	6 1 2
De *N.-D.* par l'Apthal et par le Haken à *Schwytz*.	5
De *Schwyts* par Brounnen, où l'on s'embarquera pour Flüelen, de là on reviendra à *Ghersau*.	8
De *Ghersau* on se rendra par eau à *Lucerne*.	4-5
De *Lucerne* on s'embarquera pour *Weggis*.	2 1/2

	Lieues de Suisse.
De *Weggis* on montera sur le Righi, d'où l'on redescendra à *Art*....................................	7-8
D'*Art* par le lac, ou en suivant ses bords, à *Zoug*..	3
De *Zoug* à *Zurich* comme ci-dessus. (*V.* n° 6)..	5-6
Total....	44

N° 17.

De *Zurich* par le mont Albis à *Zoug*; puis par eau à Immensée, et de là par Küssnacht et par le lac à *Bouochs*..	10-11
De *Bouochs* à Wolfenschiess, Grafenort dans la vallée d'*Enghelberg*..................................	5
D'*Enghelberg* par les Alpes de Trübsée et d'Obertrübsée; en passant à côté du lac alpestre nommé Jochsée, sur le mont Joch (5 lieues de montée), d'où l'on redescend par les Alpes d'Engstlen et de Rosweid; puis par le Ghentelthal, par Weiler et Im-Grund à *Meyringhen*.............................	11-12

(On pourra passer la nuit dans les chalets de l'Engstlen-Alp.

De *Meyringhen* on passera le Scheideck. D'abord on ira à Schwendi, puis à la Sæghemülle (moulin à scie); ensuite par les bains de Rosenlaui, par les Alpes de Brouch, de Schwarzwald (depuis lesquelles on ne trouve plus de chalets), et d'Alpiglen, et par l'Eselsrücken (dos d'âne.) (Il y a 5 l. de montée à faire jusques là), d'où l'on redescendra au *Grindelwald*.............................	7-8
Du *Grindelwald* en coupant par la Wenghen-Alpe, ou bien en suivant la vallée à *Lauterbrounn*...	6-4
De *Lauterbrounn* par Unterséen, d'où l'on se rendra à Brientz par le lac du même nom; de là on passera le mont Brünig pour se rendre à Lungern; puis après avoir franchi le mont Kaiserstouhl, par Ghiswyl et Sachslen à *Sarnen*......	9
De *Sarnen* à Alpnach, et de là par eau à Winkel et à *Lucerne*....................................	3-4
De *Lucerne* par Knonau et par le mont Albis à *Zurich*...	10

SUISSE.

	Lieues de Suisse.
(*Ou bien* par les ci-devant Bailliages-libres, par Bremgarten, Mellinghen et Bade à *Zurich*)....	15
Total......	70

N° 18.

De *Zurich* à *Bouochs* comme ci-dessus......	10-11
De *Bouochs* par Stantz, St-Jacob, par le Drachenried et par le Kernwald à Kerns et à *Sarnen*.	3
De *Sarnen* par Sachslen, Ghiswyl, Lungern, et en passant de Brünig à *Meyringhen*.........	6-7
De *Meyringhen* par le Scheideck au *Grindelwald*......	7-8
Du *Grindelwald* à *Lauterbrounn*........	6-4
De *Lauterbrounn* par Unterséen, à Neuhaus; puis par le lac à *Thoun*......	8 1,2
De *Thoun* dans l'Emmenthal, à Langnau, Eschlismatt, Schüpfen, Hasli, Entlibouch; par le passage du Brameck, par Schachen et Malters à *Lucerne*........	15-16
De *Lucerne* à *Zurich* comme ci-dessus......	10
Total......	69

N° 19.

De *Zurich* par Bade, Windisch, Kœnigsfelden, Schintznach et Wildeck à *Arau*........	9
D'*Arau* par Erlisbach, par la Schafmatt, par Oltinghen, Weisecke, Tegnau, Kinderlich et Sissach à *Liestall*........	6-7

(« N'y ayant que 3 l. de *Liestall* à Bâle, l'auteur en n'y faisant pas passer son voyageur suppose sans doute qu'il connaît déjà cette ville célèbre. » *Le trad. de la première édit.* On a une lieue de montée à faire pour passer la Schafmatt.)

De *Liestall* par Hollenstein à Wallenbourg; puis après avoir passé le Hauenstein supérieur, par Ballstall, la Clous et Wittlisbach à Soleure.....	9 1,2

De *Soleure* à Bienne où l'on s'embarquera sur le lac pour aller voir l'île de Saint-Pierre; de là par

	Lieues de Suisse.
eau à Erlach (Cerlier); puis par Aneth et Morat à *Berne*.	14-15
De *Berne* par l'Emmenthal et la vallée d'Entli-bouch à *Lucerne* comme ci-dessus.	16-17
De *Lucerne* par Küsnacht et Zoug à *Zurich*.	10 1/2
(*Ou bien* de *Berne* par Thoun, Unterséen, Brientz, par le mont Brünig dans l'Unterwald, où, passant par Stanz, on se rendra par Bouochs et Küsnacht à *Zurich*).	33-34
Total	67-76

N° 20.

Ceux qui partent de *Schaffhouse* pourront faire les mêmes excursions que nous avons indiquées sous les n°s 14-19, à l'usage de ceux qui partent de *Zurich* pour y revenir à leur retour. Comme la distance de ces deux villes n'est que de huit lieues, ils ne mettront que deux jours de plus pour chacune de ces courses.

De *Schaffhouse* par Stein à *Constance*.	9
De *Constance* on s'embarquera sur le lac pour *Mœrsbourg*.	2
De *Mœrsbourg* par Bouchhorn, Langhenarhen et Wasserbourg à *Lindau*.	10
De *Lindau* par Bréghentz, Rhineck, Roschach et Arbon à *Constance*.	14 1/2
De *Constance* par Winterthour à *Schaffhouse*.	13
Total	48
(*Ou bien* de *Roschach*, par St-Gall, Voegliseck Speicher, Troghen, Gais, Appenzell et Houndwyl à *Hérisau*.	16 1/2
De *Hérisau* par Schwellbrounn, Wattwyl, Hoummelwald, Bildhaus et Utznach à *Schmérikon*.	11
De *Schmérikon* par Rapperschwyl à *Zurich*.	10
De *Zurich* à *Schaffhouse*.	8-9
Total	67

N° 21.

Ce qui a été dit à l'usage des personnes qui partent de *Schaffhouse* concerne également celles qui sont à Bâle, et qui veulent y revenir. Mais il faudra qu'elles comptent 4 journées de plus pour chaque excursion, vu qu'il y a 16 lieues et demie de *Bâle* à *Zurich*.

Lieues de Suisse.

De *Bâle* par Rhinach, Essh, Grellinghen, Lauffen, Saugbern, Correndelin, La Roche, Moutier, Cout, Mallerai, Tavanne et Pierre-Pertuis à *Sonceboz*.. 15-16
De *Sonceboz* par le Val St-Imier à *la Chaux-de-Fond*... 8
De *la Chaux-de-Fond* par le Locle, la Brévine, et par la montagne à St.-Sulpi et à *Motiers*..... 7-8
De *Motiers* par le sentier à *Yverdon*................ 4
D'*Yverdon* par Granson, Vaumarcus, St.-Aubin, Boudry, Colombier, Auvernier et Serrières à *Neuchâtel*.. 6
De *Neuchâtel* par St.-Blaise, Marin, Pont de Thièle à Cerlier; de là par eau à *Bienne*.......... 6
De *Bienne* par Arberg et Séebach à *Berne*..... 6 1/2
De *Berne* à *Soleure*... 6
De *Soleure* par Ballstall, par le Hauenstein, par Wallenbourg et Liestall à *Bâle*................. 12 1/2

Total...... 75

N° 22.

De *Berne* par Thoun; puis par le lac de ce nom à *Unterséen*.. 10 1/2
D'*Unterséen* par Gsteig, ou bien par Wilderswyl et Zweylütschinen à *Lauterbrounn*................. 3 1/2
De *Lauterbrounn* en repassant par Zweylütschinen au *Grindelwald*..................................... 4
(Ou bien en passant par la *Wenghen-Alpe*... 6
Par Zweylütschinen, Unterséen et Thoun à *Berne*... 15 1/2

Total...... 33-36

Si depuis le *Grindelwald* on voulait passer le Scheideck pour se rendre à *Meyringhen* (7 l.), de là aller à Brientz et revenir sur le lac à *Unterséen* (6 l.), il faudrait compter un jour de plus que ci-dessus.

N° 23.

De *Berne* par Thoun à *Müllinen*..................... 9
De *Müllinen* par Frutinghen à *Kanderstæg*... 5

ITINÉRAIRE.

Lieues de Suisse.

De *Kanderstæg* en passant le mont Ghemmi aux *Bains de Louësche*, (4-5 l. de montée)..... 7-8

Des *Bains* par le bourg de Louësche, Raron et Visp (Viège) à *Brieg*.......... 9

De *Brieg* par Naters, Lax et Munster à *Oberghestelen*................ 8-9

D'*Oberghestelen* au glacier du Rhône, d'où l'on reviendra à *Oberghestelen*.......... 4

D'*Oberghestelen* sur le Grimsel, à l'*Hospice* (Spithal).................. 3 1/2

(*Ou bien* du *glacier du Rhône* on passera la Mayenwand pour se rendre sur le Grimsel, à l'*Hospice*)................. 4 1/2

De l'*Hospice*, on descendra par Gouttanen à *Meyringhen*............... 7

De *Meyringhen* par le Scheideck au *Grindelwald*.................. 7-8

Du *Grindelwald* à *Lauterbrounn* par la vallée (4 l.), ou bien en passant par la *Wenghen-Alp*. 6

Par Unterséen et Thoun à *Berne*.......... 14

Total.... 80

N° 24.

De *Berne* par Langnau dans l'Emmenthal; de là dans l'Entlibouch, où l'on passera par Schüpfen et Entilbouch; puis, après avoir franchi le Brameck, par Schachen et Malters à *Lucerne*.......... 17

De *Lucerne* par le lac à Küssnacht; puis par Immensée et Zoug à Art.............. 8 1/2

D'*Art* par cShwytz et Brounnen, où l'on s'embarquera par Bouochs............. 7

De *Bouochs* par Stanz, Kerns, Sarnen, Loungern, et par le mont Brunig à Meyringhen.... 9-10

De *Meyringhen* par le Scheideck au Grindelwald.................. 7-8

Du *Grindelwald* à *Lauterbrounn*.......... 4-6

De *Lauterbrounn* par Unterséen et Thoun à *Berne*.................. 14

Total.... 70

N° 25.

De *Berne* en allant passer le Ghemmi aux *Bains de Louësche*................ 22

Des *Bains* en passant la Corniche ou Galerie à Sierre; puis par Sion à *Martigny*.	15
De *Martigny* par Saint-Maurice, Bex, Aigle, Sepey (autrement nommé *Ormond-dessous*), les Mosses et la Lécherette au *Château-d'Oex* (4-5 l. de mont.)	14-15
Du *Château-d'Oex* par le Gessenai, par Lauenen et par le Haslerberg à *An der Lenk*. (On ne mettra pas plus de 3 heures à monter, sans se presser.)	10
D'*An der Lenk* par Sweysimmen, Weissenbourg, Erlenbach, Wimmis et Thoun à *Berne*...	19 1/2
Total....	79 1/2

N° 26.

De *Berne* par Thoun, Wimmis, Erlenbach, Weissenbourg et Sweysimmen à *An der Lenk*...	19 1/2
D'*An der Lenk* par le Haslerberg à Lauenen, et de là au Gessenai.	7
Du *Gessenai* par Rougemont, Château-d'Oex, Rossinière et Montbovon à *Gruyères*.	8-9
De *Gruyères* par Bulle et Afry à *Fribourg*...	7
De *Fribourg* à Morat, où l'on s'embarquera pour passer dans le Vully; de là par Aneth (Eifs) à *Erlach*.	6-7
D'*Erlach* par le lac de Bienne à Bienne; puis par Arberg à *Berne*.	10
Total....	60

N° 27.

De *Berne* à *Fribourg*.	5 1/2
De *Fribourg* par Bulle et Châtel Saint-Denis à *Vevay*.	12
(*Ou bien de Berne* par Thoun, Wimmis, Wissenbourg et Sweysimmen à *An der Lenk*.)	19 1/2
D'*An der Lenk* par le Hasler-Berg à Lauenen et au *Gessenai*.	7
Du *Gessenai* par Rougemont, Château-d'Oex, Rossinière, Montbovon, et par la Dent de Jaman à *Vevay* (2-3 l. de montée.)	11

ITINÉRAIRE.   XXXVI

Lieues de Suisse.

De *Vevay* par Villeneuve, Aigle, Bex et Saint-
Maurice à *Martigny*.......................... 9-10
De *Martigny* par le Col de Balme (*ou bien* par
la Tête-Noire) à *Chamouny*.................... 8-9
De *Chamouny* par les Ouches, Servoz, Chède,
Sallenche, Cluse et Bonneville à *Genève*....... 18
De *Genève* à *Lausanne*....................... 12
De *Lausanne* à *Yverdon*...................... 8
D'*Yverdon* à *Neuchâtel*...................... 6
De *Neuchâtel* par Arberg à *Berne*............ 9-10

Total.... 90-110

N° 28.

De *Berne* par Bienne, Bœtzinghen et Ruche-
nette à *Sonceboz*............................. 9
De *Sonceboz* par Pierre-Pertuis, Moutier-Grand-
Val, Lauffen et Rheinach à *Bâle*.............. 15
De *Bâle* par Stein et Lauffen à *Schaffhouse*.. 17 1/2
De *Schaffhouse* par Stein à *Constance*....... 9
De *Constance* par Arbon et Roschach à *Saint-
Gall*.. 8
De *Saint-Gall* par Vœgliseck, Speicher, Tro-
ghen et Gais à *Appenzell*..................... 5
D'*Appenzell* par Eggerstanden dans le Rhinthal;
par Kobelwies, Sennwald et Saletz à *Werdenberg*. 8
De *Werdenberg* par Bouochs, Seveln, Atzmoos,
Trübenbach et Sargans à *Wallenstadt*.......... 7-8
De *Wallenstadt* par le lac du même nom à
Wesen; puis par Ziegelbrouck, Bilten et Reichen-
bourg à *Lachen*............................... 8
De *Lachen* par Pfeffikon, Richterschwyl et Hor-
ghen à *Zurich*................................ 8
De *Zurich* par le mont Albis, par Zoug, Im-
mensée et Küssnacht, d'où l'on ira en bateau à
Lucerne...................................... 10 1/2
De *Lucerne* par l'Entlibouch et l'Emmenthal à
Berne.. 17
(*Ou bien* de *Zurich* par Bade et Arau, en suivant
la grande route, à *Berne*.)................... 24

Total. 123-130

SUISSE.

Lieues de Suisse.

N° 29.

De *Berne* par Soleure à *Bienne*............	12
De *Bienne* sur le lac à Cerlier (Erlach); puis par le Pont de Thièle (Zihlbrück) et Saint-Blaise à *Neuchâtel*.....................	7
De *Neuchâtel*, par Valengin et par les Vallées de Ruz, des Ponts et de Sagne à *la Chaux-de-fond*.	8
De *la Chaux-de-fond* par le Locle, la Brévine et par la montagne, par Saint-Sulpi, ou bien par Boveresse à *Motiers*..................	7
De *Motiers* par les sentiers à *Yverdon*.......	4
D'*Yverdon* par Valeire, Ligneroles, Balaigues et Valorbe (ou bien par Orbe, Romainmotier et par la Dent de Vaulion), dans la vallée du *Lac de Joux*...........................	6-7
De cette *vallée* après avoir passé le Jura par la montagne de Marchairu, on ira par Gimel et Aubonne à *Lausanne*...................	8-9
De *Lausanne* par Moudon, Payerne et Morat à *Berne*...........................	14
Total.	68

N° 30.

Tous ces petits voyages, dont *Berne* est le centre, peuvent également se faire de *Soleure* et de *Fribourg*, qui ne sont distantes que de 5 à 6 lieues de cette première ville.

N° 31.

Pour faire le tour du lac de Genève on passera par le coteau de Cologny et au-dessous de celui de Boisi; ensuite on se rendra par Thonon, Evian, la Tour-Ronde et Meillerie à *Saint-Gingoulph*...	11-12
De *Saint-Gingoulph* on ira passer le Rhône, et de là par Villeneuve, Chillon, Vevay, Saint-Saphorin, Cully et Lutry à *Lausanne*..........	7
De *Lausanne* par Morges, Rolle, Nyon, Coppet et Versoix à *Genève*..................	12
Total.	31

N° 32.

De *Genève* par Lausanne à *Vevay*.	16
De *Vevay* par Châtel-Saint-Denis, et Bulle à *Fribourg*.	12
De *Fribourg* à Morat, où l'on s'embarque pour passer dans le Vully, et de là par Aneth à *Erlach*.	7-8
D'*Erlach* par le Pont de Thièle et Saint-Blaise à *Neuchâtel*.	3
(*Ou bien d'Erlach* par Saint-Jean, Landeron et Saint-Blaise à *Neuchâtel*.)	3-4
De *Neuchâtel* par Vallengin et par les vallées de Ruz, des Ponts et de la Sagne à *la Chaux-de-Fond*.	7-8
De *la Chaux-de-Fond* par le Locle, la Brévine, par la montagne et par Saint-Sulpi à *Motiers*. .	7-8
De *Motiers* par les sentiers à *Yverdon*.	4
D'*Yverdon* par Valeire, Lignerole, Balaigue et Valorbe (*ou bien* par Orbe, Romainmotiers et par la Dent de Vaulion) à la vallée du *Lac de Joux*. .	6-7
De cette *vallée*, après avoir passé le Jura par la montagne de Marchairu, on ira par Gimel, Rolle et Nyon à *Genève*.	10-12
(*Ou bien* du village de l'*Abbaye*, dans la vallée du Lac de Joux, au pied de la Dent de Vaulion, on fera le tour du lac des Brenets; puis côtoyant celui de Joux, on ira par le Lieu au *Brassu*.	3
Du *Brassu* par le bois d'Amont aux *Rousses*. .	2-3
Des *Rousses* par Saint-Cergue et Nyon à *Genève*.	9
Total. . . .	82-85

N° 33.

De *Genève* par Lausanne à *Vevay*.	16
De *Vevay* par la Dent de Jaman, Montbovon, Rossinière, Château-d'Oex et Rougemont au *Gessenai*.	10-11
Du *Gessenai* par Lauenen, et après avoir passé le Haslerberg à *An der Lenk*.	7-8
D'*An der Lenk* par Zweysimmen, Weissenbourg et Erlenbach à *Wimmis*.	10
De *Wimmis* à Foulensée, d'où l'on ira sur le lac à *Unterséen*.	3½

	Lieues de Suisse.
D'*Unterséen* à *Lauterbrounn*.............	3 1/2
De *Lauterbrounn* au *Grindelwald*........	4-6
Du *Grindelwald* pour retourner à *Unterséen*..	5
D'*Unterséen* par le lac à Thoun et de là à *Berne*..	10
De *Berne* par Soleure à *Bienne*............	12
De *Bienne* par eau à Erlach, et de là à *Neuchâtel*.................................	6-7
De *Neuchâtel* par Colombier et Granson à *Yverdon*................................	6
D'*Yverdon* par Aubonne et Nyon à *Genève*...	14-16
Total....	114

N 34.

Itinéraire de Genève à Chamouny.

De *Genève* par Chêne, Contamine, Bonneville, Cluse, Maglan et Saint-Martin à *Sallenche*.....   12-13

(Une bonne auberge que l'on a bâtie à Saint-Martin, dispense maintenant les voyageurs qui sont obligés de s'arrêter dans ces quartiers à la dînée ou à la couchée, d'aller à Sallenche, et de revenir ensuite sur leurs pas.)

De *Sallenche* par St-Martin, Chède, Servoz; plus loin l'on passe l'Arve sur le pont Pélissier, et après avoir franchi la corniche des Montées, on entre près des Ouches dans la vallée de Chamouny; puis par les Ouches au *Prieuré*, chef-lieu de cette vallée..................................   5

Du *Prieuré* pour se rendre à Martigny, on peut suivre deux chemins différens :

1° En montant la vallée près du hameau des Prés, de la Chapelle des Tines, et du village d'Argentière, par le hameau du Tour et les chalets de Chamarillan au sommet du *Col de Balme* (2 l. de montée.)................................

Du sommet du *Col de Balme* on descend aux chalets des Herbagères, et de là dans la vallée à Trient, d'où l'on remonte à la Forclaz; puis on descend à *Martigny*) (1/2 l. de montée rapide).   4-5

2° Ou bien après avoir suivi la même route depuis Chamouny jusqu'à l'Argentière, on prend un chemin qui se dirige vers le Nord par une gorge de rochers nommée les Montets; puis par les hameaux de Poya et de la Couteraie à la *Valorsine*. 4

De la *Valorsine* on suit la rivière de Bérard, autrement dite Eau-Noire; puis on passe sous un portail qui sépare la Savoie du Valais; ensuite on rencontre un pont, et l'on laisse à côté le village singulièrement situé de Finio. De là on monte sur la Tête-Noire, au sommet de laquelle on parvient après un trajet de 2 heures, par une espèce d'escalier que forment des marches irrégulières pratiquées par la nature dans le roc, et que l'on nomme le Mapas (c'est-à-dire mauvais pas); après quoi on descend dans la vallée le long du Trient jusqu'au village de même nom, d'où l'on monte à la Forclaz ou Col de Trient pour descendre à *Martigny*. 5-6

De *Martigny* par St-Maurice, Bex, Aigle et Villeneuve à *Vevay*............. 8-9

De *Vevay* par Lausanne et *Genève*........ 16

Total....... 53

N 35.

De *Genève* par Bonneville à *Sallenche*....... 12-13
De *Sallenche* par St-Gervais et Bionnai à *Contamines*..................... 3

(Les voyageurs qui, depuis Sallenche, voudraient aller voir Chamouny, suivraient jusqu'au Prieuré le chemin indiqué au n° précédent; ensuite, après être revenus sur leurs pas jusqu'aux Ouches, ils passeraient le Col de la Forclaz pour entrer dans la valée de Mont-Joie, où ils gagneraient les villages de Bionnai et de Contamines.)

De *Contamines* par les chalets de Nant-Bourant, par le plateau de Mont-Jovet et par le Plan-des-Dames sur le Col (ou croix) du Bon-Homme, d'où l'on descend dans les hameaux de Chapin et de Glacier (4-5 l. de montée.)............. 9 3/4

(Un chemin plus court depuis le sommet du Bon-Homme conduit encore une lieue plus haut sur l'aiguille du Four, d'où par une pente rapide on descend en deux heures au hameau de *Glacier*.)

(Depuis le village de *Chapin* on peut passer le petit St-Bernard pour se rendre dans le *Valais*.)

De *Glacier* par le chalet de Motet sur le *Col de la Seigne*....................... 2

Du *Col de la Seigne* on descend par une pente fort roide dans l'Allée-Blanche, où l'on rencontre quelques cabanes; puis, après avoir laissé sur la gauche le petit lac de Combal, on traverse la vallée de Veni, d'où l'on se rend à *Courmayeur*... 5

De *Courmayeur* on pourra passer le long de la vallée de la Doire par les villages de St-Didier, Salle, Livrogne, Arvier et Villeneuve pour se rendre à la *Cité d'Aosta*............ 8

De la *Cité* par St-Rémi à l'*Hospice du Grand St-Bernard*. (On trouvera une bonne auberge à St-Rémi.)............ 8-9

De l'*Hospice du St-Bernard* par St-Pierre, Liddes, Orsières et St.-Branchier à *Martigny*... 7

Ou bien de *Courmayeur* par le Col Ferret à *Martigny*............ 4-5

De *Martigny* par St-Maurice, Bex, Aigle et Villeneuve à *Vevay*............ 8

De *Vevay* par Lausanne à *Genève*......... 16

(Ce voyage ne peut guère avoir lieu qu'au cœur de l'été.)

CHAPITRE VI.

Voyage dans le canton des Grisons.

Les personnes qui désirent d'acquérir une connaissance exacte de cette partie considérable et intéressante de la Suisse ne pourront y parvenir qu'en se traçant un plan de route raisonné, et en y consacrant exclusivement plusieurs semaines.

Voici d'abord la nomenclature des grands passages qui mènent de *Coire* en *Italie*.

A) *Coire*, Madix, Chourwalde, Papan, *Lentz*(*), 5 lieues. Là le chemin se partage, et mène d'un côté sur les monts Septimer et Julier, et de l'autre sur l'Albula.

a) Le chemin qui passe par les monts *Septimer* et *Julier* mène en droite ligne de *Lentz* par Casti (ou Tienfenkasten), *Conters*, Tinzen (ou Teninzun), Savognin et Mar-

---

(*) Les endroits dont les noms sont imprimés en caractères italiques, sont les seuls où le voyageur trouvera des auberges. Il n'y en a point dans les autres.

morea à *Bivio* (ou Stalla), 7 lieues. Par le mont Septimer à *Casaccia*, 3 l. Par Stampa, *Vicosoprano*, Castaségua, Villa et Piur (ou Plurs, Pleurs) à *Chiavenna*, 5 l. — De *Bivio* par le mont Julier à *Selvapiana*, dans la Haute-Engadine, 3 l. A *Saint-Maurice*, 1 l. et demie. Par Cellerina à *Samade*, 1 l.

b) Le chemin qui passe par le mont *Albula* se détourne à gauche sur la hauteur de Lentz, et mène aux *Bains d'Alveneu*, à *Filizour*, à *Bergun*, Albula-Berg et *Ponte* dans la Haute-Engadine, 8 l. Ensuite en montant à Bevers et à *Samade*, 1 l. A Pontrésina, sur le mont Bernina, à *Poschiavo* (ou Pusklav), 7 l.; par Brusio à *Tirano* dans la Valteline, 3 l. A Morbégno, près du lac de Come, 12 l.

B) *Coire*, Ems, *Reichenau*, Bonadouts, Retzuns, Catzis et *Tusis*, 4 l. Par la Via-Mala, Zilis, *Andeer*, par les Rofflen, à *Splughen*, 6 l. Dans ce dernier endroit le chemin se partage.

a) Une de ces deux routes mène de *Splughen* par le mont Splughen, par le Cardinell, *Isola* et Campodolcin à *Chiavenna*, 8 l.

b) L'autre va de *Splughen*, par Novena, à *Hinterrhein*, 3 l. Par le mont Bernadino et par la vallée de Misox à *Bellinzone*, 13 l.

Le passage du mont Bernardin est plus commode pour les bêtes de somme que celui du Splughen.

La grande route qui conduit de Coire dans le canton d'Uri et dans le Valais passe par *Reichenau*, *Ilanz*, Trons et *Disentis*, 10 l. Salva, par le Badous et l'Ober-Alpe à *Andermatt* dans la Val-d'Ursern, 7—8 l. Hospital, Réalpe, et après avoir passé le mont Furca à *Oberghestelen*, dans le Haut-Valais, 9 l.

Un *grand chemin* mène de *Disentis* en Italie; par la vallée de Medels, par le mont Lucmanier à *Olirone*, dans la vallée de Bellentz (ou vallée di Blegno), à Abiasco et à *Bellinzone*, 14 l.

Le plus *court chemin* pour aller de *Coire* dans la Basse-Engadine et dans le Tyrol, conduit par Schalfik, Langwies et par le mont Stréla à *Davos*, 7 l. De là par le mont Fluela à *Suss*, dans la Basse-Engadine, 5 l. Ardetz, Fettant, Scuols Rémus, *Martinsbruck* et *Finstersmuntz*, dans le Tyrol, 8—9 l.

N° I.

Voyages de trois semaines.

Coire, *Chourwalden*, *Parpan*, *Lentz*, les bains d'*Alveneu*, Filisour, *Bergun*, le mont Albula, *Ponte* et *Samade*;

Saint-Maurice, et de là mène par le mont Malœggia à Casaccia dans le Brégell, est assez bon pour que les petits chariots à ridelles puissent y passer. De Casaccia à *Chiavenna*; 5 lieues.

Un sentier hardi conduit de *Saint-Maurice* par la vallée de Muretta, et par le glacier de même nom dans la vallée de *Malenka*, située sur les confins de la Valteline.

Depuis *Samade* une route fréquentée mène par le mont Bernina dans la vallée de Poschiavo et dans la Valtelline. Il y a aussi un chemin qui va de *Campogast* à *Poschiavo*.

Pour aller de *Scams* à *Chiavenna* le chemin passe d'abord par le mont Casanna d'où l'on entre dans la vallée de Luvino; 5 lieues. De Cernetz à Luvino; 3 lieues. De là on va par le Prése et Mazzo à Tirano dans la Valteline; 6 lieues. Par le Trépall, Téglio, Sondrio et Castione-Berbène à Morbégno; 12 lieues. Par Trahone au-delà de l'Adda, Novate et la Ripa à Chiavenna; 7 lieues et 1/2.

Un chemin qui passe par les vallées de Luvin et de Fréel, mène de Cernetz à Sainte-Marie dans la vallée de Münster.

Les *grandes routes* par où l'on va de l'Engadine à *Coire* passent: de Selvapiana par le mont Julier, et par la vallée d'Oberhalbstein; de Punte par le mont *Albula* et par la vallée de même nom; de Scams par le mont *Scaletta*, et de Suss par le Flœla à Davos et à *Coire*.

Les personnes qui veulent voyager dans les Grisons feront bien de consulter, dans le tome second, l'article de *Coire*, de même que tous ceux qui traitent des lieux nommés dans ce petit itinéraire. Cette lecture les mettra en état de se tracer un plan de route conformément à leur goût et au but principal de leurs voyages. Dans tous les cas il est à propos de commencer par voir *Coire* avant de faire aucune excursion dans ce pays-là, parce qu'on peut s'y procurer des recommandations pour tous les autres endroits où l'on se propose de se rendre.

Indication des contrées où l'on peut se servir de voiture.

Comme tous les plans de route dont il a été question ont été calculés pour des personnes en état d'aller sinon à pied, du moins à cheval, il conviendra de donner aussi quelques directions à ceux qui n'étant point habitués à ces manières de voyager ne peuvent pas faire des courses dans les montagnes. Or, quoique ces derniers ne puissent point pénétrer dans l'intérieur des Alpes, la partie de ces montagnes colossales qui est à leur portée y déploie des beautés naturelles si sublimes et si dignes de leur admiration, que le souvenir des plaisirs qu'ils auront goûtés en les contemplant ne s'effacera jamais de leur mémoire.

Le voyage de 16 journées indiqué au n° 1, peut se faire en voiture, sauf quelques changemens que voici: D'abord dans le canton d'*Appenzell* il faudra se contenter d'un *char-à-banc* ou d'un *petit char*; encore ne peut-on en faire usage que pour aller de *Saint-Gall* à Troghen; puis par les villages de Teufen et de Buler à Gais, et de là à *Hérisau*.

On peut aller en voiture par le grand chemin qui mène de *Roschach* dans le *Rhinthal* et dans les *Grisons*; cette route passe par Rhineck(*), Altstetten, Oberried, Hirtzensproung, Sennwald, le château de Forsteck, Saletz, Werdenberg, Sargans, Ragatz, Coire, Reichenau et *Tusis*. De ce dernier endroit on n'a tout au plus que deux lieues à faire, à pied ou à cheval, pour aller voir la Via-Mala, excursion des plus intéressantes.

De *Tusis* on retourne par Coire et Ragatz à Sargans, d'où, quittant le chemin qu'on avait suivi précédemment, on gagne *Wallenstadt*. Là on s'embarque sur le lac de même nom avec chevaux et carosse pour se rendre à *Wesen*. Les personnes qui auraient envie de visiter les bains de *Pfeffers*, lesquels véritablement méritent d'être vus, pourraient y aller à cheval depuis *Ragatz*, ou s'y faire porter en chaise.

De *Roschach* on peut aussi aller en voiture jusqu'à *Glaris*, en passant par St-Gall, Hérisau et Schwellbrounn dans le canton d'Appenzell; par Peterzell, Lichtensteig, Wattwyl et Hommelwald dans le Tockenbourg; et enfin

---

(*) Les personnes qui voyagent dans leur propre voiture pourront traverser le Rhin, avec leur équipage, entre Rhineck et Altstetten, et prendre des chevaux à Ems ou à Bréghentz, à l'office des postes, pour se rendre à Coire. Ceux qui se pourvoiront d'une voiture à Saint-Gall feront bien de ne la retenir que jusqu'à Wallenstadt, pour éviter l'embarras de faire passer le lac aux chevaux. On trouve de petits chars à Wesen, pour aller jusqu'à Glaris ou jusqu'à Lachen, où l'on peut se procurer une voiture plus commode.

par Bildhaus, Kaltbreunnen, Schennis, Wesen et Mollis à *Glaris*.

On peut se servir d'un *petit char* et même d'un carrosse pour aller de *Glaris* à *Linthal*, lieu situé presque à l'extrémité de la vallée, quoique le chemin ne soit pas des meilleurs en différens endroits. De *Linthal* on revient, par Glaris, à Næfels; de là, par Urnen, Bilten, Lachen et par le mont Etzel, à *N.-D.-des-Ermites*; de là, par la Tour-Rouge et Sattel, à *Schwytz*; de Schwytz à Brounnen, où l'on pourra s'embarquer sur le lac des Waldstettes pour aller voir la chapelle de Guillaume Tell et le Grutli; ensuite, après avoir regagné Brounnen et Schwytz, on retournera à Sattel et à la Tour-Rouge (Rothenthourn); de là, par Schindelleghi, à Richterschwyl, et ensuite, le long de la rive du lac, à *Zurich*. Le chemin qui, depuis cette dernière ville, mène à *Schwytz*, quoique un peu rude dans certaines places, n'est cependant pas impraticable pour les voitures. Mais il faudra revenir par la même route à Zurich.

Un grand chemin mène de *Zurich*, par le mont Albis, à *Zoug*. Arrivé dans cette ville, le voyageur enverra sa voiture à Lucerne; il louera une barque, et se rendra par eau à *Art* et à *Immensée*. De là il aura une demi-lieue de chemin à faire à pied, pour aller à *Küssnacht*, où il s'embarquera sur le lac des Waldstettes, pour *Fluelen*, après quoi il retournera aussi par eau à *Bouochs*. De ce dernier endroit, il aura une promenade d'une lieue à faire pour se rendre à *Stanz*, où il trouvera un sentier très-agréable, et au bout d'une heure de marche il s'embarquera de rechef à *Stanzstad* pour *Lucerne*. De cette manière il verra commodément les contrées les plus intéressantes du lac des Waldstettes. A *Lucerne* il remonte dans sa voiture, et prend la grande route pour se rendre à *Berne*. Ceux qui ne craignent pas le cahotement d'un petit chariot à ridelles, pourront profiter d'un chemin plus court pour aller à *Berne*; ce chemin leur procurera en outre l'avantage de visiter deux vallées intéressantes, l'*Entlibouch* et l'*Emmenthal*. On trouve à *Lucerne* des charriots de cette espèce avec lesquels on peut aisément faire ce trajet. Dans ce cas-là, il faut envoyer son carosse à *Berne*. Les voituriers de louage consentent aussi à traverser l'Entlibouch, pourvu qu'on leur paie quelque chose de plus que de coutume.

De *Thoun*, un chemin très-praticable, même pour les personnes qui vont en carosse, conduit le voyageur, par *Mullinen* et *Frouthinghen*, jusqu'à *Kœndersteg*, au pied du mont *Ghemmi*. Une dame qui craindrait d'aller à pied ou à cheval, ou qui n'y serait pas habituée, et qui, cependant, désirerait de voir de près quelqu'une de ces contrées également sublimes et sauvages, qu'offrent ces hautes montagnes, couvertes d'affreux rochers, aurait à *Kandersteg*, peut-être plus que partout ailleurs, l'occasion de se satisfaire à cet égard : car il y a dans cet endroit beaucoup de gens qui portent sur un brancard ou dans une chaise à porteurs les voyageurs, par le mont *Ghemmi*, aux *Bains de Louesche*, et de là à *Sierre*, au fond de la vallée (*). A *Sierre*, on trouve des voitures pour se rendre, par *Sion*, Martigny, St-Maurice, Bex, Aigle, Villeneuve et Vevey, à *Lausanne*. Ainsi, les voyageurs qui voudraient adopter ce plan de route pourraient depuis *Berne* envoyer leur voiture à vide jusqu'à *Sierre*, en la faisant passer par Fribourg, Bulle, Châtel-St-Denis, Vevey, Aigle, Martigny et Sion ; de sorte qu'en arrivant à *Sierre*, après avoir terminé leur excursion dans les montagnes, ils la retrouveraient dans ce bourg. Ensuite ils se rendraient à Brieg, et, par le Simplon, à Domo d'Ossola ; de là, descendant la vallée, ils iraient s'embarquer à Fariolo ou bien à Baveno, sur le lac Majeur, pour visiter les îles Borromées. De Fariolo, les voitures sont obligées de reprendre la route du Simplon, à moins que l'on ne veuille passer en Italie, ou gagner l'Allemagne par la Lombardie et le Tyrol.

On peut, de *Thoun*, aller parcourir le *Simmenthal* et le pays de *Sanen* (Gessenai) avec un petit chariot à ridelles, attelé d'*un seul* cheval. Le chemin qu'il faut suivre passe par *Wimmis*, Erlenbach, Weissenbourg et *Sweysimmen*, d'où l'on peut se rendre en droiture au *Gessenai* ; ou bien on ira d'abord à *An der Lenk*, d'où l'on reviendra à *Sweysimmen*. Du *Gessenai*, par Rougemont, Château-d'Oex, Rossinière, Montbovon et Gruyères, à *Bulle*. Le voyageur retrouverait son carrosse dans cette petite ville, d'où il pourrait se rendre, soit à *Fribourg*, *Morat*, etc., soit par Châtel-St-Denis à Vevey et à *Aigle*. Ceux qui n'auraient pas fait l'excursion du mont *Ghemmi* ne feraient pas mal de poursuivre leur

---

(*) Une personne qui veut se faire porter est obligée de prendre huit hommes qui se relèvent continuellement en chemin. Il n'y a pas le moindre danger à craindre : car ces gens, habitués comme ils le sont, à faire ce métier, ont un pas si sûr, que celui qu'ils portent peut être parfaitement tranquille. Au surplus, le revers méridional du Ghemmi, qui mène aux Bains, offre une pente si prodigieusement escarpée, que le chemin est partout bordé de précipices, ce qui contribue à rendre plus effrayante la position élevée où l'on se trouve sur les épaules des porteurs. Ainsi les personnes qui ne seraient pas en état de faire à pied cette descente d'une heure de marche pourraient s'asseoir sur le siége de manière à tourner le dos à la vallée, au moyen de quoi elles franchiraient sans accident ce chemin unique dans les Alpes, taillé partout dans le roc vif, et le chant animé de leurs porteurs ne contribuerait pas peu à les rassurer en les égayant.

route jusqu'à *Sion*; après quoi, revenant sur leurs pas, ils profiteraient du grand chemin qui mène de *Vevey* à *Genève*. Ensuite ils feront le voyage de Chamouny. On peut aller en carrosse jusqu'à *Sallenche*, où l'on prend un *char-à-banc* pour se rendre au *Prieuré*, chef-lieu de la vallée de Chamouny. De là on reviendra de la même manière à *Sallenche*, où le carrosse attendra le retour des voyageurs.

De *Genève* par Nyon, Aubonne et Yverdun à *Neuchâtel*, et dans les vallées du canton de ce nom. Depuis *Neuchâtel* on peut se rendre en voiture dans la vallée de *Travers*, et passer par les villages de Travers, Boveresse, Saint-Sulpi, Verrières, les Bayards, Brévine et le Locle, pour aller à la *Chaux-de-Fond*. De là, par le val Saint-Imier et Moutier-Grand-Val à Bâle, ou mieux encore, de la *Chaux-de-Fond* par Ferriers, Haut-Geneveys, Boudevilliers et Vallengin à *Neuchâtel*. Puis par *Saint-Blaise* et Pont-de-Thièle à *Cerlier* (Erlach); alors on s'embarquera sur le lac pour aller visiter l'île de *Saint-Pierre*, et de là se rendre à *Bienne*, où, pendant ces entrefaites, on a soin d'envoyer la voiture depuis *Cerlier*. Deux chemins différens vont de *Bienne* à *Bâle*; l'un passe par *Boujean* (Boetzinghen), Sonceboz et Moutier-Grand-Val, et l'autre par *Boujean*, Soleure, Ballstall, le Hauenstein supérieur, Wallenbourg et Liestall.

L'on trouvera dans la section précédente, à commencer par le n° 1, les noms et les distances respectives des lieux par où l'on passe dans ces divers voyages.

Il y a dans l'Emmethal quelques *Alpes* sur lesquelles on peut aller dans un chariot à ridelles. Ainsi les personnes qui ne peuvent visiter ni à pied ni à cheval les chalets des hautes montagnes pourront se procurer ce plaisir au moyen d'un chariot dont elles se pourvoiront au village de *Langneau* dans l'Emmethal (*Voyez* l'article Langneau, 3° partie). On peut aussi, depuis *Soleure*, se rendre dans un chariot en 3 heures au chalet de *Weissenstein*, situé sur le Jura.

(En 3 heures et demie de temps on peut, depuis *Nyon*, se rendre sur la *Dolas*, dont, après celle du mont Theiry, la sommité passe pour la plus élevée du Jura. Cette montagne est également intéressante par la belle vue dont on y jouit et par les plantes curieuses que les botanistes y cueillent. Comme elle est à peu de distance de la grande route qui mène de Nyon en France, on peut commodément aller en carrosse jusqu'à une petite lieue du chalet.

On peut aussi faire le tour de la vallée du *Lac de Joux* dans un petit chariot à ridelles : pour cet effet il faut passer par *Gimel*, et de là par la montagne de *Marchairu*; mais pour sortir de cette vallée il faudra, après avoir fait le tour du lac, revenir à *Gimel* par le même chemin.

Observations.

GENÈVE.

C'est ordinairement au commencement de juillet, ou vers la mi-octobre, que l'étranger visite le canton de Genève. Ce sont les deux époques de l'année où le voyage autour du lac se fait avec le plus de facilité et d'agrément. On peut faire le tour du lac, soit à pied, soit à cheval, soit en voiture, soit partie à pied et partie en voiture, en profitant de temps à autre des voitures publiques qui desservent les deux routes, la rive gauche de Genève à Boveret, et de Boveret à Villeneuve; la rive droite de Villeneuve à Genève. Un étranger qui parcourt pour la première fois les bords du lac de Genève, ne peut guère y consacrer moins de quatre jours. Cinq sont nécessaires à cheval ou en voiture, et six à pied pour ne laisser échapper aucune des choses qui méritent d'être vues : le premier jour on arrive à Évian; le deuxième à Saint-Maurice; le troisième à Aigle (voir la cascade de Pisse-Vache, et les salines de Bex); le quatrième à Lausanne; le cinquième à Genève.

Les calèches, et chars, et les polonaises appelés *chars en face*, sont préférables à toute espèce de voiture. Les chars de côté ont l'inconvénient de faire tourner souvent le dos au lac. Le prix d'un bon cheval de louage, attelé, varie de 6 à 9 fr. de France, par jour, le salaire du cocher non compris. Un service de poste est établi sur les deux grandes routes de Genève à Saint-Maurice : prix, 1 fr. 50 c. par poste pour chaque cheval, 75 c. pour le postillon. De Genève à Saint-Maurice on compte quinze postes. La diligence de Genève à Lausanne fait quatre fois la semaine l'allée et la venue (en six heures de temps) : prix de la place, 8 fr. 6 s. de Suisse (12 fr. 60 c.). On trouve journellement à Genève et à Lausanne des voituriers prêts à conduire l'étranger d'une ville à l'autre, moyennant 5 à 6 fr. de France. Il y a à Genève une diligence pour Paris, partant de deux jours l'un; une diligence pour Chambéry, partant trois fois par semaine; une diligence pour Lyon, quatre fois la semaine : bureaux, rue de Derrière le Rhône, n° 175. Le *Guillaume Tell*, bateau à vapeur, fait chaque jour le trajet de Genève à Lausanne : partant le matin à 6 heures, il arrive à Ouchy à 11 heures et ½, repart à midi et ½, et arrive le soir à Genève, entre 6 et 7 heures. Le dimanche il fait le tour du lac, partant le matin à 7 h.; il touche à Rolle, Morges, passe la nuit à Ouchy, et revient le lendemain, touchant à Villeneuve, à Saint-Gingolph, Thonon, etc., et arrive à Genève dans l'après-midi.

L'étranger qui se rend à Genève fera bien de se munir de lettres de recommandation pour quelques maisons de cette ville. Quoi qu'on en ait dit, le Genevois est hospitalier et poli; il se fait un plaisir de guider l'étranger dans la ville, de l'accompagner dans ses excursions. Il existe une foule de maisons bourgeoises, depuis les plus modestes jusqu'aux plus élégantes, où il trouvera le logement, la nourriture, le chauffage, à des prix modérés, qui varient suivant le quartier et la manière dont il y est traité. Nous indiquerons aux voyageurs madame *Démole Soubeiran*, maison Picot, n° 78, rue de la Fusterie, tenant des appartemens garnis, et une pension, si on le désire : maison digne de confiance.

On trouvera dans la Feuille d'Annonces de M. Luc Sestié les noms et adresses de domestiques de place, dont le salaire est fixé par réglement à 8 florins 8 sous de Suisse, ou 4 fr. de France. Ces domestiques sont pour la plupart de véritables *cicerone*.

PANORAMA DE GENÈVE. — *Rue de l'Hôtel-de-Ville*, L'HÔTEL DE VILLE; *Grande rue*, le MUSÉE; *place de la Fusterie*, le TEMPLE NEUF; *place de l'Hôpital*, l'HÔPITAL; *cour de Saint-Pierre*, le bel édifice nommé CONSISTOIRE; *la cour de Saint-Pierre*, le TEMPLE DE CE NOM; *rue J.-J. Rousseau*, la MAISON où naquit ce grand écrivain. Nous recommandons comme digne d'être visité le bel établissement de l'École de commerce dirigé par M. F. Chessière, rue de la Pelisserie, n° 133. Ce bel établissement est peut-être l'unique en ce genre dans toute la Suisse. On y reçoit des élèves.

A Genève, à Rolle, à Lausanne, à Vevey, à Bex, à Saint-Maurice, le prix ordinaire d'un dîner à table d'hôte est de 3 fr. de France, par tête; celui d'un souper et du coucher, de 4 fr. à 4 fr. 50 c.; celui d'un déjeûner au thé ou au café, 25 à 30 sols. En général, le séjour à Genève varie de 10 jusqu'à 20 fr.

MONNAIE. — La monnaie de France, d'or et d'argent, et celle du ci-devant royaume d'Italie, ont cours sur toute la route; mais les pièces de cuivre française, ne passent guère qu'en Savoie. Le billon genevois n'a cours du côté de la Suisse que jusqu'à Copet, et n'est plus reçu au-delà de Thonon. L'écu de 5 fr. de France vaut à Genève 10 florins 10 sous, petite monnaie. Le louis vaut 14 liv. 10 sols de Genève; 100 liv., 60 liv. 8 sous 6 den.; un sou courant, 2 sous; et 12 sous, monnaie commune, un florin de Genève.

OUVRAGES A CONSULTER. — *Description des bords du lac de Genève*, in-8°, 1822, par *Manget*. — *Manuel topographique et statistique de la ville et du canton de Genève*, par le même, in-12, 1823, chez *Cherbuliez*. — *Promenades philosophiques aux environs du Mont-Blanc*, par *Moulinié*, Genève, chez *Luc Sestié*, imprimeur. — *Statistique du canton de Genève*, par *Picot*, 1817.

CHANGE DE MONNAIES. — *Dufour*, place de la Cité, n° 54; *Cabrit*, place du Bel-Air.

DIRECTION GÉNÉRALE DES DILIGENCES ET MESSAGERIES, chez M. *Jean Barbezat*, port de la Fusterie.

Départ des Diligences :

Milan, par le Simplon : lundi, mercredi et samedi, à midi.

Paris, tous les deux jours, à 4 heures du matin.

Lyon, malle-poste, seule voiture suspendue en activité sur cette route: les mardi, jeudi, samedi et dimanche, à 4 heures du matin; 24 heures de trajet.

Toute la Suisse et l'Allemagne : les mardi, mercredi, vendredi et samedi, à midi. On va à Berne en 22 heures; à Bâle, en 42 heures; à Francfort-Mein, en 4 jours.

Annecy et *Chambéry* : les lundi, mercredi et samedi. Les voyageurs curieux ne manquent pas de visiter les bords délicieux et romantiques du lac d'Annecy. On part à midi de Genève, pour y arriver le soir.

Fourgons accélérés et ordinaires, pour la France, la Suisse, l'Allemagne et l'Italie. Les étrangers peuvent s'adresser en toute confiance à cet établissement, qui leur procure de grandes facilités.

BANQUE. — De *Morsier* et *Pasteur*, rue de Derrière le Rhône, n° 88. Cette maison recommandable fait la commission.

HORLOGERIE — *Mercier, Blondel et Berton*. Bijouterie, horlogerie, objets à mécanique et musique; quartier de Saint-Gervais, rue des Terreaux de Cornavin.

— *Marc Bordier*, maison de la Poste aux lettres, rue de Derrière le Rhône, n° 64; fabrique de musique, mécanique et horlogerie en tout genre, commissions, envois : zèle, talent, probité.

— *David Bouvier*, rue de Derrière le Rhône, n° 172, réputé pour la bonté de ses montres.

— *Moillut*, etc. Bonne maison, bons ouvrages.

IMPRIMERIE. — *Luc Sestié*, éditeur de la Feuille d'Affiches et d'Annonces, rue de la Pélisserie, n° 130. Imprimerie bien assortie.

LIBRAIRIE. — *Cherbuliez*, au haut de la Cité; grand assortiment de librairie ancienne et moderne, journaux français-anglais, etc. Cette maison est aussi connue pour son commerce de vins fins : tels que Bordeaux, Madère, Xérès, 1res qualités.

— *Châteauvieux*, rue de Derrière le Rhône, maison des Bains; ouvrages anciens et modernes.

— Ve *Desrogis*. Librairie ancienne et moderne : minéraux de toutes les parties du monde, et tableaux, gravures, médailles, etc.

— *Le Double*. Ouvrages sur la Suisse, l'étranger.

MAISON DE ROULAGE. — *Garnier, Bistzchel et compagnie*.

HÔTELS et AUBERGES. — « J'allai loger dans cet agréable *Sécheron*, à l'auberge des *Dejean*, père et fils, qui, au point de perfection où elle est portée aujourd'hui, n'a certainement pas beaucoup de pareilles en Europe : situation agréable, vue du lac, jardin anglais qui aboutit à des bains couverts. » (Lally-Tollendal.)

A GENÈVE. *Hôtel de la Balance*, place du Bel-Air : vue du Rhône, de la campagne; appartemens soignés, table bien servie; prix modérés. On y parle les principales langues de l'Europe.

— *Hôtel de l'Écu*, tenu par *Kohler*; avantageusement connu, réparé à neuf, vaste; riant quartier, vue du lac et des montagnes; soins et agrémens.

A CHAMONIX. Dans le romantique voyage que nous proposons aux voyageurs, nous signalerons l'HÔTEL DE L'UNION, avec bains de santé et de propreté, tenu par MM. frères CHARLET et SIMOND; soins empressés, instruction, complaisance et bonne table.

GUIDE DU VOYAGEUR EN SUISSE.

LE CANTON DE GENÈVE.

GENÈVE. — SES HABITANS.

Ce canton, dont la formation ne date que de 1815, année où Genève, avec son territoire, fut réunie à la Confédération Suisse, par l'acte du congrès de Vienne, est très-mal arrondi ; il comprend les rives du Rhône depuis le point où ce fleuve, sortant du lac Léman, reçoit les eaux de l'Arve, jusqu'au défilé de l'Écluse par lequel il pénètre en France. Quelques uns des coteaux qui ceignent le lac font même partie de ce canton. On peut remarquer comme une bizarrerie la démarcation de ses frontières : une portion de son territoire est enclavée dans la France, une autre dans la Savoie, et une autre dans le canton de Vaud.

« Si l'on veut jouir du panorama du territoire genevois, dit M. Depping, il faut monter sur la plate-forme de l'église de Saint-Pierre (ancienne cathédrale de Genève); pour n'avoir qu'une belle vue, il faut se rendre sur la place Maurice ou sur la terrasse de la Treille. Le mont Salève, du côté de la Savoie; l'Arve, qui en contourne le pied pour mêler ses eaux à celles du Rhône; les collines de Bernex et Confignon, ainsi que celles de Cologni, le long du fleuve; celles de Pregni et Saconnex, sur le bord du lac, vis-à-vis des hauteurs de Bessingue : voilà les objets qui frappent d'abord la vue. Les plus hautes collines du canton ne s'élèvent pas à quatre cents pieds au-dessus du lac; mais il ne faut pas oublier que le lac et la ville de Genève sont élevés de onze cent vingt-six pieds au-dessus du niveau de la mer. Cette élévation est cause de la vivacité de la verdure qui couvre le sol du pays, et de la facilité qu'ont les Genevois d'entretenir des jardins. Aussi la commune de Plain-Palais, auprès de la ville, en est-elle couverte; on n'y connaît point la sécheresse; l'eau y abonde toujours, et dans les années où le sol est brûlé ailleurs, les jardiniers de Plain-Palais font de bonnes affaires.

« On entre à Genève par de belles avenues; celle de Chambéry ou de la Porte-Neuve est magnifique. Le soin avec lequel la ville est fortifiée rappelle tout ce que cette petite république a eu à craindre de ses voisins. Genève est, en général, entourée de bonnes fortifications.....

« Le Rhône divise Genève en deux parties inégales. Une île longue et étroite fait de ce fleuve deux branches, et communique par deux ponts de bois avec les rives, ayant sur la droite le quartier Saint-Gervais, et sur la gauche la ville haute, qui occupe une colline. Ces diverses parties renferment ensemble une population de vingt-trois mille habitans. L'intérieur de la ville ne répond pas à la beauté et à l'importance de sa situation, et l'on citerait peu de monumens qui la décorent. Les rues, en partie escarpées, sont bordées de maisons de cinq à six étages. L'ancienne cathédrale, l'hôtel de ville, le collége avec la bibliothéque, l'observatoire, la caserne du bastion de Hollande, la machine hydraulique, et la tour de l'île du Rhône, attribuée à César : voilà, à peu près, à quoi se réduisent les édifices remarquables de Genève. Mais, sous le rapport des promenades et des points de vues, elle n'a rien à envier à d'autres villes. »

La Treille est une plate-forme de cinq cents pieds, sans autre ornement qu'une allée de marroniers; mais de là on jouit d'un paysage très-riant, encadré par le Jura, le Vouache, le Grand-Salève, et une chaîne verdoyante de collines, qui, sous le nom de mont Sion, termine la plaine de Genève vers le midi. Rien de plus magnifique que les vues dont on jouit de la terrasse de la place Maurice. Le jardin des plantes est une promenade délicieuse.

« Il me semble, dit J.-J. Rousseau, que ce qui doit d'abord frapper tout étranger entrant dans Genève, c'est l'air de vie et d'activité qu'il y voit régner. Tout s'occupe, tout est en mouvement, tout s'empresse à son travail et à ses affaires ; je ne crois pas que nulle autre aussi petite ville offre un pareil spectacle.

« Visitez le quartier Saint-Gervais : toute l'horlogerie de l'Europe y paraît rassemblée. Parcourez le Molard et les rues basses : un appareil de commerce en grand, des monceaux de ballots, des tonneaux confusément jetés, une odeur d'Inde et de droguerie, vous font imaginer un port de mer. Aux Pâquis, aux Eaux-Vives, le bruit et l'aspect des fabriques d'indienne et de toile peinte semblent vous transporter à Zurich. La ville se multiplie, en quelque sorte, par les travaux qui s'y font ; et j'ai vu des gens, sur ce premier coup d'œil, en estimer le peuple à cent mille âmes. Les bras, l'emploi du temps, la vigilance, l'austère parcimonie, voilà les trésors des Genevois.

« Avec un ton dogmatique et froid, ils sont vifs et impétueux, et ont les passions très-ardentes. Ils diraient même assez bien les choses de sentiment, s'ils ne disaient pas tout ou s'ils ne parlaient qu'à des oreilles ; mais leurs points, leurs virgules, sont tellement insupportables, ils peignent si poliment des émotions si vives, que, quand ils ont achevé leur dire, on chercherait volontiers autour d'eux où est l'homme qui sent ce qu'ils ont décrit avec ce style un peu guindé. Les Genevoises ne laissent pas d'être vives et piquantes. Dans la simplicité de leur parure, elles ont de la grâce et du goût ; elles en ont dans leur entretien, dans leurs manières. Comme les hommes sont moins galans que tendres, les femmes sont moins coquettes que sensibles, et cette sensibilité donne même aux plus honnêtes un tour d'esprit agréable et fin qui va au cœur et qui en tire toute sa finesse. »

LAC DE GENÈVE.

SES RIVES. — NAVIGATION SUR LE LAC.

Que le chantre flatteur du tyran des Romains,
L'auteur harmonieux des douces Géorgiques,
Ne vante plus ces lacs et ces bords magnifiques,
Ces lacs que la nature a creusés de ses mains
  Dans les campagnes italiques :
  Mon lac est le plus beau !........
                    VOLTAIRE.

Le lac de Genève est situé à peu près au milieu d'une large vallée qui sépare les Alpes de la chaîne du Jura. Le Rhône, en sortant du Valais, où il a sa source, vient traverser cette vallée. Il y trouve un grand bassin creusé par la nature : ses eaux remplissent ce bassin et forment ainsi le lac Léman. Là, le Rhône se repose et se dépouille du limon dont il était chargé à son arrivée. Il sort ensuite brillant et pur de ce vaste réservoir, et vient, avec ses eaux rapides et azurées, traverser la ville de Genève. L'existence d'un courant continu, formé par le prétendu cours du Rhône au travers du lac, est aussi peu fondée dans le fait qu'elle est contraire aux notions les plus simples de la physique. Il existe, il est vrai, dans le lac, des courans qui montent dans certains temps et descendent dans d'autres, mais sans que l'on connaisse leurs causes ni les périodes de leurs changemens, et qui sont absolument indépendans de celui du Rhône. Enfin, certaines ondulations momentanées de la surface du lac ont pu tromper, à cet égard, des spectateurs inattentifs; mais elles sont aussi variables que les vents et les aspects du soleil qui produisent ces apparences.

On compte, outre le Rhône, environ quarante rivières ou ruisseaux qui versent leurs eaux dans le lac de Genève. Tous ces divers affluens y charrient une certaine quantité de limon qui s'y dépose et qui s'y accumule continuellement. La limpidité très-remarquable des eaux du lac et de celles du Rhône, à sa sortie à Genève, prouve que ce sédiment reste en presque-totalité dans le lac, dont il tend à remplir insensiblement le bassin.

D'après les mesures les plus récentes et que nous sommes fondés à regarder comme les plus exactes, le lac Léman est élevé de 1,150 pieds au-dessus du niveau de la mer Méditerranée. Le lac éprouve deux espèces de flux et de reflux. L'une est générale et assez régulière. Les eaux du lac prennent, dès le mois d'avril, un accroissement qui va communément à cinq ou six pieds, et passe rarement cette limite. Dès la fin d'août et jusqu'en décembre, elles redescendent à leur ancien niveau, sans subir de variation sensible pendant les trois mois suivans. Cette crue périodique coïncide avec la fonte des neiges accumulées dans les régions les plus élevées des Alpes, fonte qui ne s'effectue que tard, et seulement pendant les mois de forte chaleur. L'autre espèce de marée est absolument irrégulière, soit dans ses périodes, soit dans son intensité. On voit quelquefois, dans des journées orageuses, au mois d'août plus communément que dans tout autre, le lac s'élever brusquement de trois, de quatre ou même de cinq pieds, s'abaisser ensuite avec la même rapidité, et continuer à monter et à descendre alternativement pendant quelques heures. Ces oscillations, connues dans le pays sous le nom de *seiches*, sont particulièrement sensibles dans la partie du lac qui avoisine Genève. Un savant observateur vivant les attribue à une pression inégale exercée sur les eaux du lac par les diverses colonnes atmosphériques qui s'appuyent sur sa surface, et dont l'équilibre se dérange accidentellement.

Pour donner une idée vague de la forme du lac de Genève, on pourrait la comparer à un croissant allongé, dont la convexité serait tournée vers le nord, avec une légère obliquité vers l'occident. Arrondi à son extrémité supérieure, il se prolonge en pointe à son extrémité inférieure en s'approchant de Genève, et y forme comme un second bassin à la suite du bassin principal. De là la distinction usitée entre le petit lac et le grand lac, séparés l'un de l'autre, à environ quatre lieues et demie de Genève par un promontoire situé vis-à-vis de la ville de Nyon et appelé la *Pointe-d'Yvoire*. La courbure du lac en cet endroit est d'autant plus sensible, qu'un peu plus loin, la rive se contourne brusquement au midi, pour aller former un golfe près de Thonon. Des environs de Genève le petit lac est le seul visible, et à Genève même l'horizon est terminé par des éminences plus rapprochées qui bornent la vue à une bien moindre distance.

A un grand quart de lieue de Genève, un large banc de sable nommé le Travers s'étend d'une rive à l'autre, pousse ses ramifications jusque dans le port de Genève, et ne disparaît entièrement qu'à une lieue au nord de cette ville, où le lac devient sensiblement plus profond. Quoique couvert d'eau toute l'année, il astreint les bateliers à certaines précautions en hiver. On rencontre aussi en divers endroits du lac, à peu de distance des rives, des rochers ou écueils qui sont tantôt cachés au-dessous des eaux, tantôt au-dessus de leur surface. Ces blocs, qui sont de granit ou de quelque autre roche primitive, sont regardés comme des fragmens détachés des montagnes de la chaîne centrale des Alpes, antérieurement aux temps historiques, à la suite des grands bouleversemens qui ont donné à notre globe sa forme actuelle. Deux de ces rochers granitiques se voient près de l'entrée du port de Genève. Le plus grand des deux porte le nom de Pierre à Niton ou de Niton, dérivé vraisemblablement du nom latin de Neptune, s'il faut admettre, d'après une tradition populaire, que ce rocher ait été anciennement consacré au culte du dieu des eaux.

Le lac de Genève est parfaitement navigable dans toute son étendue et dans toutes les saisons. Il est moins sujet que la plupart des autres lacs de la Suisse à ces coups de vent déréglés, à ces bourrasques inopinées qui rendent la navigation dangereuse. Ses rives offrent d'ailleurs presque partout un abordage sûr et commode. La côte méridionale elle-même, redoutée autrefois à cause de ses escarpemens, est devenue accessible sur tous les points, depuis que les effrayans rochers de Meillerie se sont brisés sous le marteau des ingénieurs français pour faire place à une magnifique chaussée. Si la rive du lac du côté du Chablais, pays qui appartient maintenant au canton de Genève, présente un aspect un peu désert et même sauvage, il y a compensation sur la rive du pays de Vaud. Cette rive, qui s'élève en amphithéâtre, offre un aspect riche, animé et d'une grande beauté; elle est couverte d'une multitude de villes, de bourgs, de villages, de châteaux et de maisons de campagne. La navigation sur le lac Léman est la promenade favorite des habitans de Genève et des étrangers qui visitent cette ville. Rien n'égale le plaisir de se promener dans une gondole sur cette superbe nappe d'eau, pendant une belle matinée ou dans une soirée d'été. Ce vaste bassin occupe le milieu du plus beau paysage que l'on puisse voir; il est bordé de montagnes qui appartiennent aux plus hautes chaînes de l'Europe; à chaque instant les navigateurs changent de point de vue en passant devant des villages entremêlés de vignes, de bois, de rochers. Avec quel plaisir ils respirent la fraîcheur des eaux quand le soleil darde ses rayons brûlans, ou lorsqu'il ne colore plus que la cime des montagnes!

PROMENADE SUR LA RIVE GAUCHE DU LAC DE GENÈVE.

DOVAINE, THONON, AMPHION, EVIAN, MEILLERIE ET BOVERET.

La première portion de cette route, qui comprend un espace de six lieues à peu près en ligne droite de Genève à Thonon, n'offre ni aspects fort intéressans, ni objets particulièrement dignes de remarque. De la colline de Cologny, dont le point le plus élevé est un peu au delà du village de ce nom, à environ trois quarts de lieue de Genève, la vue s'étend d'une manière assez agréable, d'un côté sur le Mont-Blanc et la première chaîne des Alpes, de l'autre sur le Jura et cette lisière de jolies habitations qui bordent sans interruption, sur un espace de deux lieues, la rive droite du lac. Une plaine aride et monotone s'étend de là jusqu'à Dovaine, le premier village savoyard qu'on traverse sur cette route. Le paysage devient de plus en plus indistinct. On perd à peu près de vue le lac et ses rives; les hautes Alpes ne se laissent plus apercevoir qu'en profil.

Dovaine, séparé du lac par une plaine de trois quarts de lieue de largeur, couverte d'arbres, appuyé de l'autre côté sur la pente occidentale du coteau de Boisy, ne jouit d'aucune vue.

La route va de là continuellement en montant et en s'écartant toujours davantage du lac, jusqu'au village de Massongy. Mais un peu plus loin, après une montée ennuyeuse, une plaine étendue se déroule aux regards à mesure qu'on avance. On revoit le lac qu'on avait perdu de vue; on le voit dès lors dans sa partie la plus large, formant un vaste bassin entre la rive vaudoise et le golfe de Thonon. Thonon et la Chartreuse de Ripaille se découvrent au milieu de ce riant paysage, autour duquel les montagnes des Alinges, de Bogève et d'Abondance, forment à droite une ceinture du plus beau vert, et au fond duquel les Dents d'Oche projettent obliquement leurs cimes grisâtres. Les ruines du château des Alinges, à une lieue de la route, attirent les regards par leurs découpures bizarres, par leurs pans de mur à jour.

On arrive à Thonon par un chemin uni, ombragé de beaux arbres, qui donne une assez agréable apparence à l'entrée de cette capitale du Chablais.

Thonon, peuplé de trois mille âmes, a un collége, quelques fabriques et un commerce de détail assez actif. Les environs sont cultivés avec un soin qui annonce les rapides progrès que ce pays a faits en industrie et en prospérité, dans le cours des trente dernières années.

A vingt minutes de marche de Thonon, on a à sa gauche le ci-devant couvent de Ripaille. Un épais rideau d'arbres le cache du côté de la route, ainsi que la plus grande partie du promontoire où Ripaille est situé.

A un grand quart de lieue au delà, on traverse le torrent de la Dranse sur un pont de cinq à six cents pas, soutenu par vingt-quatre arches, mais tortueux, mal pavé, et tellement étroit que deux voitures ne peuvent y passer de front.

En quittant les bords arides de la Dranse, au pied des ruines du château de Publier, destiné jadis à la garde de ce passage, on s'élève doucement sur le penchant d'une colline ombragée d'arbres arrondis en berceaux au-dessus du chemin. Ici commencent ces superbes châtaigniers, les plus beaux qui existent de ce côté des Alpes, et qui n'ont de rivaux que dans les vallées des Pyrénées et sur les flancs du mont Etna. Le Valais et le canton de Vaud n'ont rien qui approche de cette énergique végétation forestière du bas Chablais, ni d'ombrages comparables à ces massifs de châtaigniers, de noyers et d'autres arbres de haute stature, qui opposent au bleu argenté du lac leur teinte sombre et leur verdure méridionale.

Sur le revers de ce coteau, à un quart de lieue de la Dranse, la route passe à Amphion, joli village connu par ses eaux ferrugineuses et toniques, dont la source sort de terre, au bord du lac, sous un hangar qui sert d'abri contre la pluie et le soleil. Une terrasse sablée et plantée d'arbres, un bâtiment assez élégant et entouré d'un portique, ajoutent à l'agrément du lieu et facilitent l'usage des eaux.

D'Amphion, en suivant la pente légèrement inclinée de la rive du lac, on arrive en moins de trois quarts d'heure de marche à la petite ville d'Evian, la seconde du Chablais, peuplée de 1,500 habitans, fréquentée dans la belle saison par des étrangers qu'attire la beauté de sa situation, plus encore que les eaux minérales, dont il y en a cependant de plusieurs espèces dans le voisinage de cette ville.

Evian est peut-être le point le mieux placé de toute la rive gauche pour contempler la rive opposée. La côte de Suisse s'y développe aux regards, sur une étendue de douze lieues. Le Jura ne se montre déjà plus que dans un lointain un peu nébuleux; mais le mont Jorat, qui est un embranchement de cette chaîne, s'allonge parallèlement au lac et couronne de sa crête ondoyante ce gracieux amphithéâtre de villes, de villages et de campagnes cultivées, qui s'élèvent en gradins sur son penchant. A droite, les Alpes vaudoises laissent déjà apercevoir leurs sommets déchirés et leurs pentes abruptes qui s'élèvent à pic vers l'extrémité du lac, comme pour séparer ce riant bassin d'autres régions moins heureuses.

D'Evian, on suit sans interruption et de très-près la rive du lac pour ne la quitter que vers l'embouchure du Rhône. Une route bordée d'arbres se prolonge presque à fleur d'eau pendant l'espace d'une grande lieue, au pied d'un plateau de plus en plus rétréci et incliné qui lie les bords du lac aux hautes montagnes du Chablais. Ce plateau est couvert de bois d'une richesse de végétation et d'une fraîcheur admirables.

A une lieue d'Evian, est le village de la Tour-Ronde, non loin duquel s'arrêtait anciennement la route. On ne trouvait plus au delà, jusqu'à l'entrée du Valais, que des sentiers étroits et pénibles, qui rendaient à peu près impraticable la course par terre. La nécessité de s'embarquer pour faire le trajet éloignait la plupart des voyageurs d'entreprendre le tour du lac de Genève. Cette belle promenade n'est devenue à la mode que depuis que les ingénieurs français, en sapant les masses énormes de rochers qui bordaient le lac au sud-est, ont construit sur leurs débris une chaussée en terrasse dont on admire le travail, et qui frappe comme un monument imposant de la puissance de l'homme, au sein de cette nature colossale. Ces grands travaux appellent déjà les regards à un quart de lieue de la Tour-Ronde. La pente de la montagne, relevée en talus rapide au-dessus de la route; un pont élégant, en bois peint, construit avec une régularité parfaite au-dessus d'un ravin, annoncent qu'on marche sur un terrain façonné par la géométrie. En continuant à cheminer sur cette esplanade, on ne tarde pas à arriver aux premiers rochers de Meillerie, jadis saillans dans le lac comme des tours anguleuses, aujourd'hui taillés en murailles le long de la route. Les blocs immenses qu'on en a détachés ont servi à former le revêtement extérieur de cette espèce de quai continu de plusieurs lieues. Le chemin, partout d'une largeur suffisante pour le passage de deux voitures, est bordé en dehors d'une lisière de bornes d'une coupe élégante, interrompue en certains endroits par un parapet massif, à hauteur d'appui.

Meillerie, jadis composée d'une vingtaine de misérables habitations entassées au pied d'une pente rapide, à une lieue de la Tour-Ronde, est devenue, depuis qu'une grande route la traverse, un endroit assez agréable qui présente l'aspect d'une prospérité croissante. On voit, en passant, des usines en activité et des maisons neuves qui forment comme un village moderne au-dessus des masures du village ancien. Une espèce d'auberge ou plutôt de cabaret, dont l'enseigne dorée et ciselée sent prodigieusement le dix-neuvième siècle, peut au moins offrir quelques rafraîchissemens aux voyageurs à pied.

Au delà de Meillerie, le paysage devient chaque moment plus imposant et plus agreste. Toutes les proportions grandissent. On ne tarde pas à arriver au pied des fameux rochers que la poudre à canon a mutilés sans leur ôter leur âpreté primitive. Des mineurs suspendus à des cordes, au milieu de ces escarpemens, en détachent péniblement des blocs qui tombent avec fracas à plus de cinquante pieds au-dessous d'eux : ce sont ces beaux moellons calcaires qui sont si recherchés dans nos contrés sous le nom de roches de Meillerie.

Quand la vue, attristée par l'aspect sauvage de ces rochers, se reporte sur le bassin du lac et sur ses rives, on découvre à peu de distance devant soi le joli promontoire où est situé Saint-Gingolph, avec ses vergers qui s'abaissent en pente douce jusque vers la grève, et les embarcations dont le vent agite les banderoles dans ce petit port.

Avant d'y arriver, on passe sur l'emplacement un peu incertain de l'antique Tauretunum, bourg florissant au temps des Romains, anéanti, l'an 563 de notre ère, par la chute d'une partie de la montagne voisine. Cette épouvantable avalanche, faisant refluer les eaux du lac sur les deux rives, causa des désastres dont les historiens contemporains nous ont transmis les affreux détails.

On compte une petite lieue de Saint-Gingolph au hameau du Boveret, auprès des bouches du Rhône. Cette dernière portion de la rive gauche offre une suite de tableaux auprès desquels toutes les descriptions sont pâles et inanimées. La rive vaudoise se rapproche toujours davantage, et s'arrondit en amphithéâtre autour de l'extrémité du bassin. On distingue sans peine les dernières terrasses de la Vaux, et l'œil peut déjà compter ces gradins couverts de vignes, qui s'élèvent du rivage à la crête du Jura. En suivant de là les contours du golfe, on a successivement devant les yeux Vevey et ses allées de tilleuls allignées le long de la rive; les bois de Clarens, parés de leur propre beauté et de ce charme idéal que l'imagination y attache; l'opulent village de Montreux, posé sur le penchant d'un coteau nuancé par tous les genres de culture; Chillon, isolé comme un écueil au bord du lac, avec son donjon et ses tourelles gothiques; enfin, Villeneuve, tristement situé dans une plaine marécageuse, près de laquelle le Rhône vient se verser par trois embouchures au milieu des saules et des roseaux. Si nous élevons nos regards au-dessus des bords, nous verrons, à l'orient de Vevey, à l'endroit où le Jorat se termine, une chaîne de hautes montagnes encadrer l'espace que nous venons de parcourir. D'abord mollement inclinées et traversées par des vallons cultivés, elles prennent peu à peu des formes plus sauvages à mesure qu'elles s'approchent du Rhône, et rembrunissent le paysage par leurs escarpemens revêtus de broussailles d'un vert foncé, et sillonnés de ravins pierreux. C'est le mont Cubly, la montagne et la cime ou dent de Jamans, le Mayen et la Tour-d'Aï, haute sommité qui domine Villeneuve, et ferme de ce côté-là l'extrémité du bassin du Rhône. Le sommet du Moléson, l'une des plus hautes cimes du canton de Fribourg, se fait apercevoir au-dessus de Vevey, au fond de la vallée qui sépare le Jorat des Alpes. Moins heureusement placés pour observer les montagnes de la rive que nous côtoyons encore, nous découvrons cependant à une hauteur considérable au-dessus de nos têtes quelques unes de ces sommités escarpées qui forment le groupe des Dents d'Oche, et dont les bases s'abaissent de précipice en précipice jusqu'au bord du chemin où nous marchons. De nombreux ruisseaux en descendent, et distillent en filets d'argent sur le tapis de mousse des rochers. Vers la moitié du chemin de Saint-Gingolph au Boveret, au-dessous d'une jolie esplanade gazonnée et couverte d'arbres, formant une espèce de verger au bord du lac, on trouve une grotte naturelle, assez spacieuse, qu'il est facile d'aller visiter en bateau.

FERNEY.

Nous allons suivre ici M. de Lalli-Tollendal :

« L'excursion à Ferney a excité en nous des sensations pénibles. D'abord nous avons été plus que surpris quand nous avons vu le cabinet où Voltaire a écrit la Défense de Calas, le Siècle de Louis xv, et les Fragmens sur l'Inde, changé aujourd'hui en une chambre de domestique, où l'on nettoie les bottes. Cependant la chambre à coucher et le petit salon particulier qui la précède sont encore dans le même état où les habitait l'auteur de la Henriade et de Zaïre. C'est toujours ce qu'on a décrit cent fois. Dans la chambre, un très-beau portrait de Voltaire à quarante ans ; un autre de madame du Châtelet ; un du grand Frédéric, envoyé par lui à Voltaire, quand le prince voulut regagner les faveurs du poëte, après lui avoir retiré les siennes; un de la grande Catherine, fait en tapisserie, de sa main impériale; Calas et Sirven; Francklin et Delille; enfin le petit monument pyramidal élevé par la marquise de Villette pour recevoir le cœur de son père adoptif, avec l'inscription qu'on y lit encore, quoique le cœur n'y soit plus :

Son esprit est partout, mais son cœur est ici.

Une partie de ce monument est brisée, comme une partie des rideaux du lit est hachée. Nous avons demandé compte de ces dégâts à notre *cicérone*, et il nous a répondu ce qu'on répond souvent en Suisse et ailleurs à quiconque fait des questions sur une ruine : *Ce sont les Autrichiens*. Ici on les calomniait, au moins sur les rideaux, car nous avons su positivement que c'étaient les dévots à Voltaire qui avaient voulu en emporter chacun un morceau.

« Dans le salon, j'ai demandé à voir ce dernier excès de l'adulation de la puissance envers le génie, ce buste de Voltaire en porcelaine, premier ouvrage sorti de la manufacture royale de Berlin, avec ce seul mot écrit au bas, en lettres d'or, de la main du grand Frédéric, IMMORTALIS. On m'a répondu que ce buste n'était plus à Ferney, mais à Paris. J'ai avisé alors, au-dessus d'une des portes, un tableau bien étrange, et dont je suis étonné qu'aucune des relations n'ait encore parlé, d'autant plus que Voltaire lui-même en aurait donné le sujet, en aurait dirigé la composition, au dire de l'homme qui nous le montrait, et qui ne cessait de répéter : *C'est son ouvrage*. Si cela est vrai, Horace n'eût sûrement pas trouvé dans cette composition son précepte, *Ut pictura poesis;* et, fort heureusement pour nous, la *poésie* de Voltaire n'aurait pas été *comme ses peintures*. Dans celle dont il s'agit, le sujet est double, et ce double sujet, c'est Voltaire, et encore Voltaire. A gauche, Henri IV, la Henriade à la main, présente son chantre au dieu du Parnasse, et sollicite pour lui les honneurs du triomphe. Le dieu accorde au roi sa requête. En conséquence, le même Voltaire qu'on vient de voir pétitionnaire d'Apollon et client de Henri IV dans le côté gauche du tableau, on le voit dans le côté droit conduit en triomphe au temple de mémoire par le chœur des Muses et par des groupes de génies. On voit ses ennemis et ses envieux oser prétendre à lui fermer ce temple. Ils gravissaient déjà la roche escarpée qui en est le fondement; mais, tous tant qu'ils sont, les La Beaumelle, les Patouillet, etc., etc., sont renversés pieds par-dessus tête, et dégringolent l'un sur l'autre avec des grimaces effroyables, grinçant des dents, et cherchant à retenir dans leurs mains quelques restes de leurs diatribes, dont les feuilles déchirées volent au gré du vent. Shakespeare, auquel le poëte de Ferney a tant reproché de violer dans ses pièces l'unité d'action, n'a pas du moins fait paraître à la fois, dans la même scène, deux représentations du même personnage. Une idée aussi bizarre, si elle est sortie du cerveau de Voltaire, n'a pu y naître que du désordre de la colère, et l'on sait que le *genus irritabile vatum* n'a jamais éclaté avec plus d'explosion que dans celui qui avait tant de raisons pour ne pas même honorer d'un regard de tels détracteurs.

« Voltaire s'entendait mieux en jardins qu'en tableaux, ai-je dit en entrant dans ses jardins et dans son parc, en voyant ses plantations devenues superbes, ses bois percés admirablement, les sublimes points de vue qu'il s'était ménagés dans la distribution de son terrain, enfin la terrasse élevée au niveau de son cabinet, sur laquelle il marchait à grands pas dans le feu de sa composition, et où les hauteurs de son génie s'exaltaient encore à la vue de ce Mont-Blanc qu'il a cependant fini par accuser de ses rhumatismes.

« Après avoir été un peu éparpillée par la promenade, notre société se réunissait sous l'ombrage de la belle futaie voisine du château, lorsque nous avons vu arriver à nous un vieux jardinier qui aujourd'hui se vante, la larme à l'œil, d'avoir long-temps servi l'auteur de Mérope et de Tancrède, et qui autrefois s'est effrayé ou moqué de lui, les jours où il venait commander à ses ouvriers, habillé dès le matin en Narbas ou en Argyre, pour en jouer le rôle dans la soirée, et pour ne pas faire deux toilettes en un jour. Ce bonhomme nous a d'abord donné une note imprimée des principaux bienfaits que son maître avait répandus dans Ferney, où il avait porté la population de quatre-vingts hommes à douze cents, et nous nous sommes rappelé ce vers, charmant d'expression, parce qu'il l'est de vérité :

J'ai fait un peu de bien, c'est mon meilleur ouvrage.

« Le bon vieillard, ayant cru voir que nous sympathisions avec lui, nous a priés d'attendre un instant en nous disant qu'il allait nous apporter quelques choses que nous serions certainement bien aises d'avoir vues. Il est revenu tenant en main un petit in-folio relié en parchemin, un plus petit cahier aussi relié, et une étoffe qui renfermait quelque chose qu'on ne voyait pas. L'in-folio contenait une collection faite par Vagnière, secrétaire de Voltaire, des sceaux et cachets de tous les souverains et des plus illustres personnages, en tout genre, et de tous pays, qui avaient été en correspondance avec l'ancien maître de Ferney : au-dessus de chaque cachet était le nom du correspondant. Cette première revue faite, le vieux jardinier, en nous présentant le plus petit cahier, nous a dit : « Vous allez voir l'écriture de M. de Voltaire. » L'intérêt allait croissant. Nous avons ouvert le cahier, et nous avons vu en effet l'écriture de Voltaire, mais c'était son compte d'un mois ou d'une année avec son valet de chambre. On y lisait : « J'ai reçu de monsieur tant, de madame Denis tant. » Et au-dessous de ces mots était écrit de la main de Voltaire : « Il redoit 47 livres 10 sols. — On lui doit 36 fr., etc. » Il ne nous restait plus à connaître que le mystère de l'enveloppe. Le bon vieillard l'a ouverte avec une impression de respect plus forte : il nous a montré un bonnet à rebord, de soie grise, brodé partout en or et argent, avec une houpe de même; et d'un ton plus qu'emphatique il nous a dit : « Voilà le bonnet que M. de Voltaire portait en été, quand il se promenait en faisant des gestes sur la terrasse. »

« Nous avons demandé d'abord à voir le théâtre; il n'était plus à voir : il a été détruit ainsi que la bibliothéque; et du moins, mieux remplacé qu'elle, il est devenu une fort belle serre.

« Et l'église érigée à Dieu par Voltaire, avons-nous dit, est-elle détruite aussi? » Elle est conservée, nous a-t-on répondu : elle est restée la paroisse du lieu.» Une espèce de sacristain aussi vieux que le jardinier s'est alors emparé de nous, et nous a montré cette église en détail. Il nous a dit que Voltaire y venait régulièrement trois fois par an, les jours de Pâques, de la Pentecôte et de la Fête-Dieu. Il nous a montré le banc où s'asseyait le seigneur de Ferney, et sur lequel peut-être il avait fait son beau vers:

Si Dieu n'existait pas, il faudrait l'inventer.

Pourquoi donc a-t-il si souvent oublié qu'il fallait l'honorer, et dans le culte qu'on lui rendait, et dans la morale qu'on prêchait en son nom? Pourquoi avoir professé tour à tour et démenti de si beaux et de si bons sentimens?

« Le vieux sacristain nous a montré enfin le tombeau pour lequel Voltaire avait fait prendre sa mesure, et qu'il s'était fait construire en même temps que l'église, à laquelle il était attenant. « Mais il n'est ni dehors ni dedans, » disait une femme de beaucoup d'esprit. En effet, l'ouverture du tombeau était bien dans l'église; mais tout le corps du monument était et est encore en dehors. Tel qu'il est, il faut regretter que sa destination n'ait pas été remplie : il y eût eu des scandales de moins.

« Après avoir examiné avec tant de détail le château et toutes ses dépendances, je n'ai pu que jeter un coup d'œil sur la ville, qu'on peut dire avoir été bâtie par les mêmes mains que le château. Je désire me tromper, mais j'ai été frappé en sortant de Ferney du sentiment absolument contraire à celui que j'avais éprouvé en entrant dans Carrouges. Les rues m'ont paru désertes; beaucoup de fenêtres fermées, beaucoup de maisons vides; nul indice, au moins extérieur, du commerce d'horlogerie que son fondateur y avait créé et y faisait croître de jour en jour. Enfin, j'ai emporté la crainte que Ferney ne fût plus aujourd'hui qu'une belle terre, après avoir été une petite ville, jolie, peuplée, et commerçante : Voltaire n'y est plus. »

LE MONT SALÈVE.

GROTTE. — ROCHERS.

Le mont Salève est situé au midi, à une lieue de Genève. Il présente, du côté de cette ville, de grandes assises à peu près horizontales de rochers nus et escarpés, d'une pierre calcaire blanche, sur laquelle les injures de l'air font peu d'impression. On y voit, à un petit quart de lieue au-dessus du village de Coin, à la hauteur d'environ 600 pieds au-dessus du lac Léman, une grotte connue depuis long-temps sous le nom de **Grotte de Balme**. Elle pénètre dans la montagne à une grande profondeur; mais c'est un canal si tortueux et si étroit, qu'il faut un courage bien déterminé pour s'y engager. Quand on veut en sortir on a encore plus de peine que lorsqu'on y est entré, parce que le canal va en descendant du dedans au dehors; et, quoiqu'il semble que le poids du corps doive aider son passage dans les parties les plus étroites du canal, cette situation de la tête, plus basse que les pieds, augmente considérablement la fatigue. On n'a pas la ressource de descendre à rebours, parce que ce couloir se subdivise en plusieurs endroits, et qu'il faut avoir la tête en avant pour voir où l'on s'enfile. En tirant à droite, on arrive jusqu'à une profondeur de 160 pieds, qui se termine par un cul-de-sac; si l'on tirait à gauche, à ce que disent les gens de l'endroit, on irait beaucoup plus loin; ils prétendent même que jamais personne n'a atteint le fond de ce canal.

Un peintre qui voudrait monter son imagination, et se faire de grandes idées des ravages du temps sur de grands objets, devrait aller au pied du Salève, à l'extrémité de ces grands rochers, au-dessus du Coin, hameau fort élevé de la paroisse de Collonge. On voit là des rochers taillés à pic, à la hauteur de plusieurs centaines de pieds, avec des faces, ici planes et uniformes, là partagées et sillonnées par les eaux.

La base de ces rochers est couverte de débris et de fragmens énormes, confusément entassés. Un de ces débris, soutenu fortuitement par d'autres, est demeuré debout, et ressemble de près à un obélisque quadrangulaire d'une immense hauteur. De plus loin, on reconnaît que sa sommité est une arête tranchante, et qu'il a la forme d'un coin.

L'angle même de la montagne est partagé par une fente qui le traverse de part en part. Cette profonde fissure mérite qu'on la voie, et qu'on y pénètre; elle est tortueuse, et même dans quelques endroits si étroite, qu'à peine un homme peut y passer. Quand on y est engagé, on trouve des places où les sinuosités du rocher dérobent la vue du ciel; plus loin elles se laissent apercevoir par échappée. Ailleurs, on voit des blocs de rochers engagés dans la crevasse et suspendus au-dessus de la tête de l'observateur. « La première fois que je visitai ce site singulier, dit M. de Saussure, et que je pénétrai dans cette fissure, j'éprouvai un saisissement dont il eût été difficile de se défendre. J'étais seul, fort jeune, et peu accoutumé à ce genre de spectacle. Ces rochers escarpés, ces fragmens entassés, réveillaient dans mon esprit des idées de dévastation et de ruine. Cette profonde solitude n'était troublée que par des corneilles qui nichaient dans les rochers, et qui, craignant pour leurs petits, s'attroupaient autour de moi en faisant des croassemens affreux; elles venaient ensuite se poser sur des corniches élevées au-dessus de ma tête, et là, battant des ailes et poussant de lugubres cris, elles semblaient maudire l'indiscret étranger qui venait troubler leur repos. »

On voit sur le Salève de magnifiques papillons, le vautour blanchâtre et la grive des rochers.

MONTAGNE ET COUVENT DES VOIRONS.

Son pied est à deux grandes lieues de Genève; elle est cultivée jusqu'à une très-grande hauteur, avec des prairies au-dessus des champs, et des bois au-dessus des prairies; sa hauteur est de plus de trois mille pieds au-dessus du lac Léman. On y trouvait, il n'y a pas long-temps, un couvent situé dans les bois, au nord, et presque au sommet de la montagne. Il était habité par des bénédictins qui semblaient avoir été placés dans cette solitude pour expier, par leur ennui et leurs souffrances, la vie trop sensuelle qu'on reprochait aux autres religieux de leur ordre, qui habitaient de riches monastères. Une statue de la Vierge, en vénération dans le pays sous le nom de Notre-Dame-des-Voirons, était l'objet de leur culte, et la cause de leur séjour dans un lieu si sauvage et si froid. « J'ai vu, dit Saussure, un de ces malheureux moines, que l'air trop vif et trop froid de la montagne avait perclus de tous ses membres, et dont les doigts étaient recourbés en dehors. Le Ciel eut pitié de leurs souffrances, et permit que le feu détruisît leur demeure. Ils eurent la constance de passer un an ou deux sous une voûte que les flammes avaient épargnées; enfin, on leur permit d'aller vivre sous un climat plus doux; la Madone fut tranférée à Annecy, et la masure est demeurée inhabitée. Je me rappelle toujours, en frissonnant, une cour obscure qui occupait le centre du couvent : c'était une vraie glacière, remplie d'une neige qui ne fondait jamais, et qui formait un foyer de froid et d'humidité d'autant plus dangereux que l'air était plus chaud au-dehors. »

En suivant un sentier pratiqué sur la croupe des Voirons, le long d'un précipice nommé le Saut-de-la-Fille, on arrive, dans une heure et demie de marche, à l'extrémité occidentale de la montagne. Là, d'une hauteur dégarnie d'arbres, laquelle s'élève au-dessus des chalets de Prélaire, on jouit d'une très-belle vue sur plusieurs vallées, sur le Mont-Blanc et sur les rives du lac de Genève, que couvrent une multitude de villes, de villages et de châteaux. Sur la rampe de la même montagne, du côté du sud-ouest, on observe, de dessus les hauteurs de Châtelard, de beaux aspects du côté de Genève. C'est sur cette colline que des vignobles produisent le vin de Crépi, le meilleur de tous ceux que rapporte la rive gauche du lac.

PERTE DU RHONE. — L'ÉCLUSE.

Le Rhône, après avoir promené librement ses eaux au travers de la plaine qui termine au couchant le bassin de Genève, est forcé de s'échapper par l'étroite issue que lui laisse le défilé qui sépare les montagnes du Vouache et du Jura. Arrivé à cette gorge appelée le Pas-de-l'Écluse, son lit se resserre et acquiert une profondeur considérable ; ses bords s'élèvent et présentent deux murailles continues de falaises rapides ou de rochers coupés à pic. Sa largeur, qui est de 40 à 50 toises au sortir de Genève, n'est plus que de 8 à 15 toises au-dessous du fort de l'Écluse, qui marque le milieu du défilé.

Le fort est situé au pied du mont Jura, et élevé à 125 pieds du Rhône, sur l'escarpement qui le borde de ce côté : la route de Genève à Lyon passe au milieu.

Le Rhône peut encore être rigoureusement considéré comme navigable jusqu'au fort de l'Écluse, et même une lieue au delà, malgré les difficultés qu'opposent la grande élévation et la direction presque verticale de ses rives. Ces difficultés deviennent des obstacles insurmontables plus loin. Les blocs des rochers qui encombrent le lit du fleuve, l'agitation des eaux qui s'engouffrent entre ces écueils, achèvent de rendre toute navigation impossible.

Du confluent du torrent du Parnant à une lieue et un huitième du fort jusqu'au pont de Grésin, le Rhône coule pendant l'espace de 300 toises dans un canal extrêmement étroit, bordé d'une bande de rochers qui s'avancent en voûte à une hauteur considérable au-dessus du fleuve, et le dérobent en quelque sorte à la vue. Le pont de Grésin est appuyé sur un rocher détaché de la rive droite et isolé au milieu du Rhône.

Cette pile naturelle est rongée à sa base par les efforts continuels du fleuve dont les flots viennent s'y briser avec fureur. Un terre-plein revêtu d'arbustes et de broussailles couronne ce rocher. Le pont lui-même n'est qu'un mauvais assemblage de poutres et de branchages recouverts de terre, sur lequel on ne peut se hasarder qu'à pied. Les deux rives en cet endroit ne sont éloignées que de 5 à 6 toises. Ce canal étroit et recouvert se prolonge encore jusqu'à 77 toises au-dessous du pont de Grésin. Là, le Rhône, remontant un sol moins résistant de part et d'autre, s'évase tout d'un coup et forme un bassin presque circulaire de 18 toises de longueur. Au bout de cette espèce d'entonnoir, le Rhône enfile un canal encaissé par des parois plus élevées que précédemment. La rive de Savoie a plus de 450 pieds de hauteur, d'une pente rapide et boisée, sillonnée par de profonds ravins; un sentier en corniche qui communique avec le pont de Grésin cotoie le fleuve jusqu'à sa perte, au travers des anfractuosités de cette rive. Ce sentier, appelé le chemin d'Héloïse, du nom d'un village voisin, présente un passage difficile, qui n'est même pas sans quelque danger. La rive droite ou française, moins élevée, est cependant moins abordable encore par les nombreux accidens du terrain. Elle est coupée, déchirée par des éboulemens continuels qui forment d'affreux précipices et entraînent d'énormes blocs de rochers qui vont encombrer le Rhône et le garnir d'écueils contre lesquels il se brise avec fracas. C'est au milieu de tous ces obstacles qu'il arrive couvert d'écume au gouffre qui doit l'engloutir.

Ce nouveau canal où le Rhône se précipite, sous la forme de cataracte, a environ 30 pieds de largeur dans le haut; mais, à la profondeur de 30 à 32 pieds, il est considérablement rétréci par une corniche de rocher, qui, de chaque côté, s'avance dans le fleuve.

Cette double saillie horizontale le partage comme en deux canaux placés l'un au-dessus de l'autre. Renfermé en hiver dans celui de dessous, le Rhône laisse à sec cette corniche qui le recouvre plus qu'à moitié, et présente à sa surface l'aspect d'un courant d'eau de 10 à 15 pieds de largeur que l'extrême lenteur de son cours achève de rendre méconnaissable. Enfin, à deux ou trois cents pas au-dessous du gouffre ou entonnoir dont on a parlé, de grandes masses de rochers détachées des parois du canal supérieur sont tombées dans ce même canal; mais soutenues par le bord saillant de la corniche, elles sont demeurées suspendues par leur appui mutuel au-dessus du canal inférieur. Ces blocs accumulés recouvrent ainsi complètement ce dernier, et cachent pendant l'espace de 60 pas le fleuve renfermé dans ce conduit souterrain. C'est proprement là la perte du Rhône, phénomène d'autant plus frappant qu'on choisit pour l'observer la saison où les eaux sont le plus basses : car, pendant le reste de l'année, le niveau exhaussé du fleuve offre une surface continue, et laisse à peine soupçonner ce qui se passe dans les profondeurs de son lit.

Un peu au-dessus de la perte du Rhône, en face de l'ouverture de l'abîme, on a construit un pont large et solide, appelé le pont de Lucey. Le niveau du Rhône, à cet endroit, est de 39 toises plus bas que le lac de Genève.

VALLÉE DE CHAMOUNY.

VILLAGES. — EFFET DE LUNE.

C'est une excursion pédestre extrêmement intéressante qu'une visite à Chamouny. On emploie en partant de Genève 3 jours à cette course, et 7 environ à visiter les merveilles de la vallée. Éloignée des grands chemins, isolée, et, pour ainsi dire, séparée du reste du monde, sa longueur, du nord-est au sud-ouest, est de 4 à 5 lieues, et sa plus grande largeur d'une demi-lieue. La rivière d'Arve, qui va se jeter dans le Rhône, la parcourt d'une extrémité à l'autre; le Col de la Balme la barre au nord-est, et les monts Lacha et Vandague au sud-ouest. Au nord s'élèvent le mont Bréven et les aiguilles Rouges, au sud le groupe énorme du Mont-Blanc.

Ce qui doit étonner et qui est presque incroyable, c'est qu'une vallée si intéressante, d'où les regards se portent aisément sur la montagne la plus haute de l'ancien monde, soit demeurée inconnue jusqu'en 1741 à tous les voyageurs. Ce fut dans cette année que Pocock, célèbre voyageur, et l'Anglais Windham, pensèrent à la visiter, et donnèrent à l'Europe les premières notions de cette contrée qui n'est qu'à 18 lieues de Genève. La description pittoresque de ses glaciers, que M. Bourrit publia en 1773, et, quelques années après, l'ouvrage de M. de Saussure sur les Alpes, excitèrent si vivement l'attention de l'Europe, que, depuis 1780 à 1792, on a vu de huit cents à douze cents étrangers faire chaque année ce voyage, quoique la vallée ne soit praticable que pendant trois ou quatre mois de l'année. Trois grandes auberges où l'on est aussi bien traité que dans celles des villes suffisent à peine à l'affluence des voyageurs qui arrivent de toutes parts au prieuré de Chamouny.

Cette vallée sauvage est élevée de 2,040 pieds au-dessus du lac de Genève, et de 3,174 au-dessus de la mer. L'hiver y fait sentir sa rigueur depuis le mois d'octobre jusqu'en mai. Elle est ordinairement couverte, pendant cette saison, de trois pieds de neige; mais au village du Tour, le plus haut de cette vallée, la neige s'accumule jusqu'à douze pieds de hauteur. Alors les habitans de ce lieu se trouvent privés de toute communication, et sont obligés de subsister des provisions qu'ils ont faites avant d'être ainsi emprisonnés au milieu des frimats. En été, le matin, le thermomètre est communément à neuf degrés au-dessus de zéro, de sorte qu'il y fait presque froid, et au milieu de cette même saison il survient souvent des jours si froids que l'on ne saurait se passer de feu.

La vallée renferme des champs, des prés, des pâturages alpestres; on y recueille un miel excellent, d'une blancheur parfaite et d'un parfum délicieux. Les montagnes nourrissent des chamois et des bouquetins.

On entre à Chamouny par Servoz, village de Savoie sur la route de Genève. On traverse d'abord un ruisseau, et ensuite l'Arve sur le pont Pélissier, d'où l'on voit à droite les ruines du château de Saint-Michel, après quoi on passe les Montées. L'Arve, qu'on aperçoit au fond d'un abîme formé par des roches noirâtres coupées à pic et parsemées de sapins, offre un spectacle à la fois agréable et terrible. C'est au sortir des Montées qu'on entre dans la vallée; à 3 lieues de Servoz on a passé à Sallenche, petite ville située à 540 pieds au-dessus du lac de Genève, et à un quart de lieue de laquelle on voit deux gorges dont l'une est parcourue par un torrent. Celle-ci s'appelle l'Antre de la Frasse. Dans l'une et dans l'autre la nature offre aux curieux des scènes également affreuses et pittoresques. Les carrosses qui viennent de Genève ne peuvent pas aller plus loin que Sallenche.

A deux lieues de cette petite ville le voyageur a dû passer par Chède, hameau situé en Savoie, près duquel on admire une superbe cascade. Au sortir de ce lieu, le chemin commence à monter, et après avoir marché pendant une demi-heure, on traverse un ruisseau remarquable par la rapidité de son cours: il sort du petit lac de Chède, et se précipite de l'autre côté au bas d'une colline. Le lac, dont l'aspect est charmant par la netteté admirable avec laquelle ses eaux réfléchissent les cimes neigées du Mont-Blanc et des montagnes voisines, est situé sur la gauche, à quelques pas du chemin.

C'est précisément dans cet endroit que vient aboutir le sentier qui mène au Pont-des-Chèvres, et de là dans la vallée de Saint-Michel, par où l'on peut aller à Chamouny sans passer à Servoz.

On prétend qu'autrefois l'Arve coulait le long de cette vallée. Les voyageurs qui vont à Chamouny par Sallenche, dans le dessein de revenir par la même route, peuvent, en allant, passer par Servoz, et au retour par la vallée de Saint-Michel; mais ceux qui ne doivent pas repasser à Sallenche feront bien de descendre au Pont-des-Chèvres, qui n'est qu'à une lieue du grand chemin, pour contempler la cascade de l'Arve, dans une contrée extrêmement sauvage et pittoresque, dont les rochers sont composés d'ardoises noirâtres. Lorsqu'on suit la route de Servoz, en côtoyant les bases escarpées du mont de Varens, on arrive en une demi-heure dans un lieu couvert de débris de rochers, au milieu desquels coule le Nant-Noir. Tous ces débris formaient, conjointement avec la mince et haute aiguille de Varens, qu'on voit encore sur pied, la montagne d'Auterne qui s'écroula au mois de juillet 1751. Après avoir traversé ces débris, on descend, au travers d'une forêt, dans la vallée de Servoz.

Dès que les voyageurs ont passé les Ouches et atteint la chapelle de Moncuart, ils se voient assaillis d'une foule de guides qui viennent leur offrir leurs services. S'il n'est pas trop tard, on peut aller tout de suite au glacier des Bossons, promenade qui, pour aller et revenir, ne dure pas plus d'une heure. Quand il fait soleil, le spectacle qu'offre ce glacier est beaucoup plus intéressant le matin que dans l'après-midi.

Du prieuré de Chamouny on voit au sud la chaîne du Mont-Blanc. D'abord on distingue parfaitement au sud-ouest l'aiguille du Gouté; puis au sud-est de cette pointe le dôme du Gouté, et le sommet du Mont-Blanc, qu'on nomme à juste titre la Bosse-de-Dromadaire. Cette sommité est tellement reculée vers le sud, que l'on prend aisément le dôme du Gouté pour ce sommet. Ce n'est que sur le mont Bréven ou sur le Col de Balme qu'on est détrompé à cet égard. A l'est du Mont-Blanc on aperçoit les aiguilles du Midi, du Plan, de la Blaîttière, de Charmoz, de la Fourche et du Dru. Ces aiguilles granitiques ont à peu près toutes 11,400 pieds au-dessus de la mer, et 8,232 au-dessus du village de Chamouni.

Nous ne pouvons nous dispenser de rapporter ici un morceau de M. Théobald de Walsh sur la vallée de Chamouny. «C'est, dit ce voyageur, un spectacle d'une inconcevable magie que celui que présente la vallée de Chamouny par un beau clair de lune, et je ne puis mieux définir l'impression que j'en ai reçue, qu'en renvoyant le lecteur à la description qu'une plume éloquente nous a donnée d'une nuit passée au milieu des savanes de l'Amérique. Cette impression vague et profonde résulte peut-être de l'idée de l'immensité unie à celle d'un éternel repos. A mesure que l'obscurité augmente, le Mont-Blanc semble se rapprocher et grandir dans des proportions colossales. Au-dessus de sa base ténébreuse et des rochers dont ses flancs sont hérissés, s'élèvent les neiges pâlissantes de sa coupole, qui a l'air de ne plus tenir à la terre; mais lorsque la lune, sortant du sein des nuages, vient à répandre sa clarté blafarde sur la vallée, toutes les lignes deviennent plus précises; les formes pittoresques de ces nombreuses aiguilles se dessinent hardiment sur l'azur foncé du ciel, ou projettent au loin leurs ombres fantastiques sur la Mer de Glace. Les pyramides brillantes du glacier des Bossons se détachent de la sombre verdure des sapins qui les entourent, et la masse rembrunie du Bréven contraste avec la triple cime du Mont-Blanc, inondée d'une lumière argentée qui fait encore ressortir l'éclat scintillant des étoiles. Qu'on joigne encore à cela le calme de la nuit et son silence solennel qui n'est troublé que par le bruit sourd et solennel de l'Arve, et l'on aura une faible idée de ce que ne peut décrire une plume aussi peu exercée que la mienne....

« Il n'était bruit pendant mon séjour à Chamouny, continue notre voyageur, que du courage et de la force musculaire de deux écossaises, lady C*** et sa fille, dont la mémoire passera de guides en guides, et vivra aussi long-temps que les montagnes auront des visiteurs : elles ont, les premières de leur sexe, franchi le Col du Géant pour se rendre à Courmayeur. Elles sont allées, au travers de la Mer de Glace, visiter le Jardin, rocher couvert de végétation et de fleurs, qui forme un oasis au milieu de ces solitudes glacées; elles ont exécuté l'excursion du Buet, qui est, après la cime du Mont-Blanc, le point le plus difficile à atteindre; enfin elles ont, dit-on, retenu leurs guides, pour tenter, l'année prochaine (1825), l'ascension du Mont-Blanc, jalouses d'aller imprimer au front du monarque des montagnes, la trace de leurs pieds. »

LA SOURCE DE L'ARVEYRON.

Cette source est située dans le fond de la vallée de Chamouny, dont le chef-lieu est élevé de 3,174 pieds au-dessus du niveau de la mer. Après avoir traversé l'Arve, on se rend au hameau des Bois, que sépare de la source une grande forêt de sapins, de bouleaux et de mélèzes. Lorsqu'on est arrivé à l'extrémité de cette forêt, on gravit une colline haute de 100 pieds, et formée de blocs de granit et de sable; et, tout à coup, on est vivement frappé à l'aspect imposant du glacier des Bois, dont les pyramides innombrables semblent descendre de la région des nues. Ce glacier, situé au pied de l'aiguille conique du Dru, repose sur une base granitique, et s'étend jusque dans la vallée, entre les forêts du Montanvert et celles du Bochard. L'extrémité inférieure de ce glacier offre le spectacle imposant d'une magnifique voûte de glace, dont l'entrée a 220 pieds de haut, sur plus de 150 de large; cette vaste bouche laisse apercevoir un souterrain revêtu entièrement de couches de glaces parallèles, et teintes d'un azur brillant. C'est de ce magnifique palais que s'élancent les flots impétueux et écumans de l'Arveyron, au milieu d'une multitude de pierres et de glaçons, pour traverser la forêt que le voyageur vient de quitter. Eclairée par un grand nombre de flambeaux, cette caverne de glace ne pourrait être comparée qu'à un palais de fées.

Sa profondeur n'est pas la même dans toutes les saisons; elle excède presque toujours 200 pieds. Il est dangereux de s'approcher de trop près de l'admirable portique formé par l'Arveyron, parce qu'il s'en détache de temps en temps de gros blocs de glace, et qu'il tombe quelquefois des pierres du glacier; il est bien plus dangereux encore de pénétrer dans la caverne : malheur à celui dont la prudence n'y guiderait point les pas ! De cet édifice de cristal croulent au moindre bruit d'énormes morceaux sous lesquels il trouverait la mort.

Une famille presque entière de voyageurs y périt malheureusement à la fin du dernier siècle : l'un d'eux eut l'imprudence de tirer un coup de pistolet dans la voûte; plusieurs de ces infortunés furent écrasés par les glaces qui s'en détachèrent, et les autres, en voulant prendre la fuite, trouvèrent la mort dans les eaux du torrent, grossies subitement par cette affreuse débâcle.

MONT-BLANC.

GLACIERS. — MER DE GLACE. — MONTANVERT.

Qui n'a pas entendu parler du Mont-Blanc? qui n'a pas désiré le visiter? On part de Genève par un beau soleil du mois de juin, et, après une course délicieuse, on arrive devant ce géant des montagnes, élevé de 14,700 pieds, et, selon MM. Pictet et Schucburgh, de 14,456 pieds au-dessus de la mer, et de 4,602 de moins que le

Vue du Mont-Blanc, prise du Pont St. Martin.

des frimats, tendent sans cesse à grossir leur volume, et à prolonger autour d'elles la ligne qui sépare le domaine de la végétation du champ de la solitude et du néant. Rien de si destructeur pour les montagues qu'une telle propagation de glaciers. Toutes celles qui se trouvent dans le cercle de leur empiétement sont dévouées à une dégradation voisine de l'anéantissement; les antiques forêts qui ombrageaient une partie de leur cime sont renversées; les moissons qui couvraient leurs flancs disparaissent avec la terre végétale où leur germe se développait. Le pâtre, tristement assis dans la plaine où repose leur base, cherche, sur le sol même où sont épars les débris de sa chaumière, les pâturages fortunés qui nourrissaient ses troupeaux. Un monde nouveau a pris à ses yeux la place de l'ancien monde, et c'est celui où règne le silence des tombeaux.

Vu du nord et du sud, le Mont-Blanc présente une pyramide majestueuse dont rien n'égale la magnificence. Ses flancs s'élèvent, du côté du sud-ouest et du nord-est, jusqu'à la cime, en gradins arrondis. Au sud, l'escarpement, presque vertical depuis le sommet de la montagne, a 9,600 pieds de hauteur. La pente en est si roide que ni la neige ni la glace ne peuvent s'y fixer. Au nord et à l'ouest, au contraire, la montagne s'abaisse doucement, et ses flancs sont couverts de neiges et de glaces éternelles sur une étendue de près 11,000 pieds depuis le bas jusqu'au sommet.

Des champs de glace qui entourent les bases de ce colosse, on voit descendre 17 ou 18 glaciers, dont plusieurs ont 5 ou 6 lieues de longueur, et s'avancent jusqu'au fond des plus riantes vallées. Les postes les plus avantageux pour contempler ces merveilles sont le Col de Balme, le mont Bréven et le Buet, du côté du nord-ouest, dans la vallée de Chamouny; le Cramont au sud, le Col de la Seigne au sud-ouest, et le Col du Géant au nord-est.

Les glaciers les plus remarquables sont ceux des Bossons, des Bois, et la Mer de Glace. Le premier est situé à une lieue du prieuré de Chamouny. C'est dans une belle matinée qu'il convient de le visiter. Le chemin qui y mène de l'ouest monte au travers d'une forêt de sapins. On y voit plusieurs places où le contraste de cette sombre forêt avec les glaces énormes et bizarrement taillées du glacier, qui s'élève d'une manière imposante au-dessus de ce bois, est si extraordinaire, qu'il n'est rien de semblable dans toute la chaîne des Alpes. A une petite hauteur la surface du glacier ne présente aucune inégalité; on s'élève ensuite sur cette énorme vallée de glaces qui descendent du corps même du Mont-Blanc; on la traverse, et l'on descend du côté de l'est, où l'on voit des blocs de granit grands comme des maisons, qui, joints à d'innombrables débris de pierres, forment au pied du glacier une espèce de colline dont nous avons parlé plus haut.

Le glacier des Bois est situé à une lieue du prieuré, du côté de l'est. On y parvient après avoir remonté l'Arveyron, par un chemin uni et très-agréable, qui passe dans une belle forêt de mélèzes.

On arrive à la Mer de Glace par un chemin

qui passe par le Montanvert, dont on atteint le sommet après une marche de trois heures. La hauteur du Montanvert est de 5,724 pieds au-dessus de la mer. Le spectacle qu'offre la nature sur cette montagne est unique. Les masses nues et décharnées qui la composent étonnent; l'âme est pénétrée de la plus vive émotion dans ces déserts où règne un éternel silence, et l'ensemble des objets dont on est environné paraît appartenir à un monde aussi nouveau qu'imposant. Au sud-ouest s'élève la noire aiguille de Charmoz, et au nord-est l'obélisque rougeâtre du Dru, plus haute de 5,832 pieds que celle du Montanvert, dont elle est séparée par la Mer de Glace, qui a deux lieues de long sur une demi-lieue de large. Au pied du Dru on aperçoit quelques pâturages, où l'on ne peut se rendre qu'en traversant ce vaste champ de glace. C'est dans cette profonde solitude qu'un berger passe tous les étés, sans autre compagnie que celle d'un troupeau de vaches et de chèvres. Pour bien jouir de la vue de ce glacier, il faut descendre jusqu'au bord de la glace, du côté de l'aiguille de Charmoz. On peut s'y procurer le plaisir de faire quelques centaines de pas sur le glacier même, ce qui est absolument nécessaire, pour se former une idée des ondes, des fentes, des courans, et du superbe vert de mer dont les glaciers offrent le spectacle. Là, sur un bloc de granit, on peut s'abandonner sans crainte à toutes les émotions que le spectacle de cette nature alpestre fait éprouver à l'âme.

Malgré la grande étendue que forme le circuit des bras de cette montagne, on ne saurait presque en approcher d'aucun côté. Au sud, au sud-ouest et au sud-est, d'énormes parois de rochers coupés à pic, et de plusieurs milliers de pieds, la rendent absolument inaccessible. Au nord, au nord-est et au nord-ouest, elle est entourée d'immenses glaciers, de murs de glace, de précipices, et de neiges perfides.

En 1760 et 1761, M. de Saussure promit une récompense considérable à ceux qui découvriraient un chemin par lequel on pût en atteindre le sommet, et même il offrit une indemnité à ceux dont les tentatives resteraient sans succès. Pierre Simon, habitant de Chamouny, fut le premier qui, en 1762, attaqua le Mont-Blanc du côté des glaciers des Bossons; mais il ne réussit point. En 1775, quatre hommes essayèrent, tout aussi inutilement, de suivre la montagne de la Côte, qui court parallèlement au glacier des Bossons. En 1783, trois hommes prirent la même route, mais un sommeil irrésistible dont ils furent surpris les obligea à revenir sur leurs pas. La même année, M. Bourrit, de Genève, entreprit ce périlleux voyage, et fut accueilli par une tempête qui ne lui permit pas de le continuer. Ne perdant pas courage, l'année suivante, au mois de septembre, il prit cinq guides, et se dirigea du côté de l'ouest. La rigueur du froid et la fatigue empêchèrent quatre de ces voyageurs de continuer leur route; il n'y eut que deux chasseurs de chamois qui ne voulurent point s'arrêter, et M. Bourrit les aperçut au milieu des neiges des hauteurs. A leur retour, ils déclarèrent qu'ils étaient parvenus jusqu'à soixante toises au-dessous de la plus haute cime.

En 1785, MM. de Saussure, et Bourrit père et fils, accompagnés de quinze guides, firent une nouvelle tentative. Ils partirent, en septembre, de Bionnossey, village du Val Mont Joie, situé à quatre lieues de Chamouny, au sud-ouest; passèrent au pied du glacier de Bionnossey, et se dirigèrent au nord-est, jusqu'au point de l'aiguille du Gouté, où ils arrivèrent après cinq heures et demie de marche, et passèrent la nuit à 8532 pieds au-dessus de la mer, dans une cabane qu'ils avaient fait construire. Le lendemain, ils s'élevèrent sur l'aiguille du Gouté, jusqu'à la hauteur de 11,442 pieds; mais la neige était si molle qu'il leur fut impossible de monter plus haut.

En 1786, au mois de juin, six hommes de la vallée de Chamouny firent de nouveaux efforts pour atteindre la cime du formidable Mont-Blanc; mais la fatigue et d'autres circonstances les obligèrent bientôt de renoncer à cette entreprise. L'un d'entre eux, nommé Jacques Balmat, s'égara dans les glaciers et y passa la nuit: sa jeunesse et sa vigueur lui sauvèrent la vie. Le lendemain, il aperçut la cime du Mont-Blanc à une distance peu considérable, et découvrit une contrée pour en approcher, qui lui parut plus accessible que toutes celles qu'il eût vues jusque alors.

Le 7 août de la même année, ce jeune homme et le docteur Paccard, de Chamouny, partirent ensemble de ce lieu, et allèrent coucher au sommet de la montagne de la Côte. Le lendemain, dès les quatre heures du matin, ils entrèrent dans les champs de glace; à trois heures après midi ils doutaient encore du succès de leur entreprise; le docteur était très-incommodé de la fatigue et du froid, et son compagnon de voyage ne cessait de l'encourager. Ils apercevaient encore une cime au-dessus d'eux, et ne savaient point si c'était la dernière qu'ils eussent à gravir. Enfin, à six heures et demie, ils atteignirent le point le plus élevé de la montagne, à la vue de tous les habitans de Chamouny, et de plusieurs étrangers qui suivaient leur marche de l'œil, à l'aide d'une lunette d'approche; à sept heures ils quittèrent la cime, et gagnèrent à minuit la montagne de la Côte. Après avoir pris, dans cet endroit, deux heures de repos, ils arrivèrent à Chamouny le 9 août, à huit heures du matin. Ils avaient passé vingt heures sur les glaces; leur visage était enflé, et leurs yeux en très-mauvais état.

La même année, M. de Saussure voulut suivre les traces de ces deux intrépides voyageurs. Il partit pour la Côte, accompagné de dix-sept guides; mais le temps se trouva si mauvais, qu'il se vit obligé de rebrousser chemin. L'année suivante, au mois de juillet, il se rendit de nouveau à Chamouny, et envoya Balmat avec deux autres guides pour reconnaître les glaces du Mont-Blanc; mais le mauvais temps l'obligea encore de retarder son voyage jusqu'au 1er août. A sept heures du matin, cet infatigable naturaliste part de Chamouny, avec son domestique et dix-huit guides, chargés d'instrumens de physique, d'une tente et d'un lit, d'échelles, de cordes, de perches, de paille, de vivres, etc. A deux heures, la caravane arrive à la montagne de la Côte, et y passe la nuit. Le lendemain, en deux heures et demie, elle en traverse le glacier, dont les énormes fentes présentaient de grands obstacles. On marche ensuite sur la neige jusqu'au dôme du Gouté, où les rocs étaient toujours plus escarpés, et les glaciers toujours plus remplis de fentes et de crevasses. A quatre heures, on s'arrête à la hauteur de 11,970 pieds au-dessus de la mer. Après avoir passé la nuit sous la tente, nos voyageurs se remirent en route le lendemain 3 août. La pente était si rapide, et la surface de la neige si dure, que ceux qui marchaient les premiers étaient obligés de se servir de la hache, pour y tailler des gradins, et ce ne fut qu'à force de précautions qu'on parvint à franchir ce dangereux passage. A huit heures, tout Chamouny vit la caravane s'avancer vers les dernières hauteurs. Lorsque, vers onze heures, elle eut atteint le sommet, on mit en branle toutes les cloches du village. Mme de Saussure, avec ses deux sœurs, l'œil fixé sur le télescope, suivait, de Chamouny, tous les pas de son mari.

Les voyageurs mirent deux heures à franchir la dernière rampe, qui, cependant, n'est point escarpée, et n'a que cent cinquante pas de longueur; mais l'excessive rareté de l'air affaiblissait si promptement leurs forces, qu'après avoir fait quelques pas, ils étaient obligés de s'arrêter pour reprendre haleine et se reposer un instant. M. de Saussure se trouvait très-faible; son pouls, qui, dans la plaine, et dans l'état de repos, ne battait que soixante-douze pulsations par minute, en battait cent dans le même espace de temps, sur la cime; le domestique y comptait cent douze pulsations, et soixante dans la vallée; Jacques Balmat, quatre-vingt-dix-huit, et quarante-neuf à la plaine. En un mot, il ne se trouva pas un seul voyageur dont le pouls ne fût considérablement accéléré. Les plus vigoureux même éprouvèrent un malaise à la hauteur de 11,400 pieds. Personne ne sentait le moindre appétit, et tous étaient tourmentés d'une soif ardente que l'eau fraîche seule pouvait calmer. Tous éprouvaient, plus ou moins, des malaises, de l'épuisement, une fatigue subite, à la suite du moindre effort, et une espèce d'indifférence difficile à définir. L'eau exposée au soleil se convertissait en glace. Le ciel était d'un bleu très-foncé, et, à l'ombre, on pouvait voir les étoiles. Le pays de Vaud semblait être à la base du Mont-Blanc; les voyageurs voyaient, sous leurs pieds, à une grande distance, les hautes aiguilles voisines. On découvrait avec netteté toutes les chaînes de montagnes, et leurs sommités couvertes de neige; mais les objets plus éloignés paraissaient comme voilés. M. de Saussure passa cinq heures dans sa tente sur le sommet de la montagne. A trois heures, toute la caravane redescendit à 1,200 pieds au-dessous de la cime, et passa la nuit dans ce lieu. Le 3 août, elle arriva heureusement à Chamouny.

Dès le lendemain du retour de M. de Saussure, M. Bourrit se mit en chemin pour faire le même voyage; mais un mauvais temps qui survint le força de rétrograder.

Le 8 août, un Anglais partit de Chamouny avec dix guides. Le lendemain, il atteignit la cime du Mont-Blanc, et arriva le 10 à Chamouny, presque aveugle, et horriblement enflé. En 1802, un habitant de Lausanne, accompagné d'un voyageur étranger, parvint, après de grandes fatigues, à s'élever sur cette cime formidable.

Quoiqu'il n'y ait pas plus de deux lieues en droite ligne, depuis Chamouny jusqu'à la cime du Mont-Blanc, il faut toujours compter dix-huit à vingt lieues de marche, à cause des glaciers affreux que l'on rencontre, et des détours qu'on est forcé de faire.

LA GROTTE DE BANGE.

Les environs du Mont-Blanc renferment beaucoup de grottes remarquables, surtout dans les environs de Chambéry et d'Annecy. La montagne de Margériat offre plusieurs cavernes en forme de puits, où il y a même en été des blocs de glace. On vante, dans le pays, la Maladière, grotte située sur le bord du Rhône; mais on parle davantage de la grotte de Bange, dans la commune d'Alève.

A la sortie de la montagne des Bauges, on traverse, sur le pont de Bange, une gorge étroite, où coule le torrent de Chéran, qui se réunit au Fier. Lorsqu'on est arrivé au village d'Aiguebelette, on aperçoit les Tours-de-Racheroche: c'est une masse de rochers, taillés à pic, et hauts d'environ 200 pieds, qui ressemblent à de vieilles tours demi-ruinées, prêtes à tomber sur le village. C'est dans cette masse qu'est située la grotte de Bange. Le chemin par lequel on y arrive est extrêmement périlleux. C'est une espèce de corniche, bordée d'un côté par des précipices. Si on a le courage de prendre ce chemin, on verra une première et une seconde entrée de la grotte, puis une plate-forme où, suivant une tradition, il y a eu jadis un moulin à vent. En suivant plus loin cette redoutable corniche, on arrive aux ruines du château du Cengle. On est étonné d'apprendre qu'il y a eu un château sur un terrain de dix-huit pieds de large, entre un rocher à pic et un précipice profond, qu'on ne peut aborder que par un chemin qui, loin d'être praticable pour les chevaux, offre de grands dangers aux gens de pied : cependant on ne peut nier qu'il n'y ait eu un bâtiment dans ce lieu, puisqu'on y voit encore un pan de mur.

Les deux entrées de la grotte aboutissent à des glacières très-étroites et très-basses, où l'on ne peut pénétrer qu'en se baissant. Elle n'a que très-peu de stalactites, et point de cristallisations. On y voit un puits de cinq pieds de profondeur. Plus loin, il y a un lac dont l'eau s'échappe à travers le roc, pour former la source des Eaux-Mortes, tandis qu'un autre filet fait aller plus bas le moulin des Martinods. Il y avait autrefois un bateau sur ce lac, dont l'eau est très-froide. « Nous avons examiné, dit un naturaliste, le limon du fond du lac, et nous n'y avons vu aucune substance métallique. Dans les environs, on croit cependant que c'est au fond de ce lac que des Genevois venaient, chaque année, avant la révolution, chercher du sable mêlé de paillettes d'or. Ils avaient, dit-on, le soin de se cacher, et si l'on entrait dans la grotte pendant le jour, on n'y trouvait personne; mais au mois d'août, on voyait, la nuit, à l'entrée, un feu auprès duquel ils faisaient cuire leurs alimens. »

On n'apprend pas sans pitié toutes les folies superstitieuses auxquelles a donné lieu l'erreur du peuple sur l'or de la grotte de Bange. Vers 1740, quelques fanatiques d'Héri-sur-Albi voulurent engager un prêtre à dire la messe à reculons, et à baptiser un chevreau, pour obliger le diable à leur découvrir les trésors de cette grotte. Peu de temps après le désastre de Lisbonne, d'autres fanatiques eurent recours aux mêmes cérémonies devant la caverne, pour se procurer l'or englouti par le tremblement de terre.

LE BOUT-DU-MONDE. — LA DENT DE NIVOLET.

En sortant de la ville de Chambéry, du côté du nord, si l'on prend le chemin qui est à droite du pont de Laisse, on arrive, en une demi-heure, au pied du mont Nivolet. Sa sommité, qu'on voit de loin, a reçu le nom de Dent de Nivolet, à cause de sa forme aiguë. Les montagnes de Saint-Jean-d'Arve et de la Bâtie sont les premiers échelons de ce mont; elles s'arrondissent d'une manière circulaire, et renferment, près du village de Laisse, une espèce de bassin fort singulier, auquel les habitans du pays ont donné le nom de Bout-du-Monde. On ne voit, en effet, lorsqu'on y entre, aucune issue; de tous les côtés des pans de rochers s'élèvent à pic, et servent de mur à ce bel amphithéâtre. La Doire se précipite du haut de ces rochers. Dans sa chute, quantité de filets d'eau qui sortent des parties inférieures des montagnes se joignent à ses eaux, et en augmentent la masse et le fracas. Ils se précipitent avec elle dans un bassin qu'ils se sont creusé, et forment ensuite une rivière assez considérable.

Il y a encore loin du Bout-du-Monde à la Dent de Nivolet, quoique la hauteur de ce mont trompe le voyageur sur la distance, et le lui fasse paraître très-proche; mais un curieux ne se laisse pas décourager par la longueur du chemin quand le plaisir l'attend à la fin de son excursion, et c'en est un grand que de dominer, à la cime du Nivolet, sur les montagnes inférieures de la grande chaîne des Alpes, le lac du Bourget, les charmans pâturages des Bauges, la vallée de Montmélian, que traverse l'Isère, sur des coteaux tapissés de vignes, des roches dégradées ou à demi-ruinées, et sur beaucoup d'autres beautés de la nature. La cime du mont Granier ressemble à un château fort, délâbré. Une partie s'en détacha en 1249, et couvrit de débris la vallée située au pied de la montagne. La ville de Saint-André et treize hameaux disparurent dans cette catastrophe. On voit encore, sur la route du Piémont, l'endroit où ces masses se détachèrent du corps de la montagne, et le chemin qu'elles marquèrent dans leur chute. La vallée où paraît avoir été située la ville de Saint-André s'appelle aujourd'hui les Abîmes-de-Mian. On y voit des monticules de pierres calcaires, qui sont des fragmens du mont Granier, et des puits d'une profondeur immense. Quand on découvre, du haut du Nivolet, le théâtre de cette catastrophe, qui a changé en un désert une contrée autrefois peuplée et cultivée, on ne peut se défendre d'une sorte de frémissement. Dans le chemin de retour, la vue des Charmettes, joli vallon situé entre deux coteaux cultivés, et décrit par Rousseau dans ses *Confessions*, fait naître des idées plus agréables, et éloigne bientôt de la pensée les effets destructeurs qui l'ont affligée.

Observations.

VAUD.

C'est au mois de juin que le canton de Vaud commence à être visité : c'est dans ce mois que Byron le parcourut. L'heureuse situation de Lausanne, la politesse, l'urbanité de ses habitans, en font chaque année le rendez-vous d'un grand nombre d'étrangers, surtout d'Anglais. On y trouve une foule de jolies habitations dont le loyer le plus élevé ne dépasse pas 6 louis par mois. Ceux qui veulent vivre sans faire trop de dépense trouvent des appartemens à louer, depuis 50 jusqu'à 100 fr. par mois; des tables d'hôte à 2 fr. 50 c. et 3 fr. par tête.

On ne peut guère employer moins de 10 à 15 jours à visiter le canton de Vaud, et un ou deux à ses charmans environs. Une des excursions que font tous les étrangers, est celle de Lausanne à Vevey, en suivant le lac, et passant par Pully, Paudex, Lutry, Vilette, Cully, Saint-Saphorin. Deux routes conduisent de Vevey à Berne : l'une par Fribourg; l'autre par Morat et Avenche. On trouve à toute heure à Lausanne des voitures pour Vevey. La diligence fait l'allée et la venue tous les jours; chaque course dure deux heures : prix, 1 fr. 16 s. de Suisse (2 fr. 65 c.).

Monnaie. — L'écu vaut 4 liv. de Suisse; le louis 16 liv.; le florin (monnaie idéale) 4 batz; le batz 4 creutzers, ou 10 rappes; l'écu (monnaie idéale) 3 liv., ou 30 batz; le petit écu 20 batz, ou 2 liv. On a des pièces d'un demi-creutzer, d'un creutzer, d'un demi-batz, d'un batz, de 5 et de 10 batz.

Lausanne. — Librairie. *Hignon et compagnie.* Cabinet littéraire bien entretenu; joli local; bonne librairie.

— *Corbaz*, n° 30, près de la cathédrale; correspondance avec les libraires de Paris et de l'étranger; dépôt bibliographique; livres rares.

— *Sckofferden.* Correspondance avec la capitale; ouvrages politiques et littéraires; nouveautés, etc.

Hôtel. — *Lyon d'or*, renommé : commodités, service fait avec activité et zèle : prix modérés. Le propriétaire a pour gendre M. *Niederhüsern* d'Yverdon : c'est le même zèle, la même prévenance pour les voyageurs.

— *Hôtel des Balances* de M. *Berguer* : bonnes écuries, remises; appartemens réparés à neuf : confiance du public.

Nyon, Yverdon et Grandson. On voit dans ce canton plusieurs petits lacs, qui ne débordent presque jamais, quoiqu'ils reçoivent les glaces et neiges fondues qui tombent des hautes montagnes; quelques uns même disparaissent par des canaux souterrains, pendant une partie de l'année, et sont remplacés périodiquement par des moissons ou des prairies. Les bords de ces lacs et les diverses hauteurs du canton produisent une si grande variété de plantes, que sur les deux mille espèces qui croissent dans toute la Suisse, on en trouve dix-sept cents dans le seul pays de Vaud. Les trésors de la végétation y sont étalés dans des sites charmans, et les points de vue n'y sont pas moins variés que les végétaux. La vigne est une des principales productions du canton, surtout le long du lac Léman; mais le vin que produisent ces vignobles ne peut être comparé aux bons vins de France.

BASSIN DU RHONE.

EXCURSION DU BOVERET A VILLENEUVE. — PORT VALAIS, MURAZ, MONTHEY, SAINT-MAURICE, SALINES DE BEX, BÉVIEUX, AIGLE, RENAZ, VILLENEUVE.

Nous avons, dans le canton de Genève, parcouru la rive gauche du Léman, jusqu'au Boveret. Là commence ce bassin du Rhône que nous allons suivre jusqu'à Villeneuve, dans le canton de Vaud.

La contrée qui s'ouvre devant nous est une vallée basse, assez droite, à fond plat et presque partout horizontal, s'étendant sur une longueur de près de cinq lieues, et une largeur qui varie de demi-lieue à une lieue et demie, depuis l'embouchure du Rhône jusqu'au défilé de Saint-Maurice. Le cours de ce fleuve la partage dans le sens de sa longueur en deux parties à peu près égales, dont la gauche appartient aux Valais, et la droite au canton de Vaud. De hautes montagnes la bordent dans toute son étendue; deux d'entre elles attirent principalement les regards; ce sont les Dents du Midi et de la Morcle, deux cimes ou plutôt deux groupes de cimes élevées jusque dans la région des neiges éternelles. Elles occupent l'extrémité de la vallée, où leurs bases se rapprochent brusquement, et ne laissent entre leurs rochers qu'un étroit passage, par lequel le Rhône se fait jour.

Du Boyeret au Port-Valais, on perd tout-à-fait de vue le lac. La route est, de temps à autre, encaissée entre des rochers verticaux, taillés régulièrement, et formant comme des murailles de chaque côté du chemin. La végétation change de nature et de nuances. Les châtaigniers font insensiblement place aux hêtres sur le penchant de la montagne, qu'on suit à droite; le gazon prend une teinte plus fraîche et plus tendre; aux saules, aux aulnaies et aux broussailles des bouches du Rhône, succèdent les vergers et les allées de noyers. Bientôt on arrive à Mûraz, qui n'offre rien de remarquable que ce mouvement général d'amélioration qui s'observe, depuis une vingtaine d'années, dans tout le Valais. Partout on voit bâtir, défricher et aligner.... Un clocher en obélisque découvre de loin Monthey, au milieu des bois de châtaigniers qui ombragent le paysage.

Le Val d'Illiers, qu'une matinée d'été suffit pour visiter dans son entier, et qui peut être, en bonne partie, parcouru à cheval, offre une grande variété de sites agrestes, et de magnifiques échappées de vues sur la rive droite du Rhône. Les habitans prétendent descendre d'une colonie de soldats romains qui vinrent défricher cette contrée. Les hommes se distinguent par leurs formes athlétiques, et les femmes par un genre de beauté et un costume un peu masculins.

Le principal endroit de la vallée est le village de Trois-Torrens, situé à demi-lieue de Monthey, et à une hauteur déjà considérable au-dessus de la plaine. Si, un peu après avoir passé ce village, nous quittons la vallée principale pour nous engager dans un vallon plus étroit qui se présente à notre droite, nous trouvons un chemin de montagne peu pratiqué, sans être ni très-fatigant ni dangereux, qui nous ramène dans les plaines du Chablais, par la vallée d'Abondance. Comme ce chemin passe sur le revers méridional des montagnes qui bordent l'extrémité du lac, on y est privé, presque jusqu'au bout, de la vue de ce bassin; mais on en est dédommagé par une suite de paysages alpêtres, comparables à tout ce que les hautes vallées de la Savoie et de la Suisse offrent de plus intéressant dans ce genre.

En sortant de Monthey par le pont de la Viège,

la vue se porte sur un massif de hautes montagnes qui se présentent en face sur la rive droite, et qui croissent en élévation et en âpreté à mesure qu'elles s'approchent de l'extrémité de la vallée que leurs bases vont bientôt fermer. Elles sont couronnées par une suite de sommités coupées à pic du côté du Rhône, s'élevant par gradation rapide jusqu'à la Dent de Morcle, la plus haute d'entre elles et la plus avancée vers le fleuve, au-dessus duquel elle se projette comme une tour. A gauche, un autre groupe de montagnes plus élevées encore arrête nos regards. C'est celui des Dents du Midi, dont les pyramides élancées se détachent du milieu d'une vallée de neige. A leur pied sont des gazons d'un vert pâle, sillonnés de ravins glacés; plus bas des sapins, d'abord clair-semés, puis réunis en forêts épaisses; plus bas encore des bois de châtaigniers et des vergers, interrompus çà et là par des murailles de rochers, qui descendent jusque dans la plaine. Cet immense plateau, dont nous ne pourrons embrasser toute l'étendue que lorsque nous serons passés sur l'autre rive, domine à la fois sur le Val d'Illiers et sur la dernière vallée que nous suivons depuis Monthey jusqu'à Saint-Maurice, où nous le verrons s'avancer brusquement sur la rive gauche en face de la Morcle, pour terminer ce premier bassin du Rhône du côté du midi.

De Massongy à Saint-Maurice, la grande vallée se rétrécit chaque moment davantage : on suit de près le lit du Rhône encaissé de plus en plus entre les corniches de rochers qui forment les derniers gradins des Dents de Morcle et du Midi, et qui ne laissent bientôt sur la rive gauche qu'un passage étroit battu par l'onde écumante du fleuve. L'œil étonné cherche une issue au travers de ces murs de rocs hérissés de forêts qui semblent se joindre pour fermer la vallée, jusqu'à l'instant où, arrivé au pied de l'arête la plus avancée de la montagne, on découvre tout d'un coup, à quelques pas de soi, le pont de Saint-Maurice, la gorge étroite par laquelle le Rhône s'échappe, et l'antique château qui commande ces Thermopyles du Valais.

Du château de Saint-Maurice, le paysage prend subitement un aspect nouveau. L'œil plonge sur une seconde vallée, jusque là invisible pour nous, celle que le Rhône parcourt dans un espace de trois lieues, de Martigny à l'endroit où nous sommes arrivés. A quelques pas de là, nous commençons à découvrir les premières maisons de Saint-Maurice, et nous entrons dans cette petite ville par une rue étroite et sombre, resserrée entre le Rhône et les hautes terrasses de rochers qui forment en cet endroit le soubassement des montagnes que nous avons eues constamment au-dessus de nos têtes dans la dernière partie du chemin.

Saint-Maurice, situé à 16 lieues 7/8 de Genève, par la grande route du Chablais, et à 20 1/2 par celle du canton de Vaud, est un bourg, ou, pour se conformer à la dénomination usitée, une ville de près de 1,300 habitans, chef-lieu d'un Dizain qui porte le même nom. La rue principale, parallèle au Rhône, est régulièrement alignée, et a quelques maisons assez bien bâties.

On y remarque l'abbaye et son église reconstruite après un grand incendie arrivé en 1693; l'église paroissiale, surmontée, ainsi que la précédente, d'un clocher en pyramide, couvert de pierres plates; l'Hôtel-de-Ville; enfin le pont du Rhône, en pierre et d'une seule arche, bâti en 1482 sur les ruines, et probablement sur le dessin d'un pont de construction romaine, qui avait été détruit sept ans auparavant dans une guerre entre les Valaisans et la maison de Savoie.

Les habitans de ce district sont encore aujourd'hui savoyards par leur langage, qui est à peu près le même que celui du Chablais; mais leur costume, leur physionomie, leur manière de vivre, le style de leurs constructions, ont déjà une forte empreinte valaisane. Les femmes s'y font en général remarquer par une expression de visage assez agréable, que leur joli chapeau national contribue à relever; mais le reste de leur ajustement dissimule trop peu une dégoûtante difformité dont il est rare qu'elles soient entièrement exemptes. Le goître se montre déjà ici sous des formes repoussantes.

A peine sortis de Saint-Maurice par la route de Martigny, nous trouvons, à notre droite, l'ermitage de Notre-Dame-du-Sex, bâti sur une étroite corniche, à une hauteur considérable, au milieu des assises de rochers qui forment la base de la Dent du Midi. Cette singulière retraite, qu'on prendrait de loin pour l'aire d'un oiseau de proie, plutôt que pour une habitation construite par la main des hommes, mérite d'être visitée par sa situation extraordinaire, et pour les aspects qu'on a de cette esplanade élevée de 600 pieds au-dessus du Rhône. Le chemin qui y conduit est une suite de rampes taillées en zigzag dans le roc, presque verticalement les unes au-dessus des autres, et bordées d'une petite muraille sèche, suffisante pour masquer le précipice qu'on a continuellement à côté de soi.

En redescendant de l'ermitage, nous irons rejoindre la grande route un peu plus loin, en nous dirigeant vers la chapelle de Véroliez, élevée en mémoire du massacre de la Légion Thébaine. La chapelle et ses mauvaises peintures à fresque nous arrêteront peu de momens : nous sommes pressés d'aller voir, à une lieue et demie de là, une des cascades les plus admirées de la Suisse, celle de Pisse-Vache. (*V.* canton du Valais.)

Nous sortons enfin de Saint-Maurice ; nous quittons la rive gauche du Rhône, et nous entrons dans le canton de Vaud, à quelques pas au delà du pont, car le pont appartient tout entier au Valais. On passe sur la rive droite, au travers d'un donjon à toit de clocher, qui sert de bureau de douane et de péage.

Le chemin, d'abord encaissé dans les rochers, monte assez rapidement jusqu'à ce qu'on ait tourné la colline. La route bientôt présente une succession de points de vue agréables. Elle passe sous un berceau continu de superbes noyers, entre des prairies qui aboutissent d'un côté au Rhône, et de l'autre à de beaux rochers à demi-cachés par les arbres. Les maisons, les clôtures, les plantations, tout annonce l'esprit d'ordre et le bien-être. La campagne a perdu ici cet aspect de rudesse primitive qu'elle présente sur la rive gauche. La végétation y est peut-être moins vigoureuse; mais elle y a des formes plus douces, des nuances plus gracieuses, et la nature, en associant ses opérations au travail de l'homme, s'y est parée d'un luxe plus utile. On commence à voir errer dans les prairies ces magnifiques bestiaux, l'ornement des campagnes de la Suisse, trop rares au milieu des gras pâturages du Valais. Des vignes recouvrent, en quelques endroits, le penchant des coteaux; mais peu favorisées par un sol constamment humide, trop ombragées d'ailleurs par les montagnes, si elles servent à diversifier le paysage, il ne paraît pas que leur produit soit abondant ni recherché.

Une belle avenue ombragée d'arbres, et bordée presque partout de petits murs de clôture qui ne dérobent rien de la vue de la campagne, nous conduit au beau village de Bex. La petite rivière de l'Avenson, qui le traverse, va former, à un quart de lieue de là, en se jetant dans le Rhône, une espèce de cataracte ou de nappe d'eau, qui offre un but de promenade assez agréable aux personnes qui s'arrêtent à Bex au delà du temps nécessaire pour visiter les salines.

De Bex, pour se rendre aux salines, on suit pendant l'espace d'une lieue un chemin à peu près en plaine qui mène au pied de la montagne. Le chemin monte de là, pendant un demi-quart d'heure, jusqu'à l'endroit appelé le Fondement, où se trouve l'entrée le plus considérable des salines actuellement en exploitation. Cette entrée est une galerie voûtée, à peu près horizontale, haute de six pieds, sur cinq de large, minée dans le roc vif de la montagne. Elle est bordée de chaque côté d'une rigole d'eau courante, à fleur de terre. L'une ne contient que de l'eau douce et va se dégorger en dehors de la galerie; l'autre est un aquéduc couvert, qui charrie l'eau salée aux ateliers établis à quelque distance pour l'extraction du sel.

A la sortie du souterrain, on se débarrasse des vêtemens de mineur dont on s'était affublé à l'entrée, ainsi que de la lampe allumée qu'on tenait à la main. On redescend par un sentier à l'endroit nommé le Bévieux, à un quart de lieue au-dessous du Fondement, où l'on avait été obligé, en allant, de descendre de cheval ou de voiture. C'est là que l'eau salée arrive par un aquéduc souterrain faisant suite à celui de la galerie, pour y subir une première élaboration, avant d'être portée aux chaudières. Des pompes, mises en mouvement par la petite rivière de l'Avenson, élèvent cette eau à la hauteur de 60 pieds jusqu'à l'étage supérieur des bâtimens de graduation, où elle s'épure en traversant plusieurs lits de broussailles. A quelques pas de là est l'établissement du Devin, où l'eau salée est soumise à l'action du feu dans de vastes chaudières. C'est là que le sel s'extrait et s'emmagasine.

Des hauteurs de Villy, qu'on atteint après une marche assez difficile, si nous portons nos pas sur les montagnes environnantes, nous découvrirons, au fond d'une vallée sauvage, les cimes neigées des Diablerets, les plus hautes sommités de la rive droite et du canton de Vaud. A côté d'elles, la Dent de Morcle impose encore, par son élévation et par ses formes hardies. Sur l'autre rive, l'œil plonge dans le Val d'Illiers; on en suit les contours, on en compte les villages, et le groupe des Dents du Midi, qu'on n'avait aperçu jusque là que confusément et par échappées, se développe ici majestueusement à la vue, au-dessus de Saint-Maurice et de Monthey. Soit qu'un soleil d'été, éclairant ces hautes pyramides, relève l'éclat de leurs teintes orangées, soit qu'au travers des déchirures d'un nuage, elles se découvrent tout à coup isolées, blanches de neige et de frimats au milieu d'un ciel nébuleux, rien ne peut rendre l'effet de ce tableau, plus frappant encore par l'impression qu'on rapporte des régions souterraines qu'on vient de parcourir.

Aigle, aujourd'hui chef-lieu d'un des districts du canton de Vaud, était jadis le chef-lieu du pays, ou gouvernement d'Aigle, qui, sous la domination bernoise, avait son régime particulier, distinct de celui du reste de la Suisse Romande.

De l'éminence où il est bâti, on a une vue plus belle encore que de la colline de Saint-Triphon elle-même, et de tout autre point voisin de la grande route. D'une part, on peut suivre le cours du Rhône jusqu'à l'embouchure de ce fleuve, et l'on découvre dans un lointain obscur le lac et les villages de La Vaux; de l'autre, on voit s'ouvrir sur la droite une vallée agreste et tortueuse, encadrée par de hautes montagnes, qui conduit jusqu'aux confins des cantons de Berne et de Vaud. C'est la vallée des Ormonts, habitée par une peuplade de bergers, chez laquelle on trouve, à un degré frappant, cette simplicité de mœurs et cette franche bonhomie que les voyageurs sont trop sujets à attribuer indistinctement à tous les habitans des montagnes.

Le beau village de Rénaz, situé sur la route, à moitié chemin de Roche à Villeneuve, dans un emplacement assez aéré, marque en quelque sorte la limite de la vallée du Rhône et de celle du Léman. Le mont Arvel, l'un des gradins inférieurs de la Tour d'AI, termine ici la chaîne des montagnes de la rive droite du Rhône, comme sur la rive gauche la Dent de la Cornette termine la chaîne qui borde le chemin du Valais. Mais du côté où nous sommes, le changement de direction des montagnes est beaucoup moins brusque; leurs arêtes sont moins saillantes, et la route, au lieu d'être à peu près brisée à angle droit à l'extrémité du lac, comme sur l'autre rive, se contourne insensiblement de Roche à Villeneuve, et le voyageur croit encore côtoyer le Rhône, lorsqu'il a déjà commencé à suivre les bords du lac.

Une plaine basse et parfaitement unie, ici cultivée avec soin, là en proie aux ravages des eaux, des vergers et des marais, des vignes et des roseaux, des allées de noyers et de champs de blé à côté de prairies inondées, tel est l'aspect que présente la campagne aux environs de Villeneuve et jusqu'aux portes de cette petite ville dont le lac baigne les murs.

Une ceinture de montagnes borde le fond de cette plaine; mais leurs talus rapides repoussent toute culture, et cette verdure uniforme de broussailles, qui les tapisse depuis le pied jusque près du sommet, achève de donner au paysage un caractère de tristesse. Villeneuve elle-même n'a rien qui soit propre à dissiper cette impression. C'est une petite ville fort ancienne, malgré le nom qu'elle conserve, entourée d'un mur d'enceinte qui tombe en ruine, mal bâtie et encore plus mal pavée, et à laquelle son port, ou plutôt sa rade, donne seule quelque apparence d'activité.

Avant d'entrer à Villeneuve, on traverse le torrent de l'Eau-Froide qui a sa source près du sommet de la Tour d'Aï, d'où il tombe de rochers en rochers, et vient, après un long circuit, se perdre ici dans le lac.

A environ un quart de lieue en avant du port, est une petite île, la seule du lac Léman. C'est une terrasse de quelques toises, formée en bonne partie de terre apportée du rivage. On y voit une maisonnette inhabitée, entourée de quelques peupliers. Cet humble diminutif des charmantes îles qui décorent plusieurs des lacs de la Suisse et de l'Italie n'a d'autre effet que de faire songer à la seule espèce d'ornement que la nature ait refusé au lac de Genève.

Saluons, avant de finir notre course, ce vieux château de Chillon que nous apercevons à l'extrémité du lac. Byron l'a chanté :

> Chillon! thy prison is a holy place,
> And thy sad floor an altar. For't was trod
> Until his very steps have left a trace
> Worn, as if thy cold pavement were a sod,
> By Bonnivard! may none those marks efface!
> For they appeal from tyranny to god.

VALLÉE ET LAC DE JOUX. — LAC BRENET.

SOURCE DE L'ORBE. — GROTTE AUX FÉES.

La vallée du Lac de Joux s'étend de l'ouest à l'est sur une ligne de 6 lieues de longueur, dont une moitié est située au canton de Vaud, et l'autre sur le territoire de France; elle est fermée de tous côtés, et renferme plusieurs petits lacs qui, comme nous l'avons dit, n'ont aucun écoulement apparent. Cette haute vallée, dans laquelle il ne croît point d'arbres fruitiers, est élevée de 3,054 pieds au-dessus de la mer. Elle est très-peuplée, et la nature s'y montre sous des formes douces et gracieuses dont le cristal de trois petits lacs multiplie les beautés. Le plus petit, qui se nomme Tar ou Ter, est très-profond, et n'a guère qu'un quart de lieue de tour; le lac de Joux a 2 lieues de long sur une demi-lieue de large. Le lac Brenet n'a qu'une lieue de circonférence; on n'en voit sortir ni rivière ni ruisseau. Il communique avec celui de Joux par l'écoulement de ce dernier; et cet écoulement forme un canal d'une très-petite étendue, sur lequel s'élève un pont très-pittoresque, qui a donné son nom au village du Pont. Au village de l'Abbaye, situé à une demi-lieue de celui du Pont, le lac de Joux a 80 pieds de profondeur. Les trois lacs sont très-poissonneux.

Entre les villages du Pont et des Charbonnières, on voit au bord du lac Brenet des trous carrés que les habitans nomment des entonnoirs, et qui sont pour eux de la plus grande importance. La partie la plus basse de la vallée est entourée d'un rempart de montagnes qui ne laisse aucun passage pour une rivière; mais les eaux trouvent une issue dans les fentes des rochers. Le plus grand des entonnoirs est situé à peu près au milieu de la longueur du lac Brenet. Comme les eaux du lac Brenet, ou, si l'on veut, celles de l'Orbe, se jettent avec impétuosité dans cet enfoncement, les habitans ont profité de cet échappement pour construire dans ce lieu des moulins à scie, connus sous le nom de moulins de Bon-Port, et qui sont une des curiosités de la vallée.

Toutes les eaux de la vallée des Rousses, située dans la partie française du Jura, et celles de la vallée de Joux, après s'être perdues entre les fentes des rochers situés sur la rive septentrionale du lac Brenet, ressortent à une demi-lieue plus bas, au pied d'une haute paroi de rochers, sous la forme d'une rivière de 17 pieds de largeur et de 4 pieds de profondeur. Elles donnent naissance à l'Orbe, qui poursuit son cours au travers de la charmante vallée de Valorbe, sur un lit de mousses aquatiques que la limpidité des eaux laisse apercevoir. Cette partie la plus élevée du vallon de l'Orbe, qui semble vouloir se dérober aux regards humains, est d'une beauté ravissante, et de beaucoup préférable au célèbre vallon de Vaucluse, soit par la grandeur de ses montagnes, soit par la richesse de ses forêts, soit enfin par l'abondance de ses eaux. A l'aspect de la source de l'Orbe, on conçoit aisément comment les poëtes de l'antiquité ont pu assigner à plusieurs de leurs divinités pour séjour le bord des fontaines.

Du village de Valorbe, un des plus grands et des plus riches de tout le canton de Vaud, et situé à l'extrémité de la vallée, on se rend en une petite demi-heure au village de Montchérand, dans le voisinage duquel on peut voir, sans nul danger, une des grottes les plus belles et les plus curieuses, connue sous le nom de Grotte aux Fées. On suit, pour y aller, un bois de chênes, situé au sud de Montchérand, jusqu'au bord d'un précipice, formé par une paroi de rochers coupés à pic. C'est un vaste souterrain à deux étages; il a 30 pieds de diamètre sur 15 de hauteur. L'entrée en est d'une beauté remarquable par la grandeur de son portail. L'intérieur, rempli de stalactites, ressemble à un édifice gothique tombé en ruines. Cette grotte s'ouvre du côté de la vallée de l'Orbe, dont le coup d'œil est magnifique. On voit sous ses pieds la vallée précipiter son cours, resserré entre deux chaînes de rocs escarpés.

LA DOLE.

Cette montagne appartient à la chaîne du Jura. Elle a, d'après les mesures de M. de Luc, 5,948 pieds au-dessus du lac Léman. Comme c'est principalement le matin et le soir que la vue dont on y jouit se montre dans toute sa magnificence, il faut consacrer deux journées à ce petit voyage. On ne saurait s'imaginer le spectacle ravissant que présente la chaîne des Alpes, vue du haut de cette sommité, depuis le Saint-Gotthard jusqu'aux montagnes du Dauphiné, c'est-à-dire sur une ligne de 90 à 100 lieues de longueur. L'aspect du Mont-Blanc, qu'on voit en face et à la distance de 23 lieues, est d'un effet prodigieux, surtout lorsque le soleil couchant darde ses rayons sur les glaces et les neiges qui couvrent ce Colosse. Dans un temps serein, les regards se portent sur 5 ou 6 lacs, séparés les uns des autres par des montagnes ou par des vallées qui paraissent être à leur niveau.

La cime de la Dole est longue d'un petit quart de lieue, vers le midi; sa face est à pic, et, vers la France, elle a une pente courbe. Sur le haut, une crête de rochers forme, dans toute sa longueur, un mur naturel. A son point le plus élevé, ce mur s'élargit et fait une plate-forme circulaire de six à huit pieds de diamètre, où les jeunes gens du pays de Vaud vont se divertir, le premier dimanche du mois d'août, et que les curieux ont adoptée pour leur observatoire.

Il ne faut pas chercher la nature vivante sur cette montagne. Pas un oiseau, pas un insecte ne s'y fait apercevoir; aucun bruit ne s'y fait entendre, si ce n'est un faible vent qui glisse avec rapidité au-dessus des rochers. De cette élévation, on voit les troupeaux errer dans les chalets situés dans les bas-fonds, au plus haut degré où croissent les sapins; mais ni leurs mugissemens, ni le son du cornet n'y parviennent; le tonnerre est vraisemblablement le seul bruit qui s'y fasse entendre.

Les sapins qui garnissent les flancs de la Dôle méritent toute l'attention des naturalistes et des curieux. Quiconque n'a vu que ceux des plaines ou des fertiles collines, ne peut se faire une idée de la végétation de ces arbres au sommet du Jura. Dans les pays plats, leurs tiges sont presque toujours rabougries, et munies seulement de quelques branches éparses. Le sapin isolé sur le Jura présente une tige droite, de deux à trois pieds de diamètre, de cent de haut, et cachée depuis la terre par un immense volume de branches et de feuillage d'un vert très-nourri. C'est une pyramide de verdure perpétuelle, dont la base a trente à quarante pieds de diamètre, et que les rayons de l'astre du jour ne pénètrent qu'à peine. Dans l'intérieur des forêts, ces arbres sont trop rapprochés pour prendre un aussi vaste développement ; mais cette contrainte, qui nuit à leur grosseur, ne fait que contribuer à leur élévation. Le défaut d'air et l'exploitation de la forêt font périr les branches du bas ; mais à une certaine hauteur, elles s'entrelacent, et forment une toiture continue par-dessus toute la forêt. Peu d'animaux habitent ces sombres demeures. Autrefois les ours en faisaient leur repaire ; mais, depuis environ trente ans, on n'en voit plus dans le Jura. Les loups, les renards, les écureuils, les lièvres et quelques sangliers, sont à peu près les seuls quadrupèdes qui habitent les forêts de sapins. L'écureuil seul y abonde ; les autres y sont très-rares ; le lapin sauvage ne s'y trouve point du tout, et même il est inconnu dans le canton. Quant aux oiseaux, il n'y a guère que les petites espèces d'aigle, les éperviers, la gelinotte et le coq de bruyère, tous deux très-rares aujourd'hui, et une espèce de grive appelée sur les lieux grive traine; elle y demeure toute l'année, et fait son nid avec du menu bois et des plumes; elle diffère en cela d'une espèce émigrante, qu'on appelle grive pavée, parce qu'elle pave son nid, ou plutôt parce qu'elle le fait de boue, ainsi que l'hirondelle. Mais si ces forêts ne sont pas la demeure constante d'un grand nombre d'oiseaux, une multitude d'oiseaux de passage y trouvent un asile momentané. Quelques unes de ces tribus voyageuses y demeurent tout l'été. La bécasse et les ramiers sont de ce nombre.

Au sommet de la Dole est un terre-plein assez étendu, qui forme une belle terrasse couverte d'un tapis de gazon. Cette terrasse est, depuis un temps immémorial, les deux premiers dimanches du mois d'août, le rendez-vous de la jeunesse des deux sexes des villages du canton de Vaud situés au pied de la Dole. Les bergers des chalets voisins réservent, pour ces deux jours, du lait, de la crême, et préparent toutes sortes de mets délicats qu'ils savent composer avec le seul laitage. Là on goûte mille plaisirs variés; les uns se livrent à des jeux d'exercice, d'autres dansent sur le gazon serré et élastique, au son des instrumens rustiques en usage dans le pays; d'autres vont se reposer et se rafraîchir sur le bord du rocher, d'où ils jouissent du beau spectacle qui se présente à leurs regards. L'un montre du doigt le clocher de son village; de cette hauteur il reconnaît encore les vergers et les prairies qui l'entourent. Un autre, qui a voyagé, reconnaît toutes les villes du canton et de ses environs; il indique le passage du Mont-Cenis, et le chemin qui conduit en Italie. Ses voisins l'écoutent avec la plus vive attention, et l'interrogent sur ce qu'il a vu et fait dans ses voyages à Turin, à Milan, à Rome, etc.; il répond à toutes leurs questions d'un air capable et satisfait. Les plus hardis font preuve de courage en marchant sur le bord du précipice, du côté de la montagne, au risque d'y tomber et d'y perdre la vie. D'autres, plus galans, s'occupent à cueillir les fleurs qui croissent sur l'escarpement des rochers, et en font des bouquets qu'ils présentent aux jeunes filles. Les échos des montagnes voisines retentissent des éclats de cette joie vive et sans contrainte qui accompagne les plaisirs simples et innocens. Nulle querelle ne vient troubler ces fêtes champêtres, et tout s'y passe sans tumulte et dans la plus parfaite tranquillité.

LE JORAT. — LA DENT DE JAMAN.

On nomme Jorat la chaîne de montagnes qui part des Alpes calcaires du Moléson et du Jaman, au-dessus de Montreux, de Vevey, de Clarens, et de Châtel-Saint-Denis; court à l'ouest; occupe, du nord au sud, tout l'espace compris entre Ouchi, port et village au-dessous de Lausanne et Moudon, et va s'appuyer contre le Jura, près de Lassaraz, entre Vevey et Lausanne, formant une pente si roide jusqu'au bord du lac Léman, qu'il a fallu tailler le chemin dans le roc. On y remarque quelques petites vallées assez agréables aux environs de Vevey.

La grande route de Lausanne à Moudon et Berne passe par les hauteurs du Jorat. Le point le plus haut de ce passage est au chalet Gobet, élevé de 1,698 pieds au-dessus du lac; mais cet endroit n'est pas la plus grande hauteur de cette chaîne, qui s'élève davantage du côté de Moléson. Le Jorat est remarquable en ce qu'il renferme le bassin du Rhône au nord-est, comme le mont de Sion au sud-ouest. De plus, toutes les eaux du revers septentrional de cette chaîne se rendent à l'Océan, par la Broie, l'Aar et le Rhin, tandis que celles du revers méridional se jettent dans le lac Léman, d'où elles sortent avec le Rhône pour courir vers la Méditerranée.

Le district qui s'étend entre Vevey et Montreux, et entre la première de ces deux villes et Lausanne, fait partie de la base du Jorat. Tous les villages et toutes les maisons de campagne situés sur les collines que forment cette base offrent des points de vue qui ont leurs beautés particulières, et d'où l'on découvre de jolis vallons qu'on ne saurait apercevoir du grand chemin. Il faut donc visiter les plus belles de ces maisons de campagne, et s'attacher aux positions les plus romantiques. Nulle promenade n'est plus intéressante que le petit chemin de Vevey à Montreux. La situation de ce village est fort belle, et les vues que l'on découvre sur le lac, sur les montagnes de la Savoie et sur celles du Valais, sont dignes d'admiration. Il y a au-dessous du rocher sur lequel l'église est bâtie une grotte remarquable, remplie de stalactites très-fines. L'eau qui découle de ses voûtes forme sur la terre cette espèce de concrétions appelées confitures de Tivoli.

La Dent de Jaman est une montagne limitrophe entre les cantons de Vaud et de Fribourg. Le col de cette montagne a 4,572 pieds au-dessus de la mer. Sur le sommet de la Dent, que l'on gravit, depuis les hauteurs du col, en une heure, par une montée très-roide, on découvre tout le lac de Genève, le canton de Vaud, la Savoie, le bas Valais, les lacs de Neuchâtel et de Morat. Le voyageur qui part de Montbovon, village du canton de Fribourg, pour passer la Dent de Jaman, se ménage une surprise du plus grand effet. Après avoir suivi un chemin pierreux, difficile, solitaire et monotone, et traversé une contrée dépourvue de toute espèce d'intérêt, dès qu'il a atteint le sommet du col, il aperçoit tout à coup dans tout son éclat, dans toute sa pompe, une des contrées les plus magnifiques qui puissent s'offrir aux regards humains. Il croit être transporté dans un monde nouveau, et les idées les plus riantes succèdent dans son esprit étonné aux idées tristes que la route la plus triste lui avait inspirées. Là, il se repose dans une charmante contemplation des beautés qui, de toutes parts, se pressent sous ses yeux. Si c'est un philosophe, il admire comment une sage Providence, après nous avoir éprouvés par une courte adversité, nous prodigue quelquefois les douceurs de la prospérité; et si c'est un chrétien, il porte ses pensées vers cet éternel bonheur auquel nous arrivons par les sentiers difficiles et périlleux de cette vie.

YVERDUN.

Yverdun est une jolie petite ville, dont la situation auprès du lac de Neuchâtel est des plus agréables. Elle est environnée par l'Orbe et la Thièce, qui tombent dans le lac après avoir réuni leurs eaux. Avec son port, son magasin et sa douane, elle offre l'image d'une place maritime. Cette ville est l'*Ebrodunum* des Romains. Le château, bâti au douzième siècle, est un de ses principaux monumens. Il est occupé par un des deux instituts à la tête desquels est le célèbre Pestalozzi. Il ne sort plus de ces murs crénelés et de ces tours massives que des instituteurs habiles et des élèves instruits, qui vont répandre en Europe autant de lumières que les anciens possesseurs de châteaux répandaient de calamités.

On remarque dans une muraille du village de Chavornay, entre Yverdun et Orbe, une pierre milliaire, érigée sous Septimius Géta; un beau pavé en mosaïque, découvert près de la première de ces villes, a été détruit par la maladresse des ouvriers. On a trouvé à un quart de lieue du chemin de Cheyre, sur le penchant d'un coteau de la rive méridionale du lac, et tout près d'une source, un autre pavé en mosaïque de quinze pieds carrés de surface, qui paraît représenter Orphée entouré d'animaux. En 1769, on découvrit, en creusant dans le sable, les fondemens d'une cave, une quantité de squelettes humains, tournés du côté du levant : il y avait entre leurs jambes de petites urnes d'argile et de verre, avec des plaques rouges aussi d'argile, sur lesquelles on voyait encore des restes d'os de volailles; il s'y trouva aussi des médailles de cuivre, dont quelques unes étaient du temps de Constantin.

On remarque, entre la ville et le lac, une superbe promenade située sur un sol qu'on a conquis sur les eaux : elle est plantée d'arbres, et l'on y découvre le lac de Neuchâtel dans toute sa longueur. A ces objets si intéressans pour Yverdun, il faut ajouter un jardin public, et dans les environs, plusieurs maisons de campagne dans la plus belle situation, une grande variété de promenades et de superbes points de vue, d'où l'on découvre les hautes Alpes. Les plus belles positions se trouvent au-dessus d'Yverdun et du côté de Grandson, au pied du mont Jura. La partie de cette chaîne qui s'élève au-dessus de l'endroit où commence le lac porte le nom de Chasseron, et, selon M. Tralles, sa hauteur est de 3,625 pieds au-dessus du niveau de ce lac. La vue la plus étendue des environs d'Yverdun est celle dont on jouit sur l'aiguille de Baume. On découvre de cette sommité les lacs de Bienne, de Morat, de Neuchâtel, de Genève; les cantons de Vaud, de Fribourg et de Berne; la Savoie et la chaîne des Alpes, depuis le Saint-Gotthard jusqu'au Mont-Blanc.

Si de la ville d'Yverdun nous dirigeons nos pas vers la rive du Léman, qui dépend du canton de Vaud, et si nous partons de la limite du canton de Genève, nous voyons d'abord le joli village de Copet, illustré dans ces derniers temps par M. Necker et par madame de Staël, sa fille, femme étonnante par son génie.

Nyon se fait voir au loin sur une colline voisine du lac. Cette ville est très-commerçante; elle a un château qui la domine, et de charmantes promenades.

Le bourg de Prangin, près cette ville, était fréquenté autrefois pour ses eaux sulfureuses. Un joli bois n'est pas le moindre de ses agrémens.

A Nyon succède, sur la côte du lac de Genève, le bourg de Rolle, qui n'a qu'une rue parallèle à ce lac, que l'on y voit dans sa plus grande largeur. Du château et des maisons de campagne voisines on découvre des vues magnifiques. En remontant un peu le ruisseau d'Aubonne, qui se jette dans le lac, on trouve le joli bourg de ce nom, que le célèbre voyageur Tavernier, qui s'y retira après tous ses voyages, préférait à tous les sites de l'Europe et de l'Asie, à l'exception de Constantinople. Le fameux amiral Duquesne a son tombeau dans l'église de ce bourg.

En revenant vers le lac, on aperçoit d'abord la jolie petite ville de Morges, où un ancien château sert aujourd'hui d'arsenal au canton. On y remarque un port fermé de murs, ainsi qu'une église fort belle. Sur la promenade située entre cette église et le lac, sur le port et près des maisons de campagne, sur les coteaux au-dessus de la ville, on découvre des vues magnifiques, dont la plus belle est celle du château de Saint-Saphorin.

On croit que celui de Vuflens a été bâti du temps des Romains. Le long du golfe, jusqu'à Saint-Prex, on jouit du nord au sud-est des plus beaux points de vue sur le lac, vers Lausanne, Vevey, le château de Chillon, le Valais, Meillerie et sur la chaîne des Alpes de la Savoie; en un mot, sur les beautés à la fois majestueuses et riantes que la nature se plaît à déployer sur les rives du lac. A la place d'exercice de Morges, on admire deux tilleuls dont l'un a 24 pieds de circonférence.

En entrant à Vevey, on traverse sur un pont fort étroit la Véveyse, torrent impétueux, qui prend sa source sur le revers occidental du Moléson, au canton de Fribourg. La situation de Vevey est unique. La nature, tantôt imposante et sublime, tantôt gracieuse et pleine de beautés douces, y étale une grande variété de formes qui surprennent ou qui séduisent. Le lac, dans sa plus grande magnificence; ses rives enchantées, dont les collines sont couvertes de villes, de villages et de châteaux; les roches menaçantes et mélancoliques de Meillerie; les monts sourcilleux du Valais; les glaciers du Pain-de-Sucre, montagne qui fait partie du Saint-Bernard; les superbes Alpes, parsemées de chalets, et mille autres objets divers, forment une variété inépuisable de points de vue et de scènes naturelles de la plus ravissante beauté. Cette situation magnifique, la fertilité du sol et la douceur du climat, ont attiré de tout temps un grand nombre d'étrangers à Vevey.

On ne trouve guère en Europe de meilleurs raisins que ceux des vignobles qui avoisinent cette ville. Tous les quatre ans les vignerons et autres cultivateurs y célèbrent une grande fête qui y réunit un monde prodigieux. On voit figurer dans une grande procession un abbé, le patriarche Noé avec son arche, et l'énorme grappe de raisins du pays de Canaan. A ces circonstances près, tout y rappelle le souvenir des fêtes de l'ancienne Grèce. On y distingue Bacchus entouré de femmes et de Bacchantes, des satyres, des victimes aux cornes dorées, des trépieds, une grande prêtresse précédée par des autels, le vieux Silène monté sur un âne, Cérès assise sur un char, couronnée d'épis, et entourée d'un immense cortége de vignerons et de cultivateurs qui font retentir les airs de leurs chants d'alégresse. L'origine de cette fête se perd dans l'obscurité des temps les plus reculés. On a trouvé près de Cuilly une pierre sur laquelle on lisait ces mots : *Libero patri Cocliensi;* ce qui fait présumer que les Romains eux-mêmes ont planté la vigne sur ces bords, et y ont institué cette fête.

LAUSANNE.

LAUSANNE, par elle-même, est loin d'être une belle ville. Elle est bâtie sans aucun plan régulier : c'est un labyrinthe confus de rues, de maisons, d'églises, de terrasses, de jardins, dont la distribution semble faite au hasard, ou plutôt au mépris de toutes les règles. On visite avec admiration son magnifique hôpital, sa superbe et antique cathédrale, où, dans le temple de Calvin, le tombeau d'un pape est resté un objet de vénération ; le château de l'État, siége d'un gouvernement bienfaiteur, et quelques ruines romaines éparses autour de la ville.

Il est peu de vues en Suisse, nous serions presque tentés de dire en Europe, qu'on puisse comparer à celles des environs de Lausanne. La position de cette ville, élevée de 300 pieds au-dessus du lac, et placée à peu près au milieu du cintre que décrit la rive droite, y permet d'embrasser d'un coup-d'œil la presque-totalité de ce beau bassin. Les âpres montagnes qui encadrent le lac à l'orient et au midi ne présentent nulle part un ensemble plus majestueux : car les détails échappent ici par la distance ; les sommités se groupent, les vallées s'effacent, et les pentes des montagnes ne forment plus à l'œil qu'une zône arrondie et diversement nuancée, qui se répète en traits plus vagues encore au-dessous de la surface du lac. A l'occident, tout prend des teintes plus douces et des formes moins sévères. L'horizon s'élargit ; le lac, moins étroitement encaissé entre ses rives, s'étend comme une glace unie encadrée par des festons de verdure, et suit mollement les contours de la vallée que les montagnes dessinent de loin. Des villages sans nombre couvrent ses bords, qui étalent toutes les richesses de la culture la plus variée. Le Jura enferme en grande partie ce paysage. Il n'a ni les grandes dimensions, ni les belles déchirures des montagnes de l'extrémité orientale du lac ; mais son arête ondoyante n'est pas dépourvue de grâce. Des formes plus anguleuses s'allieraient moins heureusement avec la coupe arrondie et toujours plus déprimée des sommités qui bordent la rive gauche, et se réunissent au Jura pour clore la vallée du Léman à l'occident. Un seul trait manque à ce tableau si éblouissant, si bien terminé, qui rassemble dans un horizon de trente lieues à peu près tous les différens genres d'aspects qu'on vient admirer dans la Savoie et dans la Suisse. Le Mont-Blanc est invisible de Lausanne et des hauteurs voisines, parce que le premier plan des Alpes du Chablais en intercepte la vue. Mais si l'on s'élève à une demi-lieue au-dessus de la ville, près du point culminant du Jorat, le Mont-Blanc et la chaîne entière des montagnes du Faucigny se découvrent aux regards, et complètent ce magnifique spectacle.

Les environs de Lausanne semblent réunir tous les avantages d'une admirable nature et d'une excellente culture. Ce lac, au-dessus duquel elle est bâtie en amphithéâtre, à la distance d'un quart de lieue, offre du côté de Vevey les plus rians coteaux, surmontés de riches vignobles; au midi, des monts couronnés de forêts, et les blancs rochers de Meillerie, lieux enchanteurs qui ont reçu une nouvelle vie de l'éloquence et de l'amour, fixent les regards de l'étranger. Au-dessus de ces monts romantiques, l'imagination s'élève, avec un nouveau degré d'exaltation, jusqu'aux Alpes qui les couronnent, et qui, découpées en créneaux, et chargées de neiges par intervalles, semblent placées là pour détourner sur leurs cimes orgueilleuses l'atteinte des frimats et des orages.

Les plaines qui, des bords du lac, s'étendent à l'ouest de Lausanne jusqu'au pied du Jura et aux frontières de France, et qui forment la partie la plus considérable du canton, sont un des pays les mieux cultivés, les plus riches et les plus attrayans de l'Europe. Les vues qu'on découvre de la terrasse de la cathédrale, de celle de la maison dans laquelle Gibbon a composé son *Histoire de la décadence et de la chute de l'empire romain;* de la promenade de Mont-Benon; du Signal, lieu situé à une demi-lieue au-dessus de la ville, toutes ces vues sont d'une beauté inexprimable. Quel spectacle que ce riche et fertile vallon; que ce lac qui se prolonge dans un espace de dix à douze lieues, jusqu'à Genève; que les monts sauvages de la Savoie, entre les échancrures desquels on aperçoit, par un temps serein, une partie des glaces du Mont-Blanc! Mais pour en bien jouir, il faut aller jusqu'à Morges, à deux petites lieues de Lausanne. Le géant des Alpes, entouré de ses principaux satellites, apparaît tout à coup entre des monts qui semblent, par une crainte respectueuse, s'écarter à son aspect; et cette immense pyramide de glace dont, à une pareille distance, la base même pose sur les nues, et dont le front se mire avec orgueil dans les eaux du lac, ce colosse, devant qui tout s'abaisse et s'humilie, semble appartenir à deux mondes, et porter au ciel les hommages de la terre. Nulle part encore ces reflets du soleil couchant, ce long voile de pourpre étendu sur les neiges éternelles, ne paraissent d'un effet aussi imposant. Là, on suit, avec la plus vive émotion, les différens degrés du Mont-Blanc, le cours de ces accidens de lumière si variés, que l'on tâche en vain de les retracer. Quand, au milieu de l'obscurité déjà répandue sur la nature, on voit ce géant, encore tout resplendissant de blancheur, éclairer au loin la contrée, et lutter, en quelque sorte, avec les ténèbres, on est saisi d'une admiration que l'on n'avait jamais éprouvée.

PROMENADE DE LAUSANNE A GENÈVE.

La première lieue qu'on fait en sortant de Lausanne n'est guère qu'une suite de descentes, à partir de la belle promenade de Mont-Benon, que la route traverse dans sa longueur, jusqu'à la plaine de Vidy, où finissent la colline et le district de Lausanne. Le nom de Vidy ne désigne aucun village, ni même aucun hameau. C'est celui d'une plaine inhabitée, située au bord du lac, où l'on a cru reconnaître l'emplacement de l'ancien Lausonium, dont l'existence n'est plus attestée que par l'histoire et par le nom de la cité moderne qui a été bâtie dans son voisinage.

A une demi-lieue de Vidy, laissant sur la rive droite le village de St-Sulpice, on traverse la rivière de la Venoge, l'un des affluens les plus considérables de la rive vaudoise du Léman. Une allée de peupliers sert d'avenue à Morges, qui termine depuis quelque temps la perspective, et dont le lac vient baigner les murs.

Morges a l'élégance et presque le mouvement d'un faubourg de grande ville. Ses rues sont larges, régulières et bien pavées ; ses maisons, dont un grand nombre sont élégamment bâties, se ressemblent toutes par un air général de propreté.

Dans un genre différent, Morges peut opposer, avec un avantage presque égal, sa vue à celle de Lausanne. Une immense ceinture de montagnes enferme l'horizon et s'arrondit autour de la rive opposée. Le Mont-Blanc élève majestueusement son triple sommet couvert de neige au-dessus des Alpes du Chablais. Un long glacis de la plus belle verdure s'abaisse du pied des montagnes jusqu'aux bords du lac. Il en suit les sommités, et leur imprime ses formes ondoyantes. Mais la partie de la rive droite qui avoisine Morges est nue et presque aride. Le terrain y a peu de mouvement; le paysage n'est pas exempt d'une sorte de monotonie, dont l'impression se reporte même sur les objets éloignés. Un antique monument se dessine toutefois avec une certaine noblesse sur les hauteurs qui dominent la plaine. C'est le château de Vuflens, situé sur une éminence, à une demi-lieue de Morges, auprès du village qui porte ce nom. La principale partie de ce vaste édifice est un énorme donjon carré, bâti en briques et d'architecture romaine, entouré d'une enceinte de même forme, que le temps a aussi respectée. Tout auprès est un château plus moderne, dont les tourelles gothiques portent l'empreinte du moyen âge, et qu'on croit avoir été bâti au dixième siècle, par la célèbre Berthe, épouse du roi de Bourgogne Rodolphe II. Cette masse imposante de bâtimens n'a point l'effet d'une ruine, car ses murs reblanchis annoncent le soin avec lequel on l'a préservée de la dégradation ; mais c'est une belle décoration, telle qu'un luxe ingénieux eût pu l'imaginer pour orner le paysage.

A vingt minutes de Morges est une plaine spacieuse, consacrée aux exercices de l'école d'artillerie cantonnale et au tir du canon. Le feu des batteries est dirigé sur une falaise de sable, du côté opposé du lac. Une demi-lieue plus loin, on laisse à gauche Saint-Prex, placé à l'extrémité d'un promontoire couvert de vignes et de prairies. Son église isolée, une des plus anciennes du pays, borde la route à quelque distance du village.

A trois quarts de lieue de Saint-Prex on passe la petite rivière de l'Aubonne, au fond d'un large ravin couronné au couchant par un bois de haute-futaie, dont on suit la lisière jusqu'au village d'Allaman. C'est à ce dernier village que commence le vignoble de la Côte, le plus considérable et le plus renommé du canton après celui de la Vaux. Il recouvre une longue chaîne de coteaux adossés au mont Jorat, dans une direction à peu près parallèle à la rive du lac et à la route. Ces vignes font un effet peu agréable du côté de la plaine. En revanche, si l'on s'élève sur les sommités dont elles occupent les bases, on retrouve une campagne tapissée de la plus belle verdure, de frais ombrages et des sites ravissans. Le Signal de Bougy, plateau élevé, à quelque distance au-dessus de la ville d'Aubonne, offre une vue qui surpasse pour l'étendue celle du Signal de Lausanne, et qui en approche pour la beauté.

Le lac a sa plus grande largeur en face de Rolle. Il s'arrondit devant cette ville, et forme un disque dont le golfe de Thonon termine le contour. On commence ici à découvrir Genève et l'extrémité occidentale du lac, que les derniers promontoires de la rive gauche avaient, jusqu'à ce moment, dérobés à notre vue; mais la partie supérieure de ce bassin s'efface, et les montagnes qui l'entourent se perdent déjà insensiblement dans un lointain vaporeux. Les environs de Rolle ont peu d'agrément. La culture de la vigne y a tout envahi. Cette campagne, sans ombrages, sans troupeaux, sans moissons, a l'air frappée de stérilité. De riches récoltes récompensent cependant les soins des cultivateurs. Leurs habitations annoncent l'aisance; mais il manque à ces villages de la Côte un certain air rustique auquel nous sommes habitués à attacher des idées de calme et de bonheur champêtre, et qui donne tant de charmes aux simples hameaux de la vallée de Montreux.

Nyon, ville peuplée de deux mille habitans, à sept lieues de Lausanne et à quatre de Genève, est bâtie en partie le long du lac, en partie sur un plateau relevé en terrasse au-dessus de la rive. Son château gothique, composé d'un large pavillon carré garni de tourelles, annonce la ville de fort loin, et n'est pas sans effet dans le paysage. Nyon a des fabriques de différentes espèces. Sa position près du lac et au débouché d'un des passages les plus fréquentés du Jura lui procure un commerce assez actif. Elle est le principal entrepôt des bois de chauffage et de charpente destinés pour Genève.

La campagne qui entoure immédiatement la ville de Nyon, particulièrement la rive du lac, est d'une aridité désagréable, mais qui disparaît aussitôt qu'on a dépassé cette lisière extérieure de collines qui règne le long du rivage. Une plaine verdoyante et fertile s'élève par gradation insensiblement du revers de ses collines au pied des montagnes. De nombreux villages, en partie cachés derrière des massifs d'arbres, embellissent le paysage. Le Jura, distant seulement d'une lieue et demie de la rive du lac, borne l'horizon par une large ceinture de forêts. Prangins, Trélex, Gingins, Crassier, Beaumont, placés sur les confins de la montagne et de la plaine, rappellent les villages des environs de Lausanne, sinon par la beauté des aspects, du moins par l'épaisseur des ombrages et la fraîcheur de la verdure.

Nyon appartient déjà au bassin du petit lac, qui commence de ce côté-ci à la pointe de Promenthoux, située à une demi-lieue au nord de Nyon, en face de la pointe d'Yvoire. Le grand lac se montre encore ici dans son entier, quoique dans un profil peu favorable; mais à peine avons-nous quitté Nyon pour nous rapprocher de Genève, que nous voyons ses rivages fuir et disparaître par degrés derrière les promontoires du Chablais. Le petit lac lui-même, toujours plus étroitement resserré entre ses bords, n'offre bientôt plus l'aspect que d'un superbe canal qui se prolonge au midi, en suivant les ondulations de la vallée. L'aspect général du pays ne change pas essentiellement de Nyon jusqu'à une demi-lieue de Genève.

De Nyon à Copet, on compte une lieue et trois quarts, à peu près; au tiers de cette distance, la route laisse à droite, sur la hauteur, le village de Crans.

Copet est une petite ville, ou plutôt un bourg, situé au bord du lac, et peuplé de huit à neuf cents habitans, la plupart voués aux occupations de la campagne. Quelques unes des maisons de Copet ont, devant le rez de chaussée, des arcades basses, qui rappellent les villes du canton de Berne. Le château est sur une éminence, immédiatement au-dessus de la ville. C'est un vaste bâtiment d'architecture moderne, élevé sur l'emplacement d'un château féodal qui soutint un siége en 1536 contre les Bernois, et fut en partie détruit par un incendie. Bayle y vécut pendant deux années, en qualité d'instituteur, dans la famille des comtes de Donha. M. Necker y a passé, dans une honorable retraite, les dernières années de sa vie. Mme de Staël l'a long-temps habité, et ses cendres y reposent dans un même tombeau, auprès de celles de son père. Le nom de Copet, tant de fois répété dans ses derniers écrits, associé sous mille formes aux divers incidens de sa vie, a reçu une illustration aussi durable que le souvenir de cette femme célèbre.

Peu après avoir passé la frontière, on voit les

premières maisons de Versoix, commune ci-devant française, réunie au canton de Genève depuis l'année 1816. L'endroit appelé Versoix-la-Ville, qui se présente le premier quand on vient de Copet, a un port sur le lac, une place publique, et des rues tirées au cordeau, auxquelles il ne manque que des maisons. Cette plaisanterie de Voltaire est encore tout aussi applicable aujourd'hui que de son temps.

De Genthod à Genève, la route, sans traverser aucun village, présente un coup d'œil aussi riant qu'animé. C'est un tableau dont le charme est difficile à rendre que celui d'une jolie ferme ou d'une habitation élégante qui se découvre aux regards à mesure qu'on passe une éminence boisée, ou la lisière d'un verger! Ce spectacle se répète de minute en minute, jusqu'au moment où les deux rives, de plus en plus rapprochées, viennent se rejoindre sous les murs de Genève, et ne forment plus qu'un gracieux amphithéâtre de verdure du milieu duquel s'élève cette antique cité.

La Pierrière et Sécheron ne sont que des réunions de maisons qui ne méritent pas même le nom de hameaux; mais Sécheron a tout le mouvement d'une petite ville.

De Sécheron à Genève, les glaciers de la Savoie se montrent encore pendant quelques instans avec beaucoup d'éclat; mais ils s'éclipsent rapidement, à l'approche de cette ville, derrière la première ligne des Alpes; et le Mont-Blanc lui-même, après avoir éclairé l'horizon par un dernier jet de lumière, disparaît enfin derrière les rochers décharnés du mont Salève, qui nous réfléchissent en teintes plus obscures les feux du soleil couchant.

———

Observations.

VALAIS.

C'est quand toutes les neiges ont fondu, dans les beaux jours d'été, que les étrangers visitent ordinairement le Valais. Il n'en est pas de ce canton comme de ceux de Genève, de Lausanne ; hérissé de montagnes, de rochers, de glaciers, il doit être parcouru avec des précautions dont chacun peut se rendre raison : ici, il serait difficile, dangereux même de voyager sans guide. On trouvera à Sion, à Sierre, des hommes aussi sûrs qu'intelligens. On ne saurait trop recommander aux voyageurs de ne jamais s'écarter de ces guides, de suivre aveuglément leurs conseils, de marcher toujours derrière eux. On se munit, pour visiter les glaciers, d'un voile ou crêpe noir dont on s'enveloppe la tête, afin que le trop vif éclat des neiges ne fatigue pas les yeux. Si l'on voyage à cheval, il faut laisser marcher l'animal, sans prétendre le contraindre. A mesure qu'on s'enfonce dans la Suisse, le prix des voitures, des chevaux, des guides, de la vie même, devient plus élevé. Il ne faut pas compter voyager dans le Valais, à moins de 12 à 15 fr. de France, par jour ; quinze jours au moins, un mois au plus, sont nécessaires pour visiter cette contrée aussi riche que pittoresque. Un cheval de selle, un mulet dans les montagnes, seul, coûte par jour un peu plus d'un écu neuf, moins si on le garde plusieurs jours, moins encore si on en loue plusieurs : un domestique coûte un florin et demi ; mais il est facile de s'en passer en Suisse, au moyen de laquais ou guides qui portent tous les effets en voyage, et ne se payent qu'un florin par jour. Ceux qui veulent gravir les montagnes doivent avoir grand soin de porter des souliers à semelles épaisses, dont l'empeigne soit d'un cuir fort, mais souple, et recouvre tout le dessus de pied. Au moment de partir, on se pourvoit de trois douzaines de gros clous d'acier, dont les pointes soient à vis, et dont les têtes, larges de quatre lignes et demie, forment une pyramide tronquée à quatre faces. On fait entrer 12 de ces clous dans chaque semelle, 7 dans la partie antérieure, 5 autour du talon, dans les intervalles on place d'autres clous très-rapprochés. Un chapeau de paille est nécessaire contre la trop grande chaleur, un voile vert contre la réverbération des rayons solaires. Marche-t-on seul, il faut se dire peintre de Zurich ou de Wintherthour, ou peintre seulement, pour être bien reçu des montagnards.

lais se prolonge l'espace de trente-six lieues, sur une largeur presque partout égale d'une lieue. Il semble que la nature soit, dans cette vallée, réduite à l'état de décrépitude, tant les catastrophes y sont fréquentes et terribles. C'est le plus grand bassin des Alpes; c'est la Suisse entière rapprochée des bouts du Rhône. On conçoit que, vue du sommet des Alpes, cette vallée ne se présenterait que comme une sombre gorge, abîmée entre des rocs épouvantables, souvent ravagée par les torrens, en partie noyée sous les eaux qui manquent de pente ou d'écoulement, et accablée du poids d'énormes pierres que les torrens entraînent du haut des monts.

Les deux chaînes de montagnes qui bordent la vallée sont les plus hautes qu'il y ait dans les Alpes; leurs innombrables cimes s'élèvent de huit mille à quatorze mille cinq cent quatre-vingts pieds au-dessus de la mer, et les parties les plus basses de ces montagnes, connues sous le nom de Cols, ont de six mille à plus de dix mille pieds de hauteur. C'est aussi sur ces deux chaînes, qui bordent le Valais au nord et au sud, que reposent les plus énormes glaciers et les champs de glace les plus vastes qu'il y ait dans toute la Suisse. En été il règne dans le bas Valais une chaleur qui fait monter quelquefois le thermomètre de Réaumur à trente-huit ou quarante degrés, lorsqu'on l'expose au soleil sur les rochers. Cette partie de la vallée est inaccessible aux vents du nord, et ceux du sud, de l'est et de l'ouest, sont les seuls qui se fassent sentir.

On a dressé une échelle végétative du Valais,

La vigne y prospère jusqu'à une hauteur de deux mille deux cents pieds, le maïs mûrit quatre cents pieds plus haut, le chêne disparaît à trois mille trois cents, le noyer à cent pieds de plus, le frêne à quatre mille cinq cents, le bouleau à cinq mille deux cents, et le sapin à près de six mille pieds; mais c'est là aussi la dernière limite des arbres, à l'exception du petit saule, qu'on trouve encore à une hauteur de huit mille cinq cents pieds. Les saxifrages ne redoutent pas une hauteur de neuf mille pieds, et il en croit encore au delà.

L'abondance des végétaux dans les montagnes du Valais est un sujet d'étonnement pour le botaniste. Ce canton produit plus de deux mille espèces de plantes; mais il faut du courage pour gravir les rochers où croissent les plus rares. On ne voit nulle part ailleurs un pays aussi resserré réunir les productions et les climats depuis l'Islande jusqu'à la Sicile et à l'Afrique, et offrir une variété aussi inépuisable des objets les plus contraires, un passage aussi rapide des scènes d'une nature qui annonce partout la mort et la destruction, aux tableaux les plus gracieux d'une végétation brillante et vigoureuse. Il y a dans le Valais des endroits où l'on moissonne au mois de mai; il en est d'autres où la récolte se fait au mois d'octobre. Si dans certains sites les fruits ne sauraient parvenir à maturité, on voit ailleurs croître l'asperge sauvage et mûrir l'amande, la figue, la grenade, la figue d'Inde, presque sans travail et sans soin. Le sol y rapporte d'assez bon vin, qui serait beaucoup meilleur si les vignes étaient mieux entretenues et cultivées.

Le naturaliste qui s'occupe du règne animal trouve également dans le Vallais de nombreux objets qui peuvent captiver son attention. Plus de quatre-vingts espèces de coquillages ; une nombreuse variété de papillons, surtout des climats chauds, ainsi que d'autres qui habitent les hautes montagnes et même les glaciers; des reptiles, tels que la tortue de rivière, le grand lézard vert, la salamandre, la vipère noire, etc.

Les torrens sont trop rapides et les lacs sont trop froids pour que les poissons y abondent; cependant le Rhône en a plusieurs espèces, dont la plus grande est la truite saumonée, qui pèse de quinze à trente livres. La truite commune habite aussi quelques uns des affluens du Rhône, et quelques lacs des montagnes; le brochet, lorsqu'il paraît dans le fleuve, ne le remonte que jusqu'à St-Maurice.

Des rochers entassés jusqu'aux nues, des vallées profondes, des forêts que la coignée du bucheron n'a jamais attaquées, d'énormes masses d'eau, de vastes marais, des régions presque inaccessibles à l'homme, sont le séjour ordinaire ou passager d'un grand nombre de quadrupèdes et d'oiseaux. Le bouquetin, le vibre ou castor, et le daim, ne s'y rencontrent presque plus; mais l'ours, le lynx, le loup, le cerf, le chamois, le chevreuil, le lièvre blanc, l'hermine, s'y voient assez souvent. La loutre fait de grands ravages parmi les troupeaux. La marmotte est un objet de chasse dans le haut Valais, les paysans en mangent la chair; on les prend à la fin de l'automne, lorsque, étant assoupies, elles occupent des trous, en compagnies de dix à douze individus. C'est sur les rochers inaccessibles de Gomps, Brieg et Visp, que l'énorme et vorace vautour des agneaux étend son redoutable empire, que ne partage avec lui aucune autre espèce d'oiseaux. L'aigle commun fait son séjour dans toutes les hautes montagnes du pays.

Sion, capitale du Valais, assise dans une charmante situation, s'élève au pied de deux collines d'un aspect sauvage; ses bois, ses vergers, ses superbes coteaux de vigne, arrosés de plusieurs ruisseaux, les ruines de son vieux château des Tourbillons, cette vieille chapelle qui repose sur une éminence voisine, font un ensemble agréable et pittoresque.

Mais ce qui attire le plus les regards, continue M. Bourrit dans sa brillante description du Valais, que nous mettrons plus d'une fois à contribution, c'est la montagne au midi de la ville : si vous n'êtes pas enchanté, si vous ne vous sentez pas élevé par le magnifique spectacle qui se présente à vos yeux, retirez-vous, n'admirez plus aucun tableau de ce genre. Figurez-vous une montagne de deux lieues de longueur sur près d'une lieue de hauteur; une multitude de petites plaines cultivées, de prés émaillés de mille fleurs, de bocages, de vergers; de paysages s'élevant à l'envi comme par étages, partout entrecoupés de fontaines, de cascades, de sentiers couverts d'ombrages, partout la pompeuse verdure des mélèzes, la variété des arbres à fruits, des arbustes; la végétation la plus féconde; un nombre infini de petits villages, de cabanes, de chalets, animant ce tableau; une forêt de pins, couronnant cet amphithéâtre; le Rhône, roulant au pied de la montagne ses eaux impétueuses; peignez-vous toutes ces nuances de la verdure, toutes les gradations de la végétation, vous aurez une idée de la montagne des Mayens.

Après avoir cotoyé par un joli chemin les prairies qui conduisent de Sion à Bramoi, enfoncez-vous dans cette enceinte de rochers où commence la vallée d'Erheim. Quel changement! L'aspect de cette lugubre enceinte de rochers brisés et presque perpendiculaires, les débris à leur pied dans le torrent qui les baigne; cette vaste solitude qui n'est troublée que par le bruit des eaux qui se précipitent en cascades à travers une âpre chaîne de montagnes; cet ermitage, cette église, percés dans le roc; ce sombre désert où quelques hommes sont venus dérober leur existence au monde et se consacrer à la prière, quel lieu pour la pensée!

De la plate-forme de Sion, on a, à l'orient, de superbes points de vue : c'est de là que l'œil parcourt la vallée dans l'étendue de douze lieues. Vous avez au-dessous de vous, dans cet espace, tous les sites variés, et tous les paysages de cette vallée dont vous n'avez jusqu'ici contemplé que des tableaux détachés. L'entrée des vallées latérales, dont les torrens se précipitent; les contours et les anfractuosités des monts, leurs revers, leurs cimes blanchies, leurs forêts de pins; le fleuve

Route du Simplon.

déroulé dans ses diverses sinuosités, au fond de la plaine, comme une longue lame d'argent : tout se réunit sous vos yeux pour agrandir et enrichir ce vaste ensemble de tant de formes diverses, ce mouvement varié des contrastes et des couleurs de la vallée et des monts, ce riche et unique point de vue du Valais. En d'autres contrées, vous ne voyez dans le spectacle d'une multitude de villes embellies de campagnes peuplées d'habitations superbes, que les tableaux de l'art, les ouvrages des hommes : ici vous ne contemplez que la nature, mais la fière, l'inimitable nature.

Si vous vous tournez à l'occident, vous avez l'aspect imposant du Buet, que l'on croit ici être le Mont-Blanc ; et, avec la lunette, vous voyez les montagnes du Finiol et du Trian, et même quelques crêtes du Col de Balme.

EXCURSION AU SIMPLON.

Au fond du Valais, et sur le chemin de Sion, près de Brieg, petite ville dont l'abord a quelque éclat dans cette contrée sauvage, commence le Simplon.

Il est des sites que l'on peut rendre par un trait, par une description : chaque site de cette montagne demanderait un cadre et un tableau particulier. Une des plus riches et des plus variées des Alpes par ses situations et ses développemens, belle de ses propres paysages et des paysages qui l'environnent, elle reçoit un nouvel intérêt pour la curiosité par la nouvelle route qui la traverse en entier.

C'est de Gliss que part la nouvelle route du Simplon, et déjà la nature a imprimé à ce site un caractère très-pittoresque. Un pont de cent pieds de hauteur, sous lequel roule, en mugissant parmi les rocs, le torrent de la montagne, ouvre la longue scène que l'on va parcourir. De là le nouveau chemin semble s'élancer sur le Simplon, en côtoyant de beaux pâturages et un de ces ermitages que le génie religieux des Valaisans a placés partout sur le flanc des monts. A peine a-t-on parcouru une lieue, que l'on se trouve à près de 2,000 pieds de hauteur, au milieu d'une belle forêt de mélèzes où la fraîcheur et l'ombrage semblent concourir à rendre la route agréable aux voyageurs. Il est difficile de peindre ici l'ensemble, le mouvement et la magnificence des objets divers qui s'offrent à la vue : dans le lointain, toute la plaine du Valais avec son fleuve et les montagnes qui la bordent; au nord, les glaciers et les pics de la Suisse, qui tranchent dans l'horizon et semblent s'élever dans un ciel d'azur; au-dessous, le plateau de Brieg, varié de culture et peuplé de paysages divers, et l'immense profondeur de la vallée, qui retentit du bruit de la Saltine qui la traverse. En face de la forêt domine le Glirs-horn, qui semble placé devant la route pour produire un grand effet, et dont la forme et la couleur du rocher tranchent d'une manière admirable avec toute la verdure des mélèzes de la montagne. Plus l'on avance, plus les sites s'animent, se multiplient et s'agrandissent;

les divers points de la route deviennent, pour le voyageur, autant de points d'optique qui lui découvrent une succession continuelle d'aspects intéressans, de sites, de paysages, et lui communiquent des sensations toujours nouvelles. L'élévation et la sûreté de cette belle route vous font respirer, dans les beaux jours, je ne sais quelle fraîcheur éthérée, et goûter à la fois le plaisir de contempler sans danger, sans effroi, les escarpemens des vallées et les précipices qu'on franchit.

Le pont de Gauther est d'un des plus hardis de ce passage; il reçoit le torrent du même nom; il est construit en face d'une des plus fortes avalanches du Simplon; son placement et la solidité de sa construction sont tels, que la chute des avalanches ne peut être pour les voyageurs qu'un spectacle, et jamais un accident, un danger.

Au sortir de ce pont, d'où l'on découvre la vaste étendue des glaciers de la Suisse, bientôt la route, par d'heureux contours, va se perdre dans une seconde forêt de sapins et de mélèzes. Vous croiriez être quelquefois dans un des beaux chemins de France, ou voyager dans un magnifique parc, tant les arbres s'élèvent à l'envi et ombragent la tête du voyageur; la forme des rochers, la variété des aspects, multiplient partout devant lui les effets pittoresques; l'art et la nature semblent s'être entendus pour lui préparer, à chaque stade, la surprise d'une galerie, d'un pont, d'une cascade, d'une montagne, d'un glacier ou d'une forêt nouvelle. C'est ainsi qu'après avoir traversé cette immensité de sites, on arrive au plateau. Ici la scène change sans en être moins intéressante pour le naturaliste et pour l'homme qui aime à recevoir les grandes sensations : l'aspect des bouleversemens remplace la variété et le mouvement du tableau des vallées; au bruit des torrens a succédé le triste sifflement des vents; le froid glacier s'élève seul devant vous et semble commander à une nature nue, stérile et déserte. Non loin de là vous apercevez l'Hospice, qui semble appeler au milieu de ces lieux sauvages le voyageur surpris par la tourmente des neiges.

On ne sent point cependant aussi vivement, sur ce plateau, l'effroi du silence et de la solitude que l'on éprouve sur le plateau des autres montagnes. Sur le versant de ce mont, du côté du midi, on aime à voir quelques chalets, à retrouver un village assez étendu : c'est celui du Simplon, où vit une population indépendante, robuste et endurcie aux rigueurs du climat, subsistant de quelques pâturages, des transports du commerce et des services qu'elle rend à ceux qui passent la montagne. De ce village, et à travers plusieurs escarpemens, la route vous conduit dans la vallée de Gondo.

Deux chaînes de montagnes, presque verticales, s'élèvent dans les airs, et semblent ne laisser d'intervalle entre elles qu'autant qu'il en faut pour laisser passer et éclairer le voyageur. Le chemin et le torrent forment toute la largeur de la vallée. A peine on a fait une demi-lieue dans cet antre sauvage, que les rochers changent de nature : tout à coup le granit commence et prend la place du gneiss. Ces immenses rochers déploient à la vue le plus sombre et le plus imposant des spectacles : la vallée se creuse; le passage de quelques petits ponts laisse entrevoir à celui qui les traverse ses horribles profondeurs. La Doveria se précipite de gouffres en gouffres; ses eaux écumantes se brisent et retentissent contre les rocs de granit, qui semblent lui refuser un passage. Les eaux des cascades et des torrens qui tombent des chaînes des monts vont se confondre dans le même abîme : c'est dans cette enceinte des plus sublimes horreurs qu'ait pu rassembler la nature, que la route traverse une longue galerie percée dans le grant. L'obscure entrée de cette galerie, les jours pratiqués dans le rocher, et qui n'éclairent que d'énormes masses entassées, des escarpemens et d'affreux précipices, viennent rembrunir encore la grande scène que déploient ces lieux.

Au sortir de la galerie, l'ancien chemin, à la vue, comme suspendu sur des pentes presque verticales, fait sentir au voyageur le bienfait de la nouvelle route. La vallée extraordinaire de Gondo porte partout les traces des siècles et des révolutions successives qu'ont éprouvées les Alpes. La main puissante qui élança sur leurs bases ces immenses murailles de granit, qui sembla leur imprimer un caractère d'indestructibilité, n'a pas voulu pourtant les soustraire à la destruction des temps : partout, sur les flancs de cette chaîne de montagnes, à une très-grande hauteur, on aperçoit les sillonnemens, les excavations et l'action diverse des eaux qui ont creusé la vallée; et ces blocs énormes de granit précipités des cimes des monts dans le torrent, l'effet terrible que leur frissonne d'envisager, sur des pentes tellement rapides qu'elles paraissent inabordables, sur des arêtes si aiguës qu'on les dirait faites au ciseau ; on s'élève par la pensée à la cime des monts que la foudre seule semble pouvoir atteindre ; et et par delà les derniers mélèzes, aux endroits où toute végétation expire, on découvre encore des chalets. Ici l'homme ne manque que là où lui manque la nature. De distance en distance, on rencontre des maisons destinées à servir d'asile au voyageur fatigué, et d'abri au troupeau que l'orage surprend ; ces maisons, d'une construction uniforme et solide, n'ont pour inscription que le mot *refuge*, qui en explique suffisamment l'usage, et devrait conserver éternellement sa durée. J'en ai compté onze sur toute la route, mais habitées seulement du côté du Valais, et désertes du côté de l'Italie. »

EXCURSION DE GONDO AU LAC MAJEUR.

C'est l'élégant auteur des *Lettres sur la route de Genève à Milan* qui va nous servir de guide.

A trois quarts de lieue de Gondo, on trouve Yeselle, le premier village d'Italie, aussi misérable que Gondo.

Au sortir d'Yeselle, les rochers, qui jusque là s'élevaient à pic, s'écartent à l'est, et forment un amphithéâtre. Au milieu des prairies parsemées de châtaigniers qui tapissent ce vallon, l'on voit le village de Dovredo ; des vignes qui croissent devant chaque demeure s'élèvent jusque sur les toits, et font d'une maison un massif de verdure. Cet heureux coin de terre produit un effet d'autant plus agréable, que bientôt les rochers se rapprochent, et que la route reprend un aspect triste et sauvage. On passe devant un pont remarquable par la convexité de sa voûte, placé près d'un autre pont détruit, dont les piliers reposaient sur d'énormes blocs au milieu de la rivière, et dont les restes sont maintenant cachés par les arbrisseaux qui croissent alentour.

Bientôt les rochers s'écartent et laissent apercevoir la riante plaine de Domo; le magnifique pont de Crevola, jeté d'une montagne à l'autre, ferme la vallée; il est formé de deux arches en bois soutenues par un pilier remarquable par sa beauté et sa solidité : c'est le dernier des travaux du Simplon.

Sur les bords de la rivière, on voit un village qui s'abaisse aux pieds du voyageur, et qui disparaît presque en entier sous les vignes et les plantes grimpantes qui le couvrent; un petit pont formé de planches vacillantes sert encore à relever la hauteur et la régularité de celui sur lequel on passe avec rapidité. On est étonné d'avoir un même nom à donner à cette hardie construction qui ouvre le passage des Alpes, et à un ouvrage fragile qui réunit les habitans d'un petit village.

La situation du pont de Crevola nous offre un contraste d'un autre genre : d'un côté, nous apercevons la sombre vallée d'où nous sortons, et la rivière qui coule encaissée dans de hauts rochers; de l'autre, nous découvrons de vastes prairies ombragées de beaux chênes qu'arrose la Toccia; la plaine de Domo se couvre de plantes nouvelles; les collines et les montagnes éloignées présentent sur leurs flancs des édifices d'une architecture élégante. Voilà donc enfin l'Italie telle qu'on nous l'avait dépeinte!

Italiam, Italiam.

La petite ville de Domo-d'Ossola est peuplée et commerçante. On y voit d'anciens couvens : celui qui appartenait aux Jésuites est de marbre noir et blanc. Les maisons sont assez bien bâties; elles sont ornées de peintures. Une foire est établie dans la ville; la place est couverte de boutiques; du sucre, du café, de la cannelle, rassemblés en tas sur des tables, parfument l'air et excitent l'envie des passans. Des femmes portent, à l'extrémité d'une perche, des fleurs faites de papier doré et de plumes peintes, dont elles détachent de petits bouquets pour les acheteurs; toute la ville est en mouvement. Aux dames vêtues avec élégance on voit se mêler les paysannes dans leur costume bizarre : elles portent des bas rouges; un mouchoir de coton ou de soie couvre leur tête; leurs cheveux, attachés derrière, sont retenus par une épingle d'argent; leur corset de brocart est à demi-caché par un mantelet flottant. Plus loin, des capucins, des religieux de différens ordres, marchent à l'écart; quelques masques grotesques parcourent les rues; des joueurs de gobelet annoncent au son du fifre et du tambour la grande représentation du soir; la cloche se fait entendre;

la foule se dirige vers l'église pour assister au service divin.

En sortant de Domo-d'Ossola, un chemin en droite ligne nous conduit à Villa, où l'on passe un torrent sur un beau pont. Le village se déploie à la droite, et quelques édifices s'élèvent avec élégance sur une colline boisée qui le domine; la route traverse ensuite des terrains pierreux, où croît une herbe rare qui fournit une chétive nourriture aux troupeaux. Nous arrivons à Massone, sur les bords de la Toccia, que nous traversons dans un bac.

Vis-à-vis de Massone, on voit le village de Pic-de-Mulière, où s'ouvre la vallée du Mont-Rose : cette montagne est élevée de 2,430 toises au-dessus de la mer, hauteur qui ne le cède que peu à celle du Mont-Blanc; le Mont-Rose est composé d'une suite de pics gigantesques, presque égaux entre eux, qui forment un vaste cirque; cette enceinte renferme des prairies parsemées de pins et de mélèzes, au milieu desquels est situé le village de Macugnaga; les pentes escarpées et les glaciers qui le dominent forment le second degré de l'amphithéâtre, et s'élèvent peu à peu jusqu'aux cimes de la montagne : cette vallée est remarquable par la beauté de sa végétation, et plus encore par ses mines d'or.

Quelquefois les voyageurs abandonnent leur voiture sur les bords de la Toccia, prennent un bateau et descendent la rivière jusqu'au lac Majeur.

La forme du lac Majeur est irrégulière. De la route que nous suivons, on ne peut découvrir que le bras où sont situées les îles Borromées : la première qu'on aperçoit est l'Isola-Madre, située à une demi-lieue du rivage; elle a un mille de circuit; une partie est occupée par des terrasses bâties les unes au-dessus des autres, tapissées d'orangers, de limoniers, de citroniers; ces terrasses sont dominées par le palais, d'une architecture fort simple; l'intérieur n'offre de remarquable qu'une petite salle de spectacle; le reste de l'île est couvert d'arbres qui s'élèvent avec grâce au-dessus des eaux et forment de charmans bois habités par une foule de faisans, de pintades, de poules sultanes, qui voltigent sous les lauriers, les chênes verts, les pins d'Italie, et s'envolent avec bruit à l'approche du voyageur. Ces oiseaux n'ont pas l'aile assez forte pour traverser le lac; ceux qui se hasardent à ce long trajet perdent la vie dans les flots : tous les ans on repeuple l'île d'une grande quantité de faisans.

Une avenue d'ifs antiques conduit du château aux bords du lac : là, sur une pelouse doucement inclinée, on jouit de la vue des rives opposées, et des embarcations des habitans. L'Isola-Madre est garantie des vents du nord par les montagnes voisines; les plantes des pays chauds y trouvent une température qui leur est convenable; des aloès, des cactus, y croissent sans culture, et tapissent de leurs larges feuilles les rochers qui terminent l'île.

L'Isola-Bella est plus rapprochée du rivage que l'Isola-Madre; elle est beaucoup plus ornée : le palais est habité chaque année, pendant quelques semaines, par la famille Borromée.

Quelle délicieuse habitation que cette Isola-

Bella, dit un autre voyageur! Ce majestueux bassin du lac, ces rives si poétiques; cette île avec ses terrasses qui s'élèvent en gradins, plantées de cédrats, d'orangers et de citronniers, en pleine terre; une haute futaie de lauriers, se répétant dans des eaux pures comme le cristal; cette profusion de fleurs qui embaument l'air, de fruits d'or qui pendent aux arbres; enfin le climat si voluptueux et si beau de l'Italie, tout agit à la fois sur les sens et sur l'imagination : on jouit, on n'a pas le temps de décrire.

Près de l'Isola-Bella est l'île des Pêcheurs, qui, par la simplicité de ses bâtimens et par la pauvreté de ceux qui y vivent, semble être placée exprès pour rehausser la magnificence de sa voisine; elle est couverte d'habitations qui se pressent et qui laissent à peine la place à chaque propriétaire d'élever une treille à côté de sa demeure; un clocher domine ce bouquet de maisons, qui fait, au-dessus de l'eau, un effet assez extraordinaire : on compte deux cents habitans sur ce rocher, qui n'a qu'un demi-mille de circuit. Les voyageurs qui font avec soin la description des autres îles oublient ordinairement celle des Pêcheurs; ses cabanes et ses rivages couverts de filets ne se trouvent point dans les portefeuilles des peintres.

L'Isola-Bella et l'Isola-Madre, vues du lac, font un effet charmant, et en les décorant, on a plus travaillé pour le plaisir de ceux qui viennent les voir que de ceux qui les habitent : ces voûtes régulières, ces terrasses qui s'élèvent majestueusement au milieu du lac, ces statues qui se peignent dans les eaux, ces arbres des pays méridionaux qui croissent alentour, comme si, dans ce lieu seul de toute la contrée, les rigueurs de l'hiver étaient inconnues, donnent à l'Isola-Bella quelque chose d'enchanté.

Les environs du lac Majeur présentent des tableaux rians et animés; les montagnes qui le dominent n'offrent point ces formes rudes, ces déchiremens que l'on voit dans le sein des Alpes; le châtaignier, le pâle olivier, la vigne qui s'élève sur les mûriers ou qui s'arrondit en berceaux, couvrent les collines et les embellissent par le contraste de différentes teintes de verdure; plusieurs petites villes, une foule de villages éclatans de blancheur, des édifices remarquables par la légèreté de leurs toits, l'élégance et la variété de leur construction, décorent les bords du lac.

LE SAINT-BERNARD.

Depuis Martigny, une vallée, celle d'Entremont, traversée par la Dranse, monte jusqu'au Saint-Bernard. On passe d'abord à Saint-Branchier, bourg très-ancien, qui profite du passage des voyageurs et des convois; un rocher qui le domine porte sur sa cime une petite chapelle, et les ruines d'un ancien fort qui protégeait la vallée; au delà de la Dranse, on aperçoit les débris du château d'Etiez.

Les pentes rapides des deux côtes de la vallée, auprès de Saint-Branchier, sont cultivées, et l'on voit avec étonnement la charrue sillonner et les moissons couvrir ses escarpemens. A Orsière, village assez beau, qu'entourent des vergers, et qui était jadis dominé par le Châtelard, dont il reste quelques débris, la vallée se partage en deux embranchemens, dont l'un conduit au Saint-Bernard, tandis que l'autre forme la vallée de Ferret, qui renferme trois petits lacs, et que bordent des glaciers : auprès de ces champs de glace, on rencontre la chapelle de Notre-Dame-de-la-Neige.

En continuant de se diriger sur le Col du Saint-Bernard, on passe par les bourgs de Liddes et Saint-Pierre, les derniers lieux habités et cultivés. Au delà de Saint-Pierre, où l'on se pourvoit des mulets nécessaires pour la traversée, la contrée se change en un désert sauvage. Un pont qui porte le nom de Charlemagne, son prétendu fondateur, conduit par-dessus un gouffre affreux, où le torrent de Valsorey se précipite dans la Dranse. Tout ce que l'on voit attriste ou effraie le voyageur : l'apparition des perdrix blanches lui présage les tempêtes; il traverse la vallée des morts, et aperçoit la chapelle où reposent les restes des malheureux qui ont péri dans cette traversée hasardeuse. Un édifice voûté qui avoisine ce charnier lui offre un refuge contre les dangers qui pourraient menacer aussi sa vie. Pendant ou après les tourmentes, les domestiques du couvent, appelés marroniers, se rendent à ce lieu pour emmener ceux qui s'y sont réfugiés, ou afin de laisser des vivres pour ceux qui pourraient y entrer.

On gravit enfin le Col du Saint-Bernard jusqu'à l'hospice, qui est placé entre les roches et les glaciers, à 7,542 pieds au-dessus de la Méditerranée.

La diminution des neiges dans les environs du

Saint-Bernard y annonce l'approche de la canicule. Le soir, dans les mois de juillet et d'août, l'air y est toujours glacé; les plus beaux jours de l'année y apportent peu de changemens; ils passent sans laisser de traces dans des lieux où l'on ne voit aucune végétation, pas un arbre, pas un buisson, pas même assez de terre pour ensevelir les religieux qui meurent dans cet affreux climat, et dont les corps restent long-temps exposés à l'air, avant d'être décomposés. Les chamois sont les seuls habitans des cimes voisines; quelques pinçons de neige partagent l'exil des religieux et trouvent un asile dans le couvent. La fondation de cet hospice date de l'an 962; il fut construit par saint Bernard, qui en fut le premier prévôt: cet antique et vénérable bâtiment est placé dans une gorge qui le met à l'abri des avalanches; à côté de l'édifice est un petit lac dont les eaux, dominées par des rochers couverts de neige, ont une teinte sombre; sur ses bords sont taillés dans le roc des sentiers par lesquels on voit arriver les longues files de mulets qui, pendant trois mois de l'année, apportent de la Val-d'Aoste et de différentes vallées les bois et les provisions nécessaires à l'hospice, où un très-grand nombre de passagers reçoivent l'hospitalité. En automne, les communications deviennent difficiles et ne tardent pas à être interrompues; les voyageurs disparaissent; les religieux, pendant les jours sombres et les longues nuits d'un hiver du pôle, restent séparés du monde; on entend tomber les avalanches et les vents se déchaîner contre les murs de cette maison, qui retentit des chants sacrés de ces pieux solitaires, toujours prêts à secourir les malheureux égarés dans les neiges.

Le Saint-Bernard offre un grand nombre de pics, dont le Vélan est le plus élevé. Entre ses sommités, on trouve plusieurs glaciers fort considérables. Au nord-ouest du couvent s'élève le pic du Pain-de-Sucre, et un autre dont l'élévation au-dessus de la mer est de 8,796 pieds. Du haut de cette sommité on jouit d'une vue magnifique : on y découvre le Mont-Blanc. De la pointe de Dronaz, qui est à l'ouest, en se dirigeant vers le sud, on arrive au Rocher-Poli : c'est ainsi qu'on nomme un roc dont la surface supérieure descend à l'est. Il est d'un poli pareil à celui de l'agathe, et si vif qu'on s'y voit comme dans un miroir; sa couleur est noirâtre ou brune, avec des taches et des stries transversales blanches, semblables à celles qu'on observe dans les prismes de cristal de montagne.

COURSE DE SION AUX DIABLERETS.

On donne ce nom à de hautes montagnes situées dans la chaîne qui sépare le Valais du canton de Vaud. Le plus élevé de ces pics a plus de neuf mille six cent pieds au-dessus de la mer. Ce n'est pas sans une sorte d'intrépidité qu'on peut y monter en suivant le cours de la Lizerne; mais on est bien dédommagé de cette périlleuse excursion par la beauté du paysage. Il faut passer sur une arcade de neiges et de glaces, au-dessous de laquelle le torrent s'est frayé un passage dans une gorge jonchée de débris de rochers. Plus haut, on rencontre au milieu d'une solitude entièrement bouleversée par les catastrophes des montagnes, entre des amas de roches culbutées, le petit lac de la Derborenze, dans lequel la Lizerne verse ses ondes bouillonnantes, du haut d'un roc escarpé, parmi les débris dont vous êtes entouré, et dont les formes et les groupes sont très-variés : les uns sont couverts de mousse et d'arbrisseaux; d'autres ont laissé prendre racine sur leurs flancs à des sapins et à des mélèzes.

La cascade de la Lizerne, dont nous venons de parler, n'est pas la seule que l'on observe sur ce théâtre de désolation. Dans cette traversée, dit un voyageur, dans son *Excursion de Bex à Sion*, on voit à diverses distances une multitude de cascades qui se précipitent des glaciers : les unes tombent perpendiculairement en fusée d'une blancheur éclatante, qui se brisent en poussière en approchant de la terre; les autres, glissant sur le rocher, s'y dessinent en bandes argentées aux rayons du soleil; plusieurs descendent en nappes, comme sur des gradins, et se teignent, quand l'œil saisit le moment favorable, de toutes les couleurs de l'arc-en-ciel.

Il reste encore trois pics des Diablerets sur pied : les autres se sont écroulés. Deux chutes de cette espèce eurent lieu, avec des circonstances remarquables, dans le cours du siècle dernier, la première en 1714, et la seconde en 1746. Cette dernière catastrophe donna naissance au lac de la Derborenze.

PROMENADE DE SION A BEX.

CASCADE DE PISSE-VACHE. — SAINT-MAURICE. — MONTAGNE DE LA MORCLE.

On part de bon matin de Sion, et on va dîner à Martigny. A trois quarts de lieue en delà de cette ville, on passe à côté de l'antre de Trian, dont le torrent offre des beautés horribles. Un sentier âpre et sauvage de Trian conduit au haut de la Forclaz. C'est là qu'il faut gravir pour jouir d'une vue admirable : sous vos yeux se déploie le bas Valais; depuis Martigny jusqu'à Sion, c'est une suite de panoramas.

Mais un objet à la fois sauvage et gracieux, c'est la belle cascade de Pisse-Vache, à qui la mythologie riante des anciens eût donné un plus beau nom. Il faut voir cette cascade le plus près possible de la montagne : de ce point, elle semble tomber du ciel; sa pluie argentée, ses nappes ondulantes, les feux qui la colorent, la font ressembler à un volcan par la fumée qui en jaillit. Le spectacle d'une rivière tombant du sommet d'une montagne est une chose que l'on voit rarement dans les autres contrées de la terre. De petites fontaines, des sources médiocres, finissent par acquérir un cours superbe, un nom fameux, et portent à la mer le tribut de leurs ondes : la belle cascade de Pisse-Vache, si digne de donner naissance à un grand fleuve, va mourir et perdre son nom dans le Rhône, qui coule orgueilleusement à ses pieds.

Après la cascade on passe à Méville, où la montagne fendue et les blocs énormes qui en sont les débris n'ont pas fait craindre d'y adosser des maisons. Le Rhône gagne aussi sur le terrain et couvre quelquefois le chemin d'un pied d'eau.

Après Méville, la vallée s'élargit, et bientôt on a devant soi le détroit de Saint-Maurice, formé d'un côté par la Dent du Midi, et de l'autre par celle de la Morcle. Saint-Maurice est en avant, encadré d'une montagne formant un beau centre, sur laquelle on voit une chapelle qui ressemble à une cage suspendue.

La situation de Saint-Maurice est vraiment pittoresque; les montagnes rapprochées ne laissent de passage que pour le Rhône, que l'on traverse sur un beau pont que l'on a cru de construction romaine. Du milieu du pont, le détroit est magnifique; du côté du Valais, c'est une montagne boisée, surmontée de plateaux de la plus belle verdure, couronnés par les neiges de la Dent du Midi. Au delà du pont, on entre dans le canton de Vaud par une porte, après laquelle il ne faut que quelques pas pour avoir le plus beau pays possible : la route est des plus agréables, et conduit au riche district de Bex. C'est dans cette route qu'en portant leurs regards en arrière, des voyageurs ont été frappés des rapports qu'a le détroit du Rhône avec celui de Gibraltar. Cette illusion leur faisait plaisir.

En avançant vers Bex, l'on n'est pas moins frappé des beautés que ce pays présente : il forme un cirque magnifique, embelli de la plus riche

Vue du Valais, prise du haut de la Forclaz.

culture et de la plus pompeuse végétation, que le village de Bex ne dépare point : c'est moins un village qu'une ville ; de jolies maisons l'embellissent, ainsi que l'Avenson, qui le traverse, rivière dont la fraîcheur contribue à la salubrité de l'air.

L'on ne voit pas depuis Bex le sommet de la Morcle sans être tenté d'y parvenir : on en prend le chemin par le pâturage d'Enzinde, et on a les points de vue les plus étendus sur les glaciers de Chermotanc, du grand Saint-Bernard et du Mont-Blanc ; tandis qu'à l'occident, on aperçoit le lac de Genève et ses superbes rives.

EXCURSION DE SION AUX BAINS DE LEUCH.

Des chaumières, dans une prairie entourée des hauts rochers du Gemmi, forment le village, auquel on n'arrive que par un chemin difficile, tantôt taillé dans le roc, au-dessus d'affreux précipices, tantôt ombragé d'arbres d'un beau vert. Ce hameau, qui ne semble au premier coup d'œil qu'une réunion de ces demeures champêtres, refuges des bergers des Alpes, et qui, pendant l'hiver, est abandonné sous les neiges, rassemble dans la belle saison des étrangers de toutes les nations et de tous les rangs. Les sources sortent à 5,000 pieds au-dessus de la mer, et coulent dans un grand bâtiment dont elles remplissent la partie postérieure, divisée en quatre carrés ; chacun de ces carrés peut contenir un grand nombre de malades, qui, vêtus de robes de flanelle, s'y placent à côté les uns des autres. Comme on y passe une partie de la journée, on s'y établit commodément, on y lit, on y fait la conversation, on y donne des fêtes; les fleurs prennent dans les eaux une fraîcheur plus vive et un nouveau parfum; chaque baigneur a devant lui une petite table flottante: ces légers bâtimens, couverts de cargaisons de café, de thé, de gâteaux, vont aborder devant celui auquel ils sont adressés. A l'arrivée du courrier, les lettres et les papiers, distribués dans le bâtiment, y apportent des nouvelles des différentes parties de l'Europe. A onze heures, on quitte le bain, on abandonne le modeste uniforme des eaux, et ceux qu'on avait vus confondus dans la même enceinte reparaisient habillés chacun suivant sa fortune et la mode de son pays: aux petits chapeaux des Valaisannes se mêlent les parures plus élégantes des habitantes des grandes villes; on forme des groupes qui parcourent les prairies, s'asseyent à l'ombre des bois, ou qui escaladent les rochers. L'heure de rentrer dans le bain ramène au bâtiment ces troupes errantes. Le soir on se réunit; quelquefois on donne des fêtes.

A la fin de septembre, les étrangers partent; ils se séparent souvent pour ne plus se revoir, et au commencement de l'hiver, ce village si animé est devenu désert.

Le village de Leuch est entouré de pâturages alpestres et de prairies de la plus grande beauté, dont l'aspect, joint aux montagnes colossales, déchirées et chenues, qui de tout côté frappent les yeux, forme le tableau le plus imposant. Les personnes qui, n'étant point obligées de prendre les bains, peuvent à leur gré parcourir les Alpes et les rochers du voisinage, trouveront tous les jours de nouvelles jouissances au sein de cette nature à la fois singulière et majestueuse. Au nord s'élève le Gemmi, dont on atteint le sommet en deux heures de marche depuis le village. Quand une société nombreuses gravit cette montagne, rien n'est plus bizarre que les zigzags qu'elle décrit sur des rochers où l'on n'aperçoit aucune trace de chemin. A l'ouest, on découvre le Lammerhorn, et à mi-côte une jolie cascade. Près du Gemmi, et au nord-est, sont le Rhinderhorn et le Balmhorn : de cette dernière montagne descend le glacier dont la Dala forme l'écoulement, chute superbe et digne du pinceau de l'artiste! Ce n'est qu'au bout de trois heures d'une montée pénible, qu'on atteint le pied de ce glacier. A l'est, on voit plusieurs montagnes couvertes de pâturages, par où l'on peut passer pour se rendre dans la vallée de Leuch, dont les habitans, séparés du reste de l'univers, méritent d'être visités par les voyageurs.

Du sommet de ces montagnes, à l'est, on a des vues de la plus grande magnificence sur la haute chaîne des montagnes qui séparent le Valais du Piémont. Au milieu d'une infinité de pics, on distingue le superbe Mont-Rose, le Mutterhorn, le Combin, le Vélan qui forme la plus haute sommité du grand Saint-Bernard; et au sud-ouest, le Mont-Blanc, dont la cime arrondie ressemble à la bosse d'un chameau, et s'élève fièrement au-dessus de toutes les autres montagnes. Le spectateur aperçoit aussi tout le Valais étendu sous ses pieds jusqu'à Martigny.

Si l'on se trouve aux bains lorsque la lune est en son plein, il faut profiter d'une belle nuit pour faire une petite promenade vers les dix heures du soir, et jouir de l'aspect de cette nature sauvage, éclairée par les rayons de l'astre des nuits. Ce n'est qu'au sein de ces hautes vallées, entourées de toutes parts de montagne colossales, que l'on peut se former une idée des beautés d'une telle nuit. Ce tableau laisse à l'âme un souvenir que le temps ne saurait détruire.

LE MONT GHEMMI OU GEMMI.

Cette montagne, située entre le haut Valais et le canton de Berne, est d'un aspect extrêmement sauvage. Le chemin qu'on y remarque est le passage de montagne le plus curieux qu'il y ait dans toute la Suisse. Le revers septentrional est taillé à pic, et c'est dans cette paroi escarpée qu'on a pratiqué un chemin accessible aux mulets et autres bêtes de somme. Cette route, unique dans son genre, fut construite par des Tyroliens, depuis 1736 jusqu'en 1741. Partout elle monte en zigzags, de manière qu'on ne peut apercevoir ni le chemin qu'on a fait, ni celui qui reste encore à faire. Lorsqu'on est arrivé au pied de la montagne, si l'on jette un regard sur l'énorme paroi dont on vient de descendre, on est très-surpris de n'y pouvoir découvrir aucune trace de chemin. L'un des côtés de la corniche est partout bordé d'affreux précipices; mais des murs secs, en manière de parapet, servent à rassurer le voyageur, en le mettant à l'abri du danger. Cependant les personnes sujettes aux vertiges ne doivent point se hasarder à descendre la montagne; il n'y a aucun danger à redouter pour celles qui la montent, attendu qu'elles tournent le dos aux précipices. Quand on est arrivé à ce passage effrayant de la descente, on se place de manière à lui tourner le dos, ou bien on se bande les yeux, et les porteurs continuent leur route en chantant.

On va des bains de Leuch aux chalets du Gemmi en une heure et demie de marche. On évalue la longueur de ce trajet à dix mille cent dix pieds, et à seize cents pieds la hauteur verticale de la paroi du Gemmi au-dessus des bains. A peu près vers le milieu du chemin, la corniche passe, comme-sous une voûte, au-dessus des rochers qui surplomblent d'une manière effrayante. Au-dessus de cet endroit, et à peu près aux deux tiers du chemin, on voit un sapin isolé, au-dessus d'un précipice épouvantable. Un Valaisan eut, il y a quelques années, la témérité de monter au haut de cet arbre et d'en cueillir le rameau le plus élevé. On voit sur la droite, au delà du précipice, une petite ouverture carrée : c'est là que passait le sentier dangereux par où l'on montait autrefois sur le Gemmi. Du haut du passage, on aperçoit une fort belle échappée de vue sur les Alpes qui séparent le Valais du Piémont, et dont on ne peut voir que celles qui sont en face du Gemmi.

Le col de cette montagne, nommé la Daube, a près de six mille pieds au-dessus de la mer. A l'est, on voit deux sommités assez semblables l'une à l'autre, lesquelles ont vraisemblablement donné lieu au nom du Gemmi, que porte cette montagne, sans doute, du mot latin *geminus*, qui veut dire double jumeau. A l'ouest, on aperçoit le vaste glacier du Lammera, qui sert d'écoulement à une longue vallée de glace. L'accès de ce glacier n'est pas aisé. Le torrent se jette dans le petit lac de la Daube, sur la rive orientale duquel passe la route. Ce lac, qui a environ une demi-lieue de longueur, est gelé pendant huit mois de l'année, et n'a pas d'écoulement apparent. Tout autour on ne voit que des rochers nus, dont la surface présente des enfoncemens d'une forme singulière, des trous et des fentes bizarrement contournées. A environ une demi-lieue de ce lac est située l'auberge de Schwarrbach, qui n'est habitée que pendant l'été.

Au delà de Schwarrbach, le chemin passe sur les débris d'une montagne renversée, puis traverse un plan couvert de pâturages alpins, où l'on retrouve sur une ligne de deux lieues de longueur les traces des dévastations d'une grande avalanche. En 1782, cette effroyable masse de neige se détacha du Rinderhorn, montagne située à l'est, tomba sur les pâturages, et y tua un grand nombre d'hommes et de bestiaux. Plus loin on rencontre une Alpe, d'où l'on aperçoit à droite la vallée de Gastern, semblable à un abîme noirâtre, et du fond de laquelle s'élève la montagne pyramidale d'Alt-Elz, dont les sommités sont toujours couvertes de neige. Ensuite le chemin passe à côté de quelques chalets, et commence bientôt à descendre par une gorge resserrée entre une chaîne de débris de rochers, qu'ombragent quelques jeunes sapins.

LE MONT FURCA. — GLACIER DU RHONE.

Le mont Furca ou de la Fourche, ainsi nommé de ses deux pics, qui ressemblent à une fourche, s'étend sur les confins du Valais et des cantons de Berne et d'Uri, et peut être considéré comme la dernière des cimes du Saint-Gotthard. C'est là que gît ce superbe glacier où le Rhône prend sa source. Ce glacier, qui prend indistinctement les noms de glacier du Rhône et du mont Furca, descend jusque dans la vallée de Gérenthal, et peut être regardé comme l'un des plus beaux de la chaîne des Alpes.

« Arrivés dans un sentier qui mène à la source du Rhône, dit M. de Lantier, nous voyons disparaître les villages, les cabanes. Tout reculait dans les ténèbres à mesure que nous montions. Parvenus auprès d'une petite chapelle, nous aperçumes le Mont-Blanc, qui domine en monarque sur toutes les montagnes. Là nous fîmes une halte pour déjeûner. Après ce repas, nous portâmes nos regards sur la belle perspective du Valais, développée tout entière sous nos yeux. Le cours sinueux du Rhône, la diversité des couleurs et des paysages, formaient des tableaux pleins d'intérêt et de charme; mais la décoration allait changer. En avançant, nous entrions dans le sein d'une nature sauvage, hérissée de rochers menaçans et de neiges éternelles. Nouvelle sensation, nouveau plaisir. Nous montions par un sentier taillé dans le roc, ayant le fleuve à notre droite, et des pins et des rochers qui semblaient vouloir nous écraser.

« Cette élévation paraît être le centre du mouvement. Le bruit terrible de l'eau, l'agitation de l'air, les pins brisés et renversés, les torrens, les cascades, tout étonne et attache l'imagination. Bientôt le fleuve disparut, enseveli sous des amas de neiges qui résistent aux soleils des étés. Enfin, parvenus au dernier échelon, nous aperçûmes, à travers les arbres, un mont de glaces éclatantes, d'une lumière égale à celle du jour : c'était le premier glacier du Rhône. Bientôt une vaste forêt de pins le déroba à nos yeux; ensuite il parut entre deux blocs de rochers prodigieux, qui formaient une espèce de portique. Nous l'atteignîmes avec effort; mais qu'on est dédommagé ! Figurez-vous un échafaudage de glaces éblouissantes, s'étendant l'espace de deux milles, et s'alongeant dans les nues. Nous vîmes ensuite dans l'enfoncement des glaciers la large bouche du Rhône, dont le fleuve sort avec fracas : ses ornemens sont des roches énormes, des débris de montagnes entassés. Dans ce séjour horrible, nous trouvâmes des bergers qui y vivent avec leurs troupeaux pendant cinq semaines de l'été. Ils jouissent d'une petite prairie, semée de quantité de fleurs qui exhalent le parfum le plus suave, et dont les couleurs sont plus vives que celles de la plaine. L'oreille d'ours, le serpolet, le thym, sont si riches en essence, qu'en les agitant on imprègne l'air d'odeurs délicieuses. Les bergers nous dirent qu'il existait au-dessus du glacier une vallée immense, d'où descendaient les glaciers qui étaient devant nous. Nous résolûmes d'y monter, et l'un des bergers nous servit de guide. Nous gravîmes à travers des rochers et des bruyères; bientôt nous ne trouvâmes qu'une mousse rase et glissante. Nous rampions sur nos mains; et souvent, dans une minute, nous perdions en reculant le chemin qui nous en avait coûté dix. En montant, nos regards s'arrêtaient sur le glacier, qui s'élevait par étage sur des pyramides de la plus belle transparence, et sur des milliers de colonnes qui avaient depuis 100 pieds jusqu'à 100 toises de hauteur. De là, nous avions l'aspect du mont Saint-Gotthard, superbe assemblage de rochers, de glaces et de neiges. Nous vîmes une vallée de glaces de six lieues de longueur sur une de largeur; deux chaînes de rochers pyramidaux la renferment. Dans ce séjour inaccessible à l'homme, siége de l'hiver et de la nature désolée, on ne voit que des rochers sourcilleux à pic, et des précipices qui aboutissent au centre du globe. C'est là le réservoir de ce Rhône superbe qui vient à Lyon s'unir avec la Saône. Je fus tenté d'offrir au dieu du fleuve un sacrifice à la manière antique.

« Rien de si beau que le ciel vu de cette élévation. Pendant la nuit, les étoiles brillent de la lumière la plus pure, sans aucune scintillation, ce qui dans la plaine les fait distinguer des planètes. La lune, notre fidèle compagne, y paraît plus près de nous, quoique son diamètre soit extrêmement diminué. Le disque du soleil se montre aussi plus petit et désarmé de ses rayons; mais il jette un éclat étonnant, et sa lumière, d'une blancheur éblouissante, contraste fortement avec l'obscurité profonde d'un ciel dont le bleu foncé s'étend et se perd au loin derrière cet astre. Dans l'été, la nuit n'obscurcit point les sommités de ces montagnes; du fond de la plaine, on les voit teintes de pourpre, long-temps après le coucher de soleil, et long-temps avant son lever, l'aurore s'annonce par une belle couleur de rose admirablement nuancée, et par le reflet d'argent et d'azur des plaines de glaces. »

Une excursion délicieuse à faire des glaciers du Rhône est celle des cascades d'Egina et de la Tosa : celle de la Tosa est peut-être la plus belle qui existe en Suisse. Le trajet est de dix heures environ. Partout des vues admirables, des effets d'optique uniques, une nature dont nul pinceau ne tenterait de rendre la magie.

En descendant du mont Furca et en suivant le cours du Rhône, on peut aller jusqu'à Munster, gros village situé dans une région élevée et froide. La vallée que parcourt la Masa, et où sont les immenses glaciers d'Aletsch, qui ont 8 à 9 lieues de longueur, sont rarement visités, et pourtant quel spectacle imposant ils offrent aux regards! Au moment où le soleil se lève sur cet océan de glaces, les yeux sont éblouis.

VALLÉES DU VALAIS.

La vallée d'Anniviers, dont la fertilité égale la population, présente à l'amateur des beautés naturelles le contraste des scènes les plus imposantes et les plus sauvages, et des tableaux les plus gracieux qu'on puisse trouver dans les montagnes. Elle est remarquable par les vues intéressantes que la nature y déploie, et par la peuplade alpine qu'elle nourrit. Les habitans sont beaux, bien faits, belliqueux et d'une grande simplicité de mœurs. On voit encore dans leurs tables de bois des enfoncemens qui leur servent d'assiettes pour prendre leurs repas.

Visp ou Viége est un gros bourg du haut Valais, situé sur la Visp, à l'entrée de la vallée de même nom, et à peu de distance du Rhône. Sa hauteur est d'un peu plus de 2,000 pieds au-dessus de la mer. La rivière qui sort dans ce lieu de la longue vallée à laquelle elle donne son nom est aussi considérable que le Rhône lui-même. De dessus le pont on voit au fond de cette vallée le sommet du mont Rosa. La vallée de Visp a de 9 à 10 lieues de longueur, et s'étend dans la direction du sud et de l'est, au milieu des énormes montagnes qui séparent le Valais du Piémont. Elle offre une nature tout-à-fait sauvage, romantique et sublime. On y trouve une grande variété d'espèces de plantes et de pierres aussi rares que curieuses. Ses habitans retracent la simplicité de mœurs des anciens patriarches.

Dans cette vallée, la plus haute sommité du Weisshorn domine le village de Rauda d'environ 9,000 pieds, et porte un glacier dont il s'est détaché à différentes reprises des masses considérables. On rapporte même qu'en 1636, il s'écroula tout entier, et dans sa chute détruisit le village. Depuis ce temps il s'en est formé un autre. Le 27 décembre 1819, à six heures du matin, une partie de ce glacier, depuis longtemps isolée et crevassée, s'affaissa et tomba sur les glaces inférieures avec un bruit épouvantable. Les habitans du village virent au moment de la chute une lueur qui disparut dans l'instant, et fut suivie d'un ouragan des plus violens. Cet ouragan fit plus de mal que l'avalanche, qui consistait en un mélange de neiges, de glaces et de pierres. Il lança avec une force extrême d'énormes blocs de glace par-dessus le village, renversa les maisons, déracina les mélèzes les plus gros, enleva la flèche du clocher, et jeta des pierres meulières, des chèvres et du bois de charpente, à une grande distance. Plusieurs familles furent enlevés avec leurs chaumières, et enveloppées dans le tourbillon. Cependant il ne périt que deux personnes, dont l'une ne fut point retrouvée.

Les voyageurs qui sont curieux de voir la vie pastorale dans sa primitive simplicité doivent s'enfoncer dans cette vallée, depuis Viége jusqu'aux glaciers du Rosa et du Cervin. Ils seront surpris de cette multitude d'habitations suspendues sur les pentes de montagnes couvertes de glace, au milieu des pâturages et de la verdure; de ces églises ou chapelles dont l'élégante construction contraste avec les déserts sauvages au milieu desquels elles sont en partie situées ; de cette race d'hommes qui peut se passer du reste du genre humain, et qui, à force d'industrie, a rendu habitable une contrée presque inaccessible, qui a élevé des ponts et pratiqué des sentiers en dépit des abîmes, des rochers et des torrens. Quel spectacle que ces belles cascades dont la chute retentit incessamment dans diverses parties de la vallée, que ces nombreux chalets disséminés sur les hauteurs !

A environ deux lieues du village de Visp, la vallée se divise en deux branches : celle qui monte à l'est, sur la gauche, prend le nom de la vallée de Sass ou de Val-Rosa, parce qu'elle est fermée par le Mont-Rose. Le bras oriental de la Visp sort du lac de Sass, et reçoit les eaux de plusieurs glaciers des environs. Les énormes glaciers de Montémor s'étendent au-dessus du hameau de Sancta-Barbara ; sur le col de cette montagne on découvre, au nord-ouest, une vue enchanteresse sur tout le profil oriental du Mont-Rose, qui se montre depuis sa base jusqu'à ses sommités. Au sud s'étendent les plaines de la Lombardie ; au nord les magnifiques cimes neigées du canton de Berne, que l'on aperçoit au travers de la vallée. Avant d'atteindre le haut du passage, on a près d'une lieue à faire sur le revers méridional, par une pente escarpée et couverte de neige. En redescendant vers le nord, on trouve un trajet encore plus long sur les neiges ou glaciers, et sur une pente encore plus roide. Au bout de deux heures de descente, on arrive sur les bords du lac de Sass, dont le circuit est d'environ une lieue. Ce lac est formé par des torrens qui descendent de trois glaciers du Mont-Rose, lesquels s'abaissent dans le petit vallon, qui est le bassin du lac, et dont les moraines (amas de débris) offrent de superbes terrasses sur la rive occidentale. Une longue cascade, qui se précipite sur les moraines, se réfléchit dans les eaux du lac avec la plus grande netteté, et présente un spectacle très-pittoresque. Au bout du lac, un quatrième glacier, plus grand que les autres, descend au fond de la vallée, et s'appuie contre la montagne qui la borde à l'est, de sorte que les eaux du lac n'ont d'autre issue que celle qu'elles s'ouvrent au travers du glacier même, sous lequel elles demeurent long-temps cachées. Ce glacier est percé de deux voûtes très-remarquables, tant à l'entrée qu'à la sortie de la Visp.

Le Mont-Rose, qui termine la vallée du côté du Piémont, est situé dans la vallée d'Anzasca. On y parvient de la vallée de Sass, par le Montémor, qui en fait partie. Cette montagne gigantesque est très-remarquable sous divers rapports : elle est composée de plusieurs pics de hauteur à peu près égale, disposés en cercles, et appuyés, comme les feuilles d'une rose, autour de leur centre commun, où se trouve renfermée la vallée italienne d'Anzasca, qui forme un vaste enfoncement circulaire, semblable à ces cratères qu'on observe en si grand nombre sur la surface de la lune. Ces nombreux pics, observés de Turin, paraissent comme réunis, et donnent à la cime de la montagne une largeur prodigieuse.

Personne n'a encore gravi les sommités du Mont-Rose. M. de Saussure, qui en fit le tour en 1789, monta sur le Pic-Blanc, élevé de 9,564 pieds au-dessus de la mer, et qui forme une des avant-cimes méridionales du groupe. De cette cime on découvre sans peine la plus haute sommité de la montagne, dont la hauteur au-dessus de la mer est de 14,580 pieds, élévation qui n'est inférieure que de 120 pieds à celle du Mont-Blanc : par conséquent le Mont-Rose est la seconde en hauteur des montagnes mesurées jusqu'à ce jour dans l'ancien monde.

La seconde vallée latérale de celle de Visp s'étend du côté droit vers le sud, et porte indistinctement les noms de vallée de Saint-Nicolas ou de Matterthal. Quelques vallons latéraux, qui s'enfoncent dans les montagnes, viennent y aboutir de part et d'autre. Elle est fermée par le mont Cervin ou Matterhorn et par le Breithorn, hautes montagnes couvertes d'énormes glaciers, dont l'écoulement entretient plusieurs lacs et la Visp. Saint-Nicolas est un grand village, situé à 3,496 pieds au-desus de la mer : celui de Zermatt, qui termine la vallée, est un des plus élevés qu'il y ait en Suisse.

Au-dessus de ce dernier village s'élève un des obélisques les plus magnifiques et les plus prodigieux de toute la chaîne des Alpes : c'est le mont Cervin. Au pied de cette immense aiguille passe un chemin qui va aboutir en Italie, sur le revers méridional des Alpes : c'est la route de montagne la plus élevée qu'on trouve dans toute l'Europe, car la hauteur du col est de 10,284 pieds au-dessus de la mer. En 1791, M. de Saussure et son fils s'arrêtèrent sur le col depuis le 11 du mois d'août jusqu'au 14. L'aiguille, qui a la forme d'un obélisque triangulaire, est d'une grande magnificence, et a 13,854 pieds au-dessus de la mer. L'élévation du Breithorn est de 12,012 pieds. La chaîne de cette montagne s'étend d'abord vers le sud-est et ensuite vers le sud; elle est séparée du Mont-Rose par un glacier qui se réunit à celui de l'aiguille du Cervin, sur le revers septentrional, du côté du village de Zermatt. Au nord et au sud, d'énormes glaciers reposent sur les flancs de ces montagnes, d'où ils se prolongent de toutes parts jusque dans les vallées. Le passage du Cervin est praticable pour les mulets et les chevaux de montagne; cependant la rareté de l'air incommode tellement ces animaux à cette grande hauteur, qu'en y passant ils font entendre une sorte de gémissemens plaintifs.

Observations.

TÉSIN.

On peut visiter ce canton depuis le mois de mai jusqu'à la fin de septembre. Les voyages s'y font aisément, et à peu de frais. Nous l'avons parcouru plusieurs fois, et nos journées communes ne s'élevaient pas à 8 fr. de France. D'Airolo, on va quelquefois visiter (et nous conseillons cette excursion), la cataracte de la *Toccia*. C'est ici le lieu de dire quelques mots sur le porte-feuille que les amateurs de dessin doivent porter avec eux.

Ce porte-feuille doit être garni d'un style d'étain fondu, qui vaudra mieux qu'un crayon; car la pointe n'en est pas sujette à se casser, et les traits ne s'en effacent pas aussi aisément. Les amateurs du dessin prendront en outre une petite provision de papier blanc ou plutôt gris; car on indique vite et aisément les clairs-obscurs sur ces sortes de fonds au moyen de quelques coups de craie blanche et noire, ou bien avec des bâtons de pastel ou du crayon jaune et bleu céleste. Chaque soir on repasse avec la plume tous les traits de l'esquisse, et on marque les ombres avec de l'encre de la Chine ou du bistre, en ayant soin d'enlever avec le pinceau la couleur jaune et bleue des crayons et des pastels. Telle est la méthode la plus aisée et la plus avantageuse de se procurer en peu de temps une riche collection d'esquisses de scènes naturelles. Quand on veut dessiner, il faut absolument observer les illuminations du matin et du soir. Je recommande aussi fortement aux amateurs du dessin certains miroirs ronds, noirs et légèrement convexes, au moyen desquels les effets de lumière, les grands paysages et autres parties remarquables, se trouvant rapprochées et comme concentrées, peuvent être étudiées avec plus de facilité. On trouve ces miroirs à Zurich.

MONNAIE. — Le gros écu, d'après le tarif de Milan, vaut 8 1/2 lire; ainsi le louis vaut 34 lire (1). Le louis, sur le pied du Piémont, vaut 37 1/2 lire; et dans certaines vallées il vaut, comme à Venise, 36 lire ou livres. La livre de Milan vaut 20 soldi, soit creutzers. Le creutzer vaut 4 quatrins. Le florin de Zurich vaut 3 livres 8 sols. Le scheling de Zurich vaut 1 3/4 sols. Dans la vie commune on compte

---

(1) Le canton du Tésin a adopté en 1808 un nouveau tarif de 20 pour 100 plus fort que celui qui est en usage en Italie, relativement aux livres de Milan. Selon ce tarif, l'écu de France vaut 9 livres 3 sols.

par sequins. Le sequin vaut 16 livres 5 sols. Le ducat de Hollande vaut 17 liv. Le ducat de Cremnitz vaut 17 liv. 2 et 1/2 sols, selon le tarif de Piémont. On se sert de louis de France, de pièces d'or d'Espagne, de sequins, de ducats et d'écus neufs, de Filippi à 17 liv., de Testoni à 50 sols, de pièces de 32 sols, et de Paoli romains et génois à 10 sols. Les monnaies de la Suisse allemande perdent beaucoup dans le canton du Tésin. Les monnaies idéales sont le scudi ou écu à 4 liv. 16 sols d'argent de Milan, le scudi di Camera à 8 liv., et le scudi di Grida à 6 liv. 2 sols.

OUVRAGES A CONSULTER. — *L'Almanach helvétique de 1812.* — *Le Bulletin du canton du Tésin.*

AIROLO. — HÔTEL *des Trois Rois*, tenu par *Antoine Camossi*. Chambres meublées à neuf; propreté, bon service; ce qu'on peut désirer dans le pays.

On peut d'Airolo passer dans l'*Oberland* de Berne, soit par la montagne qui sépare le canton du Tésin de la *Formazza*, qui appartient au Piémont, et où se trouve la superbe cascade de la *Tosa* ou *Toccia*, qui tombe de plus de 300 pieds, et qu'il ne faut pas oublier de visiter; le mont *Griès*, remarquable par ses glaciers, celui du *Rhône* entre autres; delà, par *Obergestelen*, le glacier du *Rhône*, sur le mont *Furca* et le *Grimsel*; soit par le mont au pied duquel est le glacier du *Griès*; de là, à *Obergestelen*, le glacier du *Furca* et le *Grimsel*; soit en passant par le *Saint-Gotthard*, le *Furca* et le *Grimsel*. M. *Camossi* a pour toutes ces routes des chevaux, des voitures, des guides, dont on peut se servir aussi pour aller à *Bellinzone*, *Magadino*, *Como* et *Milan*. Ces voyages divers se font avec célérité.

Le courrier de la Suisse arrive à *Airolo*, à l'auberge de M. *Camossi*, où il y a relais de poste, les lundi et vendredi matin; et il repart avec une voiture, les mêmes jours, à 10 h. environ du matin; et arrive le soir à *Bellinzone* et *Lugano*, et les mardi et samedi, entre 10 et 11 h. du matin, à *Milan*: le prix des places est fixe.

Le courrier d'Italie, qui part de *Milan*, le dimanche et le mercredi, à 2 heures après midi, arrive à *Airolo*, les lundi et jeudi, avec une voiture qui transporte les voyageurs, et donne le moyen d'arriver le même jour à *An der matt* ou *Hospital*, où on trouve des chevaux pour les environs.

On trouvera chez M. *Camossi*, qui tient à la fois, à *Airolo*, l'auberge des *Trois Rois* et l'entreprise des postes, une collection des minéraux du Saint-Gotthard, dont il fait commerce.

LE CANTON DU TÉSIN.

Ce canton est situé sur le revers méridional de la chaîne des hautes Alpes. Le Tésin le parcourt dans sa plus grande longueur, et c'est la principale rivière qu'on y trouve. Ce grand canton est extrêmement montagneux; il est composé de 25 à 30 vallées de diverses grandeurs. Il n'y a aucune contrée en Suisse où l'on trouve un si grand nombre de riches forêts, et dont le climat soit si doux et le sol si fertile. Il est arrosé d'une multitude de ruisseaux et de lacs excessivement poissonneux. En un mot, le ciel a prodigué ses dons les plus précieux à ce beau pays : la nature y réunit ses attraits les plus touchans à ses tableaux les plus sublimes; elle s'y montre sous les formes les plus variées et fait de ce rebord méridional des Alpes un véritable Élysée. Et cependant les habitans de ces contrées magnifiques ne sont point heureux. On ne trouve nulle part en Suisse une pauvreté si voisine de la misère, tant de paresse, et si peu d'industrie et de culture. Les hommes ont l'habitude de quitter leur terre natale et d'aller en Italie, en France, en Hollande et en Allemagne, exercer divers petits métiers, tandis que les femmes, sur qui tombent tous les travaux de l'agriculture, les soins du bétail, et l'éducation des enfans, ont plus de peine et de fatigues que les plus misérables bêtes de somme. Le cœur se brise lorsqu'on entend ces pauvres malheureuses s'écrier en gémissant :

Non ho niente nel mondo che mia povera pena !

Tous les habitans de ce canton, à l'exception du village de Bosco, situé dans le Val-Maggia, sont de race italienne. Lorsqu'on a franchi les limites les plus élevées des Alpes, les formes du corps, le teint, l'expression de la physionomie et le tempérament, annoncent, dès le premier coup d'œil, un peuple tout différent de celui qui habite le revers septentrional de ces montagnes, et la langue italienne en décèle aussitôt l'origine.

Les habitans du Tésin, dit M. Pictet, sont de taille moyenne, généralement forts et carrés ; ils ont le teint plus brun que les Suisses allemands ; leurs traits sont expressifs, mais pas toujours agréables ; leur voix, et surtout celle des femmes, est plus forte que dans le reste de la Suisse : ils paraissent ajouter du prix à cette qualité. Nulle part on ne rencontre plus d'hommes contrefaits, ce qui tient à la négligence avec laquelle ils soignent l'enfance. Les goîtres existent dans leurs vallées, mais ils sont moins communs que dans le Valais ou dans la Savoie. On voit rarement parmi eux des hommes d'un âge très-avancé : les fréquens changemens de temps, la mauvaise nourriture et l'usage immodéré du vin et de l'eau-de-vie, sont la cause de leur mort prématurée. Ils ont de l'esprit naturel et une imagination pleine de feu, mais avec cela des préjugés et de l'ignorance; peu d'entre eux se livrent à l'étude, et la dépense qu'ils font en livres est aussi petite que possible : de là vient que, quoique doués naturellement des dispositions les plus heureuses, ils manquent d'amour du travail, d'industrie et de ressource, en sorte qu'ils sont inférieurs aux autres peuples de la Suisse en moralité et en aisance, malgré tout ce que la nature a fait pour eux. Maintenant qu'ils sont réunis en un seul canton, et qu'ils sont soumis à une administration sage et paternelle, il est vraisemblable qu'ils feront de grands progrès vers un meilleur ordre de choses.

Les habitations des parties montueuses du canton sont en bois, bâties sur le modèle des maisons de la Suisse allemande, mais en tout moins commodes et moins bien faites; celles de la plaine sont en pierre; elles offrent rarement l'apparence de la symétrie, de la propreté ou de l'aisance : cependant il y a de l'exagération dans ce qu'ont écrit quelques auteurs allemands, que les hommes étaient moins bien logés dans le Tésin que les cochons ne le sont dans la Suisse allemande.

Le peuple du Tésin, au moins dans le plus grand nombre des districts, n'a pas de costume particulier. Les bourgeois et les bourgeoises des villes suivent les modes françaises, qui leur viennent de Milan. Il n'est pas rare de rencontrer des femmes d'artisans vêtues de soie et de dentelles, et portant, lorsqu'elles vont à l'église, des voiles qui descendent jusqu'à leurs pieds. Les femmes du Val-Marobia, dans le district de Bellinzone, ont un costume analogue à celui des capucins, ce qui provient d'un vœu que firent autrefois leurs ancêtres.

L'éloge de la sobriété italienne ne convient au canton du Tésin, ni sous le rapport de la boisson, ni sous le rapport du manger; cependant le peuple se contente habituellement d'une chétive nourriture : la polente, ou farine de maïs, et les châtaignes, forment sa nourriture ordinaire, et lui tiennent lieu des pommes de terre, dont on fait un si grand usage dans d'autres pays. Les bourgeois et les artisans mangent du bon pain et beaucoup de riz; mais le pays ne fournit ni assez de grains ni assez de vin pour leur consommation, et ils sont obligés de s'approvisionner en partie dans les marchés de Côme et de Varèse.

Les crimes sont malheureusement communs dans le canton, et cependant le gouvernement a pris de sages mesures pour les prévenir et les réprimer; le nombre en diminue depuis le commencement du dix-neuvième siècle. Il est malheureux qu'un grand nombre d'habitans ne tiennent point au sol natal, ce qui fait qu'ils ne craignent nullement de s'expatrier, et qu'ils ne sont pas attachés à l'observation des lois, comme les citoyens des pays où l'amour de la patrie exerce un grand empire.

La langue du canton est un italien semblable à celui de la Lombardie, mais moins pur et d'une prononciation plus marquée et plus dure; les habitans de la commune de Bosco, dans le Val-Maggia, parlent un allemand semblable à celui du canton d'Uri; dans quelques vallées qui se rapprochent des Grisons, le peuple s'exprime dans un patois qui a de l'analogie avec la langue romane.

BELLINZONE, LE CAROSSO, LA MOTTA, LE GAMOGHÉ.

Bellinzone est une jolie petite ville située à 126 pieds au-dessus du lac Majeur et à 696 au-dessus de la mer. Elle est bâtie sur le Tésin, et commande un passage important. La vallée d'Airolo, qui a 12 lieues de longueur, s'y rétrécit tellement, qu'il n'y reste de place que pour la grande route et la rivière. La ville est assise des deux côtés de la rivière sur la pente de la montagne. Du côté de l'est on a construit deux châteaux forts l'un au-dessus de l'autre, et il y en a un troisième du côté de l'ouest. Des murs descendent depuis ces trois châteaux jusqu'aux bords du Tésin, de sorte que les trois portes de la ville ferment toute la vallée. Bellinzone est donc la clé de la Suisse, du côté important du Saint-Gotthard, et le grand dépôt de toutes les marchandises qui vont en Italie ou qui en viennent par le Saint-Gotthard, le Lukmanier, et par le mont Bernardin.

Près de la ville, aux environs de la chapelle de Saint-Paul, on va visiter le lieu où, le 30 juin 1422, les Suisses, au nombre de 3,000 hommes, livrèrent une bataille sanglante à l'armée du duc de Milan, forte de 24,000 combattans, et commandée par Carmagnuole et Pergola. Cette bataille dura depuis neuf heures du matin jusqu'au soir. Les Suisses perdirent Hans Rot, landammann d'Uri, leur banneret Puntiner, et Pierre Kolin, landammann de Zug. Le fils de ce dernier saisit la bannière teinte du sang de son père, et la déploya aux yeux des soldats qui le suivaient; mais bientôt il succomba lui-même. Jean Landwing arracha cette bannière des mains du héros, qui, même au sein de la mort, semblait vouloir la retenir encore, et la fit flotter de nouveau sur le contingent de Zug.

On a des points de vue remarquables près de trois châteaux de la ville; près de l'église de Corduno, du côté du couchant, d'où l'œil pénètre jusqu'au milieu de la vallée de Misox; près de l'église du village de Daro, où l'on aperçoit trois montagnes remarquables, le fertile Aldaro, l'Isone, couvert de superbes forêts, et le sauvage Gamoghé. Le point de vue de la Motta, située à une lieue de Bellinzone, est des plus agréables.

Au sortir de la ville on voit, sur les flancs du mont Carosso, que couvrent de sombres forêts, le village, le couvent et la maison de campagne de même nom. Plus haut est située l'église de San-Bernardo, et plus au sud Sementina, et la vallée de même nom, dans laquelle il y a une cascade; vient ensuite la chapelle de Saint-Antoine. De là, après avoir passé le ruisseau de Dragonat, et traversé une plaine fertile où l'on voit s'élever au-dessus d'une forêt de figuiers le couvent de San-Biaggo, on arrive au bord du Marobio, torrent impétueux que le voyageur passe sur un petit pont situé un peu plus haut. Après quoi on ne tarde pas de gagner le beau village de Giubiasco, d'où l'on n'a plus qu'une demi-lieue à faire pour être à San-

Paolo et à la Motta, qui est située à l'entrée de la vallée de Marobio. C'est sur la place de la Motta que les habitans des quatre grandes communes voisines tiennent leurs assemblées annuelles.

Le sommet du Gamoghé, la plus haute montagne de toutes celles du canton du Tésin, présente une vue admirable. Le chemin qui y mène passe par le village d'Isone, situé à 2 lieues de Bellinzone, au pied du Gamoghé. On peut aller sur la montagne et revenir en ville en un jour; mais il vaut mieux se pourvoir à Bellinzone d'un guide sûr et expérimenté, partir l'après-midi, et passer la nuit dans un des chalets du Gamoghé, afin de se trouver sur le sommet au lever du soleil. La vue s'étend sur tout le canton du Tésin, sur une partie de la Valtelline, et sur quelques contrées voisines du lac de Côme, jusque bien avant dans les plaines de la Lombardie. On aperçoit même, lorsque l'air est très-serein, la cathédrale de Milan, quoique cette ville soit à 20 lieues de là.

EXCURSION DANS LA VALLÉE LÉVANTINE.

La vallée Lévantine, ou simplement la Lévantine, est un district qui commence sur le revers méridional du Saint-Gotthard, aux confins du Valais, et s'étend au sud-est sur une longueur de 14 lieues. Elle est entièrement couverte de pâturages alpestres, et entourée de montagnes escarpées, dont les neiges couronnent le sommet, et l'on y voit quelques lacs dont le plus grand n'a qu'une demi-lieue. La plupart des torrens et ruisseaux qui tombent des monts vont grossir le Tésin, qui sort des hauteurs voisines du Valais. Quelques uns de ces ruisseaux forment de jolies cascades, et le Tésin même a plusieurs chutes. En descendant des montagnes, il traverse des défilés où à peine il reste assez d'espace pour la grande route qui longe la rivière; d'énormes avalanches roulent fréquemment du haut de ces monts, surtout du Saint-Gotthard.

Les principaux villages de la Lévantine sont Airolo, Dazio, Faido, Giornico et Poleggio. Airolo est situé sur le revers méridional du Saint-Gotthard, à 3,898 pieds au-dessus de la mer. Les sources du Tésin se réunissent dans ses environs. Il offre la station la plus commode pour étudier à son aise toute la partie méridionale de la montagne. De l'hospice du Saint-Gotthard à 'Airolo il y a deux lieues d'une descente très-roide. Le voyageur longe pendant une heure la vallée Tremblante, et passe le pont Tremblant. Là, les neiges s'accumulent en hiver à 50 pieds de hauteur, et même, au cœur de l'été, on voit encore sur le Tésin des voûtes de neige qui peuvent supporter des fardeaux considérables.

Le village de Dazio, dont l'élévation au-dessus de la mer est de 2,868 pieds, est à deux lieues et demie d'Airolo. La montagne qui semble y fermer la vallée se nomme Platifer; elle a été déchirée par le Tésin. On en descend comme par un escalier, en suivant pendant un quart d'heure une gorge affreuse, le long d'une cascade aussi belle qu'effrayante qu'y forme la rivière. Il faut passer trois ponts pendant le trajet. De Dazio à Faido, il y a 1 lieue et demie par une route pratiquée dans cette gorge, et qui a coûté des sommes immenses.

Faido, chef-lieu de la Lévantine, est à 2,292 pieds au-dessus de la mer. La terre donne deux moissons; et, dans la vallée, on voit partout des noyers, des vignes et des forêts de châtaigniers. A ce village, on trouve la dernière source jaillissante du côté du sud. Vis-à-vis, le Tésin forme une belle cascade. Sur le chemin qui mène à Giornico, on voit cette rivière se précipiter de rochers en rochers. On la traverse deux fois par un chemin taillé dans le roc, en divers endroits, et qui va en pente. C'est surtout auprès du second pont que la nature déploie le plus d'horreurs : d'énormes blocs de rochers, qui s'opposent au cours du Tésin, mettent ses ondes en fureur, et occasionent des chutes d'eau à côté desquelles la corniche pratiquée dans les rochers descend par une pente roide à Giornico. C'est la dernière contrée sauvage qu'on rencontre sur le chemin de Locarno.

Giornico est un grand village situé à 1,098 pieds au-dessus de la mer. Il est entouré par de superbes châtaigniers, et divisé en deux parties par le Tésin. On croit y reconnaître les traces d'une ligne de signaux antiques. L'église Saint-Nicolas passe pour avoir été un temple païen. On montre dans le même bourg les restes d'un arc de triomphe romain. L'église appelée Santa-Maria-di-Castello s'élève, dit-on, sur les fondemens d'un temple gaulois. A l'ouest de la vallée, on voit quelques cascades. Au delà de Giornico, la vallée s'élargit, et s'étend jusqu'à Bellinzone comme une vaste plaine.

De Giornico, on arrive en deux heures, par Bodio, à Polleggio, bourg situé à l'extrémité inférieure de la Lévantine. Dans la spacieuse vallée qui s'étend depuis Abiasco, le voyageur observe l'empreinte frappante de la désolation et de la stérilité produites par le plus funeste événement.

En 1512, deux montagnes, opposées l'une à l'autre, s'abîmèrent dans la vallée de Polentz, à peu de distance de son entrée et à un quart de lieue d'Abiasco. Leurs débris arrêtèrent le cours du Blegno, et convertirent une partie de la vallée en un lac dont les eaux, s'étant fait jour en 1704, entraînèrent avec une fureur extrême les maisons et les ponts de Bellinzone, engloutirent six cents personnes, couvrirent de sable et de graviers la belle et fertile vallée de Riviera, et grossirent tellement les eaux du lac Majeur, qu'il se déborda et détruisit les digues et les routes du voisinage. En 1747, une crue considérable du Tésin et du Blegno causa une nouvelle inondation qui détruisit tous les ouvrages que les malheureux habitans avaient élevés pour se prémunir contre les ravages de ces torrens, et dès lors personne n'a eu le courage de déblayer les campagnes désolées et de chercher à les remettre en culture.

AUTRES VALLÉES DU CANTON DU TÉSIN.

CURIOSITÉS. — CASCADES.

La vallée de Polentz s'ouvre à 4 lieues de Bellinzone, entre Poleggio et Abiasco; elle a 7 à 8 lieues de longueur, et se subdivise en une infinité de petits vallons qui se prolongent dans l'intérieur des montagnes des Grisons. Sa partie inférieure produit beaucoup de vin et de châtaignes. On y compte quatorze villages, dont le principal est Olione, situé sur la route qui mène dans les Grisons par le Lucmanier. Ses vallées adjacentes sont peu connues.

Le Val-Maggia est une vallée considérable située entre la Lévantine et la vallée d'Ossola; elle débouche à 2 lieues de Locarno, s'étend au nord-ouest sur une ligne de 12 lieues, et se subdivise en cinq vallées latérales. Elle est parcourue par la rivière de son nom, qui se précipite d'une gorge resserrée entre des rochers, et qui, après s'être grossie de plusieurs ruisseaux ou torrens, va mêler ses eaux avec celles du lac Majeur. Elle est fertile en châtaignes, en vins et en grains, et ses pâturages nourrissent un grand nombre de bestiaux : malheureusement, elle est exposée à des inondations subites et aux dévastations d'impétueux torrens qui se précipitent des montagnes escarpées dont elle est environnée. L'entrée de cette vallée est une gorge étroite sans aucun terre-plein. Les deux parois de rochers se rapprochent jusqu'à se toucher par leurs bases, et forment des angles saillans et rentrans très-prononcés.

La vallée de Caverna, qui peut avoir 3 lieues de longueur, fait partie du Val-Maggia. Le village de Bosco, qui en est le chef-lieu, est situé à plus de 5,000 pieds d'élévation au-dessus de la mer, et pendant trois mois de l'année, il est privé de l'aspect du soleil. Cette vallée n'offre aucun plan uni, et les montagnes, de chaque côté, se rejoignent au fond et forment des angles aigus par leur rapprochement.

Il y a 8 petites lieues du village de Bosco à celui de Pommat, par un chemin sauvage et dangereux en quelques endroits. Une croix élevée au passage du premier village, à la Fourche, est à 7,212 pieds au-dessus de la mer. Pommat est un village allemand, situé sur le revers méridional du mont Griès, qui sépare le haut Valais du Piémont. La superbe chute de la Tosa est ce qu'il y a de plus curieux à voir aux environs de Pommat. A un peu plus d'une lieue au-dessus de ce village, sur le chemin du Griès, cette rivière forme, dans l'espace d'un quart de lieue, trois grandes cataractes : si l'on en excepte la chute du Rhin, près Lauffen, on ne voit en Suisse aucune autre cascade dont la masse d'eau soit aussi considérable. Sa dernière chute, qui est la plus grande, peut avoir 6 ou 700 pieds de hauteur. C'est, sans contredit, la plus belle et la plus étonnante cataracte qu'il y ait dans toute la Suisse. Il est fâcheux qu'on ne puisse aller à Pommat sans traverser de hautes montagnes et des glaciers.

On distingue sur le mont Griès un rocher de 300 pieds de hauteur et d'un aspect fort pittoresque. Sa base est élevée de 2,300 pieds au-dessus de la mer; ses couches ont de 10 à 60 pieds d'épaisseur; le granit en est d'un grain de moyenne grosseur. Il fournit aux gens du pays des dalles de 8 à 10 pieds de longueur, dont ils se servent pour couvrir leurs toits, pour en revêtir les bords de leurs portes et de leurs fenêtres, en faire des tables, des poêles, des marches d'escaliers, etc.

La vallée de Pantirone s'ouvre non loin de Poleggio. Elle est remarquable par la hardiesse de ses habitans, dont le métier consiste à couper du bois dans les forêts de tout le canton. Ils construisent des conduits qu'ils font passer comme des ponts sur de profonds précipices, au-dessus des plus grands arbres et le long des parois de rochers. En hiver, ils couvrent les conduits d'un lit de neige et de glaces pour les rendre glissans, et par ce moyen ils font descendre les troncs d'arbres du haut des montagnes les plus sauvages et les moins accessibles, jusque dans les grandes vallées, d'où l'on en fait des radeaux que le fleuve porte au lac Majeur. Ces hardis bucherons s'appellent burratòri, du mot burra, qui signifie une bûche ou un tronc d'arbre.

LOCARNO. — LAC MAJEUR. — VALLÉE DE VERZASCA.

Locarno est une ville située dans le voisinage du lac Majeur, qui autrefois baignait ses murs, à l'embouchure de la Maggia, et dans un district composé de trois longues vallées. Le territoire suisse s'étend encore à 3 lieues au delà du lac. Cette ville, sans être grande, présente un aspect imposant, lorsqu'on la considère du côté du lac, et cet aspect reçoit un agrément particulier de la vaste nappe d'eau qui s'étend devant elle, des îles verdoyantes dont elle est parsemée, enfin des rochers qui forment le fond du tableau, et sur l'un desquels est situé le couvent de Notre-Dame-de-la-Roche. Mais vue de près, Locarno n'est pas aussi agréable. La partie qui touche au lac est malsaine par les attérissemens que la Maggia a formés entre elle et le lac. La ville, ou plutôt le village, est mal peuplé, et le commerce y est presque nul. L'église collégiale est située dans le hameau de Muratto, habité par des pêcheurs. Une fonderie de cloches paraît être le principal établissement de la ville.

Le lac Majeur a 15 ou 16 lieues de long, depuis Tenero jusqu'à Sesto, au sud; sa plus grande largeur est de 2 lieues et demie; sa hauteur au-dessus de la mer est de 600 à 700 pieds, et vis-à-vis de Locarno, il en a 335 de profondeur. Plusieurs rivières considérables lui portent le tribut de leurs ondes : au nord, le Tésin, la Verzasca et la Maggia ; à l'ouest, la Tosa et l'écoulement du lac de Mergozzo; enfin, à l'est, la Trésa. Le Tésin en sort à son extrémité orientale, et va se jeter ensuite dans le Pô, au-dessous de Pavie. Une majesté sauvage, jointe aux beautés d'une nature douce et riante, caractérisent ce vaste bassin. La vue y est tantôt resserrée entre les plus étroites limites, et tantôt elle embrasse un horizon immense. De hautes montagnes granitiques l'entourent au nord et à l'ouest, tandis que celles du sud et de l'est s'abaissent graduellement jusqu'aux plaines de la Lombardie. Au nord-est les montatagnes sombres et sauvages du Gamborogno s'élèvent rapidement du sein des ondes jusqu'à 6,000 pieds au-dessus de leur surface. Les flancs brisés du Pino et du Canobio semblent fermer le lac, de sorte que sa partie septentrionale forme un bassin de 3 lieues de longueur, lequel porte le nom de lac de Locarno. Ce bassin, situé sur le territoire suisse, est excessivement poissonneux. Rien de plus ravissant que les promenades en bateau. Les vues de Pedamonte et d'Intrani, de l'ouverture des vallées de Centovalli et d'Onsernone, et de la haute montagne de Sinaro, dans la vallée de Vichezza, déploient toutes les horreurs d'une nature menaçante et tous les charmes des paysages les plus délicieusement variés.

Les vallées de Centovalli et de Vichezza courent de l'est à l'ouest, et sont parcourues par deux rivières différentes, toutes deux nommées Mélezza. Centovalli est moins une vallée qu'une fente dans les rochers, munie, dans toute sa longueur, d'angles saillans et rentrans, si fortement prononcés, qu'ils forment une multitude de petites vallées, d'où de verts pâturages s'élèvent jusqu'aux montagnes. Pendant trois mois de l'année, le revers méridional est privé de l'aspect du soleil. Les habitans en sont très-pauvres. Le climat de cette vallée est extrêmement doux, le sol très-fertile, et la nature champêtre y a des charmes inconnus dans la Suisse septentrionale. Le printemps y commence en mars, la première récolte au mois de juin, et la seconde, ainsi que la vendange, ont lieu en septembre, sur un seul et même sol. Les figuiers sont si grands, qu'ils couvrent de leur ombre des maisons entières. Entre Locarno et Brisago croissent le laurier, l'olivier, le laurier-cerise, le cyprès et le grenadier. A Brisago, les orangers, les citronniers et les plus beaux melons, viennent en pleine terre; les haies sont embellies et parfumées par le jasmin, le mirthe et le romarin; les flancs escarpés des montagnes sont couverts de châtaigniers et des plus belles forêts; la fougère élancée, le genet fleuri, tapissent les rochers, et les chemins passent sous des berceaux de pampres.

La vallée de Vichezza court dans la même direction que Centovalli. Celle d'Onsernone, située entre celle-ci et celle de Maggia, est une gorge resserrée entre les rochers, de 4 lieues de longueur, et couverte de superbes forêts. Les hommes vont exercer le métier de ramoneur dans l'étranger, et les femmes fabriquent des chapeaux de paille qui se débitent en Italie.

La vallée de Verzasca débouche non loin de Locarno, et s'étend sur une ligne de 8 lieues, entre le Val-Maggia et la Lévantine. A proprement parler, ce n'est point une vallée : c'est plutôt une lacune profonde, causée par le retirement des rochers dont les parois sont tellement escarpées, que le voyageur ne peut suivre les sentiers qui longent le bord des précipices du Verzasca et des autres ruisseaux de cette contrée, sans s'exposer à un danger manifeste, et que les habitans ne peuvent bâtir leurs maisons autrement que les unes au-dessus des autres. Le Verzasca coule à une profondeur considérable au pied des deux parois, le long desquelles les pêcheurs sont obligés de grimper comme des chamois. Cette vallée très-singulière n'est pas connue des voyageurs. Elle est couverte de pâturages alpestres, de châtaigners et de noyers. Ses habitans cultivent aussi la vigne, le maïs et le chanvre. Les pâtres ont une mauvaise réputation : on prétend qu'ils sont fourbes et traîtres, ce qui n'empêche pas les habitans du reste du canton d'acheter d'eux des veaux très-gras, du fromage, du beurre, du petit gibier. De plus, ils sont tous très-jaloux, vindicatifs, emportés à l'excès ; ils sont tous armés d'un couteau très-acéré, long d'un pied, et recourbé en forme de serpe ; ils laissent pendre à la partie postérieure de leur ceinture cet instrument meurtrier, dont ils se servent pour assouvir leurs passions féroces. Le canton du Tésin ne renferme aucun lieu où les assassinats soient aussi communs que dans cette vallée.

PROMENADE DE BELLINZONE
LUGANO.

Tout ce trajet, qui dure environ six heures, est riche en sites pittoresques : des vallées couvertes d'épaisses forêts ; des couvens qui, sur le penchant des collines, montrent leurs formes gracieuses ; des ruisseaux charmans, de beaux villages qui brillent dans le lointain, des ponts, des chapelles ; enfin le ciel, l'air, les beaux arbres de l'Italie, l'Italie elle-même quand on est à Lugano. Ce n'est que là, dit M. Théobald de Walsh, que ce pays enchanteur vous apparaît dans toute sa pompe, orné de festons de pampres, de ses riantes habitations, de son brillant soleil. La situation de la ville est on ne peut plus heureuse : bâtie en amphithéâtre sur les bords du lac, elle contribue à embellir le délicieux paysage qui l'entoure ; plusieurs rangs de collines plantées d'amandiers, d'oliviers, de citroniers, et peuplées de villages ou de maisons de campagne, s'élèvent en gradins les unes derrière les autres, et se déroulent en plans nombreux et variés jusqu'aux cimes neigeuses des Grisons. Vue du lac, elle offre des aspects enchanteurs : à l'orient s'élance le mont Bré, couvert de villages, au milieu desquels celui de Castognola se fait remarquer par ses groupes pittoresques de jolies villa, d'oliviers, d'orangers, qui embaument au loin les airs ; au sud-est s'étend l'âpre et sauvage Caprino, dont les flancs déchirés, ouverts en mille endroits, laissent échapper en été un vent froid et humide; au sud-ouest paraît le monotone San-Salvador, de forme conique, triste et nu, mais du haut duquel l'âme en extase jouit d'une vue ravissante.

On arrive en deux ou trois heures de marche sur le point le plus élevé de cette montagne, dont le pied fourmille de vipères. Elle s'avance tellement dans le lac qu'elle y forme une presqu'île. Quoiqu'elle n'ait environ que 2,000 pieds d'élévation au-dessus du lac, à l'est, au nord et à l'ouest, les regards se portent à la fois sur les innombrables sommités de la chaîne centrale, depuis le Valais jusque dans les Grisons, et au sud ils s'abaissent sur les immenses plaines de la Lombardie, dans lesquelles on peut, quand le temps est très-serein, distinguer, entre deux montagnes, la coupole de la cathédrale de Milan.

Le lac de Lugano est situé à 126 pieds au-dessus du lac Majeur, et à 882 pieds au-dessus de la mer. Il a, de Porlezzo à Agno, 10 lieues de longueur sur une de largeur. Des golfes superbes sont formés par ses nombreuses sinuosités. Il reçoit plusieurs ruisseaux et l'écoulement du petit lac de Muzzano, et au sud-ouest on en voit sortir la Trésa, qui va se jeter dans le lac Majeur. Il est si poissonneux que l'on y prend par semaine de deux à trois milliers de livres de poissons qui sont transportés à Milan.

La rive de ce lac, bordée par les rochers du Caprino, est la seule qui ne présente aux regards aucun objet intéressant. Partout ailleurs il offre des points de vue et des paysages délicieux. Les bords montueux de ses golfes ont une ressemblance frappante avec les montagnes et les vallées des îles de la mer du Sud, et le vert de ses eaux limpides ajoute à la beauté du spectacle. Nulle part, du côté septentrional des Alpes, on ne trouve une nature aussi enchanteresse. A une demi-lieue de Lugano, si l'on se promène dans une de ces barques aux voiles de diverses couleurs, telles qu'on les retrouve sur l'Arno, on aperçoit à l'est le golfe de Porlezzo, au fond duquel s'élève le Pizzo-Leggiano; plus loin, une autre montagne remarquable par sa situation extrêmement pittoresque; à l'ouest, le sauvage San-Salvador, qui forme une longue presqu'île, et bientôt, au pied des montagnes, la plaine délicieuse dans laquelle est bâtie Mélide, dont l'église fut construite et embellie en 1603 par le célèbre architecte Fontana, un de ses habitans. Au sud-est, et à l'opposite de Mélide, de charmans coteaux couverts de chapelles d'un bon goût enchantent les yeux du spectateur.

Un divertissement, *passa tempo*, qui sent bien l'Italie, consiste à aller en bateau passer la soirée aux Cantines ou Caves di Caprino, pour y boire frais. Creusées dans le pied d'une montagne escarpée, ces caves, qui appartiennent à de riches habitans de Lugano, ont la propriété de tenir le vin si frais, qu'on le croirait frappé de glace. Au-dessus de l'entrée de la plupart d'entre elles, on a pratiqué de petites salles, qui méritent bien, à coup sûr, le nom de *vide-bouteilles*, puisqu'une fois arrivé, on y boit, pour y boire encore, et n'y finir de boire que lorsque l'heure du départ est venue.

Mendrisio est située à une lieue du lac de Lugano, et à l'extrémité des derniers gradins des Alpes méridionales. Elle n'offre de remarquable que ses environs. La fertilité extraordinaire et la végétation vigoureuse des coteaux qui s'étendent sur toutes les contrées voisines offrent tous les plaisirs des promenades et des sites les plus agréables. Le point de vue le plus intéressant se prend de l'église de San-Stephano, située sur la colline de Pedrinate. Là, les regards embrassent le majestueux amphithéâtre des Alpes, dont les revers sont ornés des plus belles forêts. Les gradins inférieurs de ces montagnes sont autant de terrasses embellies d'une quantité de villages et de berceaux de vignes dont les pampres s'étendent en longs festons d'un arbre à l'autre, et ombragent les moissons dorées qui couvrent le sol. Plus bas, les dernières collines, qui vont toujours en s'abaissant vers les plaines de la Lombardie, finissent par disparaître.

Le territoire de Mendrisio ne renferme qu'une seule vallée alpine, celle de Muggia; mais en revanche c'est une des plus belles qu'il y ait dans toute la Suisse. Elle offre un caractère tout particulier; elle n'a point de terre-plein, et les revers des montagnes opposées se rapprochent tellement par leurs bases, que les ondes paisibles de la Preggia trouvent à peine l'espace nécessaire pour s'échapper. Cependant les précipices mêmes sont remplis de fleurs, et les pentes les plus escarpées, revêtues, du pied jusqu'à la cime, de treilles de châtaigniers et de noyers de la plus grande magnificence, et couvertes de prairies. Les groupes qui forment les six villages de la vallée ressemblent à des habitations aériennes. Les ruisseaux roulent doucement leurs ondes perlées, et ne sont jamais dangereux; nulle part on ne jouit plus délicieusement des alternatives du soleil et de l'ombre, de la douce chaleur et de la fraîcheur la plus agréable. La Val-Muggia débouche près de Balerna : c'est là que sont situés les villages de Morbio-Sotto et Sopra, au delà desquels la vallée s'étend à 6 lieues au nord du côté du mont Generoso, qui s'élève entre les lacs de Côme et de Lugano, à une hauteur d'autant plus grande qu'il pénètre plus avant dans l'intérieur des autres montagnes. L'aspect du village de Buzello, bâti sur une quantité de petites terrasses semblables aux marches d'un grand escalier, a quelque chose de fort original, surtout quand on le regarde du bas en haut. Au-dessus de Monte on découvre une vue magnifique; il y a sur la droite un vallon latéral, fertile quoique inhabité. De Buzello jusqu'à Monte on va tellement en zigzag, qu'au bout d'une heure de marche on n'a guère fait qu'un quart de lieue de chemin. On observe à Monte, près du presbytère, un noyer qui couvre la moitié d'un arpent. De Cabbia-Nuova on voit, à gauche, un vallon latéral, du côté de Ronco-Piano. Enfin, la vallée principale se subdivise, près du village de Muggia, en trois ou quatre petits vallons qui se confondent avec le mont Generoso ; c'est là que commencent les forêts de hêtres. La vue que l'on découvre du sommet de cette montagne sur la Lombardie est d'une beauté inexprimable.

PROMENADE DE MENDRISIO AU LAC DE COME. — VUE DU LAC DE COME.

Les premiers objets qui frappent les regards quand on arrive de Mendrisio sont les palais Gallio et Al-Ulmo, qu'on aperçoit dans le faubourg nommé Borgo di Vico. De tous les points les regards embrassent à la fois l'ensemble des rives du lac; les montagnes des Grisons descendent en gradins jusque sur le rivage, où elles font place à des collines d'une pente douce, du côté de Lecco et de Côme. Du pied des glaciers et des rochers aux têtes sourcilleuses et chenues, du sein des sombres forêts de sapins, on se voit, au bout d'une traversée de 9 lieues, transporté comme par enchantement sous le ciel de l'Italie, au milieu d'une nature gracieuse, embellie de tous côtés par l'art et par le goût; partout des campagnes délicieuses, entourées de forêts de piniers, de cyprès, de lauriers, de figuiers et d'oliviers; les fruits de l'oranger y mûrissent à côté de la vigne. On s'embarque à Ripa sur le Laghetto di Chiavenna, ou bien à Domaso, lorsque l'on vient du côté de la Valtelline. Les rives de la partie supérieure du lac sont extrêmement mal saines à cause des marais situés dans le voisinage de Domaso, de la

Cera et du Fort de Fuentès. Sur la rive orientale s'élève le Legnone, à 6 ou 7,000 pieds de hauteur : c'est la dernière haute montagne qu'il y ait de ce côté-là vers l'Italie. Si l'on s'est embarqué à Domaso, on arrive après une navigation de quelques heures à la villa Pliniana. Il ne faut pas oublier de descendre, sur la rive orientale, à la cascade nommée il Horrido di Belano. Un pont suspendu par des chaînes au-dessus de l'abîme, dans lequel le ruisseau s'élance, conduit à un escalier taillé dans le roc au haut duquel on a pratiqué un balcon d'où l'œil plonge verticalement dans le précipice, du fond duquel on entend sortir un bruit semblable à celui du tonnerre. Tout près de là est une maison de campagne charmante, entourée d'un grand nombre de sites pittoresques; plus loin Menasio, sur la rive opposée : c'est là qu'on jouit des vues les plus étendues sur le lac, du côté de Côme et de celui des Grisons, ainsi que sur le bras de lac qu'on nomme de Lecco. Un chemin qui part de Menasio traverse une montagne boisée, passe à côté du petit lac de Piano et arrive à Porlezzo, au bord du lac de Lugano, et de là à Lugano même. Plus bas, on observe aussi sur le lac les maisons de campagne de Balbianino et de Clerici, dans le voisinage desquelles sont situés la cascade d'Aqua-Frede, les presqu'îles de Bellasio et de Tosso, l'île de San-Giovanni et le village de Spurano. Rien de plus pittoresque que tous ces paysages.

La villa Pliniana est située sur la rive orientale du lac, sur la pente d'une montagne, au fond d'un golfe considérable, et dans le lieu même où

Pline le jeune avait sa maison de campagne. Des deux côtés on voit couler des ruisseaux qui forment des cascades, et sur lesquels on a pratiqué des ponts et des galeries pour passer dans les bosquets voisins, où l'on trouve une grande variété de vues intéressantes. Dans le palais même jaillit la source périodique que Pline décrit dans la trentième lettre du quatrième livre de son recueil. On a gravé cette épitre en lettres d'or sur une table de marbre noir que l'on voit dans le portique même où coule la source merveilleuse.

« J'ai refeuilleté depuis, dit M. Théobald de Walsh, les lettres de Pline, j'ai reconnu que j'avais mal à propos appliqué à sa maison du lac Larin la description qu'il donne de sa propriété de Toscane. J'ai, par la même occasion, découvert une bévue dans laquelle sont tombés les cicérones du pays, et tous les faiseurs d'itinéraires, en donnant le nom de *Pliniana* à une *villa* qui n'a jamais appartenu à Pline. En effet, dans une de ses lettres il décrit, avec détail, une fontaine des environs de Côme, très-remarquable par le flux et reflux périodique de ses eaux : c'est la même que l'on voit encore dans la cour de la prétendue *Pliniana*. Or, si l'ancienne habitation de Pline avait réellement occupé cet emplacement, son amour-propre de propriétaire n'aurait pas manqué de tirer parti d'une pareille circonstance : il eût dit *ma* fontaine ; au lieu de cela, il se borne à indiquer simplement qu'elle sort du flanc de la montagne, à peu de distance des bords du lac où elle se jette.

« La vue que l'on découvre du portique de la villa

Pliniana est de la plus grande magnificence. L'art et la nature semblent avoir également concouru à orner et à embellir toute la contrée. En avançant du côté de Côme, les bords du lac offrent aussi une vue délicieuse; l'on aperçoit sur la rive orientale les montagnes d'Olimpino, de Lenno et de Nesso, et la côte avancée sur laquelle on distingue les villages de Torno et de Cadenobio, et sur le bord opposé la cascade de Nesso et le somptueux palais de Danza.

« Côme, ajoute M. de Walsh, est une petite ville tout italienne, où l'on arrive par un faubourg de palais qui appartiennent à de riches propriétaires de Milan et des environs, et ne sont guère habités que quelques mois de l'année : toutes les jalousies en sont soigneusement fermées ; un profond silence règne sous leurs portiques déserts et leurs vastes cours où l'herbe croît de toutes parts.

Observations.

URI.

Point de villes dans ce canton; mais des bourgs où le voyageur ne trouve pas toujours de bonnes auberges; où souvent il paye cher, dans de mauvaises, un repas médiocre; quelques chalets où il reçoit une hospitalité gratuite, et pour peu de chose un lait excellent, du fromage, etc., et du beurre préférable encore au fromage. Dans le mois de juillet, le voyageur y mangera des pêches exquises qu'on lui vendra à très-bas prix.

La route du Saint-Gotthard, qui, du côté du nord, commence proprement au village d'Amsteg, est un ouvrage admirable, digne d'être visité par les amateurs de la belle nature et des arts. Son exécution a nécessité de grandes dépenses et de grands travaux. Elle n'a nulle part moins de 10 pieds de largeur, et elle en compte 15 en quelques endroits; elle est surtout remarquable à cause des difficultés qui ont été vaincues dans sa construction, du côté de la Suisse allemande. On entend la Reuss gronder dans les profondeurs qui l'avoisinent, et on traverse cette rivière sur divers ponts, dont le plus célèbre est le *pont du Diable*, qui doit sa renommée tant à la hardiesse de sa construction sur un horrible précipice, qu'à l'aspect sauvage du pays. La route traverse aussi ce qu'on appelle le *trou d'Uri*, qui est un passage de 200 pieds de longueur, sur 15 de hauteur et 10 de largeur, percé au milieu d'un rocher de granit. Ce passage a été fait en 1707, aux frais du canton d'Uri.

Durant l'hiver, la route se couvre de neiges qui s'y entassent jusqu'à une hauteur de 20 à 30 pieds. Les habitans des villages voisins sont chargés de la débarrasser de ces neiges, et de la rendre en tout temps praticable; mais, pour se payer de leurs peines, ils exigent un droit de passage pendant l'hiver, et se font donner 27 creutzers pour chaque cheval qui traverse la montagne.

Les marchandises qui traversent le Saint-Gotthard sont transportées à dos de chevaux ou de mulets, de Fluelen, au bord du lac des Quatre-Cantons, jusqu'à Bellinzone; elles ont à parcourir 30 lieues, que les bêtes de somme font en quatre jours: les quatre stations sont à Urseren, à Airolo, à Giornico et à Bellinzone. C'est en hiver que le passage des marchandises est le plus fréquenté: les transports se font sur des traîneaux attelés de deux bœufs, et chargés de 12 quintaux. On compte qu'en moyenne il passe sur le Saint-Gotthard 300 bêtes de somme par semaine, et 15,000 voyageurs par an.

MONNAIE. — L'écu neuf vaut 3 florins et 10 schelings. Ainsi le louis vaut 13 florins. Le florin vaut 40 schelings.

OUVRAGES A CONSULTER. — *Cartes géographiques, Plans.*

La meilleure carte du canton d'Uri est celle de l'atlas de Meyer; dès-lors il n'a point été fait d'arpentage dans les petits cantons, et toutes les cartes postérieures ne sont que des copies de celle-là; l'une des meilleures de ces copies est la carte qui est jointe à l'almanach helvétique, pour 1805; elle a été rectifiée par Keller, et gravée par Scheurman, à Arau. Le relief du général Pfiffer de Lucerne renferme une partie du canton d'Uri jusqu'au village d'Amsteg; le relief de Meyer d'Arau, renferme aussi ce canton, mais sur une échelle un peu plus petite. — Le *Tableau géographique et statistique du canton d'Uri*, par *Norman*. — *Almanach helvétique*, pour l'année 1805. — *Pini, Ermenegildo, osservazioni*, etc., ou *Observations minéralogiques sur la montagne du Saint-Gotthard*.

ALTORF. — AUBERGES: le *Cerf*, le *Lion noir*, la *Maison rouge*, à quelque distance d'Altorf.

CURIOSITÉS. — Chez M. le *landamman Muller*, une collection de très-beaux cristaux du canton d'Uri. À l'Ossuaire, deux cristaux d'une grosseur extraordinaire. — Marchand de chapeaux de paille de Florence et de Venise, M. *Henri Wiss*; choix varié; prix modérés; beau travail: maison généralement connue dans le canton.

LE CANTON D'URI.

●●●●●●●●●●●

Qui non palazzi, non teatro, o loggia,
Ma'n loro vece un abete, un faggio, un pino
Tra l'erba verde, e'l bel monte vicino,
Levan di terra al ciel nost 'intelletto.
       PETRARCA.

« Les glaciers de Berne et des Grisons, dit un écrivain distingué, forment des remparts à ce canton vers le midi et l'ouest. Les trois sources de la Reuss descendent ou plutôt se précipitent de ces montagnes glacées, hautes de plus de 8,000 pieds; après s'être réunies, elles traversent le canton dans toute sa longueur, ayant leurs bords hérissés de rochers et de précipices affreux. Dans la région inférieure, le climat et le paysage s'adoucissent un peu; on aperçoit des vergers et de charmantes prairies; cependant on voit aux extrémités les montagnes atteindre encore la région des nues. La Reuss se jette enfin dans le lac des Quatre-Cantons, dont un bras s'avance entre deux rangs de rochers, et appartient tout entier au pays d'Uri.

« Ce canton ne se compose donc que de la longue et sauvage vallée de la Reuss, à laquelle aboutissent quelques vallées transversales non moins sauvages: telles sont les vallées Schachen, Maderan et Meyen, dont les torrens vont grossir les eaux de la Reuss. Elles sont toutes enfermées entre des chaînes de rochers qui ne laissent entre elles que peu d'intervalle : aussi les champs labourables sont-ils rares dans le canton, et la nature, en offrant d'excellens pâturages sur le bord des rivières et sur les pentes des montagnes, force les habitans à se livrer à la vie pastorale. Ils entretiennent un grand nombre de bestiaux d'une bonne race, et indépendamment de la vente des fromages que l'on fabrique très-bien, on exporte les bestiaux mêmes, surtout pour l'Italie; on loue en outre des pâturages aux Italiens pour les grands troupeaux de bêtes à laine du Bergamasque.

« D'épaisses forêts de sapins et d'aunes ombragent les rochers; cependant le bois commence à manquer dans le voisinage de plusieurs villages qui ont usé avec trop peu de prévoyance de l'abondance du bois de leur canton.

« Ces bois épais devraient nourrir beaucoup de gibier; mais ils couronnent en partie des rochers escarpés que les chamois seuls peuvent gravir : on les voit en assez grand nombre sur les hautes montagnes, ainsi que des oiseaux de chasse et des marmottes.

« Le Saint-Gotthard, les montagnes colossales qui l'avoisinent, et en général toutes les grandes montagnes du canton, sont formées d'un granit qui se décompose, et que traversent des filons et gangues de cristaux de quartz. Cependant les belles cristallières, qui jadis fournissaient des blocs superbes, sont épuisées, et on ne découvre plus que des nids de peu d'étendue. Au revers du Saint-Gotthard on trouve aussi des cristaux noirs, des grenats, des améthystes et des feldspath transparens, remarquables par le jeu des couleurs. Il y a des indices de mines d'argent; on ne s'est jamais occupé sérieusement de leur exploitation; on a abandonné celles d'alun et de vitriol; en vain les montagnes présentent-elles leurs carrières de marbre, d'albâtre, de gypse, d'ardoise. On pourrait exporter ces objets, et en décorer les maisons, qui seraient mieux à l'abri des incendies; mais la nonchalance des habitans ne sait pas apprécier ce grand avantage. Ennemis des innovations, ils bâtissent leurs maisons en bois parce qu'elles sont acheveés plus tôt, et parce que leurs pères ont bâti ainsi : voilà pourquoi elles sont quelquefois réduites en cendres comme les maisons des pères l'ont été.

« Un vent du sud, le fœn, descend de temps à autre du Saint-Gotthard, s'engouffre dans la vallée de la Reuss, augmente de violence à mesure qu'il descend, et apporte tant de dangers aux maisons de bois de la vallée inférieure, qu'il était ordonné autrefois d'éteindre tous les feux dès que l'on remarquait les symptômes de l'approche de ce vent, c'est-à-dire lorsque l'on voyait voltiger des tourbillons de neige autour de la cime des monts et agiter les hautes forêts, tandis que le plus grand calme régnait encore dans la vallée. Les maisons qui ne sont pas très-solides sur leurs fondemens risquent même d'être enlevées. Ce vent produit en général des phénomènes singuliers. En hiver, il adoucit subitement la température; au printemps, il ne lui faut qu'une nuit pour développer la végétation et couvrir de verdure les prés et les bocages : alors les rochers s'émaillent de fleurs, la neige fondue ruisselle sur les flancs des montagnes, les torrens se gonflent d'une manière effrayante, et remplissent d'écume et de vapeurs les gouffres des défilés.

« En été ce sont d'autres effets. Une chaleur accablante se répand dans la vallée. Toute la constitution du corps en souffre, surtout chez les personnes faibles : elles éprouvent des maux de tête, des étourdissemens, un abattement physique et moral. Les effets du fœn sont si généraux, que, dans toute la partie inférieure de la vallée de la Reuss, les habitans ont le teint hâve et une constitution presque languissante.

« Dans cette partie de la vallée, la réverbération du soleil produit une température qui y fait végéter les plantes des climats méridionaux, tandis qu'un hiver éternel enchaîne les glaces du Saint-Gotthard et des monts voisins. Les rhododendrons ne gravissent pas ces régions des frimats perpétuels : les roses de ces arbustes s'arrêtent au-dessous de la vallée d'Urseren; mais les plantes alpines, les azalées et quelques faibles arbrisseaux, bravent le voisinage même des champs de glace. Des végétaux, recherchés par les botanistes pour leur rareté, prospèrent dans les déserts élevés, au milieu des débris de roches de diverses espèces.

« La simplicité de la vie pastorale, continue M. Depping, est un peu dérangée, dans le canton d'Uri, par une grande route, celle du Saint-Gotthard, qui, longeant le cours de la Reuss, traverse le canton d'une extrémité à l'autre, y répand de l'argent, des besoins inutiles, le goût du commerce et du luxe, et par contre-coup la richesse et la misère.

ALTORF. — PÈLERINAGE A LA CHAPELLE DE TELL.

Altorf! quelles idées ce nom réveille! Voilà la patrie de Guillaume Tell, du fondateur de la liberté helvétique : c'est à l'entrée de la vallée de Schechen, dans le bourg de Burglen, que naquit « le fidèle libérateur de la patrie, le fondateur chéri de la république », comme on le nomme dans toute la Suisse. Près de l'arsenal est une tour bâtie sur la place qu'occupait le tilleul où Tell plaça son fils, et qui existait encore 250 ans après la mort du héros. On a peint son histoire sur la surface des murailles extérieures. En face d'Altorf est Attinghausen, où l'on va visiter la demeure de Walter Furst, le beau-père de Tell, et lui-même l'un des fondateurs de la confédération helvétique. Malheur à qui, entrant dans Altorf, y chercherait d'autres noms que celui de Tell : il ne serait pas digne de fouler la terre de la liberté. Nous-mêmes gardons-nous de rappeler d'autres souvenirs au voyageur. Nous entendrait-il si nous lui disions qu'Altorf est le chef-lieu du canton d'Uri, que ces ruines qui attristent les regards sont les vestiges de l'horrible incendie de 1799, qui détruisit toute la cité et n'épargna que la tour de Tell; qu'Altorf n'a ni monumens, ni édifices, ni tableaux? Parlons-lui de ces deux fontaines bâties, l'une à la place où le généreux citoyen banda son arc pour abattre la fatale pomme, l'autre à l'endroit où le fils de Tell s'agenouilla; de l'hôtel du gouvernement, où les habitans vous montrent avec un pieux empressement une image de Tell, faite pendant sa vie même; et conduisons-le ensuite sur le lac d'Uri, devant le Grutli, ou Grutli Mate, qui rappelle de si beaux souvenirs de liberté et de patriotisme. Les bords du lac des Quatre-Cantons présentent deux sites classiques, deux monumens sacrés de l'histoire de l'humanité. Au delà du promontoire du Wytenstein est située la prairie escarpée du Grutli, au pied du Sélisberg : on y voit une maison qu'ombragent des arbres fruitiers, arrosés par les eaux de trois sources, auxquelles les habitans donnent le nom de Sources Sacrées, parce qu'ils prétendent qu'au moment où les augustes fondateurs de la liberté helvétique prononcèrent le serment solennel de leur sainte ligue, on vit jaillir de terre ces trois fontaines. C'est dans ce lieu que Werner Stauffacher, de Steinen, au pays de Schwytz; Erni an der Halden, de Melchthal, dans l'Unterwald, et Walther Furst, d'Attinghausen, non loin d'Uri, se rencontrèrent pendant la nuit; c'est là que ces hommes magnanimes jurèrent de rompre les indignes fers de l'esclavage, d'expulser les tyrans, et de verser s'il le fallait jusqu'à la dernière goutte de leur sang pour rendre à leur patrie les antiques droits qu'on lui avait si injustement ravis. Dans la suite ils continuèrent de s'y rassembler pendant le silence de la nuit, pour y concerter leurs mesures. Enfin, le

17 novembre 1307, chacun d'eux s'y rendit accompagné de dix de ses concitoyens, dont la probité et la fermeté leur étaient connues. Ces trente-trois patriotes jurèrent, en se serrant les mains, de ne rien entreprendre sans la participation de leurs confédérés, de se soutenir et d'être fidèles les uns aux autres jusqu'à la mort, de défendre les anciens priviléges, de ne porter aucun préjudice aux comtes de Habsbourg, ni dans leurs droits ni dans leurs possessions, et de ne point maltraiter leurs gouverneurs. Alors les trois chefs s'avancèrent au milieu de l'assemblée et jurèrent, les mains levées au ciel, au nom du Dieu qui a donné aux paysans et aux empereurs un droit égal à la jouissance de tous les droits de l'homme, de combattre courageusement pour la liberté et de la transmettre à leurs descendans. Les trente autres confédérés répétèrent ce serment. Le plan dont on était convenu fut exécuté à la fois dès le 1er janvier de l'année suivante dans les trois Waldstettes ; les châteaux furent pris, et les baillifs reconduits à la frontière sans qu'il leur fût fait aucun mal : là on les contraignit de s'engager par serment à ne plus rentrer sur les terres des trois cantons. Telle fut l'origine de la confédération helvétique et de cette nation Suisse qui remplit l'univers de sa gloire.

L'autre monument classique qu'on voit dans ce golfe est la chapelle de Tell, située au pied des rochers de la rive orientale, à 1 lieue et demie de la prairie de Grutli. Avant d'y arriver on découvre sur le même rivage l'étroite vallée de Sisiken et le hameau de même nom. Du sein de ce vallon s'élève le sauvage Achsenberg, à la hauteur de 5,340 pieds au-dessus du lac; ses parois escarpées forment le Boukisgrat et le Hakemesser, au-dessous desquels le lac a 600 pieds de profondeur. De ce rivage effrayant et dangereux pendant la tempête s'avance un quartier de rocher bien en avant dans l'eau. C'est sur ce roc que Guillaume Tell, que l'infâme Ghesler avait fait mettre aux fers pour l'ammener d'Altorf dans les prisons de son château de Küssnacht, s'élança hors du bateau dont on lui avait donné la conduite, après avoir secoué ses chaînes, dont Ghesler l'avait délivré, pour échapper au danger imminent auquel la tempête qui venait de s'élever l'exposait lui et ses satellies; le héros d'une main vigoureuse repousse la nacelle au milieu des flots, prend les devans par les sentiers qu'il connaît dans ces âpres montagnes, attend le tyran dans un chemin creux près de Küssnacht, et délivre sa patrie de l'ennemi sous le joug avilissant duquel elle gémissait. Dès lors ce rocher a porté le nom de Tellenplatte, ou Tellensprung. Trente et un ans après sa mort, ses compatriotes érigèrent une chapelle dans ce lieu, ainsi qu'à Burglen, où il était né. L'an 1388, le vendredi après le jour de l'Ascension, on célébra pour la première fois la fête du héros dans la chapelle du rocher de Tell, et il se trouva parmi les assistans 114 individus qui tous l'avaient connu. Toutes les années, on a coutume de lire une messe dans cette chapelle en mémoire de ce héros libérateur; un grand nombre de personnes se trouvent toujours à cette cérémonie. Les peintures dont les murs sont couverts représentent différens traits de l'histoire de ce grand homme. Cette chapelle ouverte présente en divers points du lac un aspect très-pittoresque; à l'opposé on aperçoit l'entrée de la vallée d'Isisthal, ses montagnes couvertes de bois de hêtres, le moulin à scier de la Risleten et le hameau de Bauen. Plus haut s'élèvent le Rothstock, les Alpes Surènes, et la Blumlis-Alpe, et son glacier à la hauteur de 1,760 pieds au-dessus de la surface du lac.

EXCURSION D'ALTORF AU SAINT-GOTTHARD.

LA REUSS, LE SAUT-DU-MOINE, LE PONT DU DIABLE, LA VALLÉE D'UNSERN.

A partir d'Amsteg, l'œil admire une suite de tableaux sauvages: une multitude de cascades formées par la Reuss, qui se précipite avec fureur vers le bas de la vallée; mille points de vue différens qui se succèdent sans cesse; partout en un mot les scènes les plus étonnantes et les plus terribles. Jusqu'à l'Urnerloch (Rocher-Percé), ce pays porte le nom de la vallée de la haute Reuss, et chez les habitans, celui de Gracanthal (Vallée-Bruyante), sans doute à cause du fracas avec lequel la Reuss roule ses eaux de rochers en rochers. La vallée est dans la direction du sud-ouest. Dès qu'on est sorti d'Amsteg, on commence immédiatement à monter; à un quart de lieue de distance, on trouve le hameau d'Im-Riedt, et de l'autre côté celui d'Insch. Près de là on traverse un ruisseau dont les ondes, en s'élançant du fond d'une sorte de vallée très-profonde qu'on appelle le Teuftbal, offrent un aspect pittoresque. Ensuite, après avoir passé à Meitschlinghen, on arrive au pont nommé le Fallibrouck, près duquel le torrent de Fellenen forme, au milieu de noirs sapins, des cascades très-agréables. Vis-à-vis s'élève Gourtnellen. On regagne la rive occidentale de la Reuss sur un pont nommé le Pfaffensprung (le Saut-du-Moine), qui conduit aussi à la chapelle d'Im-Weiler, à 2 lieues d'Amsteg. Ce pont présente de tous côtés aux regards des scènes également effrayantes et sublimes. Il est composé d'une seule arcade de 90 pieds de longueur; on prétend qu'il a pris son nom d'un moine qui, en fuyant avec une jeune fille qu'il enlevait, traversa la Reuss d'un saut. Après avoir franchi le fougueux torrent du Mayenbach, et gravi une rampe fort roide, on arrive au village de Wasen, où l'on trouve un chemin qui conduit, par le Mayenthal et le mont Sousten, dans la vallée de Hasli. On passe le pont Schœn-Brücke, qui mène sur la rive droite de la Reuss; et au bout d'une demi-heure on en trouve un autre dont l'arcade est d'une hauteur extraordinaire, et qui reconduit le voyageur sur la rive gauche. Depuis ce pont jusqu'à l'Urnerloch, c'est-à-dire pendant un trajet de 2 lieues et demie, la Reuss forme une suite presque continue de chutes.

« La contrée, de plus en plus sauvage, dit M. de

Walsh, n'offre bientôt que l'aspect d'une solitude effrayante, au milieu de laquelle l'œil attristé chercherait en vain un arbre ou une seule maison. Des deux côtés de la vallée s'élèvent d'énormes montagnes couvertes de débris de rocs et sillonnées de profonds ravins par lesquels se précipitent des torrens; de petites croix de bois plantées en assez grand nombre sur le bord du chemin indiquent la place où ont péri des voyageurs foudroyés par les avalanches ou par les éboulemens de rochers; ces tristes monumens, dont quelques uns semblent nouvellement posés, ajoutent encore à l'impression produite par l'imposante sévérité du site : c'est une image de destruction de plus. On n'entend, au fond de ces affreuses gorges, que le retentissement de la Reuss, qui bouillonne au travers des blocs de granit dont son cours est obstrué : ses eaux écumeuses, qu'on voit blanchir à une grande profondeur, forment une suite non interrompue de cascades, toutes plus bruyantes les unes que les autres. »

Le Rohrbach vient reposer la vue par la belle cascade qui se déploie sur les parois des montagnes de la gauche, où gisent une quantité de débris de rochers. Bientôt le Gœschenthal s'ouvre dans la direction de nord-ouest, et laisse apercevoir au fond de la vallée de hautes montagnes couvertes de neiges, attenantes aux immenses glaciers de Trist et de Ghelmer, qui s'étendent entre les vallées de Grimsel et de Gadmen. Le torrent de Gœschenen, qui sort de la vallée du même nom, vient unir ses eaux blanchies à celles de la

Reuss. Plus d'habitations humaines que celles du misérable village de Ghestinen, élevé de 2,100 pieds au-dessus du lac des Waldstettes.

C'est au delà du pont de Haderli-Brucke que commence la gorge affreuse et glacée que l'on nomme les Schollenen, véritable empire du néant et du silence : pas une habitation humaine, pas même le vol d'un oiseau au-dessus de vos têtes; nul mouvement; çà et là quelques croix élevées sur des monceaux de pierres pour avertir le voyageurs que le sol peut s'ouvrir sous ses pas, qu'une avalanche, dont la chute sera déterminée par le son trop bruyant d'une voix humaine, ou des pas qui frapperaient vivement la saillie d'un rocher, l'engloutira d'un moment à l'autre.

On arrive au pont du Diable, formé d'une seule arche de 75 pieds. La hauteur verticale de la chute d'eau formée par la Reuss est de 100 pieds; mais la ligne oblique déterminée par la direction de cette chute en a au moins 300. Du reste, ce n'est pas le pont qui est remarquable, mais l'ensemble du tableau que la nature présente aux yeux de l'observateur : on peut dire que cette scène est à la fois une des plus sublimes, des plus effrayantes et des plus extraordinaires que l'on puisse voir dans les montagnes de la Suisse. Les rugissemens de la Reuss tonnante ébranlent sans cesse ces lieux pleins d'horreur; et un vent impétueux, excité par la chute de la rivière, se déchaîne contre le voyageur placé sur le pont. Un peu plus haut, on arrive au pied d'une paroi de rochers nommée le Teufelsberg, au travers de laquelle on a percé une galerie : c'est cette ouverture qu'on appelle l'Urnerloch; elle a 200 pieds de longueur sur 12 de largeur et autant de hauteur. En sortant de cette voûte obscure et humide, le voyageur se trouve, comme par enchantement, dans la verte et riante vallé d'Ursern, et au bout d'un quart de lieue, il arrive au village d'An der Mat, dont les maisons blanches et les toits de sapin forment de loin un joli effet. La scène change ici : plus de rochers entassés les uns au-dessus des autres, et dont la cime touche les nues; une nature riante, parée de verdure; de jolies montagnes élégamment festonnées, de la vie, du mouvement, un autre ciel, un autre monde enfin.

Quoique le Saint-Gotthard ne soit pas la plus haute masse des montagnes des Alpes, comme on l'a cru jusqu'au milieu du siècle passé, il ne laisse pas d'être extrêmement remarquable, à cause de sa situation centrale entre le Mont-Blanc et le Mont-Rose au sud-ouest, et entre l'Orteler, le Wildspitz et le Fermunt, sur la frontière du Tyrol à l'est, principalement quand on l'envisage moins sous le rapport de la hauteur de ses sommités que sous celui de l'étendue qu'il occupe comme groupe de montagnes. Les pics dont voici les noms déterminent le circuit de ce vaste foyer des Alpes. Du Galenstock à l'ouest, la courbe que décrit ce circuit s'étend du côté du nord par le Bielerhorn, ou montagne du Glacier, par le Spitzberg, le Moutzberg et le Teufelsberg, jusqu'au Crispalt; de là, du côté de l'est, par le Calmot et le Badoutz, jusqu'au Lucmanier; puis vers le sud, jusqu'au Platifer, autrement nommé le Pettino ou Piotino; de là, du côté de l'ouest, par les monts Ravina, Naret, Moutthorn, Furca et Galenstock. La chaîne des Alpes traverse ce foyer dans la direction de l'ouest à l'est, depuis le Galenstock, par les monts Furca, Moutthorn ou Pisciora, Fibia, Fieudo, Prosa, Sella, Péterstock, Nera, Cornero et Uomo, jusqu'au Lucmanier. De tous ces pics, le Galenstock, qui, selon M. Muller, a 11,250 pieds au-dessus de la mer, est le plus élevé. Dans cette enceinte sont situées les deux grandes vallées d'Urseren et de la Val Lévantine supérieure, ainsi que les vallons de Canaria et Piora, de Termini, Codelina, Cornero, Magis, Gamer, de l'Ober-Alpe et de l'Unter-Alpe, outre la gorge de rochers que l'on trouve au haut du passage. On y voit en second lieu 28 ou 30 petits lacs, dont le plus long a une lieue, et les plus petits seulement quelques centaines de toises de longueur; troisièmement huit glaciers, savoir ceux du Furca, de Biel, de Matt, du Crispalt, de Sainte-Anne, de Weitteinwasser, de Luzendro et de Pisciora; enfin les sources du Tésin, de la Reuss, du Rhône, et du Rhin antérieur et du milieu.

Il n'existe aucun lieu dans toute la chaîne des Alpes, et peut-être dans tout le reste du monde, où l'on trouve, dans un espace tellement resserré, un nombre aussi prodigieux de fossiles que sur le Saint-Gotthard. Il est plus que vraisemblable que les trésors de ce genre qu'il renferme sont loin d'être épuisés. Le naturaliste, qui prend successivement ses stations à l'Hospice, à Airolo, à Médels et à Tavetsch, pour parcourir toutes les parties de ce grand foyer avec de bons guides, peut y recueillir, dans l'espace d'un petit nombre de semaines, les fossiles les plus curieux, et en choisir lui-même les échantillons les plus instructifs.

L'hospice du Saint-Gotthard est situé au point le plus élevé du passage. Les pauvres voyageurs y trouvent un repas qui ne leur coûte rien, et s'il leur est arrivé quelque accident dans leur route, on leur donne les soins nécessaires. L'écurie est assez curieuse : il y peut tenir 47 chevaux dans un espace de 36 pieds de diamètre. Vis-à-vis de cet hôpital est un autre hospice desservi par deux capucins italiens : les voyageurs y sont aussi bien reçus que le comporte la nature des choses ; ils sont du moins sûrs d'y trouver de bons lits et du vin. On n'exige de paiement de personne ; les gens aisés donnent ce qu'ils veulent, mais ils ne doivent point oublier que ces bons religieux sont obligés d'accorder une hospitalité gratuite à un très-grand nombre d'indigens. Pendant les combats qui eurent lieu en 1799 et 1800, l'hôpital et l'hospice, qui possédaient alors 16 lits à l'usage des voyageurs, furent pillés, et les habitans obligés de prendre la fuite. Pendant l'hiver de 1799 à 1800, on y plaça un piquet de 50 Français. Quoiqu'ils tirassent le bois nécessaire d'Airolo, ces soldats brûlèrent les portes, les bois de fenêtres, les poutres et toute la charpente de l'hospice, qui finit par être entièrement détruit. En 1800, la commune d'Airolo fit construire une misérable cabane pour loger 3 hommes chargés de garder les marchandises. Dès lors les voyageurs ont été obligés de se contenter du chétif hôpital des pauvres.

Le vallon nu et sauvage où se trouve l'hospice forme un bassin d'une lieue de long, et s'étend dans la direction du nord au sud; il est entouré de toutes parts de pics d'une grande hauteur. A l'est on voit s'élever le Prosa, le Sella, le Schipsius et le Sorescia; au sud-ouest le Fibia, le Fieudo, le pic Luzendro (haut. abs., 9,730 p.) et l'Orsino ou Urserspitz (9,944 p.). Selon M. de Saussure, le Fieudo est à 8,268 pieds au-dessus de la mer; M. Pini lui en donne 8,568; M. Weiss 9,550, et M. Muller 9,470. La hauteur du Prosa est de 8,262 pieds, et celle du Fibia est de 9,000 pieds (M. de Saussure). Au bout de deux ou trois heures de marche, on peut atteindre, sans beaucoup de fatigue, les sommités des monts Fieudo et et Prosa; cependant ce dernier est beaucoup plus escarpé que l'autre. Rien de plus étonnant que la vue dont on jouit du haut de ces pics sur les abîmes épouvantables et sur les montagnes sans nombre dont ils sont environnés.

Le revers méridional du Saint-Gotthard présente un aspect extrêmement sauvage, mais qui n'est pas sans grandeur. Autour de vous s'élèvent des squelettes de montagnes escarpées et des rochers gigantesques, qui tombent en ruines. Les torrens formés par la fonte des neiges qui se sont accumulées dans les crevasses les plus profondes bondissent au travers des rocs; et leur bruit, mêlé aux tintemens de la clochette des mulets, est le seul que l'on entende. Ce n'est qu'au bout d'une heure de marche qu'on trouve quelques traces de végétation, qui marquent le passage de la nature morte à la nature animée.

Observations.

UNTERWALD.

L'Unterwald ou Underwald n'est pas le plus fréquenté des cantons de la Suisse ; aussi les auberges y sont-elles sur un moins bon pied qu'ailleurs ; mais, en revanche, contre la règle ordinaire, on y est traité moins chèrement. On peut estimer chaque journée de voyage dans ce canton, à 6 ou 7 fr. au plus. Les voyageurs font ordinairement une promenade sur le lac.

Divers voyageurs ont parlé d'une manière si effrayante des dangers auxquels les bateaux sont exposés sur ce lac, qu'il y a beaucoup de personnes qui ne s'embarquent point sans frémir pour le traverser. Il est certain que l'on n'est pas exempt de tout péril, lorsqu'on se voit surpris par une tempête violente dans le golfe de *Brounnen* ou de *Fluelen*, et aux environs de l'*Obernase* et de l'*Unternase*, où les rochers descendent verticalement dans le lac, de sorte qu'on ne trouve qu'un petit nombre d'endroits où il soit possible d'aborder ; dans ces cas-là l'aspect de la nature irritée est vraiment terrible. Mais partout ailleurs il y a bien moins de dangers à craindre, et pourvu qu'on ait la précaution de prendre un bateau qui ne soit point trop petit, et des bateliers expérimentés et sobres, on échappe, même dans ces golfes si décriés, aux abîmes qui s'entr'ouvrent mille fois avec fureur aux yeux du voyageur épouvanté. « J'ai traversé, dit Ebel, bien souvent le lac des *Waldstettes*, et tous les bateliers dont je me suis servi m'ont assuré unanimement que toutes les fois qu'il arrive quelque naufrage, il ne faut s'en prendre qu'à l'ivresse du pilote ou des rameurs. Le dernier qui m'a conduit demeure à *Küssnacht* ; il y a trente ans qu'il fait le voyage de *Fluelen*, souvent jusqu'à deux fois par semaine, sans que jamais il lui soit arrivé de malheur ». On a donc certainement exagéré les dangers de cette navigation. Du reste, il est à propos de s'arranger de manière à pouvoir arriver à *Fluelen* avant le coucher du soleil, de quelque partie du lac que l'on se propose de se rendre dans ce lieu. Car lors même qu'il n'y a pas d'orage à craindre, des vents qui descendent alors des Alpes ont coutume de contrarier la marche des bateaux, et lorsqu'ils sont violens, ils la prolongent quelquefois jusqu'à nuit close. Il faut de plus engager son aubergiste à faire venir des bateliers habiles et sobres, se pourvoir d'un bateau de grandeur raisonnable, ne point s'obstiner à partir à une certaine heure, mais consulter les bateliers sur le temps, et se conformer à leurs avis. En s'y prenant ainsi, on pourra sans crainte et sans inquiétude se livrer au plaisir de contempler le spectacle de cette nature extraordinaire.

Si le voyageur va visiter Constance, nous lui indiquerons, comme deux auberges connues, l'*Aigle* et l'*Agneau*.

Monnaie. — L'écu neuf, à 3 florins. Ainsi, le louis fait 12 florins. Le florin vaut 40 schelings ou 60 kreutzers. Le scheling vaut 12 hellers, dont il faut 2 pour 1 augster.

Ouvrages a consulter. — *Cartes géographiques*. Les meilleures cartes du canton sont celles de l'atlas de Meyer d'Arau, ainsi que celle qui est jointe à l'almanach helvétique pour l'année 1805. Cet almanach doit être consulté pour la statistique du canton. On a une histoire particulière de l'Underwald, publiée en 1789 et 1791, par Joseph Businger et Félix Zelger.

Standz. — Auberges. *La Couronne, l'Aigle*. De Standz à Buoch, 1 l. Au couvent d'Enghelberg, 4 lieues 1/4.

Sarnen. — Auberges. *La Clé, le Bœuf*. De Sarnen à Alpnach, sur le lac de Lucerne, 3 lieues. Deux sentiers qui traversent le Melchtal, mènent par les montagnes à la vallée d'*Enghelberg*; l'un par le Storreck, et l'autre par la Min-Alpe et le Jouchli. Un troisième sentier, qui traverse aussi de hautes montagnes, va aboutir au *Ghentelthal* dans le canton de Berne. De Sarnen, on remonte le long de la vallée qui est extrêmement intéressante, et l'on va passer par le Brünig pour se rendre à *Brientz*, 6 lieues. On peut d'abord traverser le lac en bateau, ou bien suivre le grand chemin qui passe le long de la rive méridionale au milieu d'arbres fruitiers, jusqu'au *Péage*; de là à *Ghyswyl*, et après avoir passé la montagne de Kayserstouhl à *Lungern*, 3/4 de lieue de Ghyswyl, l'*Aa*, qui vient du lac de Lungern, forme une cascade pittoresque; et, à 1 lieue 1/4 plus loin, elle en offre une seconde beaucoup plus grande encore.

Lungern. — Auberge. *Le Soleil*. On sera mieux logé chez M. *le Chapelain*. On trouve au pied de Flieslisberg une source d'eau sulfureuse au bord du Lungernsée.

Chemins. — De Lungern par le Brünig à *Brientz*, 3 l. De ce côté-là cette montagne offre une pente très-douce; le chemin passe entre des rochers calcaires, des broussailles et des arbres touffus, en suivant la petite vallée arrondie du *Brünig*, laquelle est entourée de forêts.

CANTON D'UNTERWALD.

Le canton d'Unterwald est l'un des trois premiers cantons, lesquels, avant le 14ᵉ siècle, portaient le nom des Waldstettes. Ce pays, situé dans les Alpes, comprend quatre vallées couvertes de prairies et de pâturages, dans lesquelles on compte cinq lacs et deux ruisseaux considérables, l'Aa et le Melchbach. Les montagnes qu'on y voit s'élèvent de 2,600 jusqu'à 10,000 pieds au-dessus de la mer; les Alpes Surènes et le Titlis portent des glaciers considérables, et leurs sommités sont couvertes de neiges éternelles.

Les habitans de l'Unterwald sont du nombre des peuples démocratiques des Alpes de la Suisse allemande; ils professent la religion catholique, et se sont distingués de tout temps par leur caractère sérieux et porté à la dévotion, ainsi que par la confiance sans bornes qu'ils accordent à leurs prêtres. L'économie alpestre fait leur unique occupation, si ce n'est dans la vallée d'Enghelberg, ou l'on file de la filoselle.

Depuis l'an 1150, l'Unterwald est divisé en deux districts, séparés l'un de l'autre par la forêt de Kernwald. Le district le plus élevé, situé au sud, se nomme l'Unterwald ob dem Wald, ou l'Obwalden; le district septentrional, qui s'étend au-dessous de la forêt, porte le nom d'Unterwald nid dem Wald, ou de Nidwalden.

SARNEN.

SAXELN, STANDTZ, STANDTZAD, LUNGERN, VALLÉES, MONTAGNES.

Quand on a visité la Maison-de-Ville, où l'on voit les portraits de tous les chefs de la république depuis l'an 1381 jusqu'à nos temps, un portrait de Nicolas de Flue, un tableau représentant l'action exécrable du baillif Landenberg, qui fit crever les yeux du vieux an der Halden de Melchthal, père d'Arnold, l'un des trois libérateurs de la Suisse; sur la place publique un grand bassin de fontaine, formé d'un seul bloc de granit; on se rend au Landenberg, près du bourg sur le sol même qu'occupait le château du tyran qui lui a laissé son nom, et où se rassemble la landsgemeinde de l'Unterwald ob dem Wald. La délicieuse vallée pastorale qui orne les bords du lac de Sarnen, vue du haut de cette colline, offre un aspect agréable et plein de charmes. Vous voyez devant vous le joli bourg de Sarnen, avec ses maisons peintes à l'extérieur, comme en Italie, ses arbres élancés, ses campagnes verdoyantes. Au nord-ouest s'élève le mont Pilate, et au sud-est le Misiberg. Point d'aiguilles, de parois, de rocs décharnés, de glaciers, de montagnes neigées, de torrens dévastateurs, de campagnes parsemées de débris : partout des formes arrondies et gracieuses, des vallons, des collines et des montagnes couvertes de la verdure la plus fraîche, des habitations disséminées sur tous les points, et des forêts qui dérobent à la vue tous les contours anguleux des rochers. Le silence, le calme qui règnent de toutes parts dans cette vallée romantique, s'emparent de toutes les facultés de l'âme et la livrent à la plus douce mélancolie.

Saxeln est situé sur la rive orientale du gracieux lac de Sarnen; on va visiter l'église moins pour admirer ses magnifiques colonnes de marbre que pour prier sur la tombe de saint Nicolas de Flue, dont le nom est chanté dans toute la Suisse : ses os reposent dans l'église de Saxeln. Issu d'une des familles les plus distinguées du pays, ce personnage vénérable, après avoir servi sa patrie dans les armées et dans la magistrature, quitta au milieu du XV siècle sa femme et ses enfans pour aller passer sa vieillesse dans un ermitage, au milieu des affreuses solitudes du Melchthal. En 1481 les confédérés se trouvaient rassemblés à Stantz; mais la discorde avait répandu ses poisons dans leurs cœurs, au point qu'ils allaient se séparer pour prendre les armes, et livrer leur pays aux horreurs de la guerre civile. Dans ce moment décisif, le saint homme, semblable au génie tutélaire de la Confédération, paraît au milieu d'eux; la raison, la sagesse parlent par sa bouche; il les ramène à des sentimens plus doux, rétablit l'union et la concorde, et se hâte de regagner sa cellule pour ne plus en sortir. La mémoire de ce grand homme vit dans tous les cœurs des habitans de l'Unterwald ; ils le révèrent comme un saint et lui donnent les noms de frère ou père Claus. D'agréables sentiers, riches en beaux sites, conduisent depuis Sarnen ou depuis Saxeln sur la colline du Ranft, où est situé le hameau de Flueli, dont saint Nicolas et les siens ont tiré leur nom de famille : l'une des maisons qu'on y voit encore lui servit, dit-on, de berceau, l'autre d'habitation. Du Flueli, on arrive par un joli chemin dans l'endroit du Melchthal où il y a une chapelle ; un peu plus haut on en rencontre une seconde ainsi que la cellule de saint Nicolas, dans laquelle on voit encore la pierre qui lui servait d'oreiller. Tous les pèlerins qui vont le visiter emportent un petit morceau du bois dont cette cellule est bâtie.

C'est par le joli bourg de Kernz, orné d'une église somptueuse, qu'on arrive à Stantz, le chef-lieu de l'Unterwald ; le trajet dure trois heures environ qui passent bien vite au milieu de tous ces beaux paysages que la nature déploie aux regards des voyageurs.

Stantz est situé dans une belle et riante vallée, couverte de prairies fertiles entre la montagne de même nom et le Burghenstoch, et à égale distance des golfes de Bouochs et de Stanzstadt, à une lieue de l'un et de l'autre. A Sarnen, partout nous avons rencontré l'image de Nicolas de Flue. Stantz a son héros, dont elle multiplie le souvenir et les portraits ; l'Hôtel-de-Ville, l'arsenal, vont nous offrir les traits de ce magnanime Arnold de Winkelried qui mourut à Sempach : sa harangue à ses citoyens est répétée en Suisse jusque par les plus pauvres enfans.

Le duc d'Autriche était au pied de la colline avec 6,000 hommes d'une cavalerie superbe qui formait l'élite des plus braves chevaliers de l'Argovie, de la Souabe, du Tyrol, de l'Alsace et de Franche-Comté. Tous les chevaliers avaient mis pied à terre, coupé les longs becs de leurs chaussures; et armés de pesantes cuirasses et de longues lances, ils formaient une phalange qu'ils croyaient impénétrable. Les Suisses, rangés sur une colonne étroite, descendent du haut de la colline, et fondent sur l'ennemi au travers de la plaine. Déjà Gundoldinghen et Moos, tous deux avoyers de Lucerne, et 60 autres braves, ont péri; toutes les tentatives pour rompre les rangs de l'ennemi sont infructueuses; déjà la phalange autrichienne commence à se déployer en croissant pour entourer les Suisses. Dans ce moment critique Arnold de Winkelried s'élance du milieu des rangs. « Je vais vous frayer le chemin, s'écrie-t-il, chers confédérés. Prenez soin de ma femme et de mes enfans! N'oubliez pas ma famille! » A l'instant même le héros se précipite sur l'ennemi, saisit dans ses deux bras une quantité de lances qui vont percer son sein et qu'il entraîne dans sa chute, sous le poids considérable de son corps. Aussitôt les confédérés profitent de cette ouverture pour entamer la phalange serrée des chevaliers, et ayant rompu leurs rangs ils en font un carnage horrible. Quel voyageur ne s'inclinerait pas devant la statue de ce héros qu'on a élevée sur une colonne près de l'église? Qui voudrait passer à Stantz sans visiter la maison qu'il habita ?

Par une belle soirée, on part pour Standtzad, village magnifiquement situé au bord du lac de Lucerne et qui fut réduit en cendres le 9 septembre 1798. La tour que l'on voit sur le rivage a été construite au printemps de l'an 1308. Elle servait alors à observer ce qui se passait sur le lac et sur les rives opposées, d'où l'Autriche pouvait menacer les Waldstettes. On s'embarque ensuite sur le lac, et pendant que la lune éclaire doucement l'horizon, on se dirige vers le délicieux village d'Alpnach; mais on s'arrête un moment pour contempler près de Rotzloch la cascade que forme le Mehlbach dans la fente de rochers romantiques: à la clarté du crépuscule, ou à la lumière blafarde de la lune, cette cascade est d'un effet magique. Rien de plus romantique que cette baie d'Alpnach, quand le soleil se couche à moitié voilé dans les nuages. Le lac, uni comme une glace, qui réfléchit les douces ondulations de ses rives; le Pilate, sur les flancs ou la cime duquel errent toujours quelques lambeaux de nuages; la tour blanche de Standtzad, au bord du lac calme, immobile : tout cela forme un spectacle que l'imagination peut peindre, mais que la parole ne saurait rendre sensible.

Si de Sarnen nous nous dirigeons au sud, nous aurons de beaux points de vue, de charmantes cascades à quelque distance de Ghyswill, et au fond d'une vallée romantique le village de Lungern.

Lungern est un village qui n'offre rien de remarquable que sa situation dans une vallée romantique, et sur un lac qui, quoique d'une seule lieue de longueur, est un des plus pittoresques de la Suisse. Sa forme elliptique et son peu d'étendue permettent à la vue d'embrasser sans effort et de distinguer sans confusion tous les objets qui bordent ses rivages. Il est peu d'endroits où les yeux, attirés et flattés dans tous les sens, ne trouvent à se reposer avec agrément. La chaîne du Pilate, qui le domine du côté du nord, et qui s'élève par des degrés hardis et irréguliers, est parsemée d'une foule d'habitations champêtres. Des chalets, bâtis d'étage en étage, marquent à une grande hauteur la dernière limite de la végétation, qui, dans l'espace le plus circonscrit, étale ainsi sous les yeux du voyageur toutes les couleurs dont elle peut s'embellir. Le lac de Lungern nourrit beaucoup d'écrévisses et de truites; et par le ruisseau d'Aa, il verse le superflu de ses eaux dans le lac de Sarnen, qui, à son tour, verse les siennes dans un golfe du lac de Lucerne, auprès d'Alpnach. Il y avait autrefois entre les lacs de Lungern et de Sarnen un petit lac, près de Ghyswill, que les habitans de ce village desséchèrent en 1761. On a entrepris également dans ces derniers temps de dessécher celui de Lungern par le moyen d'un canal; mais les travaux commencés n'ont pas été continués.

Le lac de Sarnen est un peu plus long que celui de Lungern. Ses bords présentent un aspect charmant. C'est un mélange agréable de prairies, de bosquets, de chaumières, qui par des pentes douces s'élèvent jusqu'aux Alpes. C'est à l'extrémité nord-est de ce lac qu'est situé le bourg de

Sarnen, à la sortie de l'Aa et dans une plaine délicieuse.

Deux vallées à l'est des lacs de Lungern et de Sarnen, et resserrées par de hautes montagnes, méritent d'être visitées. Ce sont celles de Melchthal et d'Enghelberg. La première débouche entre Sarnen et Kerns, et s'étend au sud-est sur une ligne de trois lieues, entre des montagnes de 6,000 à 8,000 pieds de hauteur. Elle renferme d'excellens pâturages alpestres, et quoique couverte d'une multitude de cabanes, elle offre un aspect à la fois sauvage et romantique. A son extrémité, un petit lac, situé au bas du Jochberg, laisse échapper ses eaux dans des cavités souterraines, et c'est à une lieue plus bas que naît le Melchbach, qui arrose toute la vallée, et tombe ensuite dans l'Aa, entre Sarnen et Alpnach. Un des trois fondateurs de la liberté helvétique a pris son nom de cette vallée, où il avait reçu le jour.

La vallée d'Enghelberg a deux lieues de longueur sur un peu plus d'un quart de lieue de largeur. La petite rivière d'Aa la parcourt, en traversant avec impétuosité, du côté du nord, une gorge profonde, pour passer dans la spacieuse vallée d'Unterwald. Cette vallée n'offre d'autre ouverture que la gorge dont nous venons de parler. Le mont Enghelberg, qui lui a donné son nom, et au pied duquel est situé un monastère de bénédictins, a près de 4,000 pieds de hauteur. La vallée est très-exposée aux lavanges; du reste elle est très-riche en bonnes eaux. Non loin du couvent, on voit de beaux chalets, et des sources abondantes qui donnent naissance à un ruisseau. A trois quarts de lieue de ce même endroit, on voit une superbe cascade formée par le Tetschbach qui se précipite de l'Enghelberg. Entre plusieurs autres ruisseaux qui tombent des revers des montagnes, il en est un qui paraît sortir d'une paroi de rocher; et dans une petite vallée latérale, située dans un lieu qu'on appelle le Bout-du-Monde, on trouve une source qui ne coule que depuis le mois de mai jusqu'à celui d'octobre. La vallée d'Enghelberg, dominée par le mont Titlis, a un climat rude et une position élevée. Dans la plus grande partie, on est privé de l'aspect du soleil pendant six mois de l'année.

Au-dessus de cette petite vallée, le Titlisberg s'élève à 10,818 pieds au-dessus de la mer. Ce fut en 1744 que l'on monta pour la première fois sur son sommet, appelé le Nollen. En septembre 1786, le médecin de l'abbé d'Enghelberg se mit en chemin avec dix guides pour le gravir. Ils partirent à minuit, escaladèrent deux montagnes fort élevées, employèrent plusieurs heures à traverser un glacier, et atteignirent à dix heures la cime du Titlis. Ils éprouvaient un froid si vif, qu'il leur fut impossible d'y passer plus de trois quarts d'heure, quoiqu'ils eussent un beau soleil et qu'ils se donnassent beaucoup de mouvement. Rien de plus extraordinaire que la vue dont ils jouissaient à cette grande élévation. Toute la chaîne des Alpes, depuis la Savoie jusque dans le Tyrol et dans la Carinthie, et toute la Suisse, se présentaient à leurs regards, qui pénétraient encore jusqu'à quarante lieues de distance vers la Souabe et les pays vignobles qui bordent le Rhin. On assure au couvent que, lorsque le temps est très-serein, on peut du Nollen distinguer, un peu avant le lever du soleil, le clocher de la cathédrale de Strasbourg, à l'aide d'une bonne lunette d'approche.

A cinq heures après midi, tous les voyageurs arrivèrent sans accident dans la vallée; mais le médecin avait les yeux et les oreilles en si mauvais état, qu'il ne pouvait ni voir ni entendre. Depuis cette époque, le Titlis a encore été gravi par d'autres personnes. Ceux qui veulent entreprendre ce voyage doivent partir de la vallée dans l'après-midi, et passer la nuit dans un des chalets les plus élevés.

Les crêtes neigées du Gheisberg et celles du Jochberg se prolongent, en partant du Titlis, vers le bourg de Standtz, et forment la séparation entre les deux districts de l'Unterwald. Une autre chaîne, qui part du Jochberg et du Gheisberg, et se termine au mont Brünig, tout couvert de bois, sépare le canton de celui de Berne. Enfin, des montages fertiles joignent le Brünig, le long de ce canton et de celui de Lucerne, au mont Pilate. A l'est du canton, la chaîne de l'Enghelberg se dirige vers le lac des Quatre-Cantons, et forme une ligne courbe à quelque distance de ce lac.

Un sentier conduit d'Enghelberg à Altorf, par le col des Alpes Surênes. Ce passage, dit M. de Walsh, plus fatigant que dangereux, est fort peu fréquenté, et mériterait de l'être davantage. On gravit pendant six heures, au milieu d'une nature sauvage et désolée. Autour de vous s'élèvent le Titlis, le Faulblatter, le Spanœter, montagnes de 10,000 à 13,000 pieds de haut. Entre les arêtes de rochers qui hérissent leurs flancs, descendent des glaciers plus remarquables par leur blancheur que par leur étendue, et d'où sortent des milliers de ruisseaux, qui se déroulent, en rubans d'argent, sur la base grisâtre de ces blocs énormes, où l'œil ne découvre ni un seul arbre ni une seule touffe de verdure. Le sentier serpente au fond d'une vallée aride, au travers des troncs de sapins mutilés, et parmi les débris de rocs que chaque hiver amoncèle dans ces tristes lieux.

La vue s'étend, du côté d'Enghelberg, sur un vaste bassin, presque circulaire, que domine un majestueux amphithéâtre de rochers couronnés de neiges, et offrant les formes les plus hardies et les plus bizarres.

Des pics décharnés s'élancent de loin en loin, semblables à des colosses; ils arrêtent, dans leur course errante, les nuages, qui, s'amoncelant autour d'eux, les voilent un moment, puis, bientôt dispersés, laissent apercevoir de nouveau, au travers des vapeurs, une cime menaçante, qu'on dirait suspendue dans les airs.

Du côté opposé, l'aspect est tout différent. L'horizon, beaucoup plus étendu, embrasse les cantons d'Uri, de Glarus et celui des Grisons.

Le riche bassin d'Altorf paraît à vos pieds comme un entonnoir resserré entre de hautes montagnes, qui offrent les lignes les plus pittoresques et la plus belle verdure. Le Bristenstoch, la Windgelle, s'élevant au-dessus des autres, servent à déterminer la position de la vallée de la Reuss, que l'on suit dans ses nombreux détours jusqu'aux cimes du Saint-Gotthard.

Observations.

SCHWITZ.

L'amour de la patrie et de la liberté est poussé à l'excès dans le canton de Schwitz; les habitans sont orgueilleux de leur constitution, de leurs lois et de tout ce qui tient à leur pays. Les propriétaires les plus aisés, ainsi que leurs femmes et leurs enfans, portent encore l'ancien habillement national comme les habitans les plus pauvres; leurs habitations sont simplement meublées, et ils ne se distinguent guère que par plus de propreté.

Monnaie. — Même tarif que celui de Zurich.

Ouvrages à consulter. — *Cartes*.

Les meilleures cartes du canton sont celles de l'atlas de Meyer, et celle qui accompagne l'almanach helvétique pour l'année 1807.

J. H. Meyer, der Bergfall bey Goldau, etc., ou chute de montagne, près de Goldau, avec deux feuilles à l'eau forte. Zurich, 1806.

Le docteur Ch. Zay; *Goldau und, etc.*, ou Goldau et ses environs, tels qu'ils sont devenus, in-8°, Zurich, 1807; avec une carte.

Schwitz. — Auberges. *Le Lion, le Petit Cheval, le Pigeon.*

Curiosités. — Ce bourg compte plusieurs fort belles maisons, soit dans ses murs, soit dans les campagnes voisines; mais les pillages de la dernière guerre ont beaucoup diminué la prospérité des habitans. On y remarque l'arsenal, la maison de ville, l'église, l'hôpital, un séminaire, divers couvens, et le magnifique cabinet de médailles de feu M. le chevalier J.-C. Hedlinger. Ce cabinet, qu'on voit chez son petit-fils, renferme non-seulement la collection complète des épreuves et échantillons finis de toutes les médailles en or, en argent et en bronze de son ouvrage, qui sont des chefs-d'œuvre de goût, de génie et d'élégance, mais encore une quantité de monnaies et de médailles antiques et modernes, de même que beaucoup d'ouvrages de numismatique, de dessins.

Le Siti, maison de campagne appartenant à M. Weber, mérite bien d'être vue; elle est située à 1/4 l. du bourg. À l'extrémité d'une longue allée d'arbres, on trouve un pavillon bâti sur le bord de la montagne: de là, on traverse un bois situé à l'E., et qui aboutit à une chapelle et à un ermitage, où l'on jouit d'une vue magnifique; on y voit à l'O. le lac de Lowertz, les ruines de la vallée de Goldau, Séwen, Steinen, et les collines arrondies des cantons de Lucerne, de Zoug et d'Argovie, et au S. le lac des Waldstettes, au-dessus duquel s'élèvent les monts de l'Unterwald. On a précisément en face le coteau d'*Urny*, qui est parsemé de fermes et d'arbres fruitiers, et au pied duquel on cultive des vignes d'un bon rapport.

Steinen, village situé à 1 l. de Schwitz, est remarquable par le séjour de Werner Stauffacher, l'un des trois généreux fondateurs de la liberté et de l'indépendance des Suisses. A *Ibach* (¹/₂ l. de Schvitz), on voit une place munie de bancs, où tout le peuple du canton se rassemble tous les ans au mois de mai, pour se former en Landesgemeinde.

Chemins. — A *Brounnen*, au bord du lac des Waldstettes, 1 l. En remontant le Muttathal, et en passant le mont Praghel, à *Glaris*, 10 l. A *Richterschwyl*, 8 l. par Séwen, Steinen, Sattel, Rothenthourm, Schindelléghi et Wollrau; on peut faire la route en voiture. A *Einsiedeln*, 5 l. Les chariots prennent la même route que ci-dessus jusqu'à Rothentourm; mais les gens à pied y vont en 3 h., en passant par le Haken. A *Eghéri*, 3 l. par Steinen, Sattel et Im Schoren. A *Art*, 3 l. le long du lac de Lowertz, par Lowertz et au travers des ruines de Goldau.

Art. — Auberges. *L'Aigle*, et le *Lion*.

Curiosités. — Un grand bassin de fontaine, formé d'une seule pièce de granit. — L'église de Saint-Georges, bâtie en 1691. — La bibliothèque des capucins, dont le couvent a été fondé en 1656; on y trouve quelques ouvrages rares concernant l'histoire de la Suisse.

Chemins. — A *Zoug*, en suivant la rive du lac, par un sentier très-agréable, 3 l. A *Immensée*; si l'on ne veut pas y aller par eau, on suit aussi les bords du lac, au pied du mont Righi, 1 l. ¹/₂. Au bourg de *Schwitz*, 3 l. Le chemin passe au milieu des ruines de la vallée de Goldau, ensevelie sous les décombres de la montagne, jusqu'à Lowertz, 2 lieues. On peut traverser en bateau le charmant bassin du lac du même nom, si l'on n'aime mieux en faire le tour. D'Art, par le Steinenberg, à Sattel, et de là, par Schorn et Morgarten, à *Egheri*, 5 l. Un chemin plus court, qui passe par le Rouffiberg, mène en 3 heures à Egheri; mais il est pénible à cause des montées qu'il faut gravir. — Le chemin qui conduit d'Art sur le *Righi* est assez bon, même pour les voyageurs à cheval; on arrive en 3 ou 4 heures aux auberges qui sont près du couvent de Sainte-Marie-des-Neiges, et en 4 ou 5 heures sur le sommet de la montagne. Antoni Eberhard, d'Art, est très-propre à servir de guide aux personnes qui veulent aller sur le Righi.

LE CANTON DE SCHWITZ.

Ce canton est celui qui a donné son nom à toute la nation Suisse. Il est situé entre les lacs de Lucerne et de Zurich. C'est un pays de prairies et de pâturages, formé de trois principales vallées, Schwitz, Moutta et Cinciedeln. Les plus hautes montagnes qu'il renferme ne s'élèvent pas à plus de 7,000 pieds au-dessus de la mer : aussi n'y voit-on ni glaciers, ni neiges éternelles. Les plus remarquables sont le Praghel, le Niesen, le Mythen, qui présente deux rochers gigantesques, dont le plus grand, haut de 5,868 pieds, offre des murs escarpés et des pans énormes, qui, par leur vétusté, menacent ruine. Ces vieux rocs se dégradent de plus en plus; dépouillés depuis des siècles de terre végétale, ils se fendent et s'écroulent par fragmens. Du côté du lac et du canton de Lucerne, le Rigi s'élève isolé sur la frontière.

Ce canton a onze lieues de long sur sept de large. Il ne s'y trouve point de villes, mais seulement des bourgs, des villages et des habitations isolées. Enclavé dans les montagnes, il n'a de ressources que dans ses pâturages, qui sont excellens. Ses habitans sont très-jaloux de leur liberté, et fiers d'avoir donné leur nom à toute la Suisse. Ils sont au nombre d'environ 28,000.

SCHWITZ.

L'aspect que présente Schwitz est très-séduisant. Au premier coup d'œil, dit M. Raoul-Rochette, les maisons, généralement bien bâties, sont groupées d'une manière où l'art ne semble pas étranger, tant l'effet en est pittoresque, autour d'un vaste espace découvert qui forme la place publique et qui termine l'église, très-bel édifice moderne. Des deux côtés du vallon, que remplissent les habitations du bourg, et les vallons et les jardins qui les accompagnent, s'élèvent deux énormes géans qui en défendent l'accès : au nord, le Mythen; vis-à-vis, le Haggen.

L'église de Saint-Martin a de la magnificence : c'est un grand vaisseau moderne, bien éclairé, où le marbre, les peintures, les stucs, les dorures, brillent de toutes parts. La chaire surtout est de la plus grande beauté; elle est soutenue par trois figures colossales, qui témoignent, par la contraction des muscles, l'espèce de tourment qu'elles éprouvent dans cette position. Ce sont les figures des trois réformateurs Luther, Calvin et Zuingli. Schwitz a une maison de refuge ouverte à toutes les infortunes; un séminaire, et deux couvens, l'un de capucins, l'autre de religieuses; un petit théâtre où des amateurs jouent quelquefois la comédie. C'est tout ce que l'art dramatique peut espérer dans un pays dont les habitans, dispersés dans les campagnes, ont continuellement sous les yeux le spectacle de la belle nature.

Les cimetières, ainsi que dans tout le reste du canton, offrent dans ce bourg un spectacle touchant. Les tombeaux du père, du fils, du frère, de la mère, etc., sont couverts d'œillets des plus belles couleurs, ordinairement disposés en croix, et cultivés par les mains des personnes dont les morts emportent les regrets.

A une petite distance de Schwitz, le peuple du canton s'assemble tous les deux ans, le premier dimanche de mai, dans une prairie plantée d'arbres, pour délibérer sur les affaires publiques. Tout habitant âgé de plus de 16 ans est admis à voter dans cette assemblée populaire, souvent composée d'environ 4,000 individus. Chacun s'y rend l'épée au côté. Là le domestique est sur la même ligne que le maître, le paysan à côté de son seigneur. Sous leurs drapeaux flottans, et avec tout l'appareil militaire, les citoyens forment un grand cercle, au centre duquel est le landammann, le glaive à la main, symbole de l'autorité suprême qui réside dans l'assemblée. Après une invocation au père des lumières, on propose les sujets de délibération. Au milieu de ce grand nombre d'hommes de tout âge et de tout état, on ne voit ni trouble ni confusion. Pour montrer son acquiescement, on lève la main. Y a-t-il incertitude dans le nombre des suffrages, deux hallebardes sont haussées, pointe contre pointe. Ceux qui sont pour l'affirmative passent dessous, et se mettent en rang; les autres restent en deçà, et se rangent du même côté. C'est ainsi que l'on compte les voix.

LE RIGI.

Cette montagne, située au canton de Schwitz, entre les lacs de Zug, de Lucerne et de Lowertz, peut avoir huit à dix lieues de circuit. Dix ou onze communes mènent leurs troupeaux dans ses pâturages, où l'on compte 150 chalets, disséminés de toutes parts. Elle est semblable, par sa forme, à un cône tronqué, dont la base est baignée par trois lacs. A l'est et à l'ouest descendent de ses flancs plusieurs ruisseaux, qui nourrissent d'excellentes truites. C'est une des plus belles montagnes de la Suisse, et une station admirable par ses points de vue, surtout du côté du nord et de l'ouest. La plus haute cime est nommée le Rigi-Culm, sur laquelle on voit une croix de fer, à 4,300 pieds au-dessus du lac de Lucerne, et, selon Usteri, à 5,723 au-dessus de la mer. L'intérieur paraît être percé de profondes cavernes. Une belle végétation orne ses flancs, partout où la terre couvre les rochers. Du côté du sud on voit même prospérer les fruits et plantes du midi; vers la base fleurissent des figuiers et des amandiers. De tous les côtés s'étendent de beaux pâturages, qui offrent au bétail une nourriture abondante, et, pendant la belle saison, deviennent le séjour des nombreux troupeaux du canton et de celui de Lucerne.

Quatre chemins différens conduisent à la plate-forme qui termine ce colosse : celui de Goldau, village anéanti par l'éboulement du Rotsberg, est le plus commode, en ce qu'on peut y aller à cheval. Celui de Kussnacht est le plus court, mais il est aussi le plus difficile, et on ne peut le suivre, pour ainsi dire, qu'en grimpant. Après avoir fait trois lieues, toujours en montant, et en suivant le ruisseau d'Aa, on arrive à un monastère de capucins, qui sert d'hospice. On y voit une chapelle consacrée à Notre-Dame-des-Neiges, et fondée au dix-septième siècle. De nombreux pèlerins s'y rendent pendant l'été, principalement le 6 septembre, jour de la Nativité de la Vierge. Elle est, ainsi que le couvent, située dans un enfoncement, et entourée de quatre hôtelleries de bois très-hautes. Cet endroit n'occupe pas le point le plus élevé de la montagne, dont le sommet est encore à une lieue de distance, de sorte que les vues des appartemens des auberges sont assez bornées; mais on en est amplement dédommagé si l'on fait, à pied ou à cheval, une excursion de quelques heures vers les hauteurs.

L'enfoncement dont nous venons de parler divise le Rigi en deux parties, qui sont le Rigi-Stafel et le Rigi-Culm au nord, et le Rigi-First et le Rigi-Schild. On atteint sans peine toutes ces sommités, dont le Rigi-Culm est la plus haute. Du couvent jusqu'à cette dernière hauteur, on compte une lieue de chemin. On traverse des pâturages jusqu'au bord de l'escarpement, qui est tout-à-fait vertical au nord, et forme au-dessus du lac de Zug une paroi de 4,356 pieds de hauteur. On ne peut contempler cet épouvantable précipice qu'en se couchant sur la terre et en avançant la tête au-dessus du bord.

De la sommité du Culm, la vue s'étend sur toute la partie de la Suisse située à l'est et au nord, et jusque bien avant dans la Souabe. L'œil se porte sur le Jura jusqu'aux environs de Brienne, sur les montagnes de l'Emmenthal, de l'Entlibouch, le mont Pilate, et sur la chaîne des Hautes-Alpes, qui, passant près du Rigi, s'étend depuis le Sentis, dans l'Appenzell, jusqu'à la Jungfrau, dans le canton de Berne ; c'est un spectacle vraiment magnifique. Dans l'intérieur de cet immense horizon, la vue plonge et se promène sur la nappe brillante de 13 lacs de différentes grandeurs, sur d'immenses tapis de verdure traversés par des rivières qui ressemblent à des fils d'argent; sur de vastes forêts qui, de loin, ne paraissent être que de sombres taches jetées sur cet incommensurable tableau; sur des villages et des hameaux dont les maisons ne sont plus que des points supendus sur les pentes des montagnes et des collines, ou disséminés le long des filets d'eau qui serpentent à travers les prairies. Pour jouir pleinement de la beauté de cette vue, il faut se rendre sur le Culm, le matin et le soir, et contempler les effets que produit sur ces objets innombrables la différence de l'illumination à ces époques de la journée.

Si l'on tourne les regards vers le midi, c'est un spectacle différent : ce ne sont plus des plaines et des collines tapissées de verdure ; l'horizon est borné de ce côté par des monts énormes et les crêtes déchirées des plus hautes chaînes des Alpes, par des cimes couvertes de neiges, et par des glaciers qui se confondent avec les nuages. Frappé de ce contraste, l'œil revient avec un nouveau plaisir au ravissant tableau dont il s'est un instant détourné.

On descend du Rigi ou en se dirigeant sur Art et Lowertz, ou bien sur Kussnacht. On peut aussi descendre, depuis le couvent, à Wœghis ou à Witznau. Ce chemin, beaucoup meilleur que celui de Kussnacht, est aussi fort riche en points de vue. On y rencontre des bains froids, près desquels il y a un ermitage et une auberge où l'on peut passer la nuit. Une source d'eau très-froide, qui sort de deux parois de rochers, remplit, sans discontinuer, une baignoire dans laquelle les paysans, attaqués de fièvres intermittentes, de maux de tête ou de reins, et de coliques, se jettent tout habillés; après quoi ils font sécher leurs vêtemens mouillés, sans les quitter. Les bains passent pour un remède thérapeutique excellent contre ces maladies.

Le Rigi est extrêmement riche en plantes alpines; on y en trouve même des pays chauds. Ces dernières croissent surtout sur le travers méridional au-dessus de Wœghis et de Witznau, où l'on voit mûrir les châtaignes, les amandes et les figues à l'abri des vents du nord qui n'y soufflent jamais. Un botaniste, Rennward Cysat, qui vivait au commencement du dix-septième siècle, et qui a laissé une description de Wœghis, en vers allemands, a trouvé, seul, dans ce district, 800 espèces de plantes. Au pied du Rigi, du côté d'Art, on observe une grande abondance de fougère, remarquable par sa grandeur et la vigueur de sa végétation, et dont les habitans font des litières pour leurs bestiaux.

« Assez d'autres, dit un voyageur d'une brillante imagination, ont dépeint les beautés que présente le Rigi par un temps clair : une description de ce qu'il est par la pluie aura du moins le piquant de la nouveauté. Lorsque j'arrivai sur le Rigi-Culm, harassé de cinq heures d'une marche pénible, par une chaleur étouffante, quelques nuages, lambeaux déchirés de l'orage de la veille, flottant sur la plaine et sur les montagnes voisines, donnaient au paysage un aspect on ne peut plus pittoresque; la chaîne imposante des glaciers apparaissait dans le lointain, à demi-voilée par des vapeurs légères que le soleil teignait des plus riches couleurs. Mais, hélas! mon admiration fut de courte durée. Le soleil se cacha, les nuages devinrent gris, s'épaissirent de plus en plus, et bref, en moins d'un quart d'heure, je me vis séparé du monde des vivans, et enseveli dans un brouillard funèbre.

« Sur le soir, la pluie cessa tout-à-fait. Le ciel était cependant encore chargé de nuages lourds, d'une couleur cuivrée, qui, coupés horizontalement, laissaient régner au-dessous d'eux une large bande d'un beau vert azuré. La cime du Rigi et des monts environnans était plongée dans l'ombre, tandis que la plaine se trouvait inondée de lumière; les lacs étincelaient des feux du soleil; Lucerne, avec ses tours et ses murailles blanches, se dessinait sur de verdoyantes collines; l'air, imprégné d'humidité, était d'une transparence extraordinaire; la vue planait sans obstacle sur un immense bassin qui, comprenant les cantons de Lucerne, de Soleure, de Bâle, de l'Argovie, ainsi qu'une partie de ceux de Zug, de Zurich et de Berne, se prolongeait jusque dans l'Alsace, et n'avait pour bornes, à l'horizon, que la chaîne du Jura et les lignes bleuâtres des Vosges et des montagnes de la forêt Noire. Tout cela était bien beau, me direz-vous. Oui; mais il y manquait des glaciers, et ce que je ne voyais pas m'empêchait de jouir sans mélange de tout ce que je voyais. Les hautes Alpes, avec leurs pics gigantesques et leurs vastes plaines de neige, disparaissaient sous les replis d'un voile de vapeurs épaisses. »

On descend du Rigi et l'on arrive par des paysages pittoresques jusqu'à Art, grand et beau village sur le bord du lac de Zug, entre le Rigi et le Rotsberg. La position en est délicieuse. Parmi les curiosités qu'il renferme, on remarque un grand bassin de fontaine formée d'une seule pierre de granit, et trois grandes coupes ou bocaux d'argent qui échurent à cette commune dans le partage du butin fait par les Suisses sur le duc de Bourgogne, après la bataille de Grandson. Une vieille tour, qu'on voit dans ce village, rappelle un ancien retranchement, fait en 1260, par-dessus les rochers, et à travers les précipices, pour défendre le pays contre les incursions et les dévastations des seigneurs féodaux : il reste trois tours et quelques débris de cet ouvrage, qui avait été prolongé sur un espace de 2 lieues. On admire la noble architecture de l'église du village.

On voit sur la façade d'une des plus belles maisons d'Art une danse des morts, imitation grossière de celle de Bâle.

Le Rigi et le Rotsberg, entre lesquels Art est situé, ne formaient autrefois qu'une seule et même montagne. Ils furent séparés par une épouvantable débâcle qui se précipita du côté du sud, et se fit un passage au travers de cette masse énorme de rochers. C'est au travers d'une lacune d'un quart de lieue de largeur, formée entre ces deux montagnes, que les torrens venus de la chaîne centrale des Alpes primitives charrièrent les énormes débris de granit épars sur les bords du lac de Zug, entre Immensée, Kussnacht et Buonas, ainsi que dans toute la vallée de la Reuss, depuis qu'elle sort du lac de Lucerne jusqu'au delà de Mélinghen. Toute la vallée plane d'Art, qui n'a qu'un quart de lieue en longueur et en largeur, faisait autrefois partie du lac de Zug.

Si nous franchissons le mont Rigi pour arriver des bords du lac de Zug à la partie orientale du lac de Lucerne, nous trouvons le village de Gersau, qui, pendant quatre siècles, a eu l'avantage d'être la plus petite et la plus paisible république de l'Europe.

Les habitans de Gersau avaient racheté, au quatorzième siècle, d'un seigneur à qui l'Autriche les avait donnés en gage, les droits de souveraineté, et depuis ce temps ils se gouvernèrent eux-mêmes mieux que ne l'aurait fait le chef le plus habile du monde. Tous les ans, les citoyens âgés de plus de seize ans s'assemblaient pour élire un landamman, un lieutenant du landamman, neuf conseillers et d'autres fonctionnaires publics; on doublait ou triplait le conseil pour les jugemens importans, ainsi que cela se pratique à Schwytz. Le nombre des citoyens se montait à environ 450 : c'était moins qu'il n'y a de députés dans la chambre des communes d'Angleterre.

La république était située sur le bord du lac et sur la pente du Rigi : c'était un territoire de 2 lieues de long sur 1 de large. Heureusement ce petit pays n'a presque rien perdu en devenant partie intégrante du canton de Schwytz. Les pâturages et le bétail font la richesse de Gersau; cependant, plus industrieux que ses voisins, ce village s'est livré aussi à la filature du coton, et quelques uns de ses marchands font de bonnes affaires.

VALLÉE DE LINTH, VILLAGES.

Remontons maintenant le Linth depuis son embouchure, et nous connaîtrons la vallée de Glaris tout entière. « On passe d'abord, dit M. Depping, par le village de Bas-Urnen, situé sur un torrent, au bas d'une montagne plantée de vignes et d'arbres fruitiers. Le château fort de Windeck couronnait autrefois cette montagne. Bas-Urnen a des tanneries et une fabrique de soieries; la navigation de Linth occupe aussi plusieurs habitans.

« Après avoir passé auprès des ruines du château de Seckingen, on arrive au bourg de Næfels, sur le torrent de Rauti.

« Un peu au-dessous de Schwytz, la petite rivière de Severn, qui sort du lac de Lowertz, se réunit à la Moutta, et se jette avec celle-ci dans le lac de Lucerne. On se rend de Schwytz au premier de ces lacs par le village de Severn, d'où l'on peut faire une jolie excursion aux deux petites îles qui s'élèvent du sein du Lowertz : l'une n'est que le plateau d'un rocher portant un petit ermitage.

« La grande île renferme également un ermitage, et de plus une chapelle et une tour antique, restes du vieux château de Schwanau, qui, dans les temps de la féodalité, fut le repaire d'un gentilhomme féroce. Ayant enlevé et déshonoré une jeune paysanne, il excita contre lui la vengeance des frères de sa victime; ils le massacrèrent et le précipitèrent dans le lac; les paysans vinrent démolir ensuite le château, en ne laissant debout que la tour, cachée aujourd'hui entre les sapins, et habitée par les corbeaux. La tradition affirme qu'une fois par an, à minuit, une jeune fille vêtue de blanc paraît entre les ruines à la lueur des éclairs, pousse des cris lamentables, poursuit avec une torche à la main son ravisseur, qui, cherchant inutilement à s'échapper, finit par s'engloutir dans le lac en poussant des hurlemens.

« Sur les bords du Lowertz, on aperçoit les cabanes, couvertes de pampres, du village qui porte le nom du lac, et les ruines d'un couvent qu'un incendie a détruit. Le village de Steinen, situé au bas d'une montagne, a eu la gloire de donner naissance à l'un des trois libérateurs de la Suisse,

Werner de Stauffacher; la beauté de la maison qu'il avait bâtie à Steinen donna de l'ombrage au farouche Ghessler. Il outragea Stauffacher : la noble fierté de ce Suisse et l'indignation de sa femme hâtèrent le moment où la patrie fut délivrée du joug du satrape autrichien.

« On ne voit plus la maison qui a été une des causes accidentelles du serment des trois; mais une chapelle, dont la fondation date de 1400, et qui a été renouvelée en 1688, en indique l'emplacement. L'extérieur de ce petit bâtiment a été chargé d'inscriptions et de peintures où la bonne intention se montre plus que l'art.

« Plus loin, au bas du mont Rigi, était jadis situé, au milieu d'une belle vallée couverte de prés et de vergers florissans, le village de Goldau. Déjà il s'était détaché à diverses reprises des blocs considérables d'une montagne voisine, au bas de laquelle on remarquait une profonde caverne renfermant un lac. Le 2 septembre 1806, après deux jours d'averses sur les hauteurs, on entendit un bruit sourd dans l'intérieur de la montagne; des pierres tombèrent du haut de la cime. Cependant les habitans, accoutumés à ces circonstances, ne s'en inquiétèrent point. Tout à coup, vers cinq heures du soir, toute la cime du Spizebuhel se détache, glisse le long des rochers, et entraîne une forêt jusqu'au milieu de la pente. » C'est l'éboulement connu sous le nom d'éboulement de Rotsberg.

Écoutons M. Simond :

« La montagne du Rotsberg, vue du sommet du Rigi, présente une longue traînée de ruines, entièrement stériles, traversant en diagonale, comme un large baudrier, des pentes rapides de verdure, et contrastant par sa blancheur et son aridité avec la teinte générale des bois et des pâturages; elle s'élargit en descendant, jusqu'au lac de Lowertz, au sud-est, distant d'une lieue et demie, et jusqu'au pied du Rigi, du côté du sud, distant d'une lieue un quart. L'extrémité inférieure de l'éboulement entre ces deux points, mesurée le long de la base du Rigi jusqu'à Lowertz, a un peu plus d'une lieue, et l'espace triangulaire que ces lignes terminent est à peu près égal à celui que renferment les boulevarts extérieurs de Paris. Cependant la portion de la montagne qui s'est détachée, et dont les bords sont carrément terminés et susceptibles d'être mesurés avec exactitude, forme une masse évidemment moins considérable que celle des débris qui couvrent la vallée. On peut croire qu'une partie de ces débris vient du sol même de la vallée, déchiré, bouleversé et jeté à de grandes distances par le choc et l'impulsion de cette masse énorme de rochers, plongeant avec une force comparable à celle d'un boulet de canon. Dans le temps de cette catastrophe, on s'imagina qu'il y avait eu une explosion volcanique, parce que l'on avait vu des tourbillons de flammes très-vives traverser la vallée avec le torrent des débris; mais elles venaient d'un four à chaux qui avait été emporté.

« Les sentiers de communication d'un village ou d'une habitation à l'autre finissent brusquement au bord du précipice, où les vivans peuvent venir contempler le sort qui les attend un jour. En effet, toute la montagne est composée de couches de brèche, parallèles entre elles, inclinées vers le sud-est, sous un angle de vingt-cinq à trente degrés, et séparées par des couches de marne et d'argile, de peu d'épaisseur, lesquelles sont susceptibles d'être détrempées par les pluies, et changées en une boue visqueuse, sur laquelle la couche de rocher qui y repose en pente tend à glisser, comme un vaisseau sur le chantier est lancé à la mer, et forme une véritable avalanche de rochers : il y en avait eu d'autres, très-anciennement, dans cette vallée. Les débris, usés par le temps, en étaient visibles dans bien des endroits, et le sont même encore tout près d'Art. On conçoit qu'un tel accident peut se renouveler tant qu'il existera des couches dont le bord inférieur n'appuie pas de champ et solidement sur le terre-plein du pied de la montagne. On assure que, du côté d'Art, le phénomène est épuisé; mais la partie de la montagne plus près de Lowertz paraît ne pas être dans une situation aussi tranquillisante. Au reste, à présent que les symptômes qui précèdent ces accidens sont si connus, les habitans ont au moins la certitude de sauver leur vie. Je vais donner, dit le voyageur qui nous fournit ces détails, les principales circonstances de cette catastrophe, prises de la relation publiée dans le temps, par le docteur Zay, d'Art, au profit des malheureux habitans, et de ce que j'ai appris moi-même sur les lieux.

« L'été de 1806 fut très-pluvieux, et le jour de l'éboulement, ainsi que la veille, il avait beaucoup plu; on observa dès le matin des crevasses le long des pentes; certains craquemens intérieurs se firent entendre, des monticules parurent sur le gazon, d'où il sortit des pierres. De petites masses de rochers se détachèrent par intervalles; à deux heures après midi, un grand rocher roula avec fracas; à chaque éboulement un nuage de poussière noire s'élevait dans l'air. Dans le bas de la montagne, tout le terrain semblait mouvant, et l'on ne pouvait y toucher sans qu'il s'y formât des crevasses. Un habitant qui travaillait dans son jardin, voyant la bêche qu'il avait laissée en terre se mouvoir d'elle-même, s'enfuit de frayeur. Bientôt un fossé parut sur la pente; il s'élargissait insensiblement. Des sources cessèrent de couler; on vit des nuées d'oiseaux prendre leur vol en poussant des cris aigus.

« Quelques momens avant cinq heures, tous les symptômes d'une grande catastrophe devinrent plus sensibles; la montagne entière paraissait par momens glisser sur un plan incliné. Un vieillard, qui avait souvent prédit ce désastre, fumait tranquillement, lorsqu'on l'avertit que la montagne tombait. Il sortit un instant, et revint en disant qu'il aurait bien le temps de remplir sa pipe. Le voisin qui lui avait donné l'alarme, continuant sa course, fut renversé plusieurs fois, et se sauva avec peine. Il vit, en se retournant, sa maison, emportée, disparaître. Le nommé Joseph Wigedt, qui se trouvait à la porte de sa demeure, avec sa femme et trois enfans, au moment de la crise, en saisit deux, en criant à sa femme de se sauver avec l'autre. Celle-ci s'arrête un instant, pour sauver un quatrième enfant, Marianne, âgée de cinq ans, qui était dans la maison. Francisque Ulrich, leur servante, prit Marianne par la main, et l'entraînait, lorsque « dans l'instant, c'est ainsi que depuis parla cette fille, la maison parut arrachée de ses fondemens (elle était de bois), et tourner sur elle-même comme un dévidoir : de sorte, dit-elle, que je me trouvai tantôt sur la tête, tantôt sur les pieds, et le jour était totalement obscurci. » Séparée violemment de l'enfant, elle resta suspendue entre les débris, la tête en bas, le corps pressé de toutes parts, le visage meurtri, et ressentant de vives douleurs : elle se croyait enterrée vive à une grande profondeur. Après bien des efforts, elle parvint à dégager sa main droite, dont elle s'essuya les yeux pleins de sang. Ce fut dans cette affreuse position qu'elle entendit les gémissemens de la petite Marianne : elle l'appela; l'enfant répondit, et expliqua comment elle était couchée sur le dos, au milieu des pierres et des broussailles; elle ne pouvait se relever, mais ses mains étaient libres; elle voyait le jour et même la verdure; elle demandait si l'on ne viendrait pas bientôt la secourir. « C'est le jour du jugement, lui disait Francisque; il n'y a plus que nous au monde; nous allons mourir, et nous serons bientôt heureuses dans le ciel. » Elles prièrent ensemble. Long-temps après, le son d'une cloche se fit entendre sourdement, et Francisque la reconnut pour celle de Steinenberg; sept heures sonnèrent dans un autre village : elle en conclut qu'il existait encore des êtres vivans, et chercha à consoler l'enfant. Celle-ci demandait sa soupe et pleurait; mais bientôt ses gémissemens s'affaiblirent, et Francisque ne l'entendit plus. Suspendue la tête en bas, et environnée d'une terre humide, elle éprouvait aux pieds un froid insupportable. Enfin, par des efforts prodigieux, elle parvint à dégager ses jambes, ce qui, dit-elle, lui sauva la vie. Bien des heures s'étaient passées dans cette situation, lorsqu'elle entendit de nouveau la voix de la petite Marianne, qui avait dormi et recommençait ses plaintes à son réveil. Cependant, le malheureux Wigedt, qui avait eu bien de la peine à se sauver avec ses deux enfans, dont l'un avait été enveloppé un moment dans l'éboulement, revint au point du jour chercher parmi les ruines le reste de sa famille. A la distance de deux cent cinquante toises de l'endroit où sa maison était auparavant, il retrouva le cadavre de sa femme, dont un pied seulement était hors de terre; elle avait été étouffée avec l'enfant qu'elle portait au bras. Les gémissemens de Wigedt et le bruit qu'il faisait en travaillant pour déterrer le corps de sa femme furent entendus de la petite Marianne, qui se trouvait près de là, et l'appela de toutes ses forces: elle fut trouvée avec la cuisse cassée, ne cessant de s'occuper de la servante, qu'elle savait n'être pas loin. Celle-ci fut enfin tirée des décombres, dans un tel état, que l'on désespéra long-temps de sa vie: aveugle pendant quelques jours, elle resta sujette à des mouvemens convulsifs et à des accès de terreur. Un enfant de deux ans fut trouvé sain et sauf sur sa paillasse, qui reposait sur un bourbier sans qu'il restât de traces de la maison où cet enfant et son lit se trouvaient au commencement de la catastrophe.

« Les débris lancés dans le lac de Lowertz, quoiqu'à une lieue et demie du Rotsberg, le comblèrent en partie, et chassèrent les eaux avec tant de violence, que, s'élevant comme une muraille, et passant par-dessus l'île de Schwanau, située au milieu du lac, et haute d'environ 70 pieds, l'énorme vague envahit la côte opposée, transportant des maisons et leurs habitans loin dans les terres, du côté de Schwitz, et à son retour, elle en entraîna d'autres dans le lac. La chapelle d'Olten, bâtie en bois, fut trouvée à une demi-lieue de l'endroit qu'elle occupait auparavant. Plusieurs grands blocs de pierre furent soulevés et changèrent de place.

« Le plus considérable des cinq villages engloutis par l'éboulement du Rotsberg était Goldau; il a donné son nom à tout le reste et à la catastrophe elle-même : on dit la vallée de Goldau, la chute de Goldau. Je n'ajouterai qu'un seul incident, continue M. Simond : onze voyageurs des familles les plus distinguées de Berne s'étaient rendus à Art le 2 septembre, avec l'intention de faire une excursion sur le Rigi, et en partirent à pied quelques instans avant la catastrophe. Sept d'entre eux avaient pris les devans, et précédaient les autres de deux cents pas. Ceux-ci voyaient entrer leurs amis dans le village de Goldau, et distinguaient même l'un d'eux montrant à ses compagnons le cime du Rotsberg à plus d'une lieue de distance en droite ligne, où un mouvement extraordinaire se faisait apercevoir. Eux-mêmes et les quatre autres prirent une lunette d'approche pour observer le phénomène, et ils le faisaient remarquer à deux étrangers qui les avaient joints.

« Tout à coup des pierres traversent les airs au-dessus de leurs têtes, comme des boulets de canon; un nuage de poussière remplit la vallée, et dérobe tous les objets à leurs yeux; un bruit affreux se fait entendre; ils prennent la fuite. Dès que l'obscurité fut un peu dissipée, ils se rapprochèrent et cherchèrent le village de Goldau et leurs amis; mais cent pieds de décombres couvraient ce village, et le pays tout entier n'était plus qu'un chaos de ruines. L'un de ces malheureux appelait en vain sa jeune épouse, un autre son fils, et un troisième deux élèves dont il était le précepteur. Toutes les fouilles faites depuis n'ont fait découvrir aucun vestige des amis qu'ils avaient perdus. Il n'est resté de Goldau même qu'une cloche de son église, trouvée à un quart de lieue de cet endroit.

« Des torrens de boue descendirent du Rotsberg avec les lits de rochers, ou plutôt sous eux, et leur servirent de glissoire; mais, prenant dans la vallée une direction un peu différente, ils suivirent la pente du côté du lac de Lowertz, tandis que les rochers allaient droit au Rigi. Les plus élevés, éprouvant moins de résistance et de frottement que les plus bas, se portèrent plus loin, et remontèrent même assez haut sur le Rigi. Sa base, jusqu'à une certaine élévation, en est jonchée, et les arbres coupés dans bien des endroits par des pierres volantes, comme ils auraient pu l'être par des boulets de canon.

« Quelques cabanes éparses, quelques essais de culture, se font apercevoir; mais il sera bien difficile de vaincre la stérilité complète de cette surface, où pas un brin d'herbe ne croît spontanément, et d'assainir les mares croupissantes qui se sont formées. Quelques enfans, pâles et déguenillés, accourent pour vous demander l'aumône : tristes restes d'une population qui se distinguait par son aisance, sa beauté et ses mœurs.

« Une vaste étendue de terre blanchâtre et sans végétation marque l'envahissement du lac à son extrémité occidentale. On suit la rive méridionale par une chaussée étroite au niveau de l'eau, le long des rochers de la côte, qui s'élèvent à pic, d'une manière pittoresque.

« Les villages ensevelis sous l'éboulement du Rotsberg contenaient ensemble 111 maisons; 450 personnes y périrent, outre un grand nombre qui furent blessées. Ceux qui travaillèrent à dégager les malheureux de dessous les décombres n'en sauvèrent que 17. »

PÈLERINAGE DE SCHWITZ A ENSIELDEN
(NOTRE-DAME-DES-ERMITES).

Nous allons visiter une chapelle jadis révérée dans toute l'Europe; riche des dons des monarques, de la piété des fidèles; où des princes se sont rendus souvent à pied pour accomplir des vœux, ou prier devant l'image de Notre-Dame-des-Ermites. Cette chapelle n'étale plus sa magnificence des anciens temps; mais, dans les beaux jours, elle est encore visitée par de nombreux pèlerins. Distribués par groupes, ils partent de bonne heure de Schwytz, roulant dévotement leur chapelet, sans que le salut de l'étranger puisse les interrompre. Les femmes marchent séparément, par petites bandes de trois ou quatre, revêtues de leurs costumes nationaux. Plus loin, des hommes de tout âge cheminent en silence, le chapeau à la main, et répétant ensemble les prières que l'un d'eux a commencées à haute voix. On arrive à la chapelle d'Ensiedeln. Avant de voir ce qu'elle est aujourd'hui, voyons ce qu'elle était jadis.

« Au milieu d'un désert, dit Robert le géographe, dans l'austérité de la nature, un palais, un temple superbe, s'élèvent devant les pèlerins, et frappent leurs regards éblouis par l'or, l'azur, les marbres, les peintures qui éclatent de toutes parts. Sous les voûtes du temple, de vieux murs enfumés présentent un réduit obscur où les feux de mille flambeaux dérobés aux yeux font briller l'or, les diamans, l'orfèvrerie, qui revêtent le fond de ce sanctuaire, et montrent l'image miraculeuse de la Vierge au milieu des foudres, des éclairs, des carreaux qui partent du quadruple rang de nuages qui l'environne. Le peuple, pressé dans cette crypte, manque d'espace pour se prosterner. Des prières élancées en commun et par intervalles, et quelquefois isolées, succèdent au recueillement et à la contemplation, qui cesse à son tour au gré du premier qui commence une prière. La foule est au dehors; la porte est assiégée; on se presse, on se heurte : c'est une lutte perpétuelle entre ceux qui sortent et ceux qui veulent entrer. Les parfums, les accords de la musique, tout y saisit les sens, y produit l'illusion.

« Quoique les portes de la chapelle soient très-épaisses et encastrées dans des membrures de fer, on est souvent obligé d'en remettre d'autres. Les pèlerins les attaquent, soit avec leurs couteaux, soit avec d'autres instrumens, pour en détacher des parcelles, des lambeaux, des esquisses qu'ils emportent chez eux comme des reliques : pour se les procurer, ils rongent ces portes, ils les échancrent, ils les sillonnent, les excavent; elles fondent devant eux, comme la neige sous les regards du soleil. Ces portes sont comme le thermomètre de la dévotion du peuple. Quoi qu'il en coûte aux moines pour les renouveler, on ne les a jamais vus se plaindre.

« Ce pèlerinage est, avec celui de Notre-Dame-de-Lorette, le plus fameux qu'il y ait dans la chrétienté, et il y arrive par an au moins cent mille pèlerins. A cent lieues aux environs, on trouve des gens gagés dont le métier est d'aller à Notre-Dame-des-Ermites, en pèlerinage, pour ceux qui n'ont pas le temps ou point assez de santé pour s'y rendre en personne, et ils composent en raison de l'éloignement.

« L'église est desservie par des bénédictins, qui sont au nombre de plus de quatre-vingts. Le monastère, par sa structure et son étendue, offre l'aspect d'un palais. Il est précédé d'un péristyle semi-circulaire à colonnes, avec une balustrade surmontée de statues, de vases, de génies. Au milieu est une grande fontaine de marbre, de forme octogone, dont l'architecture est ornée de sept colonnes de marbre noir d'une seule pièce, qui reposent sur un socle et portent un baldaquin surmonté d'une couronne de cuivre. Au-dessous est une statue de la Vierge en bronze, posée sur le croissant, la tête ceinte d'une couronne d'étoiles. Le portique est garni de petites boutiques où l'on vend des rosaires, des chapelets, des images de la Vierge, des Agnus Dei, des livres de prières, des cierges, etc. Ces mêmes marchandises, destinées aux pèlerins, forment dans le bourg une branche de commerce assez considérable.

« Derrière le portique s'élève une terrasse qui sert de soubassement au front de l'abbaye ; le portail de l'église en occupe le milieu : il est orné de deux tours formées de trois ordres d'architecture ; elles se terminent en dômes carrés, couverts de fer en lames et surmontés de deux globes de cuivre doré. Le portail est flanqué de deux grands corps de logis, avec deux pavillons aux extrémités. Le tout forme un très-beau développement.

« On arrive au monastère par un vaste escalier qui s'élève entre les deux ailes du portique, et conduit sur la terrasse qui règne sur toute la longueur de l'édifice.

« Dans l'intérieur de l'église, c'est le bronze, le marbre, les dorures, les peintures, les fleurs. Les voûtes offrent des coupoles et des compartimens où brillent l'or, et des peintures en général assez bonnes. Le tout présente une décoration absolument théâtrale. Le service divin s'y fait en musique, et quatre orgues, placées dans de riches buffets, occupent les quatre angles de l'église.

« Les galleries collatérales sont de même hauteur que la nef, et ce qui est très-commode pour les religieux, il n'y a point de stalles dans le chœur. L'office se fait par le célébrant et les musiciens placés dans une tribune où on ne les voit pas. Deux seuls siéges dans le chœur : le trône de l'abbé et la place du célébrant.

« L'église s'annonce par une grande coupole octogone, sous laquelle est la chapelle de Notre-Dame. Cette chapelle était celle du premier solitaire qui trouva l'image de la Vierge. Intérieurement les murs de cette chapelle sont nus, comme ils l'étaient autrefois, et sont noircis par la fumée des flambeaux. Quelques lampes d'argent y répandent une clarté douteuse, et une grille de fer empêche l'entrée du chœur. C'est là que, dans un quadruple rang de nuages en orfèvrerie, est l'image de la Vierge. De toutes parts, autour d'elle, s'élancent les foudres et les flammes, et elle est toute resplendissante de lumière par des feux dérobés à l'œil. Elle a trois couronnes qu'elle porte successivement, et qui sont des dons de différens souverains : deux sont d'or pur avec des pierreries de la plus grande valeur. Elle est entourée de croix, de pendans d'oreilles, de diamans et de colliers de pierres précieuses. Seize cierges, aussi gros que des troncs d'arbres, brûlent sans cesse à ses côtés. Elle est couverte des plus riches étoffes, et sa parure est changée chaque semaine : elle n'a pas moins de cinquante-deux habillemens différens.

« La figure de la Vierge est noire, ainsi que celle de l'enfant Jésus : elle n'a pas moins de trois pieds et demi.

« Extérieurement, cette chapelle est ornée des richesses de l'architecture moderne. Ce revêtissement est en marbre noir, avec des statues et des bas-reliefs en marbre et en stuc. Sur la frise on lit : *Capella divinitùs consecrata. Ann. 948, 14 septemb.* Pour écarter l'idolâtrie, on a placé sur la porte du chœur un cartouche où on lit cette inscription : *Deus in aulâ gloriosissimæ Virginis, miserere nobis.*

« La chapelle a en dedans trente-cinq pieds de long, vingt et un de large et dix-neuf de haut. Elle porte cette inscription en grands caractères : *Hic est plena remissio peccatorum à culpâ et à pœnâ.* Une plaque d'argent, large d'un pied, égalant en longueur la largeur de la porte, à laquelle elle est fixée, est percée de cinq trous, dans lesquels les pèlerins insèrent leurs doigts, en priant avec ferveur. Ces cinq trous passent pour avoir été formés de la main même de Dieu.

« La piété des peuples catholiques a accumulé de grandes richesses dans le trésor de Notre-Dame-des-Ermites, l'un des plus précieux qui existent. On y remarque un ciboire d'or pur, du poids de trois cent vingt onces, enrichi de onze cent soixante-quatorze grosses perles, de trois cent trois diamans, trente-huit saphirs, cent cinquante-quatre émeraudes, huit cent cinquante-sept rubis, quarante-quatre grenats, vingt-six hyacinthes, dix-neuf améthystes et quatre spinelles : en tout deux mille cinq cent dix-neuf, tant perles que pierres précieuses. On y voit une tête antique d'Alexandre, faite d'une calcédoine, etc.

« L'abbaye est le plus grand et le plus magnifique édifice de toute la Suisse. Quant à l'église en particulier, il ne serait pas difficile d'en citer beaucoup qui valent mieux du côté de l'architecture; mais, continue Robert, je n'en ai vu aucune de plus riche, de plus ornée, de plus brillante, où les ornemens soient plus multipliés, plus prodigués, plus recherchés.

« Les bâtimens du monastère, d'une immense étendue, renferment quatre grandes cours dans leur enceinte. Il s'y trouve une salle très-spacieuse, ornée de peintures, une bibliothéque, de beaux appartemens pour l'abbé, des logemens commodes pour les religieux, et d'autres pour les étrangers qui y séjournent. Le monastère est placé sur un vaste plateau en pelouse, à l'angle du mont Etzel, et dans la vallée de Wallenstadt. Sur cette pelouse, et le long du chemin de Zurich, il y a une longue suite d'oratoires couverts, ornés de figures et de peintures, pour les stations et les actes de dévotion des pèlerins. »

Le 3 mai 1798, les Français entrèrent à Ensiel, après avoir franchi le mont Etzel. La défense de ce passage avait été confiée à un habile officier de Shwytz; mais il fut renvoyé de ce poste par un moine qui voulut s'en charger lui-même, et qui prit la fuite à la première apparence de danger. Le couvent fut pillé; l'argent, l'or, les pierreries, enlevés; l'antique chapelle de la Vierge détruite, et l'image enlevée pour être renvoyée à Paris. Mais des mains prudentes avaient sauvé à temps la vraie statue, qui resta cachée long-temps dans le fond de la Souabe, et qui s'élève aujourd'hui sur son ancien autel. L'intérieur de l'église excite toujours l'admiration par le luxe et l'abondance de ses marbres, les peintures du chœur et de la sacristie, et surtout les fresques de la coupole. La sainte chapelle a été rebâtie, mais sur un espace moindre de quelques pieds; et c'est sur les restes de l'ancien pavé que se presse et s'agenouille de préférence la foule des fidèles. A quelque heure du jour qu'on entre dans l'église, on y trouve de pieux pèlerins venus de toutes les contrées de la Suisse, de la France et de l'Allemagne. Le monastère possède un cabinet d'histoire naturelle, entretenu avec beaucoup de soin; une bibliothéque rachetée des mains d'un Français par un protestant, et riche en manuscrits. L'abbaye, autrefois si riche, a tout perdu. Le bourg d'Ensiedeln ne vit, pour ainsi dire, que des tributs qu'y répand la piété des pèlerins. Dans quelques mois de l'année, on voit là le mouvement, le désordre d'une grande cité; on a peine à marcher dans ses rues étroites; on s'y presse, on s'y heurte comme dans les fêtes publiques.

LA VALLÉE DE MOUOTTA. — LE MONT-PRAGHEL.

La vallée de Mouotta est la plus grande et la plus pittoresque du canton de Schwytz. Elle a de 2 à 5 lieues de longueur. La Mouotta, rivière grossie d'un grand nombre de ruisseaux et de torrens, dont plusieurs tombent du haut des rochers, la traverse d'un bout à l'autre. Ces torrens et ruisseaux enflent souvent prodigieusement, et avec une effrayante rapidité, à la fonte des neiges et après les grandes pluies. Lorsque les pierres et les terres qu'ils entraînent bouchent le passage, forcés de se frayer d'autres issues, ils paraissent inopinément dans des lieux cultivés, où l'on ne s'attendait point à leurs ravages. Heureusement, le bruit de leur chute, et le choc des grosses pierres qu'ils roulent, avertissent les paysans de l'approche du danger. Alors, on les voit accourir, armés de pioches et de pelles. Rangés sur les rives, tandis que les eaux vaseuses et mugissantes du torrent grossissent de minute en minute, ils attirent vers eux les grosses pierres qui pourraient en obstruer le cours. Cette précaution ne leur réussit pas toujours; le torrent, devenu large comme une rivière, s'étend sur les bords qui l'avoisinent, et entraîne les herbes et les étables. Il y a 2 lieues et demie du bourg de Schwytz au village de Mouotta. On trouve dans ce lieu un couvent de religieuses dans lequel les étrangers sont reçus, et sont libres de payer leur dépense à discrétion. Les habitans se distinguent du reste de leurs concitoyens par leur dialecte, l'expression de leur physionomie et leur costume.

Les pâtres paisibles qui habitent cette solitude ne s'attendaient guère à être spectateurs des jeux sanglans de Mars, lorsqu'en 1799, l'armée russe, sous les ordres du général Suwarow, ayant débouché par la vallée inhabitée de Kientzigthal, dans laquelle les voyageurs ne pénétraient jamais, et, traversant celle de Schéchen, vinrent attaquer les Français sur les bords de la Mouotta, et dans le voisinage du bourg de Schwytz. Le pont de bois sur lequel on passe cette rivière fut alors criblé de coups de balles. Cette marche des Russes si étonnante, et leurs combats contre les Français, ont rendu très-remarquable la vallée de Mouotta.

De cette vallée, on se rend dans le canton de Glaris par le mont Praghel. Il faut monter pendant deux ou trois heures avant d'arriver au col de cette montagne. On y trouve souvent de la neige au mois de juin; mais, dans les deux mois suivans, elle est couverte de troupeaux, et l'on y rencontre des chalets qui, en cas de besoin, servent de gîte au voyageur pendant la nuit. La hauteur du col est de 3,880 pieds au-dessus de la mer. Les deux derniers jours de septembre 1799, l'armée russe passa cette montagne pour se rendre à Glaris. Partout les Français lui disputèrent le passage.

Observations.

GLARIS.

Les 18 ou 20,000 âmes du canton de Glaris, forment 4 à 5,000 souverains qui s'assemblent chaque année, le 1er mai, en pleine campagne, pour faire des lois et élire des magistrats. C'est un canton qu'on visite facilement. Il y a de bons guides. Nous indiquerons un nommé *Thscudi*, dont M. Simon se servit, et dont nous eûmes nous-même beaucoup à nous louer. Le séjour de Glaris est aussi agréable qu'on peut l'espérer dans une petite ville, à maisons bien vieilles, à portes et fenêtres basses.

MONNAIE. — L'écu neuf vaut 2 florins et 25 schelings : ainsi le louis vaut 10 florins et 20 schelings.

OUVRAGES À CONSULTER. — *Cartes géographiques.*

Les meilleures cartes du canton de Glaris sont celles de l'atlas de Meyer, et celle qui a été jointe à l'almanach helvétique pour l'année 1809.

On peut consulter sur la statistique du canton les ouvrages suivans :

Almanach helvétique pour 1809.

Neuere Glarner-Chronik, etc., ou Nouvelle chronique de Glaris, par Christ-Trumpi, Vinterthour, 1774, in-8°.

Ebel, J.-G. *Schilderung*, etc., ou Tableau du peuple des montagnes de Glaris, in-8°, Leipsick, 1802.

Das Landbuhc des Kantons Glarus. Drei theile. Glarus, 1807 à 1808, in-8°.

Steinmuller J. R. *Die Alpen und Landvirthschaft*, etc., ou de l'économie alpestre et rurale du canton de Glaris ; Vinterthour, 1802.

GLARIS. — AUBERGES. *L'Aigle d'or, le Petit Cheval.*

CHEMINS *des Grisons et du pays des Sargans.* — Ce chemin, très-praticable même pour les chevaux, passe au-delà d'Elm, par les pâturages d'Erbs et de Wichlen, et mène par la gorge de Jütz, en 3 h. de marche, sur le *Rinkenkopf*, montagne située près du Husstock. On descend en 5 h. à *Panix*. Ce col est connu dans les Grisons sous le nom de *Al quolm de Pejnu* (le col de Panix). Un autre chemin plus dangereux, quoique pratiqué par les marchands de bétail qui vont aux foires de Lugano, conduit par le Segnes-Pass à Flims. — Un sentier de chasseurs s'élève en 2 h. ½ d'Elm par Rüchi, jusque sur l'arête de la montagne; on laisse à gauche le Martis-Loch, et l'on descend à la Flimser-Alpe, et de-là à *Flims*, 2 l. De Matt, on peut se rendre dans le pays de Sargans: 1° en allant par la Kranch-Alpe, la Fanz-Alpe et la Grosse-Alpe, à *Mels* et à *Sargans*, 7 l. ½; et 2° par la montagne de Riseten, le Stiezkamm ou Stietzboden, à la *Dils-Alpe* et à la *Kloster-Alpe*, 3 l.; d'où l'on arrive dans la vallée de *Weistannen*, au bout d'une ½ l. de descente; de là à *Sargans*, 2 l., ou bien en remontant par les montagnes à *Valentz*, près de Pfeffers, 4 l.

Chemin *de Glaris à Kirentzen et à Wallenstadt*. — De Glaris à Kirentzen, lieu situé sur le Kirentzerberg, au-dessus du lac de Wallenstadt, et dans une contrée riche en belles vues de montagnes, 3 l. Le chemin est praticable pour les chevaux; il entre dans la montagne, au-delà de Miollis, village intéressant par la beauté de sa situation; il traverse la forêt nommée Britterwald, et abonde en beaux points de vue. De Kirentzen, on descend en une h. à *Mulli-Horn*, d'où l'on se rend à *Wallenstadt*, le long des bords du lac, 2 h. ½.

Poste *de Saint-Gall*. — Il part deux fois par semaine de Glaris une voiture de poste qui va à Saint-Gall, par le Buckenbourg.

Chemin *de Glaris à Næfels*. — De Glaris, au sortir de la vallée par le Nettstall, où la Lœntsch va se jeter dans la Linth, à Næfels, en suivant le pied de l'énorme Wigghis, 2 l. La vallée se rétrécit si promptement au-dessus du Næfels, du côté de Glaris, que le mont Wigghis s'offre aux yeux du voyageur qui veut pénétrer plus avant dans la vallée, sous un aspect véritablement effrayant. Næfels est le chef-lieu de la partie catholique du canton. On y voit une superbe cascade formée par le *Rautibach* ou *Rütibach*, ruisseau qui sert d'écoulement à l'Obersée et au Niedersée, petits lacs situés sur de hautes montagnes. Ce torrent exerce souvent de grands ravages.

LE CANTON DE GLARIS.

Ce canton est également remarquable par les singularités de la nature et par le caractère et les mœurs de ses habitans. De hautes montagnes l'entourent de tous côtés, excepté au nord-est, où la vallée s'ouvre et offre aux yeux un sol uni. Cette vallée étroite et longue, arrosée par la Linth, et à laquelle aboutit une autre vallée profonde que traverse le Sernft; des chaînes de montagnes dont les flancs sont couverts de pâturages, et les plus hautes cimes de neiges et de glaciers; enfin un bassin qui renferme le lac de Klœnthal : voilà tout ce qui compose le canton de Glaris. La principale vallée a 8 lieues de long, et une demi-lieue de large, et cette largeur n'est en plusieurs endroits que d'un quart de lieue. Ainsi que la vallée de Sernft et le bassin de Klœnthal, elle est renfermée par des chaînes de montagnes et de rochers, qui présentent tantôt des pentes douces, couvertes de gazon, tantôt des flancs escarpés, où les broussailles mêmes ne peuvent végéter.

Les troupeaux sont la principale richesse de ce canton. Les Glaronais envoient communément, sur les Alpes, 10,000 à 12,000 pièces de gros bétail, et 4,000 moutons. Ils conduisent, tous les ans, à la foire de Lugano, environ 200 chevaux, et même quelquefois 300. Leur commerce est très-actif, et ils en ont étendu quelques branches jusqu'en Russie. Leurs herbes vulnéraires sont réputées les meilleures de la Suisse.

C'est aussi dans le canton de Glaris, particulièrement, que se fait ce fromage si vanté et si recherché en Europe, qu'on nomme chapsigre ou fromage vert. Ce fromage aromatique et très-salutaire se compose d'herbes et de séret, qui est le sédiment de la partie séreuse du lait. Son parfum lui vient du mélilot odoriférant, et c'est avec les feuilles séchées de cette plante que se pétrit le séret. De cette préparation se forme le fromage dont nous parlons, et qu'on nomme quelquefois fromage d'herbes. Il s'en fait des envois dans toutes les parties de l'Europe, et jusqu'en Amérique. Le fromage, lorsqu'on l'a fait sécher dans un lieu bien aéré, acquiert une si grande dureté, que, pour s'en servir, on est obligé de le râper.

« Les alpes de Glaris, si précieuses par leurs productions botaniques, dit un voyageur, et par leur prodigieuse variété de plantes rares, offrent aussi un champ vaste et des plus curieux à l'amateur de l'histoire naturelle. On y trouve des métaux, des cristaux, des pétrifications, des eaux minérales, des ardoisières; et la vallée qu'elles forment est plus sujette aux tremblemens de terre que les autres parties de la Suisse.

« Les tables ou feuilles d'ardoises sont alternativement d'un grain fin et d'un grain plus grossier. Il n'est pas rare d'y trouver des empreintes de poissons, de plantes marines et terrestres.

SION.

VALLÉE DE KLOENTHAL.—MONUMENT DE GESSNER.

Si des murs et des fossés constituent une ville, Glaris ainsi que La Haye ne peut prétendre à ce titre, et ne doit être regardé que comme un bourg; mais si une population nombreuse et active, la culture des arts, des manufactures, de jolies églises, des édifices publics, de hautes et belles maisons, des rues longues, larges, bien alignées, peuvent mériter à un lieu le nom de ville, Glaris est fondée à revendiquer ce titre.

La plupart des maisons ont trois ou quatre étages; et la rue principale, continuée par celle du faubourg qui y répond a près d'un quart de lieue de long. Glaris est arrosée par la Linth, rivière considérable, dont les eaux vives et limpides passent sous un rempart qui a 80 pieds de long, d'une seule arche, et construit par ce même charpentier qui avait élevé celui de Schaffouse. Les habitans, dont les uns sont catholiques et les autres protestans, vivent en paix, et célèbrent alternativement le service divin dans la même église, dédiée à saint Fridatin.

Après être parti de Glaris, on monte pendant deux heures, et l'on arrive au pied du Glærnisch, qui offre un vaste champ de glace sur ses trois cimes. Celle du milieu présente aux rayons du soleil l'éclat d'une coupole argentée. De tous les côtés, ce colosse est hérissé de rochers arides ou d'Alpes assez fertiles, qui s'abaissent graduellement jusqu'à son pied.

Après avoir traversé le hameau romantique de Riedern et un pont couvert, on commence à monter à peu de distance de la Linth, qu'on entend mugir au fond d'une gorge d'une effrayante profondeur, et tout à coup on aperçoit une des vallées les plus gracieuses qu'étale les Alpes. Au fond de ce vallon, l'œil découvre, avec autant de plaisir que de surprise, le joli lac de Kloenthal, dont les rives, couvertes d'une charmante verdure, sont ornées de petites huttes et de bouquets d'érables et de hêtres; et tout auprès une enceinte de montagnes sauvages; d'un côté, le Glærnisch chargé de glaciers; de l'autre, le Wiggis; dans le fond, le Praghel, ceint d'une couronne de neiges; des scènes sauvages et des paysages rians.

Un sentier, qui se dirige vers l'ouest, mène au milieu de prairies qu'arrosent plusieurs sources jusqu'au pied du Glærnisch. Là, le voyageur s'arrête avec plaisir à la vue d'une inscription gravée en l'honneur de Gessner, sur un immense bloc de rocher. De beaux arbres protègent ce monument élevé au poète, de leur ombre hospitalière. La mousse et les buissons dérobent à la vue les autres débris de la montagne. Non loin de ce monument, les eaux d'une cascade vont en murmurant se jeter dans le lac.

Ce lac a une lieue de long et une demi-lieue de large; il donne naissance au Lœntsch, torrent furieux, qui de temps en temps répand la désolation sur son passage. Des sentimens d'une douceur inexprimable, les plus délicieuses rêveries s'emparent de l'âme, surtout lorsque les derniers rayons du soleil réfléchissent, avec un charme tout magique, dans le cristal de ses eaux, les diverses teintes de cette vallée pastorale, et, qu'au milieu d'un calme universel, on entend de loin les clochettes des troupeaux et le cor des bergers. Le long de la rive occidentale, le chemin mène au Sééruti, où l'on voit d'excellentes prairies et de superbes chalets.

ENDROITS REMARQUABLES DU CANTON DE GLARIS.

Le village de Næfels, éloigné de Glaris de deux lieues, est le chef-lieu de la partie catholique du canton; il est célèbre par une bataille qui s'y donna en 1388, contre les Autrichiens. On s'arrête devant une superbe cascade formée par le Rütibach, ruisseau par lequel s'écoulent deux petits lacs situés sur de hautes montagnes; ce ruisseau se change quelquefois en un torrent qui exerce de grands ravages. L'énorme Wigghis s'offre au voyageur sous un aspect vraiment effrayant.

Vis-à-vis Næfels est situé Mollis, village que la beauté de sa situation, ses jolies maisons, la forêt d'arbres fruitiers dont ses superbes prairies sont couvertes, et ses belles eaux, contribuent à embellir. On y voit des moulins pour le fromage vert, ainsi que des fabriques d'indienne et de drap.

Au pied même du sourcilleux Wigghis est situé le bourg de Nettstahl, exposé aux ravages des avalanches, et habité par des protestans et des catholiques. Le commerce des bestiaux y fournit de l'aisance. Un peu au-dessus de ce lieu débouche le Klœnthal.

Schwanden, autre bourg au pied du Glærnisch, est la commune la plus peuplée du canton. Il renferme de jolies maisons, et fait un commerce de coton et d'ardoises.

Si vous continuez de remontrer la Linth, vous ne trouvez plus que de petits lieux peu intéressans par eux-mêmes, excepté Nitfuhrn, village entouré de blanchisseries, et Betschwanden, autre village considérable ; mais dans cette contrée montagneuse la nature étale assez de beautés pour y attirer les curieux : des vallées qui sont autant de déserts et de paysages pittoresques ; des eaux minérales qui jaillissent pour la santé de l'homme ; de belles nappes d'eau, qui se précipitent du haut des rochers, et entretiennent autour de leur chute une verdure charmante ; des montagnes qui s'élèvent jusqu'à ce qu'elles atteignent la région des glaces, sur la frontière du canton des Grisons.

Dans le voisinage des Alpes de ce dernier canton, la vallée de Sernft, qui, après un long contour, se joint à celle de la Linth, auprès de Schwanden, offre des sites très-sauvages. C'est dans cette vallée que coulent les eaux minérales de Wichlerbad, qui réunissent la double qualité d'être sulfureuses et ferrugineuses, mais dont la difficulté des chemins et la rigueur de la saison empêchent les malades de profiter.

Le village d'Elm est tellement enfoncé dans les montagnes, que le soleil y vient rarement réjouir la vue de ses habitans. A un jour fixe du printemps, et à un autre jour également fixe de l'automne, les rayons de cet astre percent par un trou pratiqué dans la montagne de Wichlen; et c'est de cette manière que le village est frappé ces jours-là de sa clarté. On comprend que les habitans, bien différens du reste de leurs semblables que la coutume journalière empêche de l'admirer, ne le contemplent point sans une espèce de ravissement, et qu'ils attendent ces deux jours comme deux jours de fête.

Le village de Matt, dont la situation sur un torrent est fort agréable, a des carrières d'ardoises et d'assez bons pâturages; mais plusieurs de ses habitans sont affligés du crétinisme, excroissance charnue qui leur vient au cou, comme à un bon nombre de Valaisans, et qui, en leur donnant de la difformité, paraît être nuisible au développement de leurs facultés intellectuelles. Du reste, les habitans de la vallée de Sernft sont une race d'hommes vigoureux. Ce fut par cette vallée peu fréquentée des étrangers que l'armée russe, commandée par Suwarow, s'enfuit, en 1799, dans le pays des Grisons.

GLACIER DE DŒDI.

Nous allons pénétrer par la vallée de Glaris jusqu'aux glaciers de Dœdi. Le chemin nous offrira de beaux aspects, des scènes variées : à Mitlœdi, le Glærnisch à droite, et les monts Schilt et Fessis à gauche ; à Schwanden, la Sernft qui s'avance avec fracas pour aller grossir les eaux de la Linth, après avoir formé un contour au pied d'une haute montagne sur laquelle est situé le village de Sool. Schwanden est l'endroit le plus peuplé de tout le canton ; au delà de Schwanden, le Grossthal (la Grande-Vallée) qui s'étend à l'ouest, le Nidfouhren, et Leughelbach ; à l'opposite, les villages de Zoufinghen, Haslen et Lew ; à Louchsingen, des bains d'eau soufrée ; après avoir passé la Linth, Hatzinghen, Diesbach, Dornhauss ; à droite, la montagne de Brunwald, au pied de laquelle on voit un torrent sortir du fond d'une gorge, et à gauche le Diesthaler-Alpe, d'où descend le ruisseau de Dornhaus ou de Diesthal, qui, après avoir traversé plusieurs petits lacs, forme trois cascades pittoresques.

Les montagnes qui forment l'enceinte du Grossthall offrent les plus beaux groupes. On distingue entre autres le Selbstsanft et le Kammerstock, au milieu desquels s'élève le Dœdi, à 11,037 pieds au-dessus de la mer ; à gauche les montagnes sauvages du Freyberg ; à droite les pics des Alpes Clarides, le Fismatt, le Baumgarten et l'Altenohren. Au delà de Rüti on trouve Linthal, dernier village de la Grande-Vallée qu'animent une multitude d'ouvriers occupés à travailler les ardoises. A une demi-lieue au delà du village, on aperçoit la superbe cascade de Fetschbach, torrent dont la source est sur le Clausen ; plus loin, une seconde cascade, non moins belle que la première, formée par le ruisseau de Fismatt ou de Schrein, qui descend des glaciers de l'Altenohren, et que l'on aperçoit de très-loin, semblable à une écharpe blanche et mouvante. Les montagnes colossales de Selbstanft, de l'Alterhonen et du Baumgarten, terminent cette délicieuse vallée, en formant une enceinte demi-circulaire d'un aspect mélancolique. On s'élève de plus en plus dans les régions des Hautes-Alpes, et, après une marche pénible, on arrive au Pantenbrücke. C'est un pont construit sur la Linth, que l'on voit bouillonner au-dessous de soi à la hauteur effrayante de 196 pieds, et qui n'a tout au plus que 12 pas de longueur. La profondeur de l'abîme au-dessus duquel il est suspendu, la solitude affreuse qui y règne, et les déchiremens épouvantables des rochers énormes dont il est entouré, impriment dans l'âme un sentiment de terreur et de recueillement.

Du Pantenbrücke jusqu'à la Sand-Alpe, on a quatre lieues de montée. Un chaos de débris de rochers couvre les divers gradins de la Sand-Alpe, et le voyageur se voit entouré des scènes les plus sauvages que la nature déploie dans les plus hautes montagnes.

Toute cette vallée de glaciers, depuis Bilten jusqu'au Dœdi, offre une suite de scènes bizarres et sauvages, qui ne sont pas sans attraits; les jeux de la lumière sont merveilleux; un léger nuage qui passe à l'horizon, l'affaiblissement des rayons du soleil, une ombre légère, changent l'aspect des rocs et des glaciers. Si vous retournez sur vos pas, le spectacle n'est plus le même : c'est une autre nature, un autre monde.

Le Dœdli est composé de pierres calcaires, en couches, qui, à une certaine profondeur, reposent sur le gneis.

Observations.

LES GRISONS.

C'est de Coire que partent toutes les routes et tous les chemins qui parcourent ce pays-là; mais ceux qui quittent la grande route pour s'enfoncer dans des vallées où il n'y a pas d'auberges passables, auront soin, en arrivant le soir, de s'assurer si les habitans sont catholiques, ce que l'on reconnaît d'ordinaire aux croix des clochers, etc. Dans ce cas, un étranger vêtu décemment, peut se faire annoncer tout de suite chez le curé du village, lequel lui offrira de bon cœur un repas honnête et un lit propre. En partant le voyageur ne manquera pas de payer à la cuisinière à peu près ce qu'il croira avoir dépensé. Si le village est réformé, l'étranger peut aussi se présenter chez le pasteur, mais simplement pour qu'il s'intéresse à lui procurer dans le village le gîte dont il a besoin. Car les pensions des pasteurs sont si chétives, et les habitations qu'on leur assigne si mauvaises, qu'avec toute la bonne volonté du monde, il ne leur est guère possible d'exercer l'hospitalité, surtout lorsqu'ils ont une nombreuse famille. Depuis Coire, du côté du sud-ouest et du sud, la plupart des habitans ne parlent que le roman. Cependant, dans les auberges, il se trouve toujours quelqu'un qui entend l'allemand. Dans les grands chemins, au contraire, la plupart de ceux que l'on rencontre ne seraient pas en état d'entendre la plus ordinaire des questions, celle qui concerne le chemin du lieu où l'on veut aller, si on la leur adressait dans toute autre langue que la leur. Voici donc en quels termes cette question nécessaire doit être conçue : *Nou ei la via detja di andar vi Flims, vi, etc.*

MONNAIE. — L'écu neuf vaut 3 florins et ⅖; le florin, 15 batz, 70 blutzgers; le batz vaut 5 blutzgers; 2 batz, 9 blutzgers; 3 batz, 15 blutzgers.

OUVRAGES. — *Cartes à consulter.* — Der Sammler, le Collecteur, in-8°, 1779, 1803; Die Landschaft Veltin, etc. — Tableau de la Valteline, etc. Magdebourg, 1797. — Carte, celle de M. Meyer.

COIRE. — CURIOSITÉS. — La grande salle du palais épiscopal, où l'on voit une multitude de portraits représentant divers évêques et autres personnages distingués dans le costume du pays. — L'église cathédrale. — La bibliothèque de la ville. — Celle de M. Tscharner. — Chez MM. Ulysse et Rodolphe de Salis, au château de Marschlins, à 2 lieues de Coire, une bibliothèque, un superbe cabinet d'histoire naturelle (dans lequel on distingue principalement un grand nombre de productions volcaniques), et des collections de plantes helvétiques et de cartes géographiques.

AUBERGES. — *La Croix blanche, le Lion, le Bouquetin.*

CHEMINS. — 1° De Coire par Zitzers et Ighis à *Marschlins*, 2 l. 1/2, et par la Clousse à Sewis dans le Prettigau, 1 l. 1/2. 2° A *Davos*, par le mont Stréla, 10 l. Le chemin le plus court n'est praticable qu'en été. 3° Le chemin du Septimer, du Juliers et de l'Albula va, au sortir de Coire, par Malix (1 l. 1/4 de montée très-roide); par Chourwalde, où l'on passe la Rabiusa; puis à *Parpan* et *Lentz*, 5 lieues; il y en a 3 de montée. Cette route peut se faire à cheval, ou avec un chariot léger jusqu'au-delà de l'Albula. De Coire par Malix, Parpan et la vallée d'Oberhalstein par le Septimer à *Chiavenna*, 21-22 l. C'est là ce qu'on appelle le *Chemin Supérieur* (Obere Strasse) d'Italie. 4° Le chemin inférieur (Untere Strasse) va de Coire par Reichenau, Tusis et la vallée de Schams par le Splughen à Chiavenna, 18-19 l. 5° De Coire par Reichenau, Tusis, la vallée de Schams, le village de Splughen et Hinterrhein par le Bernardin et la vallée du Misocco à *Bellinzone*, 27-28 l.

SAMADE. — Beau bourg de la haute Engadine, auprès de la source de l'Inn. — AUBERGE. *Guillaume Tell.*

C'est de là qu'on fait les excursions sur la glacière de la *Bernina* et sur le *Roseg*. Les célèbres eaux de Saint-Moritz en sont peu éloignées. Ces eaux surpassent en force même celles de Piémont. Nous engageons ceux qui voudraient les prendre à s'adresser à M. le docteur *Wettstein*, médecin aimable autant qu'instruit, qui aime les Français, et a servi avec distinction dans nos armées. La vallée d'Engadine doit être visitée par les botanistes, qui y trouveront une foule de plantes rares.

SAINT-MORITZ. — AUBERGES : *l'Ober Flegni* et *l'Unter Flegni*. Dépense, 12 fr. par jour.

LE CANTON DES GRISONS.

⚫⚫⚫⚫⚫⚫⚫⚫⚫⚫

Le canton des Grisons offre une variété prodigieuse de situations : tantôt de hautes montagnes couvertes de neiges et de glaces éternelles, des torrens impétueux et dévastateurs, d'énormes rochers, des précipices effrayans et des déserts sauvages ; et tantôt de riantes vallées couvertes de gras pâturages, d'arbres fruitiers et de champs fertiles ou même de vignobles.

Les plus hautes montagnes du canton s'étendent du Saint-Gotthard aux sources du Rhin postérieur et à celles de l'Inn ; de là elles se prolongent au nord-est jusque dans le Tyrol ; de cette chaîne principale il en part d'autres qui s'étendent en tout sens, et dont plusieurs portent des neiges éternelles, et s'élèvent jusqu'à 10 ou 11,000 pieds au-dessus de la mer : on regrette que la hauteur de plusieurs de ces montagnes n'ait pas encore été déterminée. Dans l'intervalle qui les sépare on trouve des vallées qui, par leur nombre et par leur entrelacement, forment de tout le canton une espèce de labyrinthe. Tout ce pays présente des montagnes si escarpées et tant de précipices, que, dans quelques communes, à ce que l'on assure, les mères, lorsqu'elles sont obligées d'abandonner leurs enfans en bas âge pour vaquer aux travaux de la campagne, attachent ces enfans avec une longue corde, de peur qu'ils ne s'éloignent trop pendant leur absence et qu'ils ne tombent du haut des rochers.

Une chaîne de montagnes s'étend depuis le Saint-Gotthard au nord-est, en côtoyant les cantons d'Uri, de Glaris et de Saint-Gall. Une autre chaîne s'étend au midi dans le même sens, et le Rhin antérieur coule avec fracas entre ces deux chaînes jusqu'à Reichenau; là, il se réunit avec le Rhin postérieur, qui le surpasse en force et en grosseur, et qui a déjà parcouru les vallées de Domlesch, de Schams et de Rheinvald; à Reichenau, les deux vallées du Rhin se réunissent en une large vallée principale qui s'ouvre du côté du nord et de l'Allemagne, où le Rhin se précipite, pour purifier ses eaux jaunâtres, dans le lac de Constance. La belle vallée de l'Engadine, où coule l'Inn, est formée par la haute chaîne de montagnes qui sépare l'Italie de la Suisse, et par une autre chaîne parallèle qui lui sert de limites au nord; elle s'étend jusqu'au Tyrol; entre elle et les vallées du Rhin on trouve un grand nombre d'autres vallées, parmi lesquelles on doit remarquer celles de Davos, de l'Albula, du Prettigau, de Schalfilk et de Churvald; sur la pente des Alpes du côté de l'Italie les Grisons possèdent encore les vallées de Misocco, de Bergell, de Poschiavo et de Munster.

Le pays des Grisons est une des parties de la Suisse les moins visitées, et cependant les plus dignes de l'attention des voyageur. La nature y présente les contrastes les plus frappans de culture et de désolation; d'immenses mers de glace y séparent les plus hautes sommité, et c'est là où l'on admire le plus grand de tous les glaciers des Alpes, celui de Bernina, dont la glace a quelques centaines de toises d'épaisseur, et qui s'étend sur une longueur de 9 lieues entre la Valteline, la vallée de Bergell et l'Engadine.

Les plus hautes montagnes du canton, surtout celles qui le bornent au nord, à l'orient et au midi, et celles qui forment une vaste masse auprès du glacier du Rhin, sont de nature primitive et se composent de granit ou de calcaire primitif. Les plus connues de ces hautes montagnes sont le Crispaltt, le Lukmanier, le Vogelberg, le Bernardin, le Splughen, le Septimer, le Julier, l'Albula, le Bernina et le Fermunt. Le Galanda s'élève au-dessus de Coire, du côté du district de Sargans, à 6,398 pieds au-dessus de la mer; on y découvre une vue magnifique sur le pays des Grisons. Sur le sommet de Lukmanier (Locus Magnus), par lequel on traverse de Disentis à Bellinzone, il existe un hospice dédié à la Vierge Marie, et construit par l'abbé de Disentis, dès l'année 1374. Du Scopi, qui n'est pas très-éloigné de cet hospice, on aperçoit à la fois, à droite et à gauche, d'un côté le Mont-Blanc, et de l'autre le Drey-Herrnspitz, chacun à une distance d'environ 50 lieues.

Aucun canton, et peut-être même aucun pays en Europe, n'est plus riche que les Grisons en sources minérales et en bains chauds : les sources minérales de Saint-Moritz et les eaux chaudes de la haute Engadine, les sources minérales de Fideris dans le Prettigau, et celles de Saint-Bernardin, jouissent d'une grande réputation, et en auraient davantage encore si elles avaient auprès d'elles des établissemens plus convenables pour le logement des étrangers. Les eaux de Saint-Moritz passent pour les plus énergiques de toute la Suisse et peut-être de toute l'Europe : 12 onces de ces eaux contiennent 37 et demi pouces cubes d'acide carbonique. La vallée où elles sortent de terre a 4,500 pieds d'élévation au-dessus de la mer, et les auberges où l'on loge en sont à demi-lieue. Les eaux de Fideris sont presque aussi fortes que celles de Saint-Moritz ; on les emploie dans les fièvres intermittentes ; les bâtimens qui ont été construits près de ces eaux peuvent loger cent personnes. On se baigne pendant le temps des frissons, et on se couche au moment où la chaleur de la fièvre commence : la fièvre passe ordinairement au bout d'un petit nombre d'accès, et ensuite on continue les bains, qui procurent une éruption cutanée.

Le peuple des Grisons est libre, heureux à sa manière et ignorant. Possédant des terres très-étendues et riches en produits divers, il semblerait devoir être un des peuples les plus aisés de la Suisse ; mais il manque d'industrie, et l'on a remarqué que le peuple des vallées était véritablement pauvre : celui des montagnes a moins de besoins et sait mieux se suffire à lui-même.

Les habitans de plusieurs vallées du canton, et particulièrement ceux de l'Engadine, quittent en grand nombre leur patrie, à l'imitation des Tyroliens leurs voisins, pour faire fortune dans l'étranger en qualité d'ouvriers ou de marchands ; mais au bout de plusieurs années, quand ils ont amassé quelque bien, ils reviennent en jouir au sein de leur famille.

On remarque de grandes variétés dans la constitution physique des Grisons, suivant les différentes vallées auxquelles ils appartiennent: dans plusieurs de ces vallées, la race humaine est d'une belle espèce; cependant, en général, elle ne peut passer que pour forte et robuste. A Kazzis, à Ems et à Coire, on rencontre beaucoup de goîtres et de crétins : on a remarqué que les goîtres sont rares sur les revers des montagnes exposées au midi, mais qu'ils sont communs sur les pentes inclinées vers le couchant, ou qui ne reçoivent que tard le soleil levant.

Les Grisons sont pour la plupart simples dans leurs mœurs, honnêtes, fidèles à leurs engagemens, hospitaliers, modérés dans leur ambition, et prompts à rendre service, surtout dans les vallées qui ne sont pas traversées par des routes de commerce; ils sont zélés pour leur religion : les catholiques emploient plus d'un cinquième de l'année en processions, et en célébration de fêtes sacrées.

Les Grisons sont courageux et ne redoutent point la guerre; élevés au sein d'une nature âpre et rigoureuse, ils apprennent dès leur enfance à braver les dangers; ne payant point d'impôts, souverains dans leurs chaumières, législateurs dans leurs landsgemeindes, électeurs de leurs magistrats et éligibles eux-mêmes aux premiers emplois politiques, ils aiment avec passion et leur patrie et leur constitution. Le bien et le mal leur sont presque également chers, s'ils leur viennent de leurs ancêtres ; les anciens préjugés sont sacrés pour eux ; ils repoussent tout changement quelconque, lors même que leur état pourrait en être amélioré. Le défaut d'éducation les entretient dans une profonde ignorance, dont les conséquences sont souvent funestes : cette ignorance a favorisé chez eux la superstition, l'esprit de parti, les dissensions civiles et des haines invétérées, qui ont répandu un voile sombre sur l'existence de ces hommes, d'ailleurs favorisés par la nature sous tant de rapports. Ils manquent généralement de propreté et d'ordre dans leurs maisons. Les jeunes hommes, dès l'âge de 16 ans, suivant l'usage qui se pratique dans une grande partie du reste de la Suisse, dans le Tyrol et dans l'Allemagne méridionale, vont tous les soirs visiter chez elles leurs bien-aimées : c'est ce qu'on appelle kiltgang ; mais on n'a pas remarqué que cet usage ait des conséquences fâcheuses pour les mœurs ; la jeunesse de chaque village en surveille avec soin la pureté ; elle se forme pour l'ordinaire un code sur ce sujet, et élit des magistrats pour le faire exécuter ; elle se montre surtout jalouse de préserver ses jeunes beautés contre les visites des étrangers.

Un gouvernement sage pourrait, au moyen de bons établissemens d'instruction publique, tirer un grand parti des Grisons, qui sont naturellement intelligens, doués d'un jugement sain et zélés pour le bien de la patrie. On leur reproche un penchant trop vif à la satire. Ils aiment la table : aussi donnent-ils de grands repas dans toutes les occasions solennelles de la vie, comme mariages, baptêmes et enterremens. Depuis une vingtaine d'années ils font un grand usage du café et de l'eau-de-vie; le dimanche les cabarets sont remplis, et rarement ces réunions joyeuses, où le vin joue un grand rôle, finissent-elles sans quelque scène de dispute.

Dans les soirées d'été, les jeunes gens s'amusent en plein air, et la plupart de leurs jeux sont empruntés de l'Italie, qui les avoisine. Dans la vallée de Bergell le jeu cruel du tirage des moutons est encore en usage. Le propriétaire d'un mouton place cet animal à une certaine distance des tireurs; il reçoit quelques batz pour chaque coup que l'on tire sur son mouton, mais il est obligé de le donner au premier qui le tue.

Au printemps, on fait souvent combattre entre elles les vaches qui doivent monter sur les mêmes pâturages des Alpes : celle qui remporte la victoire reçoit le nom de maîtresse vache et conduit le troupeau le front orné de fleurs et de rubans.

D'anciens usages, inconnus ailleurs, ont été conservés dans divers districts des Grisons, tel est celui du pain de réconciliation : lorsque deux hommes sont irrités l'un contre l'autre, leurs amis communs tâchent de les attirer ensemble à une même maison et à une même table; s'ils y réussissent, la rancune et l'inimitié cessent aussitôt; les deux hommes mangent du même pain et se réconcilient; ensuite les tribunaux ou des arbitres prononcent sur leurs différends.

Dans l'Engadine, lorsqu'un homme faussement accusé d'un crime a été justifié par une sentence des juges, tous les habitans du pays se réunissent pour le voir sortir de prison, et une jeune fille lui offre solennellement une rose, qu'on nomme la rose de l'innocence.

Des mœurs vraiment patriarchales règnent encore dans les vallées écartées des Grisons : là, on voit la jeunesse se lever respectueusement devant les cheveux blancs ; là aussi on la voit écouter en silence les longs récits des vieillards sur les événemens des temps passés.

COIRE. — MAYENFELD. — LE PRETTIGAU.

La ville de Coire est située au pied du mont Galanda, et à l'endroit même où la grande vallée du Rhin tourne brusquement du nord à l'ouest. Bâtie au huitième siècle, elle est riche en monumens et en souvenirs du moyen âge. Ses environs sont pittoresques. Derrière elle s'ouvre un vallon romantique enfermé par l'Alpstock, et que borne au sud-ouest le Bizoghelberg, montagne de forme pyramidale, couverte de forêts depuis le pied jusqu'au sommet. Droit au sud, les regards pénètrent dans la spacieuse vallée que le Rhin arrose, jusqu'aux montagnes que recèle sa source, et par delà d'éternels frimats jusqu'aux glaciers de l'énorme Büdun, qui les domine et les efface tous par l'éclat des neiges qui le couronnent. Rien n'est plus singulier que l'aspect de cette profonde et longue vallée, coupant presque à angles droits les diverses ramifications de la grande chaîne des Alpes, de sorte que leurs vastes croupes et leurs vives arêtes, vues de Coire, s'y présentent de profil, sur une espace de 15 lieues, tandis que, presque partout ailleurs, ces colosses, opposés l'un à l'autre, se montrent de face à l'observateur qui les contemple.

On arrive, à travers de jolis paysages remplis de vergers et de vignobles, à la jolie ville de Mayenfeld, dominée par la cime de Felsenkamm, et dont la vallée est ceinte d'un cercle de montagnes calcaires, sur les parois de l'une desquelles pendent des habitations alpestres. On dit que les mères suspendent leurs enfans par une corde pour les empêcher de tomber dans l'abîme ouvert sous le Gouscher-Alp.

Une gorge très-étroite, et d'un quart de lieue de longueur, forme la seule entrée du Prettigau. C'est par cette gorge que l'on en voit sortir la Landquart, près de Malans, entre la Val-Saine et la montagne de Séewis, torrent fougueux qui roule des quartiers de roche.

Le Scaesa Plana (*Saxa Plana*), forme une aiguille conique de 9,207 pieds d'élévation au-dessus de la mer. C'est la plus haute de tout le Prettigau, et celle d'où l'on découvre la vue la plus étendue. Pour en gravir la cime, il faut être assuré du beau temps. On se rend d'abord à Séewis, et de là en deux heures aux bains de Ganyier, que le propriétaire a laissés tomber en ruine; puis on gagne, aussi en deux heures de marche, le dernier chalet de l'Alpe de Séewis. On part de ce chalet avant le jour; et, si l'on n'est pas sujet aux vertiges, on va droit à la paroi de rochers qui s'élève au-dessus de cette cabane; on laisse à gauche un petit ravin bordé de pierres (Steinryffene), et l'on gravit une tête de rochers qui s'avancent plus que les autres. La rampe en est si roide pendant environ un quart d'heure, que l'on est obligé de s'aider des mains, en cherchant à assurer ses pieds. Mais quand on est parvenu au haut de la paroi, il n'y a plus de danger à craindre, et l'on puise de nouvelles forces dans les superbes sources qui arrosent cette partie de la montagne. Ensuite on continue de monter par une pente douce jusqu'à une plaine couverte de neige, d'une demi-lieue de largeur, que l'on traverse en se dirigeant du côté de l'ouest, jusqu'à l'endroit où elle s'abaisse subitement au nord, où elle aboutit à un glacier. Le plus souvent cette neige est couverte d'une multitude innombrable d'insectes que les vents y amènent. Après avoir franchi cette plaine, on gravit une pente toute couverte de pierres (Steingeriesel), qui n'est nullement dangereuse, quoique d'un aspect un peu effrayant. Arrivé au haut des rochers, on continue sa route du côté de l'est, sans rencontrer de difficulté, jusque tout au haut de la montagne. Au nord, on découvre le cours du Rhin jusqu'au lac de Constance, ce lac lui-même et ses superbes rives, les plaines de la Souabe jusqu'à Ulm, les montagnes du même cercle, au milieu desquelles on distingue le lac de Bouchau. Du nord à l'ouest, on voit les montagnes de l'Appenzel et du Tockenbourg, le lac de Wallenstadt et celui de Zurich, depuis Pfeffikon jusque près de Zurick, le mont Albis, et quelques autres parties du Jura. A l'est, le spectateur aperçoit tout le Wallgau ou

Voralberg, ainsi que les vallons latéraux qui en dépendent; à ses pieds, la vallée de Montafoun; le château de Tarasp, dans la basse Engadine; à l'horizon, les Alpes primitives de Salzbourg, du Tyrol et de la Carinthie. Depuis les pics du Rathhaus et du Heiligblouter-Tauern, dans la direction desquels on voit le Gross-Glockner (11,988 pieds au-dessus de la mer), la vue s'étend par-dessus les aiguilles du Brener et de la Terner, qui s'élèvent dans les vallées de Vietz et d'Oetz jusqu'aux croupes noirâtres du Fermunt, lesquelles sortent du sein des glaciers de la chaîne du Rhéticon. Depuis ce groupe de montagnes, les regards pénètrent vers le nord-ouest jusque près du Saint-Gotthard, par-dessus le Selvretta et l'enceinte des hautes Alpes du canton des Grisons; à l'orient, sur les innombrables montagnes du pays de Sargans, des cantons d'Uri, de Glaris et de la Ligue-Supérieure, jusque près de Crispalt. Pour redescendre, on passe à côté du Lunersée, petit lac que l'on aperçoit à une grande profondeur au-dessous de soi. Il est environné de rochers élevés qui ne laissent qu'une seule ouverture fort étroite du côté du nord. C'est de là que s'écoule le lac par un ruisseau qui va se jeter dans l'Ill. Lorsque les vents impétueux du nord viennent à souffler sur le lac du côté même de l'ouverture, ils y excitent, surtout au commencement de l'hiver, d'épouvantables vagues dont on entend les mugissemens à 3 lieues de distance.

EXCURSION DE COIRE AUX BAINS DE PFEFFERS. (Canton de Saint-Gall.)

Nous allons admirer des scènes telles que la Suisse n'en étale nulle part. De Mayenfeld à Ragatz la route n'offre rien de surprenant aux regards: là commence pour le voyageur une suite de spectacles qu'aucune langue humaine ne saurait rendre. On marche le long d'une gorge sombre, affreuse, où l'on entend les roulemens de la Tamina, semblables à ceux du tonnerre; quelques chalets suspendus sur des rochers déchirés, noircis par les tempêtes, qu'entourent quelques faibles arbrisseaux, sont tous les signes de vie et d'habitation que l'œil peut discerner. On marche dans le silence pendant quelques instans. Arrivé sur le dos de la montagne, l'horizon s'agrandit; la nature s'anime, se pare de verdure, de végétatation, de forêts; de loin le Kunkelsberg semble encore être la demeure des géans; des maisons blanches brillent comme si elles étaient frappées de lumière : c'est le village de Valentz qu'on traverse avant d'arriver aux bains de Pfeffers, dont le toit de brique vient tout à coup à resplendir à une profondeur immense au-dessous de vos pieds. La Tamina ne bruit plus, elle rugit. Avant de visiter ces bains, transportons-nous à la gorge de la Tamina. Non, l'imagination la plus vive ne saurait peindre la porte du Tartare sous des formes aussi hideuses que celles que la nature a déployées dans ce lieu! On entre dans cette gorge sur un pont de planches qui reposent sur des coins enfoncés dans les rochers, de 6,700 pas de longueur, ou d'un long quart d'heure de marche: car le pied hésite, le corps tremble, la tête tourne au-dessus de ce gouffre effroyable de la Tamina, que l'on entend rouler avec fureur à 30 ou 40 pieds de profondeur. Auprès du pont, la gorge a 30 pieds de largeur; mais, plus bas, elle se rétrécit davantage, en descendant du côté du torrent. Les parois latérales contournées, fendues et déchirées en diverses manières, s'élèvent à 200 pieds de hauteur; puis elles s'inclinent l'une contre l'autre, semblables à un dôme, et ont jusqu'à 290 pieds dans l'endroit où elles se joignent tout-à-fait. La sinistre lueur qui éclaire l'entrée de ce gouffre disparaît à mesure qu'on s'y enfonce, et le froid et l'humidité qui y règnent augmentent encore l'horreur dont on est saisi. Tantôt le rapprochement des rochers qui surplombent sur le pont ne permet pas qu'on puisse se tenir debout, et tantôt ils s'en éloignent tellement, qu'ils ne peuvent plus servir d'appui. Le pont est étroit, glissant, et une seule planche de 8 pouces de large, frêle et humide, vous sépare quelquefois du noir abîme de la Tamina. Celui qui se sent assez de courage pour cette épouvantable excursion doit choisir un temps serein et sec, de peur de trouver les planches glissantes, partir au milieu du jour, d'un pas lent et mesuré, et sans prendre de bâton. Le meilleur moyen de faire ce trajet sans crainte, c'est de marcher entre deux hommes qui tiennent les deux bouts d'une perche du côté du précipice, pour servir de barrière et d'appui au voyageur curieux. La source est située au delà du pont par où l'on va au couvent. C'est précisément au-dessous de ce pont que la gorge est tout-à-fait fermée par en haut : de là vient le nom de Beschlufs (la Clôture) qu'on a donné à cet endroit. Plus loin, les rochers s'ouvrent de nouveau, et l'on reconnaît bientôt le lieu d'où sortent les sources, à la vapeur qui s'en élève. La plus grande et la plus basse de ces sources est la seule dont on recueille les eaux, ce qui a lieu dans une caverne de 24 pieds de long sur 8 à 10 de hauteur et 4 de largeur. Partout on retrouve les traces les plus évidentes de l'action de l'eau, occupée depuis des milliers d'années à ronger ces énormes parois. L'on aperçoit plusieurs excavations produites dans les rochers par les tourbillons ou remous des eaux. La plus remarquable de ces excavations se trouve au-dessous de la Clôture, sur la rive gauche de la Tamina, et à 3 ou 4 pieds au-dessous de son niveau actuel. Elle forme la plus belle grotte que l'on puisse voir : creusée dans le marbre à 28 pieds de profondeur, elle en a 35 en largeur et 24 en hauteur. Si l'on ne veut pas s'exposer au danger qu'on court en allant jusqu'à la source, il faut faire au moins 50 pas sur le pont au delà de l'entrée, et s'asseoir sur les canaux pour contempler à loisir la perspective infernale de cette affreuse gorge. C'est surtout à midi, quand le temps est serein, que l'effet en est plus extraordinaire, parce que les rayons qui y pénètrent en divers points rendent plus sensibles les horreurs de ces lieux effroyables. Le moment du retour d'une caravane qui est allée jusqu'aux sources offre un tableau vraiment infernal. De l'endroit où l'on est assis, à 50 pas de l'entrée, on aperçoit, dans un lointain ténébreux, des figures semblables à des ombres se mouvoir dans l'obscurité, paraître tout à coup au grand jour, et retomber subitement dans les ténèbres.

Les bains de Pfeffers sont construits sur les rochers de la rive gauche de la Tamina; à l'opposite, du côté du sud, et à la distance de 150 pieds, s'élèvent des parois verticales de rocs décharnés dont la hauteur est de 664 pieds. Aux mois de juillet et d'août, les habitans des bains voient lever le soleil à 11 heures du matin, et dès les trois heures après midi, les rochers leur en dérobent la vue. La source des eaux thermales sort des rochers à 6,700 pas des bâtimens, au fond d'un abîme affreux, qui forme un des tableaux les plus remarquables que la nature offre en Suisse aux amis de ses singularités.

Les appartemens sont de mauvaises chambres plus ou moins obscures, à l'exception de ceux des angles dans l'un et l'autre bâtiment. Celui qu'on désigne sous le nom d'appartement du Prince est le plus vaste et le plus tranquille : on n'y est point incommodé par le fracas de la Tamina.

La source est située à 6,700 pas des bâtimens, dans la gorge où elle sort de la paroi de rochers. Elle ne coule qu'en été, et reparaît quelquefois de meilleure heure, et d'autres fois plus tard. La quantité de l'eau dépend des chaleurs et de la sécheresse, ou de l'abondance des pluies et des neiges; ce n'est point non plus toujours à la même époque de l'automne qu'elle cesse de couler. En général elle fournit 1,400 pintes d'eau par minute; en sortant du rocher, sa température est de 30° R. Dans les bains mêmes elle n'est jamais au-dessous de 28°, et l'on l'y voit souvent à 30. L'eau thermale n'a ni odeur, ni goût, ni couleur; elle est d'une limpidité parfaite, très-pure, et extrêmement légère. Beaucoup de personnes, surtout celles qui sont d'une constitution délicate, éprouvent, après en avoir bu, de légers vertiges et de l'embarras dans la tête. Les vertus énergiques de ces eaux thermales, pour la guérison d'une quantité de maladies chroniques, ont été constatées par l'expérience de plusieurs siècles. La salle où l'on boit les eaux n'est pas agréable; elle est basse et mal éclairée. Il n'y a que six appartemens pour prendre des bains; chacun d'eux forme une chambre murée et voûtée, dont les fenêtres joignent exactement et ne s'ouvrent point, de sorte que les vapeurs qui s'exhalent de l'eau thermale, laquelle se renouvelle sans cesse, s'accumulent dans l'appartement, de manière à échauffer et à incommoder considérablement les personnes délicates. On se baigne seul ou en société. Les malades vont au bain le matin et l'après-midi; ils y restent deux, sept et jusqu'à dix heures lorsqu'ils veulent se procurer une éruption extérieure. Tous les samedis on voit accourir à Pfeffers une multitude de gens des campagnes de toutes les contrées voisines, et surtout des pays Grisons : ils restent dans les bains jusqu'au lundi matin pour provoquer la sueur.

Rien de triste comme ce séjour. Les malades

qui viennent y chercher la santé ne tardent pas à s'y ennuyer : des chambres basses où le sommeil est interrompu incessamment par les mugissemens de la Tamina ; un mauvais billard ; devant le grand bâtiment, une terrasse de 50 à 60 pieds ; des chemins rudes, difficiles ; pour se reposer, un seul endroit, mais délicieux, et que se disputent les malades : c'est au delà du pont de la Tamina, dans une voûte formée par les rochers dont on se sert pour remplir les bouteilles d'eaux thermales que l'on veut expédier en divers endroits. Cette place, vue au soleil, l'après-midi, est singulièrement pittoresque. On est assis sous des parois de rochers nuds et décorés seulement de quelques festons du beau rosage des Alpes (rhododendron ferrugineum), qui est en pleine floraison au mois d'août ; on voit à ses pieds la fougueuse Tamina, et le pont sur lequel on la passe ; vis-à-vis de soi des rochers noirâtres, égayés par le vert clair des érables et des hêtres voisins ; à gauche, l'affreuse et sombre gorge dont la rivière, à sa marche précipitée, semble se hâter de fuir les horreurs ; à droite, une échappée de vue qu'éclaire le soleil au travers des rochers qui s'entr'ouvrent un peu dans cette partie.

PROMENADES. CHUTE DE LA TAMINA.

Le chemin le plus court pour parvenir dans un lieu où l'on jouisse de l'air pur des montagnes et d'un horizon moins resserré est un sentier qui, par une pente fort roide, s'élève depuis la station de la Solitude jusqu'au haut de la colline qui porte à si juste titre le nom de Belvédère de Galanda, parce que l'on y découvre cette montagne pyramidale et sauvage avant même d'être arrivé sur le sommet. Le long de l'arête verte, mais étroite, un sentier conduit à l'extrémité orientale, où l'on voit deux antiques sapins suspendus au-dessus de l'épouvantable abîme que forme la gorge de la Tamina; de l'autre côté s'étend un ravin couvert de forêts. Quand on suit le sentier du côté de l'ouest, qui traverse un bois délicieux de mélèzes, on le voit se partager en trois chemins. Le premier descend à droite, et, après avoir traversé un petit ruisseau, passe d'abord entre d'assez épaisses broussailles, et se prolonge ensuite sous de grands arbres, dans une contrée romantique et solitaire, à peu près pendant un quart d'heure. Si, après avoir passé le ruisseau, on quitte le chemin et qu'on descende à droite dans la ravine, on arrive dans un bosquet qui forme un berceau magnifique et d'une grande fraîcheur; la nature y présente des phénomènes géologiques intéressans. Le second sentier, qui a aussi ses agrémens, s'étend au milieu des broussailles sur un sol assez uni. Le troisième va en montant sous de hauts mélèzes, franchit une haie, et mène ensuite, à travers de belles prairies de montagnes, à des granges à foin sur la gauche; après quoi il remonte à droite sur les hauteurs d'un coteau où sont situés les champs et les jardins de Valentz. C'est là une admirable station pour bien jouir du grand spectacle que la nature déploie dans ces montagnes : leurs flancs couverts de forêts et de prairies, au milieu desquels on voit des cabanes suspendues au bord des rochers; le ravin sauvage qu'on a sous ses pieds; les déchiremens affreux du superbe Galanda; les pâturages alpestres du Montéluna et ses groupes de chalets; les montagnes de Valentz, et, entre deux, les cimes Grises, sommités chenues, hérissées de glaciers et d'un aspect affreux, forment de beaux points de vue.

VALLÉE DE DOMLESCH.

Nous allons maintenant remonter le Rhin derrière, par la vallée de Domlesch, une des plus romantiques du pays des Grisons. Nous saluerons en passant le château de Ræzuns, jadis la demeure du Baron, l'un des trois fondateurs de la liberté helvétique, puis celui de Rietberg, près de Fursthau, tout dégouttant du sang du malheureux Planta.

La vallée de Domlesch, sans doute ainsi nommée du village de Tomils, situé dans le canton des Grisons, au nord de la chaîne centrale, a 2 lieues de longueur sur 1 lieue de largeur. C'est une des plus belles et des plus fertiles vallées de toute la Suisse. Le Heintzenberg, montagne de 2 lieues d'étendue, a rendu cette vallée célèbre. Le duc de Rohan, pendant ses campagnes dans les Grisons, lors des guerres du dix-septième siècle, disait, en parlant du Heintzenberg, que c'était la plus belle montagne de l'univers; et véritablement elle offre un aspect pittoresque et gracieux d'une magnificence et d'une richesse inexprimables. L'entrée de la vallée du côté du nord n'a guère plus de 100 pas de largeur. Au sud elle est fermée par le Béverin (Bafrin ou Cornudes) et par le Mouttnerhorn; entre ces deux montagnes on voit le Rhin postérieur sortir de l'affreuse gorge que traverse la Via Mala; bientôt après il reçoit la rivière noire et fougueuse de la Nolla, et une demi-lieue plus bas celle de l'Albula, qui lui amène toutes les eaux de l'énorme groupe des monts Fluela, Scaletta, Albula, Cimolt, Julier, Septimer et de toutes les montagnes qu'ils renferment dans leur enceinte. Plusieurs torrens impétueux roulent leurs ondes bouillonnantes, le long de la partie orientale de la vallée, dans les gorges de Feldis, Tomils, Dousch, Scharans et Boura, et vont tomber dans le Rhin. L'œil étonné découvre dans cette vallée 22 villages et 20 châteaux tant ruinés qu'habités. Plusieurs de ces châteaux sont très-remarquables par leur grande ancienneté.

On croit que le beau bourg de Tusis a reçu le nom qu'il porte des Tusci, ou anciens Toscans, qui vinrent chercher un asile dans ces montagnes, du temps des Romains. C'est un des endroits les mieux bâtis qu'il y ait dans le pays des Grisons. Au-dessus de Tusis, la vallée de Domlesch, à laquelle nous redescendons, se resserre et devient tout à coup une gorge affreuse, nommée Via Mala, qui nous conduira à la vallée de Schams. Cette longue gorge, qui s'étend entre les rochers des monts Béverin et Mouttnerhorn, n'a souvent pas plus de quelques toises de largeur; à une profondeur effrayante, on voit couler, avec la vitesse d'un trait, le Rhin postérieur, que l'on distingue à la blancheur de son écume, sans pouvoir entendre le fracas de ses ondes. Les parois de rochers surplombent, et sont couvertes de sapins qui ajoutent à l'horreur et à l'obscurité de la gorge. Le grand chemin, taillé en corniche dans le roc, a 3 ou 4 pieds de largeur, et suit tantôt la droite et tantôt la gauche de la rivière, qu'on voit le plus souvent à 300 et même à 480 pieds au-dessous de soi et que l'on passe en trois endroits sur des ponts. Pour construire ces trois ponts, il a fallu, du haut des parois du défilé, descendre, avec des cordes, des sapins hauts comme des mâts de vaisseau, dont on fixait l'un des bouts d'un des côtés de la rivière, avant d'établir l'autre sur la rive opposée. De Tusis on arrive par Nolla au hameau de Rongella, qui, pendant près de six mois, demeure privé de l'aspect du soleil. C'est au sortir de ce lieu que commence la Via Mala sur la rive gauche du Rhin. Bientôt après on franchit ce fleuve sur un pont de pierre d'une construction hardie, après quoi le chemin passe au travers d'une roche percée ; à quelques centaines de pas plus loin, un second pont, non moins hardi que le premier, reconduit les voyageurs sur la rive gauche. Ce pont, formé d'une seule arche, a 40 pieds de de long, et s'élève au-dessus d'un abîme de 480 pieds de profondeur, au fond duquel les eaux impétueuses du Rhin se déchaînent avec fureur, quoiqu'on ait bien de la peine à en entendre le fracas depuis le pont. A quelque distance de là, le Rhin forme une chute où l'on voit un fort bel iris lorsque le soleil donne dans la gorge. Au bout d'une demi-lieue, le chemin repasse au moyen d'un troisième pont sur la rive droite, et bientôt après on sort de la gorge, pour entrer dans la riante et gracieuse vallée de Schams. Le premier village qu'on rencontre est celui de Zilis. Le lieu qui dans tout ce trajet offre les tableaux les plus romantiques, les plus sublimes et les plus remplis d'horreurs, est l'espace qui sépare les deux premiers ponts. L'obscurité solennelle qui couvre les rochers sauvages de cette gorge, unique dans son genre, dispose le voyageur à la mélancolie.

VALLÉES DE MISOX ET DE BREGELL OU BREGAILLE. — L'ENGADINE.

La vallée de Misox est la plus méridionale du pays des Grisons : c'est une contrée fertile, romantique et pittoresque. Longue de neuf lieues, elle commence au Saint-Bernardin, dont la plus haute sommité a 9,410 pieds au-dessus de la mer, et qui forme la démarcation entre le climat de l'Allemagne et de celui de l'Italie. Cette vallée est arrosée par la Moésa et par des torrens qui, en se précipitant des rochers, forment différentes cascades. Une partie du cours de cette rivière est dominée par une forteresse fondée sur un rocher, et qui jadis était une des plus fortes du pays. Des sapins et des arbrisseaux s'élèvent sur ses murs délabrés, qui ont dix pieds d'épaisseur ; une cascade et un village ajoutent au point de vue pittoresque de ses ruines, qui subsistent depuis 1521, époque de la destruction de cet asile de la tyrannie.

La vallée de Misox, d'abord sauvage et aride, prend un aspect charmant vers le Tésin. C'est un agréable mélange de pâturages, de chalets, de rochers et de bois de sapins et de châtaigniers. Elle débouche à une demi-lieue de Bellinzone.

La vallée de Bregell est située sur le revers méridional du Septimer; elle est étroite et sauvage, et n'a que quatre lieues. La Méra, qui sort de cette montagne par trois sources, la parcourt tout entière, et va se jeter ensuite dans le lac de Côme. Pendant cinq mois de l'année, les neiges couvrent cette vallée. Des vents réguliers du nord-est et de l'ouest ont coutume d'y souffler. L'ours noir y est indigène. Les hauteurs, de chaque côté de la Méra, sont couvertes de forêts et de beaux pâturages. Les habitans, hommes grands et bien faits, subsistent, pour la plupart, de leurs bestiaux, chèvres et brebis; et leurs femmes, qui sont très-laborieuses, les secondent de leur mieux dans leurs travaux domestiques.

Casaccia est le chef-lieu de cette vallée. Il y descendit, en 1673, du sommet des montagnes voisines, un torrent de fange, dont les éboulis couvrirent entièrement un grand nombre de maisons; il poursuivit sa course avec une violence irrésistible. De ce village, un chemin conduit, par les montagnes, dans l'Engadine, vallée de 17 à 18 lieues de long, à laquelle viennent aboutir de nombreuses vallées latérales. L'Inn la traverse dans toute sa longueur. Cette rivière, qui prend sa source au Septimer, dans le petit lac de Lugni, après avoir traversé le Tyrol, va confondre à Passau, avec les eaux du Danube, ses ondes du plus beau vert et de la plus grande limpidité. Parmi les formidables glaciers qui hérissent le fond de la vallée où elle prend naissance, celui de Bernina occupe un espace immense, et offre peu de points accessibles. Il y a plus d'un siècle qu'un Anglais, conduit par la curiosité, escalada cette mer de glaces; mais ne pouvant redescendre, il y périt. On dit qu'on aperçoit encore dans le lointain son corps bien conservé, et revêtu d'un habit rouge.

L'Engadine se divise en haute et basse. La première à sept à huit lieues de long sur une largeur qui partout est moindre d'une demi-lieue. La pente en est fort douce. Les lacs par lesquels passe l'Inn sont gelés presque la moitié de l'année. L'hiver dure sept ou huit mois dans cette vallée, et, pendant les autres mois, on ne peut pas toujours se passer de feu.

Toute la haute Engadine est couverte de gros et beaux villages ou de hameaux qui communiquent entre eux, malgré tous les obstacles que la nature leur a opposés. Pour se garantir de la rigueur des hivers, et sans doute aussi des avalanches, les habitans construisent en pierres les murs de leurs maisons, et ces murs sont doublés de poutres, revêtues de planches de sapins. Les fenêtres sont petites, mais leurs embrasures vont en s'élargissant au dehors. Presque tous les individus de ce peuple sont d'une figure avantageuse, laborieux, jouissent d'une certaine aisance, et se font remarquer par leurs bonnes mœurs. Dans tous les villages les voyageurs sont assurés de trouver de bonnes auberges.

Seglio est le plus élevé de ces villages. Il est situé entre les lacs de Sils et de Selva-Plana, et entouré des monts Julier, Maloggia et Bernina. La position en est sauvage et horrible. Le lac de Sils a deux lieues de longueur sur une de largeur. Le mont Julier est situé au nord-est du Septimer. Son sommet forme un vallon encaissé dans les rochers. La chaîne des Alpes s'abaisse tellement sur cette montagne, et y forme une ouverture si large, que, dans tout le reste de la Suisse, on ne trouve aucun lieu où l'on pût établir à si peu de frais et aussi aisément une route praticable pour les voitures, au travers de la chaîne centrale.

On voit sur cette montagne deux colonnes, connues sous le nom de Colonnes Juliennes. Elles ont quatre pieds de hauteur, et sont d'un granit brut, le même que celui dont la montagne est formée. On n'y voit ni soubassement, ni piédestal, ni chapiteau, ni inscription. Il est probable qu'elles faisaient partie de l'autel d'une des peuplades celtiques qui habitaient autrefois ces montagnes, dont le culte consistait dans le sacrifice qu'ils faisaient d'un sanglier au soleil, qu'ils adoraient sous le nom de Thor. Ce sacrifice avait lieu sur de hautes montagnes à l'époque de leur fête de Jul, qu'ils célébraient vers le solstice d'hiver.

La basse Engadine a de onze à douze lieues de longueur, et huit et demie de largeur. Elle est plus fertile, plus riche et plus peuplée que la haute, étant moins froide et plus propre à la culture; mais en revanche ses habitans ne sont point à comparer à ceux de la haute Engadine.

Cernetz est l'un des plus grands villages de la basse Engadine. C'est de toutes les communes du canton des Grisons celle qui possède le territoire le plus étendu. Ce village est situé dans une vallée fermée qui, au sud-ouest est tellement resserrée, qu'il a fallu y percer en corniche dans le roc un chemin, qu'on nomme A las Pontailgas, et qu'au nord-est elle se referme à 1,000 pas du village. Toute cette vallée formait un lac avant que l'Inn eût déchiré les rochers qui interceptaient le cours de ses eaux.

La vallée de Luvino débouche près de Cernetz. Elle est parcourue par le torrent de Spol, qui s'élance des rochers et va tomber dans l'Inn. C'est une vallée très-belle, très-riche en pâturages, et qui peut avoir trois lieues de long. De cette vallée on se rend, par celle de Fedris, sur le mont Cusanna, près duquel les regards se portent sur un rocher pyramidal, dont la forme régulière et la grandeur énorme étonnent le voyageur.

Observations.

SAINT-GALL.

Le canton de Saint-Gall est un centre d'activité dont les rayons s'étendent jusque dans la Souabe et dans les montagnes de Bréghentz, dont les habitans filent et brodent pour les fabricans de cette ville. Toutes les broderies précieuses se font dans sa propre enceinte. Le prix d'une pièce de mousseline richement brodée en or et en argent, s'élève jusqu'à 60 louis. Quant aux mousselines brodées en blanc, on y travaille hors de la ville, souvent dans les plus chétives cabanes de la forêt de Bréghentz, etc. Vers le commencement de ce siècle, les négocians de Saint-Gall y ont établi des machines de filature à l'instar de celles qui sont en usage en Angleterre et en Irlande. Il y a déjà plusieurs années qu'un bon nombre de ces machines sont en pleine activité; ce qui, conjointement à l'interruption des relations commerciales entre l'Angleterre et le continent, a donné un essor extraordinaire aux fabriques et à l'industrie de cette ville. Il ne faut pas chercher parmi les habitans, industrieux et manufacturiers, cette politesse, cette prévenance qu'on trouve ailleurs en Suisse.

Ouvrages à consulter. — *Geschichte des Rheinthals.* Histoire du Rhinthal, avec carte; *Saint-Gall,* 1805. — *Beschreibung,* etc., c'est-à-dire, *description des Alpes, de la Suisse.* — Carte. — Celle de *Meyer.*

Saint-Gall. — *Curiosités :* — La bibliothèque de la ville, qui contient celle de Vadianus, est au collège : elle est riche en manuscrits précieux. On voit aussi dans cette bibliothèque un cabinet de pétrifications recueillies dans les contrées voisines. — M. de Gonzenbach possède une collection de tableaux et d'estampes : il y a un cabinet d'histoire naturelle chez M. le docteur Zollikofer.

Auberges. — *Le Cheval blanc, le Brochet, le Bœuf.*

Chemins. — De Saint-Gall à *Troghen,* 2 l. — A *Gais,* 3 l. — A *Hérisau,* 2 l. On peut aller en petit char dans ces trois endroits, situés dans le canton d'Appenzell. Il part deux fois par semaine, des voitures publiques de Saint-Gall pour le Tockenbourg et le canton de Glaris, de même que pour Zurich.

Sargans. — Auberges : *la Croix-Blanche, le Lion.*

Chemins. — A Ragatz, 2 l. Dans ce trajet la chaîne du Rhétikon développe des formes magnifiques et surprenantes, surtout quand les nuages se jouent au-dessous de ses pics. La plus basse montagne pyramidale que l'on aperçoit au bord du Rhin se nomme le *Flescherberg*. Le défilé de *Sainte-Lucie*, qui forme l'entrée du pays des Grisons et se prolonge sur la rive droite du fleuve, est situé au pied du revers opposé de cette montagne. Bien au-dessus du Flescherberg, on aperçoit le hameau de la Gouschen, suspendu sur les parois escarpées de la Gouscher-Alpe. De l'autre côté, on voit à droite une cascade tomber du haut des montagnes. A *Wallenstadt*, 3 l. par Berschis et Tsherlach: on rencontre aussi une cascade en faisant cette route; mais ce n'est qu'après de longues pluies qu'elle se montre dans toute sa beauté. A *Werbenberg*, 3 l. On passe à côté du Hohen-Wand, puis par Atzmoos, Sevelen et Bouchs.

Constance. — Auberges : *l'Aigle d'or*, *l'Agneau*.

Chemins. — On va à *Saint-Gall* en suivant presque toujours les rives du lac de Constance, et à *Stein*, en passant le long du lac inférieur; ces petits voyages sont extrêmement agréables. Sur la route de Stein on aperçoit les châteaux de *Salenstein*, de *Mamré* et de *Sandeck*, d'où l'on découvre de très-belles vues. La position de la petite ville de *Steckborn*, au bord du lac inférieur, à 3 l. de Constance, est charmante. Le chemin d'*Arbon*, qui traverse de magnifiques vergers, passe par Rikenbach, Munsterlinghen, Landschlacht, Guttinghen, Kesswyl, Uttwyl (on laisse à gauche le village de Romishorn, situé sur une langue de terre qui s'étend bien avant dans le lac; on voit en face une petite île avec une vedette) et Salmsach. Avant d'arriver à Arbon, on voit, à gauche de ce dernier village, le château de Louxbourg, situé dans une petite île. De Constance à *Zurich*, 12 l. Un bateau de poste va toutes les semaines à *Schaffouse*. Le chemin le plus agréable pour se rendre dans cette dernière ville passe par la rive de Suisse le long du lac inférieur; mais on gagne du temps en prenant la poste du côté de l'Allemagne. A *Mœrsbourg*, en traversant le lac de Constance, 2-3 l. A *Lindau*, 12 l. lorsque le vent n'est pas contraire.

Wésen. — Auberges : *le Petit Cheval*, *l'Épée*.

Chemins. — De Wésen à *Mollis* et à *Néfels*, au canton de Glaris, 2 l. On s'y rend par un grand chemin pratiqué au milieu des marais. Par le Zieghelbrouck, où la Linth et la Mag se réunissent, par Urnen et Bilten à *Lachen*, 4 l.; à *Schœnnis*, 1 l. ½.

CANTON DE SAINT-GALL.

« Ayant plus de plaines que le canton d'Appenzell, qui l'entoure, dit M. Depping, dans son ouvrage intitulé *la Suisse*, etc., le canton de Saint-Gall n'a de hautes montagnes qu'au milieu et au sud, où il est traversé par les Alpes d'Appenzell, de Tockenbourg, et par une ramification de celles des Grisons. Une chaîne de rochers escarpés borde du côté du nord le lac de Wallenstadt. Le long du Rhin, qui borde le canton du côté de l'est, s'étend une chaîne de montagnes assez hautes, dans laquelle on distingue le Kammor, dont la cime a 4,329 pieds d'élévation, et dont les flancs sont couverts d'un grand nombre d'espèces végétales. C'est dans cette montagne que se trouve une grotte connue sous le nom de la *Cristallière*. On n'y pénètre que par une ouverture très-basse. Après y être entré en rampant, on se voit sur le bord d'un ruisseau, le long duquel on arrive dans la véritable grotte. Là les parois sont couvertes d'un spath cubique très-brillant, et qui reflète de toutes parts la lumière des torches qui éclairent la marche du voyageur. C'est ce spath étincelant qu'on nomme improprement du cristal.

« Après le Kammor, on distingue encore, pour sa hauteur, le mont Speer, entre Uznach et Tockenbourg, que les curieux visitent l'été, afin de jouir de la vue d'un pays immense. Le long du sentier il y a un petit glacier; on en voit un autre sur la Scheibe, dans les montagnes et rochers de l'extrémité méridionale. Cette contrée sauvage était anciennement infestée par les ours et les loups; ils ont été détruits ainsi que les cerfs et les daims, et l'on n'aperçoit plus de chamois que rarement. Le vautour des agneaux plane sur les rochers à pic qui s'élèvent à une hauteur formidable au bord du lac de Wallenstadt. »

Le canton de Saint-Gall est l'un des plus grands de la Suisse. Il se compose des pays qui appartenaient ci-devant à l'abbé de Saint-Gall, savoir: de son ancien domaine et du comté de Tockenbourg; des ci-devant bailliages de Rhinthal, de Sax, de Werdenberg, de Gasms, de Sargans, d'Uznach, et de la ville de Rapperschwyll. Il s'étend donc depuis les rives du lac de Constance jusqu'à celui de Zurich, et presque jusqu'au Kunkelsberg, sur les frontières des Grisons.

SAINT-GALL. — ROSCHACH. — CHATEAU DE DOTTENWYL.

La ville de Saint-Gall, chef-lieu du canton, doit son nom à l'abbaye de ce nom, située dans son enceinte. En 630, Saint-Gall, missionnaire écossais, vint prêcher l'Évangile en Suisse, et bâtit un ermitage dans les bois, au bord de la Steinach. Environ 80 ans après la mort de ce saint homme, on y fonda une abbaye de bénédictins. Plusieurs Écossais et Anglo-Saxons, qui vinrent y prendre l'habit monastique, y apportèrent les sciences de leur île, et c'est ainsi que le monastère devint, dans le moyen âge, l'école la plus célèbre de l'Europe. Des princes y envoyaient leurs fils. De son sein, la connaissance des langues grecque et latine se répandit en France, en Allemagne et dans d'autres pays. Les religieux cultivaient et enseignaient les mathématiques, la poésie et la musique. C'est de la collection de leurs manuscrits que sortirent ce que nous avons de Quintilien, la satyre de Pétrone, le Silius Italicus, le Valerius Flaccus, l'Ammien Marcellin, les deux Traités de Cicéron *de Legibus* et *de Finibus*, ainsi que les poésies allemandes des 10e, 11e, 12e et 13e siècles. Cependant l'éclat du monastère s'évanouit dans la suite des temps; et les Muses l'abandonnèrent lorsque des moines ambitieux et guerriers, pris dans la haute noblesse allemande, s'assirent sur le trône abbatial. Leur puissance disparut entièrement lorsque la révolution française et l'autorité de Bonaparte s'établirent en Suisse, en 1802.

Saint-Gall est situé entre deux montagnes, sur la petite rivière de la Steinach. Elle a 9 à 10 mille habitans qui sont presque tous occupés du commerce et des manufactures, ce qui fait peut-être qu'ils négligent un peu trop les lettres; cependant, comme on l'a vu, ils ne manquent pas de ressources d'instruction. D'immenses blanchisseries entourent la ville. Sur les montagnes voisines on jouit de belles vues qui s'étendent bien au-delà du lac de Constance. Près de Saint-Gall, la Steinach forme plusieurs cascades, vers lesquelles on a établi des moulins; d'un autre côté de la ville, dans un endroit appelé Sur-le-Bruhl, est une jolie promenade qui n'est pas établie depuis un grand nombre d'années. Tous les samedis il se tient un marché dans la ville, et toutes les années deux foires importantes qui durent chacune huit jours.

On a sur les montagnes voisines de magnifiques points de vue, particulièrement près du couvent de Notkersek; à Wœglisek, à une maison de campagne nommée *la Platte*, et située à 2 lieues et demie de la ville, un sentier fort agréanous y conduira. De là, les regards embrassent presque tout le lac de Constance. Nous n'oublierons pas le pont de Saint-Martin, construit dans une gorge sauvage sur la Goldach. Ce pont est dans le genre des anciens ponts de Schaffouse et de Weddingen. Mais les vues les plus merveilleuses nous attendent à Roschach, dont la position est vraiment enchanteresse : l'œil ne peut se lasser de contempler ce beau lac de Constance, ces rives parées de verdure, ces vignobles qui s'étendent en amphithéâtre sur leurs flancs; ce ce port si animé, si tumultueux, et si sûr en même temps, où des points de toute la Suisse on vient acheter du blé; tous ces chars, ces voitures qui se heurtent dans les rues de la ville ; tous ces voituriers, vêtus à la mode des divers cantons, qui affluent dans cette cité commerçante.

A la distance d'une lieue et demie tant de Roschach que de la ville de Saint-Gall, nous trouvons le château de Dottenwyl, dans une contrée qui était demeurée inconnue aux voyageurs. Ce château s'élève sur une petite colline de 50 pas de hauteur, dont on atteint le sommet sans peine et sans fatigue : là nous jouissons d'une vue si étendue et si intéressante, qu'on peut gravir mainte haute montagne des plus fameuses, sous ce rapport, avant d'en trouver une qui offre quelque chose de comparable. Placés devant la façade du château, nous embrassons un horizon qui s'étend depuis le lac de Wallenstadt jusqu'à Bréghentz, dont on distingue les diverses parties sans le secours de la lunette; on a sous les yeux une superbe chaîne de montagnes qui règnent depuis Sargans jusque dans le Tyrol. Le majestueux Alpstein, placé au centre de cette chaîne, offre l'objet principal du tableau, et tout le reste semble n'être là que pour en relever la magnificence. Le gigantesque mont Speer et les sommités des Kouhfirsten (ou Kurfirsten) s'élèvent dans le lointain. Contemplée d'une des fenêtres, la vue s'étend du côté des montagnes du Tyrol et du Vorarlberg, et le long des rives du lac de Constance, jusqu'au delà de Hohentwiel; enfin elle se perd sur un rideau éloigné qui appartient probablement aux chaînes de la forêt Noire et du Kniebis. Dans l'intérieur de la Suisse, on distingue le mont Etzel, et l'on découvre les cantons de Zurich et de Thurgovie, les villes du lac de Constance depuis Bréghentz jusqu'à Ueberlinghen, les îles de Lindau et de Meynau; et plusieurs châteaux de l'intérieur de la Souabe forment un des plans le moins reculés du tableau. De tous les paysages pittoresques que l'on y découvre à une distance moyenne, celui qui se dessine avec le plus de netteté et d'élégance est la gracieuse vallée de Dornbirn. Les environs du château forment une contrée riante, bien cultivée et enrichie d'arbres fruitiers; on y distingue des groupe de châteaux, de villages et de forêts d'un aspect agréable; les fermes dispersées çà et là attestent l'industrie et le bien-être des habitans. Enfin, tout près de Dottenwyl, les regards s'arrêtent sur un joli petit vallon d'un effet délicieux: c'est un morceau qui seul fait tableau, et forme ce que les artistes allemands nomment eine gesperrte Landschaft, un paysage fini, et ce qu'on appelle, dans le langage du cœur, une contrée paisible, romantique et pleine de charmes.

LAC DE CONSTANCE.

REICHENAU. — LINDAU.

Nous allons nous embarquer à Roschach pour naviguer jusqu'à Constance. La première ville que ses rives nous offriront est Arbon, l'Arbor Felix des Romains, jolie petite ville environnée d'arbres fruitiers. Si les eaux sont basses, nous apercevrons les restes de murs anciens dans le lac : la tour du château, que nous distinguons d'assez loin, peut nous donner une idée de l'architecture sous les rois mérovingiens.

La ville de Lindau, les rives de la Souabe, les montagnes qui s'élèvent au-dessus de Bréghentz et du Rhinthal, forment des tableaux excessivement variés et d'une beauté ravissante.

Nous laissons le cap Romis-Horn, qui s'étend bien avant dans le lac et où les Romains avaient une place d'armes, Munsterlingen, Kreuzlingen, et nous abordons à Constance. Partout où l'œil se promène à Constance, il n'y rencontre que des débris de l'histoire et du temps. Les ruines seules, dit un voyageur, y ont encore de la grandeur, et l'existence n'est plus pour elle que dans les souvenirs. Pour deux francs un cicérone vous montrera toutes les curiosités de cette cité célèbre : la salle où le concile tenait ses sessions ; les deux siéges sur lesquels l'empereur et le pape étaient assis; la maison où Huss fut arrêté, et où l'on voit son buste en pierre; la prison de Huss dans le couvent des Dominicains; une statue en pierre qui représente Jean Huss et sert de support à la chaire de la cathédrale; enfin sur le parquet de cette église une plaque de laiton à l'endroit où il entendit sa sentence.

Un pont étroit de 630 pas de longueur communique de la rive occidentale, où est située Constance, à l'île de Meynau. Cette petite île forme une colline de trois quarts de lieues de circuit; elle appartenait à l'ordre de Malthe. Le château du commandeur est situé au haut de la colline. Des jardins potagers, des vergers, des vignes, des champs et des prairies, contribuent à l'embellissement de cette île délicieuse. Elle est habitée par

50 ou 60 personnes Sa situation et les vues qu'on y découvre sont magnifiques.

Une autre île, située à l'extrémité du lac de Zell, se recommande à notre attention : c'est l'île de Reichenau, ornement de ce lac, connue sous le nom de Sintlesau, du temps des rois Francs. L'île a 5 quarts de lieues de long sur une demie de large; on y compte 1,600 habitans; et trois villages, savoir : Saint-Jean, Oberzell et Niederzell. Les ruines du château de Schopflen s'élèvent à l'extrémité orientale de l'île. Pendant l'automne, les eaux sont si basses, qu'on peut passer à pied sec de Schopflen à Wollmattinghen. Presque tout le sol de l'île est couvert de vignes, et le meilleur vin qui croisse sur les bords du lac de Constance, du côté de l'Allemagne est celui de Schleithein, vignoble qui fait partie de cette île. On voit une croix sur le sommet de la colline la plus élevée de l'île, et l'on y jouit d'une vue magnifique. L'abbaye appartient au grand-duc de Bade, ainsi que l'île et la partie de la Souabe qui avoisine le Zellersée.

Les rives du lac de Constance, situées l'une sur le territoire de l'Allemagne et l'autre sur celui de la Suisse, offrent une richesse et une variété inépuisables de sites pittoresques, dans lesquels une nature champêtre et gracieuse se plait à déployer ses charmes les plus touchans, de sorte qu'une excursion le long des bords de ce lac, sur l'une et l'autre rives, est incontestablement un des voyages les plus délicieux qu'on puisse faire en Suisse.

Nous pouvons maintenant nous rembarquer, et faire voile pour Lindau, éloigné de Constance de 11 à 12 lieues, et où nous arriverons en peu d'heures si le vent d'est souffle avec force.

Si l'air n'est pas très-serein, les ondes lointaines du lac se confondront avec l'horizon : l'on comprend à cet aspect comment pendant le moyen âge on a pu donner à cette superbe nappe d'eau le nom de Mer de Souabe.

Lindau est situé dans une île du lac de Constance, par les 47° 31' 44" de latitude, et par les 27° 21' 0" de longitude. Un pont de 300 pas établit la communication entre la ville et le rivage du lac, du côté de la Souabe. L'île a 4,450 pas de circonférence.

Le bâtiment nommé Die Burg, construit sous l'empereur Constantin Chlorus, et un mur dont l'épaisseur semble défier les siècles (die Heidenmauer), attestent encore aujourd'hui la hardiesse et la grandeur des Romains.

Au nord-ouest de l'île, dans les délicieux jardins dont les murs de Lindau sont environnés, ainsi que sur le pont, on aperçoit le lac de Constance dans toute son étendue, et jusqu'à la forteresse de Hohentwiel, qui en est à 20 lieues. Vu de ces stations, le soleil couchant offre un spectacle de la plus grande magnificence. Dans la maison de campagne de M. de Seiler, sur la rive de Souabe, on jouit d'une vue d'une beauté extraordinaire sur la rive opposée en Suisse, où l'on distingue Bréghentz, les montagnes du Vorarlberg, tout le Rhinthal, les villes de Rhineck, de Roschach et d'Arbon, les clochers arrondis de Saint-Gall, et au-dessus des coteaux rians qui s'avancent jusque près du lac, les montagnes de l'Appenzell, entre autres le Sentis et le Gamor, dont la hauteur est de 7 à 8 mille pieds, et dont l'aspect est également imposant et sublime. Lorsque l'air est serein, on aperçoit, à l'aide d'une lunette, la ville de Constance. La vigne de Halden offre aussi un site magnifique. Les regards pénètrent bien avant dans la spacieuse vallée du Rhinthal, d'où sort le fleuve dont elle porte le nom, et dont on voit l'embouchure dans le lac de Constance.

LAC DE WALLENSTADT.

WALLENSTADT.—SARGANS.

Après que l'amateur des scènes douces et tranquilles a navigué le long des rives du beau lac de Constance, qu'il a visité Meynau, Lindau, il s'enfonce ordinairement dans le canton de Saint-Gall, et va se hasarder sur le lac de Wallenstadt, pour admirer d'autres scènes et d'autres genres de beautés.

La navigation de ce lac passe pour être extrêmement périlleuse; mais cette opinion est tout aussi mal fondée que celle que l'on a des dangers du lac de Lucerne. Il est vrai qu'à l'exception de Wallenstadt, de Wésen et de Mullihorn, on ne voit qu'un petit nombre d'endroits sur la rive méridionale où l'on puisse aborder, et que sur la rive opposée il n'y a que le seul village de Quinten où la chose soit praticable. On ne peut donc nier que l'on ne soit exposé à un danger extrême lorsqu'on est surpris par une violente tempête dans le voisinage des affreux rochers dont les parois descendent à pic dans les ondes. Mais sur ce lac, de même que sur tous ceux que l'on trouve dans les vallées transversales situées au nord et au sud des Alpes, les vents observent une certaine régularité dont les voyageurs peuvent tirer parti. Car pendant la belle saison, lorsque les tempêtes ne dérangent pas la marche ordinaire, il souffle avant et après le lever du soleil des vents qui descendent du haut des montagnes, et forment un vent d'est sur le lac de Wallenstadt. Depuis neuf heures jusqu'à midi le temps est calme. Après midi il s'élève un léger vent d'ouest; enfin, avant et après le coucher du soleil, le vent se remet à l'est comme le matin et par les mêmes causes. Ordinairement c'est dans l'après-midi que les orages surviennent, et cela le plus souvent du côté de l'ouest. Ainsi, avant de partir de Wésen, il faut avoir soin d'observer l'aspect du ciel au-dessus des montagnes du canton de Glaris, et se décider en conséquence à s'embarquer sur-le-champ ou à retarder son départ : en s'y prenant ainsi, on ne sera pas exposé à être troublé dans le plaisir que l'on peut se promettre d'un voyage sur ce superbe lac.

Une nature extrêmement pittoresque et romantique, qui se plaît à réunir sur ces rives une multitude de scènes sauvages, hardies et pleines d'horreurs, fait de ce lac un des plus curieux qu'il y ait en Suisse. Pour en connaître toutes les beautés, il faudrait s'arrêter plusieurs jours à Wésen et à Mullihorn, parcourir depuis là les rives méridionales, côtoyer en bateau celles du nord, et débarquer en divers endroits. Au nord on voit s'élever, depuis Wésen, les monts Oberspitz, au pied duquel cette petite ville est située, Blatliser, Wattstock, Ammon, Speerkamm, Quintinberg, Gaach, Joosen, Schwalbiskamm ou Sichelkamm et Ochsenkamm, dont les aiguilles chenues portent le nom des sept Kouhfirsten. On aperçoit sur le rivage Wésen, Fley et Betlis. Au bord des parois rougeâtres desquelles descend le ruisseau de l'Ammon, sont suspendues les ruines du château de Strableck, et dans la région des nuages se déploient au soleil les croupes verdoyantes et peuplées du superbe Ammon, dont l'aspect est singulièrement gracieux lorsque l'on vient de la rive méridionale. Depuis Betlis, situé à un quart de lieue de Wésen, jusqu'à Wallenstadt, on ne trouve sur la rive septentrionale que le hameau de Quinten et quelques habitations dispersées, soit dans les lacunes des rochers où le dépôt des torrens a formé quelques collines de terre, soit sur des saillies de montagnes, et sur la pente de quelque coteau fertile, couvert de prairies, de treilles et de noyers, dont l'ensemble forme des tableaux romantiques. En avant de Quinten, le ruisseau de Séren descend de la montagne du même nom, qui peut avoir 1,200 à 1,600 pieds de hauteur, et y forme plusieurs cascades les unes au-dessus des autres. Près de là le superbe Baierbach précipite avec fracas ses eaux écumantes du haut d'une paroi élevée et tapissée de lierre et de buissons. Pour voir de près ces cascades, il faut quitter le bateau et pénétrer au travers d'une gorge étroite, encombrée de quartiers de rocs, au fond de la baie où ces deux ruisseaux vont se réunir. On y arrive sans beaucoup de peine et sans courir le moindre danger. Du fond de la baie on aperçoit, au travers de la gorge, le village de Mullibach, situé sur la rive opposée. Les revers des hautes montagnes, dont les escarpemens hérissent la rive du nord, forment les riches pâturages alpins du Tockenbourg, lesquels s'étendent jusque sur leurs cimes. Sur la rive méridionale du lac s'élèvent depuis Wésen les monts Wallenberg, Gofelstalden et la verdoyante montagne de Kérentzen, exposée aux rayons du soleil; plus haut, les sommités chauves du Murtschenstock, et plus au sud, les forêts qui couvrent les montagnes de Mourg, de Quarten et de Tertzen. Sur le rivage on aperçoit une gorge qui s'ouvre dans les rochers du Gofelstalden; le hameau de Mullithal; le village de Kérentzen, sur la montagne de même nom; puis, depuis le Mullihorn, le Rothbach, aux eaux rougeâtres qui charrient des pierres rouges du haut des montagnes. Au delà de Mullihorn, les rives prennent un caractère plus gracieux : elles sont couvertes de prairies verdoyantes qu'égaient quantité de sources et de petites cascades, de plantées d'érables et de noyers magnifiques. C'est là qu'on voit les villages de Mourg, de Quarten et de Tertzen. A 4 lieues au-dessus de Mourg est situé, sur l'Alpe du même nom, un petit lac nommé le Mourgsée inférieur. Il est entouré de rochers et de forêts, et présente au milieu de sa surface une île couverte d'arbres.

Wallenstadt est situé à un petit quart de lieue, dans une vallée marécageuse et excessivement malsaine. Toutes les rues du côté du lac sont couvertes de boue, et l'on est obligé de se glisser sur des planches le long des maisons, qui semblent prêtes à tomber sur les passans. Depuis soixante ans les inondations du lac sont devenues de plus en plus fréquentes sur les deux rives.

Les débris de rocs que charrie la Linth s'accumulent depuis près d'un siècle à l'endroit où elle reçoit les eaux de la Meg, et dans son propre lit, jusqu'au lac de Zurich : telle est la cause de l'élévation du niveau du lac de Wallenstadt, dont la surface est aujourd'hui de 10 pieds plus haute que jadis, et des affreuses inondations qui ont eu lieu depuis cette époque : 600 arpens de champs et de prairies aux environs de Wallenstadt, 900 arpens sur la rive occidentale entre Wésen, Urnen et le Zielghelbrouck, et 4 à 5,000 arpens depuis le Zieghelbrouck jusqu'au château de Grinau, situé à l'embouchure de la Linth, dans le lac de Zurich, ont été changés en marais ou engloutis par les eaux. Les exhalaisons pernicieuses qui sortent de ces contrées marécageuses infectent tout le pays, et donnent lieu à des maladies dont l'influence maligne s'étend jusqu'à Zurich même. Si, par une négligence impardonnable, on diffère encore pendant cinquante ans de s'opposer aux progrès de ce fléau, on verra se former, sur une étendue de 6 lieues carrées, un marais dont les exhalaisons pestilentielles finiront par faire un désert de la moitié du nord de la Suisse.

Wallenstadt faisait ci-devant partie du bailliage de Sargans, lequel fut incorporé au canton de la Linth en 1798, et à celui de Saint-Gall en 1802. Les habitans de Wallenstadt vivent des produits de leurs Alpes et de la pêche; ils font en outre le métier de bateliers, et retirent de grands profits du passage des marchandises que l'on transporte en grande quantité dans les diverses parties de l'Italie par le pays des Grisons, depuis l'Allemagne, et le nord de la Suisse. Lorsque le commerce du Levant était entre les mains des Vénitiens et des Génois, cette route était prodigieusement fréquentée.

Sargans est situé sur le grand chemin qui, des bords du lac de Wallenstadt, mène au canton des Grisons, et sur la base élevée des marbres du Scholberg. Cette ville a été jusqu'en 1798 chef-lieu du bailliage de même nom, lequel, à la révolution, fut incorporé au canton de la Linth, depuis 1801, et qui forme un des districts de celui de Saint-Gall.

Au-dessus de la ville s'élève le château qu'habitaient les baillis; on y découvre une vue admirable sur toute la vallée, qui a 6 lieues de longueur sur 7 de largeur, depuis le lac de Wallenstadt jusqu'aux Grisons. C'est dans cette partie que la vallée est arrosée par le Rhin; on voit depuis le château ce fleuve se détourner subitement à l'est, et prendre son cours entre le Falkniss et le Scholberg, du côté de Wartau et de Werdenberg. C'est un spectacle sublime que celui que présentent les groupes de montagnes dont on est entouré de toutes parts, surtout les formes déchirées du Falkniss au delà du Rhin, le Galanda et les aiguilles des vallées de Pfeffers et de Weisstanen : cette dernière débouche à l'ouest, à peu près vis-à-vis de Sargans et dans le voisinage de Mels ; le Séezbach, qui en sort, va tomber dans le lac de Wallenstadt. La perspective lointaine que présentent les montagnes situées au delà de ce lac est aussi admirable. Près de Sargans, on voit une source d'eaux soufrées. On y remarque aussi la plus riche et la meilleure mine de fer de toute la Suisse ; elle est située au Gonzen, sur le mont Belfris, et l'on y monte en deux heures depuis Sargans. Les données les plus anciennes qui existent sur cette mine ne remontent pas au delà de l'an 1467. Des circonstances étrangères aux mines mêmes ont arrêté les travaux depuis l'an 1787. Maintenant l'ouverture des puits est presque comblée. Le fer qu'on y recueillait était connu sous le nom de fer de Flums, de celui du village où l'on fondait le minerai ; il était fort recherché et très-estimé. Les soins du bétail et les travaux de l'économie alpine font les principales occupations des habitans du pays de Sargans.

Le pays de Sargans est singulièrement exposé à l'envahissement des eaux. La vallée qui s'étend du lac de Wallenstadt au Rhin s'abaisse tellement qu'elle a tout à la fois à redouter l'exhaussement progressif du lac et les inondations du fleuve, qui, par une forte crue, pourrait sans obstacle s'ouvrir, à travers cette vallée et les lacs de Wallenstadt et de Zurich, un nouveau cours vers le nord de l'Allemagne. Dans l'espace de 6 lieues qu'elle occupe, le terrain est absorbé presque en entier par des herbes marécageuses ; et deux ruisseaux, tombant à cinquante pas l'un de l'autre, se dirigent, l'un vers le lac, et l'autre vers le Rhin. De grands travaux pourraient seuls préserver ces terres du sort qui les menace; mais il paraît que la puissance et la volonté de les exécuter manquent également à l'administration cantonnale.

Si nous suivons le cours de la Linth, depuis le petit bourg de Wesen, dont l'aubergiste ne mérite pas tout-à-fait la réputation que lui a faite un spirituel voyageur, nous arriverons à Rapperschwill, petite ville située sur une langue de terre que forme la rive orientale de la partie supérieure du lac de Zurich.

L'exposition élevée de la ville et de ses tours présente un aspect fort pittoresque, de quelque partie du lac qu'on les regarde. Depuis la terrasse du vieux château, et au couvent des capucins, on découvre une vue magnifique et très-étendue sur le lac de Zurich et sur ses rives. Le moment le plus avantageux pour en jouir est pendant l'illumination du matin. A l'opposite de Rapperschwill, on voit s'avancer dans le lac une langue de terre étroite et fort longue, à l'extrémité de laquelle on construisit, en 1358, un pont de bois qui sert de communication entre la ville et la rive gauche du lac. Ce pont a 1,800 pas de long sur 12 de large, et repose sur 188 palées; il n'y a point de garde-fou, et les planches transversales ne sont pas clouées, de sorte qu'on n'y peut passer qu'à pied, ou avec un cheval tranquille et doux. Pendant les années 1799 et 1800, les armées enlevèrent toutes les planches du pont qui furent brûlées, ainsi qu'un bon nombre de poutres qui les supportaient. Mais dès lors le dommage a été réparé.

∙∙∙∙∙∙∙∙∙∙∙∙∙∙∙∙∙∙∙∙∙∙∙∙∙∙∙∙

CHALETS DE LA SUISSE.

L'extérieur d'un chalet (sorte de hangard qui se trouve devant presque toutes les habitations des montagnes des vachers) présente un toit en bardeaux très-aplati et surchargé de pierres. Si le faîte était plus élevé, il serait trop exposé à la violence des vents. Sous ce toit, qui n'a point de cheminée, sont posés quatre parois formées de solives disposées transversalement et si mal assemblées dans les angles, qu'elles laissent des intervalles d'un pouce par lesquels un courant d'air continuel pénètre dans l'intérieur du bâtiment. Mais c'est aussi par ces ouvertures que s'échappe en partie la fumée lorsque la porte est close. Comme il n'y a aucune fenêtre, on serait étouffé en dedans, si elle ne sortait pas de cette manière. Sur le front de la cabane, le toit avance de six à dix pieds et repose par le moyen de quelques soliveaux isolés sur une base de pierres, ce qui forme une sorte de péristyle, avec deux portes de trois à quatre pieds sur chaque côté, et fermé sur le devant à la moitié ou aux deux tiers de son élévation par un lambris d'ais épais, qui donne assez d'espace pour laisser parvenir le jour contre la véritable porte du chalet, laquelle s'ouvre ordinairement sur le milieu de ce péristyle. Quelquefois ce lambris ne s'y trouve pas, non plus que les portes latérales, et l'on entre directement dans la cabane en passant sous le couvert. On le nomme, en style de vacher, melkgang (galerie à traire les vaches), et c'est en effet sous cet abri que l'on trait les vaches, lorsqu'il fait mauvais temps. On les y fait entrer l'une après l'autre par une des petites portes latérales, et ressortir par l'autre quand l'opération est faite, car l'enclos est trop étroit pour qu'elles puissent s'y tourner.

De cette galerie on entre dans l'intérieur du chalet par la seule porte qui y soit pratiquée. L'espace n'est distribué qu'en deux parties inégales, dont l'une sert pour le jour et l'autre pour la nuit, à moins qu'il ne contienne encore une laiterie ou séparation avec des rayons pour y poser des baquets ou vases à lait. La couche est disposée dans un petit espace fort étroit, entouré d'une cloison au-dessus de la galerie à traire, assez grand pour que six, huit, même douze personnes, puissent s'y coucher les unes à côté des autres; mais ordinairement elle n'est occupée que par deux ou quatre hommes, à moins qu'il ne survienne des visites. Elle est composée d'un peu de foin en guise de matelat et de quelques vieilles couvertures. Les vachers s'y jettent ordinairement tout habillés. On y monte par une échelle, et c'est aussi dans ce vide que sont déposés les effets personnels des habitans. Quelquefois il n'y a point de porte à cet enclos, et l'entrée en est toujours ouverte. Lorsqu'il y a du feu sur le foyer, une épaisse fumée y pénètre et s'y rassemble, ou bien il y règne un courant d'air affreux qui entre par les intervalles des parois, et qui empêche ceux qui n'y sont pas accoutumés de goûter le sommeil et même el repos.

Dans la partie inférieure du chalet, on distingue en premier lieu le foyer : ordinairement il est à plain-pied ou creusé à peu de profondeur dans la terre, et entouré de pierres basses et larges, rangées circulairement, qui ne laissent aucun intervalle au-devant pour mettre le bois sous la chaudière. En voyant la grande simplicité d'un tel établissement, on serait tenté de se croire dans l'habitation d'un sauvage. On n'y voit ni siége, ni lit, aucun meuble qui rappelle les aisances en usage chez les peuples civilisés, aucun de ces instrumens de métal que les Européens ont tant perfectionnés. A la lettre, on ne trouve pas seulement, dans la plupart des chalets, un clou de fer, pas la moindre petite pièce de métal, si ce n'est la grande chaudière de cuivre où se font les fromages, une coignée, un couteau et un briquet. Le loquet de la porte est de bois, ainsi que les verroux, s'il y en a. Les baquets sont de la même matière ; des troncs d'arbre ou des petites chaises à traire servent de siéges, ou bien de longues auges à larges bords dans lesquelles on verse la cuite. Des chevilles de bois plantées dans les parois font l'office de clous ou de crochets, pour y suspendre quelques effets. Aucune planche ne forme le parquet ni le plafond de cet enclos. On n'a au-dessus de soi qu'un toit mal joint et sous les pieds la terre. La pluie pénètre dans l'intérieur, et à peine a-t-on soin de faire au dehors et autour du bâtiment de petits fossés pour en détourner l'eau qui descend de la pente des montagnes.

Le peu de séjour que les vachers font dans les chalets, et la santé robuste dont ils jouissent, leur donnent apparemment cette grande insouciance pour les commodités de la vie qu'ils pourraient se procurer. Ils ne songent pas à l'hiver, pendant lequel il ne reste dans ces cabanes que quelques auges, quelques planches ou rayons sur lesquels on pose les baquets en été, une espèce de potence tournant sur un pivot, à l'extrémité de laquelle est une crémaillère en bois, pour suspendre la grande chaudière sur le feu.

Tous les autres meubles du chalet, fabriqués par les vachers, sont de bois d'érable ou de tilleul, qu'ils sculptent eux-mêmes. Le sac à sel est de cuir, et les pâtres le tiennent toujours attaché par une courroie sur l'épaule, pour porter au bétail le sel dont il ne peut se passer, et sans lequel il serait presque impossible de rassembler, pour les traire, les vaches et les chèvres dispersées au loin sur des vastes pâturages. Pour cette dernière opération, le vacher se sert d'une petite escabelle ronde, portée sur un seul pied, qui s'attache à la ceinture par une courroie, et sur laquelle il s'assied. Le lait se reçoit dans un sceau à la main, d'où on le verse suivant les circonstances dans des brantes hautes pour le transporter sur le dos. On le transvase ensuite dans des baquets de bois peu profonds, et on en voit quelquefois dans les chalets plusieurs douzaines rangés sur des rayons. Les autres ustensiles des vachers consistent en un petit sceau à main pour puiser, un vase pour mesurer le lait, puis un petit baquet rond pour y boire, et des cuillers de bois en forme de grandes coquilles d'huitres, avec un manche recourbé et très-court. Les ustensiles propres à préparer le fromage et le séret, qu'on trouve aussi dans la plupart des chalets, sont un entonnoir de bois, garni en dedans de feuillage de sapin ou de quelque autre substance filamenteuse, pour faire filtrer le lait; un cadre reposant sur quatre pieds, sur lequel on place l'entonnoir; le vase dans lequel on conserve la présure préparée avec la membrane de l'estomac des veaux, infusée dans de la cuite, pour faire coaguler le lait; un autre vase, ordinairement un tonneau, où l'on fait aigrir de la cuite, afin de coaguler le petit-lait pour faire le séret; une longue lame de bois, taillée en forme d'épée, pour couper le lait lorsqu'il s'épaissit sur le feu dans la chaudière où se prépare le fromage; une espèce de moulinet ou brassoir fait avec un morceau de bois garni des deux côtés de petites chevilles qui le traversent, et qui sert au même usage que le précédent, mais qu'on remplace quelquefois par un bâton fait de l'extrémité d'un jeune pied de sapin, dont les petites branches sont écorcées et raccourcies; des formes ou cercles élastiques que l'on peut rétrécir, et dans lesquelles on place la pâte du fromage en la sortant de la chaudière; une espèce de presse composée de deux planches entre lesquelles on place ces formes lorsqu'elles sont pleines, en chargeant la supérieure de grosses pierres; une cuiller percée avec laquelle on enlève les petits grumeaux de séret qui résultent de la seconde coagulation du lait; un vase haut et carré, percé de tous côtés, dans lequel on met le séret que l'on presse avec un bloc de bois de la même forme, qui s'adapte exactement dans l'intérieur; la cuiller pour écumer le lait; un vase dans lequel on conserve le sel, et enfin un crochet de portefaix pour transporter sur le dos ces fromages dans les magasins ou entrepôts dont nous avons parlé plus haut.

Il est agréable d'examiner tous ces ustensiles et de voir comme ils sont bien travaillés, sculptés ou peints, et comme on les tient propres. La propreté est trop nécessaire pour la confection du fromage et pour la conservation du lait, du petit-lait et des autres laitages, pour qu'on n'apporte pas le plus grand soin à l'entretenir.

Lorsqu'on fait du beurre dans un chalet, la baratte ou sérenne est aussi une pièce essentielle de ce mobilier; les Hautes-Alpes sont trop éloignées des endroits où l'on pourrait débiter cette denrée, et l'on n'y prépare ordinairement que des fromages et du séret, dont le petit-lait est employé à nourrir les vachers, et la cuite à engraisser le bétail, particulièrement les porcs.

On a souvent lieu, en voyant un chalet, de s'écrier avec M. de Chateaubriand : « Je suis bien malheureux, car je n'ai pu voir dans ces fameux chalets enchantés par l'imagination de J. J. Rousseau que des méchantes cabanes remplies du fumier des troupeaux, de l'odeur de fromage et de de lait fermenté. »

Il faudrait plus de place et d'aisance, plus d'habitans qu'il n'y en a dans ces huttes, et surtout une construction mieux soignée, pour y maintenir plus de propreté. Comme il y manque d'un manteau de cheminée pour recevoir la fumée, celle-ci noircit les lambris et y dépose une espèce d'enduit résineux. C'est dans l'intérieur du chalet que l'on coupe le bois pour le foyer, et il en reste toujours des copeaux à terre. On y répand beaucoup de liquide. Lorsque les chèvres et les porcs s'y introduisent, ils y laissent des traces de leurs visites. Cependant il y a à cet égard quelque différence entre les divers chalets des montagnes de la Suisse. Les chalets de l'Emmenthal et du canton d'Appenzell ont une grande réputation d'ordre et de netteté.

Observations.

APPENZELL.

OUVRAGES A CONSULTER. — *Cartes géographiques.*

On voit, dans l'hôtel-de-ville d'Hérisau, une carte topographique des Rhodes extérieurs, faite à la main avec beaucoup d'exactitude. On peut, sur la statistique du canton, consulter l'ouvrage du docteur Ebel, qui a pour titre *Schilderung*, etc., ou Tableau du peuple des montagnes d'Appenzell; Leipsick, 1798.

APPENZELL. — AUBERGES: *la Croix blanche, le Lion.*

Entre autres objets dignes d'attirer l'attention des étrangers dans le voisinage d'*Appenzell*, on distingue *Wildkirchlein* (ou Chapelle des Rochers), à cause de sa situation singulière; le mont *Gamor* (dont le sommet se nomme *Hoher-Kasten*), et le *Hoch-Mesmer*, ou mont *Sentis*, à cause des vues magnifiques dont on y jouit.

On peut choisir entre trois chemins pour aller depuis le Weissbad sur le Sentis; 1° le plus commode passe par Schwendi, entre les basses Alpes, du nombre desquelles est le Krouberg, et les montagnes purement calcaires, en suivant toujours la rive droite du ruisseau de Schwendi jusqu'au Seealpthal, 2 l.; 2° un chemin plus difficile et plus dangereux, mais aussi plus intéressant, va depuis le Weissbad à la Bomen-Alpe, passe à côté d'une cabane nommée im Escher, et monte péniblement le long de la paroi de rochers jusqu'à l'Alten-Alpe, 2 l.; 3° du Weissbad à l'*Eben-Alpe*, une l. $^1/_2$, au *Garten* et à *Chlous*, $^1/_2$ l., derrière l'*Oehrli*, une l. $^1/_2$, et de là sur le *Gheirispitz*, 2 l. $^1/_2$. Ce chemin n'est pas moins dangereux que le second.

HÉRISAU. AUBERGES: *le Bœuf, le Brochet.*

Beaux points de vues sur diverses collines des environs, et sur les montagnes.

PROMENADES. — *Landsgemeinde de l'Appenzell.* De Hérisau à *Teuffen* et au couvent de *Wonnestein*, 1 l. $^1/_2$. Ce trajet offre une promenade champêtre et agréable. En passant par la profonde ravine de l'Urnesch, on se rend en 1 h. à *Hundwyl*.

CURIOSITÉS. — A 1 l. de Hérisau, les bains de *Waldstadt*.

CHEMINS. Sur le sommet de la montagne de *Hundwy*

(1 l. 1/2), on découvre une vue étendue. De là au chef-lieu Appenzell, 2 l. Des chemins praticables pour les voitures mènent de Hérisau à Gais, à Saint-Gall et dans le Tockenbourg; cette dernière route passe par Schwellbrounn, lieu remarquable par la hauteur de sa situation.

GAIS. — AUBERGE : le Bœuf.

Cures de petit-lait. — On en apporte tous les matins de tout frais d'une haute montagne qui est à 3 ou 4 heures du village. L'auberge, très-bien montée, est trop petite pour contenir tous les étrangers, de sorte qu'il y en a beaucoup qui sont obligés de se loger dans les autres maisons du village. Les dépenses indispensables se montent à 2 fl. 1/2 (6 l. de France) par jour pour chaque étranger.

Points de vue magnifiques à 1 ou 2 l. de Gais : 1° Sur le *Gœbris*, à 1 l. de Gais ; 2° sur le Goldenstock, d'où la vue s'étend jusqu'au-delà de Feldkirch sur l'Ill ; 3° au lieu nommé Am-Stoss ; 4° sur le Sommerberg, à 3/4 l. La vue y est plus étendue que sur la hauteur d'Am-Stoss.

CHEMIN DE SAINT-GALL. On y va en 3 heures de marche par Troghen, Speicher et Vœgliseck, ou bien par Büler et Teufen. En prenant ce dernier chemin, on peut se servir d'un petit chariot. A *Hérisau*, 4 l. — A *Alstetten* dans le Rinthal, 1 l. 1/2. — A *Troghen* et à *Speicher*, 2 l. — Au *Weisbad*, 1 l. 1/2.

LE CANTON D'APPENZELL.

Le canton d'Appenzell est divisé en deux districts : l'un, beaucoup plus étendu, occupe le nord et l'ouest, et se nomme les Rhodes intérieures; l'autre, au sud-est, est désigné sous le nom de Rhodes extérieures. Celui-ci est protestant et l'autre catholique. Ces deux districts, indépendans l'un de l'autre, n'envoient qu'un député à la diète helvétique. Dans l'un et l'autre le gouvernement est démocratique. Les habitans de la partie catholique forment une des peuplades alpestres et pastorales les plus intéressantes qu'il y ait en Suisse, et les protestans se distinguent par leur industrie et leur intelligence dans le commerce. La plus grande partie de leur district ressemble à un immense jardin, dans la manière anglaise, où l'on voit alterner les vues de montagnes les plus riches et les plus variées avec les scènes champêtres les plus délicieuses.

La liberté des Appenzellois date de 1407, époque où, après divers combats contre les troupes nationales et étrangères, soldées par l'abbé de Saint-Gall, ils parvinrent à se soustraire à sa domination. Cependant, en 1489, il leur fallut combattre de nouveau contre cet abbé; à force de persévérance, ils se délivrèrent enfin de la servitude, et entrèrent dans la ligue des autres cantons devenus libres.

MŒURS ET COUTUMES DES APPENZELLOIS.

Les Appenzellois ont conservé en grande partie les mœurs de leurs ancêtres. Chez eux se trouvent encore la franchise et la droiture des peuples libres et adonnés à la vie pastorale. Ils sont charitables; et avant que la chute de leurs manufactures eût ruiné plusieurs bonnes maisons, et réduit à la misère un grand nombre d'ouvriers, le bourg d'Appenzell était inondé de mendians allemands et italiens. Ce peuple, principalement celui des Rhodes intérieures, a beaucoup de piété. On voit fréquemment des hommes et des femmes, soit dans les chemins, soit en gravissant les montagnes ou en descendant, réciter leur chapelet. Chez eux, la prière précède toujours le repas. Quand l'*Angelus* sonne, tous prient et se mettent à genoux. A la porte de chaque maison est un bénitier, et chacun en sortant y mouille ses doigts. A table, on se salue avant de boire et après avoir bu : celui qui est salué ne se couvre que lorsque l'autre a fini de boire, et celui-ci reste aussi découvert jusqu'à ce qu'il ait bu.

Ce sont des paysans qui gouvernent; mais ce ne sont point des paysans courbés sous l'infortune, flétris par la servitude et le mépris, excédés de travaux forcés, affaiblis par l'insuffisance de la nourriture. Les distinctions de rang, les idées de supériorité, révoltent leur fierté. Ils sont en général robustes et bien faits.

Autrefois des jeux et des divertissemens publics exerçaient la force et l'adresse des montagnards. Jeunes et vieux, filles et garçons, se réunissaient sur les montagnes et dans les prés, surtout les dimanches du printemps et de l'automne. Il y avait un jeu que l'on nommait le *jeu de cercle*. Il consistait dans plusieurs ronds que faisaient les garçons et les filles : un d'eux se plaçait hors du cercle, et, pendant que le cercle tournait, il touchait celui ou celle qui devait le poursuivre et l'amener prisonnier dans le cercle. Cette poursuite s'exécutait au milieu des rochers, des bois et des eaux. Le pré de Poters est encore tous les ans le théâtre de ces jeux.

L'*œuf* était un autre jeu qui se jouait les soirées du dimanche, vers le temps de Pâques. On disposait sur un rang une centaine d'œufs, mais en laissant entre eux des intervalles de quelques pieds. Un jeune pâtre, vêtu de blanc et décoré de rubans, parcourait un espace marqué, pendant qu'un autre, vêtu de même, était obligé de ramasser les œufs et de les jeter dans un panier plein de son qu'un troisième tenait prêt à cet usage. On proclamait vainqueur, au son de la musique, celui des deux qui, le premier, avait fini sa tâche; et une danse villageoise, dans laquelle les deux concurrens figuraient en première ligne avec leurs maîtresses, était la récompense de leurs efforts. Ce divertissement est ancien, et il se donne encore quelquefois dans le canton de Saint-Gall.

Autrefois encore les jeunes gens de plusieurs villages s'assemblaient pour ces concours, et luttaient entre eux d'agilité et d'adresse. Ces réunions sont malheureusement rares. Sans doute, c'est la suite des occupations sédentaires devenues presque générales dans les villages protestans, où la fabrique et la broderie des mousselines font exister un grand nombre de jeunes gens de l'un et l'autre sexes. Cette branche d'industrie y est arrivée à un haut degré de perfection. Elle versait, il y a quelques années, une grande quantité de numéraire dans le canton; mais comme le commerce des objets de luxe est tombé en Suisse, par les douanes établies sur les frontières des différens états limitrophes, dans une grande stagnation, cette circonstance est devenue la cause d'une grande misère. Faute d'occupation, les ouvriers et ouvrières des Rhodes extérieures, dégoûtés des travaux champêtres, ont tourné leurs regards vers d'autres contrées. C'est la raison pour laquelle on a vu tant d'émigrations pour l'Amérique, où les malheureux qui avaient été abusés par de flatteuses espérances ont rencontré de nouvelles calamités, au lieu de la situation prospère à laquelle ils s'attendaient.

L'aisance que la tisseranderie en coton et la broderie ont répandue chez les fabricans et les commerçans se fait remarquer dans leurs habitations et leurs vêtemens, qui sont, généralement, plus commodes et plus adaptés à leurs besoins qu'autrefois. Dans les maisons, il y a presque toujours une cave ou un rez de chaussée très-bas

pour la tisseranderie, et la façade en est percée
d'un grand nombre de croisées. Les maisons des
paysans sont recouvertes, tant au grenier qu'à la
façade, et même sur les côtés, de tablettes de bois.
Ces maisons, disséminées entre les rochers et les
sapins, offrent un spectacle assez pittoresque dans
les paysages de l'Appenzell.

Quoique la population soit très-nombreuse dans
le canton, les habitans sont bien vêtus, bien logés,
bien nourris, et les auberges très-bien servies. On
y voit des paysannes avec de petits galons d'or et
d'argent à leurs corsets. D'autres ont sur toute la
longueur de ce vêtement, devant et derrière, une
suite d'agraffes d'argent très-artistement travaillées, et dont la contiguité forme une jolie dentelle en orfèvrerie. Elles ont des chaînes d'argent,
des rosettes de ce précieux métal, placées où leur
goût et leur imagination les demandent, et ces
objets de luxe ne sont pas pris sur le nécessaire.
On a vu des paysans dont l'habillement entier
était garni de boutons d'argent. Il s'en trouve aussi
qui suspendent au cou de leur vache de prédilec-
tion une belle sonnette d'argent, qui peut valoir
cinquante écus.

Anciennement l'agriculture était sacrifiée dans
ce canton à l'entretien des bêtes à cornes et des
troupeaux : aujourd'hui les habitans s'en occupent
sans avoir renoncé à la vie pastorale et aux travaux des chalets. Les bergers, habitués à vivre
dans les solitudes des montagnes, ont quelque
chose de sauvage dans leur extérieur. Une ja-
quette et un pantalon forment presque tout leur
vêtement, et leur principale nourriture est le lai-

tage. La pureté de l'air et des eaux de leurs montagnes, les qualités aromatiques du lait, la liberté dont ils jouissent, et la part qu'ils ont dans le gouvernement de leur pays, tout contribue à cette vivacité d'esprit qui les distingue des autres Suisses, et qui leur inspire de temps en temps des réparties ingénieuses et piquantes.

Plus de quinze mille bêtes à cornes paissent habituellement dans les Rhodes intérieures, où se trouvent les principaux pâturages. Ce bétail s'achète au printemps, et il est revendu, en grande partie, à son retour des pâturages. Les vaches de la même race et de la même couleur, c'est-à-dire noires et brunes, avec une grosse tête, des cornes et des jambes courtes, sont très-recherchées pour les grands chalets. Les fromages sont trop maigres et ne valent pas ceux du canton de Fribourg, mais le beurre est excellent.

Outre les bêtes à cornes, les Appenzellois entretiennent un grand nombre de chèvres, dont le lait passe pour avoir des qualités apéritives. Les Suisses et les étrangers en viennent boire comme médicament, dans quelques villages des montagnes. A cet avantage on peut joindre l'usage des eaux minérales qui coulent dans ces lieux mêmes ou aux environs.

L'exploitation du salpêtre fournit de plus aux habitans de l'Appenzell une branche de commerce très-lucrative. Les étables de leurs bestiaux sont portées en l'air sur des billots de bois, d'environ deux pieds de haut. Sous toute l'étendue de l'étable, on pratique une fosse qu'on remplit d'une terre graveleuse qui, continuellement imprégnée de l'urine des bestiaux, et exposée à l'air libre, qui facilite l'évaporation de la partie purement aqueuse, se trouve, au bout de deux ans, assez chargée de nitre pour être lessivée avec succès.

APPENZELL.

Appenzell est le chef-lieu de tout le canton, quoique situé dans la partie catholique. C'est là que tous les printemps se tient l'assemblée générale du peuple. Les côtes qui l'environnent sont semées d'habitations si peu éloignées les unes des autres, qu'elles présentent l'image d'une ville éparse. Assis dans un joli valon, sur la Sitter, le bourg d'Appenzell renferme quelques vieux édifices, tels que l'église paroissiale et la maison commune. L'église, d'un style gothique, est décorée, à la voûte, des drapeaux enlevés autrefois par les Appenzellois aux ennemis de leur liberté. La plupart des maisons sont en bois et couvertes de peintures.

Ce bourg magnifique paraît séparé de l'univers. La nature en ferme les avenues, et même il y a telle communication qui n'a lieu que par des escaliers de bois scellés contre le roc. Près de l'église paroissiale est un ossuaire souterrain où l'on voit accumulés, comme dans les Catacombes de Paris, les tristes débris du trépas. On s'arrête avec effroi devant une grille de bois dont chaque pieu supporte un crâne, avec une étiquette qui indique le nom du mort auquel il appartenait, ainsi que la date et les circonstances de son décès. Qui croirait qu'un peuple enjoué, turbulent, habite à Appenzell ?

La rivière de Sitter, qui arrose le bourg, prend sa source dans un petit lac poissonneux, encaissé dans les montagnes et dans un bassin de rocher d'une profondeur extraordinaire.

EXCURSION D'APPENZELL A GAIS ET A TROGEN.

Ou va cette foule d'Allemands, de Suisses, d'étrangers si différens de langage et de vêtement, et qui, levés dès le matin, prennent la même route, presque tous à pied ? Au joli village de Gais, pour boire ce lait si renommé qu'on apporte chaque matin tout frais d'une montagne qui est à trois ou quatre lieues du village. Qu'on se figure un groupe de maisons d'une blancheur éblouissante, de jolies habitations parées comme les habitations de la Hollande, d'une architecture rustique pleine de charmes, de belles rues, des flèches brillantes, des eaux pures, de l'aisance, du mouvement, de hautes montagnes, un véritable Élysée, et l'on aura une idée du village de Gais. A une lieue de là est la chapelle de Stoss, qui rappelle aux Appenzellois de si glorieux souvenirs.

Cette journée assura leur liberté et l'indépendance de leur pays. (Le premier volume des tableaux des peuples des Alpes, par M. Ebel, contient des détails sur l'histoire intéressante de cette petite nation. V. pag. 59 et suiv.) Le 15 juin 1405, les Autrichiens, réunis aux troupes de l'abbé de Saint-Gall, s'étant avancés jusqu'au travers du défilé d'Am Stoss, passage étroit, pratiqué dans le boulevart qui défendait l'entrée du pays, du côté d'Alstette, les Appenzellois, postés sur les hauteurs, firent rouler sur eux des troncs d'arbres et des pierres, et voyant qu'ils étaient parvenus à mettre en désordre la cavalerie autrichienne, ils se jetèrent impétueusement sur les rangs ébranlés de l'ennemi. De grandes pluies avaient rendu le gazon si glissant que les Autrichiens ne pouvaient ni avancer ni rester en place, au lieu que les Appenzellois, qui avaient eu la précaution de se déchausser, combattaient de pied ferme et de toutes leurs forces. Cependant les femmes de l'Appenzell, couvertes de ces longues chemises que les bergers ont coutume de porter par-dessus leurs vêtemens, accouraient au secours de leurs pères et de leurs époux. A cet aspect imprévu, les ennemis, saisis d'une terreur superstitieuse, prirent la fuite de toutes parts, et on en fit un grand carnage. On trouva seulement à l'entrée du défilé, près du boulevart, plus de 1,000 Autrichiens couchés sur le carreau, entre autres un grand nombre de chevaliers. Les Appenzellois prirent 150 armures et beaucoup de drapeaux, que l'on conserve encore aujourd'hui dans le chef-lieu. On érigea sur la place une chapelle en mémoire de cette journée; toutes les années les habitans du canton s'y rendent en procession.

Plusieurs routes conduisent de Gais à Trogen : le chemin le plus beau et le plus long est celui des montagnes, d'où l'œil plonge sur le canton d'Appenzell, qui, vu de ces hauteurs, a quelque chose de magique; toutes ces petites habitations entourées d'arbres, et disséminées çà et là sur une surface de quelques lieues, ressemblent à celles que les panoramas offrent aux regards étonnés; l'horizon est aussi pur que celui que le pinceau de Cicéri pourrait créer.

Trogen, l'un des chefs-lieux de l'Appenzell réformé, est situé au pied septentrional du mont Gabris. C'est là que l'on trouve les plus grandes maisons de commerce du canton d'Appenzell; presque toutes sont ornées à l'intérieur de marbres précieux; chaque jour on les lave à l'extérieur; le seuil même est d'une propreté exquise : on sent qu'on foule un sol où naissent des âmes libres : tout annonce l'aisance et le bonheur; le contentement brille sur toutes les figures.

PROMENADE A LA CHAPELLE DES ROCHERS.

Wisbad est à moitié chemin d'Appenzell et de la chapelle des Rochers, où l'on arrive en quatre heures de temps. Du moulin de Laas, on commence à monter par un chemin malaisé et pierreux, qui dure pendant une heure et demie; ensuite on trouve un pont de bois qui, suspendu sur un horrible précipice, conduit à une cabane ouverte. Quelque effrayant que ce pont puisse paraître, il n'y a aucun danger à le traverser. La hauteur des parois verticales de rochers que l'on voit au-dessous est de 250 pieds, et l'ensemble de cette contrée offre une scène naturelle également sauvage, pittoresque et mélancolique. On découvre du côté du sud une vue magnifique. Au fond de la sombre See-Alpe, on voit briller les eaux du petit lac de même nom, ainsi que celles de la Sitter, qui serpente le long d'une vallée bordée de collines. Quand on a passé la cabane placée au bout du pont, on ne tarde point à arriver au Wildkirchlein. Derrière la chapelle s'ouvre une grotte dans le rocher, dont les parois sont couvertes de *lait de la lune* (*lac lunæ*) et dans laquelle on a dressé un autel. Almann d'Appenzell bâtit cette chapelle l'an 1656, et choisit la caverne attenante pour y faire son séjour. Depuis ce temps, la seconde grotte sert constamment d'asile à un ermite qui y passe toute la belle saison. La vue que l'on a de la fenêtre de cette caverne est magnifique. L'ermite sonne, cinq fois par jour, une cloche dont on entend le son sur toutes les Alpes voisines : ce signal invite à la prière tous les pasteurs de ces montagnes. Tous les dimanches ils se rassemblent au Wildkirchlein pour assister à l'office. Au fond de la grotte de l'ermite on trouve l'entrée d'une troisième caverne dont la longueur est de 200 pas sur 60 de largeur et 10 de hauteur dans les endroits les plus élevés. On y voit deux voûtes différentes. L'une est haute, horizontale, et garnie de stalactites curieuses et de lait de la lune. L'entrée de la seconde voûte ténébreuse est pénible ; il faut grimper sur des quartiers de rochers détachés, après quoi l'on rencontre une petite porte, au sortir de laquelle on se trouve sur le revers du nord-ouest de la montagne; puis on monte par une pente assez roide dans les vastes pâturages de l'Eben-Alpe, d'où l'on découvre une vue très-belle, quoique bien moins étendue que celle du mont Gamor. Pour aller sur cette dernière montagne et sur le Hohen Kasten, quand on est à l'Eben-Alpe, ou au Wildkirchlein, il faut redescendre jusque près de Weisbad, après quoi on attaque la montagne sur la rive opposée de la Sitter, du côté de l'est, et par une rampe assez rapide. Si l'on veut jouir du spectacle qu'offre le lever du soleil sur cette sommité, il faut partir d'Appenzell l'après-midi, et aller passer la nuit dans un des chalets du Gamor.

Le Gamor est, de toutes les montagnes de la chaîne des Alpes, celle qui est le plus au nord-est. La vue dont on jouit sur le Hohen Kasten, qui en forme la plus haute cime, embrasse la Suisse orientale, le lac de Constance, le Rhinthal, une multitude innombrable de montagnes dans le Tyrol et dans la Carinthie, et une partie de la Souabe. Au sud et à l'ouest s'élèvent les sommités des monts de l'Appenzell, le Senlis, le Ghirenspitz, le Mauerli, le Mesmer inférieur, le Niederi et le Wagenlucke. Au nord-ouest, l'œil repose sur la partie la moins montueuse de l'Appenzell, et sur les cantons de Saint-Gall et de Thurgovie.

EXCURSION D'APPENZELL A HERISAU.

Le trajet est de courte durée, et n'offre aucune de ces scènes imposantes qui, dans d'autres cantons, captivent si vivement l'imagination, mais des jouissances plus douces et qui ne sont pas sans charme. On ne peut se lasser d'admirer l'élégance des demeures des Appenzellois, la propreté des chaumières des paysans, cet air de bonheur répandu sur toutes les campagnes; point de champs de blé, pas même un jardin potager, des pâturages et toujours des pâturages.

Herisau est le bourg, ou la ville, si l'on veut, la plus commerçante de l'Appenzel; toutes les maisons y sont décorées avec goût, quelques unes ornées dans l'intérieur de beaux marbres et de peintures. D'Hérisau à Teuffen on compte environ une lieue. Ce trajet offre une promenade champêtre et agréable. En passant par la profonde ravine de l'Urnesch, on se rend en une heure à Hundwyl, où les Appenzellois réformés ont coutume de tenir leurs assemblées générales de deux ans l'un; l'année suivante c'est à Troghen que se réunit la landsgemeinde. Cette assemblée est composée de 9 à 10 mille individus.

Teuffen est un beau village du canton d'Appenzel Inner-Rhoden (ou réformé), situé entre Hérisau et Troghen, à une lieue et demie de Saint-Gall, et dans une contrée très-agréable, gracieuse, fertile et exposée à l'influence salutaire du soleil. Teuffen a produit plusieurs artistes ingénieux et inventifs, entre autres un nommé Jean Gmunder, qui tissait au métier des chemises et des sacs sans couture. C'est aussi le lieu natal du célèbre Ulrich Grubenmann, architecte d'un génie supérieur, dont les ponts de bois de Schaffouse, de Wettinghen, de Reichenau, etc., ont fait pendant un demi-siècle l'admiration des connaisseurs.

CHASSE AUX CHAMOIS.

La chasse aux chamois était jadis une des occupations favorites des Appenzellois; mais depuis quelque temps cette occupation a fait place à d'autres plus sérieuses. Nous pensons qu'on aimera à trouver ici une description de ce divertissement périlleux, faite par un chasseur même.

« Un chasseur de chamois doit posséder plusieurs qualités, que l'on trouve rarement réunies chez le même individu. La première et la plus essentielle est une forte constitution corporelle, qui puisse braver les intempéries les plus affreuses, le froid le plus rigoureux et l'humidité la plus pénétrante; qui puisse supporter, sans que la santé en souffre, de passer des nuits entières sous un rocher, sur la croupe des montagnes les plus élevées. Il faut qu'il ne soit absolument point sujet au vertige, que sa vue soit perçante, sa main ferme pour tirer juste. Du courage et du sang-froid dans les périls de toute espèce sont indispensables, ainsi qu'une patience à toute épreuve, de la constance et de l'expérience. Il doit encore avoir des épaules robustes, afin de pouvoir porter pendant des journées entières un fusil de chasse très-pesant et des vivres. Une taille pas trop grande, mais ramassée, un corps adroit et leste, des genoux assurés et vigoureux, un bras nerveux : telle est la figure la plus avantageuse pour un chasseur de chamois.

« L'extrême timidité de ces animaux, jointe à leur excellent odorat et à leur ouïe extraordinairement fine, est cause qu'il est extrêmement difficile de les approcher et de les tuer. On leur donne la chasse de deux manières, avec des chiens, ce qui est très-rare, et plus ordinairement sans chiens. Tous les chiens de chasse sont très-ardens à les poursuivre; mais sur les montagnes de glace escarpées et sauvages, telles que le Wetterhorn, qui est la plus fréquentée par les chamois du Grindelwald, et le Mettenberg, on ne peut guère se servir de chiens, parce qu'ils ne sont pas très-habiles à grimper. On le peut plus aisément sur des montagnes moins âpres, que les vaches peuvent pratiquer, comme sur le Faulhorn, le Rothihorn et la Scheideck. Mais, si l'on pourchasse souvent les chamois de cette manière dans une contrée quelconque, ils la quittent bientôt et n'y reviennent plus : il vaut donc mieux ne pas faire un usage fréquent des chiens, tout au plus une fois pour varier. On peut alors s'y prendre de deux façons : ou laisser le chien suivre en liberté la piste de ces fauves, ou le tenir en lesse jusqu'à ce qu'on découvre sur la neige ou sur quelque sentier étroit les voies de la bête. Alors on le lâche, et comme les chamois ont une piste très-forte, un chien même médiocre ne perd pas facilement leur faix. Pendant qu'il le suit, le chasseur va se porter à l'affût à l'endroit par lequel il sait, ou présume, que les chamois prendront la fuite; ou, ce qui vaut mieux, il suit de l'œil nu, ou armé d'une bonne lunette, la marche du chien, jusqu'à ce que celui-ci en fasse partir un ou plusieurs, et ce n'est aussi qu'alors que le chien commence à donner de la voix. Comme les sons se propagent très-facilement sur les montagnes et que les chamois ne fuient pas très-loin, on peut observer la chasse de l'œil et de l'oreille, surtout lorsqu'on s'est placé sur un point un peu élevé, d'où l'on domine une vaste étendue.

« Lorsque le chien a poursuivi le fauve pendant une heure, on cherche à le rompre et à le rappeler. Aussitôt les chamois, qu'il ne faut jamais perdre de vue, se couchent à terre, la fatigue a déjà affaibli leur attention et épuisé leurs forces, de sorte que le chasseur peut se glisser plus près d'eux. Quelquefois ils se mettent en défense contre les chiens, principalement lorsqu'il n'y a point de petits dans la troupe, ou lorsqu'il s'y trouve un vieux mâle, qui reste en arrêt à la même place, tellement que le chasseur croit presque pouvoir le prendre avec les mains.

« La chasse aux chamois sans chiens est plus usitée et plus convenable relativement aux lieux qu'ils habitent. Les chasseurs préfèrent de s'associer au nombre de deux ou trois, mais jamais davantage. Ils partent ordinairement le soir, munis d'une espèce de pioche ou de hoyau dont la pointe est aiguë de chaque côté, propre à tailler des trous dans la glace ou dans le roc, de bâtons de montagne armés de longues pointes de fer, d'une carabine courte ou d'un fusil à canon rayé, de crampons à plusieurs pointes avec des courroies pour les attacher sous les souliers, lorsqu'on marche sur les pentes dangereuses ou sur la glace. Dans leurs carnacières ils portent, outre leurs munitions, une petite lunette d'approche, les provisions de bouche nécessaires, savoir, des gâteaux de farine d'orge, du fromage et de l'eau-de-vie de cerise ou de gentiane. Ils passent la première nuit dans un chalet de quelque Alpe peu élevée, toujours ouvert et suffisamment pourvu de bois pour se chauffer. Le lendemain, on part de grand matin, et l'on tâche d'être rendu à la pointe du jour à l'endroit où l'on présume de trouver des chamois; ou bien, on va se placer sur quelque haute arête de rochers, où les chasseurs établissent ce qu'ils appellent un luegi, c'est-à-dire une place avantageuse pour l'affût, où ils appuient deux grands quartiers de pierre l'un contre l'autre, en laissant un intervalle entre deux, au travers duquel ils peuvent regarder comme par une pinnule. Le chasseur se glisse à quatre pattes et se couche à terre derrière cet abri, laissant en arrière son arme, ses instrumens, son bâton, son chapeau et son bonnet.

« A l'aide de sa lunette, il regarde de tous côtés, au travers de cette ouverture, s'il n'aperçoit point de chamois. Ses compagnons restés en arrière ne détournent pas un instant les yeux de dessus lui ; dès qu'il aperçoit le gibier, il leur donne un signe avec la main pour leur indiquer où il l'a vu, et combien il y en a ; puis il se traîne, sans se relever, tout doucement pour les rejoindre. On délibère alors comment on peut le mieux attaquer les fauves.

« Il faut que les chasseurs connaissent parfaitement le pays, qu'ils sachent les endroits où les chamois vont de préférence se réfugier, ainsi que les chemins qu'il faut prendre pour y parvenir. Ils observent d'où vient le vent, puis ils cherchent à se rapprocher de la bête ou de la troupe sans en être aperçus. Ordinairement, le meilleur et le plus prudent des chasseurs est chargé de cette commission, qui exige beaucoup de patience, de peine, de constance et de ruse. Il avance de roc en roc, de saillie en saillie, jusqu'à ce qu'il soit à portée du gibier. Quelquefois il est obligé de se coucher à terre, sur le ventre, et d'y rester pendant une demi-heure, comme s'il était mort, sans faire le moindre mouvement, lorsqu'il a vu que les chamois, particulièrement la femelle, qui conduit le troupeau, se sont aperçus de quelque approche suspecte, qu'ils ont cessé de pâturer, ou qu'ils se sont levés, s'ils étaient couchés. On le voit aussi passer quelquefois sa chemise par-dessus ses autres vêtemens, pour imiter la couleur de la neige, et ramper sur le ventre, avec les pieds et les mains, sur la glace unie. Il ôte ses souliers, dépose tout son équipage et glisse sans bruit, en marchant à pieds nus sur les pierres tranchantes et sur les pointes de rocher.

« D'autres fois, il reste immobile, dans l'attitude la plus gênée, pendant plusieurs minutes, parce que les fauves ont eu vent de son arrivée. Enfin, il mesure de l'œil la distance qu'il a cherchée d'atteindre.

« Dès qu'il peut distinguer la cambrure des cornes des chamois, il peut conclure qu'il n'en est plus éloigné que de 200 à 250 pas. Il contourne encore quelque angle de rocher pour se mettre mieux à portée de sa proie, et il avance la tête avec prudence; mais si les fauves regardent de ce côté-là, il n'ose pas la retirer, il doit rester parfaitement tranquille pour ne pas les effrayer. Il arrive quelquefois que, dans ce moment-là, les chamois s'éloignent sans se douter même du danger, et il est obligé de recommencer toute sa poursuite.

« Enfin, le chasseur reconnaît qu'il n'est pas possible de s'approcher davantage de la troupe sans la faire partir; il cherche à distinguer la bête la plus grosse ou la plus grasse, ou, lorsque la distance lui paraît douteuse, celle qui est le plus près de lui, et désigne ainsi sa victime; son cœur bat de désir et d'impatience d'atteindre enfin le but de tant d'efforts et de peines. Plus un chamois est gras et plus son manteau est de couleur foncée. Cependant les nuances de leur poil varient chaque mois. En été, il est d'un gris jaunâtre, couleur isabelle; en hiver, d'un brun foncé ou noirâtre.

« Le chasseur couche en joue, le coup part, le plomb vole et ne manque presque jamais : l'animal tombe, et la troupe effrayée, en voyant le chasseur, en sentant l'odeur de la poudre, s'enfuit avec une vitesse inconcevable au travers des rochers et des précipices. La détonation seule ne les effraierait pas autant, parce qu'ils entendent à chaque instant des bruits parfaitement semblables dans les montagnes, lorsque des masses de glace se brisent et s'écroulent.

« Lorsque le chasseur a tué une de ces bêtes au milieu d'une troupe, et qu'il n'a plus d'espoir d'en tuer une autre, il court vers sa proie, s'en saisit en poussant des cris de triomphe et de joie. Si elle respire encore, il lui donne le dernier coup et boit souvent de son sang, qu'on dit être un excellent spécifique contre le vertige. On ouvre tout de suite le ventre de la bête; on jette l'estomac, les intestins, les entrailles et toutes les parties que l'on ne peut pas manger; on a grand soin de la graisse; puis on attache les pieds de derrière à ceux de devant; on se l'endosse comme une hotte attachée avec des courroies, et on l'emporte assez commodément.

« Les chasseurs se réunissent. On cherche un ruisseau pour se laver les mains, on s'assied par terre, et l'on fait, avec grand appétit, un joyeux et frugal repas.

« Mais, lorsqu'on a lieu d'espérer de tuer encore d'autres pièces de gibier, on cache celle qui l'est déjà sous un rocher, et l'on continue la chasse de la même manière. Ce n'est que quand la nuit est survenue que les chasseurs emportent leur proie chez eux, où ils salent la chair et l'exposent à la fumée. La graisse du chamois est employée à plusieurs remèdes domestiques; on vend la peau et l'on conserve les jolies cornes, dont on fait un ornement de la maison, ou que l'on vend à des étrangers.

« On estime qu'un chamois de taille moyenne pèse 50, 60 ou 70 livres. Ceux qui sont très-gras rendent souvent jusqu'à 7 livres de suif. C'est avec la peau de ces fauves que l'on fait les meilleurs gants et les meilleures culottes de cette matière : en effet, elle est très-forte, et joint à la douceur du velours une élasticité extraordinaire.

« Si l'on peut se poster sur les sentiers que les chamois ont l'habitude de pratiquer, le meilleur tireur va se mettre à l'affût, muni de plusieurs fusils. Les autres chasseurs cherchent à se rapprocher des chamois et à les relancer, soit par un coup de feu, soit en les effrayant d'une autre manière. Lorsque ces fauves veulent alors s'enfuir par les chemins qui leur sont connus, ils y trouvent le chasseur qui les guette et qui les reçoit à coups de fusil. Souvent les chamois passent si près de lui, qu'il pourrait presque les toucher avec les mains. Si le passage est trop étroit, les fauves rebroussent chemin; mais ils rencontrent souvent des traqueurs qui les forcent à retourner de nouveau sur leurs pas. Enfin, ils se décident à s'enfuir, en passant proche du chasseur, et s'avancent vers lui les cornes baissées pour l'attaquer. On fait alors très-bien de se coucher sur le ventre, et de laisser passer sur soi la troupe désespérée. »

CANTON DE THURGOVIE.

Cette contrée étendue, qui a pris le nom qu'elle porte de celui de la Thour, est séparée de l'Allemagne, vers le nord, par le lac de Constance, le Lac inférieure (Zellersée) et le Rhin. Les comtes de Thurgovie, qui existaient dès le cinquième siècle, ont joué un rôle important dans l'histoire du septième, et il paraît que c'est de ces seigneurs que les comtes de Kybourg ont tiré leur origine. Ce fut pendant ce siècle que les habitans de la Thurgovie embrassèrent le christianisme : dès lors la noblesse et les monastères se multiplièrent tellement dans ce pays-là, qu'il n'existe aucune autre contrée en Suisse où l'on trouve autant de couvens et de châteaux. L'an 1460, la Thurgovie tomba au pouvoir des huit anciens cantons, lesquels l'ont fait gouverner par des baillis jusqu'en 1798. A cette époque, la Thurgovie fut érigée en un canton indépendant, dont Frauenfeld est la capitale.

Ce canton est composé de plaines et de collines qui, du côté du Tockembourg, forment de petites montagnes, lesquelles ne s'élèvent pas au-dessus de 2,500 pieds à compter de la surface du lac de Constance. Entre ces collines sont situés trois lacs peu considérables, mais fort poissonneux. Le sol de ce pays est tellement productif, que c'est le plus fertile de tous les cantons de la Suisse allemande. On n'y trouve pas de pâturages alpins; mais il est rempli de prairies, de vergers, de vignes et de champs où, indépendamment de toutes sortes de grains, on cultive beaucoup de lin et de chanvre. La haute Thurgovie, qui s'étend depuis Arbon jusqu'à Stein, le long du lac de Constance, du lac inférieur et du Rhin, et à 3 ou 4 lieues au delà de Stein, jusqu'à la Thour, est un pays d'une fertilité extraordinaire. On y fait deux récoltes de lin par année sur un seul et même champ, et, après la seconde, on y sème encore en automne du seigle ou quelque autre espèce de blé. Une forêt de poiriers et de pommiers, la plus magnifique qu'il y ait dans toute la Suisse, couvre ce beau pays sur une étendue de plusieurs lieues. On y trouve des arbres dont chacun rapporte de 60 à 100 boisseaux de fruits par an, et le cidre qu'on en retire peut valoir de 3 à 5 louis. Le lin et le chanvre que l'on y recueille se filent et se mettent en œuvre dans le pays même, et les fabriques de toile, qui commencèrent à s'introduire dans le canton dès la fin du treizième siècle, ont fini par s'y élever sur le pied le plus florissant. Les toiles les plus belles et les plus fines que les négocians de Saint-Gall répandent dans le commerce se fabriquent dans la Thurgovie. Cependant ces manufactures ont considérablement perdu de leur lustre depuis l'introduction de la filature de coton et des fabriques de mousseline, vers le milieu du siècle passé. Ces fabriques de toiles sont néanmoins toujours encore assez florissantes, et il se fait un commerce actif des mouchoirs de poche et de cou, en toiles peintes, que l'on fabrique à Arbon, à Hauptwil, à Islikon, etc. En divers endroits du Thourgau, la filature de coton et les fabriques de mousseline occupent un grand nombre de mains.

La situation politique et civile des habitans de la Thurgovie a été déplorable jusqu'à la révolution. A la vérité le peuple n'avait que peu ou point de redevances à payer à ses souverains les huit premiers cantons; mais, en revanche, il était abandonné au gouvernement arbitraire et à l'impudente rapacité de la plupart de ses baillis et de leurs agens, ainsi qu'à des vexations de tout genre de la part des seigneurs, lesquels avaient un bon nombre de serfs et de mainmortables. Dix-huit couvens ou chapitres, plusieurs villes et beaucoup de particuliers, possédaient soixante-douze seigneuries dans le Thourgau. Ces divers seigneurs exerçaient leurs droits en personne ou par des intendans. Les deux tiers des habitans professent la religion réformée; il y a beaucoup d'endroits dans le canton où l'on célèbre tour à tour les cultes protestan et catholique dans une seule et même église.

FRAUENFELD.

FRAUENFELD, ancienne résidence des baillis de la Thurgovie, depuis l'an 1798 est la capitale du canton de Thurgovie. Elle est située dans un pays où il n'y a que des collines peu élevées, et sur les bords de la Mourg, rivière qui prend sa source dans les montagnes de l'Allmann. L'Hôtel-de-Ville, l'église catholique et celle des protestans, voilà tous les monumens à peu près de Frauenfeld.

En 1799, depuis le 22 mai, les Autrichiens et les Français se livrèrent plusieurs combats dans la Thurgovie. C'est dans une de ces affaires que le général Wéber, qui commandait les troupes helvétiques, fut tué, le 25 mai, près de Frauenfeld.

Islikon, bourg des environs, a des fabriques assez florissantes. Plusieurs châteaux, entre autres ceux de Wellenberg et Sonnenberg, se font remarquer dans le district, ainsi que deux couvens, Dœniken et la chartreuse d'Iltingen.

Bischofzell, au confluent de la Thur et de la Sitter, est une ville de fabriques. On y voit sur la Thur un pont solidement construit en pierres de taille, qui a huit arches et 540 pas de longueur; l'origine de ce pont mérite d'être rapportée. Une dame noble, qui vivait dans le moyen âge, et dont le nom est perdu, avait deux fils, les derniers de leur race, qui se noyèrent en cet endroit en voulant traverser la rivière; elle fut inconsolable de leur perte, et fit construire ce pont afin, dit-elle, qu'aucune autre mère n'eût à l'avenir une affliction semblable à la sienne. On trouve dans le district de Bischofzell Hauptwil, bourg situé vers les frontières du canton de Saint-Gall; il appartient tout entier à la famille Gonzenbach, qui y a établi des manufactures considérables.

Si nous suivons les bords du lac de Constance,

depuis l'extrémité orientale du canton, nous trouvons en premier lieu la petite ville d'Arbon, puis le village de Romis-Horn, bâti sur une langue de terre.

La route conduit le long du lac, par les bourgs de Munsterlingen et Kreutzlingen, qui ont des chapitres, à la ville de Constance, située hors de la Suisse.

Depuis Constance, la limite du canton suit cette partie du lac appelée Untersée, d'où sort le Rhin. Steckborn, situé sur cet Untersée, est un lieu fort ancien. On y voit un vieil édifice qui était jadis un château. Le district est rempli de forts délabrés; on les trouve très-rapprochés aux environs de Berlingen; il reste aussi un couvent dans ce district, c'est celui de Kalchen. Entre Steckborn et Constance, on voit quelques lieux avec de vieux monumens. Gottlieben a un château qui a été bâti dans le moyen âge par les évêques de Constance. Ermatingen était un vieux domaine des rois francs; Charles Martel en fit don à l'abbaye de Reichenau.

Sur le Rhin, la Thurgovie possède la ville de Diessenhoffen, la plus grande du canton; elle a quelque industrie, et aux environs on trouve deux couvens, le Val-de-Sainte-Catherine et le Paradis, qui peut-être n'en a pas été un pour tous ceux qui l'ont habité. Ce Paradis était d'ailleurs si pauvre, qu'on l'a réuni à l'autre couvent. Tous les autres lieux de la Thurgovie sont petits et de peu d'importance. Pfyn, avec un château sur une hauteur au bord de la Thur, avait un camp romain pour surveiller la lisière de la Rhétie, et son nom vient, à ce qu'il paraît, du mot latin *fines*. On a découvert aux environs les restes d'une voie romaine.

Weinfelden, bourg populeux, orné d'un château comme la plupart des lieux thurgoviens, subsiste de l'agriculture, du commerce du vin, de l'industrie. Tobel était autrefois la plus riche commanderie de l'ordre de Saint-Jean en Suisse; enfin Fischingen est la principale abbaye du canton.

ARCHITECTURE CHAMPÊTRE DE LA SUISSE.

Les étrangers font en général peu d'attention au genre particulier de l'architecture champêtre suisse, qui mériterait cependant d'être remarquée. Storr, et avec plus d'originalité Müller de Zurich, ont fait dans leurs voyages, écrits en allemand, quelques observations intéressantes sur ce sujet. Les maisons dans les vallées, dit à peu près le premier, sont ordinairement construites en bois, de préférence en bois de mélèze, au défaut duquel on emploie aussi le sapin ou le pin. Leur durée est singulièrement longue : on en voit qui ont plus de 200 ans. Le bas prix des bois, la facilité de les transporter en hiver et de les travailler, et l'abri plus impénétrable qu'ils offrent contre le froid, les font préférer aux pierres pour la construction des habitations. Cependant le soubassement est le plus souvent de pierres, en raison des hautes neiges en hiver et des grandes eaux que produit leur fonte au printemps. Les mêmes causes font que le plain-pied est rarement habité, et qu'il est plutôt destiné aux étables et aux divers magasins de provisions, d'autant plus qu'il serait trop pénible et trop coûteux de creuser des caves dans un terrain aussi rocailleux. L'étage qu'on habite repose sur ce soubassement élevé de 5 à 6 pieds, que la neige atteint souvent et dépasse même quelquefois. Pour s'en préserver, ainsi que des inondations, un escalier pratiqué en dehors aboutit à une large galerie en bois qui règne tout autour du bâtiment ou au moins de sa plus grande partie. La maison, dans laquelle il n'entre aucune maçonnerie, ne consiste qu'en solives carrées qui se joignent exactement par des entailles faites dans les angles. Elles sont recouvertes de lambris en dedans, et même quelquefois aussi en dehors. La couleur de cette boiserie jaunâtre ou d'un rouge clair se noircit peu à peu à l'air, principalement par l'effet de la résine qui en découle pendant l'été, qui prend alors une couleur sombre, forme une espèce de vernis et préserve le bois de l'humidité. Partout où il se forme des fentes ou des ouvertures dans cette boiserie rustique, on les remplit soigneusement de copeaux ou de mousse. On entasse devant la maison toute le provision de bois à brûler, comme un boulevart contre les rigueurs de l'hiver, et on ne laisse absolument libres que les portes et les fenêtres. Les parquets et les plafonds ne consistent qu'en ais de sapin si légèrement assujettis sur les travées, que chaque pas que l'on fait dans l'intérieur retentit dans toute la maison et l'ébranle. Les plus considérables ont quelquefois un second étage ou seulement un comble élevé sur le premier, à angle très-aigu. Il y a encore des chambres sous le toit, dans lesquelles on n'entre souvent que par une ouverture pratiquée dans le plancher de l'appartement, au-dessus d'un large fourneau de briques ou de grès, qui sert d'escalier pour y monter et qui doit aussi les échauffer. Un trou dans le faîte au-dessus du foyer de la cuisine, qui n'a point de manteau de cheminée, donne issue à la fumée hors du bâtiment. Il est couvert d'un contrevent en planches, qu'on peut ouvrir et fermer à volonté au moyen d'une corde, pour empêcher le vent, la pluie et la neige, de pénétrer dans l'intérieur. Le toit même descend très-surbaissé autour du bâtiment, pour le préserver des intempéries, ce qui diminue la clarté des appartemens. Les bardeaux dont il est recouvert sont retenus par des lattes chargées de grosses pierres, ainsi que je l'ai dit plus haut.

Müller a complété fort judicieusement cette description en disant : Lorsque j'ai approfondi le principe de l'architecture, j'en ai trouvé la théorie incomplète. Ce n'est que celle des appuis qu'on applique ordinairement à des murs de pierres..... Les maisons de Meyringen et celles d'Unterwalden prouvent clairement qu'il y a aussi une théorie pour les masses superposées, et, en architecture comme dans les autres arts, la beauté existe où il y a de l'harmonie, et où l'exécution répond au but. On voit dans ces contrées (et dans tout l'Oberland) beaucoup de maisons non seulement d'un aspect agréable, mais encore décorées avec goût. La façade d'un bâtiment, continue-t-il, ressemble à un pentagone équilatéral ; des deux côtés il est flanqué d'une galerie dont les extrémités entrent dans la façade. Celle-ci est divisée en bandes horizontales, dont quelques unes sont élégantes dans leur simplicité. Comme les avances du toit préservent suffisamment de la pluie, il n'est pas nécessaire de faire des avant-toits particuliers aux fenêtres, dont les ouvertures sont comprises dans les bandes. On commence, dans les nouvelles constructions, à les disposer symétriquement, ainsi que les portes, et à leur donner des proportions agréables. Souvent des inscriptions bien placées ornent l'extérieur des maisons, et prouvent que l'on peut employer des surfaces vides à l'instruction des passans, sans nuire à l'harmonie de l'ensemble.

On pourrait construire dans divers styles des façades de ce genre, qui ne seraient pas dépourvues de beautés. Si l'on voulait, par exemple, inventer des ornemens, on aurait pour modèles les sculptures en bois que l'on voit dans les églises antiques ; on en ferait des cadres, et en en épurant le goût, on y trouverait une multitude de liaisons et d'ornemens qui serviraient à varier le style. Qu'un homme de génie en fasse l'essai, et l'on verra bientôt dans les temples et les palais modernes de la Suisse des décorations imitant les sculptures des maisons de l'Oberbarli ; et qui sait si l'on n'introduirait pas un jour en architecture un genre particulier, nommé le *rustique*, à la manière de Saxeten ou de Lungern ?

Au reste, ce ne sont pas des monumens que

l'on va chercher en Suisse : si ceux qu'on y rencontre étaient aussi magnifiques qu'en Italie, peut-être distrairaient-ils les regards des merveilles naturelles que le pays étale de toutes parts.

Observations.

ZURICH.

Ce canton est un des plus charmans de la Suisse, celui qu'il est le plus facile de parcourir, où le voyageur trouvera, avec le moins d'embarras, tout ce qui est nécessaire aux agrémens de la vie; bonne table, mets recherchés, jolies habitations, politesse exquise, bon vin, etc. Mais aussi il faut qu'il s'attende à payer ces charmes, ces commodités qu'il ne trouverait pas ailleurs; 12 francs au moins par jour, pour voyager dans ce canton.

MONNAIE. — L'écu neuf vaut 2 fl. 1/2, et par conséquent le louis vaut 10 florins. Le florin fait 16 batz, soit 40 schellings, soit 60 creutzers. Le batz vaut 2 schelings et demi; la pièce de 4 batz vaut donc 10 schel. La livre de Zurich, monnaie idéale, équivaut à un 1/2 fl.

OUVRAGES A CONSULTER. — *Cartes de géographie*. Une des meilleures cartes du canton est celle qui a été publiée en 1802 par H. Usteri; la petite carte qui est jointe à l'*Almanach helvétique* pour 1814 est aussi très-bonne; elle a été dessinée par Keller, et gravée par Scheurmann; l'*Almanach helvétique* pour 1814; les *Zurichois illustres* (berühmte Zürcher) publiés à Zurich en 1782, en 2 volumes in-8°.

ZURICH. — AUBERGES: *l'Épée, le Corbeau*. Ces deux hôtels sont les mieux situés qu'il y ait en Suisse. Les vues de tous les appartemens de la façade de *l'Épée*, et surtout de ceux de l'angle, au troisième étage, sont magnifiques. Les étrangers qui désirent séjourner quelque temps aux environs de Zurich trouveront, dans la maison de campagne que Mad. *Ott*, de *l'Épée*, possède non loin du pont de la Sil, et vis-à-vis du monument de Gessner, une habitation charmante, et ils auront tout lieu de se louer des soins prévenans de la maîtresse pour leur en rendre le séjour agréable.

CURIOSITÉS. — La bibliothèque de la ville, fondée en 1628. — La bibliothèque Caroline, fondée au XIII° siècle. — La bibliothèque et le magnifique cabinet d'histoire naturelle de la Société économique et physique, qui possède l'herbier du naturaliste Jean Gessner: cet herbier, composé de 36 volumes, renferme 7,000 espèces de plantes de la Suisse, de Russie, du cap de Bonne-Espérance, de Ceylan, etc. — Les collections d'histoire naturelle de MM. Lavater, Rœmer, et Schinz le jeune, docteurs en médecine. — Les collections de minéralogie et de lithologie relatives à la connaissance géologique de la Suisse, chez M. C. Escher, au Glockenhaus. — Collection de tableaux, de dessins et d'estampes, chez M. le tribun Schinz, et chez les héritiers de M. Schulthess, à la Tour-Rouge. — Collection de tableaux peints par des artistes zurichois anciens et modernes, chez M. le colonel Keller. — Collection de portraits d'artistes célèbres, et bibliothèque relative à l'histoire de l'art, au Feuermœrser, chez M. Füssli. — Collection complète de paysages et cartes de géographie suisses, chez les héritiers de M. le conseiller Ziegler. — Collections de portraits des hommes illustres de la Suisse, chez MM. les tribuns Lochmann et Ott. — Collections de médailles et de monnaies suisses, chez les héritiers de MM. les conseillers Schinz et Schultess, à la Tour-Rouge. — Collections de toutes sortes de médailles chez MM. les tribuns Schinz et Lavater, au Grossen Erker. — Collection de médailles antiques, chez M. Pestalozzi, au Steinbock. — Quelques volumes d'études et de superbes paysages de l'immortel Salomon Gessner, chez madame sa veuve. — Quelques volumes d'études et un certain nombre de paysages suisses d'une beauté sans égale, peints par M. Louis Hess, chez madame sa veuve. — Appareil d'instrumens de physique et de mathématiques, chez M. Breitinger. — Collection de modèles en gypse et en dessin, au Salon des Arts. — L'Hôtel-de-Ville, bâti en 1398, et renouvelé en 1699 : dans la première antichambre, on voit des tableaux representant toutes les espèces de poissons du lac et de la Limmat, selon leur grandeur naturelle. — L'Observatoire. — L'Hôtel des Orphelins, bâti en 1765. — La Tour de Vellenberg, bâtie au milieu de la Limmat. Les voyageurs trouvent presque toujours chez ceux qui sont fixés à Zurich des productions de leurs talens, dont ils accommodent les amateurs. MM. Füssli tiennent un grand nombre de paysages suisses et d'autres estampes anciennes et modernes, à l'hôtel de la Mésange (Meissentzunft).

Sociétés d'amusement. — Presque tous les jours les hommes et les dames se rassemblent en sociétés séparées; mais les deux sexes se trouvent rarement réunis. Les étrangers sont aisément admis dans les compagnies d'hommes. En hiver on donne toutes les semaines de grands concerts : il n'y a pas de ville en Suisse où le goût de la musique soit aussi général, et où l'on trouve autant d'amateurs distingués qu'à Zurich.

Bains. — On trouve des bains chauds au *Drothschmidli* et près du pont de la Sil. Il y a plusieurs endroits où l'on peut se baigner commodément, entre autres au bords du lac près de la colonne de Saint-Nicolas (San-Nicolas-Stude), et dans la Sil, non loin de l'Enghi.

Guides. — Quelques-uns des meilleurs guides que les étrangers puissent choisir pour parcourir la Suisse avec fruit, demeurent à Zurich. On les nomme Pfister, Joan Egli (qui accompagna le célèbre Lavater dans son voyage de Copenhague), Henri et David Egli, Henri et Salomon Hofmeister.

Beaux points de vue, promenades. — I. Dans l'intérieur de la ville : 1° à la nouvelle promenade; 2° sur les remparts, près de la porte de la *Couronne* et de celle de *Niederdorf*; 3° sur le *Lindenhof*; 4° sur le rempart qu'on nomme *die Katz*.

II. Hors de la ville : 1° la place d'armes (*der Schützenplatz*, ou simplement le *Platz*); 2° le *Silhælzli* ou *Bosquet de la Sil*; 3° une des vues les plus riantes, les plus riches et les plus magnifiques, est celle dont on jouit au *Bürgli*, maison située à 1/4 de l. de la ville, principalement dans la chambre du troisième étage, le matin et le soir. On y découvre toute la rive droite ou orientale jusqu'à la presqu'île de l'Au. Le sauvage *Uetliberg* offre un contraste délicieux avec les tableaux qui forment le reste du paysage.

Chemins. — Grandes routes : A *Zoug*, 5 l. A *Lucerne*, 10 l. Ces deux chemins passent par le mont Albis. On peut aussi aller en voiture à Zoug, sans traverser cette montagne : dans ce dessein, on se rend à la Bocke, d'où, après avoir passé le pont de la Sil, on arrive à *Baar*, et de là à *Zoug* même, 7 l. Les voyageurs à pied trouvent à la *Bocke* un sentier charmant et plus court que la grande route pour se rendre au pont de la Sil; on passe à côté de la ferme de Wydenbach. A *Bade*, 4 l. Par Bade, Mellinghen et Lentzbourg, à *Berne*, 24 l. Par Bade, Windisch, Brouck et le Bœtzberg à *Bâle*, 18 l.; ou bien, par Mellinghen, Lentzbourg, Arau, Olten et le Hauenstein. Par Eglisau à Schaffouse, 8 l., ou bien, 9 à 10 l., en passant par Andelfinghen et Lauffen. A *Zurzach*, par Bade, 7-8 l. A *Winterthour*, 4 l. A *Frauenfeld*, 7 l. Par Winterthour, Frauenfeld et Pfyn à *Constance*, 12 l. Par Winterthour, Elgg et Wyl à *Saint-Gall*, 15 l. Par Saint-Gall à *Hérisau*, au canton d'*Appenzell*, 17 l.; ou bien 15 à 16 l. en passant par Rapperschwyl, Utznach, Bildhaus, et par le Tockenbourg; mais le chemin le plus court, praticable seulement pour ceux qui sont à pied, passe par Dubendorf, Pfeffikon, Bauma, à côté du mont Hœruli, par Fischinghen, Kilchberg, Batzenhaid, Muhlau, Flowyl, Oberglatt et Gossou. A *Wésen*, au bord du lac de Wallenstadt, 13 l. On peut, pour s'y rendre, passer le long de la rive droite du lac, par Stæfa, Rapperschwyl, Utznach et Schennis, ou bien sur la rive gauche, par Richterschwyl, Lachen, Bilten, et le Zieghelbrouck. On se rend aussi à *Glaris*, en passant par la rive occid., en 13 h., et par l'orient. en 15. Ce dernier chemin est le meilleur pour les voitures. Les voyageurs qui vont à *Wésen* et à *Glaris* peuvent se rendre en bateau depuis Zurich jusqu'à *Lachen*, 8-9 l. On y trouve toujours des voitures couvertes pour aller plus loin. Par Richterschwyl à *Einsiedeln*, 8 l. Par Richterchwyl et Sattel à *Schwytz*, 12 l. Le plus court chemin, exclusivement à l'usage des voyageurs à pied, passe par la Bocke, par le Silbrouck, Egheri, Sattel et Steinen, 10 l.; ou bien par Richterschwyl, Hütten, Egheri, etc. Ceux qui veulent faire un de ces voyages y trouveront beaucoup de charmes. Il part presque tous les jours, pour Horghen, Wadenschwyl, Richterschwyl et Lachen, des bateaux qui vont aux marchés de Zurich, et dans lesquels chaque passager ne paie que fort peu de chose pour le trajet. Toutes les semaines il part aussi plusieurs fois des bateaux de poste pour Lachen et Richterschwyl. Le postillon de Lachen va passer le mont *Splügen*, dans les Grisons, et celui de Richterschwyl se rend par le *Saint-Gotthard* en Italie. Ces postillons peuvent recevoir quelques étrangers, soit dans leurs bateaux, soit dans leurs chaises; de manière qu'il en coûte beaucoup moins qu'en prenant une barque exprès. Plusieurs bateaux descendent aussi, toutes les semaines, de Zurich à *Bade* sur la Limmat. Il n'en coûte qu'une bagatelle à chaque passager pour ce petit trajet, qu'on fait très-agréablement et en 2 h. de temps. A 1 l. de *Bade*, on trouve un endroit nommé le *Kessel*, où le cours de la rivière est fort impétueux, et dont les alentours offrent un coup d'œil pittoresque.

VOYAGE SUR LES RIVES DU LAC. — Ce voyage est un des plus délicieux que l'étranger trouve à faire en Suisse; mais, pour en bien goûter toutes les beautés, il ne faut se mettre en marche que par un temps parfaitement serein. On partira de la ville dans l'après-midi, et on se rendra par Wollishofen, Kilchberg et Rüschlikon, à *Thalwyl*, 2 l. On y trouve un fort bon gîte à l'auberge de l'*Aigle*.

LE CANTON DE ZURICH.

Le climat du canton de Zurich est généralement doux, et cependant les changemens de température sont rapides et fréquens. Ce canton n'a ni glaciers, ni neiges éternelles; son sol est fertile, et cet avantage est dû plus encore à l'activité des habitans qu'à la nature du terrain. Les terres les plus productives sont celles qui sont comprises entre la Thur et le Rhin : les mieux cultivées sont celles qui s'étendent sur les deux bords du lac de Zurich. En 1779, pendant les plus grands froids, le thermomètre de Réaumur ne descendit pas au-dessous de onze degrés plus bas que le point de congélation, et pendant la plus grande chaleur il ne s'éleva pas au-dessus de vingt-trois degrés et demi plus haut que ce point. Le nombre de jours de pluie fut à toute l'année comme 100 à 365.

Trois chaînes principales de montagnes traversent le canton, savoir : celle des monts Allmanns, qui est la plus élevée des trois et qui s'étend le long des cantons de Saint-Gall et de Thurgovie; on y distingue le Horndli, la plus haute sommité du canton, qui s'élève de 3,589 pieds au-dessus de la Méditerranée; celle des monts Lager ou Lehger, qui font partie du Jura, qui en constituent la branche la plus orientale, et qui se terminent à la petite ville de Regensberg, et enfin la chaîne du Mont-Albis, qui est traversée par la grande route qui conduit de Zurich à Lucerne, et qui s'étend dans la même direction que le torrent de la Sihl, sur une longueur de 4 lieues. La plus haute sommité de l'Albis est le mont Uto ou Hutliberg. Toutes les montagnes du canton de Zurich sont composées de grès ou de marne, excepté le Lehgerberg, qui est calcaire, ainsi que le reste du Jura.

Les bords du lac de Zurich, dans la partie qui appartient au canton de ce nom, offrent de charmans points de vue. On trouve plus de 30,000 habitans dans les 19 communes dont ils se composent. Les bourgs de Vædenschvil et de Horgen sont embellis par de vastes églises, bâties aux frais de leurs riches habitans. Meilen, sur la côte orientale du lac, a les meilleures vignes du canton; Stæfa, situé du même côté, se fait aussi remarquer par sa bonne agriculture, par ses fabriques et par ses beaux bâtimens. Partout, sur les bords de ce lac, on admire de jolies maisons de campagne, l'aisance des paysans et l'activité du commerce et de l'agriculture. Le reste du canton offre plusieurs points de vue intéressans, un grand nombre d'anciens châteaux, des restes d'antiquités romaines et des manufactures. Zurich se distingue sous toutes sortes de rapports, non seulement entre les communes de son canton, mais entre celles de toute la Suisse. La ville, étant fort ancienne, a un grand nombre de rues étroites et tortueuses; mais elle a aussi plusieurs quartiers neufs, de belles maisons et des promenades agréables : elle est l'une des villes les plus commerçantes de la Suisse. Vinterthour, qui est située dans un pays fertile, se distingue également par son industrie.

Les districts de Horgen et de Mettmenstet fournissent les plus belles bêtes à corne du canton : le croisement des vaches de ce premier district avec celles du pays de Schwitz a produit une race d'une taille remarquable. Le canton de Zurich est de toute la Suisse celui où l'on entend le mieux l'art des engrais et où l'on en tire le meilleur parti. Sur les bords du lac de Zurich, on nourrit presque toujours les bestiaux dans les étables. On cultive dans le canton une immense quantité d'arbres fruitiers, surtout près du lac de Zurich et dans les environs de Knonau et de Kibourg, où les pommes et les poires servent à faire du cidre et où l'on distille de l'eau de cerises. La culture de la vigne est généralement répandue : il y avait des vignes à Zollikon dès l'an 1145. Le meilleur vin du canton croît aux environs de Vinterthour et sur la rive droite du lac de Zurich. Le prix de l'arpent de vigne, de 36,000 pieds carrés, varie communément entre 1,280 et 3,200 livres de Suisse. Un état du bétail du canton, dressé en 1809, donne 3,092 chevaux, 11,896 taureaux ou bœufs, 28,651 vaches, 9,712 veaux, 4,925 moutons, 2,704 chèvres, 22,062 cochons. D'après ce tableau, le nombre des bêtes à corne était de 50,259; il avait considérablement augmenté depuis l'année 1732, où l'on avait déjà dressé un état du grand et du petit bétail, état qui ne comprenait que 36,325 individus : les chevaux s'étaient multipliés dans la proportion de 3 à 5.

Dès le treizième siècle, il existait à Zurich des fabriques d'étoffes de laine et de soie, de toiles et de cuirs ; dans le temps de la réformation, elles s'étendirent au point d'envoyer leurs produits dans les pays les plus éloignés. Les fabriques de soieries de Tours et de Lyon leur portèrent préjudice dans le seizième siècle ; mais les Zurichois trouvèrent un ample dédommagement dans leurs manufactures de coton, qui finirent par occuper une grande partie des habitans de leur territoire. Cette branche d'industrie atteignit en 1790 son plus haut degré de splendeur, et fit de Zurich une des places les plus commerçantes de la Suisse ; on comptait alors dans le canton près de 50,000 ouvriers employés au service des manufactures ; plusieurs d'entre eux étaient pris dans la classe des cultivateurs, et suivaient à la fois leurs travaux rustiques et leurs occupations manufacturières. On comptait à Zurich, en 1817, 7 pharmaciens ou droguistes, 12 maisons de banque, 24 fabriques de mousseline et d'étoffes de coton, 25 fabriques de soieries et de gazes, 2 taffetatiers, une fabrique de vinaigre, 7 maisons d'expédition et de commission, 4 marchands de fer et de cuivre, 11 marchands d'étoffes de laine, de soieries, de rubans ou de modes, 7 maisons d'expédition et de commission, 4 librairies, 5 imprimeries, etc. Le nombre des maisons de fabrique et de commerce, dans tout le canton, s'élevait à 380.

Les principaux articles d'importation du canton, outre le coton et la soie, sont le sel, le blé, quoique le canton ait 135,000 journaux de terres arables, les drogues, les couleurs, la potasse, le bois et le linge; les articles d'exportation, outre les produits manufacturés dans le pays, sont le bétail, les fruits, l'eau de cerises ou kirch-vasser, l'eau-de-vie et le vin. Le canton a 15,600 journaux de vignes. Depuis quelques années les manufactures de coton ont beaucoup souffert dans le canton de Zurich; celles de soieries continuent à travailler avec activité.

ZURICH.

La ville de Zurich s'étend sur les deux rives de la limpide Limmat, dans une vallée bordée de chaînes de montagnes, qui ont de douze à quinze cents pieds d'élévation au-dessus du lac. La partie de cette ville qui occupe la rive droite de la rivière, et qui se nomme la *Grande Ville*, s'étend au pied du Zurichberg et du Süsenberg, et renferme un grand nombre de rues qui vont en montant. Il en est de même dans la *Petite Ville*, bâtie sur les collines de Lindenhof et de Saint-Pierre. Il n'y a guère que deux faubourgs dont les rues soient parfaitement horizontales. Trois ponts établissent la communication entre les différentes parties de la ville.

La bibliothèque, placée à Wasserkirche, bâtiment situé sur la Limmat, renferme le manuscrit original de Quintilien; une partie du *Codex Vaticanus*, écrit sur du parchemin violet; des lettres écrites en latin par l'infortunée Jeanne Gray, à Bullinger, qui étonnent par la netteté de l'écriture et par la pureté de la diction; une collection de lettres originales de plusieurs savans zurichois; plusieurs manuscrits du réformateur Zuingli; sept cents manuscrits relatifs à l'histoire de la Suisse; un grand nombre de portraits des chefs de la république, depuis l'an 1336 jusqu'à la fin du dernier siècle; plusieurs antiquités romaines, et un cabinet de médailles. Si la bibliothéque Caroline, fondée au treizième siècle, a perdu de précieux manuscrits, égarés par les pères des conciles de Bâle et de Constance, elle possède encore un bon nombre de manuscrits historiques, des livres qui datent des premiers temps de l'imprimerie, et la collection des manuscrits de Zuingli, de Bullinger, et de plusieurs autres anciens réformateurs, en soixante volumes in-folio. La société économique et physique montre avec orgueil à l'étranger son cabinet d'histoire naturelle, enrichi de l'herbier du savant naturaliste Jean Gessner, lequel contient, en trente-six volumes in-folio, sept mille espèces de plantes de la Suisse, de la Russie, du Cap de Bonne-Espérance, de l'île de Ceylan, etc. Plusieurs particuliers possèdent des cabinets d'histoire naturelle, de physique, de tableaux, d'antiquités, de médailles, etc.

On remarque encore, à Zurich, l'Hôtel-de-Ville, où l'on voit des tableaux qui représentent toutes les espèces de poissons du lac et de la Limmat; l'Observatoire, l'hospice des Orphelins; la tour de Vellenberg, qui s'élève au milieu de la rivière. Les établissemens d'instruction sont nombreux dans cette ville : on y compte une académie où l'on enseigne la philosophie et la théologie, une école des arts pour les jeunes gens qui ne se destinent point aux lettres, d'autres pour l'enseignement des langues anciennes, une nouvelle école composée de cinq classes, une autre pour les jeunes filles, une école militaire, une école de médecine et de chirurgie, etc.

Si les écoles d'instruction sont nombreuses à Zurich, on y trouve aussi des sociétés d'amusement. Presque tous les jours, les hommes et les dames se rassemblent, mais les deux sexes se trouvent rarement réunis. En hiver, on donne toutes les semaines de grands concerts. La Suisse n'a pas de ville où le goût de la musique soit aussi répandu, et où l'on trouve autant d'amateurs distingués qu'à Zurich.

Cette ville a produit un grand nombre de savans distingués. Nous citerons ici l'immortel Gessner, cet émule de Théocrite et de Virgile; Lavater, l'auteur de la *Physiognomonie*, qui, après l'entrée des Français à Zurich, en 1799, fut blessé mortellement par un soldat; le professeur Horner, astronome et voyageur, et Henri Pestalozzi, inventeur d'une excellente méthode élémentaire.

La situation de Zurich est ravissante : les rives du lac, mollement ondulées, s'inclinent en pente douce dans des eaux d'une limpidité admirable; elles sont ombragées de groupes d'arbres et animées d'une quantité de villages et d'habitations isolées, que leur blancheur permet d'apercevoir à une grande distance; l'œil les suit dans leurs nombreux et élégans contours; ici, elles s'arrondissent en large baie; plus loin, elles s'avancent dans le lac et y forment de petits promontoires de l'effet le plus varié et le plus pittoresque. Dans le fond du paysage règne un amphithéâtre de belles montagnes, sur lesquelles se déroulent des pâturages qu'interrompent çà et là des bouquets de noirs sapins; enfin, l'horizon est borné par les hautes sommités d'Appenzell et de Glarus, qui s'élèvent couronnées de leurs neiges éternelles. Un ciel pur, un soleil brillant, embellissent encore ce tableau enchanteur, où tout offre un caractère de bonheur et de calme qui pénètre l'âme, et vaut bien les beautés d'un genre plus sévère que l'on va chercher en Suisse. Ici, le site est riant, les maisons sont riantes, et les habitans portent sur leurs traits une expression de contentement en harmonie avec le pays où ils vivent; partout on remarque cette propreté recherchée qui est la compagne de l'aisance; point de masures ni de mendians; les sentiers et les chemins qui côtoient le lac sont bordés de petits jardins, soigneusement enclos et cultivés avec intelligence; des arbres, ployant sous leurs fruits, sont alignés régulièrement sur des prés qui produisent une herbe épaisse et vigoureuse que l'on fauche six ou huit fois par an. Un écrivain zurichois, M. Meister, auteur, en grande partie, de la Correspondance dite de Grimm, va nous faire connaître les mœurs de ses compatriotes.

« Dans toutes les coteries de Zurich, le tabac, le vin, le fromage, remplissent une bonne partie des lacunes de la conversation; à l'exception de celles où l'on joue, il est rare de voir les hommes assis, et l'on calcule que c'est assez de trois à quatre chaises pour douze à quinze personnes qui, deux à deux, la pipe à la bouche, ne font qu'arpenter la chambre, en long et en large, ou former de petits groupes, lorsqu'il s'agit de quelque nouvelle d'un intérêt général. Mais c'est au défaut d'esprit de société, c'est au défaut même de cet esprit de société et du genre de culture qu'il procure, qu'il faut attribuer un grand nombre de bonnes qualités qui distinguent mes concitoyens : une application plus infatigable à différens objets d'art et d'industrie, des goûts plus domestiques et plus constans, des affections plus vives et plus profondes, et une manière de voir et de sentir plus variée, plus singulière, plus franche et plus vraie.

« Chaque esprit, chaque caractère, a tellement une allure à soi, qu'il ne peut guère cheminer avec les autres, ni même se rencontrer avec eux, sans une sorte de gêne et d'embarras, que l'on enveloppe ordinairement de formes très-cérémonieuses, mais qui s'échappe quelquefois par des traits d'une bonhomie peu commune, et quelquefois aussi, s'il faut tout dire, par des naïvetés passablement étranges.

« Au concert, à l'église, dans tous les rassemblemens un peu nombreux, mais surtout au spectacle, qui, pour n'être permis chez nous que rarement, n'en est que plus suivi, il est impossible qu'un œil observateur ne remarque avec surprise la prodigieuse diversité des physionomies qu'offrent les têtes de tout âge, et très-particulièrement celles des jeunes personnes, l'extrême mobilité de leurs traits, l'ingénuité comme la vivacité de leur expression. La constitution consacre le principe de l'égalité, du moins entre toutes les familles et toutes les conditions qui jouissaient du droit de bourgeoisie, dans la ville; mais ce nivellement, de sa nature chimérique, ne saurait subsister long-temps. On voit bientôt renaître, même autour de la démocratie la plus bornée et la plus démocratique, des distinctions héréditaires plus ou moins marquées, une espèce de patriciat, si ce n'est de droit, au moins de fait. Nous avions donc aussi, dans notre petite république, des familles patriciennes et des familles plébéiennes. Cependant, les formes positives de la constitution, l'influence de ces formes sur nos habitudes et nos usages, avaient établi nécessairement, entre les différens états et les différens individus, une dépendance mutuelle qui leur imposait à tous beaucoup de ménagemens, beaucoup de circonspection; on ne pouvait y manquer impunément sans perdre de son crédit, sans risquer de ne jamais atteindre le but de sa petite ambition. Cette gêne, cette contrainte si favorable à la médiocrité, nous ne saurions le dissimuler, servait à l'entretenir sous plus d'un rapport; et l'embarras, la gaucherie, qui ne pouvaient manquer de résulter habituellement d'une pareille manière d'être, se faisant sentir jusque dans les plus petits détails de la vie, leur imprimaient trop souvent une teinte de prétention et de ridicule dont les yeux d'un étranger devaient être encore plus frappés que les nôtres. A l'aspect de contrainte qui tenait à la nature même de nos rapports politiques, se joignait encore celle qui tenait à l'austérité des mœurs qu'avait introduite le protestantisme, etc.

« Lorsque nos sentimens et nos passions n'osent plus se montrer au dehors, ils n'en deviennent que plus ardens et plus profonds : c'est un feu qui se conserve et qui se nourrit sous la cendre. Je crois avoir assez bien observé mes chers compatriotes ; j'ai vu peu d'êtres plus froids en apparence, au fond plus susceptibles, plus passionnés, dont les passions aient à la fois plus de réserve, plus d'entêtement et plus de constance, etc.

« De tous les arts cultivés, et souvent avec succès, celui dont le goût paraît le plus généralement répandu, c'est la musique. Il est peu d'étrangers qui n'en aient été frappés ; et c'est avec une satisfaction toute particulière que le fameux docteur Gall nous a déclaré qu'il n'avait jamais vu nulle part autant de crânes doués de la bosse caractéristique du *ton-sin*, le précieux organe des sons. Cette faculté naturelle aux habitans de Zurich est d'autant plus remarquable, qu'elle contraste singulièrement avec leur langage habituel, le moins musical, le moins mélodieux que je connaisse : aussi presque tout le monde semble-t-il faire la grimace en s'écoutant parler, etc.

« Un autre usage, que je n'ai vu nulle part ailleurs, et qui paraît tenir de l'imagination poétique, c'est celui de faire annoncer la naissance d'un enfant à tous les parens, à tous les amis de la famille, par la plus jeune et la plus jolie servante de la maison. Pour s'acquitter de ce message, elle est tenue de prendre ses plus beaux atours, et n'oserait surtout paraître sans porter sur son bras un énorme bouquet composé des plus belles fleurs que la saison a permis de rassembler : car c'est l'heureux symbole de l'agréable nouvelle qu'elle est chargée d'annoncer, et pour laquelle aucune des personnes qui la reçoivent ne peuvent se dispenser de lui donner de belles étrennes, etc.

« En exceptant la Hollande, je doute qu'il y ait ailleurs aucune ville où l'on trouve autant de belles fleurs, tant de celles qui sont connues depuis long-temps dans nos climats, que de celles dont l'introduction est de plus nouvelle date, comme les hortensia, les volkameria, etc. Comment ne pas voir dans ce genre de luxe une douce analogie avec l'innocence et la simplicité de nos goûts, avec la couleur poétique et pastorale de nos habitudes et de nos usages, etc. ? »

LAC DE ZURICH.

Ce lac à 10 lieues de long sur 1 lieue et demie de large. Sa profondeur est de 600 pieds aux environs de la presqu'île nommée Die-Au. Son élévation au-dessus de la mer est de 1,279 pieds. Il reçoit un grand nombre de ruisseaux, mais la Linth est la principale rivière qui alimente continuellement ce grand réservoir.

Pendant les mois les plus chauds de l'année, ce lac, ainsi que la plupart de ceux qui sont situés au nord de la chaîne des Alpes, éprouvent un accroissement considérable. Les montagnes de neiges et les énormes glaciers que renferme cette montagne sont évidemment la cause de ce phénomène. La fonte extraordinaire que les grandes chaleurs occasionent dans ces régions glacées amène une telle quantité d'eau dans les lacs, qu'ils s'élèvent de 6 à 15 pieds au-dessus de leur niveau d'hiver, et que c'est en été que le Rhin, qui emmène en Allemagne la plus grande partie des eaux du revers septentrional des Alpes, atteint sa plus grande hauteur.

Le lac de Zurich nourrit vingt-huit espèces de poissons. On y trouve surtout beaucoup de saumons, de truites et de carpes. Sa partie supérieure gèle presque tous les ans, mais le reste ne se couvre de glaces que lorsque l'hiver est rigoureux.

Les rives de ce lac forment une des plus belles et des plus intéressantes contrées de la Suisse. Nulle part la nature n'étale des formes plus gracieuses ni plus douces que sur ces bords enchantés, dont les beautés sont encore relevées par une culture florissante et par une nombreuse population. Dix-huit gros villages, entourés d'une multitude de maisons isolées, s'étendent sur les deux rives, et nourrissent au moins 33,000 individus. Aussi les voyageurs qui naviguent sur ce lac, ou qui en parcourent les rives, ne peuvent-ils s'empêcher d'admirer une variété inépuisable de points de vue, de paysages délicieux et de scènes pittoresques.

Comme le lac de Zurich forme une espèce de croissant dans la direction de l'est à l'ouest, on ne découvre guère, depuis la ville et ses environs, qu'un bassin de 2 ou 3 lieues de longueur; mais quand on a fait sur sa surface un trajet d'une lieue ou deux, ce bassin s'agrandit, et les regards se promènent sur une nappe d'eau de 5 ou 6 lieues d'étendue. Les stations les plus avantageuses pour jouir de l'aspect de la ville et des contrées supérieures du côté de Rapperschwyl se trouvent entre les villages de Thalwyl et de Herrliberg, et entre Oberrieden et Meilen, au milieu du lac. C'est là que l'on admire dans toute sa beauté l'ensemble de ces rives délicieuses, ainsi que des collines, des montagnes et des Alpes qui en forment le cadre. Plus on s'éloigne de la ville, plus le paysage devient riant.

Le second bassin, qui s'étend entre Stæfa, Richterschwyl et Rapperschwyl, et forme la partie la plus large du lac, est d'une magnificence inexprimable. Les sommités neigées du Glœrnisch, qui s'élève au-dessus des montagnes boisées, y produisent un effet extraordinaire. Le lac se trouve tout d'un coup très-resserré entre deux langues de terre opposées, sur l'une desquelles est située la ville de Rapperschwyl, tandis que l'autre, plus longue et très-étroite, est occupée à son extrémité par le hameau de Hourden. La largeur du lac, dans ce lieu, n'est que de 1,800 pas, et les deux langues de terre sont jointes par un pont. Plus loin, le lac forme un nouveau bassin, assez large, et de 2 à 3 lieues de longueur. Les rives un peu solitaires de cette partie du lac se distinguent par un caractère simple et champêtre qui ne manque pas de majesté. Au sud brille le village de Lachen; à l'est, celui de Schmérikon.

Dans l'intervalle s'étendent les forêts qui couvrent le mont Bouchberg. Au sud-ouest s'élève le mont Etzel, au pied duquel on aperçoit plusieurs villages.

Avant d'arriver au pont de Rapperschwyl, on rencontre les îles de Lützelau et d'Ufenau. Cette dernière île est couverte de bosquets et de riantes prairies. On y voit une ferme, une église bâtie en 973, par la mère d'Adelrich, duc de Souabe, une chapelle et une maison de plaisance. Rien de plus admirable que la situation de cette île dans la partie la plus large du lac : de tous côtés on y découvre des vues qui excitent l'étonnement. Mais des souvenirs d'un intérêt supérieur se joignent à ces beautés naturelles. Le sol d'Ufenau couvre la cendre d'un des héros de la Germanie, d'Ulric de Hutten, chevalier de Franconie, favori des Muses, et personnage aussi distingué par son grand courage que par la haine implacable qu'il avait vouée à la tyrannie et à tous ses suppôts. Ne trouvant nulle part en Allemagne une pierre pour reposer sa tête, il obtint un asile chez le curé de l'île d'Ufenau. Quinze jours après son arrivée, il succomba dans la trente-sixième année de son âge. On ne trouva sur lui qu'une plume, une lettre et quelques exemplaires de ses opuscules, enrichis d'un grand nombre de corrections de sa main, que l'on conserve dans la bibliothèque de Zurich. On ne connaît pas au juste la place de sa sépulture; cependant on montre dans la chapelle une pierre sépulcrale sous laquelle on prétend que sa dépouille mortelle fut déposée; mais l'épitaphe n'en est plus lisible.

Le voyage sur les rives du lac est un des plus agréables qu'un étranger puisse faire en Suisse; mais pour bien jouir de toutes ses beautés, il ne faut se mettre en route que par un temps parfaitement serein. A Thalwyl, à 2 lieues de Zurich, on découvre une très-belle vue, du cimetière de ce village; mais c'est surtout près de l'église d'Oberlieden, située à un quart de lieue plus loin, que l'on aperçoit le lac dans toute sa magnificence. Rien n'est ravissant comme le tableau que la nature offre en ces lieux; il est au-dessus de toute description, surtout lorsqu'il est éclairé par les rayons du soleil. C'est dans le presbytère d'Oberlieden que le célèbre Lavater commença et termina son grand ouvrage sur la physiognomonie.

Ceux qui ne veulent pas faire le tour entier feront bien de choisir la rive gauche ou occidentale, sur laquelle est situé le village de Thalwyl. C'est celle qui offre les sites les plus variés. Cependant la rive droite a des charmes qui lui sont particuliers, tels que sa fertilité, la richesse de sa culture, la magnificence de ses villages, et l'aspect des baies superbes du côté opposé. Des sentiers d'une extrême propreté se prolongent tout à côté du lac, et offrent un chemin délicieux à ceux qui sont à pied. A une demi-lieue de la ville, du côté de l'ouest, on trouve un de ces sentiers qui se détache de la grande route sur la gauche, et suit le rivage jusqu'à Horghen, où l'on reprend le grand chemin. Lorsqu'on a dépassé la presqu'île de l'Au, on rencontre à gauche un nouveau sentier jusqu'à Richterchswyl, et d'où l'on découvre quantité de vues magnifiques. Cependant la grande route, qui court souvent à mi-côte des collines, présente des points de vue très-étendus et très-variés.

Sur la rive droite on trouve, immédiatement au sortir de la ville, un sentier qui quitte la grande route à droite, près d'un moulin, et suit le rivage jusqu'à Küssnacht. Là on reprend la grande route jusqu'à un quart de lieue au delà d'Erlibach, où l'on retrouve bientôt à droite un sentier délicieux, qui suit toujours le bord du lac, et même jusqu'à Herrliberg, où l'on retrouve le grand chemin qui est très-agréable depuis le village, s'il ne s'éloigne pas trop du lac.

A l'opposite de Rapperschwyl s'avance dans le lac une langue de terre fort étroite et fort longue, à l'extrémité de laquelle on construisit, en 1358, un pont de bois qui sert de communication entre cette rive et la rive gauche du lac. Ce pont a 1,800 pas de longueur sur 12 de largeur, et repose sur 188 palées. Il n'y a point de garde-fous, et les planches transversales ne sont pas clouées, de sorte que l'on ne peut y passer qu'à pied ou avec un cheval tranquille et doux. En 1799 et 1800, les armées française et austro-russe enlevèrent les planches de ce pont et les brûlèrent, ainsi qu'un bon nombre des poutres qui les supportaient. Le dommage a été réparé.

PROMENADES ÉLOIGNÉES
D'UN ÉTRANGER
DANS LES ENVIRONS DE ZURICH.

« Après avoir visité les endroits les plus rapprochés de cette ville, dit un voyageur, je résolus de parcourir la rive orientale du lac. Je me rendis d'abord à la Forche, montagne du haut de laquelle je vis s'ouvrir, du côté de l'orient, une vaste perspective sur une des plus riches vallées du canton. Je ne puis dire le nombre de châteaux et de villages qui s'offrirent à mes regards enchantés. Je voyais une partie du lac supérieur de Zurich, et tout celui de Gryfensée, la chaîne de l'Allmann, où se trouve le Hœrnli, la plus haute montagne du canton ; celles du Tockenbourg et la chaîne des Alpes, depuis le Sentis jusqu'aux sommités de l'Unterwald. Quel spectacle magnifique que le revers du Righi, vers le nord-est ! Je descendis ensuite en une demi-heure au bord du Gryfensée, et je vis avec admiration la contrée où le ruisseau l'Uster va se jeter dans ce petit lac. Je ne crois pas qu'il y en ait une plus romantique dans toute la Suisse. En me rendant à la Forche, j'avais rencontré plusieurs sites charmans, et traversé plusieurs épaisses forêts de sapins, au milieu desquelles j'avais trouvé de distance en distance des échappées de vue extrêmement pittoresques.

« On m'avait parlé d'une autre jolie promenade à faire, à l'ouest de la ville, sur l'Uetliberg, dont la hauteur est de 8,202 pieds au-dessus du niveau de la mer. Le lendemain, j'arrivai en deux heures de marche sur le sommet de cette montagne, par un chemin qui traverse la Sihl à l'Enghi, et s'élève sur le penchant d'un coteau fertile, ensuite par un sentier assez rapide, dont la pente a été adoucie par une espèce d'escalier. Je fus bien agréablement surpris par la vue étendue, je dirai même sublime, que je découvris à cette hauteur. Tantôt mes regards se portaient sur la ville et ses charmans environs, tantôt sur les vallées de la Limmat et de la Reuss, et c'était toujours avec un nouveau plaisir : je ne savais à laquelle de ces vues je devais donner la préférence.

« Encore une excursion : il faut voir les bains de Nydelbad, à deux lieues de Zurich. Je m'y rendis à pied, comme j'avais fait dans mes autres promenades. J'eus l'avantage, que n'ont pas ceux qui vont en voiture, de suivre tantôt les bords du lac, tantôt des sentiers pratiqués au travers de vallons et de collines dont l'aspect abrége, pour ainsi dire, le temps qu'on met à faire ce trajet. Comme c'était la fin du mois de mai, les bains réunissaient un bon nombre de personnes de la ville et des campagnes. Je n'étais point malade; cependant je cédai au désir de m'y arrêter et d'en prendre quelques uns, comme remèdes de précaution. J'y passai trois jours, pendant lesquels je jouis, tour à tour, des charmantes promenades des environs, des vues magnifiques qui se présentent sur une hauteur voisine, et du spectacle de plus de trente baigneurs ou baigneuses, dont la plupart appartenaient aux classes aisées, et n'étaient venus là que pour jouir des plaisirs de la société au sein de la solitude. »

L'ALBIS. — PANORAMA.

On atteint l'Albis, montagne qui fait partie de la chaîne de même nom, après trois heures de marche de Zurich. Dans la chambre du haut de l'auberge, et en divers endroits voisins, on jouit d'une fort belle vue sur le lac de Zurich. Mais c'est au Signal, situé sur une hauteur qu'on nomme le Schnabelberg, à demi-lieue de l'auberge, du côté du sud-est, et vis-à-vis de la cime du Burglen, que l'on découvre le magnifique point de vue qui a rendu l'Albis si fameux. A l'est, l'œil étonné parcourt tout le lac et la plus grande partie du canton de Zurich, les territoires de la March, d'Utznach et de Gaster, et les montagnes de Tockenbourg. Du côté du nord, les regards pénètrent jusque bien au delà des montagnes coniques de Hohentwiel et de Hoheustanfen, et par-dessus l'Irchel et le Randenberg, près de Schaffouse, jusque sur les montagnes lointaines de la forêt Noire. Vers l'ouest, ils sont arrêtés par les cimes du Jura, dans les cantons de Soleure et de Bâle; puis, glissant par-dessus les collines du canton d'Argovie, ils rencontrent les montagnes de l'Emmenthal et de l'Entlibouch, dont la chaîne se termine par le superbe et noir Pilate. Entre ce dernier et l'Albis, le spectateur voit s'étendre sous ses pieds une bonne partie des cantons de Lucerne, d'Argovie et de Zoug, ainsi que le lac de Zoug tout entier, et le lac nommé Durlersée, qui est situé immédiatement au bas du mont Albis. Enfin, vers le sud, s'élève majestueusement vers les cieux la chaîne imposante des Alpes, couvertes de glaciers et de neiges éternelles. Leur ensemble offre, depuis Sentis, dans l'Appenzell, jusqu'à la Jungfrau, dans la vallée de Lauterbrounn, un spectacle d'un effet prodigieux. La vue dont on y jouit est admirable dans tous les momens du jour, mais surtout le matin et le soir, au moment du lever et du coucher du soleil, par un ciel bien pur. On y trouve des promenades charmantes, et on peut aller jusqu'à l'Uetliberg, à la distance de 2 lieues, soit à pied, soit à cheval, en suivant la croupe de l'Albis. Au pied de la montagne, du côté de l'est, les regards tombent sur l'obscure forêt de la Sihl : c'est là que, tout au bord de la rivière, l'immortel Gessner coulait les jours les plus heureux, au milieu de sa famille et dans la plus profonde solitude. L'habitation qu'il occupait est située dans un petit vallon romantique, couvert de prairies, et entouré de collines boisées. C'est là que se développaient les premiers germes des talens distingués de son fils Conrad pour la peinture. Un sentier mène du haut de l'Albis à cet asile chéri du poëte pastoral; mais on ne peut pas s'en tirer sans un guide. On ne se douterait pas que ce tendre Gessner, membre du conseil de Zurich, s'amusait, pendant les séances, à faire les caricatures de ses collégues affublés de longues perruques.

KNONAU.

Knonau est situé sur le revers occidental de l'Albis, du côté du sud-ouest, sur le grand chemin de Lucerne, qui en est à 5 ou 6 lieues. Non loin de ce chemin, on distingue encore sur la colline de Gstade, près du village de Maschwanden, les ruines du château de même nom; vis-à-vis, sur la rive opposée de la Reuss, quelques masures du château de Reusseck, qui appartenait autrefois aux seigneurs d'Eschenbach. Tous les habitans de ces deux châteaux furent sacrifiés aux fureurs de la reine Agnès, l'an 1309. Un enfant en bas âge fut seul épargné, et les bâtimens mêmes furent détruits.

On découvrit en 1741, à Lounnern, lieu situé à une lieue de Knonau, des antiquités romaines, entre autres des restes d'un temple, des bains, des tombeaux, l'atelier d'un potier qui mettait en œuvre l'excellente argile des environs. Le temple était situé sur une colline et consacré à la déesse Isis. Cette colline porte encore aujourd'hui le nom d'Isenberg (montagne d'Isis), et les habitans s'entretiennent quelquefois de l'*église* qu'avaient les payens sur la montagne.

Ordinairement on visite, quand on est à Knonau, le bourg de Cappel, fameux dans l'histoire de la Suisse par la bataille qui s'y donna pendant la guerre civile de l'an 1531, et par la mort d'Ulric Zuingli, qui, dès l'an 1519, avait prêché la réforme à Zurich. Ce sectaire marcha avec les troupes zurichoises au-devant de celles des cantons catholiques, qui, les armes à la main, s'opposaient aux succès de sa prédication. Il avait déjà assisté en qualité d'aumônier aux batailles gigantesques de Novarre et de Marignan. Le jeudi 5 octobre 1531, 8,000 catholiques attaquèrent près de Cappel la petite armée zurichoise, forte seulement de 2,000 hommes, qu'ils mirent en fuite. Un petit nombre de ces derniers se défendit toutefois long-temps avec une grande valeur, et ne voulut pas survivre à la défaite de ses concitoyens : c'est parmi ces braves que l'on trouva le corps de Zuingli percé de plusieurs coups. Thomas Plater sauva son cœur du milieu des flammes, et Myconius le jeta dans le Rhin. Ces deux hommes étaient du nombre des amis du réformateur, dont la famille existe encore à Glaris et à Zurich. Cappel est le berceau de Josias Simmler, qui y naquit en 1530; il est connu par divers ouvrages de théologie, de mathématique et d'histoire. Il existe peu de livres qui aient été si favorablement reçus du public, et dont il se soit fait autant d'éditions et de traductions que son traité historique *de Republicâ Helvetiorum*, imprimé à Zurich pour la première fois en 1576, et pour la dernière en 1735.

GRIFENSÉE.

Grifensée (Greifensée) est une petite ville du canton de Zurich, située à 3 lieues de la capitale, sur la rive orientale du lac de Grifensée, dont les bords fertiles et rians présentent une chaîne de coteaux au haut desquels on trouve de très-beaux points de vue. Sur la rive du sud-ouest s'élèvent les montagnes de Gheiss, de Forca et de Mour; sur celle du nord-est sont situés les villages de Mour et de Fallanden. A l'est, on observe le château et le village d'Uster, qui, pendant le treizième siècle, a appartenu à l'illustre famille de Bonstetten qui fleurit encore à Berne. Le ruisseau de l'Aa sort du lac de Pfeffikon et se jette dans celui de Grifensée, d'où sort la Glatt, dont les paisibles eaux tombent, au-dessous de Glattfelden, dans le Rhin. Le lac nourrit quantité de grosses anguilles qui sont fort estimées.

Le château de Grifensée n'est que trop fameux dans les annales des Suisses. Jean de Breiten-Landenberg avait été chargé du commandement de la place par les Zurichois pendant la seconde guerre civile de l'an 1444. Il le défendit jusqu'à la dernière extrémité; mais il fut enfin contraint de capituler avec les confédérés, lesquels, à l'instigation d'Ital Réding, leur chef, eurent la barbarie de le condamner à mourir de la main du bourreau, lui et toute la garnison. Le héros ne demanda point la vie pour lui, et s'il s'abaissa jusqu'aux prières, ce ne fut que pour chercher à conserver les braves qu'il commandait. Ses instances étant demeurées inutiles, il voulut mourir le premier : il fut exécuté dans la prairie de Naniken, non loin de Grifensée. La garnison était composée de 72 guerriers; 10 seulement obtinrent leur grâce en considération de leur grand âge ou de leur jeunesse; les autres périrent victimes déplorables de l'aveuglement et des fureurs de l'esprit de parti.

A l'est, le petit lac de Pfeffikon, entouré de coteaux moins rians que ceux du lac de Grifensée, vaut pourtant la peine d'une petite excursion. Le lac a une lieue et demie de long sur une demi-lieue de large. Le ruisseau de l'Aa s'y jette au-dessous de Wetzikon. Le bourg est très-populeux. Des serpens habitent, dit-on, les ruines du château des anciens seigneurs. Près de là commence la vallée de Fischental.

Le torrent fougueux de la Toss y prend sa source; il coule du sud au nord, traverse les vallées du Fischenthal, de Bauma et du Tourbenthal, entre ensuite dans la plaine et va se jeter dans le Rhin près d'Eglisau.

Ces trois vallées, dont la direction est à peu près la même, ne laissent pas d'être agréables, quoiqu'elles n'aient rien de fort majestueux ni de bien imposant. Leurs montagnes sont couvertes jusqu'au sommet de forêts et de pâturages. On découvre sur le mont Hœrnli une vue très-étendue sur toute la partie septentrionale et occidentale de la Suisse. Les habitans s'occupent à filer du coton, ils vendent du bois, du charbon et des fromages. Ils fabriquent une quantité de vases et autres petits ustensiles à l'usage de la cuisine, de la laiterie et de la table, et distillent beaucoup d'eau-de-vie de cerises.

La secte des anabaptistes, devenue si fameuse pendant le seizième siècle, était connue dès le treizième, dans ce petit pays, sous les noms de Brusiens et de Hanrichiens. A cette époque ils attaquèrent à diverses reprises le monastère de Rutti, qui était situé au sud-ouest de la vallée. Après la réformation, cette secte prit un caractère de fanatisme fort dangereux : ses partisans, s'agitant sans cesse pour lui faire des prosélytes, se répandirent dans toute la Suisse, où ils causèrent tant de troubles et de désordres, que tous les cantons réformés se virent contraints à les traiter avec beaucoup de rigueur et à les bannir de leur patrie pendant le dix-septième, et même au commencement du dix-huitième siècle. Cependant cette secte s'est conservée dans les montagnes et les vallées de l'Allmann, où ses adhérens, connus sous le nom de séparatistes, sont aussi paisibles que leurs devanciers étaient remuans. On voit dans le Thourbenthal les châteaux d'Alten-Landenberg, Hohen-Landenberg et Breiten-Landenberg, antiques manoirs de la famille de Landenberg, dont les noms figurent si souvent dans les annales de la Suisse, et qui a fleuri pendant mille ans. La branche établie à Zurich s'y est éteinte à la fin du dix-huitième siècle.

C'est dans la chaîne de l'Allmann que se trouvent les plus hautes montagnes des cantons de Zurich et de Thurgovie. Le Hœrnli, la plus élevée de toutes, a 2,310 pieds au-dessus du lac de Zurich, et 3,589 pieds au-dessus de la mer. Toutes ces montagnes sont composées de sable, de marne et de brèche en couches horizontales : cette dernière espèce forme la sommité du Hœrnli et de quelques autres montagnes voisines, mais on la retrouve aussi beaucoup plus bas dans les vallées. Les poulis qui entrent dans cette brèche sont des fragmens de granit, de gneis, de pierre à feu, de pierre de corne, de schistes siliceux, de quartz et de pierres calcaires, seulement de la grosseur d'un œuf; ils sont renfermés dans un grès à gros grains, lié par un cément calcaire. Cette formation de sable et de marne, recouverte de brèche en ses sommités les plus élevées, commence à l'est de l'Appenzell et dans le Tockenbourg, et se prolonge au nord tout le long de la Thurgovie jusqu'au Rhin, et du côté de l'ouest jusqu'au mont Jura. On voit à l'est, vis-à-vis de Bauma, sur le sentier qui mène à Schindle, entre les bancs de la formation de sable et de marne, une masse étendue de tuf avec des incrustations subtiles et minces, d'un aspect semblable à des branches de mousses; ces tufs se détachent quelquefois en feuilles sonores et fragiles comme du verre. Cette singulière formation calcaire mériterait d'autant plus d'être étudiée avec soin, que l'on ne trouve dans toute cette contrée aucun rocher calcaire.

En redescendant la Toss, nous arriverons à Winterthour, jolie petite ville au milieu d'une contrée coupée de bois et couverte de collines, sur le grand chemin qui mène de cette ville à Frauenfeld, à Constance et à Saint-Gall.

Le village d'Ober-Winterthour est situé sur le grand chemin de Frauenfeld, à une demi-lieue de la ville. C'est là qu'était le Vitodurum des Romains : on y voit encore des fondemens de murs, et les restes d'une voie militaire qui menait à Frauenfeld; dans le voisinage de ce chemin, on a trouvé des caveaux qu'on croit avoir été des bains et d'où l'on a tiré quantité de médailles, d'effigies, et d'autres antiquités romaines que l'on conserve pour la plupart à la bibliothéque de Winterthour. De Vitodurum on allait, au moyen d'une grande route, par Kloten et Bouchs, lieux où l'on a aussi trouvé beaucoup de traces du séjour de Romains, à Bade et à Vindonissa; et de là, en passant le Vocetius (Bœtzberg), à Augusta Rauracorum (Augst, près de Bâle); de l'autre côté on allait, par Pfyn, à Stein, à Constance, à Arbon et à Bréghentz sur le lac de Constance.

Pendant la première moitié du onzième siècle, il est question des comtes de Winterthour, dont les héritiers furent ceux de Kibourg, qui firent bâtir la ville de Winterthour l'an 1180; ils en formèrent la capitale de Thurgovie, province qui leur appartenait à cette époque. Au treizième siècle, cette ville tomba au pouvoir du comte Rodolphe de Habsbourg, et elle passa aux ducs d'Autriche, qui la possédèrent jusqu'à l'an 1415 qu'elle fut déclarée ville impériale. En 1442 elle se donna de nouveau à l'Autriche; mais ayant eu beaucoup à souffrir des guerres de cette puissance avec les confédérés, elle reconnut en 1467 la souveraineté du canton de Zurich.

La bibliothéque de Winterthour mérite d'être visitée : on y voit une collection de 4,000 médailles romaines et pierres gravées, qui toutes ont été trouvées dans les environs de la ville et du village d'Ober-Winterthour. Les habitans des environs entendent fort bien la culture des prairies et des vignes. Ceux de Winterthour même se sont distingués depuis la réformation par leur industrie et leur goût pour les arts et les sciences : il en est sorti plusieurs hommes célèbres. On y voit depuis long-temps des fabriques de mousseline, d'indiennes et de toiles imprimées ; mais depuis peu on a établi près de la Toss une machine à filer du coton, dont l'eau met les rouages en mouvement ; une fabrique considérable d'acide sulfurique, d'acide muriatique fumant, de vitriol de chypre, d'alun, de couleurs vertes, de sulfate de soude ou sel de Glauber, etc. Winterthour a donné naissance à quantité d'excellens peintres et de dessinateurs, tels que le célèbre Graf, peintre en portraits, à Dresde, et gendre de Sulzer; Aberli, Rieter, Biedermann, Steiner, Kuster, Troll, Schellenberg, David Sulzer, etc. Non loin de la ville sont situés les bains de Lœrlibad, ainsi que le château de Kibourg, antique manoir des comtes de ce nom, dont la famille, l'une des plus puissantes de la Suisse, s'éteignit vers la fin du treizième siècle. La situation de ce château est sauvage, pittoresque et romantique; on y découvre une vue étendue. Jusqu'à la révolution, il a servi de demeure à un bailli zurichois, dont la juridiction s'étendait sur 60,000 ressortissans. On comptait dans ce district plus de 100 châteaux forts depuis le temps de la féodalité jusqu'à la fin du quatorzième siècle.

RÉGENSBERG.

Régensberg était autrefois la résidence des barons de Régensberg, dont il est fait mention, pour la première fois, en 1027, et qui, pendant le 12e et le 13e siècle, étaient du nombre des maisons les plus riches et les plus puissantes de l'Helvétie orientale. L'an 1264, le baron Luthold de Régensberg déclara la guerre à la ville de Zurich, parce que cette dernière avait choisi le comte Rodolphe de Habsbourg pour commander ses troupes. Le baron fut malheureux dans cette guerre, où il perdit plusieurs de ses possessions. Enfin il se vit obligé de se mettre lui-même sous la protection des Zurichois. Cette famille s'étant éteinte au milieu du 14e siècle, les Zurichois conclurent un traité de combourgeoisie avec la petite ville de Régensberg ; mais, en 1409, le duc Frédéric d'Autriche leur vendit tous les droits qu'il possédait sur cette baronie, dont le chef-lieu a été dès lors la résidence d'un bailli.

Au nord de la ville et du Légherberg est situé le Wenthal ou vallée de Wéninghen, dont les habitans ont trouvé le moyen de fertiliser leurs campagnes arides, et de les convertir en excellentes prairies, au moyen de la marne que le Légherberg leur fournit en abondance.

Régensberg étant situé sur la croupe du Légherberg, les vues que l'on découvre du château, au sud-est et au nord, sont d'une grande beauté ;

cependant on ne saurait les comparer au superbe et fameux point de vue dont on jouit au Signal (Hochwacht), à une demi-lieue de la ville. On s'y rend par un chemin agréable et commode. On peut aller en voiture jusqu'à Régensberg, soit de Bade, soit de Zurich. Il convient de passer la nuit dans cette petite ville (connue dans le pays sous le nom de Bourg), afin de voir depuis le Signal la chaîne des Alpes éclairée par les rayons de l'aurore et par ceux du soleil couchant. Mais, pour bien jouir de ce spectacle, il faut avoir un temps parfaitement serein. Il est bon de prendre pour guide à Régensberg l'homme chargé de l'entretien du Signal, afin que, si l'air du matin se trouve trop vif, on puisse faire entrer les dames dans la cabane, d'où elles sont à portée de jouir, par la fenêtre, du spectacle magnifique des Alpes embrasées par les premiers feux du soleil. Le Signal du Légherberg est à 1,750 pieds d'élévation au-dessus du lac de Zurich, et, par conséquent, à 3,029 pieds au-dessus de la mer; comme cette hauteur est beaucoup plus considérable que celle de l'Albis et de l'Uetliberg, la vue qu'on y découvre est beaucoup plus vaste et plus magnifique que celle de ces dernières montagnes. On y voit la chaîne des Alpes s'étendre au sud-ouest depuis le Tyrol, au travers de la Rhétie, jusqu'au mont Ghemmi.

MYTHOLOGIE DE LA SUISSE.

Il est étonnant qu'on n'ait pas encore rassemblé tout ce que rapportent les traditions, les chroniques et même les naturalistes, sur les croyances populaires en Suisse. Ces données pourraient presque former un système de mythologie. Cysat, dans sa *Description du lac des Quatre-Cantons ;* Wagner, dans son *Historia naturalis Helvetiæ curiosa ;* Scheuchzer, dans ses *Voyages dans les Alpes*, et plusieurs autres auteurs, nous ont transmis une foule de récits intéressans.

Il est singulier que les principaux personnages qui jouent un rôle dans la mythologie suisse soient des nains : on les nomme Bergmœnnlein (les petits hommes ou génies de la montagne). L'on serait tenté d'accéder à l'observation psychologique de M. de Bonstetten, lorsqu'il dit : « Toute grandeur idéale paraîtra toujours encore petite en comparaison des Alpes. La fable des Titans n'aurait jamais été inventée en Suisse. »

Celle des nains est connue dans toute l'Allemagne, en Suède et en Norvége, depuis les temps les plus reculés. Dans toutes les traditions qui nous sont parvenues, ils sont représentés *comme des êtres bons, bienfaisans, complaisans ;* mais ils n'aiment pas qu'on les épie, ou qu'on leur joue quelque malin tour. Ils ont quelque rapport avec les esprits servans, auxquels croit le peuple du pays de Vaud, suivant Bridel.

« D'après l'opinion vulgaire, dit-il, ils séjournent dans des habitations écartées et des chalets solitaires. Ces servans sont plus malins que méchans, et font plus de bien que de mal. Ils gardent le bétail ; ils font prospérer le jardin, et rendent parfois, sans se montrer, de petits services domestiques. Ce sont ces follets dont La Fontaine parle dans une de ses plus jolies fables :

> Qui font l'office de valets,
> Tiennent la maison propre, ont soin de l'équipage,
> Et quelquefois du jardinage.

« Mais souvent ils prennent de l'humeur, font du tapage et mettent, pendant la nuit, le désordre dans les meubles, quand on oublie de leur offrir une libation, en jetant, de la main gauche, une cuillerée de lait sous la table. »

C'est toujours un nain ou la communauté des petits génies de la montagne à qui on attribue tous ces effets surnaturels; mais on n'allègue ni leur origine, ni leur nom, ni le rang qu'ils occupent dans la hiérarchie des êtres vivans, à l'exception d'un seul cas, où on leur donne deux dénominations différentes, sur lesquelles on diffère même encore quelquefois. En hiver, ajoute-t-on, on ne s'aperçoit point de leur existence; mais on commence à les voir ou à reconnaître leurs œuvres depuis le jour de l'Annonciation jusqu'à la Toussaint. Ils habitent, pendant la mauvaise saison, des palais souterrains dans les profondeurs de la terre, sous les plus hautes montagnes, où ils sont abondamment pourvus de richesses et d'excellentes provisions. Ils se nourrissent principalement de fromages faits avec le lait des chamois, qui forment leurs troupeaux. Quelquefois, par malice, ils dérobent une vache, mais non pas pour se l'approprier, ou bien ils en demandent une à quelque propriétaire, et la lui ramènent, au bout de quelque temps, plus grasse et mieux portante. Ils aiment les occupations pastorales, et les exercent souvent pendant des semaines entières pour les pâtres qu'ils ont pris en affection, et que les neiges empêchent d'aller soigner leur bétail dans une étable éloignée. Ils connaissent toutes les herbes salutaires, et les recueillent sur les hautes montagnes, pour les apporter aux bergers. Souvent ils ont ramené des bœufs, des brebis égarées à leurs maîtres, ou bien ils ont ramassé pendant la nuit des fagots de bois, et les ont placés sur la route des pauvres enfans qui doivent aller en chercher dans les forêts. Ils ont d'autres fois fauché, de nuit, l'herbe des prés, afin que, le matin, les paysans la trouvassent prête à être épanchée et séchée. C'était alors un signe incontestable que le temps de la fenaison était venu. On les a vus apporter aux agriculteurs laborieux, pendant qu'ils travaillaient, des mets exquis et des rafraîchissemens restaurans, pour les récompenser de leur diligence. Ils prennent plaisir à suivre ces travaux, et ils y assistent comme spectateurs, assis sur des pointes de rocs ou perchés sur des rameaux. Dans les cantons où l'on cultive le blé, ils aident à moissonner. Un paysan du Belpberg trouva, un matin, la moitié de son champ fauchée, quoique les épis fussent à peine mûrs. Il ne pouvait deviner qui lui avait joué un pareil tour. La nuit suivante, la moisson fut achevée de la même manière, et le soir elle était sèche, et il put la mettre en grange. Le troisième jour, un orage affreux, mêlé de grêle, vint dévaster la contrée et détruisit toutes les récoltes. On put alors reconnaître la prévoyante bienfaisance des petits génies.

Une nombreuse troupe de ces nains habitaient jadis le Pfaffenloch, caverne située près de Gutbrunnen, à un quart de lieue du château de Rumligen; ils venaient souvent le soir dans une maison voisine pour aider aux paysans à préparer le lin. Quand ils voulaient partir, ils en jetaient un gros peloton par la fenêtre, et s'en servaient comme d'une monture, sur laquelle ils traversaient les airs. Une fois, un couple de ces nains vint appeler une femme de cette maison pour assister une de leurs compagnes dans les douleurs de l'enfantement; elle y courut, et quand elle eut terminé son office, ils lui remplirent son tablier de noirs charbons pour unique salaire. La paysanne mécontente en laissait tomber une quantité, chemin faisant, sans y faire attention. Elle aurait même voulu jeter le tout, si elle n'avait craint le courroux des nains. Ceux-ci lui criaient toujours de loin : « Plus tu en perdras et plus tu les regretteras. » Arrivée à la maison, elle versa le reste de son fardeau sur une table, et c'étaient des lingots d'or pur qu'elle voyait maintenant briller à ses yeux. Elle courut précipitamment pour ramasser ce qu'elle avait perdu; mais elle ne retrouva plus rien.

On cite beaucoup de semblables traditions, dans lesquelles la bonté du cœur et la confiance dans celle des nains sont presque toujours récompensées. Leurs discours étaient ordinairement rimés; ils prévoyaient l'avenir. Lorsqu'on les voyait danser au printemps dans la campagne au clair de lune, on comptait sur une bonne année; mais s'ils se glissaient tristement entre les buissons, on avait à craindre des orages ou des inondations. On pouvait cependant les tromper; mais ils punissaient les impostures ou les malices imprévues en quittant la contrée. Ainsi, lorsque des paysans malins échauffaient avec des charbons ardens le roc favori où ils venaient s'asseoir, afin qu'ils se brûlassent, ou sciaient à moitié les branches sur lesquelles ils avaient l'habitude de se percher, pour les faire tomber, ils se courrouçaient et disparaissaient en gémissant sur la méchanceté des humains.

Suivant d'autres récits, ce fut l'imprudente curiosité d'un villageois qui fut la cause de leur fuite. Ils se montraient toujours enveloppés de longs manteaux qui traînaient à terre, et l'on se disait à l'oreille que leurs pieds étaient faits comme ceux des oies ou tout-à-fait tors.

Depuis plusieurs années ils avaient favorisé un paysan en allant cueillir pendant la nuit, lorsqu'ils étaient mûrs, les fruits d'un beau cerisier qu'il possédait, et en les lui apportant devant chez lui pour les étaler sur des ais et les sécher. Une fois l'imprudent répandit des cendres sur le terrain autour de son arbre, et il y trouva en effet le lendemain des traces de pieds d'oies, que les nains y avaient empreints, en lui rendant le service accoutumé. Mais hélas! ces complaisans bienfaiteurs partirent et ne revinrent plus.

On a cependant beaucoup de peine à obtenir de pareils récits des habitans de la Suisse, et surtout de l'Oberland, où cette croyance aux nains est si répandue. Quelques uns ne les savent qu'imparfaitement; d'autres craignent de paraître trop simples aux yeux des citadins, et que ceux-ci ne rient de leur crédulité. On manque ainsi de beaucoup de données pour former un système complet de mythologie, qui embrasserait tous les phénomènes remarquables, si fréquens en Suisse, et feraient rentrer toutes les merveilles de la nature dans un cercle mystique. On n'y trouverait point de divinités supérieures à citer. Le diable seul joue un rôle important, et peut-être l'a-t-on introduit dans plus d'une fable fort ancienne, à la place des esprits de la montagne qui y figuraient dans son origine. Il faut bien cependant attribuer à quelque être puissant et moral la punition infligée aux péchés et à la corruption des humains, qui, dans les temps les plus reculés, suivant la croyance populaire, changea la fertilité et la beauté des Alpes et de leurs vallées en rocs arides, en glaciers et en déserts stériles. Plusieurs traditions dépeignent cet âge d'or avec des traits puisés dans les mœurs des pâtres, et qui représentent presque tous une nature plus productive. Il ne croissait point alors de plantes vénéneuses sur les montagnes; les vaches donnaient trois fois plus de lait, les glaciers ne comblaient pas encore les hautes vallées, les débris des montagnes n'encombraient pas les plaines.

Les bergers des Ormonds dans le pays de Vaud se font une idée encore plus hyperbolique de ces temps d'abondance et de bonheur, car c'est à eux qu'il faut probablement rapporter ce que raconte Bridel : « Alors, disent-ils, les vaches étaient d'une grosseur monstrueuse ; elles avaient une telle abondance de lait, qu'il fallait les traire dans des étangs qui en étaient bientôt remplis. C'était en bateau qu'on allait lever la crème dans ces vastes bassins. Un jour qu'un beau berger faisait cet ouvrage, un coup de vent fit chavirer la nacelle et il se noya. Les jeunes garçons et les jeunes filles pleurèrent sur cette mort tragique et cherchèrent long-temps, mais en vain, son corps pour l'inhumer. Il ne se trouva que quelques jours après, en battant le beurre, au milieu des flots d'une crème écumante, qui se gonflait dans une baratte haute comme une tour, et on l'ensevelit dans une large caverne que les abeilles avaient remplie de rayons de miel grands comme des portes de ville. »

Le crime principal qui entraîna la perte d'un état si heureux fut, suivant une tradition détaillée qui se répète au sujet de cinq ou six glaciers, celui d'un pâtre. On en place la scène sur les Clarides, dans le canton de Glaris, et sur plusieurs pâturages de la Blümlis-Alp, dans celui de Berne. Là, ce pâtre dissipait avec une coupable prodigalité les produits d'un nombreux troupeau et d'une Alpe riche et fertile qu'il possédait. Vivant dans un commerce honteux avec une fille sans mœurs, il accabla sa mère de cruelles railleries, d'insultes et de mépris, lorsqu'un jour elle était venue le visiter. Il avait construit avec des fromages un escalier pour sa maîtresse et pour sa vache favorite. La mère irritée jeta sa malédiction sur toute la montagne, et soudain les rochers environnans s'écroulèrent, les glaciers envahirent le pâturage et le détruisirent. Le pâtre fut enseveli sous les décombres, et son ombre angoissée et accompagnée de celle de sa vache revient toutes les nuits errer en gémissant sur ces ruines.

Sur les Alpes Surènes, entre Engelberg et Uri, une tradition particulière à ses contrées rapporte à un autre délit la destruction d'une montagne jadis fertile et cultivée. Il y a bien des siècles, dit-on, qu'une troupe de jeunes audacieux commit le sacrilège d'administrer à un belier le sacrement du baptême. Aussitôt le belier fut métamorphosé en monstre épouvantable et dévora tous les bestiaux et même les bergers, de sorte que les pâturages devinrent bientôt un désert sauvage et aride. Long-temps après, un étudiant étranger traversa cette horrible solitude. Il était expert dans les sciences occultes, et indiqua aux habitans du pays, affligés d'un si grand fléau, un moyen de s'en délivrer. Il leur conseilla de choisir le premier veau d'une forte vache et de le laisser téter pendant douze ans, en lui donnant chaque année une vache de plus pour le nourrir, jusqu'à ce qu'il fût devenu un taureau formidable. Alors une vierge pure devait conduire sur la montagne frappée de malédiction cet animal, attaché avec les tresses de ses cheveux. Les pâtres suivirent ce conseil: en peu d'années le veau était devenu si énorme, qu'il fallait placer sur un échafaudage élevé les vaches qui devaient l'allaiter. Enfin, au temps prescrit, le bœuf gigantesque se laissa mener tranquillement par une jeune fille sur l'Alpe déserte. Arrivée à une certaine hauteur, la bergère s'arrêta et détacha le taureau de ses liens. Aussitôt le monstre accourut avec d'affreux mugissemens et se jeta sur le bœuf, qui se défendit et le tua, après un combat long et sanglant; mais ayant voulu apaiser sa soif dans une source voisine, étant encore trop échauffé, le vainqueur lui-même fut frappé de mort subite. Cependant la montagne ne reprit jamais sa belle forme primitive et n'a plus produit autant d'herbe qu'avant cet événement.

C'est ainsi que d'autres puissances surnaturelles et d'une nature supérieure à celles des nains entrent dans les traditions des habitans des Alpes. Cependant les fictions populaires se rapportent plus fréquemment à des êtres d'un ordre inférieur, quelquefois même de la classe des animaux, ou à des magiciens. Suivant Ramond, dans ses *Supplémens au voyage de Coxe,* c'est à un de ces derniers qu'on attribue sur les lieux mêmes le bouleversement qu'éprouva la vallée d'Urseren sur le Saint-Gotthard, dont la beauté et la fertilité lui donnaient du dépit. Une forêt très-épaisse fut consumée par la foudre, et le sol resta frappé de sortilége, de manière que dès lors les arbres n'y ont plus prospéré. Un événement très-compréhensible a sans doute donné lieu à ce récit.

En général, des phénomènes frappans, quoique très-naturels, ont souvent reçu une explication merveilleuse, principalement dans les cantons catholiques. Sur le mont Furca, entre Urseren et le haut Vallais, on remarque par-ci par-là sur la neige des places rouges, non seulement à la surface, mais jusqu'à une certaine profondeur. Les paysans de la contrée disent que ce sont les âmes des muletiers ivrognes et infidèles, qui, en transportant des vins d'Italie sur cette route, les boivent ou les répandent par négligence, et qui sont condamnés, pour ce délit, à séjourner sous la neige, à laquelle ils donnent la couleur de la liqueur qu'ils ont dérobée et dont ils sont encore altérés. Aussi, lorsque les voyageurs ont soin d'en répandre quelques gouttes sur le chemin, ces esprits reconnaissans les préservent de tous les périls auxquels ils sont exposés sur cette route dangereuse.

Les habitans d'Oberwald expliquent de la même manière les bruits souterrains et effrayans que l'on entend près du glacier du Rhône. Ce sont, disent-ils, les âmes des hommes prodigues et dissipés, condamnés après leur mort à travailler dans les palais de glace, comme de nouveaux Cyclopes. Un pieux ecclésiastique rencontra un jour un de ces revenans, sous la figure d'une belle femme, qui se fit connaître à lui pour une marquise condamnée à rester 5000 ans dans les frimats au fond d'un glacier. Après cet aveu, la pauvre pénitente disparut sous la glace avec un vacarme affreux.

C'est apparemment sur des bases semblables que se fonde une superstition des paysans de Bleyenbach, village de la haute Argovie, à une lieue de Langenthal. Ils croient entendre souvent dans les airs des bruits singuliers, comme ceux d'une troupe nombreuse de cavaliers, et ils disent que ce sont les seigneurs de Rothenthal qui vont à la chasse. Rothenthal est une haute vallée couverte de glace, sur le côté occidental de la Jungfrau, et il est probable que le bruit que font les glaciers, lorsqu'ils se fendent, et qui se prolonge comme celui du tonnerre, a pu être attribué par les habitans voisins à des ombres de chevaliers ou de chasseurs trépassés. Mais il est extraordinaire que cette tradition se soit conservée dans la haute Argovie plutôt qu'à Lauterbrunnen à la proximité des glaciers.

La croyance aux sources merveilleuses est d'une nature plus riante. Il en existe une sur l'Alpe d'Engstlen, dans l'Oberland bernois, qui a une grande réputation. Les pâtres assurent qu'elle ne commence à couler qu'au printemps, lorsque le bétail se rend sur la montagne, et qu'elle cesse de jaillir en automne, lorsque les vaches ont quitté le pâturage. Elle s'arrête même pendant la nuit, ou du moins ne coule pas avec autant d'abondance que de jour, lorsque le troupeau peut aller à l'abreuvage en toute sûreté. Ce miracle est authentique, mais ne provient pas uniquement de la complaisance de la nymphe de ce ruisseau. C'est une de ces sources intermittentes ou périodiques, telles qu'on en voit plusieurs dans les montagnes. Elles ne coulent que dans la meilleure saison et pendant le jour, parce que ce n'est qu'alors que le soleil peut fondre la neige ou la glace, auxquelles elles doivent leur origine.

Terminons ces fragmens mythologiques, qui pourraient donner matière à une dissertation plus détaillée, par quelques traits qui concernent les animaux, et qui sont dignes d'être recueillis. Il existe à cet égard deux espèces de traditions différentes : l'une, qui roule sur des animaux fabuleux ou d'une existence incertaine ; l'autre, sur des animaux domestiques ou sauvages bien connus. Parmi les êtres fabuleux, les dragons sont les plus renommés, et ceux d'une nature obscure et douteuse, les serpens nommés dans le pays stollenwürmer. Scheuchzer, dans ses *Voyages dans les Alpes* et dans son *Histoire naturelle de la Suisse*, a rapporté tant de récits sur les premiers, qu'on ne peut douter que ces fables ne fussent généralement répandues en Suisse depuis la plus haute antiquité. Qui ne se rappelle le dragon d'Oedwyler, que Struhhahn de Winckelried tua pour son malheur? Qui ne connaît l'aventure de ce jeune tonnelier qui tomba dans une caverne de dragons sur le mont Pilate, et l'histoire de Sintram et Bertram, ces deux comtes de Lenzburg, avec le dragon de la Gyssnau, près de Burgdorf?

Il n'est pas impossible que dans les temps reculés où l'Helvétie était encore presque déserte et couverte d'épaisses forêts et de marais, elle ne produisît des reptiles plus grands, et que l'imagination des peuples ignorans et effrayés n'ait transformé d'énormes serpens en dragons ailés. L'observation que fait Scheuchzer est assez frappante : « Les habitans des Alpes donnent souvent le nom de dragons aux torrens furieux qui descendent des montagnes. Lorsqu'un torrent, dit-il, se précipite des montagnes et roule de gros cailloux, des arbres et d'autres objets, ils disent qu'un dragon a pris son essor. » Mais si la race des dragons est à peu près éteinte ou détruite dans l'Helvétie moderne, l'Oberland est encore rempli de récits et de témoignages au sujet d'une espèce de monstre reptile auquel on donne le nom de stollenwurm, et qu'on prétend avoir vu çà et là chaque année. La description qu'on en donne est celle d'un gros serpent, muni de deux, quatre pieds et davantage, épais et très-courts, comme ceux des chenilles. Ordinairement on lui donne une tête de chat de forme ronde; quelquefois on le dit velu et fort gros, mais court. Un paysan de Im-Boden nous a raconté de la manière la plus naturelle et la plus véridique que, dans son enfance, il avait, avec quelques camarades, tué un pareil serpent à coups de pierres, et qu'il avait trouvé des petits dans son ventre. Tout ce qu'il disait ne pouvait se rapporter qu'à un animal mammifère. Peut-être était-ce une loutre, ou plus probablement une martre, un putois ou une belette, dont la plupart des habitans de ces contrées connaissent à peine l'existence.

Un autre récit que nous fit un jour de la meilleure foi un pâtre de la vallée de Gadmen, au sujet de ces reptiles, est positivement fabuleux. Il y en a de deux espèces, disait-il, l'une blanche avec une petite couronne sur la tête, et l'autre, plus commune, est toute noire. Un homme téméraire, qui connaissait la magie, traça un jour autour de lui un cercle sur le sol, et conjura, pour prouver son pouvoir, tous les reptiles des environs, en sifflant pour les appeler. Il en vint, en effet, une énorme quantité, qui l'entouraient sans lui faire aucun mal. Cependant il continuait encore à siffler, jusqu'à ce qu'il vit arriver de loin deux serpens qui en portaient un troisième effroyable, d'une grosseur énorme, et qui le jetèrent dans le cercle. Le magicien s'écria alors : « Je suis perdu ! », et à l'instant il fut dévoré par ce monstre. Ce sont apparemment de pareils serpens qui, suivant l'opinion de quelques habitans des Alpes, rapportée par Bridel, viennent téter les vaches sur les pâturages, et dont les vachers se préservent en associant un coq blanc à leur bétail. Le serpent malade que, suivant une tradition dans l'Oberland, une jeune fille abreuva, portait une couronne de pierres précieuses, et lorsque le charme fut rompu et que l'animal redevint la reine des serpens, celle-ci fit présent de ce bijou, auquel étaient attachées des vertus bienfaisantes, à la jeune bergère compatissante, pour prix de son humanité.

Quant aux animaux réels et domestiques, nous trouvons encore dans Scheuchzer un récit singulier. Lorsque les troupeaux, lui avait-on raconté, sont sur les montagnes, on entend quelquefois de nuit une voix singulière, pareille à celle d'un vacher qui appelle ses bestiaux. Les vaches courent aussitôt du côté d'où part ce cri, et si leur berger ne les rappelle pas à l'instant même, elles disparaissent sans qu'on sache ce qu'elles sont devenues. Mais, trois jours après, elles se retrouvent sur leur pâturage accoutumé, avec les mamelles pleines de lait. Nous avons entendu rapporter la même particularité sur l'Alpe de Sevinen, dans le Lauterbrunnen et dans le Siebenthal; mais on ne lui donne pas dans tous les récits un dénouement aussi favorable. Souvent, dit-on, les vaches ainsi enlevées se précipitent du haut des rochers dans les abîmes des ravins, comme poussées par une rage aveugle. On raconte aussi qu'un berger courageux s'était saisi de la queue de la dernière de ses vaches, lorsqu'elles s'emportaient ainsi, qu'il s'était laissé entraîner avec tout le troupeau et qu'il était revenu de même; mais jamais il n'avait voulu dire ce qu'il avait vu et où il était allé pendant son absence; il répondait toujours : « Qu'un autre l'essaie : j'en ai assez! » D'ailleurs, les pâtres assurent que si, au moment du départ, le vacher reconnaît la vache qui est à la tête du troupeau et l'appelle par son nom, il peut les arrêter.

Le lynx, l'ours et le loup, qui se montrent encore quelquefois isolément dans la Suisse, n'ont jamais été le sujet d'aucune fiction. Relativement au chamois, on raconte qu'il se forme dans leur estomac des boules pareilles au bézoard, qui les préservent contre les coups de feu, et qui ont la même vertu pour l'homme qui peut s'en approprier une. Mais comme on sait que ces masses rondes et de couleur noirâtre se composent des filamens fins et durs de quelques plantes que cet animal ne peut pas digérer, on ne saurait guère leur attribuer une faculté aussi merveilleuse. La tradition que Schiller a introduite dans son *Guillaume Tell* et que quelques naturalistes ont con-

firmée a quelque chose de plus romanesque.
« Les animaux ont aussi de l'intelligence, dit le chasseur dans cette tragédie, nous le savons bien nous autres chasseurs de chamois : lorsque ces fauves vont au pâturage, ils placent des avant-postes en sentinelle, qui, d'une oreille attentive, entendent de loin l'arrivée du chasseur, et avertissent par un sifflement aigu le troupeau de l'approche de l'ennemi. »

Ce qu'on raconte des marmottes est plus plaisant. Walser le rapporte encore dans sa *Géographie de la Suisse* de l'an 1770. Au milieu de l'été, dit-il, les marmottes sortent de leurs tannières, se rendent sur les montagnes et y coupent avec leurs dents les meilleures herbes, qu'elles étendent pour les laisser sécher au soleil. Ensuite elles les rassemblent et en font un tas. Le femelle se couche sur le dos en tenant ses quatre pattes élevées, entre lesquelles le mâle pose le foin, qu'elle retient avec ses pieds. Quand elle est assez chargée, le mâle prend la queue de la femelle dans sa bouche, et la traîne ainsi jusqu'à l'entrée de la tanière. Ils y rentrent le foin et le gardent, pendant leur long sommeil d'hiver, pour leur provision du printemps.

C'est ainsi que l'habitant des Alpes peuple de fictions tantôt gaies, tantôt effrayantes, la sublime nature qui l'entoure. Il n'y a pas de doute qu'une multitude de ces traditions ou de ces fables de pure imagination se sont perdues ou ne sont pas parvenues aux auteurs qui ont écrit sur la Suisse. Le souvenir s'en efface toujours davantage, et il serait temps de recueillir celles qui subsistent encore. Le christianisme a écarté tous ces mythes poétiques qui tenaient de près au paganisme et à l'enfance du genre humain, mais qui souvent avaient un charme et une grâce particulière. On trouve cependant aussi des légendes sacrées tirées de l'histoire sainte, dans les vallées. Les paysans ont long-temps cru que le Niesen (anciennement nommé Jesen) était la montagne d'où notre seigneur Jésus-Christ était monté au ciel. (Wyss.)

Observations.

NEUCHATEL.

C'est un canton que tout voyageur parcourra avec aisance et commodité, grâce à sa proximité de la France. En tout temps, on y trouve de bonnes auberges, de bon vin, une société choisie. Nous avons parcouru plusieurs fois ce canton, dépensant environ 12 fr. de France, bien traité, nourri, hébergé avec tout le soin possible.

Monnaie. — 21 batz font 20 batz du reste de la Suisse. La livre ou le franc de Neufchâtel est de 10 batz; 7 de ces livres en valent 10 de France.

Ouvrages a consulter. — *Cartes.* La meilleure de toutes est celle de M. J. Fr. Osterwald, qui a été levée de 1801 à 1806, et qui a été gravée par Barrière; elle est d'une rare exactitude, et contient de très-grands détails.

On peut, sur la statistique du canton, consulter l'Almanach helvétique pour l'année 1818, et l'ouvrage de M. Osterwald, intitulé : *Description des montagnes de la principauté de Neuchâtel et de Vallengin*, imprimée à Neuchâtel en 1766.

Neuchatel. — Commissionnaires, *Jaquet Bovet et Perrochet*, maison estimée sous tous les rapports.

Pharmacien. — *M. Matthieu*, maison ancienne et recommandable.

Horlogers. — MM. *Perrin frères*, bon et beau travail.

Lithographie. — *M. Gagnebin*, cartes de visite, adresses, formules de lettres, etc.

— *Hôtel des Balances*, desservi par M. *Prince* : propreté peu ordinaire; jolie situation, agrément de promenades variées sur la nouvelle route; soins, empressement à l'égard des voyageurs.

Couvet. — *Hôtel des Balances*, tenu par M. *Pierre Montandon*, Val de Travers, route de France et de Suisse; jolis appartemens, écuries et remises : toutes les commodités et le zèle désirable.

La Chaux de Fond. — Auberge : *La Fleur de lys*, dans le plus joli quartier, au débouché des trois routes de France, de Neuchâtel et de Berne; 22 lits de maîtres, chambres vastes à un ou plusieurs lits, grande salle, salon, cour, remises et jolies écuries, chevaux de relais, petite, voitures pour les excursions. M. *Auguste Perret Montandon*, propriétaire de l'hôtel, jouit d'une grande réputation.

Romont. — M. *Ruffieu*, pharmacien : intelligence, zèle et assortiment complet.

Lode. — Horlogers. MM. *Voumard et fils* : bonne maison, fournie en excellens ouvrages, et qui a un établissement à Hambourg.

Auberge. — *La Fleur de lys*, tenue par M. *David Perret* fils, citée avec éloge dans tous les itinéraires; cuisine propre et bien servie, vaste salle, 10 lits de maître, écurie, chevaux et relais.

Auberge. *Les Trois Rois*, l'une des plus anciennes de Lode, louée par tous les voyageurs. M. *Henri Vuagneux*, qui en est le propriétaire, est avantageusement connu.

Chemins. — De Neuchâtel, en suivant le lac du côté de l'E. à *Saint-Blaise*, 1 l. De là à *Erlac* (Cerlier), sur le lac de Bienne, à *Vallengin*, 1 l. On a d'abord une montée fort roide jusqu'au lieu nommé le Plau; puis de Vallengin à la *Chaux-de-Fond*, 3 l. par Boudevillers, Jonchères, Haut-Geneveys; après quoi l'on monte sur la colline de la Loge, du haut de laquelle on découvre une vue magnifique. De là par Boineau, lieu au-dessus duquel on voit la source de la *Suze*, rivière qui traverse la vallée de Saint-Imier, et va tomber dans le lac de Bienne. Au *Locle*, 3 h. ½, par Coffrane, Geneveys et la Sagne. Le grand chemin de France passe par le Val de Travers. De Neuchâtel par Peseux, Corcelles, et par une forêt de pins qui va toujours en montant, à *Rochefort*, 2 l.; ensuite le chemin s'élève par une pente fort escarpée, à côté du Roc-Coupé, jusque dans la vaste ouverture que laisse le mont Boudri à gauche, et à droite celui de Tourne, dont le revers ferme, du côté du N.-O., la vallée des Ponts. Ce chemin mène par Brot au défilé de la *Cluzette*, à côté d'un profond précipice, dans lequel la Reuze roule ses eaux; dans ce lieu, une enceinte semi-circulaire de rochers coupés à pic semble barrer le chemin; cette enceinte est connue sous le nom de *Creux-du-Vent*, parce que les vents s'y font toujours sentir. De là à *Noiraigue*, 1 l. ½, village situé à l'entrée du Val de Travers.

CANTON DE NEUCHATEL.

Nous allons nous transporter maintenant à l'est de la Suisse, aux confins mêmes de la France, et nous parcourrons successivement les divers cantons, comme nous l'avons fait jusqu'à présent. Ceux qu'il nous reste à visiter ne sont pas les moins beaux : c'est aidés de nos propres souvenirs, souvenirs récens, et de guides aussi éclairés et aussi exacts que Wis, Ebel, Stapfer, Simond, que nous décrirons les grandes scènes que vont déployer à nos regards le canton de Schaffouse, de Lucerne, et surtout l'Oberland bernois, si admirable et si fréquenté des voyageurs.

Neuchâtel, un des trois nouveaux cantons depuis 1815, forme un pays de onze à douze lieues de long, sur cinq ou six lieues de large; il est situé sur la frontière de France, dans les montagnes du Jura, et composé de six ou sept vallées.

On dit que du temps des Romains un lieu nommé Noidenolex occupait le sol où l'on voit aujourd'hui Neuchâtel, et que c'était une des cinq villes des Séquaniens. A la suite des ravages occasionés par les migrations des peuples du nord, on bâtit à cette place un nouveau château (novum castrum), qui fit donner à la ville que l'on y fonda dans la suite et à tout son territoire, le nom de Neuf-Châtel, Neuchâtel (en allemand Neuenburg). Les souverains de ce pays s'étendirent considérablement pendant le douzième siècle, époque à laquelle il est fait pour la première fois mention de cette ville, et se divisèrent en plusieurs branches, savoir : celles des comtes de Neuchâtel, de Vallengin, de Nidau et d'Arberg. A la fin du siècle suivant, Rodolphe de Neuchâtel abandonna ses États à l'empereur Rodolphe de Habsboug, qui les céda en fief à Jean de Châlons, puissant seigneur bourguignon. Jean III, arrière petit-fils de ce dernier, fit entrer en 1389, par un mariage, la principauté d'Orange dans sa maison, de sorte que dans la suite les princes d'Orange possédèrent le droit d'investiture sur l'État de Neuchâtel, en qualité de descendans de Jean de Châlons. Au commencement du dix-huitième siècle, la branche qui règnait à Neuchâtel vint à s'éteindre, et le roi de Prusse se mit sur les rangs pour lui succéder comme descendant, par les femmes, de Jean de Châlons. Les États de la principauté de Neuchâtel reconnurent, le 3 novembre 1707, dans la personne de Frédéric Ier, roi de Prusse, le véritable héritier de la maison de Châlons, et le déclarèrent en conséquence prince souverain de Neuchâtel. Le canton de Berne soutint à main armée la décision des citoyens de Neuchâtel contre les oppositions et les menaces de la France, laquelle reconnut enfin en 1714 le roi de Prusse en sa qualité de prince de Neuchâtel. Le dernier de ces princes, le roi de Prusse, céda ses sujets à Bonaparte en 1806, lequel leur donna Berthier pour maître. Le sort des armes les a fait passer depuis sous les lois de Sa Majesté prussienne.

L'exercice du pouvoir royal se borne uniquement à quelques actes d'administration, et les prérogatives de la souveraineté y sont exclusivement attribuées à la masse du peuple et à ses représentans, et les droits du citoyen y sont protégés contre toute usurpation ou extension arbitraire de l'autorité du prince. L'exemption de toute espèce d'impôts et de subsides, la tolérance religieuse, la facilité avec laquelle l'étranger peut s'y faire naturaliser, et une paix longue et profonde, en ont peuplé les montagnes et les vallées d'une foule d'étrangers qui y ont élevé les arts, l'industrie et le commerce à une admirable degré de prospérité. La liberté civile, la sûreté des droits du peuple, les talens, les ressources, concourent à faire des Neuchâtelois le peuple le plus heureux de l'Europe.

LAC DE NEUCHATEL.

Le lac de Neuchâtel a 9 lieues de long, 2 dans sa plus grande largeur, et environ 400 pieds de profondeur, et son élévation au-dessus de la mer est de plus de 200 toises. Il est très-poissonneux. Il reçoit plusieurs rivières, dont les plus considérables sont l'Orbe, la Reuze, le Seyon et la Broie. Autrefois les eaux remplissaient l'espace de deux lieues et demie, qui sépare aujourd'hui ce lac de celui de Bienne, entre le Jolimont et le Tessenberg. Elles s'étendaient à plusieurs lieues vers le sud-ouest au-dessus d'Yverdon, et vers le nord-est au-dessus de Bienne; couvrant ainsi de grands marais, elles formaient une vaste plaine d'eau dont le lac de Morat pouvait être considéré comme un grand golfe.

Les bords du lac de Neuchâtel offrent de charmantes promenades, et les différentes vallées et montagnes du canton, des curiosités qui doivent engager les voyageurs à les visiter. Il y a deux maisons de campagne à peu de distance de la ville, l'une à l'est et l'autre à l'ouest, d'où l'on découvre les vues les plus étendues et les plus admirables. De là, les regards embrassent les deux tiers de la chaîne entière des Alpes. Lorsque l'air est bien pur, on la voit depuis les montagnes des cantons d'Uri et de Schwitz jusqu'au Mont-Blanc. On reconnaît distinctement le Titlis au canton d'Unterwald, et le mont Pilate, dans celui de Lucerne. C'est un spectacle imposant que celui de cette chaîne, quand elle est éclairée des rayons du soleil levant, et bien plus encore dans une belle soirée.

En observant avec attention la chaîne la plus avancée du Jura, savoir, celle qui regarde les Alpes, et qui, pareille à un mur immense, s'étend depuis le mont de la Vouache, à côté du fort l'Ecluse, jusqu'à Brouck et jusqu'à Régensberg, on voit qu'elle a été déchirée des deux côtés de Neuchâtel. Le mont de Rochefort, qui s'élève au-dessus de la petite ville de Boudri, et dont la large base descend jusqu'aux rives du lac, présente un escarpement très-roide, et semble séparé par une lacune de 2 ou 3 lieues du Jolimont, dont les coupes intactes recommencent à l'est du Jura. Cette lacune est remplie par la base élevée de la montagne qui s'y trouvait autrefois, et cette base est couverte de vignobles, de maisons de campagne et de villages. Entre Neuchâtel et le mont de Boudri, surtout depuis le village de Corcelles à celui de Rochefort, et le long de la Reuze, on est étonné en voyant un grand nombre de blocs de granit d'une grosseur extraordinaire, qui deviennent de jour en jour moins communs, parce qu'on les fait sauter pour les employer aux meules de moulins. Une circonstance bien digne d'être remarquée, c'est que les courans venus autrefois des environs du Grimsel et du sein des Alpes primitives, entre le Béatenberg et le Niésen, et pardessus le bassin du lac de Thoun, furent contraints de se diriger sur le Jura, au-dessus de Neuchâtel, et que, repoussés de deux côtés par ce mur de montagnes, savoir à l'est du côté de Bienne, et à l'ouest vers Yverdon, ils durent nécessairement continuer d'exercer leur effet dans ces deux sens. Il est probable que la chaîne du Jura fut brisée, entre le Boudri et le Jolimont, par les courans, dont l'impétuosité attaqua principalement cette partie, et causa une excavation si profonde dans la formation de grès et de marne qui s'appuie contre le revers du Jura, du côté du sud-est, qu'il en résulta un lac de 16 à 20 lieues de longueur.

NEUCHATEL ET SES ENVIRONS.

Neuchatel est une petite ville de fort bonne apparence, ornée d'une promenade au bord du lac de même nom, et de plusieurs beaux édifices publics dus à la munificence patriotique de quelques uns de ses citoyens. M. Pury, négociant, dépensa un million pendant sa vie à orner le lieu de sa naissance, et à l'enrichir de fondations utiles, et, à sa mort, il fit un legs de quatre à cinq millions pour le même objet. Un autre négociant, M. Pourtalès, bâtit, il y a environ 15 ans, et dota un fort bel hôpital qui lui sert de sépulture. L'antique château des comtes de Neuchâtel domine la ville : ce château est maintenant le siége du gouvernement et du conseil. L'église gothique renferme les statues de quelques comtes et comtesses. La place, qui forme une espèce de terrasse, est ombragée de superbes tilleuls, dont l'un a 18 pieds de circonférence à un peu plus de 5 pieds de hauteur, et près du double au niveau du sol. C'est l'endroit le plus convenable pour jouir de la vue de Neuchâtel, du lac, des montagnes du Jura qui resserrent le lac Travers, et des Alpes qui parcourent les autres cantons suisses au delà du lac.

Les habitans de Neuchâtel sont abreuvés par de nombreuses fontaines, dont chacune est surmontée de figures gigantesques, représentant des guerriers du quinzième siècle, bardés de fer, à taille étranglée et poitrine rembourrée, la longue et large épée au côté, une belle barbe taillée en pointe, la petite toque sur la tête; portant quelquefois, élevé dans la main droite, un guidon aux armes de Berne; toujours l'air calme et inébranlable, comme le roc dont ils sont formés. Quelquefois c'est une Justice, tenant le glaive d'une main, la balance de l'autre, et costumée comme les dames de son nom; taille d'une aune, jupons amples et courts, coiffe à dentelle, et manchettes à trois rangs. L'artiste, livrant son imagination à l'allégorie et au burlesque, a quelquefois représenté le bon et le mauvais ange se disputant un tendre agneau qu'ils tiraillent cruellement entre eux. Le mauvais ange a une queue et des cornes.

Près de Neuchâtel, il faut s'arrêter un instant au pont de Sarrières, jeté sur une belle rivière dont on aperçoit la source d'un côté du pont, tandis que l'embouchure dans le lac paraît de l'autre, tout son cours n'excédant guère 150 toises. On la voit sortir pleine, forte et bouillonnante, du sein du Jura et des rocs de son lit. Elle fait mouvoir un grand nombre de manufactures; cependant telle est l'extrême beauté du site, de ses rochers, de ses arbres et de l'eau elle-même, que ces établissemens antipittoresques ne peuvent la détruire. Un château crénelé et flanqué de tours, assis sur un trône de rochers, au milieu des forêts, domine le paysage : c'est là que réside le maître manufacturier des calicots et des percales, et un petit peuple de fileurs et de tisserands qui vit sous ses lois.

Le voyageur ne manque pas de jeter, en passant, un coup d'œil sur les jardins des nombreuses maisons de campagne qui se présentent à la portée du chemin. On y découvre la charmille et le buis, les allées rectilignes et le jet d'eau, les terrasses ornées de pots à fleurs, et de bergers et de bergères en plomb ou en terre cuite. Les maisons, couvertes en tuiles rouges, le comble élevé, et les cheminées contournées en spirales, présentent, dans leur laideur, un coup d'œil assez pittoresque. Au surplus, la plus grande propreté, les plus belles eaux courantes à la portée de chacun, les montagnes, le lac, font oublier les parterres. Nous ne pouvons cependant passer sous silence les travaux d'un propriétaire opulent qui, depuis plusieurs années, s'occupe à faire une montagne. Ses manœuvres roulent la brouette du matin au soir, le long d'une petite route du Simplon, conduite en spirale autour de sa montagne, qui a déjà 40 pieds de haut, et pourrait bien atteindre, dans 10 ans, à peu près le double de cette hauteur. Le Mont-Blanc ne s'abîmera-t-il pas de jalousie ?

PROMENADE A L'ILE DE SAINT-PIERRE.

LAC DE BIENNE.

Le chemin qui conduit au lac de Bienne s'élève et s'abaisse en suivant les mouvemens de la croupe du Jura. Il est impossible de dire le nombre de points de vue que découvre le voyageur. On arrive d'abord à Saint-Blaise, grand et beau village. Le lac se déploie dans toute son étendue jusqu'à Yverdon. Au nord-est, au-dessous de Saint-Blaise, s'ouvre un vallon étroit qu'on nomme l'Enghe ou Chemin-des-Mulets, par où l'on passait encore au quatorzième siècle pour se rendre à la montagne de Diesse, à Pierre-Pertuis, etc. Au nord de Saint-Blaise s'étend le Chaumont, sur la pente duquel on voit les ruines du couvent de Fontaine-André, fondé en 1164, et plus haut, plusieurs jolies maisons de campagne appartenantes à des Neuchâtelois. Sur la grande route, entre Saint-Blaise et Pont-de-Thièle, est situé Montmirail, où l'on trouve un institut pour l'éducation des jeunes demoiselles : cet institut a été fondé en 1780 par deux Moraves de la famille de Watteville. Bientôt on atteint la jolie ville de Cerlier ou Erlach, berceau de l'illustre famille des nobles d'Erlach, dont il est fait mention pour la première fois dans l'histoire l'an 1100 ; vis-à-vis est la Neuveville, où l'on s'embarque sur le lac de Bienne.

Ce lac est situé à 178 pieds au-dessus de celui de Genève, et à 8 pieds au-dessous de celui de Neuchâtel ; il a 3 lieues de long sur 1 de large, et 217 pieds de profondeur. La Suze s'y jette au nord-nord-est, et la Thièle à son extrémité orientale près de Nidau, pour tomber dans l'Aar, une lieue et demie plus loin. De là à l'île de Saint-Pierre, la traversée est d'environ une heure, pendant laquelle on voit se déployer successivement de beaux villages qui semblent sortir des eaux du lac, et se multiplier encore en s'y réfléchissant.

Le séjour que fit J.-J. Rousseau à l'île de Saint-

Pierre en 1765 a rendu le lac de Bienne célèbre ; cet homme illustre passa agréablement un mois dans cette délicieuse solitude, dont le gouvernement de Berne eut la cruauté de l'expulser. L'île de Saint-Pierre a un quart de lieue de circuit et dix minutes de largeur ; son point le plus élevé est à 121 pieds de hauteur au-dessus du lac. Des religieux l'habitèrent jusqu'en 1485. Depuis la sécularisation de tous les couvens, laquelle eut lieu dans le canton de Berne à la suite de la réforme, elle a appartenu jusqu'à ce jour à l'infirmerie de Berne, qui y tient un intendant et une auberge. Du côté du midi l'île offre une pente douce, couverte de champs, de prairies et de pâturages. A l'orient, ses rives escarpées sont plantées de vignes, au-dessus desquelles on voit un verger, et plus haut encore un bois de chênes. Une jolie allée traverse ce bois du côté du couchant ; au milieu de cette allée s'élève un pavillon à huit faces. En un mot, cette île offre les sites et les aspects les plus variés et les plus riches en beautés pittoresques. Du côté du nord la rive du lac est extraordinairement élevée, le Jura descendant, pour ainsi dire, jusque dans ses ondes ; de sorte que ces bords présentent à l'ouest et au nord-ouest, partout où l'œil peut atteindre, l'aspect d'un énorme rempart, au pied duquel on distingue Bienne, les villages de Vigneules (Vingelz), Douane (Twann), Glairesse (Liegerz), une multitude de maisons de campagnes, situées au milieu des vignes ; Convalet, la Neuveville, le château de Schlossberg, Landreron, et à l'endroit où la Thièle entre dans le lac, le château de Saint-Jean. Il y a près de

Douane une belle cascade, et vis-à-vis de l'île un écho dont le retentissement imite le tonnerre. La partie du Jura que l'on voit en face de l'île se nomme la montagne de Diesse (Tessenberg); il s'y trouve une vallée profonde dont on aperçoit l'entrée. A l'est est situé Nidau, à l'ouest Cerlier (Erlach) et son château, ainsi que la colline de Jolimont. La rive du côté du midi offre des plaines boisées, et à l'horizon la chaîne brillante des Alpes, dont la surface du lac réfléchit les images. Pendant les vendanges on célèbre une grande fête dans l'île de Saint-Pierre, où se réunissent à cet effet les habitans de toutes les contrées voisines. La maison où J.-J. logeait, située au bord du lac, est une ferme dans le meilleur ordre, et sert d'auberge. Elle est dans l'état où le philosophe genevois l'a laissée; la muraille est griffonnée d'épanchemens poétiques, le livre destiné à cet usage ne suffisant pas. En parcourant ce livre, M. Simond s'assura du nombre des voyageurs des différens pays; le voici : 53 Suisses et Allemands, 4 Russes, 2 Hollandais, 1 Italien, 5 Français, 3 Américains, 28 Anglais. Une espèce de galerie ouverte ou piazza, au niveau du sol, règne sur 3 côtés de la cour intérieure, dont 2 sont occupés par les étables et tout ce qui concerne l'exploitation de la ferme. Un 3e côté forme le logement du fermier, et le 4e celui des étrangers. Un immense noyer ombrage cette cour. Au haut de la colline qui occupe le milieu de l'île Saint-Pierre, on trouve un charmant jardin anglais, et une forêt irrégulière, mais plantée d'arbres vigoureux et habitée par des milliers d'oiseaux.

Bienne est située à un quart de lieue du lac de même nom, au pied du mont Jura, duquel la rivière de la Suze (Süss ou Schüss) descend dans la plaine près de Boujean (Botzinghen). Cette rivière se partage, près de Matt, en deux bras, dont l'un coule dans la ville, où il forme deux canaux. Les habitans professent la religion réformée et parlent allemand; mais le patois français est en usage à peu de distance de la ville. Elle est située sous un climat doux et sain, et l'on y voit beaucoup de vieillards. Les environs de Bienne sont fertiles en fourages, en vin, en fruits et en légumes; on y plante le mûrier pour la nourriture des vers-à-soie; il y a de grandes forêts de chênes et de hêtres. Les fabriques d'indiennes et de cuirs qu'on voit à Bienne sont très-considérables. Il y a dans une caverne creusée dans le roc d'une colline une source fort remarquable par sa profondeur et l'abondance de ses eaux; elle entretient cent fontaines et fait tourner plusieurs moulins. Le jour du tremblement de terre de Lisbonne, en 1755, on observa que les eaux de cette source étaient fort troubles, quoiqu'il n'eût point plu.

Les femmes portent leur longue chevelure tressée, qui descend au-dessous du jupon, qui couvre à peine le jarret. On les entend presque toujours chanter. De grandes portes flanquées de tours ferment les rues, composées de maisons bâties en arcades comme le Palais-Royal. Le luxe des fontaines publiques est encore plus remarquable qu'à Neuchâtel. Dans l'intérieur des maisons tout est antique, mais travaillé avec soin, propre et bien entretenu. Comme en Angleterre, les gardiens de la sûreté publique parcourent les rues toute la nuit, publiant à haute voix l'heure qu'il est, ainsi que les nouvelles de la pluie et du beau temps.

De Bienne, on peut en quelques heures de marche monter sur le mont Chasseral. Il forme trois gradins ou terrasses, sur lesquels on voit des champs cultivés et des villages. Le plus élevé de ces gradins est le Chasseral proprement dit : selon la dernière mesure de M. Tralles, cette sommité a 3,616 pieds de France au-dessus du lac de Neuchâtel, et 4,936 pieds et demi au-dessus de la mer. Cette montagne est couverte d'excellens pâturages; et les chalets y sont si bien construits que souvent des familles entières quittent Bienne et d'autres endroits voisins pour aller respirer l'air pur de ces hauteurs pendant quelques semaines de l'été. On y trouve de magnifiques points de vue. Le Chasseral contient beaucoup de pétrifications, et les botanistes y rencontrent quantité de plantes alpines.

DE NEUCHATEL A MOTIERS-TRAVERS.

De Noirègue, village dont le nom vient de celui du ruisseau qui y passe, et où il y a beaucoup de forges et de charbonnières, on arrive à Rosières, puis à Couvet, grand et beau village situé dans une contrée riante, et la patrie de Ferdinand Berthoud, qui s'est immortalisé par l'invention d'une montre marine au moyen de laquelle on détermine les longitudes sur mer, et par l'ouvrage qu'il a publié sur l'art de l'horlogerie. Motiers touche presque à Couvet : c'est le plus ancien village de la vallée.

J.-J. Rousseau a rendu ce lieu célèbre par le séjour qu'il y fit depuis 1762 jusqu'en 1765. On montre encore sa chambre dans l'état où il la laissa lorsqu'il alla chercher un asile dans l'île de Saint-Pierre, sur le lac de Bienne; le gros poêle et l'armoire de bois, le pupitre sur lequel il écrivait, et les deux trous en coulisse par lesquelles, de la galerie du premier étage, il épiait les passans.

Les habitans de Motiers s'occupent d'horlogerie, et travaillent avec beaucoup d'art les dentelles.

« Motiers-Travers, dit M. Simond, est dominé du côté du nord-est par un site trop remarquable pour ne pas mériter d'être décrit : c'est le Creux-du-Van. La montagne forme une haute terrasse dans laquelle se trouve une échancrure en forme de fer-à-cheval. La circonférence de ce creux, prise en marchant au tour de son bord supérieur, est d'environ 1,500 toises (2,833 grands pas), plus d'une demi-lieue; sa profondeur, 800 pieds à peu près à l'endroit où j'ai pu la mesurer en jetant une pierre qui a mis 7 secondes à tomber; mais près de l'entrée, la profondeur est beaucoup plus considérable, peut-être trois fois plus, car l'échancrure descend jusqu'au niveau de la vallée. Quel amphithéâtre pour les Romains! Trois millions de leurs sujets s'y seraient assis commodément, et dix mille gladiateurs auraient pu s'y égorger à leur aise; les cris des combattans auraient retenti comme les éclats du tonnerre, car il n'y eut jamais d'écho comme celui-ci. Le bruit d'un coup de fusil est répercuté de proche en proche, autour de la circonférence, avec une variété, une force et une durée surprenantes : c'est alternativement un feu de file, une batterie de canon, ou le déchirement de la foudre tombant à nos côtés. Un botaniste, à la poursuite de quelques plantes, s'est laissé tomber du haut en bas du Creux-du-Van, l'année dernière, et a été tué. »

A Saint-Sulpi, qui est à une lieue de Motiers, on va voir la belle et abondante source de la Reuze, dont les eaux limpides sortent en cinq bras du pied d'une montagne escarpée; il est probable que cette source n'est autre chose que l'écoulement du lac d'Établières, près de la Brévine.

A l'ouest de Saint-Sulpi, et à une demi-lieue de distance, est située l'étroite vallée de Buttes, arrosée par le ruisseau du même nom. Pendant trois mois de l'année, une partie de ses habitans demeure privée de l'aspect du soleil. On trouve à un quart de lieue plus haut un autre vallon que traverse la Longeaigue, rivière qui se précipite dans un gouffre où l'on a pratiqué un moulin, connu dans le pays sous le nom de moulin d'Enfer.

VALLÉES. — LE SAUT DU DOUBS.

A la vallée de Buttes succède celle de Verrières. Du côté de l'ouest, à une hauteur considérable, le château de Joux domine un défilé par où l'on entre en France. C'est dans cette prison d'État que mourut Toussaint-Louverture. La vallée compte parmi ses habitans un grand nombre d'horlogers, de faiseuses de dentelles, d'ouvriers en fer, etc. A l'ouest, on voit les maisons éparses qui forment la commune de la Côte-aux-Fées, dans le voisinage de laquelle il y a plusieurs grottes. La plus fameuse, connue sous le nom de Temple-des-Fées, s'ouvre au delà de la cabane du Crêt : l'entrée en est si étroite qu'on ne peut y pénétrer qu'en se traînant sur le ventre ; mais bientôt elle s'élargit et forme trois galeries dont celle du milieu a 200 pieds de long sur 6 de largeur ; elle aboutit à une ouverture d'où l'on découvre la vallée de Sainte-Croix, située dans le district d'Yverdon. On prépare dans les pâturages des montagnes voisines des fromages qui valent presque ceux de Gruyères, et se vendent communément sous ce nom en France.

En remontant le long des chaînes du Jura, nous atteindrons bientôt une des vallées les plus remarquables de la Suisse, celle de Locle. L'hiver y dure sept mois entiers ; la terre n'y produit que de l'herbe, et l'on est obligé d'y transporter péniblement toutes les choses nécessaires à la vie ; cependant le Locle est habité de même que la Chaux-de-Fond par un peuple qu'ont singulièrement enrichi les nombreuses fabriques d'horlogerie dont ces lieux semblent être le principal siége.

Un jeune homme de 15 ans, Daniel-Jean Richard, surnommé Bressel, de la Sagne, non loin du Locle, essaya en 1679 de raccommoder la montre d'un maquignon qui la lui avait confiée, comme à la seule personne de toute la vallée qui s'occupât de travaux mécaniques; il sentit se développer en lui le goût et le talent de l'horlogerie, à la vue des diverses parties de cette montre qu'il avait démontée, et se livrant à l'inspiration du génie, il inventa un si grand nombre d'instrumens, qu'au bout d'une année il se trouva en état de faire une montre entièrement à neuf, ce qu'il exécuta en six mois. Le premier compagnon qu'il prit était un nommé Jacques Brand, de la Chaux-de-Fond. Au commencement du dix-huitième siècle, Richard alla s'établir au Locle, où il mourut en 1741. Ses cinq fils et Brand à la Chaux-de-Fond furent encore quelques années les seules personnes qui s'occupassent de cet art dans ces vallées. Cependant, dès l'an 1780, les fabriques d'horlogerie se trouvèrent tellement florissantes, que le Locle comptait alors 7000 habitans; la Chaux-de-Fond en avait presque autant, et toutes les autres vallées de Neuchâtel, même celle de Saint-Imier, dans le ci-devant évêché de Bâle, animées du même esprit d'industrie et d'activité, s'étaient élevées à un haut degré de prospérité. Cette peuplade d'artistes ingénieux et libres, composée de naturels, de Français, de Genevois et d'Allemands, s'est distinguée par une multitude de belles inventions, et a produit d'excellens mécaniciens. Les instrumens les plus précieux dont les horlogers de Paris et de Londres font usage se fabriquent dans ces vallées. Tous les habitans, hommes et femmes, s'occupent de quelque branche d'art. Le nombre des artistes de tout genre qui travaillent en or et autres métaux, en bois, en ivoire, en écaille et en verre, et celui des peintres, des graveurs et des ouvriers qui préparent tous les instrumens dont les horlogers ont besoin, est très-considérable. Malgré la cherté excessive des denrées et des loyers, on ne trouve nulle part les ouvrages d'horlogerie à si bas prix que dans ces contrées, où l'on peut acheter un mouvement de montre pour 4 ou 5 florins (environ 9 à 12 liv. de France), et une montre d'argent pour 11 florins (un peu plus d'un louis). La fabrique de dentelles occupe en outre plusieurs milliers de femmes au Locle et dans les vallées voisines.

Les moulins souterrains des Roches, près du Locle, sont extrêmement curieux. L'écoulement du Bied, dont les eaux se perdent dans cet endroit entre les fentes des rochers, en avaient creusé de spacieuses cavernes souterraines. Les deux frères Robert eurent la hardiesse et le talent de pratiquer trois moulins situés verticalement les uns au-dessous des autres dans ces cavernes profondes. On descend dans cet abîme pour contempler, à la clarté des lampes, ces ouvrages de l'industrie humaine. Non loin de ces moulins, on va voir le Rocher-Fendu, dans lequel les habitans du Locle avaient, en 1779, formé le projet d'établir un chemin pour communiquer en droiture avec la partie de la ci-devant Franche-Comté qui forme aujourd'hui le département du Doubs. L'échappée de vue que l'on aperçoit en France au travers de ce trou est d'un effet singulier. Le Locle est un assemblage de maisons neuves et propres, et qui n'ont pas l'air d'un village. Beaucoup d'union et d'instruction, une grande simplicité de mœurs, règnent parmi les habitans. La journée d'un ouvrier d'horlogerie se paie 21 sous de France; celle d'une femme 15 sous. Le pain vaut 3 sous la livre; la viande 8 sous et demi.

Un chemin assez agréable conduit de Locle au village de Brenets : c'est là que nous nous embarquerons pour aller contempler le Saut du Doubs. Un batelier suisse, dont la maison est bâtie sur le bord de la rivière, nous servira de rameur. Pendant un quart de lieue, la rivière conserve sa direction et sa largeur; ses bords sont cultivés, et n'offrent plus que quelques bases de roches; tout le reste a été rasé dans des temps très-anciens. Un gros bloc couvert d'une mousse noire, qui s'élève au milieu de la rivière, atteste ces révolutions. Il est évident qu'il est roulé dans l'eau du haut de ses bords; mais la roche dont il faisait partie n'est plus : des champs bien cultivés en occupent la place.

Après avoir navigué plus d'un quart de lieue, on voit la végétation cesser; de nouveaux rochers s'élèvent des deux côtés; la rivière s'élargit, devient de plus en plus profonde, et n'a plus qu'un cours très-lent. Avant de s'en apercevoir, on perd de vue le pays cultivé, et l'on se trouve tout à coup dans une enceinte redoutable : l'eau, les rochers et le ciel, voilà tout ce qu'on aperçoit; et l'incertitude que l'on éprouve à l'égard des lieux où l'on va aborder rend ce site encore plus triste.

Rien n'y rappelle le monde habité : on regrette de ne plus voir les maisons de Brenets, bâties en échelons sur la rive droite, et ces compartimens bigarrés des champs, qui faisaient de la rive gauche une sorte de carte géographique. On frémit en se voyant confié à un frêle esquif dans ces parages dont on ne voit pas l'issue. Les rochers, sur les deux bords, s'élèvent droits comme des murs à la hauteur de 300 à 400 pieds; mais partout où le temps à fait des brèches, les sapins ont pris racine et s'élèvent parallèlement aux rochers. Avant de s'enfoncer dans ce labyrinthe affreux, le nocher débarque pour quelques momens à la rive droite, afin de faire observer à ses passagers une grotte appelée l'Étouffière.

Un peu plus bas que l'Étouffière, la rivière se détourne de sa direction et coule à gauche : c'est alors que l'attention se porte vivement sur les environs. Sur la rive droite, les rochers suivent le contour du rivage, et forment un croissant gigantesque, tandis que, dans le coude, sur la rive gauche, ils n'offrent que des saillies ruinées par la force de l'eau, qui autrefois a dû la heurter avec violence. Rongées, abaissées et déchirées, ces roches ressemblent à des ruines de vieilles fortifications long-temps battues. Après ce détour, le Doubs devient un véritable lac; il ne coule plus; sa largeur est de plus de cent pieds. De loin, les rochers semblent former une barrière à son cours, et l'enfermer entièrement. Ces hauts pans de rochers, avec leurs sapins, projettent leurs ombres dans le bassin de la rivière, et en rendent la teinte encore plus sombre qu'elle ne l'est dans cet endroit. On ne peut plus douter que le niveau de la rivière n'ait été autrefois au haut des rochers, quand on voit les traces qu'elle a laissées à diverses hauteurs : ce sont des enfoncemens qui se prolongent en droite ligne sur ces murs. Si on pouvait comparer les grandes choses aux petites, nous dirions qu'ils ressemblent à ces bornes que le frottement des roues a usées, et pour ainsi dire rongées. Le dessus de ces enfoncemens forme en divers endroits des corniches que les sapins parent de leurs cônes verts et effilés. Le pied des rochers est couvert de noisetiers et d'autres arbustes, à travers lesquels on voit fréquemment de petites grottes. Le moindre bruit se renforce, dans cette enceinte, d'une manière effrayante. On l'entend répéter par les grottes, par les rochers, et même par les bois de sapins, à une hauteur de trois ou quatre cents pieds. Un nouveau détour de la rivière force à se diriger sur la droite. Ici on remarque à peu près les mêmes phénomènes qu'au premier détour, mais d'une manière inverse : à gauche, ce sont les rochers qui s'arrondissent en croissant, tandis que ceux de la droite, placés dans l'angle du détour, portent les traces les plus frappantes du ravage des courans; sur le bord de l'eau, ils ont même été enlevés entièrement. Il n'y reste plus qu'une butte tapissée de mousse, d'où sortent des arbustes et des broussailles d'un vert très-animé.

Après ce détour, continue l'auteur des *Mer-*

veilles de la nature en France, on croit être dans un nouveau lac. La distance des rochers est encore plus grande qu'au premier détour, et on ne voit pas davantage l'issue par laquelle puisse s'échapper cette masse d'eau. Mais au bout de ce lac on aborde dans un petit port. Nous y mîmes pied à terre; et en passant auprès de quelques chaumières, nous gravîmes une montagne couverte de bois, qui s'élevait sur le bord de l'eau. Un bruit sourd se faisait entendre dans le voisinage. Parvenus au milieu de la hauteur de la montagne, le batelier s'avança avec nous sur un rocher saillant, et nous fit jeter les yeux sur ce qui se passait au dessous de nous. C'est alors que nous aperçûmes tout à coup une espèce de détroit entre deux chaînes de rochers. Dans celle qui était vis-à-vis de nous, une plate-forme s'avance sur le détroit, à 150 ou 200 pieds au-dessous du rocher où nous étions. Par un canal creusé dans cette plate-forme, l'eau se précipite dans le détroit, en descend les divers échelons, et continue son cours dans une contrée sauvage qu'on ne peut qu'entrevoir. La chute de cette masse d'eau du haut de la plate-forme est ce qu'on appelle le Saut du Doubs. C'est en effet le Doubs qui, par un canal creusé dans le roc, à la droite du lieu d'abordage et de la montagne que nous avions gravie, est amené sur cette plate-forme, et y tombe d'une hauteur de quatre-vingts pieds avec un fracas épouvantable. Depuis le bord de la plate-forme jusqu'au bas du rocher, toute la masse d'eau se transforme en écume : on est surpris de voir l'eau verdâtre du canal se métamorphoser en une masse blanche comme la neige, dès qu'elle commence à tomber. Mais par une autre singularité, aussitôt qu'elle est tombée elle se dépouille de cette écume, et descend le détroit sans en conserver les traces. Il faut qu'il y ait, au bas du rocher, un gouffre énorme où elle se précipite et se calme avant de continuer son cours. Ce qui contribue aussi à varier l'aspect de la cascade, ce sont les filets verts qui descendent le long de cette masse d'écume, et qui proviennent des fentes ou brèches que le poids de l'eau a faites dans le rocher. L'eau s'y montre sous sa teinte naturelle : c'est ce qui fait paraître ces fentes comme des filets verts; mais quand les eaux sont très-abondantes, on ne les voit pas. Derrière la plate-forme, les rochers s'élèvent de cinq à six cents pieds. Si on ne craint pas de se mouiller, on peut aussi contempler la cascade d'en bas, sur le bord du gouffre; mais pour saisir l'ensemble du tableau, il vaut mieux se tenir sur le rocher saillant opposé à la chute.

Nous descendîmes ensuite pour examiner le canal naturel par lequel le Doubs se rend du bassin à la plate-forme. Ce canal, creusé dans le roc, forme une sorte de croissant; il met en mouvement un petit moulin à scie. On raconte qu'un jour deux amans, descendant la rivière dans une nacelle, et n'étant occupés que du plaisir de leur réunion, oublièrent de s'arrêter au canal, et furent entraînés avec l'eau au bas des rochers, où ils périrent ensemble. Notre guide nous raconta aussi que, peu de temps avant notre arrivée, une jeune paysanne, dégoûtée de la vie, on ignore pourquoi, s'était précipitée du haut de ces rochers dans un des bassins qui précèdent la cascade. Peut-être était-ce une Sapho abandonnée par un Phaon trop volage.

Nous nous embarquâmes ensuite pour retourner aux Brenets.

Tous les ans, le second ou le troisième dimanche du mois de juillet, on célèbre une fête charmante auprès de la cascade. Plus de 6,000 personnes s'y rendent de la France et de la Suisse. Mortau se remplit d'étrangers, et les rochers qui bordent la cascade sont couverts de monde. Une foule de barques glissent sur le Doubs; on voit arriver aussi de larges bateaux plats qui contiennent 30 à 40 personnes; la plus grande gaieté règne dans ces embarcations; quelques unes font retentir les rochers du son des instrumens. Des tentes disséminées dans la vallée offrent des tables couvertes de rafraîchissemens et de mets variés. La parure des hommes et des femmes fait un contraste piquant avec le vert sombre des sapins et la couleur grisâtre des rochers. Tout à coup le bruit des fanfares annonce une cérémonie particulière. Tout le monde accourt sur la rive; les barques se rassemblent et forment deux flottes, à la tête desquelles sont deux barques montées par les magistrats de la Suisse et du département du Doubs. Les deux flottes voguent au-devant l'une de l'autre au bruit de la mousqueterie; mais leur rencontre, loin d'avoir une intention hostile, a pour but l'entretien de la paix et de l'amitié.

Quand elles se sont approchées, les magistrats des deux pays se complimentent et se réunissent; l'équipage imite l'exemple des chefs. Aussitôt les Français et les Suisses se mêlent et ne font qu'un peuple, qu'une famille; on se réjouit en commun, et la joie prend une teinte plus pure, plus innocente, dans ces beaux lieux décorés par la nature. Les rochers et les bois semblent prendre part à la fête en répétant mille fois les cris joyeux de la multitude et le son de la musique, auxquels se mêle le bruit sourd de la cascade.

Observations.

FRIBOURG.

Monnaie. — L'argent y est à bas titre. L'*écu neuf* vaut 42 batz. On compte dans l'état de Neuchâtel en *livres de 4 batz*.

Ouvrages à consulter. — *Cartes*. Celles de l'atlas de Meyer. L'*almanach helvétique* de 1810.

Fribourg. — Curiosités : 1° La porte de Bourguillon (Bürglen), située entre deux précipices ; 2° l'Hôtel-de-Ville ; 3° le grand et beau tilleul qui fut planté le 22 juin 1476, en mémoire de la bataille de Morat ; 4° l'église cathédrale ; 5° le ci-devant collége des jésuites, situé dans la partie la plus élevée de la ville ; il offre l'aspect d'une citadelle, et les vues dont on jouit sur ses tours sont fort étendues ; 6° le maître-autel de l'église du couvent des Augustins ; 7° les grands réservoirs situés près de la porte des étangs et du collége des jésuites ; 8° la position extraordinaire des maisons du Court-Chemin, auxquelles le pavé de la rue de la Grande-Fontaine sert de toit ; 9° le moulin de la Motta, dans un site pittoresque, au bout du Pertis, et vis-à-vis du couvent de M_aigrange ; 10° chez M. le chanoine Fontaine, un beau cabinet d'histoire naturelle ; 11° chez M. J. Praroman, une fort belle bibliothèque et une collection de tableaux, de minéraux et d'instrumens de physique ; 13° chez M. Ignace Gady, une collection de livres et manuscrits relatifs à l'histoire de la Suisse ; 14° chez M. le chanoine Odet, un petit jardin botanique.

Promenades. — Au milieu de la ville, une place plantée de tilleuls ; la place d'armes qu'on appelle les Grandes-Places ; le Palatinat, où l'on va en sortant par la porte de Morat.

Bains. — Ceux que l'on trouve en ville sont des bains d'eau commune ; mais il y a dans le voisinage des eaux minérales, entre autres à *Neigles*, à *Garmiswy* et à *Bonn* (2 l. de Fribourg).

Auberges. *Le Mercier* et *l'Aigle*.

Morat. — Négocians en épiceries, MM. *Zollikofer Schmid*, maison qui jouit d'une grande réputation.

Romont. — Pharmacien, *R. B. Ruffieu* ; magasin assorti, prix modérés.

Chemins. — A *Berne*, 6 l. — On remarque à moitié chemin le village de Neueneck. — A *Morat*, 5 lieues. —

A *Payerne*, 4 l. — A *Vevey*, par Cormanon, Villars; par le pont de Glan près Matran, par Posieux, Affri, Gumefens, Wipens, Riax, Bulle, Vuadens, Senvales et Châtel-Saint-Denis; 12 l. — A *Gruyères*, par Bulle, 7 l. — A la *Valsainte*, chef-lieu de l'ordre des trappistes, par Bulle, Broc, Cresuz et Charmey, 9 l. On peut y aller en 5 h. à pied, par un sentier qui passe sur le mont Berra, d'où l'on découvre une belle vue : en prenant ce chemin, on a l'occasion de visiter aussi l'abbaye des religieuses trappistes de Riedéra.

Gruyères. — Auberge: *l'Aigle*.

Chemins. — De Gruyères à *Bulle*, 1 l. De là à *Fribourg*, 6 l. A *Montbovon*, 5 l. Ce village est situé à l'extrémité du pays de Gruyères, dans une vallée fertile et très-peuplée, qu'arrose la Sarine, et qui devient très-étroite à Villars.

Morat. — Auberges: *l'Aigle, la Couronne, le Lion d'or*. Cette dernière est au bord du lac, et l'on y est plus à portée de trouver des bateaux, pour le traverser, que dans les autres auberges qui sont situées dans l'intérieur de la ville.

Chemins. — De Morat à *Fribourg*, 3 l. En suivant les sentiers, on passe à une 1/2 l. de Morat, près de la belle maison de campagne de M. de Grafenried, et on traverse un joli bois, au sortir duquel on arrive sur une hauteur d'où l'on découvre une vue fort étendue. Après avoir quitté cette colline, il faut toujours rester du côté droit jusqu'à ce qu'on rencontre la grande route. — A *Berne*, 4 l. En chemin on laisse Laupen à droite, à 1 l. 1/2 de Morat. — A *Avenches*, 2 l.; à *Aneth*, 2 l.

Morat (le lac de). Il a 2 l. de long, une 1/2 l. de large, et 27 toises de profondeur. On voit quelques villages sur ses rives. Au S.-O., ceux de Merlach, Courgevaux, Faoug (Psauen), près duquel le Chandon, et un peu plus loin le Schwartzbach, se jettent dans le lac Costes, et à quelque distance la vallée d'Avanches. Au N.-O., le village de Sugier ou Sauge. Vis-à-vis de Morat s'élève le coteau de Vully (Mistelacherberg). Tandis que l'on donne à manger aux chevaux, les voyageurs ont le temps de traverser le lac en bateau, de monter sur le *Vully*, et de retourner à Morat pour continuer leur route. En allant à *Aneth* ou à *Erlach* (Cerlier), sur le lac de Bienne, on redescend de Vully au village de *Sugier*, et l'on suit le chemin qui traverse les marais; mais, quand l'humidité rend ce chemin impraticable, on est obligé de se faire conduire en bateau sur le canal jusqu'au bout de cette contrée marécageuse.

CANTON DE FRIBOURG.

Ce canton, situé dans la partie occidentale de la Suisse, touche d'un côté au lac de Neuchâtel et au canton de Vaud, et de l'autre à celui de Berne. Il a 12 à 13 lieues de long, et 7 à 8 de large. Il est hérissé de collines et de montagnes couvertes de prairies, de champs et de forêts. Les plus hautes montagnes sont situées vers le midi, et il n'en est aucune qui atteigne la hauteur de six mille pieds au-dessus de la mer. La Sarine parcourt ce pays tout entier. La plus grande richesse des Fribourgeois consiste dans l'entretien du bétail et la confection d'un fromage qui s'exporte dans presque toute l'Europe, et principalement en France et en Italie. La récolte du grain suffit ordinairement à leurs besoins. Ils cultivent beaucoup de fruits, du tabac, du lin et du chanvre; mais leur grande et première ressource est toujours dans leurs pâturages et leurs bestiaux.

Tous les ans, du 15 mai au 9 octobre, les pâturages des montagnes sont fréquentés par environ 12,000 vaches, dont chacune produit 100 kilogrammes de fromage, ce qui forme un total de 10,200,000 kilogrammes de cette denrée; encore cette évaluation ne comprend-elle que le fromage qui s'exporte hors du canton. C'est sur les monts de Gruyères, chaîne longue de 10 lieues et large de 4, que se confectionnent ces fromages, dont les Alpes de Charmey et de Bellegarde fournissent les meilleurs, ainsi que les pâturages du Moléson, couverts de plantes aromatiques.

On connaît la beauté du bétail de Fribourg : c'est l'objet principal du soin des habitans des campagnes, et même des citadins. « Pour le reste, dit M. Depping, il règne une négligence presque générale. On fait du vin médiocre; on ménage mal les forêts; les routes sont en mauvais état; on ne tire qu'un faible parti des productions rurales qui pourraient alimenter les fabriques, telles que les peaux de bestiaux, les laines, etc. Le peuple en général montre beaucoup d'inertie, et n'a point d'esprit public; il est intolérant et superstitieux, attaché à ses vieux préjugés, et accueille mal toutes les améliorations, tous les nouveaux procédés. »

FRIBOURG.

MOEURS DES FRIBOURGEOIS.

La ville de Fribourg, chef-lieu du canton, présente un aspect extraordinaire. Qu'on se figure un précipice au fond duquel coule le torrent de la Sarine. C'est sur les bords de ce torrent et sur le rocher de grès qui l'encaisse de toutes parts, que cette ville est bâtie, dans un endroit dont la pente est si rapide, qu'au lieu d'une rue, c'est un escalier très-roide et garni de rampes des deux côtés qui conduit en haut; les maisons n'ont d'autre toit que la terrasse qui soutient la rue voisine. Du haut d'une éminence comme suspendue au-dessus du précipice, et qui domine toute la ville, on voit avec une sorte d'effroi des maisons d'une extrême hauteur bâties sur le bord même du rocher, de manière, qu'elles semblent n'en être que la continuation, et les maisons, suivant l'usage général en Suisse, sont a plupart pourvues à l'extérieur de galeries de bois ouvertes sur le précipice, et d'où la tête doit tourner aux plus fermes, quand leur vue plonge dans la profondeur de cet abîme. Du reste, Fribourg est bâtie d'une manière lourde et gothique en massives arcades, qui supportent des toits dont les énormes saillies ajoutent encore un air plus sombre et plus lugubre à une ville déjà si peu attrayante par elle-même. Le défaut de population, et par conséquent d'activité et de mouvement, ne contribue pas à affaiblir l'impression pénible que le voyageur y éprouve. Ce vide qu'on ressent en quelque sorte par tous les sens à la fois, au profond silence qui règne partout, à l'herbe qui croît dans les rues et sur les places publiques, pénètre et attriste l'âme. Enfin, lorsqu'on a pu contempler les dehors et la position de Fribourg, ce qu'on a de mieux à faire, c'est d'en sortir.

Cette ville renferme plusieurs édifices assez remarquables. L'Hôtel-de-Ville est bâti sur la place qu'occupait jadis le château des ducs de Zéringhen. La cathédrale est un édifice gothique dont le clocher a plus de 300 pieds de hauteur. Malgré la profusion des marbres et des ornemens qui la décorent, ainsi que les autres églises, elle n'offre rien de très-remarquable que son clocher. L'ancien collége des jésuites, bâti à l'endroit le plus élevé de la ville, a une église dont les peintures sont assez bonnes. On découvre du haut de la tour de ce collége une vue très-étendue.

On voit sur la place du marché un tilleul qui de ses rameaux larges et touffus, soutenus par des colonnes, en couvre une grande partie. Il fut planté le 22 juin 1476, en mémoire de la bataille de Morat, gagnée le même jour, et dont la nouvelle fut apportée par un messager qui tenait à la main un rameau de tilleul. Des bancs sont disposés à l'entour de cet arbre vénérable; à toutes les heures du jour les habitans de Fribourg viennent s'y reposer.

Les Fribourgeois sont extrêmement dévots. A quelques heures de la journée qu'on entre dans les églises, on les trouve remplies d'hommes et de femmes de toute condition et de tout âge. Les hommes portent, ainsi que les femmes, de longs chapelets, en récitant leurs prières. Les places, les rues, les fontaines publiques, offrent presque à chaque pas les objets de notre culte exposés à la vénération publique. Il est peu même de maisons bourgeoises qui ne soit ornée à l'extérieur de quelque image de saint, devant laquelle on a soin d'entretenir des fleurs toujours nouvelles. A chacune des portes de la ville, on trouve des grands crucifix de bois sculptés, de grandeur et avec toutes les couleurs naturelles, et le plus souvent ces images du Christ sont accompagnées de celles des autres personnages de la Passion.

Le gouvernement de Fribourg, dont la rigidité est extrême sur l'article des mœurs, a défendu au peuple de danser en public, hors les noces, les lundi et mardi gras, et la fête de la dédicace des églises; encore les danses doivent-elles cesser dès que huit heures du soir viennent à sonner, temps de la journée où elles ne font que commencer à s'animer. On pense bien que les Fribourgeois se dédommagent avec ardeur, dans ces heureux jours, de la privation qui leur est imposée pendant tout le reste de l'année. Alors, tout le monde danse, et l'idée de cet exercice s'est tellement associée dans l'esprit du peuple avec celle de la dédicace d'une église, qu'il ne l'appelle que la *dédicace générale des danses*. Les noces sont des fêtes où se réunissent souvent plus de cent personnes. Les musiciens y jouent une marche particulière à ce canton.

« Les chansons fribourgeoises, dit M. Depping, sont généralement sur des airs tristes et monotones, et les paroles valent encore moins que les airs. Il faut en excepter quelques rondes en patois, où il y a du moins plus de gaîté et de rhytme que dans les autres chansons, quoiqu'elles ne brillent guère par la richesse de la poésie; mais elles servent à égayer le peuple, surtout dans les soirées d'été.

« Dans la partie du canton où l'on parle romand, il règne plus de vivacité et d'activité chez les habitans que dans celle où l'allemand est la langue dominante. Le romand, qui, sous plusieurs rapports, ressemble au patois français, peut se diviser en trois dialectes : celui du haut pays, celui du moyen pays, et celui du bas pays. Celui-ci, qui se parle le mieux à Estavayé, sur le lac de Neuchâtel, est le plus doux. Le langage des montagnards est le plus rude et le plus abondant en mots d'origine étrangère; on y rencontre des restes d'italien et de latin, et des mots qui ne se rapportent à aucune langue du voisinage.

« La vie pastorale de ces montagnards a beaucoup de mots particuliers. »

Les amans fribourgeois ont coutume de faire à leurs maîtresses des visites nocturnes, malgré tous les règlemens qui les défendent. Ils sont fiers de porter un chapeau qu'elles ont orné de fleurs artificielles.

Dans la partie du canton qui avoisine celui de Berne, la parure des jeunes femmes consiste en une coiffure droite, entrelacée de fleurs artificielles et de fils d'argent, en une fraise de toile bleue, un habillement noir et écarlate, un corset de diverses couleurs, une chaîne en argent avec un *Agnus Dei*, etc. Leur costume de deuil a quelque chose de particulier. Du drap blanc enveloppe leur tête et cache la partie inférieure du visage. Au-dessous d'un mantelet de drap noir, elles portent un jupon et un tablier de la même couleur. Les bourgeois du chef-lieu portent, toute l'année, des manteaux de diverses couleurs. A les voir se rendre à l'église avec ce costume, on les prendrait pour des Espagnols.

A une lieue de la ville, sur les bords de la Sarine, est l'ermitage de Sainte-Madeleine. Jean Dupré de Gruyères, aidé de son valet, le creusa dans des roches sablonneuses, depuis 1670 jusqu'à 1680. Cet ermitage, qui a 400 pieds de long, consiste en une église surmontée d'un clocher de 80 pieds de hauteur, des cellules, une cuisine, une cave, le tout taillé dans le roc. Au lieu d'un toit, c'est une forêt qui couvre la demeure des ermites. L'auteur de ce grand ouvrage se noya dans la Sarine, en 1708, en conduisant à l'autre côté de ce torrent deux personnes qui lui avaient fait une visite.

PÈLERINAGE A MORAT.

La première question qu'un voyageur adresse à Fribourg est celle-ci : Où est Morat? A ce nom de *Morat*, la figure helvétique la plus impassible s'anime ; Morat est un mot aussi répété en Suisse que le mot de Marathon dans l'ancienne Grèce. C'est Morat aussi que nous allons d'abord visiter. Avant de nous rendre sur le champ de bataille où une poignée d'hommes libres triompha d'une armée de 80,000 soldats, jetons un coup d'œil rapide sur la cité de Murten, cité antique dont il est fait mention dans les actes d'un concile tenu en Valais, l'an 516, sous le nom de *Curtis Murattum*, et dans les chroniques du douzième siècle sous celui de *Castrum* ou *Castellum Murtena*. Morat est petit, médiocrement peuplé. On n'en parlerait pas sans doute si la bataille qui se livra sous ses murs n'avait rendu son nom immortel.

Après avoir perdu contre les Suisses la bataille de Grandson, le 3 mars 1476, Charles-le-Téméraire se retira à Nozeroi, et se hâta de se procurer de nouvelles tentes, de l'artillerie et toutes sortes de munitions de guerre; après quoi il rentra dès le 25 du même mois au pays de Vaud par Joigne et Orbe, à la tête d'une armée de 70,000 hommes, qu'il fit camper aux environs de Lausanne. Le 22 de mai, le comte de Romont se mit en marche avec l'avant-garde; il arriva le 27 devant Morat. Cette ville avait été mise dans le meilleur état de défense par le brave et vertueux Adrien de Boubenberg, qui commandait la garnison, composée de 2,000 Bernois. Les passages d'Alberg, de Laupen et de Gummenen, qui mènent à Morat, étaient gardés par les Suisses. Le comte de Romont, avec un corps de 15,000 hommes, était posté du côté de Berne, de sorte que son aile droite avançait jusqu'au lac près du Loewenberg, et s'étendait du côté de Bourg par-dessus les vignobles d'Adora; ce corps renfermait dans sa ligne le hameau d'Altavilla et quelques métairies, indépendamment de celles qui étaient sur les derrières. En avant de la colline est situé au bord du lac le village de Montillier, à une portée de fusil de Morat. L'aile gauche se prolongeait en ligne courbe jusqu'aux hauteurs boisées où commençait le corps d'armée du duc. Le front s'étendait depuis les environs de Bourg, au travers des champs et des vignes, tout autour de Morat, par Greng jusqu'à Faoug (Pfauen), où s'appuyait l'aile gauche. La tente du duc était placée entre Morat et Gurwolf (Courgemont), sur une colline d'où il pouvait voir toute son armée. Il arriva lui-même au camp le 11 juin. Le lendemain il fit sommer Boubenberg de lui rendre la place : celui-ci lui fit répondre que depuis qu'il avait l'honneur d'être commandant de la garnison, les portes de Morat avaient toujours été ouvertes, afin qu'on pût y recevoir le duc de Bourgogne avec les honneurs qui lui étaient dus : il l'invitait donc à s'y rendre, assurant que tout était prêt pour sa réception. En effet Boubenberg, pendant tout le temps du siége, ne fit jamais fermer les portes, pas même de nuit, se contentant de les garder avec une pièce de canon. Alors on commença à canonner vivement la place. La batterie placée au-dessus du village de Montillier était bien servie; elle fit trois brèches considérables dans les murs, mais les assiégés réparèrent le dommage à la faveur de l'obscurité de la nuit. Celle que Charles avait fait dresser au-dessus du village de Merlach ne fit presque aucun effet. Heureusement les Bourguignons ne s'étaient pas emparés du passage de Gummenen et d'Aneth (Ins) : on en profitait pour conduire au bord du lac de Morat des troupes et des munitions de guerre et de bouche, que l'on faisait entrer par le lac dans la place pendant la nuit. Charles s'aperçut trop tard de sa faute, et 1,200 hommes qu'il envoya pour attaquer les 6,000 Bernois retranchés à Gumminen et à Neueneck (la Singine) furent repoussés. Le 12 juin, Berne envoya de toutes parts des courriers dans les villes et dans les cantons confédérés pour en solliciter les secours nécessaires. Hans de Hallvyl, qui commandait le petit corps de Gumminen, avança jusqu'à Champigni, où il assit son camp avec quelques autres corps de troupes confédérées, qui, dès le 20 juin, avaient opéré leur jonction avec le sien. Le 21, toutes les troupes suisses étaient arrivées, à l'exception des Zurichois, commandés par Waldmann. Le 22, l'armée des confédérés occupa une contrée coupée de collines et de petits bois au milieu de laquelle coule la petite rivière de Bibern. Elle n'était qu'à peu de distance de celle des Bourguignons, ayant à dos le corps du comte de Romont. En face de l'armée il y avait plusieurs épaisses forêts, et la Sarine coulait à sa gauche et sur ses derrières. Waldmann arriva le 22, au point du jour, et l'on convoqua sur-le-champ le conseil de guerre. On résolut d'attaquer l'ennemi dans la journée. Waldmann soutint qu'il fallait non seulement vaincre, mais détruire l'armée des Bourguignons; qu'en conséquence il était nécessaire de leur couper la retraite du côté de Payerne et de Moudon, et de ne leur laisser d'autre choix que de tomber sous le fer des Suisses ou de périr dans le lac. Il conseilla donc d'attaquer à la fois les deux extrémités du croissant que formait l'armée du duc de Bourgogne, et de les contraindre à se replier sur le centre. Ce conseil hardi fut tellement goûté, que Waldmann fut nommé général en chef de l'armée. Waldmann, secondé par Herter de Strasbourg, se plaça au centre, à la tête d'un corps de 16,000 hommes. L'avant-garde ou aile droite, forte de 7,500 hommes, était commandée par Hans de Hallwyl et Rodolphe de Wuipens, de Fribourg; l'arrière-garde ou aile gauche, aussi composée de 7,500 combattans, était sous les ordres de Gaspard de Hertenstein, de Lucerne. La cavalerie fut placée aux deux ailes : le duc de Lorraine commandait celle de la droite, et le comte de Thierstein celle de la gauche.

De 5 à 8 heures du matin, le 22 juin 1476, l'armée s'occupa à se ranger en bataille. Le duc de Bourgogne changea la disposition de la sienne : l'aile gauche fut envoyée à la place qu'occupait la droite, et cette dernière alla prendre poste près de Pfauen (Faoug). Son artillerie était répartie sur tous les points ; cependant il l'avait principalement dirigée contre une forêt de hêtres par laquelle les Suisses étaient obligés de passer pour venir jusqu'à lui. Toute sa ligne était couverte par des bois, des fossés, des haies et des chemins creux. Hans de Hallwyl, qui avançait à la tête de l'avant-garde, aperçut, en traversant la forêt de hêtres, une batterie formidable composée de 40 pièces de canon. Comme il était impossible de l'emporter en l'attaquant en face, à moins de sacrifier beaucoup de monde, il se jeta rapidement dans un chemin creux qu'il trouva sur la droite, afin de la prendre en flanc. Au bout d'une demi-heure elle fut en son pouvoir : l'on en dirigea les canons contre les Bourguignons qui avançaient par troupes du côté des hauteurs ; à la faveur de cette batterie, le corps de bataille de l'armée suisse précipita dans la plaine la ligne ennemie, qui s'étendait sur le côteau des vignobles de Courgevaux (Gurwolf), et l'artillerie continua de jouer avec succès au milieu des rangs ébranlés de l'ennemi. Petermann de Wabern avait facilité ces manœuvres, tandis que les Suisses transportaient avec des efforts incroyables les canons par-dessus les fossés. La cavalerie des confédérés, qui avait été obligée de se séparer de l'armée dans la forêt de Morat, la rejoignit alors dans la plaine et se déploya sur les deux ailes. Tandis que les Bourguignons s'occupaient à se rallier et à faire venir d'autres canons que l'on avait en réserve dans le camp, Charles tenait un conseil de guerre devant le front de son armée. On y résolut d'attendre l'attaque des Suisses dans l'endroit même où les troupes se trouvaient alors. Sa ligne de bataille s'étendait depuis Courlevon jusqu'à Grain, ayant le lac à dos. Le prince d'Orange et Philippe de Crèvecœur commandaient au centre ; le bâtard de Bourgogne et le comte de Ravenstein étaient à la tête de l'aile gauche, et le comte Frédéric de Tarente et le duc de Sommerset à la tête de l'aile droite : c'était aussi là que s'était placé Charles avec l'élite de sa cavalerie.

Après midi, les Suisses attaquèrent pour la seconde fois, en se précipitant dans la plaine, où le combat s'engagea avec la plus grande vivacité. La garde anglaise du duc de Sommerset parvint à les faire reculer un peu ; mais ils se rallièrent sur-le-champ, taillèrent en pièces cette garde et demeurèrent maîtres du terrain. La défaite de l'infanterie bourguignonne ne pouvait venir plus à propos : car la cavalerie suisse venait d'être attaquée à la fois en face et de côté par celle des ennemis, qui était cinq fois plus nombreuse, et ces derniers avaient déjà forcé les comtes de Thierstein et de Gruyères à prendre la fuite. Le comte de Lorraine était aussi sur le point de tourner le dos, lorsque Hans de Hallwyl accourut à son secours et soutint le choc de la cavalerie ennemie en se mettant entre les deux armées. Cette manœuvre décida la victoire, qui, dès les deux heures et demie, ne fut plus douteuse. La cavalerie des Bourguignons fut mise en désordre au moment où leur infanterie se précipitait de toutes parts du côté d'Avenches pour chercher son salut dans la fuite. La mêlée fut affreuse : tout était confondu, fantassins et cavaliers, Suisses et Bourguignons. En vain Charles faisait avancer de nouveaux bataillons; en vain le duc de Sommerset venait pour le seconde fois de repousser les comtes de Thierstein et de Gruyères jusques à la forêt de Morat : Charles le rappela pour couvrir la retraite de son infanterie. Sommerset, qui combattait comme un lion, fut atteint d'une balle, et tomba : cet aspect découragea ses troupes triomphantes jusqu'à ce moment; elles tournèrent le dos; les Suisses se précipitèrent à leur poursuite et les taillèrent en pièces.

Hertenstein, qui avait observé attentivement la marche de la bataille, voyant qu'il était temps d'agir, se dirigea sur la gauche avec toute l'avantgarde, et se hâta d'occuper les avenues d'Avenche. Arrivé au-dessus de Faoug (Pfauen), il fit défiler sa troupe sur la droite, et étendit, au moyen de cette manœuvre, sa ligne jusqu'au bord du lac, de sorte que tous les ennemis qui n'avaient point encore dépassé ce village ne trouvèrent plus aucune issue. En même temps Boubenberg sortit de

Morat à la tête de 1,000 hommes, et le carnage fut affreux. Le corps de Ravenstein, composé de 4,000 cavaliers, fut culbuté dans le lac; 3,600 d'entre eux trouvèrent la mort dans ses eaux. Les Suisses ne firent grâce à personne; les ennemis qui se sauvaient sur des arbres en étaient abattus à coups de mousquet; ceux qui s'étaient jetés dans le lac pour s'enfuir à la nage étaient assommés ou tués à coups de flèches; l'on n'épargna pas même les femmes. Dans leur désespoir, plus de 1,200 Bourguignons se précipitèrent dans le lac; en un mot, à cinq heures du soir, la moitié de l'armée de Charles-le-Téméraire n'était plus. On poursuivit les fuyards jusque bien au delà d'Avenches, et l'on en tua un grand nombre.

Les environs de Morat, à 2 lieues à la ronde, le lac et les campagnes, étaient couverts des cadavres des ennemis; 18,000 hommes d'infanterie et 5,000 hommes de cavalerie perdirent la vie dans cette sanglante journée; 12,000 d'entre eux se noyèrent dans le lac. Les Suisses eurent 400 morts et 600 blessés.

Le duc de Bourgogne, échappé du champ de bataille, se rendit à Morges, où il dîna, le 23 de juin; le même jour il partit pour Gex, et de là pour Salins.

Le butin que l'on fit sur les Bourguignons, en artillerie, tentes, armes, harnois, chariots, chevaux, or, argent, bijoux, vêtemens, etc., fut immense: on le répartit entre les cantons et leurs alliés.

Les corps des Bourguignons furent ensevelis

dans de grandes fosses. Quatre ans après la bataille, on érigea à un quart de lieue de Morat, à côté du grand chemin, un ossuaire dans lequel on recueillit leurs ossemens. Berne et Fribourg firent réparer ce bâtiment pendant le milieu du dix-huitième siècle. On y lisait cette inscription de Haller :

D. O. M.
Caroli inclyti et fortissimi Burgundiæ Ducis exercitus Muratum obsidens ab Helvetiis cæsus hoc sui monumentum reliquit. 1476.

Ce monument historique fut détruit, en 1798, par l'armée de Brune, qui annonça avec emphase cette victoire sur des ossemens.

Le lac de Morat baignait autrefois les murs d'Avenche; on observe encore sur les ruines de ces murs des anneaux qui servaient à y attacher les bateaux. Maintenant ce lac en est à une demi-lieue, et Morat à 2 lieues environ. Il n'existe que fort peu de restes de l'ancienne ville romaine. Les principaux sont quelques traces d'un amphithéâtre; une voûte dont les parois sont peintes; des bains pourvus d'escaliers de marbre; une colonne de 37 pieds de hauteur que l'on voit dans un jardin hors de l'enceinte actuelle de la ville; quelques débris d'un pavé à la mosaïque, dans une grange : ce pavé, que l'on a brutalement détruit, avait 60 pieds de long sur 40 de large.

Julius Alpinus, le premier magistrat de la nation et de la ville d'Avenche, fut mis à mort par Aulus Cæcina, qui, après l'assassinat de Galba, faisait de l'Helvétie le théâtre de ses fureurs. La fille d'Alpinus, prêtresse de la déesse Aventia, implora en vain le barbare guerrier en faveur de son père. Quinze cents ans après, on a retrouvé sous les ruines d'Avenche l'épitaphe de cette jeune héroïne; elle est conçue en ces termes : *Julia Alpinula hic jaceo infelicis patris infelix proles, deæ Aventiæ sacerdos. Exorare patris necem non potui : male mori in fatis illi erat. Vixi XXIII annos.* « Ici repose Julia Alpinula, prêtresse de la déesse Aventia, fille infortunée d'un père infortuné. Mes prières ne purent conserver la vie à l'auteur de mes jours : les destinées lui avaient réservé cette mort tragique. J'ai vécu vingt-trois ans. » Cette pierre sépulcrale s'est malheureusement perdue. Depuis la hauteur qu'on trouve près de la ville, on jouit d'une jolie vue sur le lac Morat et sur les environs.

DE FRIBOURG A GRUYÈRES.

On remonte la Sarine, qui prend sa source au pied du glacier de Sareset, traverse le canton de Briloneg et va se jeter dans le lac au-dessous de Gumminen. A une lieue de Fribourg, on rencontre l'ermitage de Sainte-Madeleine

Plus loin, en remontant la Sarine, on trouve un autre établissement religieux, l'abbaye d'Hauterive : ce vaste bâtiment est situé dans une presqu'île de la rivière, au fond d'un joli vallon; les moines y sont bien logés et entretenus avec toute la recherche que l'on connaît à l'ordre des Citeaux. De jolies allées de peupliers, aunes et saules, serpentent le long de la Sarine; auprès du couvent on voit une forge, et un moulin où le blé tombe des greniers par un couloir dans la trémie, se convertit en farine, et passe au four sans sortir du bâtiment. Les religieux y ont établi une école agronomique, sur le pied de celle de M. de Fellenberg. MM. de Diesbach de Belleroche et Odet d'Orsonens se sont associés à cette entreprise, et ont réglé les statuts avec M. Fellenberg, au printemps de l'an 1808.

Le bourg qui vient ensuite se nomme Corbières. Il avait autrefois ses sires, appelés par le peuple les Corberots. On traverse un beau pays dont la moitié au moins est couverte de forêts magnifiques. Dans un pays où la pierre abonde, on ne bâtit presque qu'en bois. Le bois joue ici un aussi grand rôle qu'en Amérique; les forêts sont même beaucoup plus rapprochées des villes : elles viennent presque toucher la petite ville de Bulle, qu'on atteint après six heures de marche. C'est le dépôt des fromages de Gruyères, et c'est tout ce qu'on peut y admirer. Nous ne parlons pas des vues qu'on y découvre, belles comme partout en Suisse. A peu près vis-à-vis de la Tour-de-Trême, près de laquelle est la chartreuse de la Part-à-Dieu, s'ouvre une jolie vallée arrosée par la Favre. Elle vaut la peine d'être visitée. La situation de Charmey, bourg riche par son commerce de fromages, est belle à cause de la vue étendue dont on y jouit. On vante la fraîcheur des jeunes filles de cet endroit, et en général la beauté des deux sexes.

Des prés et des vergers, des hameaux et des fermes, entourent le village. Dans les environs on voit la Jonne couler avec rapidité et en bouillonnant entre les blocs de rochers qui resserrent son lit. « N'enviez rien aux autres nations, dit un voyageur en s'adressant aux habitans de cette contrée : laissez voyager vos fromages au dehors; mais, vous, ne sortez pas de l'enceinte protectrice de vos rochers; ou, si des affaires indispensables vous forcent d'aller dans l'étranger, regagnez au plus vite vos simples foyers. »

Le pays de Gruyères a 8 ou 10 lieues de longueur sur 4 de largeur. Les fromages qu'on y prépare sont connus partout, et passent pour être des meilleurs qu'on ait en Suisse. Les plus recherchés se font dans les pâturages du Molisson ou Moléson, et sur les montagnes des vallées de Bellegarde et de Charmey. Le quintal de ces fromages pris en gros et sans choix dans les Alpes mêmes revient à deux louis et demi, et les marchands en gros du pays le vendent sur le pied de 6 batz (18 sous de France). Les habitans de Gruyères sont du nombre des plus belles peuplades des Alpes helvétiques. Le costume des filles est agréable, et le patois français usité dans ce pays à quelque chose de doux et de naïf. La maison de ville et le château de Gruyères offrent de beaux de points de vue.

Du sommet du Molisson, situé tout près de la ville, on découvre une vue de la plus grande magnificence; elle s'étend sur les cantons de Vaud et de Fribourg entiers, sur une grande partie de ceux de Berne et de Soleure, sur le lac et la principauté de Neuchâtel, sur le lac de Morat, sur toute la chaîne du Jura jusqu'au commencement du canton de Bâle, sur la Savoie et sur le Bas-Valais.

Les vaches de la vallée de Gruyères sont fameuses entre toutes les vaches suisses, et fournissent les meilleurs fromages de ce nom, imités dans le Jura et ailleurs. Malgré le beau temps, elles abandonnent au jour légal (9 octobre) les montagnes pour venir paître l'herbage de la vallée. Aussi grandes que les vaches du Milanais avec de beaucoup plus petites cornes, leur poil n'est pas à beaucoup près si lustré. Mais elles donnent quatre à cinq fois autant de lait, c'est-à-dire vingt-quatre peintes de Paris par jour, pendant trois mois, douze pendant trois, mois et enfin six; ou cesse de les traire pendant les trois derniers mois. Le prix du lait est de deux batz ou six sous la mesure de trois pintes de Paris. Malgré la vie indépendante de ces vaches; elles se laissent volontiers atteler à un chariot : elles labourent même. Les bergers non moins que les troupeaux se distinguent par leur beauté.

Observations.

BERNE.

Si l'on veut faire un calcul approximatif de ce que peut coûter, jour par jour, un voyage dans l'Oberland, il faut considérer la modération que l'on veut mettre dans sa manière de vivre et la société avec laquelle on doit voyager. Si l'on porte soi-même son bagage sur ses épaules, on peut s'associer avec trois ou quatre compagnons de voyage et ne prendre qu'un seul guide en commun, qui portera même, si l'on veut, une charge de 30 ou 40 livres. Dans ce cas-là le voyage se fera à très-bon marché. On peut faire des épargnes, en se servant du bateau du courrier pour traverser les lacs, et des petits chariots de la poste qui sont en usage sur quelques-unes des routes. Si l'on évite enfin les repas dans les auberges, si l'on sait se contenter fréquemment de laitage pris dans les chalets, deux écus de France (8 francs de Suisse) peuvent suffire à la dépense d'une journée, et avec 2 $^1/_2$ de ces écus (10 francs de Suisse) on pourra y subvenir très-commodément. Le guide coûte 4 francs par jour lorsqu'on ne paie pas sa nourriture, et ces 4 fr., répartis entre quatre voyageurs, ne font pas une grande différence dans la dépense journalière. On peut même encore lui donner un *pour-boire* à la fin du voyage, proportionné à sa durée. Si l'on s'engage à nourrir le guide et qu'on lui paie outre cela 2 francs par jour, on n'y gagnera rien; bien au contraire, cet arrangement pourrait induire à de plus fortes dépenses et donner lieu à des difficultés. Voyage-t-on avec sa famille, avec des femmes, des enfans et des domestiques, on pourrait compter pour ces deux dernières classes de personnes sur une dépense de 5 francs par tête, et pour les maîtres, les grandes personnes, hommes ou femmes, 10 francs ou plutôt 12 ou 14 francs par jour, parce qu'on est alors dans le cas de prendre des bateaux ou des voitures particulières; parce qu'on occupe plus d'appartemens dans les auberges; que l'on y est envisagé comme étant de haute condition, et qu'on y est réellement mieux servi. Dans ce cas-là on pourrait bien dépenser jusqu'à deux louis par jour, et il ne faudrait pas même exiger à ce prix-là des vins étrangers et des mets raffinés. Si l'on passe les montagnes à cheval, cela augmente encore la dépense. On demande six francs par jour pour un cheval avec son guide, et même quelquefois davantage selon les circonstances. Il est d'usage de payer autant pour le retour du cheval; ce qui est aussi le cas avec les guides qui accompagnent les voyageurs, et l'on ne peut pas le trouver injuste, parce que le retour emploie du temps, et qu'ils ne trouvent pas toujours l'occasion de gagner quelque argent en regagnant leur domicile.

Monnaie. — L'écu neuf vaut 2 fl. et 10 batz. Ainsi le louis fait 10 fl. et 10 batz. Le florin est de 15 batz, et la livre de Suisse (*Schweizerfranken*) de 10 batz, de sorte que 4 livres soit 40 batz équivalent à un écu neuf, et 16 louis à un louis. On compte aussi dans le pays en monnaies idéales, savoir en crones à 25 batz, en livres (*Pfund*) à un demi-florin, et, dans plusieurs vallées du canton de Berne, en écus à 50 batz.

Ouvrages a consulter. — *Cartes géographiques*. Les meilleures cartes géographiques du canton sont celles de l'Atlas de Meyer; celle de Bel, 1785, en quinze feuilles; celle de l'Oberland, 1790; celle de l'ancien évêché de Bâle, qui accompagne l'ouvrage de Morel. — *Beschreibung, der Stadt und Republik Bern*; 2 Th. Bern, 1794, 8°. — *Deliciæ urbis Bernæ*, Zurich, 1732, 8°. — *Description de la ville de Berne*, ornée d'un plan, et de quelques vues intéressantes. Berne; 1810, 8°. — *Der Stadt Bern vornehmste Merkwürdigkeiten, sammet einer kurzen Chronik der Geschichte dieser Stadt, von ihrem Ursprunge bis zum Jahr 1808*. Bern, 1808, 8°. — *Almanach helvétique* pour l'année 1802, Zurich, 12.

Guides. — On peut se passer de guides jusqu'à Unterseen. Sur le lac de Thoun et pour aller voir la grotte de Saint-Béat, les bateliers peuvent assez bien tenir lieu de guides proprement dits.

Ma propre expérience et de bonnes recommandations m'ont fait connaître les guides qui habitent Unterseen. Les meilleurs sont, *Jacob, Henry, Gaspard, Jacob le jeune, Jonathan, Gaspard le cadet et Jean Jacques*, tous de la famille *Michel*; puis, à peu près sur la même ligne, *Jean Roth, Pierre Ritter, Ulric Roth et Jacob Huber*. Ces hommes, auxquels on pourrait en ajouter quelques autres très-recommandables, se sont tous rendus dignes de la confiance générale, par leurs fréquens voyages, leur fidélité et leurs connaissances.

A l'hospice du Grimsel, par exemple, les valets de la maison sont ordinairement des guides intelligens et complaisans, lorsque le maître peut s'en passer. Il s'entend qu'il faut toujours faire un accord particulier avec ces gens-là pour le prix qu'il y a à leur payer.

Suivant l'ancien usage, la cure, ou maison du pasteur à Lauterbrunnen, est arrangée de manière à loger des étrangers. Hasli im Grund a une auberge d'un rang inférieur et Guttannen en a deux dans le même genre, où l'on trouve cependant toujours quelque chose à manger. Au chalet de la Handeck, sur la route du Grimsel, on trouve au moins du laitage et les moyens de faire du thé. J'ai toujours été très-satisfait et très-reconnaissant de la manière dont j'ai été traité à l'hospice du Grimsel.

A Gadmen, on trouve une auberge à peu près semblable à celle de Hasli im Grund; mais elle doit s'améliorer, si l'on achève la route du Susten. Tracht a des hôtelleries très-bien montées. Sur le Brünig, à la maison de garde, et au Schwarzwald sur la grande Scheideck, ainsi qu'à Zweylütschinen, il y a des espèces de logis où l'on peut prendre assez bien son parti, lorsque les circonstances obligent à y faire un repas ou y coucher.

BERNE. — *Hôtel de la Couronne*, tenu par M. *Reisinger*, consistant en deux maisons en face l'une de l'autre, à côté du bureau des lettres et diligences, et des promenades de la plate-forme et de la maison de ville; appartemens meublés à neuf, vue sur l'Aar et l'Altemberg : visité par un grand nombre d'étrangers.

NÉGOCIANS EN VINS. — MM. *Studer* et *Graff*, rue des Juifs, n° 130, maison connue et généralement estimée.

CAFÉ ITALIEN, grande rue, tenu par M. *Laurent Candia*. Liqueurs et vins étrangers, glaces en tous genres, renommées des gourmets.

BRIENZ. — *Auberge de l'Ours*, tenue par M. *Benoît Michel*, nouvellement bâtie au bord du lac; bien meublée : chevaux, chars; soins empressés.

ERISWYL. — *Négociant*, M. *Ulrich Schmid*. Commerce de toiles de lin unies, damassées de toutes qualités, ainsi qu'en chanvre et lin peignés : bonne maison.

GRINDELWALD. — *Hôtel de l'Aigle noir*, tenu par *Samuel Blatter*, ci-devant maître de l'hôtel de la maison de ville, autrefois la douane, à Unterseen. Excellente maison, que nous recommandons aux voyageurs.

MEYRINGEN. — *Le Sauvage*; bonne auberge, tenue avec soin, belle exposition; zèle, attention.

NIDAU. — *L'hôtel de ville*, tenu par M. *Flühmann* : appartemens propres et bien garnis; remises et vastes écuries; table bien desservie; tout ce que le voyageur pourra désirer. Un canal aboutit à l'hôtel. On peut, par une des portes, monter en bateau pour faire une excursion à l'Ile de Saint-Pierre, distante d'une heure et demie. Un bateau à vapeur va être mis en activité sur le lac. Nidau, du reste, est une charmante ville, où l'on ne saurait faire un pas sans rencontrer des sites, des points de vue délicieux; séjour enchanteur.

INTERLACKEN. — *Hôtel* de ce nom, tenu par *J. Müller*; heureuse situation, promenades attenantes, maison neuve et vaste, jointe à l'hôtel pour loger les voyageurs; guides, chevaux de selle, voitures; le tout à des prix très-modérés; bonne table.

SONCEBOZ. — *Auberge de la Couronne*, au bas du vallon de Saint-Imier, ancien évêché de Bâle, à la croisée des routes de Berne et Bienne à Bâle et Porentrui, et de la Chaux de Fonds. Auberge connue avantageusement sous tous les rapports; chevaux, voitures; prix modérés.

SOUMISWALD, dans l'Emmenthal. — *Hôtel de l'Ours*, tenu par M. *Marti*; très-fréquenté par les voyageurs; postes et messageries; vues pittoresques; zèle, attention extrême pour les étrangers; table excellente, bons appartemens. Soumiswald est distant de 6 lieues de Berne, de 7 de Thoun, de 11 de Lucerne.

THOUN. — *Hôtel du Freyen-Hoof*, tenu par M. *Rufenacht*. Appartemens vastes, commodes, soins, propreté recherchée, services à toutes les heures; situation à côté l'Aar où l'on s'embarque pour l'Oberland; bons guides que la maison fournira; tous les renseignemens désirables : hôtel cité dans tous les itinéraires et dont nous ne craignons pas de faire le plus grand éloge.

UNTERSEEN. — *Hôtel de la maison de ville*, tenu par M. *Ritter*. Vue admirable de l'hôtel sur les Alpes et les glaciers, promenades charmantes, guides connus, montures pour les deux sexes, chars-à-banc, cabriolets à chaque heure du jour, jolis bateaux pour la traversée des lacs, bonne maison. Unterseen offre toutes les commodités désirables, de bons médecins, des bains chauds. On trouve à l'*hôtel de la maison de ville* des journaux français, anglais et allemands.

LE CANTON DE BERNE.

Ce canton est le plus étendu de tous les autres cantons de la Suisse, quoiqu'il ait perdu dans ces derniers temps l'Argovie et le pays de Vaud. Indemnisé de ces pertes, en 1814, par une bonne partie de l'ancien évêché de Bâle, il renferme encore une population de 320,000 individus, et s'étend depuis les confins de l'Alsace jusqu'au Valais, sur un espace de 50 lieues. C'est aussi un des cantons les plus remarquables par ses montagnes extraordinaires, par les sublimes beautés que la nature s'est plu à y rassembler, par l'économie alpestre et rurale, et par l'industrie de ses habitans. C'est surtout du côté du Valais que l'on voit avec admiration s'élever, sur le territoire de ce canton, ces montagnes prodigieuses dont la magnificence surpasse tout ce qu'on peut imaginer, et dont les glaciers remplissent les vallées sur une étendue de plusieurs lieues. Plusieurs de ces sommités ne le cèdent guère en hauteur au gigantesque Mont-Blanc. Entre ces énormes montagnes, on distingue le Finsteraarhorn, haut de 13,776 pieds; la Jungfrau, de 12,872; l'Eigher, de 12,268; le Munck ou le Moine, de 12,266; le Schereckhorn, de 12,560; les pics de Vietsch, de

12,500, et beaucoup d'autres qui, quoique moins hauts, surpassent encore en hauteur les montagnes les plus élevées des autres pays de l'Europe.

De toutes ces montagnes, la Jungfrau ou la Vierge est celle qui présente l'aspect le plus magnifique et le plus extraordinaire. Cette masse imposante est entourée de toutes parts d'épouvantables précipices et d'horribles parois de rochers, et un manteau éclatant de neiges éternelles couvre de tous côtés ses énormes flancs. Les glaciers qui s'étendent au-dessous de ces neiges ont long-temps fait croire que le sommet de ce géant des Alpes était inaccessible, et personne n'avait eu la pensée de l'escalader, lorsque dans l'été de 1811 les frères Meyer, de la ville d'Arau, accompagnés de trois bons guides, osèrent l'aborder du côté du glacier de Lœtsch. Ils gravirent avec intrépidité ces hauteurs périlleuses, et après deux journées d'une fatigue extrême, ils parvinrent au sommet, qui n'a que douze pieds de diamètre. A une si grande élévation, ils n'éprouvèrent ni cette difficulté dans la respiration, ni cette lassitude que plusieurs voyageurs, entre autres M. de Saussure, ont éprouvées sur le Mont-Blanc.

La Jungfrau, comme une reine majestueuse, voit des chaînes de montagnes qui, plus au nord, et courant dans une direction parallèle, n'atteignent qu'une hauteur de 6 à 7,000 pieds, et semblent ainsi s'abaisser pour laisser au voyageur la facilité de contempler tout ce qu'elle offre d'imposant et de sublime.

L'Oberland, ou pays d'En-Haut, dans lequel cette montagne est située, est la partie du canton la plus intéressante pour les voyageurs sensibles aux beautés naturelles. Il s'étend à l'est et au sud depuis la ville de Thoun, le long de la chaîne des hautes montagnes qui séparent le canton de Berne de celui du Valais. Il comprend les vallées de Hasli, Grindelwald, Lauterbrunnen, Kanderthal, Frontinghen, Adelboden, Simmenthal et Sanen.

Aucun pays n'est aussi intéressant pour le naturaliste que le canton de Berne; ses richesses dans les trois règnes de la nature ont été recherchées et reconnues par un grand nombre d'hommes distingués; ses plantes en particulier ont été décrites par l'immortel Haller. Plusieurs animaux sauvages qui parcouraient librement autrefois ses montagnes et ses forêts, tels que le chamois, l'ours, le sanglier, le chevreuil, et surtout le bouquetin, ne s'y montrent plus que rarement; les lièvres, les coqs de bruyère et d'autres espèces de gibier, se trouvent en assez grande abondance; le canton abonde en bétail, qui est d'une espèce remarquable par sa taille et sa beauté, surtout dans l'Oberland : aussi les produits en bestiaux et en laitage sont-ils considérables et fournissent-ils à une exportation importante; l'Emmenthal, le Hasli, le Simmenthal et le Gessenai, fournissent les fromages les plus estimés : chaque année il en part plusieurs milliers de quintaux pour la France et l'Allemagne. En 1794, on estimait dans l'Oberland que mille mesures de lait de vaches, pesant environ 4,000 livres, donnaient 400 livres de fromage gras de la meilleure qualité : ce fromage se vendait alors 4 batz et demi la livre. En 1797, l'an-

18

cien canton de Berne possédait 188,253 bêtes à corne.

L'agriculture est en honneur dans le canton, et déjà même avant la formation du bel établissement de M. de Fellenberg, à Hofwyl, elle avait reçu de grands encouragemens. Les plaines qui s'étendent entre Berne et Soleure sont fertiles en blé; l'épeautre, qui donne un pain d'une rare blancheur, réussit dans plusieurs bailliages ou préfectures, et y remplace avec avantage les autres espèces de froment. L'abondance des eaux facilite les irrigations, qui sont habilement dirigées, et qui procurent de riches produits dans les prairies et dans d'autres natures de terrains : de là vient cette aisance générale des paysans, qui frappe les voyageurs; elle s'annonce par des habillemens propres et commodes, et se peint sur les visages par une apparence de santé. La population bernoise est à juste titre citée pour sa beauté. Cependant quelques auteurs prétendent que les femmes du canton de Lucerne l'emportent sur les Bernoises; d'autres donnent la préférence aux femmes de l'Oberland, quant à la finesse et à l'élégance des traits. Plusieurs paysans de l'Oberland et de l'Emmenthal possèdent des fortunes de plus de 100,000 livres, et il existe des villages où les fortunes de 10 à 20 mille francs sont considérées comme médiocres. Les pommes de terre étaient déjà cultivées en 1730 à Brientz et dans quelques parties voisines et montueuses du canton, mais en petite quantité. La famine qui désola la Suisse, de 1770 à 1772, engagea à admettre généralement une culture aussi précieuse : dès lors les pommes de terre sont devenues dans le pays une denrée de première nécessité; cependant elles n'ont pu empêcher les importations de blé qui se font chaque année, et qui enlèvent au canton des sommes considérables.

BERNE.

L'étranger qui visite Berne éprouve des impressions très-différentes, suivant le côté d'où il arrive. En venant de Zurich, il descend une longue pente par une route magnifique qui le conduit au pont de l'Aar. Après avoir franchi ce pont, il monte une rue assez roide qui porte le nom de Stalden, et qui est habitée en grande partie par des gens de métier, dont les habitations ont très-peu d'apparence. Arrivé au haut de la pente, il voit s'ouvrir devant lui trois rues, dont celle du milieu est garnie des deux côtés de belles maisons, et plus il avance, plus la ville lui offre une aspect agréable.

L'étranger qui arrive de Lausanne par un chemin tiré au cordeau et très-égal trouve d'abord, au lieu de porte, une superbe grille de fer, flanquée de deux jolis bâtimens qui servent de corps de garde. Il entre ensuite dans une rue extrêmement large, ayant un grand bassin d'eau au milieu; à sa gauche, il voit le magnifique hôpital bourgeois, à sa droite de belles maisons de particuliers, qui lui donnent une haute idée de la beauté de la ville. Les rues sont en général assez droites, et coupées à angle droit par les rues de traverse; elles sont larges, bien pavées et très-propres; les maisons sont toutes à peu près de la même hauteur et se ressemblent toutes. Des canaux alimentés par un ruisseau assez considérable traversent les principales rues dans toute leur longueur, en entretiennent la propreté, et conduisent à l'Aar toutes les eaux de la ville; des fossés de décharge qui passent sous les maisons, et dans lesquels on fait entrer de temps en temps l'eau des canaux, emmènent toutes les immondices dans des réservoirs pratiqués à cet effet sur les bords de l'Aar; enfin tous les jours les rues et les places publiques sont balayées par les criminels détenus dans la maison de force, et en été elles sont arrosées régulièrement, soit pour abattre la poussière, soit pour entretenir une sorte de fraîcheur.

A l'exception de quelques quartiers, toutes les maisons sont construites d'une pierre de grès grisâtre, que l'on tire de la carrière d'Ostermundigen, située à une lieue de Berne. Presque toutes les façades reposent sur des arcades qui forment une espèce de portique, où les piétons sont à l'abri du soleil, de la pluie et de la boue. On ne saurait nier que les maisons n'eussent meilleure apparence sans ces arcades; mais on a cru devoir sacrifier l'élégance à la commodité, et sous ce dernier rapport ces passages couverts, auxquels les Bernois donnent le nom de lauben, ont tant d'avantages, que les étrangers mêmes, à qui d'ordinaire ils déplaisent au commencement, finissent presque toujours par en reconnaître l'utilité.

Toutes les rues sont pourvues de fontaines jaillissantes, dont l'eau n'est pas aussi bonne que celle de deux petites sources qui se trouvent sur la pente qui termine la ville au nord. Berne à quatre portes. Le nombre de ses maisons s'élève à 1,100; et celui des habitans de la ville proprement dite, à 13,927, dont 6,093 hommes et 7,834 femmes; en y comprenant les environs de la ville, l'Altenberg, la Creutzgass et en général toute la banlieue, on compte 17,621 âmes.

La grande cathédrale (Munster) est un superbe monument d'architecture gothique, qui a 160 pieds de long sur 80 de large. Ce fut Mathias Oesinger de Strasbourg qui en jeta les fondemens en 1421; il en dirigea les travaux jusqu'en 1446; son fils Vincent les continua, et Etienne Pfuterer ou Abruger acheva ce grand ouvrage quatre-vingts ans après qu'il eut été commencé. Au-dessus de la principale entrée, le jugement dernier est représenté en relief; des sculptures en bois artistement travaillées, dont une partie a été mutilée lors de la réformation, et de belles peintures sur verre, ornent le chœur. L'église renferme un monument simple, mais élégant, élevé à la mémoire de l'avoyer N. F. de Steiguer, qui y est enterré. On montre dans la sacristie des tapisseries brodées et des vêtemens très-riches, qui datent du temps de Charles-le-Téméraire. Le clocher de la cathédrale renferme la plus grande cloche de la Suisse (elle pèse 203 quintaux, le battant non compris), et a une hauteur de 191 pieds de roi. On voit aisément à sa forme tronquée qu'il n'a pas été achevé; et en effet, suivant le plan primitif, il devait avoir un tiers de plus en hauteur. La plate-forme à côté, élevée de 108 pieds au-dessus de l'Aar, a été construite en 1334; elle est plantée de beaux arbres d'ombrage, et l'on y jouit d'une vue ravissante, surtout du côté des glaciers.

L'église du Saint-Esprit, située dans la partie supérieure de la ville, est un édifice bâti dans un style noble et élégant; sa construction a été commencée en 1722 et achevée en 1729, sur les desseins de Nicolas Schiltknecht de Berne.

L'hôpital bourgeois, commencé en 1735 par Nicolas Schiltknecht, d'après le plan de l'architecte Abeille, Français de nation, et achevé en 1739 par Luth, est un vaste édifice qui a l'apparence d'un palais royal. Cinquante bourgeois des deux sexes, vieux ou infirmes, sont logés, nourris et entretenus gratis dans cet hospice, qui sert en même temps de maison de travail. Les étrangers pauvres qui traversent la ville y sont hébergés à leur passage, et reçoivent un petit secours d'argent pour continuer leur route.

L'Ile, bâtiment vaste de 200 pieds de long, sert d'hôpital général, et se trouve sur l'emplacement d'un ancien couvent qui portait ce même nom, parce qu'originairement il avait été bâti sur une île de l'Aar, d'où il fut transféré plus tard dans l'enceinte de la ville. Il a été construit en 1720 par l'architecte Düntz de Berne; tous les étages sont voûtés, en sorte qu'il est à l'abri des incendies. Cet hôpital mérite d'être cité pour sa propreté, et pour les soins multipliés et bien entendus qu'on y prodigue aux nombreux malades qui y sont reçus.

La bibliothéque publique, placée dans un bâtiment qui n'a rien de remarquable, contient plus de 30,000 volumes de livres imprimés, et près de 1,500 manuscrits, dont la plupart concernent l'histoire de la Suisse; elle possède aussi un riche cabinet de médailles et quelques beaux tableaux. Immédiatement à côté de la bibliothéque se trouve le musée d'histoire naturelle, renfermant une collection complète des mammifères suisses (à l'exception des animaux domestiques), ainsi que des oiseaux et des nids d'oiseau, une belle collection de minéraux, des plans en relief de plusieurs contrées suisses, une collection de vêtemens et d'ustensiles de différentes peuplades sauvages, surtout des îles de la mer du Sud, et enfin les portraits des avoyers bernois des trois derniers siècles.

L'hôtel de l'académie contient un cabinet de beaux instrumens de mathématique et de physique, et une superbe salle de dessin, avec les plâtres des plus célèbres antiques. Les autres établissemens qui dépendent de l'académie sont l'observatoire; le théâtre anatomique, qui possède une collection considérable d'objets servans à l'anatomie comparée; le laboratoire de chimie et l'hôpital vétérinaire.

L'hôtel de musique appartient à quelques particuliers, et est tour à tour salle de spectacle, salle de concert et salle de bal. Sa façade, quoique construite avec goût, fait peu d'effet, parce qu'elle se trouve dans l'alignement de plusieurs autres maisons. L'intérieur de cet édifice n'est ni assez spacieux ni assez bien éclairé.

La ville et ses environs sont riches en promenades et en beaux points de vue. Dans la ville même nous citerons la plate-forme, promenade très-fréquentée à toutes les heures du jour, et où il y a souvent foule, surtout pendant les mois d'avril et de mai; le petit rempart, d'où l'on découvre d'abord une plaine riante à travers laquelle serpente lentement l'Aar, puis des collines et des montagnes s'élevant par degrés jusqu'aux glaciers qui terminent l'horizon; la promenade près de l'hôpital bourgeois; le fossé supérieur, le fossé inférieur, près du grenier à bled, la terrasse de l'hôtel des monnaies, et celle de la Maison-de-Ville. Au dehors de la ville, on trouve la belle allée de tilleuls du jeu de l'arquebuse (Schützenmatt), local qui sert de place d'armes; la promenade de l'Enge, d'où l'on jouit d'une vue remarquablement belle, très-fréquentée en été par des sociétés entières qui y vont prendre des rafraîchissemens; la promenade le long de la forêt de Bremgarten, le chemin des philosophes, la promenade de l'Altenberg, la grande route de Muri, et la Schlosshalden. Le Gurden, colline dont la sommité est à une lieue environ de Berne, offre aux amateurs de vues pittoresques une grande jouissance sans beaucoup de fatigue : aussi il n'est pas rare d'y voir dans une belle matinée de dimanche jusqu'à cent personnes réunies. De ce point, on domine les environs de Berne avec leurs nombreux villages, leurs jolies maisons de campagne, et cette quantité de grandes routes qui se croisent en tous sens; et dans un lointain vaporeux, on découve le lac de Neuchâtel. Parmi les curiosités de Berne, n'oublions pas de faire mention des ours et des cerfs que l'on entretient dans les fossés de la ville. Les ours, enfermés dans le fossé de la porte d'Arberg, amusent les passans par le contraste que forme leur extérieur lourd et gauche avec l'agilité dont ils font preuve en grimpant au haut des arbres placés au milieu de leur réduit. Les daims et les cerfs, occupant les uns le fossé intérieur, les autres le fossé extérieur de la ville, divertissent les spectateurs par la vivacité et la grâce de leurs mouvemens.

VISITE A HOFWYL.

Le nom de M. de Fellenberg est aujourd'hui européen; il n'est pas de voyageur qui n'aille visiter, en passant à Berne, son établissement agronomique de Hofwyl. Le nombre des élèves de l'école d'industrie est de 39. Les élèves commencent la journée par une leçon d'une demi-heure, ils travaillent dans les champs de 6 à 12, reviennent dîner, ont une leçon d'une heure et retournent aux champs jusqu'à 6 heures du soir. Les élèves sont divisés en trois classes, suivant l'âge et la force; le travail de chaque classe est enregistré le soir dans un livre spécifiant l'espèce de travail, afin d'en porter la valeur au débit du compte de telle ou telle récolte, tel ou tel bâtiment, des bestiaux, de la manufacture de machines, etc. Le travail de la première classe, les plus jeunes, est estimé à un demi-creutzer par heure, celui de la seconde à un creutzer, et celui de la troisième à deux creutzers. En hiver, lorsqu'il n'y a rien à faire dans les champs, les élèves s'occupent à différens ouvrages sédentaires, tels que tresser de la paille pour les chaises, faire des paniers, broyer des couleurs, servir le charron, le chantier, etc.

On ne voit jamais à l'école d'industrie de Hofwyl ni un livre, ni un journal; les élèves apprennent de vive voix ce qu'il leur importe de connaître, des choses de fait principalement. Il n'est permis, sous aucun prétexte, aux élèves de quitter l'établissement ni de jour ni de nuit; aucun d'eux ne s'est trouvé à une fête ou danse de village, et n'a de connaissances au dehors; ils n'y songent seulement pas : le travail, le jeu et les leçons, remplissent le cercle de leurs heures. Les leçons se donnent généralement de vive voix et en forme de questions ou de problèmes, de tête souvent et sans écrire, sur les mesures de capacité, de longueur ou de poids, sur les effets de la gravitation et du frottement dans telle ou telle machine, sur les procédés de l'arpentage, sur les règles de la grammaire, etc. Les élèves ne sont pas toujours questionnés; ils proposent à leur tour des questions quelquefois difficiles à résoudre. Toute répétition, erreur, incorrection dans laquelle un élève tombe en proposant des questions ou en y répondant, est aussitôt relevée par ses camarades, qui se font mutuellement un jeu innocent de cette surveillance. Ils dessinent correctement d'après nature et en perspective toutes les machines d'agriculture, et font des expériences chimiques sur les différentes espèces de terre et de pierre dans des vues d'agriculture. Ils lisent la *Bible* à haute voix, et différens ouvrages allemands : *Léonard et Gertrude*, de Pestalozzi ; *Besoins et secours*, *Robinson Crusoé*, de Campe ; le *Miroir d'honneur helvétique*, de Stierlin. Leur musique est des plus simples : le chef de la troupe, Vehrli, écrit les notes sur une planche noire contre le mur ; chaque élève copie sa partie et la répète séparément d'abord avant de chanter ensemble, ce qu'ils font correctement et avec goût. Au reste les paysans de la Suisse allemande naissent musiciens. Afin d'associer l'esprit de propriété à l'industrie, on accorde aux élèves certains émolumens sur les graines qu'ils recueillent et sur ce qu'ils glanent après la récolte, formant, avec le produit de leur petit jardin, un fonds accumulé qu'ils reçoivent en quittant l'établissement.

Il reste à rendre compte de la haute école.

Homère est la lecture favorite à Hofwyl ; les élèves de la haute école sont intimement liés d'amitié avec les héros de la guerre de Troie. L'analogie grammaticale du grec avec la langue allemande en usage à Hofwyl en rend l'étude plus facile que celle du latin. Après Homère on lit Hérodote. Les principes du latin sont enseignés quand la lecture d'Hérodote a suffisamment initié les élèves dans le grec. Le point de départ pour la géographie est l'endroit que l'enfant habite ; il s'exerce à représenter géométriquement la maison, le jardin, le pays, etc., par approximation, en forme de carte. Le dessin commence également par des objets usuels : les chaises, les tables, l'intérieur de la chambre. Les élèves copient ensuite d'après le dessin et d'après la bosse. En cultivant la musique, on s'attache plus à la poésie de l'art qu'à surmonter des difficultés. Les exercices gymnastiques ont pour objet de développer les forces des élèves. Ce n'est que vers la fin de leur éducation que les élèves s'occupent de l'histoire des temps présens. On voudrait qu'ils entrassent dans le monde sans opinion déterminée sur les pensées qui le divisent.

L'étude des mathématiques est poursuivie sans interruption, depuis l'arrivée de l'élève jusqu'à son départ pour l'université; chaque problème est analysé et expliqué dans tous les sens possibles, avant de passer outre, quoique d'une manière plus ou moins rapide, suivant les capacités : car on ne cherche point à faire marcher d'un pas égal des talens trop inégaux. La pension des élèves bernois est de 45 louis ou 1,075 francs de France, sans l'habillement et les maîtres de luxe; ils coûtent à leurs parens en tout 2,400 à 3,000 francs par an; l'établissement se charge de tout pour cette somme. L'intérêt que l'empereur Alexandre prend à l'établissement pourrait faire penser que M. de Fellenberg a part à la munificence de ce souverain éclairé. Il y a lieu de croire qu'il ne tenait qu'à lui, et qu'elle lui aurait été généreusement accordée, s'il eût témoigné qu'elle lui était nécessaire; mais je suis autorisé à dire que M. de Fellenberg n'a d'obligations pécuniaires à personne, pas même à son gouvernement. L'empereur de Russie prend sur lui de solder la pension d'environ quinze de ses sujets à Hofwyl au prix fixe de 3,000 francs, et rien de plus, lui épargnant l'embarras d'une correspondance d'argent. Les parens de plusieurs élèves ayant éprouvé des revers de fortune qui ne leur permettaient plus de faire cette dépense, M. de Fellenberg les a gardés sans rétribution : leur nombre est de 12 à 15. Les 30 professeurs coûtent environ 75,000 francs par an. Outre leur nourriture et leur logement, environ 34 des 59 élèves de l'école d'industrie coûtent 60 francs chacun.

BURGDORF. L'EMMENTHAL. LANGNAU.

De charmantes maisons de campagne embellissent le paysage des environs de Berne. L'Aar se rend dans le canton de Soleure ; mais il reparaît ensuite dans celui de Berne pour arroser Aarberg, ancien comté avec un château bâti dans une île. Seedorf avait, avant la réforme de la religion, une abbaye : ce lieu tire son nom d'un petit lac voisin. Wangen et Aarwangen avec un château sont baignées par l'Aar.

A l'est de l'Aar la rivière d'Emme, bordée par des collines et pâturages entremêlés de ruines de vieux châteaux, arrose plusieurs villages et la petite ville de Burgdorf : cette rivière charrie des fragmens de serpentine, de jaspe, de dentrites, de marbres de toute espèce, et des paillettes d'or que l'on recherchait avec soin lorsqu'elles étaient plus abondantes.

Burgdorf (en français Berthoud) est une jolie petite ville bâtie au bord de l'Emme, sur le revers d'une colline considérable, et au débouché de l'Emmenthal. La situation en est romantique et très-agréable.

Le château de Berthoud, bâti pendant le septième siècle par les comtes Gontram et Waltram, a servi dans la suite de résidence aux ducs de Zehringue. La ville était à cette époque capitale de toute la Petite-Bourgogne ; plus tard, les comtes de Kybourg-Burgdorf y établirent leur séjour. Enfin, l'an 1384 elle tomba entre les mains des Bernois. Depuis cette époque elle est demeurée dans une obscurité profonde.

Il y a à Berthoud de grands dépôts de fromages d'Emmenthal, lesquels sont fort estimés, et de toiles d'Emmenthal. A un quart de lieue de la ville, non loin de l'Emme, on trouve au pied d'une colline de sable les bains du Sommerhaus ou du Lochbad, dont la position est également salubre et romantique. On y compte 21 chambres de bains, dans chacune desquelles il y a trois baignoires. Les eaux n'ont ni saveur ni odeur, et ne déposent aucun sédiment. Leur température est de 9° du thermomètre de Réaumur. Douze onces de ces eaux contiennent 4 1/2 pouces cubiques de gaz acide carbonique, 4 7/8 grains de muriate et de sulfate de soude, 2 grains de chaux saline, 13/24 grains de terre calcaire, 3/16 grains de magnésie, 3/4 grains de sulfate de chaux, et 1/48 grains de fer, d'après l'analyse de M. Morell, pharmacien à Berne. On vante beaucoup la vertu de ces bains contre les maladies rhumatismales.

Berthoud a été un moment célèbre, grâces à l'institution de Pestalozzi, transférée depuis à Yverdon. Tous les écrits explicatifs de la méthode de ce philanthrope s'accordent à dire que la bonne éducation domestique est le modèle qu'il s'est proposé; que le premier principe qu'il a voulu inculquer aux élèves est *la foi et l'amour*. Il regarde l'émulation comme le germe des passions dangereuses, et la rejette comme moyen d'éducation : c'est, dit-il dans son idiome particulier, *la queue de Bonaparte*. M. Pestalozzi est d'un esprit exalté, d'une élocution obscure, ayant la candeur des apôtres et leur simplicité, d'une figure extraordinaire, et négligé dans son extérieur. Son roman de *Léonard et Gertrude* est regardé en Allemagne comme une conception admirable.

L'Emmenthal est une des contrées les plus fertiles et les plus riches des Alpes de la Suisse. Le peuple qui l'habite est digne de l'attention de l'observateur, soit par la beauté de son sang, soit par l'aisance dont il jouit, soit enfin par l'activité qui lui est propre.

La grande Emme, rivière qui a donné son nom à cette contrée, prend sa source dans l'Entlibouch, entre les monts Nesselstock, Rothhorn et Schratten; elle reçoit une quantité de ruisseaux, coule du côté du nord-ouest, sort près de la ville de Berthoud (Burgdorf) de l'Emmenthal, et va se jeter dans l'Aar à Biberist, non loin de Soleure.

Le terre-plein de la vallée n'a nulle part une largeur bien considérable. Cette contrée est formée par l'assemblage d'une quantité de larges montagnes et de collines, où l'on trouve à côté des forêts et des plus riches pâturages alpestres une multitude de champs cultivés et de villages.

La vallée peut avoir 9 ou 10 lieues de long et 4 ou 5 de large; elle s'étend jusqu'à environ 2 lieues en avant de Berne. Du côté du sud, on voit les montagnes de la chaîne du mont Pilate s'abaisser insensiblement vers le nord et vers l'ouest. L'économie rurale et alpestre, l'industrie et les fabriques, sont sur un pied très-florissant dans l'Emmenthal. On y élève une multitude de bêtes à corne et de chevaux, et les fromages qu'on y prépare sont les meilleurs de la Suisse. Les manufactures de toiles et de rubans, et le commerce qui se fait avec ces articles, sont aussi fort importans. Berne, Langnau, Berthoud et Langhenthal, sont les lieux qui servent aux habitans de l'Emmenthal de marchés et de dépôts pour les diverses productions de leur industrie, pour leurs fromages et leurs grains. Ceux qui aiment les beautés naturelles du pays des Alpes peuvent se promettre beaucoup de plaisir d'une excursion dans cette vallée.

De tous les villages de l'Emmenthal, le plus beau est Langnau.

On y trouve de grands dépôts de fromages et de toiles, et il s'y fait beaucoup de commerce. Dans le voisinage on voit un banc de houille. Langnau est le seul lieu de toute la chaîne des Alpes d'où les voyageurs puissent aller en petit char sur des montagnes et jusqu'aux chalets, pour y observer les détails de l'économie pastorale des Alpes. La plus voisine de ces montagnes est à 2 lieues du village; elle est connue sous le nom d'*uf der Schynen*.

Michel Schuppach, qui pendant 15 à 20 ans a

passé dans toute l'Europe pour un médecin merveilleux, vivait à Langnau au commencement de la seconde moitié du siècle passé. Cet adroit empirique jugeait des maladies d'après l'inspection des urines. Les plus brillans équipages quittaient Paris pour aller dans cette vallée s'arrêter chez le fameux médecin de la montagne. Des voyageurs de toutes les nations venaient le consulter. Pendant les mois de l'été on voyait quelquefois des centaines de riches étrangers réunis dans ce lieu, qui mangeaient tous ensemble dans la maison du docteur. Tous les jours il lui arrivait 80 ou 100 messagers porteurs de fioles remplies d'urine. Il avait un interprète, un secrétaire et un apothicaire. Schuppach avait été chirurgien dans sa jeunesse; il avait du sens, de la sagacité et du sang-froid; il était bienfaisant, plein de bonhomie, de bonne humeur et de gaieté. Quelques dames de distinction de Paris, entre autres une marquise qui, après avoir pendant bien des années demandé au ciel des enfans, se vit enfin exaucée au sortir des Alpes, et quelques autres femmes auxquelles les connaissances merveilleuses de cet Esculape rustique causaient une confusion et une surprise des plus plaisantes, furent pour lui les organes de la renommée, en publiant partout les belles choses dont elles avaient été témoins. Schuppach mourut dans une grande vieillesse.

L'OBERLAND.

LE VOYAGE.

VEILLE DU DÉPART.

L'Oberland! Les glaciers! A ces mots, le Bernois le plus insensible, le plus blasé sur la vue de ces belles montagnes, qu'il a eues toute sa vie devant les yeux, éprouve avec une vive émotion le désir d'accompagner l'ami qui manifeste l'intention d'aller visiter ces contrées. A plus forte raison doivent-ils remplir l'âme de l'étranger de l'attente des plus douces jouissances!

Le temps est beau; on a attendu qu'il le fût. L'on a déjà lu, relu, étudié les livres, les cartes géographiques, dont on s'était pourvu. On sent déjà un pressant besoin de changer de place, de voir, d'admirer.

Supposons encore que les voyageurs soient à Berne. Je les en félicite : je ne suis plus embarrassé de leur indiquer les moyens de remplir agréablement les heures de la soirée, en se préparant encore mieux à l'excursion projetée. Le cabinet d'histoire naturelle national, la bibliothèque, les promenades de la Plate-forme et de l'Engi, les transporteront déjà dans le pays de leurs souhaits.

Le cabinet d'histoire naturelle a été fondé en 1802, et depuis, il a été continuellement augmenté et doté avec une largesse et un zèle vraiment patriotiques. Toutes les créatures vivantes, toutes les productions inanimées que la nature généreuse a répandues en si grande abondance sur le sol de la Suisse, s'y trouvent étalées aux yeux de ses admirateurs, et arrangées avec un ordre également piquant pour la curiosité et satisfaisant pour ceux qui ont le désir de s'instruire. Depuis l'aigle et le grand vautour des Alpes (gypaëtos barbatus), depuis le bouquetin et le chamois, jusqu'à la marmotte et la timide lagopède, on y voit tous les mammifères et tous les oiseaux de la Suisse.

On y trouve en partie les papillons, les insectes des montagnes. Les plantes et les fleurs des Alpes y sont rassemblées dans de nombreux et volumineux herbiers.

Il ne suffit pas de quelques heures, il faudrait demeurer ici pendant des jours entiers, si l'on voulait approfondir dans ce sanctuaire la science de la nature.

On y voit des tableaux en relief de quelques contrés montagneuses les plus remarquables, telles que le Gotthard et l'ancien gouvernement d'Aigle, y compris les Ormonds, dans le pays de Vaud. Deux autres infiniment meilleurs sont consacrés à l'Oberland, sur des échelles différentes. L'un représente, avec une exactitude admirable, le pays au-dessus de Thoun, jusqu'aux frontières du Valais. Il y est figuré dans le plus grand détail, avec une extrême fidélité, beaucoup de netteté et de clarté, de manière à ce que l'on peut, du doigt et de l'œil, parcourir, dans un instant, commodément et avec un plaisir infini, une espace que l'on pourrait à peine franchir, avec beaucoup de fatigue, dans une semaine. Les routes, les passages des montagnes, leurs hauteurs, leurs enchaînemens, les eaux, les glaciers, s'y distinguent beaucoup mieux que dans aucune carte géographique.

L'autre relief, dont l'échelle est plus petite, représente une plus grande étendue de pays. Tout le Valais, la partie supérieure du lac de Genève et les vallées du Gessenay, y sont encore compris. Le coloris frais et les justes proportions de ce tableau produisent une telle illusion, que l'on croirait voir réellement ce pays, comme si on était placé dans la nacelle d'un ballon aérostatique, planant à une grande élévation. On a pratiqué sur un des côtés du cadre, près du point où l'on voit la ville de Thoun, une espèce de pinnule, au travers de laquelle toute la chaîne de l'Oberland et de ses glaciers se présente en raccourci, tels qu'on les voit depuis Berne, dans leurs véritables proportions et dans tous leurs contours. C'est là qu'on prend une juste idée de ces montagnes, qui ne sont rendues dans tous les dessins que d'une manière confuse et comme des monceaux entassés les uns sur les autres. On peut suivre l'étendue des crêtes avec tous leurs enchaînemens; on assigne à chaque pic la base sur laquelle il repose réellement, tandis qu'à la vue il paraît assis sur la croupe d'un autre mont.

Les hauteurs réelles et celles qui ne sont qu'apparentes s'y distinguent d'une manière non équivoque, ainsi que les intervalles où sont situés les lacs et les vallées. On peut évaluer avec exactitude les distances, sans être trompé par les illusions auxquels les effets de la lumière et de la grandeur des objets donnent si souvent lieu dans le vaste original de ce tableau.

La soirée avance; l'œil du voyageur veut encore contempler de loin le but de son excursion et observer les signes qui lui promettent le beau temps pour le lendemain. Si les montagnes se présentent avec une grande clarté jusque dans leurs plus petits contours, si elles paraissent très-rapprochées, c'est que l'atmosphère, imprégnée de vapeurs pluvieuses, les fait voir comme au travers d'un verre d'optique, et tout en se montrant sous l'aspect le plus séduisant, elles semblent avertir elles-mêmes de ne pas aller les visiter. Si, au contraire, on croit les voir dans un grand éloignement, comme au travers d'un voile léger ou d'une vapeur un peu nébuleuse, si leurs contours se dessinent faiblement à l'horizon, elles promettent la durée d'un beau temps d'été.

Elles se présentent avec plus d'avantage de trois ou quatre points différens : depuis la Plateforme, à côté de le cathédrale, depuis la terrasse près de la Monnaie, depuis la promenade sur les petits bastions, et depuis celle de l'Engi ou Engué, hors de la porte d'Aarberg. Depuis la Plateforme, la montagne de Gurten à droite, et les hauteur de la Schooshalde à gauche, forment un cadre sombre au tableau, sur lequel s'élève, derrière un premier plan richement coloré, mais étroit, ces cimes éblouissantes de neige, dont le coloris constamment varié offre un spectacle toujours renaissant. A vos pieds, les flots de l'Aar se précipitent en grondant d'une longue et haute digue. De l'autre côté, une côte escarpée et sauvage, couverte de buissons, rappelle l'état primitif de cette contrée maintenant si riche et si belle. Au-dessus s'étend une grande plaine cultivée, mais presque trop uniforme et trop dénuée de vie. Plus loin, des collines et des montagnes basses avancent leurs croupes boisées, hérissées de rochers ou couvertes de prairies, et se dessinent en gradins les unes derrière les autres, jusqu'à ce que tout à coup, comme si l'on avait enlevé quelques uns de ces gradins, l'on voit les têtes altières des glaciers s'élever et dominer toutes les autres. Mais la Plate-forme est trop enfoncée pour que l'œil puisse suivre depuis là toutes les ondulations du paysage : il n'aperçoit que la ligne ascendante, et désire bientôt un champ plus vaste et plus libre, une position plus élevée et un premier plan plus enfoncé, afin de pouvoir se porter plus lentement jusqu'aux têtes gigantesques des hautes Alpes. C'est ce que l'on trouve sur la terrasse près de la Monnaie, à côté de la porte de la ville, dite du Marzili, et sur la promenade du petit bastion. Ici, étant placé plus haut, les Alpes aussi paraissent plus hautes. On se pénètre mieux de leur véritable grandeur, puisqu'on n'a plus rien à mettre sur le compte d'une pose plus enfoncée.

Mais c'est de la promenade de l'Engi, et surtout de la Chénaie, qui en fait partie, que l'aspect des montagnes est sans contredit le plus magnifique et le plus enchanteur. Garanti des rayons de l'astre du jour à son déclin, on se promène, en sortant par la porte d'Aarberg, sous des berceaux de tilleuls et de frênes. Après avoir longé le vaste préau où se font les exercices militaires et le tirage à la cible, cette belle pelouse de la Schützenmatt (pré des tireurs), l'on monte par une douce pente bordée de maisons de campagne, d'où l'on voit à droite l'Aar qui roule ses ondes au travers du sombre vallon de Rappenthal, et sur la rive opposée, d'autres jolies habitations champêtres; dans le fond du tableau se dessine la montagne pittoresque du Bantiguer. Un contour à droite conduit en peu de minutes à la promenade de l'Engi ou l'Engué (étroite) qui tire son nom de la presqu'île étroite formée par l'Aar, sur laquelle elle est située. Déjà avant d'y parvenir on est surpris agréablement par l'aspect d'un chalet placé sur un coteau riche en herbages, qui transporte l'imagination dans une vallée pastorale : là s'ouvre déjà une vue incomparable sur la ville, qu'on vient de quitter, et sur les glaciers qui paraissent majestueusement assis derrière elle. Plusieurs peintres se sont arrêtés avec succès à cette place, pour écouter les inspirations de leur muse, et dessiner le beau et grand tableau qui s'y développe. Aberli, Bidermann, Lafond, Kœnig, parmi les Suisses, sont ceux à qui cet essai a le mieux réussi. L'avant-scène sauvage à gauche, où la rivière coule dans un lit profond sous d'antiques ombrages; à droite les arbres élancés qui bornent agréablement la vue; l'aspect de la ville bizarrement bâtie en amphithéâtre, qui semble cacher à dessein son commencement et sa fin; et ces sublimes édifices impérissables qu'éleva la main de Dieu au-dessus des cabanes passagères des mortels; tous ces objets se groupent si bien, se dessinent, se proportionnent avec tant de grâces, qu'ils fixeront toujours les regards des artistes.

Bientôt on atteint l'Engi. C'est le moment de prendre en main le dessin de M. Kœnig, où sont inscrits les noms des montagnes, et de donner toute son attention à cette chaîne, qui domine dans l'éclat le plus pur toute la contrée.

On aperçoit en premier lieu, derrière les combles des édifices de la ville, la montagne du Belpberg. A droite s'élèvent le Længenberg et le Gurten, revêtus de sombres forêts. A gauche, des maisons de campagne couvrent les coteaux de l'Altenberg. Au-dessus de cette dernière montagne se montre le mont escarpé du Hohgant ou Furke, sur les frontières de l'Oberland et de l'Emmenthal. De là s'étendent de l'orient au couchant, pareils aux dents d'une scie, et rappelant ainsi le mot de *Sierra* que les Espagnols donnent à leurs chaînes de montagnes, tous les cols, tous les pics de nos hautes Alpes, depuis les collines des contrées inférieures de l'Aar et de l'Emmen, jusqu'aux bornes majestueuses du Valais méridional.

On remarque une lacune dans cette chaîne entre le Wetterhorn et le Schreckhorn, et une seconde entre le Schreckhorn et le Finsteraarhorn. Puis, les deux Eiger et la Jungfrau, se joignant par une arête en forme de muraille brillante, paraissent, comme les tours d'un château gigantesque. Enfin s'avance comme un grand boulevart la Blümlis-Alp, qui contient à elle seule dans sa vaste étendue un monde de glaciers. La pyramide du Niesen se présente en avant de la dernière ligne des sommités couvertes de neige; le Doldenhorn et l'Altels ne se montrent qu'à demi au-dessus des montagnes du Siebenthal, dont la chaîne commence derrière le Niesen.

DÉPART DE BERNE POUR THOUN.

Deux routes différentes conduisent de Berne à Thoun; l'une, sur la rive droite de l'Aar, qui est la plus courte; l'autre, sur la rive gauche, est d'une lieue plus longue.

Tout dort encore à Berne, seulement quelques voyageurs traversent les rues, quelque artisan diligent ouvre son atelier, quelque palefrenier va abreuver ses chevaux à la fontaine, lorsque nous avançons gaîment vers le Stalden, cette rue rapide qui descend au pont de l'Aar et vers la route de Thoun. Peut-être au milieu du tumulte du jour, du mouvement de la ville, nous aurions été trop distraits pour observer ce qui nous frappe au premier abord dans le silence du matin, ainsi que Schlegel l'a judicieusement remarqué. « Plusieurs villes, dit-il, sont avantageusement situées; on y voit quelques superbes édifices, mais aussi des bâtimens laids et mesquins tout à côté; souvent tous les genres de construction y sont employés; placés et mêlés confusément, ils indiquent peut-être ainsi la confusion et la différence des opinions. A Berne, tous les bâtimens paraissent ne former qu'un seul ensemble, tous sont construits dans le même style. Ces lourdes arcades de pierre, l'étendue moyenne de la ville, ces remparts, ces masses de montagnes qui l'entourent de toutes parts, même cette architecture massive qui se retrouve surtout dans l'antique dôme gothique de la cathédrale, tout cela fait sur l'âme une impression unique et parfaitement uniforme. La ville entière ressemble à un grand château fort, et les montagnes qui couronnent au loin son enceinte, aux murailles qui la défendent et lui servent d'ouvrages avancés. »

A l'endroit où la pente du Stalden est le plus rapide, étaient autrefois, dit-on, un fossé et un pont. A droite, on voit l'église de la Nydeck, sur l'emplacement où se trouvait jadis un fort impérial, qui fut rasé par les Bernois et ne put contenir long-temps leur élan vers la liberté. On côtoie de vieilles maisons noircies par le temps. Une fontaine est placée sur le point où les deux routes se séparent et où l'on prend par le Muri-Stalden celle de Thoun.

Lorsqu'on a atteint la hauteur de Muri-Stalden, on voit dans le fond du vallon l'Aar, dont les ondes azurées annoncent qu'elle doit naissance aux glaces les plus pures des hautes Alpes. Le nom de ce fleuve est très-antique. Il se précipite en mugissant des hauteurs glaciales des montagnes, et reçoit le tribut de plus de cent ruisseaux, si si l'on compte ceux qui tombent dans les lacs de Brienz et de Thoun, et ceux qui se sont réunis à la Lütschinen, à la Kander, à la Gürben, avant leur confluent avec l'Aar. Il fournit une preuve à l'observation faite par le grand Haller, lorsqu'il dit qu'en comparant le volume d'eau de nos rivières dans les différentes parties de leurs cours, il a trouvé qu'en descendant dans les plaines, elles en perdent une grande partie.

Bientôt Berne disparaît; on voit tout au plus encore quelques tours et quelques remparts. On s'aperçoit du voisinage de l'Aar par le bruit de ses flots que l'on entend toujours; mais elle se soustrait à nos regards. La chute de son cours de Thoun à Berne est, suivant les calculs que l'on a faits, de 219 pieds. A l'endroit le plus bas, où la ville de Berne touche les rives de l'Aar, son élévation au-dessus du niveau de la mer est évaluée à 1,550 pieds. En dessus, vers le Marzili, cette élévation est de 1,561 pieds; vers le grand hôpital, de 1,708 pieds; sur le point le plus élevé du bastion supérieur, de 1,792 pieds. Le lac de Thoun, d'après l'estimation ordinaire, est à 1,780 pieds au-dessus de la mer. Des ingénieurs français sous Napoléon ont porté, d'après de nouveaux calculs plus exacts, cette élévation à 1,756 pieds.

« Dans toute la Suisse, disait déjà Meiners dans ses Lettres sur la Suisse, nous n'avons vu d'aussi belles routes, ni un pays plus fertile et mieux cultivé qu'entre Berne et Thoun. Les champs et les prés sont presque tous entourés de haies vertes et plantés de beaux arbres fruitiers, principalement de cerisiers; une grande partie du chemin même est bordée des deux côtés de ces derniers. Les nombreux villages, les plus riches de tout le canton en maisons neuves et bien bâties, prouvent le bien-être des habitans. »

A un quart de lieue du haut de la montée du Muri-Stalden, la route se sépare en deux, dont l'une, à gauche, conduit dans l'Emmenthal, tandis que l'autre tend directement vers l'Oberland.

A l'issue de l'allée d'arbres alignés qui ombragent la grande route, la vue devient plus champêtre; les maisons de campagne des citadins, plus éloignées les unes des autres, laissent place dans leurs intervalles à de petites forêts, à des fermes et à des toits de chaume, tels que l'on en voit à Muri. Cet endroit est très-ancien, et, par cette raison, très-bien situé, parce que, lorsqu'on avait un grand choix à faire, on s'établissait naturellement dans la situation la plus agréable. A gauche, sur une colline, est placé le château avec ses jardins en plusieurs terrasses, et près de là, l'église et la maison du pasteur. Des murailles en ruines (muri) donnèrent autrefois à ce village le nom qu'il porte. On y a déterré beaucoup de médailles romaines.

A deux minutes de l'église de Muri, à côté d'un puits, un chemin, à droite de la grande route, conduit au point d'où Aberli a pris un de ses plus beaux paysages. On passe entre quelques maisons et l'on se rend tout droit sur une colline, que l'on atteint en moins de cinq minutes. Lorsque le terrain n'est pas ensemencé, on peut monter jusqu'à deux tilleuls plantés sur son sommet, pour jouir d'une vue superbe et fort étendue. L'Aar serpente impétueusement au fond de son ravin couvert de broussailles. A droite s'élèvent les coteaux boisés du Belpberg; à gauche, quelques rochers nus occupent le milieu du tableau. Les deux Eiger et la Jungfrau dans toute leur splendeur se présentent dans le fond avec leurs masses imposantes. Bientôt on rejoint la grande route, vers les maisons de Ralligen, où se trouve la première pierre milliaire entre Berne et Thoun.

En poursuivant la route, on aperçoit à droite, dans le fond, l'Aar, et au delà, au pied du Belpberg (montagne de Belp), le grand village de Belp, derrière lequel on découvre maintenant le Lœngenberg, dont le talus doucement incliné avait été caché jusque alors presque en entier par le Gurten. Sur la pente de cette montagne sont situées les maisons de campagne de Kersatz, d'Oberried et de Toffen, sous de frais ombrages arrosés par d'abondantes eaux. Le jet d'eau d'Oberried dépasse les grands marroniers qui l'entourent. Toffen tire son nom de la pierre de tuf que l'on trouve sur le coteau où ce château est bâti et que couronnent de superbes bois de hêtre. Une foule de petits ruisseaux murmurent à l'entour.

Toute la contrée entre Berne et Thoun appartient à des régions à moitié alpestres, qui laissent en arrière la culture de la vigne et n'atteignent pas encore aux vallées pastorales plus élevées. On n'y voit aucune trace des plaines sablonneuses de l'Allemagne septentrionale, mais quelques marais à tourbe qui ne sont pas d'une grande étendue, comme à Gümlingen, dans la vallée de Belp et ailleurs.

Depuis Muri, la route continue en plaine entre des prairies, des vergers et des champs, vers Allmendingen. Seulement, près de ce village, elle monte insensiblement au travers d'un petit bois qui ôte pour un moment toute vue dans le lointain. On a alors à gauche un coteau boisé, nommé le Hühnlein, dont le sommet porte des indices d'ouvrages humains des temps les plus reculés. On y voit une élévation circulaire, où les feuilles mortes et le terrain dont elle est couverte ne laissent pas distinguer s'il y avait jadis des murs ou seulement un retranchement. On remarque tout au tour des traces d'anciens fossés, dont l'un beaucoup plus bas, au midi, se perd comme le conduit d'une mine dans le sein du monticule. Ce sont indubitablement des restes d'un âge reculé bien au delà de la mémoire des hommes, et dont le souvenir s'est même éteint dans nos chroniques et dans nos traditions. Un savant et ingénieux historien, M. le professeur Walther de Berne, estimait que c'était à cette place où, dans les assemblées populaires des anciens Helvétiens, se rassemblaient les Druides et les chefs de tout le canton pour y consommer leurs horribles sacrifices humains. Il fait dériver le nom moderne du village d'Allmendingen des deux mots *allmeen*, qui signifiait *généralité* ou *communauté*, et *ding*, qui signifiait un *tribunal* ou le lieu de ces assemblées. Autrefois on écrivait le nom de ce village *Allwandingen*, ce qui paraît contredire cette hypothèse.

Depuis Allmendingen jusqu'à Thoun, la vue à gauche de la route est assez insignifiante et bornée, à l'exception de quelques échappées, dans l'une desquelles l'on voit Gümligen, et, au travers de la clairière d'un bois, le château de Wyl; plus loin, dans la même direction, l'œil pénètre dans le joli vallon de Diessbach et ses vertes prairies, et enfin, plus près de Thoun, jusqu'au champêtre village de Steffisburg.

Les murs de la grande tour du château de Wyl, qui se voit fort au loin, ont à leur base 12 pieds et en haut 8 pieds d'épaisseur. Ils sont construits en pierres si grosses, que l'on ne conçoit pas comment on a pu les y apporter. L'une surtout, de forme carrée et placée dans le mur à l'orient, est d'une telle dimension, qu'il faudrait jusqu'à vingt chevaux pour la remuer. Il paraît que ces bâtimens sont de construction romaine, d'autant plus que dans les environs on a trouvé, en fouillant la terre, des monnaies et d'autres antiquités de ce peuple.

De Rubigen, hameau où se trouve une seule maison de campagne assez triste, on arrive à Münsigen on Münsingen, grand village paroissial, à 2 lieues et demie de Berne, qui s'est relevé, après plusieurs incendies, plus beau et mieux bâti qu'il n'était auparavant, et cela même avant qu'on eût institué la caisse d'assurance pour les bâtimens.

Münsingen est situé vis-à-vis du Belpberg et au pied de la Haube, colline sur le penchant de laquelle est le petit village de Heutligen ou Hütligen, et, tout auprès, un ban de coquillages qui était jadis contigu avec celui où se trouvent les pétrifications du Belpberg et de la Büutscheleck, à l'ouest et au nord-ouest.

De Münsingen à Wichtrach et plus loin jusqu'au Heimberg, le terrain est très-bien cultivé.

La jolie campagne de Neuhaus fut établie dans

le premier tiers du dix-huitième siècle par M. Steiguer de Münsingen; elle a été singulièrement embellie, dans un genre aussi noble que simple, par son avant-dernier propriétaire. Des sentiers romantiques serpentent au travers d'une belle prairie ou sous l'ombrage d'un bosquet, en suivant le cours d'un abondant ruisseau jusqu'au bord de l'Aar, et l'on y voit sous une feuillée, près de quelques bancs qui invitent au repos, les bustes des chantres de la patrie, Haller et Gessner, placés sur d'élégans stylobates, entourés de tous les charmes de la nature, qu'ils ont célébrée avec tant de chaleur, et qui leur a élevé dans ces lieux un temple digne de leur muse patriotique.

Neuhaus est à moitié chemin de Berne à Thun. A Ober-Wichtrach est située la demeure champêtre du pasteur. A gauche on aperçoit la dernière terrasse de la colline de la Haube, sur la pente de laquelle on peut aller pour jouir d'un charmant point de vue sur le château et le village de Gerzensee, situés vis-à-vis, sur l'autre côté de l'Aar et sur la chaîne des montagnes du Stockhorn. De Wichtrach à Kiesen, la route est presque toujours bordée de petits bois et de prairies. A droite, elles sont entremêlées de champs et s'étendent jusqu'aux broussailles qui couvrent les rives de l'Aar.

Le château de Kiesen, bâti sur le haut d'une colline peu élevée, sous l'ombrage de peupliers et d'acacias, se présente sous l'aspect le plus gracieux. Quelques maisons neuves et bien bâties entourent le pied du tertre. Le clair ruisseau de la Kiesen, sortant de la riante vallée de Diessbach qui s'offre tout à coup aux regards, roule ses ondes au bord du chemin. Un chemin cotoie son cours et présente fréquemment ces tableaux frais et ombragés que l'immortel Gessner savait apprécier, et qu'il rendait si fidèlement et avec tant de charmes, soit dans ses écrits, soit dans ses tableaux. Au-dessus du village de Diessbach, situé dans un vallon fertile et bien arrosé entre les montagnes du Kurzenberg et du Buchholterberg, est le rocher escarpé du Falkenfluh, qui, s'élevant nu au milieu d'une forêt hérissée, est tourné du côté de l'Aar.

Au midi du Falkenfluh, mais plus près de la route, s'élève aussi le rocher dit Heimberfluh. Ce sont deux puissans boulevarts avancés de l'Emmenthal qui limite cette contrée et forme un labyrinthe de fertiles vallons. Le Belpberg, à l'occident, est un peu plus bas, et la vue sur les hauteurs boisées de Burgistein et sur le Gurnigel est maintenant plus ouverte. A quelque distance, on traverse sur un pont couvert le torrent de la Rotachen.

Bientôt on entre dans un sombre pays de forêts qui forme l'entrée de la contrée du Heimberg, laquelle se prolonge en montant jusqu'à la Zulg. Ici les pics-verts, les geais, les grives, voltigent autour du voyageur.

Bientôt on a franchi l'espace des forêts, et le pays s'ouvre à droite vers le Bünberg, sur lequel se voient les maisons du Thunergeschneit. Plus loin on aperçoit Eichberg, Uetendorf, Burgistein.

La route au travers de Heimberg est très-agréable. Une foule de demeures champêtres éparses de tous côtés présentent le tableau d'une contrée productive et attrayante. Dans les habitations parsemées sur les deux bords du chemin, on peut observer toutes les gradations de l'architecture, depuis les anciennes constructions des paysans suisses jusqu'aux bâtimens les plus modernes, ornés avec toute l'élégance des villes.

Vers l'extrémité du Heimberg s'ouvre à l'orient un gracieux vallon qui s'élève par une douce pente jusqu'au plateau de Schwarzeneck. Ce mont s'élance perpendiculairement dans la voûte des cieux. La Sulg ou Suld, torrent fougueux, se précipite de la montagne au fond d'un ravin rocailleux. Il prend sa source derrière les hauteurs de Sigriswyl et du mont Blume.

« Il est impossible, dit Stapfer, de ne pas être saisi d'étonnement et d'admiration quand, par un ciel serein, au sortir des vallées qui défendaient à la vue de s'étendre au delà des collines les plus proches et de quelques cimes lointaines, on aperçoit tout à coup la magnifique plaine de Thoun, les rochers qui à l'ouest ou au midi s'élèvent perpendiculairement à plus de 6,000 pieds au-dessus de son niveau, le lac qui les baigne à l'est et qui répète les hauteurs qui les couronnent, l'amphithéâtre qui de ses bords monte jusqu'aux neiges éternelles, les côteaux au nord et à l'ouest ondoyant de mille manières et offrant toutes les sortes de cultures, des habitations de toutes les dimensions et à toutes les hauteurs, au milieu des vergers innombrables et parés de toutes les nuances de verdure. »

Ce sont surtout les masses du Stockhorn et du

Niesen qui attirent les regards par leurs formes imposantes. Le premier s'élève à 6,760 pieds, le second à 7,340 pieds au-dessus du niveau de la mer. La vaste plaine que ces colosses terminent au sud en rehausse singulièrement la grandeur.

THOUN. — PROMENADES.

La porte de la ville de Thoun paraît être aussi le portail de l'Oberland. Mais, dans une contrée aussi ravissante, une ville plus belle que ne l'est celle-ci perdrait encore de son mérite. Celle de Thoun, ni grande, ni jolie, négligée dans sa construction, est pareille à beaucoup d'autres petites villes de la Suisse. Resserrée jadis sur un terrain étroit entre la colline sur laquelle était situé le château et les rives de l'Aar, afin de rendre sa position plus forte, elle n'a pas trouvé d'espace pour s'étendre davantage, et plusieurs maisons considérables ont été bâties, dans les temps plus modernes, non dans la ville, mais hors des murs, dans une situation plus agréable. Une rue principale qui traverse une assez grande place et court ensuite entre deux rangs d'échoppes qui la défigurent, conduit à un pont de bois nommé Sinnebrüche, au delà duquel on arrive devant l'auberge de Frey-Hof, rebâtie à neuf en 1780.

La ville s'étend sur une longueur d'environ un quart de lieue et sur une ligne fort étroite au pied de ce tertre. A l'occident, dans l'île formée par les deux bras de la rivière, est situé le quartier du Belliz, traversé par une seule rue transversale, nommée Rosengarten. Sur chacune des 2 parties de la rivière sont construits 2 ponts, l'un couvert et l'autre découvert. Deux portes sont placées sur ceux de ces ponts qui sont aux extrémités de la ville. Une troisième porte conduit au nord sur la route de Berne; une quatrième, nommée la porte de Laui, mène aux jolies promenades qu'on trouve sur la montagne du Grüsisberg. Cette masse de rochers borne, à une petite distance, la vue du côté de l'est, et présente sur son angle au nord-ouest les traces d'un ravin formé par un énorme éboulement de montagnes, dont les débris se remarquent, quoique maintenant couverts de terre et cultivés. Ce parchet, d'une pente peu inclinée, porte encore le nom de Lauine (avalanche). La tradition raconte que cette chute combla un bras de l'Aar qui coulait jadis derrière la colline du château.

La ville contient 228 maisons habitées, 55 autres bâtimens et environ 1,300 âmes. Dans sa banlieue hors des murs, on compte 55 des premières et 60 des seconds avec 300 habitans. A la fin du dix-huitième siècle, sa bourgeoisie était composée de 68 familles, formant 1,024 têtes. D'anciennes immunités, de belles propriétés communales, des conseils de ville particuliers, sa situation centrale qui en fait le marché du Siebenthal, de Frutigen et de l'Oberland, un grand nombre de voyageurs, le voisinage d'une quantité de maisons de campagne possédées en grande partie par des Bernois, sont les avantages dont elle jouit. Un grand commerce de détail, l'agriculture, quelques manufactures et un peu de commerce en gros, forment les principales branches de son industrie. Les bâtimens les plus remarquables sont l'Hôtel-de-Ville, la maison des orphelins et l'auberge du Frey-Hof. Elle possède une bibliothèque ; ses écoles, ses établissemens en faveur des indigens et ses institutions civiles, sont dignes d'éloges.

Si l'on veut bien jouir de Thoun et de ses superbes alentours, il faut monter vers l'église, et contempler, depuis le château et la colline sur laquelle ses bâtimens sont placés, cette magnifique contrée.

Au-dessous de soi, sur le premier plan, l'on voit la ville avec ses maisons tantôt antiques et enfumées, tantôt neuves et reblanchies, traversée par les ondes de l'Aar, comme le Rhône traverse Genève, avec de vieilles tours et de nombreuses machines à rouages sur ses bords. Mais le regard s'y arrête à peine, pour se porter sur la riante contrée au delà, qui s'étend jusqu'aux murs fermés par les montagnes. A l'occident, se montre la longue paroi des montagnes du Stockhorn, depuis les rochers de Reutigen jusque vers le Gurnigel, où des hauteurs boisées s'appuient contre les flancs des Alpes et se perdent du côté de Burgistein dans le vague d'un immense lointain.

Au sud-ouest de Thoun, le Niesen, isolé depuis sa base, élève ses formes élégantes au-dessus du château de Wimmis, qu'on aperçoit d'une manière pittoresque au travers de la trouée formée par le canal du nouveau lit de la Kander. Ses flancs sont entrecoupés de pâturages et de ravins qui alternent presque régulièrement, pareils à des rubans d'un vert et d'un brun clair.

Lorsque enfin l'œil se détache du superbe Niesen et se porte encore plus au midi, il est ravi par l'énorme crête de la Blümlis-Alp, couverte d'un manteau magnifique de glace.

C'est l'intervalle formé par les vallées de Frutigen et de la Kien dans la chaîne des montagnes, et que l'on dirait découpé à dessein, qui laisse voir la Blümlis-Alp, détachée et imposante. A gauche, les montagnes à pâturages, plus rapprochées, voilent comme d'un sombre rideau la chaîne resplendissante des aiguilles du Grosshorn, du Breithorn et de la Buttlosa, afin que la Frau seule éblouisse les yeux comme une espèce de soleil terrestre. La Schwalmeren se montre en s'élevant sous un aspect plus sauvage, et tout-à-fait sur la droite, au-dessus d'une échancrure du Grüsisberg, on aperçoit la Jungfrau.

Mais l'œil en suivant cette échancrure descend et vient se reposer avec délices sur la plage où sont situés les hameaux de Hofstetten et de Bæchi, sur le premier plan, avec leurs jolies maisons, au milieu de verdoyantes prairies, sous d'épais feuillages agréablement variés, entourés d'une colonnade de peupliers hauts et sveltes. C'est un riche tableau d'Hespérie, placé au pied d'un désert glacial et voisin des nuages.

Un chemin qui conduit depuis le cimetière à la porte dite le Burgthor offre une charmante promenade du matin. Il passe derrière le château entre la colline et le Grüsisberg. A droite s'élèvent sur le penchant de cette dernière montagne des prés et des vergers entrecoupés de vignes avec des pavillons et quelques maisons de campagne. La culture de la vigne s'étend depuis ici à une lieue, jusqu'à Oberhofen, sur une ligne continue, au nord du lac. Ensuite elle s'interrompt à plusieurs endroits et disparaît tout-à-fait à Merligen, ainsi qu'à Spiez sur la rive opposée.

On termine cette course en allant sur le chemin du Schwabis, qu'on prend en tournant à gauche près de la porte de Berne. Une petite porte pour les piétons y conduit aussi depuis l'intérieur de la ville. C'est une promenade que l'on a arrangée sur la rive droite de l'Aar, dont on suit le cours jusqu'à un banc placé sous l'ombrage d'un grand chêne. Plus loin, on trouve sous un tilleul un second reposoir. On a comblé une partie du lit de la rivière avec des pierres et de la terre, afin de pouvoir y planter dans la suite un petit bois. A quelques pas plus loin, on aperçoit le second bras de l'Aar plus fort que le premier, avec lequel il se réunit bientôt. Sur l'autre rive, des maisons de campagne éparses se réfléchissent dans ses ondes, et l'on y trouve aussi des bains publics, établissement qu'on chercherait en vain dans plusieurs villes plus considérables. Le fond du paysage est occupé par le Niesen, les rochers de Reutigen et la chaîne du Stockhorn jusqu'au Gurnigel. L'Aar, maintenant riche de toutes ses eaux, suit son cours rapide que l'on côtoie en marchant au travers d'un pâturage commun qui s'étend au loin, et sur lequel paissaient autrefois de nombreux troupeaux; mais l'économie rurale a su, dans les derniers temps, tirer un meilleur parti de cette vaste et fertile plaine, en la cultivant et en y établissant des champs et des prés clos; on n'en a conservé qu'une partie pour la vaine pâture.

Nous allons passer l'Aar sur le pont qui conduit sur la route de Frutigen. En tournant tout de suite à gauche, nous trouverons un sentier sur une tranchée de pierres, sur lequel nous marchons commodément pendant un quart d'heure jusqu'à Scherzligen. Vis-à-vis, nous voyons Hofstetten avec ses tuileries, ses abordages, ses jardins et ses jolies maisons de campagne. Une nouvelle maison de bains s'y fait aussi remarquer. Au bord du fleuve, une allée de saules nous reçoit sous ses ombrages. Dans l'espace d'une centaine de pas, les clôtures de quelques petits jardins appartenans aux bourgeois de la ville nous ôtent la vue des montagnes. Bientôt deux petites îles à gauche viennent orner cette suite de tableaux : sur l'une est une maison de citadins, sur l'autre une habitation plus champêtre. Un pont de bois plus large conduit à la première; un autre plus étroit, mais éminemment pittoresque, à la seconde. Nous arrivons à la maison où une galerie pratiquée au-dessus de l'eau, à l'un des coins du bâtiment, nous fraie le chemin vers un banc entre deux acacias, digne de servir de siége à un nouvel Horace.

Hoc erat in votis......
Bené est, nil amplius oro.

L'Aar forme dans cet endroit un coude et une baie, qui doublent sa largeur; à droite, une légère rangée d'arbres borde les contours ondulés du rivage et les montagnes du Stockhorn; les rochers de Reutigen paraissent au-dessus du feuillage.

Le Niesen, avec ses formes tranchantes, se présente presque immédiatement au-dessus du petit clocher de Scherzligen, en s'élançant dans les nues. Le centre du tableau s'étend au loin jusqu'aux flancs couverts de neige de la Frau. On entrevoit une bande du lac, scintillant entre les fûts des saules et des peupliers du rivage opposé, qui s'avance brusquement. Une colline tapissée d'un feuillage varié et touffu étale sa douce pente et se joint à d'autres plus hautes encore, qui se rapprochent sur la gauche, mais qui laissent à leur pied un espace hospitalier aux maisons de Hofstetten. Un bateau glisse sur l'eau en remontant la rivière; un autre en la descendant; les bateliers se hèlent, se saluent cordialement. Tous ces détails variés, pleins de vie et de grâces, se réunissent pour former un grand tableau, que les artistes ne cesseront de vouloir copier, mais qu'il leur sera toujours impossible de reproduire sur la toile.

Plus loin serpente un sentier entre une rangée de hauts peupliers, au bout de laquelle est située l'antique chapelle de Scherzligen, aujourd'hui annexe de la paroisse de Thoun. Elle est entourée des chétives cabanes du hameau, dont les vitres arrondies, brisées par la main du temps, sont souvent remplacées par du papier huilé. Quelques planches de choux, un buisson d'œillets, un pommier, sont les seules décorations de leurs petits jardins, où l'on voit aussi une ruche de paille. Sur les portes basses et étroites des maisons sont clouées en trophée des têtes de brochets qui, jointes aux nacelles abritées sous l'avant-toit et amarrées dans la petite baie, indiquent la profession des honnêtes et pauvres habitans. L'église de Scherzligen est pittoresque dans l'état de décadence où elle se trouve. Son chœur élevé, surmonté d'un petit clocher élancé, se voit au loin dans la contrée. Elle a été fondée, dit-on, en 933, par Rodolphe de Strattligen, roi de la Bourgogne transjurante.

Si l'on peut disposer de cinq minutes seulement, il faut entrer dans la cour du château et passer par un petit portail à gauche qui mène au bord de l'Aar. Là, assis sur un banc ombragé, l'on voit la superbe rivière se dégager du lac et fuir en ondoyant : ainsi que l'on s'arrache d'un séjour chéri, elle s'échappe d'un cours rapide hors de son bassin ; mais à quelques pas plus loin, comme arrêtée par un doux souvenir du repos dont elle jouissait, elle ralentit sa course et présente l'image du Tessin chanté par Silius Italicus.

Mais le petit bois qui termine le jardin de Schadau offre un coup d'œil encore bien plus enchanteur. L'on marche, dans une espace de 200 pas, sur un sentier de gravier uni, entre un bosquet de jeunes arbres d'un feuillage varié, coupé par des allées, et une balustrade basse placée sur un quai de pierre, au pied duquel on voit le lac, jusqu'au contour qu'il forme pour se perdre entre de sombres rochers. Les rivages des deux côtés sont ornés, avec une variété infinie, de vignes, de vergers, d'églises, de châteaux, de forêts, de rochers, dont l'aspect charme les yeux et occupe agréablement l'esprit. Mais les enchantemens de cette belle contrée ne sont pas encore épuisés. Nous retournons à Scherzligen et nous nous arrêtons devant la maison du pêcheur. Des filets et des nasses sont suspendus au balcon et exposés aux rayons du soleil. Les têtes desséchées des brochets ouvrent de larges gueules. Un pêcheur à tête grise sort de sa cabane, et, tout en détachant sa nacelle, il vous raconte combien il en a pris et quel était leur poids. On s'embarque sans crainte: le front blanchi du batelier qui fit tant de fois ce trajet éloigne l'idée du danger. Dans un instant il a débarqué à l'autre rive, et nous apercevons un joli sentier entre des saules et des peupliers; nous suivons le rivage, sur lequel sont placés, de loin en loin, des reposoirs jusqu'au chemin de Hofstetten, que nous quittons aussitôt pour pénétrer dans le petit bois de Bœchi, pleins d'une douce attente. L'arrangement de ce bocage est dû, pour tout ce qui n'est pas l'ouvrage de la nature, au goût exquis, à ce sentiment du beau et du simple qui distinguent M. l'avoyer Nicolas-Frédéric de Mülinen. La maison de campagne de ce chef de la république de Berne est située dans le hameau voisin de Hofstetten.

A un quart de lieue de Thoun, l'arc d'un petit portail, léger dans sa forme gothique, invite à entrer sous la feuillée de ce bois délicieux. Les armoiries de la maison de Strattligen sont sculptées au-dessus, où les deux jambages se courbent en tiers-point. Un sentier conduit sous l'ombrage frais de plusieurs espèces d'arbres et d'arbrisseaux. Il aboutit à un ban couvert d'un toit de chaume entouré d'une balustrade, d'où l'on voit en s'appuyant, au travers d'une trouée entre les branches, Scherzlingen et Schadau sur un fond de tableau formé par les montagnes du Stocken. D'un autre banc à gauche, on aperçoit avec surprise, par une autre trouée dans les branchages, une scène magique, le château et l'église de Thoun comme suspendus dans les airs. Placés sur leur colline, ils paraissent se rapprocher du ciel et ne plus appartenir à la terre. Dans le lointain s'élève, au milieu d'une sombre forêt, le clocher d'Amsoldingen, et, dans une autre direction, celui de Thierachern. Plus à l'occident, se montre le château de Burgisten, et à l'orient les restes de celui de Strattligen. Les siècles des cloîtres, de la chevalerie et des républiques naissantes, se déroulent devant l'imagination à l'aspect de ces points de vue, que tant de souvenirs viennent encore embellir.

En quittant cette place riante, nous poursuivons notre route; après avoir fait quelques pas, on voit s'ouvrir derrière le rideau de quelques buissons une scène nouvelle et plus belle encore. Les bâtimens de ferme du domaine de Bæchi, jadis propriété du domaine de Thorberg, sont situés au bord d'un coteau de vignes à vos pieds. L'église d'Hilterfingen se voit un peu plus loin dans la même direction. Le lac étale au loin ses ondes qu'aucun obstacle ne soustrait aux regards. Le Morgenberg, le Niesen et tous les autres objets qui sont entre ces deux montagnes, le dominent majestueusement. On revoit encore Strattligen, et l'on apprend avec un sentiment mélancolique que jadis ces bocages, ces vignes, ces prairies, appartinrent aussi à la noble race des seigneurs de ce château, maintenant éteinte. On lit sur une pierre : « C'est ici, à l'ombre de ces bois, que chanta jadis le noble chevalier et troubadour Henri Strattligen ses chants de plaisir et d'amour. »

En effet, nul endroit de notre belle Suisse n'est plus propre que celui-ci à inspirer un poëte. A quelques pas de ce ban, sous une voûte de chênes et de hêtres, est placé le monument sépulcral du troubadour sur la terre revêtue d'une mousse toujours fraîche. On ne possède plus que trois de ses romances en langue allemande; elles respirent les plus doux sentimens. Il vivait vers l'an 1258. On le voit représenté sur son tombeau avec son armure complète; à ses côtés son écusson, ses mains croisées sur sa poitrine; ses pieds reposent sur un lion de pierre, et tout rappelle ici le genre touchant, simple et pieux des siècles de la chevalerie et des monumens de ces temps-là.

LAC DE THOUN.

Klopstock a chanté le lac de Zurich, Matthisson celui de Genève, et madame de Berlepsch celui de Bienne avec l'île de Saint-Pierre. Qui célébrera ceux de Constance, des Quatre-Cantons et de Thoun? Ils méritent aussi de l'être!

« Les contrées de la Suisse, dit M. de Bonstetten, sont inépuisables en beauté et en variété, surtout celles qui possèdent des lacs; mais celui de Thoun réunit tous les charmes de la Suisse septentrionale. Ses rivages offrent des tableaux gracieux et sublimes. Plusieurs vallées y aboutissent et laissent pénétrer les regards jusqu'au centre des Alpes. Ce superbe amphithéâtre de glaciers est coloré soir et matin d'une teinte purpurine ou argentée. La partie supérieure, jusqu'à Merlingen, est encore dans le style d'un lac des Alpes. A droite s'élève une paroi de rochers grisâtre et crevassée, tantôt nus, tantôt revêtus de forêts de sapin; à gauche, une chaîne de monts escarpés, sur lesquels, au printemps, on entend gronder à chaque instant le tonnerre des avalanches qui descend jusque dans le lac.

« Entre ces montagnes s'ouvre la grande vallée d'Interlaken, éclairée, pour ainsi dire, par celle de Brienz, qui est située plus en arrière. Là, entre les rochers et les glaces, la nature fleurit encore dans toute sa richesse. En descendant le lac, le sublime tableau des Alpes prend à chaque pas un caractère de beautés plus douces. Des deux côtés la vigne annonce un climat plus heureux; les rives avancent en contours plus arrondis et plus pittoresques, ou se retirent en golfes gracieux entre de riches collines, comme à Spiez. Tout le rivage, toutes les hauteurs, sont couvertes de feuillages et de fleurs, ou ornées de villages, de jolies habitations, de jardins; quelquefois elles sont ombragées par de petits bois qui s'élèvent sur des hautes terrasses, entre les vignes, jusque près de Schadau, où le lac azuré commence à prendre un léger courant, et ceint de ses bras amoureux ses rives, semblables à de charmantes îles. Au milieu de ce magnifique tableau règne majestueusement la superbe pyramide du Niesen, placée à l'entrée de trois hautes vallées des Alpes qui vont aboutir aux glaciers éblouissans dans la région des nuages. »

La longueur du lac de Thoun est généralement estimée à 5 lieues, et sa plus grande largeur, à la hauteur de Merlingen, à une lieue. Dans les deux tiers de son étendue inférieure, sa direction court au nord-ouest; mais, au promontoire de la Nase, elle se détourne subitement à l'est. Sa plus grande profondeur, entre ce même promontoire et les bains de Leissigen, est évaluée à 120 toises. Il ne passe point pour être dangereux lorsque les bateliers ne sont pas ivres. Quoiqu'en plusieurs endroits ses rivages, garnis des deux côtés de rochers presque à pic, soient trop escarpés pour pouvoir y aborder, ils offrent cependant aussi quelques attérages. Malgré la quantité de torrens qui y versent leurs eaux troubles, la couleur de ses ondes est d'un beau bleu foncé.

On s'embarque ordinairement à Hofstetten, plus rarement à Scherzligen, quelquefois près de l'auberge du Frey-Hof à Thoun. En remontant l'Aar, on jouit de quelques jolis points de vue; mais rien n'égale le moment où, dépassant la Schadau, on découvre tout à coup le superbe bassin du lac de Thoun. Il se montre presque aussitôt dans sa plus grande largeur, jusqu'à la belle campagne de Bellerive, dont on aperçoit bientôt les peupliers élancés, et une petite île tout près du rivage qui en dépend. L'œil ne peut s'habituer tout de suite à ces énormes montagnes qui s'élèvent dans les airs au-dessus du lac. Ces formes merveilleuses éclairées par la lumière du matin sont entourées de nuages gris de perle, qu'on dirait posés par la main d'un habile artiste pour réunir et fondre toutes leurs parties.

Les regards s'attachent d'abord à la pyramide du Niesen, puis plus particulièrement aux grandes masses dominantes au centre du tableau, depuis la Blümlis-Alp jusqu'au pied de l'Abendberg, qui ceint la baie par laquelle le lac se termine à son extrémité supérieure.

L'Engel, le Dreyspitz, les Hundshonner, la First, la Schwalmeren, les Schnabelhorner, et enfin la Suleck, paraîtraient ne former qu'un seul et immense monceau, sans la bordure que dessinent sur leurs contours de légers flocons de vapeurs réunis en longs rubans, qui s'élèvent des gorges et des vallées intermédiaires et trahissent leur existence. Il serait difficile de décider si cet aspect incomparable est plus beau à la lueur argentée du matin ou sous la teinte dorée du soir. La lumière, lorsqu'on remonte le lac avant midi, jaillit à gauche des parois de rochers de la vallée de Justi, semblable à un torrent impétueux qui se précipite entre ses rivages escarpés. Le soir, elle se projette souvent avec autant de splendeur du fond de la vallée de Frutigen ou du Simmenthal ; le pilastre majestueux du Niesen la coupe et paraît plonger sa tête teinte de bleu foncé dans un océan de feu.

Rassasié de la contemplation de tant de beautés sublimes répandues dans le lointain et sur les hauteurs, l'œil vient se reposer sur les objets plus rapprochés et moins élevés. D'un côté l'église d'Hilterfingen et des plages plantureuses encadrent le miroir du lac, tandis que de l'autre des vastes forêts, l'antique tour de Strættligen et le canal de la Kander, attirent l'attention. On s'aperçoit d'abord que cette coupure dans le rideau des collines qui bordent le lac est l'ouvrage des hommes. La Kander, sortie de la vallée de Gaster, après avoir traversé celle à laquelle elle donne son nom et passé près de Frutigen, reçoit au pied du Niesen les eaux de la Simmen. Autrefois elles coulaient ainsi réunies derrière les collines de Strættligen (où descend à présent le ruisseau du Glütschbach), se débordaient, couvraient leurs rives de gravier ou les rongeaient, et allaient tomber dans l'Aar vis-à-vis du Heimberg.

Souvent elles arrêtaient le cours de cette rivière, et, en la faisant enfler, elles occasionaient des inondations en dessus, jusque vers Thoun. Pour mettre les contrées riveraines et les habitans à l'abri de ces inconvéniens, et pour ôter à l'Aar ce confluent dangereux, le gouvernement de Berne résolut de faire percer l'arête des collines non loin de Strættligen, d'après les plans de l'architecte Samuel Jenner, et de conduire les eaux du torrent dans le lac de Thoun, pour y calmer leur fureur. On possède le mémoire d'un auteur contemporain sur le commencement de ce bel ouvrage. Scheuchzer, dans son *Histoire naturelle de la Suisse*, rapporte ce qu'il a observé sur les lieux. Depuis la nouvelle entrée de la Kander dans le canal jusqu'à son ancien confluent avec l'Aar, la distance est de 12,000 pas (de 3 1/2 pieds chacun). Le diamètre du nouveau canal, à son commencement, était de 272 pieds; la hauteur du terrain qu'on devait emporter, de 152 pieds; la longueur du canal, de 3,000 pieds. Le sol dans lequel on travaillait était composé d'une poussière épaisse dans laquelle on trouvait quelquefois des cavités de quelques pieds de diamètre, entourées de tous côtés d'une croute dure, qui contenaient des pierres détachées.

On avait eu dans le principe l'intention de percer toute le colline. Chaque jour deux ou trois cents hommes se rendaient à l'ouvrage aux sons des fifres, des tambours, des trompettes et des hautbois, et revenaient de même; mais comme on n'avançait que très-lentement, on prit le parti d'ouvrir seulement deux boyaux de la hauteur d'un homme et de trois pieds de largeur, pour y introduire les eaux du torrent, qui pourraient ensuite se creuser un lit plus large. Ce ne fut qu'après trois ans de travaux très-dispendieux qu'on fit cette ouverture en 1714. On dit qu'un criminel condamné à mort se dévoua à percer la digue, sous la promesse d'obtenir sa grâce s'il ne perdait pas la vie dans cette entreprise.

Les flots se précipitèrent avec une impétuosité épouvantable dans les conduits qu'on leur livrait, et très-peu de temps après, il ne coulait plus une goutte d'eau dans leur ancien lit. Au mois de juillet suivant, on voyait déjà sur la surface du sol, au-dessus du canal, des crevasses et des avalanches d'une telle grandeur, que l'on venait de tous côtés pour admirer ces effets merveilleux. Deux MM. de Watteville, de Berne, s'étant avanturés trop près des bords pour voir le torrent mugissant par une fente étroite et obscure, eurent le malheur d'être entraînés par le terrain mobile qui glissait sans cesse sur la pente, tombèrent dans le gouffre et ne purent en être retirés.

Le lac fut agité par la violence et l'abondance des eaux qui s'y jetèrent tout à coup, et occasiona des dommages à Thoun, qui se renouvelèrent encore quelquefois dans des temps de pluies fortes et continues. Pour s'en préserver, on construisit en 1752 une digue en dessus de la ville, à l'endroit où les deux bras de l'Aar se séparent. Au moyen de quelques écluses, on peut donner plus ou moins d'eau à l'un ou à l'autre de ces bras, et faciliter ainsi la marche des bateaux qui descendent à Berne, principalement en hiver.

Un autre avantage résulte de l'ouverture du canal de la Kander, savoir le flottage des bois du Simmenthal et de la vallée de Frutigen. Les forêts des Alpes fournissent des bois à brûler à la ville de Berne. Avant la révolution, on en a tiré dans l'espace de trente ans plus de 200,000 toises, sans qu'on ait semé des arbres pour les remplacer. On espérait en vain de les voir se reproduire naturellement. Les nouvelles administrations de l'État ont jugé nécessaire d'établir des maîtres de forêts dans l'Oberland. Il faut une science et un art particuliers pour observer les qualités du sol des montagnes propres à favoriser plus ou moins la croissance des différentes espèces de plantes et d'arbres, et l'on ne peut presque pas fixer de règle à cet égard. Les naturalistes indigènes et les forestiers s'opposaient avec chaleur à ce qu'on dépouillât inconsidérément les coteaux de leurs forêts. Quand le sol en est tout-à-fait dégarni, le terrain est bientôt emporté par les eaux et glisse sur les pentes rapides. A Thoun, on voit toujours de grandes piles de bois flotté, dont une partie est amenée par l'Aar et l'autre par la Kander, à l'embouchure de laquelle on a planté dans le lac des soliveaux en demi-cercle, pour retenir les bûches que des bateliers viennent chercher sur leurs bateaux. Une grande étendue de terrain formé par les alluvions du torrent indique au loin l'endroit où il se verse dans le lac et porte le nom de Kandergrien (sable de la Kander). Composé de débris de montagnes, ce sol produit une quantité de plantes alpestres. Il augmente tellement, que le grand Haller craignait qu'il ne comblât une partie du lac et n'exhaussât tellement son niveau, qu'il envahirait un jour le bel isthme d'Interlacken. Jusqu'à présent ses craintes ne sont pas réalisées.

STRÆTTLIGEN ET EINIGEN.

En contemplant l'embouchure de la Kander, en voyant un pont couvert d'une seule arche, sans pilier, comme suspendu dans les airs à une grande hauteur sur le précipice, l'imagination se transporte dans les siècles passés et les interroge sur ce qui existait jadis dans ces lieux. A quelque distance au-dessus du nouveau canal se voit une antique tour qui rappelle les temps de la chevalerie. On croit apercevoir, comme le poëte Gœthe, les nobles ombres des chevaliers, placés au haut de ces masures, saluer les nacelles qui glissent à leurs pieds sur le miroir des ondes. C'est Strættligen. Suivant la tradition, la fertilité de la contrée environnante lui avait fait donner le nom de zur goldenen Lust (séjour d'or et de plaisir). La petite église au bord du lac qu'on aperçoit à peine, consacrée à saint Michel l'archange, se nommait le Paradis. Plus haut, sur les rives du lac, le château de Spiez portait le nom de goldne Hof (cour dorée). Il n'est donc pas étonnant que cet heureux coin de terre ait eu sa chronique particulière ; elle existe encore sous le nom de Chronique d'Einigen ou z'Einigen, d'après le nom actuel de la petite église.

Continuons notre navigation. Sur la droite du lac, on aperçoit l'issue étroite du Siebenthal, entre le Niesen et la Simmenfluh, dont le château de Wimmis, placé entre ces deux montagnes, paraît garder l'entrée. Le rocher sur lequel il est construit rappelle la figure d'un lion dormant, surmonté d'une crête élevée et dont de sombres forêts de sapins forment la crinière. Jadis, des fossés et des murs défendaient les approches des vallées supérieures des deux côtés de cette colline.

Au sud-ouest, à l'extrémité méridionale de la vallée de Frutigen, le Balmhorn, l'Altels et le Rinderhorn, étalent à chaque pas de nouvelles beautés. Au-dessus des collines qui bordent le lac à l'ouest, domine le clocher d'Aeschi.

Le mélange continuel de maisons, de vignes, de vergers, de bosquets qui parent les rivages et qui alternent de la manière la plus gracieuse, mérite d'être vu de près. On double rapidement une langue de terre après l'autre. Après avoir dépassé le hameau d'Echenbühl, on arrive près d'Hilterfingen, beau village paroissial, dont l'église, fondée par le roi Rodolphe de Strættligen, date, dit-on, de l'an 933. Au centre d'une large baie doucement arrondie, se présente le très-antique château d'Oberhofen, dont la chronique attribue fabuleusement la construction au peuple de Nuithones en 428.

Oertli et Herzigenacker, aux pieds de la Blum, offrent des sites champêtres et romantiques, mais dangereux. On aperçoit déjà derrière Oberhofen, où la pente du coteau est moins rapide, les traces d'un éboulement qui eut lieu, il y a à peine six ou sept ans. Il paraît qu'une nouvelle avalanche se prépare droit au-dessus de ce village et menace d'entraîner un jour dans le lac tous ces beaux rivages.

Gunten ou Gonten est bâti, ainsi que plusieurs autres hameaux des bords du lac, sur le gravier charrié par un ruisseau qui prend sa source au-dessus de Sigriswyl.

Sigriswyl lui-même est une communauté considérable sur la montagne, dont les habitans, dispersés dans plusieurs petits hameaux, sont occupés une partie de l'année sur les coteaux à la culture de la vigne, et l'autre sur les monts avec leurs bestiaux. Elle a des pâquis communs, dont l'étendue est estimée à 80,000 arpens, et en outre, des pâturages de montagne qui nourrissent 4 à 500 bestiaux.

Entre Gonten et Ralligen on voit des cascades formées par le Pfannenbach et le Stammbach, Stampbach ou Standbach. Un peu plus loin, on découvre un grand bâtiment en forme de tour, qui porte le nom de château de Ralligen. Il est entouré d'un grand domaine de vignes qui en dépend et qui appartenait à la famille considérée et maintenant éteinte des Freyburger de Berne.

En approchant de Ralligen, on aperçoit enfin à droite, sur le rivage opposé et sur une langue de terre au fond d'une baie, masquée par un promontoire de rochers élevés, le château et le bourg de Spiez.

Le site de Spiez a fourni le sujet d'une charmante gravure enluminée, avec la vue de Merligen de l'autre côté du lac. Ce dessin, du meilleur goût, aussi simple que fidèle, est de Rieter et a été levé au sud-ouest de l'endroit. Les superbes masses de la Wandfluh jusqu'au promontoire de de la Nase remplissent le centre du tableau. L'Abendberg et la Breitlauenen terminent le paysage à l'extrémité supérieure du lac, et quelques cimes couvertes de glaces éternelles apparaissent comme des figures d'un autre monde, au milieu des rochers et des monts grisâtres que le soleil couchant dore de ses rayons.

C'est à Ralligen qu'on a fait la moitié du trajet sur le lac. Nous allons y débarquer pour faire à pied une partie intéressante de la route.

LA CAVERNE DE SAINT-BÉAT.

Si l'on ne craint pas de gravir un sentier étroit et montueux, on aura du plaisir à faire un pèlerinage à la grotte de Saint-Béat, qui servit d'ermitage à ce saint homme, jadis si fréquemment visitée par les âmes pieuses du moyen âge. On ne perd pas beaucoup en quittant le lac, seulement un point de vue sur le village de Sigriswyl, dont les maisons paraissent bâties en gradins sur le penchant de la montagne.

Le sentier qui conduit à la grotte de Saint-Béat est le même que suivent les piétons pour remonter le long du lac sur la rive septentrionale. Il est coupé par de nombreux ravins et des enfoncemens qui prolongent infiniment la route.

Quelques petits torrens qui descendent des montagnes supérieures forment dans leurs cours de jolies cascades. Mais celui de Saint-Béat s'annonce déjà de loin par le bruit de sa chute.

Deux cavernes très-rapprochées se présentent à la curiosité des voyageurs. De larges sillons sur le sol prouvent que les flots du lac s'élevèrent une fois jusqu'à cette hauteur, et ce sont eux qui, peut-être, creusèrent ces grottes. Les voûtes naturelles qui leur servent de portique sont percées dans un rocher de pierre calcaire très-haut et très-escarpé, l'une tournée un peu plus vers l'extrémité inférieure du lac, l'autre du côté du midi. Une tige de lierre de 10 pouces d'épaisseur tapissait encore en 1786 la façade de la plus basse de ces voûtes, de laquelle sort pure et abondante la source du Beatenbach (ruisseau de Saint-Béat), qui se précipite en grondant entre les rochers. Un air frais règne dans son enceinte et se répand au dehors. Maintenant sombre demeure des chauve-souris, elle fut, il y a 12 siècles (et même 17, s'il faut en croire la tradition), celle d'un dragon que saint Béat en chassa pour en prendre possession et l'habiter lui-même.

La grotte du ruisseau est digne d'exciter l'attention; l'obscurité qui y règne invite à pénétrer dans ses abîmes profonds.

Depuis l'ouverture, dit le peintre Stæhli, jusqu'à trente ou quarante pas en avant, la largeur est à peu près la même; puis la caverne se rétrécit, et l'on voit le ruisseau tomber en cascade de 6 pieds de haut. En tournant un peu à droite, on entre dans un espace voûté, pareil à un cabinet et rempli d'eau. Pour la traverser, les voyageurs qui accompagnaient cet artiste firent un pont avec leurs planches; mais il n'était pas assez solide pour pouvoir les soutenir, de sorte qu'ils tombèrent et furent obligés de passer à gué cette espèce de réservoir, pour entrer dans une galerie si basse et si étroite, qu'ils ne purent avancer qu'en rampant. Après avoir fait dix pas, ils se trouvèrent dans une salle de la grandeur de 4 à 5 chambres ordinaires, où est encore un bassin rempli d'eau. Tout le sol, ainsi que la voûte, est recouvert d'une couche de tuf ou d'un ciment calcaire dans lequel on voit des trous ronds singulièrement réguliers, dont les ouvertures sont de la dimension d'une tête ou d'un poing d'homme. Leurs contours sont fort tranchans et fort nets, et ils exposent à chaque instant à de faux pas dangereux, si le pied y enfonce. Au bout de cette caverne est encore une petite cascade, et à 10 pas plus loin une autre où le ruisseau se précipite de la hauteur de 10 pieds entre des rochers. Ce ne fut qu'avec beaucoup de peine que les voyageurs purent monter à côté de cette chute sur la pierre glissante, en se servant d'une petite échelle qu'ils avaient apportée. Après avoir encore rencontré une troisième cascade, ils virent le torrent jaillir avec impétuosité d'une fente dans le roc, dont il remplissait toute la capacité. Une ouverture à gauche leur permit de pénétrer encore plus avant en marchant à sec. Jusque alors la boussole dont ils étaient munis leur avait indiqué qu'ils avaient toujours suivi la même direction au nord, avec une légère déclinaison à l'occident ; mais elle tourna alors tout-à-fait à l'orient.

La galerie qu'ils suivaient avait 10 pieds de large ; mais elle était si basse, qu'il fallait encore ramper à moitié. Après avoir fait 90 à 100 pas, elle les conduisit, en faisant un angle presque droit, de rechef au bord du ruisseau, qui se perd tout-à-fait sous le roc, à 10 pas environ au nord. Peu à peu la tranchée s'élargit, et après avoir fait encore une cinquantaine de pas, on trouve un bassin assez grand. Ici la voûte s'abaisse tellement, qu'elle touche presque la surface de l'eau et qu'elle empêche absolument de pénétrer plus en avant.

La longueur de la route que nos curieux avaient

faite est d'environ 665 pieds, et la pierre dans laquelle court cette caverne est une belle roche calcaire à veines blanches. Il est très-dangereux de s'y introduire en été, et la preuve en est qu'à peine en étaient-ils ressortis, après y avoir passé 3 heures et demie, le ruisseau enfla tellement, qu'il remplissait presque en entier la première ouverture de la grotte.

SUITE DE LA PROMENADE SUR LE LAC DE THOUN.

UNTERSEEN. — INTERLACKEN. — LE BOEDELEIN.

Nous rejoignons notre bateau sur la plage au-dessous de Leerau, et nous avons encore une lieue de traversée jusqu'à Neuhaus.

Le chemin par terre, en passant par Sund ou Sung-Lauenen, est assez long, en raison du golfe que forme le lac; il pourrait même être dangereux à ceux qui n'en ont pas l'habitude, parce que dans une partie il est tout-à-fait taillé dans le roc et fort rapide, dans une autre il traverse un lit de cailloux roulans qui est souvent recouvert par de nouveaux éboulemens et très-pénible. Mais en revanche, il offre des tableaux charmans, particulièrement celui des chaumières, des granges et des noyers de Sung-Lauenen sur le rivage, où de légères nacelles amarrées se balancent doucement sur l'onde. On peut y recueillir de charmantes études de paysages. A gauche, sur la hauteur, se voit l'église de Beatenberg, où l'on ne peut atteindre qu'en montant pendant une lieue par un sentier escarpé.

A l'extrémité du lac, la contrée qui s'offre au regard n'est point d'un aspect agréable. On a devant soi Neuhaus, maison isolée, située sur un sol marécageux, où ne végètent que quelques buissons d'aunes très-bas, et qui se prolonge sans aucun charme entre les coteaux des montagnes rapprochées, couvertes de sombres forêts de sapins ou hérissées de rochers. Nul arbre n'ombrage cette plaine sans attraits, dont l'abordage ne sourit point à l'impatience du voyageur. A l'angle au pied de l'Abendberg, où l'Aar semble se glisser furtivement dans le lac, on voit une tour et d'autres masures en ruines. Ce sont les restes du donjon de Weissenau, jadis propriété des puissans seigneurs de Weissenburg, ainsi que celui d'Unspunnen, à quelque distance de là. Au milieu du vallon s'élève en couches bizarres le mont du Harder qui termine la longue arête des montagnes de Brienz. A gauche s'ouvre la solitaire vallée d'Habkeren, dont l'église paroissiale est bâtie sur la paroi des rochers qui l'encaissent au nord-est. A droite s'étend la délicieuse vallée d'Interlacken, que l'on n'aperçoit point encore.

De Neuhaus nous allons suivre la route jusqu'à Interlacken. Le chemin toujours en plaine, praticable aux voitures et bordé en partie d'une allée de peupliers, se dirige en ligne droite sur la petite ville d'Unterseen, située au pied de l'âpre et rocailleuse montagne du Harder. A gauche s'élèvent des coteaux escarpés et couverts de bois, sur lesquels se trouvent les hameaux d'Oberhohlen et d'Unterhohlen, et d'où la Waldeck forme un beau point de vue. A droite, on voit l'Abendberg se terminer dans la plaine par la colline du grand Rugen. Toute cette partie du Bœdelein, depuis l'extrémité supérieure du lac de Thun jusqu'au lac de Brienz, est presque parfaitement unie et dans l'espace d'une lieue on n'y voit pas un tertre qui ne fasse partie des chaînes environnantes. On laisse derrière soi à l'occident le lac de Thun, au midi débouche la vallée de Lütschinen et le lac de Brienz s'étend à l'orient.

Probablement Interlacken (*inter lacus*) fut le nom primitif de tout le vallon, qui fut donné ensuite plus particulièrement à un village au pied du Harder, près duquel Walther d'Eschenbach bâtit en 1241 la petite ville d'Interlacken, aujourd'hui Unterseen, tandis que Seilger ou Seliger d'Oberhofen avait fondé en 1130 le monastère d'Interlacken.

A droite, en entrant dans la ville d'Unterseen, on trouve l'habitation des anciens avoyers ou baillis que Berne y a constitués depuis l'an 1400 jusqu'en 1798. Ce bailliage était petit et ne contenait que quatre paroisses. Il s'étendait à droite sur le bord du lac de Thoun jusque vers le promontoire de la Nase, où, suivant un ancien document, l'arbrisseau d'Autriche en marquait les confins. Cet arbrisseau ne flétrit jamais, mais il ne devient pas plus grand. Les bateliers ne manquent pas de le montrer aux passagers, et l'on est surpris de voir un petit saule qui, pendant des siècles, a reverdi chaque année, depuis le temps où la seigneurie d'Unterseen appartenait à l'Autriche (de l'an 1298 à 1393).

Depuis quinze à seize ans, on a formé dans ce bourg et dans le village voisin d'Aarmühle (nommé Rameli dans le jargon du pays), par les soins de M. le docteur Ebersold, un établissement pour des cures de petit-lait, qui a fort bien réussi et se soutient encore. On apporte des montagnes environnantes le petit-lait de vache et de chèvre pour les malades, qui trouvent à se loger presque aussi commodément et agréablement que dans de grandes villes.

La beauté du pays, la douceur du climat, sous lequel les noyers atteignent 2 ou 300 ans, la proximité de deux lacs, où l'on peut prendre des bains, une réunion nombreuse des différentes classes de la société, l'abord facile, la bonté et le prix modique des denrées, tout se réunissait pour faire prospérer ici un établissement de santé. Il n'est donc pas étonnant que l'on y accourût en foule, et que même des familles entières vinssent passer une partie de l'été dans ce vallon d'Arcadie. On a vu ces hôtes se loger même dans les chaumières des paysans à Interlacken, Matten, jusqu'à Gsteig et Bœnigen. A chaque heure du jour on y rencontre des promeneurs à pied ou en char-à-banc, qui parcourent en tous sens cette heureuse plaine.

On sort de la petite ville d'Unterseen par une sombre porte cochère en bois, et on arrive dans les faubourgs, plus considérables que le bourg même. Le premier, nommé Spielmats, est situé en entier sur une île de l'Aar, et Aarmühle, le second, est en partie sur une autre île. On voit encore deux autres îlots à droite, qui sont cultivés et dont l'un contient les jardins du château. A gauche, au pied du Harder hérissé de bois et de rochers, se présentent les maisons de la Goldey, le cours paisible de l'Aar jusqu'à la rotonde du Hohbühl, et plus près, des batardeaux sur lesquels la rivière se précipite en écumant, et qui, s'ils ont l'utilité de faire tourner quelques rouages, interrompent d'un autre côté la navigation entre les deux lacs. En avançant, on voit la colline du petit Rugen couverte d'un sombre feuillage, au-dessus de laquelle se montre la Jungfrau.

Une rue garnie de nombreuses boutiques de marchandises à l'usage des campagnards conduit, en passant deux ponts qui traversent deux différens bras de l'Aar, sur la rive gauche. Dans une de ces échoppes se trouve un dépôt de cornes de chamois, adaptées en guise de pommeau à de jolies petites cannes de houx. Enfin, l'on arrive sur la belle chaussée du Hœheweg, tirée au cordeau et bordée de plusieurs habitations tapissées de treilles. Cette route est reconnue pour la plus belle de la contrée. L'art et la nature se sont plu à la rendre agréable. Comme elle sert de passage aux étrangers et aux habitans du pays pour se rendre des rives du lac de Brienz et d'Interlacken à Unterseen et au port de Neuhaus, elle est sans cesse fréquentée, animée, et offre un spectacle aussi agréable qu'il est varié. Elle est soutenue par un petit mur couvert de pierres plates, et bordée d'un large talus de gazon. Au delà de ce mur grisâtre s'étend une belle prairie du plus beau vert émaillé de fleurs, au milieu de laquelle on aperçoit par-ci par-là quelques champs de blé, ce qui est fort rare dans l'Oberland. Dans le lointain, entre des hameaux et des vergers, on voit l'entrée de la gorge de Zweylütschinen, qui conduit à la magnifique Jungfrau; de l'autre côté, au-delà des ondes azurées de l'Aar, s'élève la sombre paroi du Harder. Des pommiers chargés de fruits, de hauts noisetiers formant de vastes berceaux de feuillage, ombragent alternativement la route.

On est toujours tenté d'employer le langage de la poésie, lorsqu'on veut parler du valon d'Interlacken. Essayons cependant de le faire en simple prose. Sur une étendue d'une lieue en long et autant en large, le Bœdelein présente une surface presque entièrement unie et un sol fertile, couvert de vergers, de prairies, de jardins potagers, de pâturages et de quelques bois. Les lieux habités qui s'y trouvent sont Unterseen, Spielmatt, Aarmühle, Interlacken et Matten, au nord; Gsteig, Wilderswyl et Mühlinen, au midi; Goldswyl d'un côté, et Bœnigen de l'autre, sont plus rapprochés des montagnes, mais font encore partie de ce beau vallon.

Le climat y est plus doux, plus chaud et presque de quinze jours plus précoce qu'aux environs de Berne. On y est abrité par de hautes chaînes de montagnes contre les vents du nord et du nordest, dont on ne ressent que quelquefois des contrecoups.

Presque partout il y a des sources d'eau pure propres à la boisson. De tous côtés, la terre est revêtue en été d'un riche tapis de verdure toujours fraîche, sur lequel s'élèvent seulement quelques rochers grisâtres d'une forme pittoresque. De noires forêts de sapins s'étendent sur le penchant des montagnes; on en voit aussi jeter leur teinte sombre sur les rives de la Lütschinen et la colline du petit Rugen. La population est en raison de la fertilité du sol. Les arbres fruitiers y sont d'un grand rapport, et les villages de Matten, Wilderswyl, Gsteig et Bœnigen sont cachés sous leurs ombrages. Depuis quelques années, la récolte des noix y a été moins abondante.

Cependant, encore dans les derniers temps, la contrée a considérablement gagné par des défrichemens de broussailles et le desséchement de plusieurs portions de marais. L'on cultive de préférence et avec beaucoup de succès les pommes de terre, quelques légumes, le chanvre et le lin. L'herbe se convertit généralement en foin, et ce n'est qu'en automne qu'on laisse pâturer la dernière par le bétail. Pendant la bonne saison, il reste si peu de vaches dans la vallée, qu'on est obligé de se pourvoir de beurre au marché de Thoun. On les envoie sur des hauts pâturages éloignés, et leur lait est employé exclusivement à la fabrication des fromages et des cerés. On pourrait difficilement, malgré la douceur du climat, y introduire la culture des céréales.

Les habitans tiennent trop essentiellement à récolter des fourrages suffisans pour nourrir leurs nombreux troupeaux pendant l'hiver. Ils préfèrent la vie pastorale, et lorsque la terre se revêt de fleurs, que le printemps ranime les sources, la joyeuse jeunesse se rend sur les Alpes d'Aellgæu,

Lombach, Paul, Saus, Sevinen, où les communes et divers particuliers possèdent le droit de paccage. Les vieillards et les enfans, les cabaretiers, les artisans, les magistrats et les femmes presque sans exception, restent dans la vallée. On n'y garde que quelques chèvres, quelques vaches absolument nécessaires pour avoir un peu de lait dans les villages : tout le reste du bétail est conduit sur les montagnes, où il prospère et paraît lui-même sentir le bien-être dont il y jouit. Ordinairement plusieurs propriétaires réunissent leurs vaches pour les faire pâturer ensemble. Pendant la saison de l'alpage, ils vont plusieurs fois en corps au pâturage, pour mesurer le lait que donne chaque vache. En automne, ils répartissent les bénéfices, d'après une règle de proportion, et il est bien rare qu'un tel partage donne lieu à quelque contestation.

La race des habitans du Bœdelein a plus de rapport avec celle des vallées de Habkeren, Beatenberg, Leissigen, Grindelwald et Lauterbrunnen, qu'avec celle du Hasli. Le costume diffère peu de celui de la contrée inférieure du côté de Thoun. Cependant les femmes n'y portent pas cette espèce de collets ou de guimpes nommées *gœller*, autour du cou : un mouchoir, ordinairement jaune ou rouge, jeté négligemment sur les épaules, les remplace et leur sied beaucoup mieux. Leurs bonnets de velours n'ont plus cette large et roide auréole de dentelles, et même souvent elles sont à tête nue et coiffées de leur simple et blonde chevelure, sans aucun ornement. Leur teint est blanc et délicat, et l'expression de leurs jolies physionomies est infiniment plus fine que celle des femmes des environs de Berne. On s'aperçoit qu'elles ne se vouent pas à des travaux aussi rudes en plein air, et que leur esprit naturel est plus exercé à la conversation. On rencontre rarement ici de ces visages sanguins, rouges, ronds, pleins et phlegmatiquement immobiles. Les traits sont plus longs, plus fins, les lèvres plus minces, les sourcils moins prononcés, l'œil peut-être plus petit, mais le regard plus vif et plus malin. Ces particularités se remarquent cependant davantage à Brienz qu'à Interlacken; mais dans tout l'Oberland il règne une plus grande loquacité que dans les autres parties du canton, ce qui provient apparemment d'un système nerveux plus délicat et de l'air plus subtil qu'on y respire.

Il n'existe ni beaucoup d'industrie ni beaucoup de richesses dans le Bœdelein. L'éducation des bestiaux est le produit principal. Il y a beaucoup d'artisans, mais peu qui aient fait des apprentissages réguliers. On n'y trouve point de chasseurs de chamois. La récolte et le commerce des plantes officinales y est d'une assez grande importance. Le village de Golzwyl s'est acquis quelque réputation à cet égard; mais on trouve, depuis Ringgenberg jusqu'à Oberried, Brienz et Meyringen, et de l'autre côté du lac de Bœnigen, des gens qui font le métier de chercher des herbages et des racines salutaires pour les hommes et les bestiaux, et qui les expédient en grande quantité dans les cantons de Berne, de Lucerne et d'Argovie. Ce sont principalement les plantes suivantes : gentiane jaune, *gentiana lutœa*; pimprenelle, *poterium sanguisorba*; valériane officinale, *valeriana officinalis*; veratre blanc, *veratrum album*; acore, *acorus calamus;* bardane, *arctium lappa* de Linné; langue de cerf, *scolopendrium officinarum;* pain de pourceau ou cabaret, *asarum europœum, allium victoriale.*

On peut ranger aussi le lin, les fruits, les peaux et l'eau de cerises, parmi les objets d'exportation de ce pays. On fait à Spielmatt ou à Aarmühle un petit commerce de cornes de chamois adaptées à des cannes de houx. Il existe chez les habitans moins d'imagination et de hardiesse pour former de nouvelles entreprises, que leurs autres qualités ne le laisseraient présumer. Leur conversation légère et enjouée, leur bon sens, leur politesse, font supposer chez eux, au premier abord, un esprit plus cultivé qu'on ne le trouve lorsqu'on veut l'approfondir. Personne ici ne prend la peine de réfléchir dans le silence et la solitude. On préfère d'être ensemble et de jaser. Il en résulte que ces bonnes gens n'acquièrent pas de grandes richesses. Cependant, les fortunes sont proportionnellement plus considérables que dans quelques vallées voisines. A Interlacken, par exemple, on est censé être dans l'aisance lorsqu'on possède un capital de 8 à 20,000 livres bernoises (à 7 et demi batz), et l'on est riche si l'on a davantage; tandis que, dans la vallée de Lütschinen, on peut jouer un certain rôle avec 2,000 livres de capital; à Lauterbrunnen on est aisé avec 4 à 5,000 livres, et à Grindelwald on fait une bonne maison avec 10 à 15,000 livres.

On fait peu d'usage pour la parure de bijoux d'or ou d'argent; cependant on voyait autrefois assez fréquemment des gobelets de ce dernier métal. A présent ils ont presque tous été vendus;

mais en échange les montres d'argent ont pris de la vogue. Les hommes mettent quelque luxe dans leurs pipes à fumer, et les femmes dans les larges dentelles qui garnissent leurs bonnets. On voit ici beaucoup moins de ces chaînes d'argent dont les paysannes bernoises ornent leurs corsets, que dans les autres parties du canton. Des maisons et des granges couvertes de tuiles ou de briques donnent quelque considération et une réputation de richesse à leurs propriétaires, surtout si les façades sont décorées de peintures, de sculptures, d'inscriptions et de grandes vitres aux fenêtres. On met ici autant de recherches dans les cloches et les colliers qu'on suspend au cou des bestiaux que dans l'Emmenthal; mais on soigne moins la propreté dans l'arrangement des chalets et dans les ustensiles propres au laitage. On taxe de prodigalité les particuliers qui gardent des bestiaux d'une race plus grande que celle du pays, parce qu'on estime que cette espèce de vaches étrangères mange davantage, qu'elle donne moins de lait et qu'elle est plus exposée au danger de tomber dans les précipices sur les pâturages escarpés des Alpes. Malgré leur genre de vie simple et frugal, et l'air pur qu'ils respirent, les habitans du Boedelein n'atteignent pas à un âge très-avancé. Il est très-rare d'y voir des vieillards de 90 ans. Cependant les maladies n'y sont ni aussi fréquentes, ni aussi multipliées que dans les villes. Les plus communes sont la phthisie, l'hydropisie, le rhumatisme et les maladies cutanées. La fièvre tierce, qui y régnait jadis presque continuellement, a disparu à peu près.

Dans ce vallon, on attribue facilement les maladies qui ne sont pas ordinaires à quelque sortilége malfaisant. Dans ce cas, les paysans courent dans le canton d'Unterwald, dans l'Entlibouch et même jusqu'à Soleure, pour acheter dans les couvens des amulettes qui doivent guérir ou préserver de tous les maux. En général, il existe encore beaucoup de superstition dans cette contrée; mais les habitans, retenus par une certaine honte, n'osent pas la manifester en présence des citadins ou des étrangers.

Kœnig, dans son *Voyage dans les Alpes*, p. 6, a fait une description très-détaillée de quelques usages et de quelques divertissemens propres à cette petite peuplade. Il met en tête le Kiltgang ou les visites nocturnes; mais cette coutume existe dans tout le canton et presque dans toute la Suisse. On la retrouve même en Suède, et je ne doute pas qu'elle ne règne dans plusieurs parties de l'Allemagne, car elle paraît tirer son origine des mœurs des anciens Germains. Les jeunes gens non mariés vont visiter de nuit leurs belles, tantôt seuls, tantôt en compagnie, principalement le samedi soir. Ils font souvent une route de 3 à 4 lieues et descendent des chalets dans les vallées. Il est permis de soupçonner que leurs entretiens amoureux ne sont pas toujours très-platoniques; il faut cependant convenir qu'il y règne souvent plus de décence que les malins ne se l'imaginent. L'obscurité de la nuit n'est pas sans danger pour ces visites; mais il faut excuser des hommes dont les journées sont remplies par des travaux pénibles et continuels, à une grande distance de leurs amies, qui veulent cependant jouir du plaisir de leur société et se préparer à goûter le bonheur domestique, en se rapprochant d'avance de la compagne qu'ils ont choisie et en étudiant son caractère. Tant qu'on n'adoptera pas l'usage des Turcs et des Persans de marchander avec un père pour obtenir sa fille en mariage et de l'épouser sans l'avoir vue, il sera difficile de réprimer par des lois les intrigues et les entreprises de l'amour. Le jeune Suisse se rend donc sous la fenêtre du cabinet au second étage qu'occupe sa belle, qui l'attend ordinairement en toilette soignée. Ce n'est point à la manière des Italiens qu'il annonce sa présence, par une tendre romance ou par les sons d'une guitare; il récite une formule rimée ou en prose : c'est un amas de folies, de polissonneries, d'équivoques, un véritable galimathias en usage dans tout le canton, avec quelque différence dans chaque village. La fille y répond, fait une espèce de capitulation, après quoi l'amoureux escalade la maison; la fenêtre s'ouvre, il y reste suspendu; on lui offre une petite collation d'eau de cerise et de pain d'épice. Suivant le degré de familiarité qui existe entre les amans, suivant les vues plus ou moins sérieuses du jeune homme, il entre dans la chambre ou reste en dehors. La conversation se prolonge jusqu'à ce que l'aurore donne le signal de la séparation, et quelquefois des jaloux guettent le départ de l'ami favorisé pour le recevoir à coups de bâton ou de pierres au moment où il descend le mur qu'il avait escaladé; quelquefois plusieurs garçons se réunissent pour aller voir leurs belles, les unes après les autres.

Kœnig rapporte encore un autre usage très-comique qui se pratique lorsqu'une jeune fille quitte son village pour aller se marier dans un autre. Dans la nuit qui suit les noces, la troupe des garçons du village d'où l'épouse est partie se rassemble armée de fouets, de clochettes, telles qu'on en met au cou des bestiaux, de cornets à bouquins, de chaudrons et de tous les instrumens et ustensiles avec lesquels on peut faire le plus de bruit. Ils se rendent avec un vacarme épouvantable devant la maison du nouveau couple, ayant leurs habits passés par-dessus leurs têtes ou bizarrement déguisés; quelques uns d'entre eux portent au bout de longues perches des guenilles de toile enduites de suie, avec lesquelles ils frappent les curieux qui oseraient se montrer aux fenêtres ou aux portes. Arrivés au lieu de leur destination, ils forment un cercle; la musique enragée qu'ils avaient fait retentir pendant la route cesse; quelque plaisant de la bande récite un impromptu ironique dont on peut aisément deviner le sujet. Ils élèvent sur un bâton ou portent dans un berceau une poupée de paille, qu'ils font semblant d'endormir en chantant. Ils indiquent par-là, d'une manière un peu trop claire, que la jeune mariée sera trop tôt dans le cas de s'adonner à de telles occupations. Si l'un des époux est pauvre, on le raille avec peu de charité, en demandant à acheter des fromages ou des bestiaux, ou en simulant des marchés pour de pareils objets. Ils imitent le bruit qui se fait lorsqu'on trait les vaches, promettent aux mariés des cadeaux considérables pour augmenter la dot, etc. Après maintes folies pareilles, la bande joyeuse part en poussant des éclats de rire immodérés, au bruit de tous ses instrumens discords, et reprend le chemin de son village.

Un divertissement plus décent, plus tranquille et plus innocent, est le jeu des œufs qui jadis s'exécutait aussi à Berne chaque lundi de Pâques avec plus de solennité, et qui est encore en usage dans ces contrées. A Unterseen, par exemple, on range 101 œufs de poule par terre sur une ligne droite, à une distance égale et régulière d'environ 2 ou 3 pieds. A l'une des extrémités de cette ligne se place un homme adroit, tenant dans sa main un van rempli de balles de grains, dans lequel il doit recevoir les œufs qui y seront jetés. Deux jeunes gens parés, ornés de rubans, quelquefois même à cheveux poudrés, s'avancent en se tenant par la main, précédés d'une musique joyeuse, et suivent, en marchant lentement, la ligne des œufs jusqu'au dernier. Là, ils se séparent, et l'un court à toutes jambes jusqu'à Neuhaus, y boit un verre de vin, repart aussi vite, et s'efforce d'être de retour avant que l'autre ait fini sa tâche, qui consiste à relever tous les œufs, l'un après l'autre, et à les jeter dans le van du plus loin qu'il le peut. S'il manque, et qu'un œuf tombe à terre, il est aussitôt remplacé dans la ligne par un autre, et des enfans officieux, avec des paniers remplis, sont tout prêts à exercer cette justice, qui est une des conditions de la gageure. Celui des deux émules qui le premier a atteint son but est vainqueur et reçoit un prix auquel les spectateurs contribuent. Ordinairement une danse termine cette fête.

Écoutons comment le peintre Kœnig, qui a vécu pendant des années dans ce vallon, a su jouir en artiste de ses promenades, et exprimer les sentimens qu'elles lui inspiraient. « Souvent, dit-il, je parcours cette contrée d'Arcadie, et c'est toujours dans l'ivresse d'un nouveau plaisir. Tantôt un sentier solitaire me conduit sur les bord du fleuve, au milieu duquel plusieurs îles paraissent nager. De l'autre côté, je vois un immense rocher qui menace d'écraser la petite ville située à ses pieds. Mais le paisible berger conduit sans crainte ses chèvres sur ses flancs tapissés de mousse, ou sur les verts gazons qu'il surplombe, jusqu'à ce que le son de la cloche du soir le rappelle sous son toit de chaume. Tantôt d'autres routes me portent sur des collines d'où je puis embrasser d'un regard toutes les parties de la ville. De là, toute la plaine se montre, au printemps, pareille à un jardin fleuri. Parsemée d'arbres fruitiers, on n'y voit, entre le feuillage, que quelques hameaux, quelques cabanes éparses, qui coupent de la manière la plus gracieuse ce dôme de verdure. L'œil suit involontairement le cours du fleuve au travers de ce tapis de fleurs. Mais mes regards s'attachent de préférence aux objets les plus rapprochés, auxquels des êtres vivans donnent un attrait infini. Ici une jeune femme allaite son enfant, tandis que son mari abreuve ses vaches et ses chèvres à la fontaine voisine. Là, de jeunes filles reçoivent dans des paniers les fruits qu'un beau jeune garçon leur jette depuis le haut de l'arbre sur lequel il est perché pour les cueillir.

« C'est ainsi que, dans une belle matinée de l'été dernier, je me dirigeai, en me promenant, vers les cabanes. Je m'assis vis-à-vis de l'une d'elles, et je prenais mes crayons pour dessiner, lorsque le soleil levant commença à la dorer de ses rayons : un petit bâtiment latéral s'élevait du jardin jusqu'au toit, et jetait une ombre mouvante sur la galerie et sur la partie inférieure de la chaumière. Un berceau de chèvre-feuille encadrait la porte d'un jardin, au fond duquel un groupe d'arbres fruitiers formait une masse sombre, et faisait ressortir d'autant mieux la lumière éclatante qui éclairait le petit bâtiment. Un jeune paysan était assis sous la galerie devant la maison, et taillait des lattes pour une palissade, en sifflant gaiement sa chanson matinale. Sa jeune femme sortit doucement de la maison, s'approcha à pas de loup de son laborieux époux, et posa tout à coup deux jolies mains sur ses yeux. Étonné, il chercha à deviner au toucher l'auteur de cette surprise, reconnut sa compagne et l'embrassa tendrement. Je dessinai cette scène dans mon portefeuille, et j'écrivis au-dessous ces mots de Haller, dont je sentais si bien la vérité : « La main de l'amour sème des roses sur le travail. »

Qu'il me soit permis d'insérer ici une de mes propres promenades. J'espère qu'elle peindra cette vallée d'une manière plus claire et plus agréable que ne le ferait une description générale et systématique, suivant les points cardinaux, les limites et la topographie.

La colline du Hohbül est une saillie peu élevée du Harder, qui s'avance contre l'Aar, et d'où l'œil peut suivre librement son cours. Il ne faut qu'un quart d'heure pour s'y rendre depuis Interlacken.

A son sommet on a construit une rotonde : c'est

un dôme qui repose sur 12 colonnes de simple bois, sous lequel sont placés des bancs dans tous les sens pour se reposer en jouissant des différens points de vue.

Cependant, à 100 ou 200 pas plus haut que la rotonde près de l'Untere Bleicki, le paysage est encore plus vaste et plus beau. On le voit complétement dégagé, sans que les objets se perdent ou se confondent dans le lointain. Rien n'offusque ni ne coupe l'ensemble de ce superbe tableau. Mais il faut aussi savoir choisir le jour sous lequel il doit être vu. Le soleil du matin et celui de midi lui sont les plus favorables. Les rayons de cet astre éclairent alors sans éblouir les parties les plus gracieuses; la lumière tombe, du côté du lac de Brienz ou de la Jungfrau, sur Interlacken, Unterseen et le cours inférieur de l'Aar; et c'est aussi sur ces objets que l'œil se dirige de préférence. Il faut avoir le soleil derrière soi; il faut que les regards soient pour ainsi dire portés par ses rayons dans le paysage que l'on contemple, pour en jouir et en distinguer tous les détails. C'est pourquoi le Bœdelein et les environs d'Interlacken se présentent mieux le soir, vus depuis le Sattlerhübelein ou depuis le Rugenhübelein, et les voyageurs de doivent pas négliger d'aller visiter ces points de vue faciles à atteindre, aux momens les plus favorables de la journée.

De petites îles verdoyantes, sur l'une desquelles est une grange, ressortent du milieu de l'Aar, où quelques noirs rochers, tombés du haut de la montagne, élèvent sur les flots leurs crêtes couronnées de quelques buissons. Le fond du tableau est occupé par la large baie que forme la chaîne de l'Abendberg, en se retirant derrière Darligen et Leissigen, pour avancer de nouveau en talus vers Aeschi. On croit voir un jardin anglais sur une grande échelle. Un heureux mélange de couleurs et de formes diverses délecte la vue. La variété sans confusion, l'unité sans monotonie, règnent également dans ce magnifique paysage.

DÉPART D'INTERLACKEN.

UNSPUNNEN. — WILDERSWYL. — GSTEIG.

Si l'on part d'Unterseen ou d'Interlacken avec un bon guide, il faut toujours tâcher d'arriver à Lauterbrunnen entre dix heures et midi, parce que c'est dans ce moment de la journée que le Staubbach est éclairé par les rayons du soleil et qu'il se présente le mieux. Le premier moment de l'aspect de cette cascade décide irrévocablement de l'impression qu'elle fait sur le spectateur et la grave dans son souvenir ou la lui fait trouver insignifiante.

Pour arriver à Lauterbrunnen à neuf heures du matin, il suffit de partir à six heures d'Interlacken dans le gros de l'été, si l'on est en char. Mais si l'on voyage à pied et que l'on veuille, chemin faisant, faire quelques petites haltes ou quelques détours, pour voir des sites agréables, il faut partir de meilleure heure. Si l'on veut monter de Zweylütschinen sur les hauteurs d'Eisenfluh, pour se rendre depuis là à Mürren, il faut se mettre en route soit à pied, soit en voiture, à trois heures; et sans faire le moindre circuit, arriver le plus tôt possible à l'entrée du sentier qui conduit sur la montagne près de Zweylütschinen. La manière la plus agréable est de partir d'Interlacken à pied entre cinq et six heures du matin, en se faisant devancer par un char jusqu'à Wilderswyl et d'aller ensuite en voiture de là jusqu'au rocher de Hunnenfluh. Ici, on met pied à terre, on envoie le char en avant pour commander le dîner à l'auberge ou à la cure hospitalière de Lauterbrunnen, et l'on va voir le Staubbach, quelques autres cascades, des rochers, des bosquets et tous les autres objets intéressans qu'elle renferme dans l'espace d'une petite lieue; on revient ensuite prendre le repas vers midi ou une heure. On peut employer l'après-midi à visiter la chute supérieure du Staubbach, ou monter à la Wengen-Alp, à laquelle, cependant, la matinée est plus favorable.

Depuis Aarmühle on se rend par un sentier directement au Rugenhübelein, terrasse avancée du petit Rugen. On traverse de belles prairies, des fertiles plantages et des vergers d'arbres fruitiers jusqu'au pied de ce monticule, sur lequel, à 200 ou 300 pas plus haut, se trouve un banc qui invite irrésistiblement à s'y asseoir, pour contempler encore une fois ce délicieux vallon.

Bientôt la route se divise, et un sentier sinueux nouvellement tracé conduit à gauche par une montée assez escarpée, mais sans aucun danger, jusqu'au haut de la colline rocailleuse. L'on y trouve un reposoir où l'on est récompensé par une jolie vue de la peine qu'on a eue à gravir jusque là. Ainsi que quelques autres dans cette contrée, elle offre un petit tableau gracieux, encadré par de hautes parois de rochers et de coteaux boisés, qui forme dans son genre un ensemble parfait, au milieu duquel les masures grisâtres d'Unspunnen, situées sur un monticule étroit et couvert de broussailles, jettent une teinte mélancolique sur la riche verdure qui les environne. A quelques milliers de pas en arrière se présentent les toits nombreux de Wilderswyl. Les monts de Bellenhœchst, de la Suleck et la vallée de Saxeten, paraissent ne former qu'une seule masse d'une grandeur imposante, qui se prolonge depuis la Rothenfluh vers Zweylütschinen, tandis qu'à gauche, au-dessus de l'église de Gsteig, l'extrémité de la Breitlauenen forme une paroi parallèle qui borne la vue et dirige les regards sur le Mænnlichen et le Thunertschuggen.

Suivons à pied le sentier qui passe tout près des masures d'Unspunnen. Des ruines de ce donjon sont tellement couvertes par les broussailles qui croissent tout à l'entour et sur les débris des murs, que bientôt on ne pourra plus les voir. Le bâtiment principal se compose d'une grande tour carrée, dont l'un des angles s'ouvre dans une petite tour ronde qui est attenante. Il n'y a point de porte pour y entrer; il faut s'introduire, en grimpant par une petite meurtrière, dans l'intérieur presque tout rempli de décombres. La tour ronde a cependant encore assez de profondeur pour soupçonner que les cachots du château y étaient situés. C'est là, peut-être, que les habitans d'Oberhasli, faits prisonniers au combat de la Hasleregg, furent détenus.

Une tradition obscure représente l'un des anciens seigneurs d'Unspunnen comme un nouveau Barbe-Bleue, qui enfermait ses femmes dans d'affreuses prisons pour en épouser d'autres. L'origine de ce donjon se perd dans la nuit des temps. C'était le manoir héréditaire des barons du même nom. Quelques indices dans d'anciens documens font croire qu'ils étaient de la même famille que ceux de Thoun. La moitié de Wilderswyl, Mühliner et la vallée de Saxeten, leur appartenaient, ainsi que plusieurs fermes, terres et serfs dispersés dans les environs de la partie supérieure du lac de Thoun. Ils acquirent la seigneurie dépendante du château de Rothenfluh, situé dans leur voisinage. Leurs belles possessions passèrent ensuite entre les mains de Walther de Wædischwil, que Müller, dans son *Histoire des Suisses*, nomme aussi le baron d'Eschenbach, seigneur d'Unspunnen, de Frutigen et d'Oberhofen, et qui se signait en effet alternativement de ces différens noms. Walther d'Eschenbach, l'un des conjurés pour le meurtre de l'empereur Albert en 1308, était petit-fils du premier et administrateur des biens du couvent d'Interlacken. Après sa mort, Unspunnen échut aux seigneurs de Weissenburg, plus tard, à ceux de Scharnachthal, et enfin, à la république de Berne. Il paraît que la main du temps a seule détruit ce château; on ne trouve nulle part qu'il ait été saccagé dans quelque guerre. Il rappelle plutôt les bienfaits de la chevalerie allemande dans les temps orageux du moyen âge, que l'abus du pouvoir que les anciens seigneur exerçaient dans leurs manoirs.

Si l'intérêt que prend le voyageur à ces masures est excité par les réflexions et les souvenirs qu'elles font naître, le village voisin de Wilderswyl tire de lui-même celui qu'il inspire. Le sentier qui y conduit depuis Unspunnen passe près d'une fontaine abondante, entre les maisons rapprochées des habitans, sous de beaux arbres fruitiers, et va rejoindre la route ordinaire venant de Matten. On apercevra avec peine dans ce riant hameau des symptômes de cette triste infirmité dont le spectacle afflige si fréquemment en parcourant les plus belles vallées des Alpes. En un mot, on voit des crétins à Wilderswyl, et ici, comme ailleurs, on n'a pas encore pu démêler les causes qui les produisent. De toutes celles qu'on a alléguées pour d'autres contrées, il n'existe ici que la transition subite de la chaleur occasionée par la réfraction des rayons du soleil contre les montagnes pendant le jour, à la grande fraîcheur des soirées. Cet inconvénient a lieu dans toutes les vallées; mais les effets n'en sont pas partout aussi pernicieux. Il n'est pas décidé si la Suisse seule est affectée de crétinisme, et s'il ne règne pas tout autant dans le Tyrol et dans le pays de Salzburg. C'est la quantité de crétins qu'on rencontre dans le bas Valais qui frappe particulièrement les étrangers, et nulle part le contraste de la chaleur de l'atmosphère pendant le jour avec la froideur des nuits, ou celle que produisent inopinément les courans d'air sortant des gorges étroites des montagnes, n'est plus sensible que dans cette vallée. Des enfans qui naissent sur les hauteurs environnantes et qui y passent les premières années de leur vie ne sont pas sujets à cette infirmité.

Nous quittons Wilderswyl pour entrer dans le défilé de la vallée de Lütschinen, en traversant Mühlinen et le torrent impétueux de la Saxeten, et en passant à côté des maisons de Grenchen, village que les cailloux charriés par le torrent ont détruit, et dont il ne reste plus que deux cabanes solitaires. Depuis là, les habitations sont très-rares sur la route, et bientôt on n'en voit plus du tout. Le joli hameau champêtre de Gsteigwyler ou Wyler est situé sur l'autre coté de la Lütschinen, et masqué par les bords élevés de cette rivière. Un petit pont de bois d'un effet pittoresque, comme on en voit tant sur les torrens de ces montagnes, indique le sentier qui conduit à ce petit village, caché sous l'ombrage de ses fertiles vergers.

On contemplera avec plaisir le paysage dans le genre de Salvator Rosa, qui se présente ici aux regards, d'autant plus que jusque alors on n'en a point rencontré d'aussi sauvages. Tandis que les flots en furie viennent se briser en écumant contre de puissans blocs de rochers, la main de l'homme a établi sur ces mêmes blocs, comme sur des piliers, un pont si léger et si tremblant, que j'ai vu moi-même un chien reculer en gémissant, n'osant pas le passer. Ordinairement les ponts de cette espèce ne consistent qu'en une tige d'arbre, large seulement d'un pied à un pied et demi, grossièrement équarrie et aplatie à la surface supérieure. Lorsqu'on veut les rendre plus solides, on place deux poutres pareilles l'une à côté de l'autre, et on y ajoute une barrière en guise de garde-fou. Excepté sur la route du Grimsel, on ne trouve que très-peu de ponts de pierre dans l'Oberland, et on n'en a construit de considérables, même en bois, que sur les chemins à char ou sur ceux qu'on pratique avec des bêtes à corne, lorsque celles-ci ne pourraient pas traverser à gué les rivières sans danger. Ces petits ponts peu fermes effraient souvent les voyageurs des villes; mais c'est moins par indolence que les habitans ne mettent pas plus de soin à les établir, que parce qu'ils ont le pas assuré et qu'ils ne connaissent point le danger. Ils ne s'imaginent pas que ceux qui n'y sont pas accoutumés puissent avoir des vertiges. Les torrens des montagnes sont aussi quelquefois tellement impétueux, qu'ils emportent deux ou trois fois par an tous les ponts, même les plus solides, et il en coûterait trop de temps et d'argent pour les rétablir aussi souvent, à grands frais.

Avant d'atteindre le pont de Wyler, on passe au pied d'un rocher, nommé Rothenfluh (roche rouge), sur lequel on remarque, à une certaine hauteur, des raies semblables à des rubans de couleur de rouille. Elles proviennent probablement de couches de mine de fer peu enfoncées, ou de pierres ferrugineuses, que les eaux de pluie dissolvent jusqu'à un certain point, et qui teignent en s'écoulant la surface du roc. On voit très-fréquemment cet effet dans nos montagnes, et cette circonstance, jointe à la couleur rougeâtre de quelques espèces de roches, a fait donner à plusieurs sommités le surnom de *rouge* (Rothhorn, etc.). Ce roc-ci est remarquable parce qu'il était jadis couronné par un ancien château, nommé le balme de Rothenfluh. Balme signifie dans l'idiome de l'Oberland une grotte formée par un roc qui surplombe en voûte. Suivant l'observation de Ramond, on emploie en français, dans le même sens, le mot *baume*, qui paraît être, ainsi que le mot allemand, d'origine celtique.

Une tradition vague raconte l'extinction de la race des riches seigneurs de Rothenfluh. De l'autre côté du petit pont de Wyler, dont nous avons parlé plus haut, se voit un gros quartier de roc à droite du chemin, que les paysans des environs nomment le Bœsestein (mauvais rocher), ou Bruderstein (rocher des frères). On a placé tout auprès un banc, et un amateur de l'histoire suisse a fait graver sur la pierre ces mots conformes à la tradition : « Ici le baron de Rothenfluh fut « occis par son frère. Obligé de fuir sa patrie, « le meurtrier termina sa vie dans l'exil et le dés- « espoir, et fut le dernier de sa race, jadis si « riche et si puissante. »

Au milieu d'une nature aussi sauvage, un pareil monument émeut et ajoute encore à l'aspect sinistre de ces lieux. A droite, une noire forêt de sapins s'étend sur la pente de la montagne et sur des monceaux de débris, le long des rochers nus et menaçans ; à gauche, la Lütschinen mugit en écumant dans son lit rocailleux. A quelques pas du Bœsestein, on voit un bloc semblable, en forme de cube et d'une grande dimension, qui se détacha du haut de la montagne, il y a peu d'années, et roula dans la plaine.

Si l'on ne voit pas dans l'Oberland des crucifix, comme sur le Saint-Gotthard, pour indiquer les lieux où tant de voyageurs ont péri, ce n'est pas seulement parce que ce pays ne professe pas la religion catholique. Ici, dans un trajet de plusieurs lieues, au milieu des rochers qui tombent presque chaque jour, on ne pourrait pas en planter un seul pour rappeler un pareil accident. Cependant, tous ces débris produisent des effets très-pittoresques lorsqu'ils ont roulé jusque dans les torrens au fond d'un vallon. Quelquefois ils arrêtent le cours des flots pendant quelques instans; mais bientôt ceux-ci les couvrent d'écume, les inondent, les rongent ou les minent, se fraient une nouvelle issue, soit en les franchissant, soit en les contournant avec les sauts les plus bizarres, et produisent ainsi un aspect admirable et quelquefois sublime. Souvent des arbres qu'ils entraînent, des sapins renversés sur le rivage et à moitié couchés dans l'eau, des petits ponts auxquels ces rochers servent de pilotis, augmentent le charme romantique de ces parties de paysage.

En deçà de Zweylütschinen, où le torrent rétréci se presse entre d'énormes quartiers de rocs, on prend, en automne, dans la saison de la fraie, une grande quantité de truites saumonées qui pèsent quelquefois de 9 à 10 livres, et qui sont d'un goût exquis. Cette pêche se fait de nuit, à la lueur de torches de bois résineux, avec des fourches de fer, dont on se sert avec beaucoup d'adresse, comme de harpons, pour percer ces poissons et les retirer, lorsqu'ils sautent par-dessus les rochers ou lorsqu'ils traversent les détroits.

C'est à Zweylütschinen que se réunissent les deux rivières qui portent également le nom de Lütschinen. L'une, surnommée la *Noire*, vient du Grindelwald, et l'autre, dite la *Blanche*, descend de Lauterbrunnen. Elles sont formées principalement par l'écoulement des glaciers; mais des particules d'ardoise que la Lütschinen Noire délaie et entraîne en coulant au pied du Wetterhorn donnent à ses ondes une teinte noirâtre que n'ont pas celles de la Lütschinen Blanche.

Zweylütschinen est un petit hameau qui ne consiste qu'en deux maisons de paysans et un cabaret où l'on peut être logé tolérablement. Il y existait jadis une chapelle desservie par un diacre, dont la demeure construite en pierres se voit encore dans un état de décrépitude complète. Cet endroit fait partie de la commune voisine de Gündlischwand et de la paroisse de Gsteig. Il faut passer un pont praticable aux chars, pour se rendre à ce village, depuis la route de Lauterbrunnen, et sur ce pont on revoit les cimes élevées du Beatenberg et de la Gemmen-Alp, qu'on avait perdues de vue depuis long-temps, et qu'on n'apercevra plus qu'après un long intervalle.

Ici commence un spectacle plus grand et plus majestueux, et nous pouvons nous écrier avec Virgile : *Paulo majora canamus!*

DE ZWEYLUTSCHINEN A GRINDELWALD ET A LAUTERBRUNNEN.

De Zweylütschinen, on peut se rendre en char à Grindelwald, sur une route tolérable, en 3 heures, et en 1 à Lauterbrunnen. Les voyageurs qui n'ont pas assez de force ou de courage pour aller de Lauterbrunnen à Grindelwald, par la Scheideck de la Wengen-Alp, sont obligés de revenir sur leurs pas de Lauterbrunnen à Zweylütschinen et de prendre la route de la vallée de Lütschinen pour gagner Grindelwald. Il paraît donc convenable, avant de décrire le détour par Eisenfluh, de dire quelques mots sur ces deux routes, que j'ai suivies plusieurs fois.

Nous nous dirigerons d'abord sur Grindelwald, en quittant Zweylütschinen, qui n'offre rien de remarquable, à moins qu'il ne fût prouvé authentiquement qu'on y a trouvé du mercure fossile dans une cave. Dans les environs, on voit tout à l'entour des deux routes d'innombrables blocs de rochers, dont quelques uns sont fort gros. Ce ne sont pas des décombres d'une seule montagne écroulée, mais plutôt des preuves d'une destruction continuelle, d'autant plus qu'ils se multiplient chaque année. Les monts circonvoisins se décomposent par vétusté; la pluie et les éboulemens de terre les dépouillent sans cesse du sol fertile qui les couvrait : ils sont ainsi toujours plus exposés à l'influence de la température, qui les brise et les fait tomber en pièces. On dirait que la nature travaille lentement à combler les vallons et à aplanir les montagnes. La froidure des hivers y coopère avec activité. L'eau qui se rassemble dans les petites fissures des rochers se durcit et s'étend par la gelée, et la force de sa masse fend la roche calcaire et en détache des blocs. Ceux-ci perdent facilement l'équilibre et roulent en terribles bonds et souvent avec grand fracas dans les vallées. Chaque fois qu'ils retombent sur les pentes des vallées, ils creusent le sol, et lorsque enfin ils sont fixés par leur dernière chute presque verticale, ils s'enfoncent, et la terre qu'ils écartent forme ensuite autour d'eux comme un retranchement. On peut assez bien reconnaître depuis combien d'années ils sont tombés, à leur couleur, à la mousse qui les couvre, aux buissons, aux arbrisseaux qui croissent sur leur croupe, et si l'on ne réfléchissait pas combien ils sont nuisibles à la fertilité du sol, on trouverait quelquefois leur aspect agréable et infiniment pittoresque. Les habitans des vallons bâtissent de préférence leurs chaumières ou leurs granges contre ces masses, qui les mettent à l'abri de nouveaux éboulemens et même des avalanches de neige.

Près de Zweylütschinen, on traverse sur un pont la Lütschinen Noire, et l'on se rapproche du village de Gündlischwand. On perd bientôt de vue les montagnes situées à l'entour d'Unterseen, que l'on voyait encore derrière soi, et le Wetterhorn, qui se présentait en face, est aussi masqué par des parois de rochers qui avancent dans le vallon. Gündlischwand, petit hameau fertile qui appartenait, dès 1331, au couvent d'Interlacken, est à gauche de la route, à quelque distance, tandis que la rivière, qu'on ne repasse plus, coule en mugissant à droite dans son lit rocailleux. Les rochers qui s'élèvent sur sa rive opposée présentent les formes les plus singulières dans leur bizarre stratification. Dans quelques endroits, les couches presque perpendiculaires reposent sur d'autres complétement horizontales et forment avec celles-ci des angles droits ou obtus. Dans d'autres places, elles font des contours singuliers où sont posées obliquement, tandis que vis-à-vis, de l'autre côté du vallon, on en voit dont l'assiette est tout-à-fait horizontale, de sorte qu'on peut à peine supposer que ces deux chaînes aient jamais été contiguës.

De terribles dents de rochers se dirigent en ligne ascendante au-dessus de Zweylütschinen et de Gündlischwand vers la belle cime de l'Iselten-Alp, d'où l'on a une vue qui domine toutes les sommités de glace voisines. Elle se joint par des pâturages fertiles et par des arêtes de montagnes au Faulhorn et à la Scheideck de Hasli, et paraît être le marche-pied du Wetterhorn.

La vallée de Lütschinen proprement dite et la paroisse de Gsteig s'étendent jusque près des habitations de Burglauenen. On rencontre souvent de petits groupes de maisons, entourées des beaux arbres fruitiers; on voit encore de superbes noyers. Mais on est incommodé sur la route par une foule de mendians. Le Stalden est une montée roide, au-dessus de laquelle on arrive au village de Burglauenen et qu'on fait ordinairement à pied. On atteint une nouvelle terrasse du vallon, d'où l'on redescend bientôt dans une plaine qui fut probablement jadis le bassin d'un lac. Au delà, on voit une suite de maisons isolées qui font partie du Grindelwald, et qu'on nomme Im Tschingelberg. Ici, le soleil, caché par l'arête de la montagne, ne paraît plus depuis le 28 octobre jusqu'au 8 mars. Au-dessus du Stalden, un fossé, nommé Marchgraben ou Wartenberggraben, trace la limite entre la paroisse de Gsteig et le Grindelwald. Cette dernière dénomination dérive d'un ancien château de Wartenberg, qui, dit-on, était situé en ces lieux, et qui aurait été détruit par la chute d'une montagne.

Au delà de Burglauenen, le climat du vallon devient remarquablement plus froid. Il ne croît plus d'arbres fruitiers, excepté des cerisiers qui y prospèrent encore et même plus loin, au delà de l'Enge, gorge étroite, et la véritable entrée du Grindelwald. Elle commence derrière le hameau pittoresque d'Ortweid, et elle est tellement resserrée entre deux parois de rochers escarpés, qu'à peine il y reste assez d'espace pour la route, à côté du lit de la Lütschinen.

Derrière l'Enge et le Balm escarpé d'où se précipite quelquefois une cascade abondante, la vallée s'élargit de nouveau assez considérablement, et bientôt on aperçoit de jolies maisons champêtres, de riches pâturages et tout ce qu'un paysage pastoral peut offrir d'agréable, dominé par le dôme majestueux de l'Eiger qui s'élève dans sa blancheur éclatante et sa forme arrondie à la hauteur de 9000 pieds, depuis sa base jusqu'à son sommet. On ne le perd plus de vue, dans le trajet d'une lieue qu'il reste à faire pour atteindre l'auberge du Grindelwald, et dans lequel on traverse d'abord un torrent destructeur, mais poissonneux, nommé le Schwendenbach; ensuite des amas de débris provenans de l'ancienne chute d'une partie de la sommité du Rothhorn.

On passe près d'une colline qui, dit-on, portait jadis une maison de chasse; puis, au travers des hameaux de Schwendi, Bach et Holzmatt; enfin, à côté d'un hôpital nouvellement établi. Après une courte montée, on arrive à l'auberge où l'on peut se reposer après cette longue course, en jouissant de l'aspect entier des deux glaciers et de la sublime chaîne des montagnes de glace qui forment autour de la vallée un vaste amphithéâtre. Cette route est longue, et ce qu'elle offre de remarquable est très-dispersé. Celle qui conduit de Zweylütschinen à Lauterbrunen est beaucoup plus courte et moins fatigante; les objets dignes d'être vus y sont plus rapprochés. Au commencement, elle n'en promet pas beaucoup. Le vallon, déjà étroit, est rendu sombre par la quantité d'arbres, principalement de sapins, qui l'ombragent.

On chemine sur la rive gauche de la Lütschinen blanche, et l'on voit sur l'autre bord les ruines d'une fonderie, qu'on avait établie au commencement du siècle passé, pour y travailler la mine de fer, mais qui fut abandonnée dans la suite. Bientôt après, on se trouve au pied de la Hunnenfluh, cette singulière masse de rochers, qui s'élève perpendiculairement comme une immense tour ronde, semblable à un bastion avancé qu'on aurait construit sur le penchant de la montagne pour défendre l'entrée de la vallée. La tradition fait dériver son nom des Huns, qui auraient pénétré dans ces lieux, conduits par le farouche Attila. A leur approche, les peuples de la contrée se seraient retranchés derrière des quartiers de roc, des troncs d'arbres et des fossés. Stapfer croit à la possibilité de cette étymologie, et rappelle seulement l'observation de l'historien Müller, qui dit que le peuple en Suisse attribue toutes les dévastations dont il reste des vestiges à Attila, toutes les tours, tous les remparts à Jules-César, et toutes les institutions religieuses à Charlemagne. Mais, indépendamment de son nom, le rocher de la Hunnenfluh est encore un objet remarquable par sa grandeur, sa beauté pittoresque et sa forme particulière. Il est composé de couches de roc fort minces, posées horizontalement les unes sur les autres, sur lesquelles se voient, à d'assez grandes distances, des fissures verticales, comme si l'on y avait incrusté des pierres de taille.

Presque vis-à-vis de la Hunnenfluh le ruisseau du Sausbach descend en écumant, avec fracas, du beau pâturage de la Saus-Alp. C'est un de ces torrens dangereux qui se précipitent des montagnes et qui sont si nuisibles aux pâturages et aux vallées qu'ils traversent.

Au-delà de la Hunnenfluh, on est émerveillé à l'aspect subit de la majestueuse Jungfrau, cette reine de la vallée. C'est surtout près des maisons de la Steinhalden, auxquelles conduit un pont étroit sur la Lütschinen, que la vue en est incomparable. C'est de cet endroit que Lory l'a représentée dans un dessin très-fidèle. L'on est surpris de voir ici tout à coup de nouvelles montagnes au-dessus de celles qui touchent presque à la région des nuages.

Mais avançons encore vers Lauterbrunnen, et nous verrons bientôt la colonne brillante du Staubbach, qui s'élance, blanche comme l'albâtre, d'une saillie du rocher élevé, et qui se dissipe dans les airs avant d'avoir atteint la terre. Nous nous hâtons de nous en approcher et nous entrons dans une vallée riante, tapissée d'une riche verdure et tempérée au delà de notre attente. Nous la voyons ornée de maisons, de granges, de prairies, de beaux arbres, entourée d'immenses parois de rochers sur lesquelles on ne remarque plus ni fentes, ni couches, et qui s'élèvent en une seule masse compacte à la hauteur de 900 à 1,000 pieds.

EISENFLUH, MURREN ET SEVINENTHAL
(VALLÉE DE SEVINEN).

J'avais déjà fait souvent la route dont je viens de parler, pour me rendre à Lauterbrunnen, et j'avais le désir d'essayer une fois le chemin, peu fréquenté par les voyageurs, qui conduit au village d'Eisenfluh sur la montagne, de suivre le vallon où il se trouve, pour visiter celui de Mürren, situé encore plus haut, et de parvenir enfin, en passant par la vallée de Sevinen, dans le fond le plus reculé de celle de Lauterbrunnen. Enfin, j'entrepris cette course dans la belle matinée du 25 juillet 1814. Nous étions plusieurs.

Près de Zweylütschinen, on prend, à droite, au travers d'une sombre forêt de sapins, le sentier qui conduit au village d'Eisenfluh. Il est situé sur le côté méridional d'un plateau de montagne dont les parois sont fort élevées et taillées presque à pic. Son nom d'Eisenfluh (roche de fer) dérive probablement des bandes couleur de rouille qui se dessinent sur la surface du roc et qui font supposer qu'il contient de la mine de fer. En hiver, cette pente effrayante est garnie d'innombrables glaçons, et lorsque la lune l'éclaire, cette masse brillante prend un aspect singulier, semblable à celui d'un palais de fées. Au-dessus de ce plateau s'élève un autre rocher, nommé la Vogelfluh (roche aux oiseaux). Il tire son nom des vautours des Alpes, des redoutables læmmergeyer qui souvent y plaçaient leurs aires et dont il rappelle l'existence.

Après midi, nous repartîmes d'Eisenfluh, et nous prîmes le chemin de Mürren, où nous nous étions proposé de passer la nuit. Cette course de montagne est extrêmement agréable, et cependant, quoiqu'elle soit sans aucun danger, elle n'est presque point pratiquée par les voyageurs. On commence d'abord à monter, en se dirigeant un peu à droite, vers la Saus-Alp; mais on ne va pas jusqu'au sommet de la montagne : il y aurait encore à gravir pendant plusieurs heures pour y atteindre. Une espèce de gorge ascendante se prolonge assez loin entre quelques croupes de rochers du côté de la Suleck. On voit tout à l'entour des masses dont quelques unes sont en partie couvertes de forêts, de terre productive et de gazon ; quelques dents qui tombent en débris s'élèvent au-dessus des hauts pâturages, comme les crénaux d'une forteresse.

Après avoir fait une lieue de chemin, nous arrivâmes au ravin profond du torrent du Sausbach, qui descend de la montagne de la Saus, sur laquelle, dit-on, un beau village fut jadis détruit en entier par ce torrent. Tous les habitans périrent, à l'exception d'un petit enfant. Cet orphelin, dont personne ne connaissait les parens, ayant été recueilli et élevé comme un enfant trouvé, reçut le nom de Sauser et fut la souche d'une famille maintenant nombreuse dans l'Oberland.

A l'endroit où maintenant un pont solide traverse le Sausbach, il existait jadis un excellent pâturage, avant que le courant des flots eût creusé un lit aussi profond. Une jolie bergère d'Eisenfluh gardait son troupeau sur la rive gauche du ruisseau, tandis qu'un honnête garçon de Mürren paissait son bétail sur la rive opposée. Se voyant tous les jours, ils prirent de l'inclination l'un pour l'autre. Souvent ils se parlaient au travers du ruisseau ; souvent aussi le jeune homme le passait en sautant légèrement sur les pierres saillantes pour se rapprocher de son amie. Un jour les eaux avaient considérablement enflé ; les flots impétueux entraînaient ou couvraient tous les cailloux. Il y aurait eu le plus grand danger à vouloir les franchir. Les deux amans jasaient ensemble de loin ; en plaisantant, ils commencèrent à se jeter mutuellement des poignées de gazon. Le jeune pâtre en arrache une avec force, la lance, atteint son amie à la tempe, la voit tomber, et ne doute pas qu'une pierre ne soit restée attachée aux racines des plantes, sans qu'il s'en soit aperçu. Il se précipite aussitôt dans le ruisseau, parvient à force de travail sur l'autre rive et court auprès de la bergère; il cherche à la ranimer, il l'appelle cent fois par son nom, mais en vain : elle reste pâle, immobile à ses pieds. Il verse de l'eau fraîche sur son visage; elle rouvre encore une fois les yeux; un tendre regard annonce à son meurtrier qu'elle lui pardonne, puis elle les referme pour toujours. Le désespoir s'empara du malheureux berger; il ne voulut plus retourner dans son village. La jolie paysanne fut ensevelie à la place où elle avait expiré, et son amant se construisit une petite cabane auprès de sa tombe, où il passa le reste de sa vie dans les larmes, les veilles et les prières, et mourut peu d'années après.

Nous quittâmes ce site pittoresque et continuâmes notre marche vers Pletschen, par la Winteregg. La Jungfrau, de l'autre côté de la vallée, nous paraissait alors très-rapprochée. Le tableau qu'elle forme devenait à chaque instant plus grand et plus ravissant. Vollmar de Berne l'a peint à l'huile depuis Eisenfluh avec beaucoup de succès. Nous nous reposâmes de nouveau dans une forêt fort élevée au-dessus des terribles parois de rochers du Staubbach, pour admirer ce mont gigantesque. Je désirerais qu'un voyageur comparût ce point de vue avec celui du mont Breven vis-à-vis du Mont-Blanc.

Enfin nous aperçûmes le riant hameau de Mürren, situé au milieu de riches prairies, dépourvues d'arbres, mais arrosées par de nombreuses sources, qui s'offrit à nos regards, sur un coteau avancé. Nous le contemplâmes de loin pendant quelques instans avec une satisfaction inexprimable. Il nous présentait un tableau aussi attrayant qu'il était inattendu. On ne peut lui comparer dans tout l'Oberland que les charmans villages sur le Hasliberg, qui ne sont pas à beaucoup près aussi élevés. Je comptai jusqu'à 32 sommités autour de nous, amoncelées en petits groupes les unes au-dessus des autres, et toutes tournées au midi, du côté de la Jungfrau. Dans cette vaste enceinte, l'on voit une multitude de petits enclos, renfermant des plantations de pommes de terre, de choux, de chanvre et d'orge. Des sentiers bordés de jolies palissades forment des moyens de communication entre les maisons éparses.

En 1811, on y comptait 136 individus et 24 ménages. Depuis 1783, le nombre en avait augmenté de 8. Ils possèdent 110 hivernages de vaches. On nomme ainsi le foin que produit une pièce de terrain nécessaire à la nourriture d'une vache pendant tout l'hiver. En été, un pâquis commun et le pâturage alpestre du Mürrenberg fournissent à l'entretien de leurs bestiaux. On y récolte aussi sur quelques domaines situés sur les hauteurs voisines du foin de montagne, que l'on apporte dans le village,

A gauche, à une demi-lieue vers le midi, on

aperçoit le Gimmelwald, autre village de montagne, presque aussi considérable que Mürren. En 1811, on y comptait 33 feux et 157 âmes. Il possède sur son terrain fertile 118 hivernages de vaches, un pâquis commun et le droit de paccage d'été pour 48 bêtes à cornes sur la Schilt-Alp. L'air y est, comme à Mürren, particulièrement salubre et pur; il n'y règne presque point de maladies; on n'y trouve ni cabarets ni marchands, et très-peu de vin, de café et de tabac. En 1783, ces deux communes ne contenaient aucun indigent dans le cas de recevoir des secours.

LAUTERBRUNNEN.

Lauterbrunnen, considéré comme un district ou une contrée particulière, a pour limites, au midi, la Scheideck de Wengen-Alp et l'arête de montagnes qui la prolonge et dont les sommités principales sont le Laubhorn, le Thunertschuggen et le Mænnlichen. Cette chaîne porte aussi quelquefois le nom de Wergisthalgrat ou d'Itramengrat, d'après les communes des Wergisthal et d'Itramen, ressortissantes du Grindelwald, qui en sont limitrophes.

L'Eiger extérieur forme la borne entre la vallée de Lauterbrunnen et celle de Grindelwald. L'Eiger intérieur, en se joignant à la Jungfrau, la sépare au midi du haut Valais, jusqu'aux sommités du Grosshorn, du Breithorn et du Tschingelhorn, où commence la limite occidentale au glacier de Tschingel. Celle-ci continue par le Hauri supérieur, les *Rothe Zœhne* (dents rouges) et la Buttlosa, et court par le passage de la Furgge vers la Hundsfluh (rocher des chiens) et le Schilthorn, jusqu'au Sausgrat (arête de Saus), en traversant la Saus-Alp. Au nord, les montagnes d'Eisenfluh, de Vogelfluh et la Suleck forment sur les hauteurs la frontière naturelle de la vallée de Lauterbrunnen, qui, dans le vallon, se trouve au confluent du Sausbach avec la Lütschinen, et la sépare de la commune de Gsteig. La longueur de la vallée principale depuis Zweylütschinen à Trachsellauenen, au pied du Hauri, est de 3 1/2 lieues, savoir, une lieue de Zweylütschinen à l'église, une et demie jusqu'à Stechelberg, et une aux mines maintenant abandonnées de Trachsellauenen. Nulle part elle n'a plus d'un quart de lieue de large, et souvent à peine la moitié. Sa direction court du nord au sud-ouest et au nord-ouest, où de hautes montagnes la terminent en cul-de-sac dans les vallées d'Ammerten et de Sevinen. On a calculé à 16 lieues carrées l'étendue de tout le district de Lauterbrunnen.

Le climat du vallon et des montagnes habitées est plus ou moins âpre, hivernal et froid, mais très-sain pour les hommes et les bestiaux, auxquels son air subtil, ses excellentes eaux et ses beaux pâturages de montagnes, sont très-propices. Les vents du nord y règnent fréquemment, mais aussi le vent chaud du midi qui dessèche l'atmosphère. En été, les rayons du soleil concentrés et réfléchis par les rochers rendent la chaleur presque insupportable; mais, soir et matin, un vent léger, partant des glaciers, vient ramener la fraîcheur; même par le ciel le plus serein, un courant continuel agite l'air. Le soleil ne paraît en en été qu'à 7 heures, et en hiver à midi dans le fond de la vallée. Des brouillards, de fortes blanches gelées qui ont lieu avant que la saison soit très-avancée, surtout dans le voisinage du froid torrent de la Lütschinen, s'opposent à ce que les arbres fruitiers y prospèrent. Cependant quelques espèces de poiriers et de pommiers précoces y réussissent, mieux encore les cerisiers et les pruniers.

On n'y voit que très-peu de noyers, les chênes y manquent tout-à-fait, les hêtres y sont rares, et l'on trouve à peine quelques buissons de houx; mais les érables, les tilleuls et les frênes, y sont nombreux et obtiennent une belle croissance. Sur les bords de la Lütschinen, on trouve des bosquets d'aunes et des saules. La vallée contient 30 ou 40 forêts de sapins. On remarque seulement quelques tiges isolées de pin alvier au Steinberg. Les légumes les plus abondans sont les raves, les carottes jaunes et différentes espèces de choux. Les pommes de terre y réussissent. Ne pouvant pas faire usage de la charrue, on cultive à la bêche quelque peu de froment printanier et d'orge. Le chanvre et le lin prospèrent assez bien : aussi en plante-t-on en assez grande quantité.

Les glaciers ne descendent nulle part jusqu'au terre-plein de la vallée : seulement dans ses parties les plus reculées, à Ammerten et à Sevinen, les masses de glaces menacent d'atteindre la plaine, ce qui n'empêche pas que les plus belles plantes alpestres, les meilleurs herbages, ne couvrent le sol de tout côté.

Il serait difficile de découvrir à quelle époque Lauterbrunnen commença à être habité. On n'y trouve nulle part des preuves d'une culture ou de bâtimens très-anciens. Une tradition à peu près oubliée fait descendre cependant la plupart des habitans d'une colonie sortie du Lœtschenthal (vallée de Lœtschen) dans le Valais, qu'un seigneur de Raron aurait conduite dans ces contrées.

Au commencement de l'année 1811, lorsqu'on trouva à Gimmelwald et à Mürren le nombre d'habitans que nous avons indiqué plus haut, il y avait dans le terre-plein de la vallée 116 ménages composés de 499 têtes. A Wengen, on en compta alors 449 dans 99 ménages. La contrée entière contenait 1238 âmes et peut avoir augmenté maintenant jusqu'à 1,300.

La race des hommes a plus de ressemblance avec celle de Grindelwald et de Frutigen qu'avec les habitans de l'Ober Hasli. Ici, ils ont peu de vivacité et d'activité. En hiver, les hommes ne s'occupent guère qu'à soigner leurs bestiaux et qu'à se procurer du bois. Leur dialecte est moins particulier et moins agréable que celui des Haslois. Leur taille est belle et forte, leurs membres sont nerveux. Le sexe a la physionomie fine et le teint blanc et délicat. Leur caractère est encore très-peu formé, et ils ne manquent ni de ruse, ni de rancune; mais ils sont prudens et savent prendre des manières polies et obligeantes. La sobriété règne dans leurs ménages; leur nourriture ordinaire consiste en pommes de terre, laitages et viandes enfumées. Hors de chez eux, au cabaret, ils ne sont pas toujours très-modérés pour la boisson.

Une grande partie des habitans est dans une profonde misère, ce qu'on doit principalement attribuer à ce qu'il n'y a point de pâturages communs. C'est pourquoi il en émigre beaucoup. La plupart vont dans le pays de Neuchâtel, où ils se vouent à la domesticité, distillent des eaux spiritueuses ou s'occupent de l'économie du bétail. Rarement on voit à Lauterbrunnen se développer quelque talent remarquable.

Dans un tel état de choses les habitans doivent rester pauvres. La fortune des plus riches consiste dans une propriété foncière suffisante pour nourrir environ 25 vaches pendant l'hiver. La plus grande partie des pâturages alpestres appartient à des propriétaires étrangers à la vallée, moyennant une rétribution de 2 1/2 francs par tête; ils retirent le produit de leurs vaches, non en grands fromages, dont le débit serait facile, mais en petites pièces, qui doivent encore être partagées en plusieurs actionnaires.

Cependant l'état de pâtre est celui auquel on s'adonne le plus dans cette contrée, et il y a dans les villages sur les montagnes assez de bétail pour y pourvoir; mais le travail qu'il exige est pénible et demande des forces soutenues, surtout en hiver, lorsqu'on est obligé d'aller chaque jour soigner les vaches dans les étables isolées. La partie la plus reculée du vallon, qui est d'un grand rapport, fournit en partie le foin nécessaire pour les provisions de la froide saison, et le reste se recueille sur les prairies des coteaux les moins escarpés dont le sol est pierreux.

On trouve à peine à Lauterbrunnen les artisans les plus nécessaires, et cette vallée ne produit point d'objets d'exportation de quelque importance, excepté les fromages et les bestiaux : car le peu de plantes et de racines officinales que l'on envoie de là à Unterseen ne méritent pas d'être prises en considération. Le prix qu'on retire de ces ventes est employé en grande partie à payer les intérêts de capitaux empruntés depuis long-temps. On y fait aussi un petit bénéfice sur la chasse des chamois et des marmottes; mais il faut une permission du préfet pour exercer celle des premiers.

Rarement les habitans parviennent-ils à un âge très-avancé; il y en a peu qui atteignent 80 ans. La plupart des gens âgés meurent entre leur soixantième et soixante-dixième année. Cependant, il n'y règne pas trop de maladies, et depuis l'introduction générale de la vaccine dans les années 1812 et 1813, on peut espérer assez positivement que la population augmentera en peu de temps. Les jeunes gens meurent le plus souvent de pleurésies, et les vieillards d'hydropisies. Le remède le plus en vogue est du vin chauffé et mêlé de beaucoup d'épices. D'ailleurs, ces bonnes gens croient fermement à la prédestination, surtout pour l'heure de la mort, qu'ils estiment être irrévocablement fixée d'avance; cependant, lorsqu'ils sont malades, ils vont consulter souvent des médecins étrangers, mais rarement ils s'adressent plusieurs fois au même. Ils croient aussi aux sortiléges, et le Rothenthal, petit vallon sur la Jungfrau, passe parmi eux pour être le séjour d'une troupe de sorcières exilées dans ce désert.

On y a conservé peu d'usages, de mœurs et de fêtes particulières. Lors d'une noce, on invite les convives, et l'on accompagne les nouveaux époux à l'église au son des clairons qui retentissent au loin dans la vallée. Les époux arrivent enfin dans le vallon, la fiancée au milieu de deux compagnes, le futur entre deux de ses amis; les cloches de l'église se font entendre et la bénédiction du mariage se donne, suivant le rit de l'église réformée.

Au mois de novembre, il se fait régulièrement deux tirages avec des carabines ou arquebuses courtes. Le premier est général et chaque habitant de la vallée reconnu pour tireur peut y prendre part. On va alors de maison en maison recueillir les cadeaux qui doivent composer les prix pour les plus habiles. Quelquefois c'est de l'argent qu'on donne, mais plus fréquemment de petits fromages, des seilles à lait, des hottes, un agneau ou un chevreau. Au jour fixé, on commence à tirer au blanc, et ce ne sont que ceux qui y atteignent un certain nombre de fois que l'on juge dignes de concourir pour les prix, que l'on distribue ensuite proportionnellement à l'habileté de chacun des tireurs. Ensuite il se fait un tirage particulier, auquel participent exclusivement les hommes non mariés, et ce sont les filles de la vallée qui fournissent les prix. Tout autre que le chef du tirage ignore ce que chacune a donné.

Tous ces jolis cadeaux sont suspendus à une longue corde et offerts ainsi à la vue des émules, et chacun croit voir dans ce qui lui plaît le mieux le présent que lui destine son amie. Ce sont des vestes, des mouchoirs, des bonnets, des pièces de différentes étoffes de toutes couleurs, qui éblouissent les yeux avides des rivaux.

Les fêtes les plus joyeuses pour ces campagnards sont les Dorfet ou Bergdorf (villages de montagnes), qui se célèbrent chaque année, en été, à la fin de juillet et au commencement d'août, les deux premiers dimanches après la Saint-Jacques, sur les pâturages de Wengen et près de l'arête de montagnes qui joint les monts du Thunertschuggen et du Mænnliched. C'est là qu'on lutte avec le plus de zèle, principalement au second de ces rassemblemens, où les Grindelwaldois se rendent pour combattre dans ces joutes. Les habitans robustes et adroits des deux vallées voisines s'y disputent les honneurs de la victoire. Il faut avoir été renversé deux fois sur le dos pour être vaincu, et ce n'est que lorsqu'un champion a terrassé ainsi son adversaire qu'il peut en provoquer un autre au combat.

Le district de Lauterbrunnen contient 11 Alpes ou pâturages de montagnes excellens; mais, comme nous l'avons déjà répété, la plupart appartiennent à des propriétaires étrangers, et quelques uns sont si agrestes, que l'on ne peut y faire paître que des chèvres et des brebis. Les noms de ces Alpes sont Pletschen, Winteregg, Schilt, Sevinen, Busen, Steinberg, Wengen, Spætinen, Breitlauenen, Hohen-Alp et Stufenstein. Leur produit net, tous frais déduits, était estimé dès 1780 à 1790, de 18,000 à 20,000 crones (la crone à 2 francs et demi de Suisse). Cette somme pourrait même à présent être portée plus haut; mais les habitans en retirent à peine le tiers, tandis que les deux autres tiers reviennent à leurs voisins d'Unterseen, d'Aarmühle, Matten et Ringgenberg.

C'est plutôt dans les œuvres de la puissante nature que dans celles des faibles et précaires humains qu'il faut rechercher les objets remarquables que contient la vallée de Lauterbrunnen. L'église et la cure sont très-modestes. Cependant, dans celle-ci, les jambages des portes et des fenêtres sont d'un marbre gris trouvé dans les environs du torrent de la Saus. Dans la petite église antique et un peu décrépite, mais que je ne voudrais pas plus ornée qu'elle ne l'est, j'ai cru découvrir, à la fin d'une inscription tracée en caractères gothiques sur les lambris, la date de 1492. On y voit quelques vitraux peints, dont les couleurs vives et bien conservées indiquent qu'ils appartiennent à la meilleure époque de cet art maintenant oublié. Une de ces peintures représente la légende concernant Rodolphe de Strættligen. Saint Michel, cuirassé de pied en cap, son épée dans la main droite, tient de la gauche la balance. Satan s'accroche à l'un des bassins dans lequel on voit l'âme du défunt monarque implorer la miséricorde divine et attendre en tremblant l'issue du conflit. Un moine en oraison est placé devant l'archange et paraît plongé dans de profondes méditations sur le sort des humains après leur mort.

Nul autre pays sur le globe ne pourrait montrer autant de cascades dans un aussi petit espace ; mais il faut payer bien cher le grand nombre de curiosités de ce genre, qui rendent la contrée sujette à de fréquentes inondations et à l'anéantissement des espérances des cultivateurs, par les pierres et le gravier que les eaux débordées déposent souvent sur leur terrain. Environ trente ruisseaux considérables descendent des montagnes, des deux côtés de la vallée, pour se réunir à la Lutschinen. Cette rivière elle-même, habitée par d'excellentes truites, qui remontent jusque près de Stechelberg, roule ses puissantes ondes au travers du vallon, tantôt impétueuses et bruyantes entre des rocs dont son lit est hérissé, tantôt calmes et tranquilles sur un sable pur. Des saules et des aunes ombragent ses rives et les prairies qu'elle arrose. Elle est formée par la réunion de deux bras principaux, la Sevilütschinen et la Steinberglütschinen, qui toutes les deux forment de superbes cascades. Celle de la Sevilütschinen au Rufigraben, près des maisons de Stechelberg, est surtout très-remarquable.

On peut aller voir la cascade du Mættelibach, en faisant, dans l'après-midi, une promenade agréable d'environ 2 lieues à la Steinhalde, près de la Hunnenfluh. Après avoir passé la rivière sur un petit pont, on peut retourner à l'auberge en côtoyant le pied du Wengenberg. La vue superbe sur la Jungfrau, dont on jouit à la Steinhalde, dédommagerait seule de la fatigue de cette course. Mais le retour, tel que je viens de l'indiquer, par un joli sentier qui traverse des prairies émaillées, sur un coteau légèrement incliné, ce retour, dis-je, présente tout ce que la nature des Alpes peut offrir de plus imposant et de plus gracieux : les habitations les plus champêtres à l'ombre des plus beaux érables; la vue de l'église de Lauterbrunnen et des maisons qui l'environnent; les cascades des ruisseaux du Greifenbach, du Fluhbach, du Lauibach, du Herrenbæchlein, du Kupferbæchlein, du Staubbach, du Buchibach et du Spissbach, qui se dessinent sur le vaste rideau des immenses rochers à droite, éclairés par les derniers rayons du soleil à son déclin; les cris joyeux des enfans, le son des clochettes d'un troupeau de chèvres qui revient du pâturage; tous ces objets composent une scène délicieuse, que l'on chercherait en vain dans tout autre coin de la terre.

LE STAUBBACH.

Le véritable nom du Staubbach ou Staubach, est proprement le Pletschbach, et il paraît le tirer du pâturage de Pletschen, sur lequel il prend son origine, par la réunion de 7 sources qui jaillissent les unes près des autres.

A deux lieues de là, il coule dans un ravin profond encombré de pierres, au travers d'une forêt de sapins, jusqu'à une paroi de rochers avancée, un peu voûtée en dessous et dont la cime surplombe, qu'on nomme la Staubbach-Balm (grotte du Staubbach). C'est de là que le torrent subit sa première chute, connue sous le nom de

Cascade de Staubach.

chute supérieure du Staubbach. On ne la voit pas du fond de la vallée ; mais on l'aperçoit bientôt, lorsqu'on commence à monter du côté opposé, sur la route de Wengen. A cinquante pas plus loin, l'eau se précipite de nouveau d'un immense rocher de 900 pieds de haut et forme la seconde cascade ou chute inférieure, dont la renommée a tellement effacé celle de la première, qu'à peine on honore celle-ci d'une mention passagère dans les descriptions de Lauterbrunnen. Cet oubli est cependant injuste, et l'on peut s'en convaincre en voyant le joli dessin qu'en a publié Wolff dans sa *Collection de vues remarquables de la Suisse*.

Il faut tout au plus une heure pour y monter. On suit d'abord le chemin de Lauterbrunnen à Mürren, en côtoyant sur une pente revêtue de prairies touffues le ruisseau du Greifenbach, dans un large interstice du rideau des rochers d'où le Staubbach se jette dans la vallée. On traverse enfin le Greifenbach, puis le Flubbæchlein, le Lauibach et le Herrenbæchlein, et l'on entre dans la forêt du Pfrundwald.

Pour jouir pleinement du spectacle de la grande chute du Staubbach, il faut absolument qu'elle soit éclairée par les rayons du soleil (dans les plus grands jours d'été, depuis 7 heures du matin jusqu'à midi et demi), avant que la montagne, sur les gradins de laquelle l'eau se précipite, projette son ombre : car elle empêcherait de voir l'iris qui se forme sur le bassin, et les flocons d'eau qui voltigent dans l'air ne produiraient aucun effet. C'est l'éclat de la lumière qui fait distinguer toutes les petites bulles et paraître la colonne de vapeur beaucoup plus grande. L'ombre mobile que jette la masse d'eau sur le rocher ressemble alors à un second torrent noir, qui rivalise d'impétuosité et de vitesse avec le véritable. Ordinairement, on se rend de l'auberge ou de la cure à l'endroit où les flots tombent à terre en pluie, comme si l'on voulait ressentir leur effet avant de les contempler.

Le point le plus favorable pour observer la cascade est à la Furen, près de la chute de Lauibach, à 9 ou 10 heures du matin. De là, on voit la paroi de rochers du Pletschberg dans toute sa hauteur de 900 pieds depuis son premier gradin, mais en raccourci, et la corniche d'où le Staubbach se verse masque tout-à-fait les rochers situés plus en arrière et détache sa chute d'un fond de tableau trop rapproché, qui nuirait à son effet.

Le bassin que les spectateurs vont visiter est à un petit quart de lieue de l'auberge. On suit sous l'ombrage des aunes la rive gauche du ruisseau, en laissant à droite la route qui conduit plus avant dans la vallée.

Il est assez pénible de gravir la colline hérissée de débris de pierres, que le torrent a accumulés à gauche de sa chute, et d'où la vue plonge dans le vaste bassin, rempli d'eau ou plutôt d'écume qui bouillonne sans cesse. De l'autre côté, on voit aussi des amas de rocs tombés du haut de la montagne, et le torent s'échappe entre ces deux digues naturelles. Si l'on arrive au bassin du côté droit, on peut facilement descendre jusqu'au bord de l'eau, et l'on se trouve alors dans l'atmosphère d'une double iris, qui se fixe si bien sur la personne du spectateur, qu'aussi long-temps qu'il reste au milieu de la vapeur éclairée par le soleil, cette espèce de gloire rayonnante s'avance ou recule avec lui à chaque pas qu'il fait. Les bulles d'eau s'attachent à ses habits et chacune d'elles scintille du plus vif éclat; mais l'humidité ne permet pas de jouir long-temps de cette parure magique : le froid qu'on ressent ramène bientôt le sentiment de la faiblesse humaine, et l'on se hâte de quitter ce lieu incommode, malgré sa beauté, d'autant plus que l'on y est exposé au danger continuel d'être blessé et même assommé par quelque pierre jetée ou entraînée par l'eau du haut du rocher. Mais on peut s'établir en sûreté à quelque distance de là et admirer ce qu'on n'avait pas encore aperçu. L'œil ravi s'élève jusqu'à cette corniche d'un gris foncé, qui se dessine d'une manière si tranchante sur l'azur des cieux. Une moitié du ruisseau tombe perpendiculairement et coulerait jusqu'en bas sur la roche, si celle-ci ne se retirait pas imperceptiblement, de sorte que la colonne d'eau s'en détache et suit librement son cours aérien. La seconde moitié, séparée déjà sur la hauteur de la première, s'élance avec plus d'impétuosité en avant du rocher, et c'est cette masse d'eau qui se dissipe, se partage en écume, en poussière, et qui s'abaisse à terre, comme un nuage léger.

La première colonne, plus reculée, retombe à la moitié de sa chute sur une saillie du rocher, et part de là en mille traits éblouissans pour gagner le bassin creusé dans la pierre noirâtre, tandis que l'autre colonne, comprimant l'air par son poids et sa vitesse, se partage en un million d'atomes d'écume, et répand au loin une rosée continuelle. Il est intéressant de suivre des yeux ces ondes, depuis le premier moment de leur chute, lorsqu'elles quittent le rocher, jusqu'à leur dissolution. Effrayé de la violence avec laquelle elles jaillissent, on s'attend à les voir se précipiter en masse à vos pieds; mais à peine ont-elles parcouru une distance de cent pieds, que le volume d'eau, d'abord resserré, s'élargit et se divise en petits nuages blancs semblables aux fusées des feux d'artifice, qui partent avec la même vitesse et dessinent leur vol pendant quelques secondes, en laissant après eux une traînée de lumière.

Bientôt ces fusées se réduisent en bulles qu'on pourrait nommer des étincelles d'eau, et deviennent enfin invisibles.

L'action du vent sur le Staubbach forme des accidens très-agréables. Ses eaux produisent elles-mêmes un mouvement continuel dans l'air. Cependant, ce courant ne fait que chasser au loin les gouttes les plus fines de la rosée, et n'agite pas la colonne d'eau elle-même. Mais dès qu'un coup de vent accidentel vient donner sur elle, il fait naître plusieurs aspects singuliers et surprenans. Il arrive quelquefois que le vent du sud, nommé fœnwind dans le langage suisse, souffle avec impétuosité contre la cascade, repousse entièrement son cours et l'arrête pendant quelques minutes. D'autres fois, on voit une multitude de petits nuages que le vent saisit au milieu de la vapeur suspendue dans les airs et emporte au loin. Ce qui m'a paru le plus frappant, c'est lorsqu'un violent ouragan pousse la colonne d'eau hors de son lit ordinaire, d'un côté ou d'un autre, de manière à ce qu'il n'en tombe plus dans le bassin, qui se vide alors en peu de temps et reste bientôt à sec. Les poissons qu'il contient, épouvantés, trouvent à peine, dans quelques petits creux, assez de liquide pour leur existence.

Je terminerai cette description détaillée d'une cascade si riche en effets par le tableau plus doux qu'elle présente le soir et à la clarté paisible de la lune. Dès que le soleil commence à se cacher derrière les montagnes, les différentes saillies du rocher jettent de longues raies d'ombre qui paraissent couper en plusieurs pièces la colonne argentée de la chute, et en masquent tout-à-fait l'extrémité inférieure.

Lorsque enfin l'astre du jour a disparu, on voit peu à peu une sombre pâleur s'étendre sur toute la scène. La masse d'eau disparaît presque tout-à-fait à la vue, et l'on n'aperçoit plus qu'un petit filet descendre en glissant sur la roche. Plus la nuit devient obscure, et plus la beauté de cette cascade majestueuse paraît s'effacer. Une longue figure gigantesque, un spectre vaporeux, revêtu d'un ample manteau blanc, paraît s'appuyer contre le rocher, et observer de toute sa hauteur, dans une attitude immobile, les frêles chaumières des humains reposant à ses pieds dans l'ombre et le silence.

Mais bientôt ce fantôme s'anime, reprend du mouvement et de la vie lorsque la lune vient jeter sur lui sa douce et pure clarté. La colonne de vapeur se montre de nouveau dans son éclat argenté;

on voit briller et scintiller les rayons d'eau sur le gradin le plus bas de la montagne, et même le jeu des couleurs de l'iris rendues plus ternes se reproduit dans la vapeur de petites bulles d'eau, au-dessus du bassin, et forme tantôt un arc, tantôt un cercle complet.

PROMENADE A TRACHSELLAUENEN

ET A LA CASCADE DU SCHMADRIBACH.

On cotoie la rive droite de la Steinberg-Lütschinen, et l'on voit, sur le bord opposé, quelques maisons nommées Schwendi, comme collées sur la pente de la montagne; au-dessus d'elles s'élève la Busen-Alp, surmontée par les pics menaçans de l'Ellstab et du Spitzhorn. Le vallon se rétrécit; il est toujours plus parsemé de débris. On y voit plus fréquemment de grands blocs de granit épars. A Sichellauenen, où un pont traverse le torrent, on commence à voir percer au jour le gneiss. Un peu en deçà de cet endroit, à celui nommé Indermatten, on remarque encore dans le terre-plein de la vallée les premiers ouvrages qu'on fit anciennement pour chercher du minerai de fer. Les galeries qui furent ouvertes couraient dans les couches de schiste et de mine de fer qui se prolongent au loin sous la Jungfrau et sous le Mœnch.

Trois ou quatre maisons et quelques granges, qui composent le hameau de Sichellauenen, interrompent la solitude de ces lieux. Au delà du pont qui s'y trouve, on voit les ruines de quelques grands bâtimens, jadis à l'usage d'une mine de plomb, maintenant abandonnés. Des restes de murs épais grossièrement construits en pierres quartzeuses et micacées, un fourneau dont la partie supérieure se termine en pyramide, et une grande maison carrée qui ne fut jamais finie, augmentent par leur décrépitude l'horreur de ces déserts, et présentent le contraste frappant de la fragilité des ouvrages humains avec la durée presque éternelle des édifices impérissables de la nature. On n'a pas même conservé des notions certaines sur l'époque où ces bâtimens furent élevés. Quelques rapports la placent dans l'an 1705; d'autres à peu près au milieu du siècle dernier, mais tous se réunissent pour attribuer à ces constructions trop dispendieuses l'interruption de ces mines qui furent bientôt délaissées et le sont encore depuis 30 à 40 ans.

En quittant Stechelberg, Sichellauenen peut être envisagé comme la première marche du palais de glace éternelle que forme le glacier de Tschingel. Trachsellauenen serait la seconde; la Nadel, ban de rocher qui touche à cette dernière, passerait pour la troisième, et Steinberg pour la quatrième. Derrière Sichellauenen, on a taillé dans le roc de gneiss, qui se montre à découvert, des espèces d'escalier pour pouvoir marcher de pied ferme sur la route. Lorsque les eaux de la Lütschinen sont abondantes, elles couvrent le sentier étroit et lavent la surface glissante de cette roche primitive.

En avançant, on aperçoit à gauche un coteau

dont le gazon est abandomment parsemé de pierres écroulées, sur lequel descend la Stufensteinlauine (lavange de Stufenstein). Ce sont les restes d'une grande lavange qui tombe régulièrement tous les printemps, et qui ne se fond presque jamais en entier pendant l'été. Elle charrie de de beaux fragmens de glace bleue, qu'elle amène apparemment des régions glacées du Rothental.

A un demi-quart de lieue du chétif hameau de Trachsellauenen, on atteint le pied du Hauri et de la Nadel, deux prolongations avancées du Steinberg.

« On s'arrête dans ces lieux sauvages, mais majestueux, que Lory a si bien dessinés, dit M. Wiss, pour gagner le Schmadribach, en faisant un détour par l'Alpe du Steinberg. Ce pâturage nourrit environ 40 vaches et 1,000 brebis pendant l'été, et forme l'extrême limite entre la vallée habitable et les glaces éternelles. Les traces de la plus affreuse destruction marquent l'entrée dans ces régions de la mort. Nous gravîmes le rocher escarpé de la Nadel, placée, comme un bastion, sur la rive gauche de la Lütschinen, et nous eûmes lieu d'admirer la richesse de la végétation entre les innombrables débris de cailloux épars sur notre chemin.

« Une quantité d'arbres déracinés qui jonchent le vallon d'Ammerten indiquent la dévastation continuelle que la fureur des avalanches opère sans cesse dans ces lieux. Une horrible masse de rochers à notre droite, que nous côtoyâmes pour gravir au Steinberg, nous paraissait en effet très-propre à faire tomber la neige dans l'enfoncement. On nous dit que cet énorme bloc se nomme Breit-Tschingel, ce qui confirma dans mon opinion l'exactitude de la dénomination de Tschingelrat (arête de Tschingel).

« La route n'était cependant pas sans attraits. A notre gauche bouillonnait le torrent du Thalbach. Nous marchions sur un terrain uni, tapissé d'herbes savoureuses, et parsemé de quelques bouquets de sapins. Sur les coteaux, on voyait paraître quelques pins alviers, cet arbre alpestre qui devient malheureusement toujours plus rare dans l'Oberland. A l'horizon, nous avions devant les deux les deux hauts passages de montagnes (Scheideck), aujourd'hui couverts de glaciers, qui conduisaient à la vallée de Gastern, dans le district de Frutigen, et à celle de Lœtschen dans le Valais.

« Nous atteignîmes enfin le chalet de Steinberg, et après avoir pris quelques instans de repos sur le plateau éclairé par le soleil, où il est situé, nous nous remîmes en route; mais, en quittant la direction vers l'occident, que nous avions suivie jusque alors, nous nous nous détournâmes au sud, et au lieu de continuer à monter jusqu'au glacier de Tschingel et au petit lac si remarquable de l'Oberhorn, nous prîmes un chemin qui devait nous ramener à Trachsellauenen. Les voyageurs qui peuvent consacrer deux jours à ces contrées sauvages doivent gravir la Hoch-Alp.

« Après avoir traversé le Thalbach, nous nous frayâmes un sentier entre des débris affreux de rochers écroulés et de forêts renversées, confusément entassés, et nous nous trouvâmes bientôt au bord d'un autre torrent, le Krummbach, dont la largeur et les ondes considérables s'opposaient à notre passage; puis enfin au but de notre excursion, à la superbe chute du Shmadribach, dont l'aspect devait payer toutes nos fatigues.

« Elle offre un des spectacles les plus magnifiques des hautes Alpes. Des deux côtés de la chute, il s'est formé des amas d'éboulis, au milieu desquels les eaux se sont ouvert un libre passage. Elles m'ont paru aussi considérables que celles du Reinchenbach. D'autres petits ruisseaux, tombant des deux côtés de la chute, viennent encore se joindre à ce grand réservoir.

« Cet aspect est incomparable, surtout à quelque distance un peu plus bas, et particulièrement d'un plateau découvert au milieu des forêts, près du chalet de Bohnenmoos.

« Ici, une crête de roc, de forme ronde, revêtue de broussailles, qu'habitent une foule de grives de montagne, est placée sur le premier plan et masque le commencement trop nu du lit qu'occupe le torrent, après s'être précipité. On le voit sortir plus bas, derrière ce monticule, et se diriger en bouillonnant vers un bois de sapins, comme s'il voulait, après un exercice aussi violent, chercher de la fraîcheur sous ces ombrages. On aperçoit alors, à une grande élévation au-dessus de la corniche du rocher d'où il se verse, les cimes de glaces et de neige du majestueux Breithorn, dont la blancheur éblouissante brille sur le dôme azuré d'un ciel pur et serein, et dont le repos et le silence imposant forment un contraste frappant avec l'agitation et le murmure des flots »

VOYAGE PAR LA WENGEN-ALP.

LA JUNGFRAU. — LE GRINDELWALD.

Il y a deux chemins très-différens qui conduisent de Lauterbrunnen à Grindelwald : l'un, praticable pour les chars, par Zweylütschinnen et par la vallée de Lütschinen, dont nous avons parlé plus haut; l'autre, par la Scheideck de Wengen ou Wengern-Alp, mais qu'on ne peut faire qu'à pied ou à cheval. Ce dernier fut tenté pour la première fois, en 1771, par M. le pasteur Wyttenbach et M. de Bonstetten, l'ami du célèbre Jean de Müller, qui l'ont fait connaître et l'ont vivement recommandé.

Les voyageurs ne devraient jamais négliger de le suivre. Il n'expose à aucun danger; il n'a pas plus de 8 lieues de long. C'est le plus élevé de tous les passages de l'Oberland, et l'on y jouit mieux que nulle autre part de l'aspect sublime des superbes montagnes de neige. Il commence par une montée très-roide qui conduit dans une heure de temps aux maisons éparses du village de Wengen. La route devient ensuite moins pénible, et traverse un large plateau moins incliné au-dessus de la vallée de Lauterbrunnen, en longeant celle de Trümleten, qui débouche par un angle presque droit dans la première, en descendant de la Jungfrau. Mais le chemin se détourne brusquement à l'orient pour gagner le point le plus élevé de la Scheideck, et court pendant une heure au milieu d'un pâturage parsemé de nombreux chalets hospitaliers.

Pendant tout ce trajet, on ne perd pas de vue la Jungfrau et les deux Eiger. De l'autre côté de l'arête, la route descend en serpentant dans la vallée de Grindelwald, que l'on a sans cesse devant les yeux, et qui est limitée en face par la grande Scheideck de Hasli.

On rencontre souvent, vers le soir, sur cette route, de jeunes garçons qui donnent aux passans le spectacle de la lutte, ou de jeunes filles plus timides qui saluent ceux-ci par quelques chansons. C'est, il est vrai, une manière de mendier; mais ces groupes d'enfans forment de jolis tableaux qui font oublier facilement le motif en faveur des moyens.

On a bientôt laissé en arrière le riant hameau de Wengen; mais on voit encore çà et là sur l'immense prairie quelques granges éparses au milieu d'enclos fertiles dont on récolte le foin. Quelques petites cabanes sur les bords du chemin offrent aux chèvres à demi sauvages un asile pour la nuit, et sont construites sur les débris de grandes dalles d'ardoises tombées du haut de la montagne, et qui attendent encore, de la suite des siècles, le tissu de mousse et de plantes qui se forme lentement sur les pierres écroulées.

Au milieu de la région supérieure des forêts, sur le Wengberg, le sentier se divise et conduit, dans deux directions différentes, aux chalets du pâturage de Wengen. L'une, plus courte, mais un peu plus escarpée, monte entre le Schlafbühl qu'on laisse à gauche et le Gürmschbühl qui reste à droite; l'autre côtoie encore assez longtemps le bassin de la vallée de Lauterbrunnen, et aboutit par la Mettlen, où se trouve déjà une station de ces chalets, au même lieu, mais par un grand circuit.

Stapfer dépeint l'impression que la Jungfrau a produite sur lui avec un véritable enthousiasme. « De toutes parts, dit-il, dans son *Voyage pittoresque*, à la page 50, elle (la Jugfrau, le plus imposant de tous les monts) est entourée d'épouvantables précipices; des vallées de glace, des abîmes affreux, sillonnent sa surface immense et forment les replis du manteau de neige éternelle qui couvre ses énormes flancs. Vainement l'homme qui est capable de sentir ce qu'il y a de sublime dans ce spectacle chercherait des termes qui pussent rendre ce qu'il éprouva lorsque, pour la première fois, la montagne de la Jungfrau se développa à ses regards dans toute sa majesté. Les mots se traînent loin d'une sensation plus rapide que la pensée. C'est surtout quand la Jungfrau se montre tout à coup au voyageur, soit par un changement inattendu dans la direction de la route ou dans l'abaissement des monts environnans qui le placent inopinément en face de ce colosse, soit après la dispersion subite d'un nuage qui voilait ses régions les plus élevées : c'est alors que l'apparition soudaine de sa cime a quelque chose d'étonnant et de magique. Les yeux sont éblouis ; on cherche autour de soi un appui, des comparaisons; tout s'y refuse à la fois; un monde finit, un autre commerce, un monde régi par les lois d'une autre existence. La cime de la Jungfrau toute resplendissante de célestes clartés semble ne pas appartenir à la terre. Quel repos dans ces vastes déserts de glace, où les siècles passent d'un pied plus léger qu'ici bas les années! Quelle immobilité et quel silence! Les idées d'une durée éternelle, d'un pouvoir sans borne, d'un asile inviolable, saisissent l'âme et lui font plus vivement qu'ailleurs sentir la présence de l'être incompréhensible qui, de la même main dont il jeta les fondemens de ce colosse et l'éleva au-dessus de la région des orages, le brisera un jour comme un vase d'argile. Devant cette masse, l'espèce humaine paraît une race de pygmées, dont les efforts redoublés pendant mille générations ne parviendraient jamais à entamer cette cuirasse éblouissante que les frimats des siècles ont formée, ou à renverser un seul des innombrables rochers qui hérissent ces régions de glace. Il semble que, s'il était possible d'atteindre à cette cime superbe, l'âme s'élancerait de là sans peine jusque vers le créateur de tant de merveilles. De quelque côté que l'on tourne ses regards, des traces de toute-puissance et des images d'immensité s'offrent à elle et lui révèlent l'invisible auteur de tant d'ouvrages prodigieux. »

Ce qui démontre la grandeur de ce mont colossal, ce sont ces énormes lavanges qui, dans les jours chauds de l'été, se précipitent de ces flancs chargés de neige et de glace. On en voit tomber trois, quatre, jusqu'à huit, dans l'espace d'une heure. Dans aucune partie des hautes montagnes, on ne peut contempler ce magnifique spectacle mieux et avec autant de sécurité que du Wengberg. Assis tranquillement en face de ce chaos de mers de glace et de champs de neige entassés, on est livré à un étonnement prolongé et muet. On croit apercevoir, dans le séjour d'un hiver sans terme, la mort éternelle, le silence infini, qui l'habitent. On est saisi d'un frémissement involontaire; on voudrait découvrir quelques indices de vie; on se trouve solitaire au milieu des ruines d'un monde écroulé; l'œil fatigué de l'aspect de ces tableaux immobiles et glacés se baisse et se repose avec délices sur le brin d'herbe qu'on foule aux pieds. Soudain, un coup de tonnerre vient frapper l'oreille effrayée, et tandis qu'on tourne avec surprise les regards vers le ciel pour chercher les nuages porteurs de la foudre et qu'on le voit pur et azuré, on entend encore le roulement éloigné de ce bruit expirant. Incertain d'où provient ce phénomène, on entrevoit enfin un petit nuage de poussière s'élever de quelque banc de neige sur la Jungfrau, et l'on serait tenté de croire qu'un volcan va s'ouvrir dans ces déserts de glace. On remarque en même temps, là où quelques instans plus tôt régnait une entière immobilité, un large ruban argenté, semblable à la colonne d'écume d'une cascade, tomber subitement au-dessus de cette petite vapeur. On ne peut se rendre raison de ce qui arrive. Des flots bouillonnans, qui n'existaient pas un moment auparavant, paraissent s'agiter tout à coup sur cette immense étendue de neige, naguère sans mouvement. Cependant le fracas du tonnerre se renouvelle et se prolonge en éclats redoublés,

Il paraît impossible que ce bruit effrayant provienne du mouvement de ce ruban argenté si éloigné, si petit, si léger. Tout à coup, cependant, ce courant s'arrête et le roulement cesse en même temps, ce qui semble indiquer que l'un était l'effet de l'autre. Le nuage de poussière sur la pente disparaît aussi, et la neige, que l'on avait vue auparavant terne et grisâtre à cette place, a pris maintenant une couleur plus blanche. On comprend enfin ce qui vient de se passer, et l'on regrette de ne l'avoir pas observé avec assez d'attention; mais bientôt on croit voir, sur un gradin inférieur de la montagne, une source jaillir d'une crevasse de rocher. La neige recommence à se remuer, à se crevasser; le fracas se fait entendre de nouveau. Dans le nuage qui s'élève encore et qui ne paraît à l'œil nu qu'un tourbillon de poussière, on distingue avec une lunette d'approche des morceaux de glace, et l'on peut se convaincre que ce qu'on avait été tenté de prendre pour la chute d'un petit ruisseau était celle d'une lavange, qui a entraîné d'immenses masses de neige et a produit ces sons pareils à ceux d'une innombrable artillerie, répétés par les échos des rochers.

VALLÉE DE GRINDELWALD.

La vallée de Grindelwald, jointe aux nombreuses chaînes de montagnes qui en dépendent, peut être considérée comme un district particulier. Son étendue dans ses limites naturelles, depuis le hameau de Zweylütschinen jusqu'au pied des hautes montagnes du canton de Berne qui séparent celui-ci du Valais, est estimée approximativement à 4 lieues de longueur, depuis ce hameau jusqu'à la dernière habitation d'hiver au-dessous de la Scheideck de Hasli. Sa largeur varie beaucoup et ne comporte qu'une demi-lieue à l'endroit où elle est le plus considérable, savoir près de la cure du Grindelwald. Au passage de l'Engi, les parois de rochers se rapprochent tellement, qu'elles laissent à peine un espace de 100 pas au lit du torrent et à la route qui l'occupent uniquement. Le bassin de la vallée commence au sud-est, au pied de la Scheideck de Hasli, située presque tout-à-fait à l'orient et va déboucher, en descendant au nord-ouest, près de Zweylütschinen, dans l'extrémité de celui de Lauterbrunnen.

Le climat de cette contrée, élevée de 3,150 pieds au-dessus du niveau de la mer et entourée de glaciers et de hautes montagnes couvertes de neige et de glace, est assez tempéré; l'air qui y règne est pur et frais. Même dans les plus grandes chaleurs de l'été, les matinées y sont toujours assez froides: on a observé que cette froidure est plus ou moins sensible en raison de l'augmentation ou de la diminution des glaciers. Le vent qui part de ces amas de glace commence à souffler au lever du soleil, augmente jusque vers les 10 heures du matin où il se fait le plus sentir, puis baisse graduellement et ne tombe entièrement qu'à l'entrée de la nuit; mais cela n'a lieu qu'en été, lorsque la couche d'air inférieure est plus chaude et que l'atmosphère tend à reprendre l'équilibre. En hiver, cette espèce de vent alisé cesse tout-à-fait, et souvent alors le climat du Grindelwald est de quelques degrés plus tempéré que celui de Berne, parce que cette contrée est abritée par de hautes montagnes contre les vents du nord, qui ne peuvent exercer leur violence que sur les sommités les plus élevées. Les vents du sud, au contraire, y règnent avec une force extraordinaire et y sont souvent très-dangereux, au point qu'ils abattent des arbres et enlèvent les toitures de bardeaux surchargées de pierres; mais aussi ils fondent quelquefois la neige dans un seul jour à plus de deux pieds de profondeur, et deviennent à cet égard très-avantageux. Les profondes crénelures de la chaîne des montagnes au midi leur laissent un libre accès dans cette vallée; cependant ils y pénètrent plutôt par le sud-ouest, du côté de la Jungfrau et de la Wengen-Alp.

D'ailleurs, la température du Grindelwald est ordinairement très-inconstante; l'été y amène de fréquens orages; mais jamais la grêle et le feu du ciel ne tombent dans le fond du vallon, parce que les nuages se déchargent toujours dans les régions supérieures. Trois fois, par exemple, la foudre frappa à la même place sur l'Eiger dans la même année, et détacha au-dessus de Mittellegi un grand bloc de rocher qui couvrit au loin les glaciers de débris et de poussière et tomba sur la partie supérieure de la Wengen-Alp. Les monts du Thunertschuggen et du Mænnlichen en sont atteints très-fréquemment, et la sommité du dernier en porte les traces dans les nombreux sillons qu'elle y a creusés.

La chaleur naturelle du vent du sud (nommé fœn dans le dialecte suisse), qui annonce ordinairement l'arrivée du printemps dans ces contrées, délivre souvent en peu d'heures les parties les plus basses de la vallée de la neige hivernale qui les couvrait et provoque tout à coup l'activité de la végétation.

C'est au commencement de juillet que l'on récolte les foins, et les regains se fauchent dans les dernières semaines du mois d'août. Les premières cerises mûrissent à la fin de juillet; on en trouve encore plus tard, tant que la bonne saison dure, sur les arbres.

Le produit principal auquel visent les paysans de cette contrée est celui du foin et du regain pour l'entretien de leurs nombreux troupeaux pendant l'hiver. On estime qu'il se monte, une année dans l'autre, à 12,000 toises, qui peuvent fournir à la nourriture de 2,000 vaches ou d'un nombre proportionné de petit bétail, suivant les calculs généralement adoptés.

La seconde récolte de l'herbe n'a lieu cependant que dans les prairies du terre-plein de la vallée; l'on ne fauche qu'une fois celles qui sont plus élevées et plus sauvages. On fait pâturer par le bétail l'herbe plus courte et plus aromatique qui croît sur les pâturages alpestres; sa qualité et l'étendue des terrains qui la produisent compensent ce qui lui manque en hauteur. Ici, comme partout ailleurs, ces pâturages sont séparés des prairies proprement dites par une région de forêts dont le produit en bois est très-important pour la contrée.

En général, le peuple du Grindelwald est indolent, et peu de personnes y savent écrire couramment. Le goût de l'oisiveté et la légèreté dominent chez eux, malgré les pénibles travaux auxquels ils sont obligés de se livrer. Les plaisirs de l'esprit n'ont aucun attrait pour eux ; ni les chansons populaires, ni la musique, ni les conversations enjouées, ni ces défis de plaisanteries ironiques, si fort en vogue dans d'autres vallées de la Suisse, par exemple, dans l'Entlibouch, n'ont pu s'établir parmi eux jusqu'à ce jour. Ils n'ont point d'orgues dans leur temple et le chant d'église n'y est accompagné que de trompettes. Il n'existe dans toute la vallée que deux cors des Alpes, sur la Grindel-Ap, et l'on en joue sans aucun art ni agrément. Ils n'ont point de fêtes populaires, ni de jeux : ils ne connaissent dans ce genre que les deux Bergdorf (villages de montagne) sur la Scheideck et la lutte.

Ils n'observent aucun usage particulier ou extraordinaire dans les cérémonies qui seules jettent quelque éclat sur le cours de leur vie monotone, telles que les noces et les baptêmes. Cependant ils attachent de la superstition aux signes du calendrier, et il y a tels jours réputés malheureux ou de mauvaise augure, où ils craignent de se marier, d'entreprendre de certains travaux, ou de partir avec leurs troupeaux pour les pâturages alpestres. Ils croient aux magiciens et aux sorcières, et il n'y a presque personne dans la vallée qui ne passe pour avoir été atteint par quelque maléfice de leur part. Suivant le récit de quelques paysans, on voit encore, de nos jours, sur le pâturage de Rinderfeld à la Holzmatt, un espace arrondi, que l'on nomme la salle de bal des sorcières, sur laquelle il ne croît point d'herbe ; au milieu s'élève un petit tertre, où elles plaçaient les flambeaux qui éclairaient leur fête.

La superstition entre aussi dans leur manière d'exercer la médecine, particulièrement dans les maladies des bestiaux. Lorsqu'une vache tombe malade, ils disent qu'elle a senti le souffle d'un vent malfaisant, et ils emploient alors des remèdes fort bizarres. Ils en appliquent plus rarement de semblables dans les maladies des hommes. Ils possèdent maintenant, dans la vallée, une bonne et habile sage-femme, qui prend chaque jour plus de vogue. On y a introduit la vaccine, et un médecin stipendié par le gouvernement vient chaque année d'Unterseen, pour l'inoculer aux enfans. Ils ont d'ailleurs rarement recours aux médecins.

Cependant, les habitans ne parviennent communément pas à un âge très-avancé, ce qui provient, peut-être, de leur chétive nourriture. Peu d'hommes atteignent 70 ans. Depuis long-temps, personne n'y avait vécu aussi long-temps qu'une femme, morte, il y a quelques années, à l'âge de 95 ans.

Il n'y a point de grande fortune dans le Grindelwald ; on estime celle du particulier réputé le plus riche à 30,000 francs. Il entretient en été 20 vaches et 16 en hiver. Les paysans d'une fortune moyenne en ont 5 ou 6, avec un nombre proportionné de chèvres, de brebis et de porcs.

La population se monte actuellement environ à 2,000 individus, qui habitent dans 430 à 440 maisons; mais celles-ci sont très-dispersées et divisées en 7 communautés différentes, toutes paroissiennes de l'église principale. Probablement le nombre des habitans serait plus considérable si, de temps en temps, une fièvre putride épidémique, qui règne au printemps, n'en emportait un assez grand nombre.

La quantité de bétail qui existe dans le Grindelwald est assez considérable. Au mois de février 1812, elle montait à 30 chevaux, 10 poulins, 2 bœufs, 42 taureaux faits, 1,354 vaches, 417 jeunes taureaux de 2 à 3 ans, 413 veaux, 1,703 béliers et brebis, 1,731 boucs et chèvres, enfin 456 porcs de tout âge, total 6,158 pièces, qui, soit par leurs produits, soit par la vente qu'on en fait hors de la vallée, forment le revenu le plus essentiel du pays.

On estime que chaque vache, l'une portant l'autre, donne un quintal de fromage pendant les mois d'été qu'elle passe sur le pâturage, à raison de 3 pintes de lait (mesure de Berne) pour une livre de fromage. La saison du pâturage dure, suivant la température de l'année, 13, 16, jusqu'à 18 semaines; mais le rapport varie beaucoup et dépend du temps, du plus au moins de croissance de l'herbe, et d'autres circonstances accidentelles. Le sol de quelques uns de ces pâturages est pierreux, d'une mauvaise qualité et d'un mince rapport, qui doit être compensé par celui des autres dont le terrain est meilleur. La somme des fromages que l'on fait chaque année et que l'on exporte monte tout au plus à 1,500 quintaux, et rapporte environ 37,500 francs, quelquefois plus, quelquefois moins, selon les variations du prix de ce comestible.

On estimait autrefois le revenu pécuniaire d'une vache pendant l'été à 30 francs, et pendant les trois autres saisons à 45 francs, donc pendant toute l'année à 75 francs. On admettait que le revenu de toutes les propriétés particulières, principalement celui du bétail pendant l'automne, l'hiver et le printemps, montait au double du revenu des pâturages d'été. Il faut en déduire les autres productions de la terre, une partie des fromages et tout le séret, un peu de beurre qui sert à la consommation des habitans, et quelques bêtes qu'ils tuent pour leur nourriture; mais on exporte la plus grande partie des fromages et une certaine quantité du bétail, ce qui forme le seul article du commerce de la contrée, et rapporte une valeur numéraire de 300 à 400 louis: c'est à peu près tout l'argent qui y entre. Mais les dépenses sont considérables et absorbent presque tout le bénéfice. Les intérêts de capitaux empruntés en forment la principale branche, puis le sel et le vin. Les impôts en exigent infiniment moins; mais il sort beaucoup d'argent pour des draps étrangers, des rubans, des chapeaux, des épices, du tabac, du sucre, du café, de l'eau-de-vie et du pain blanc. Le luxe, le goût des marchandises étrangères, ont pénétré dans ces montagnes, ont détruit l'antique simplicité des mœurs des habitans, et diminué le profit qu'ils pourraient tirer de leur travail. Ils croient que l'eau est malsaine, et le lait a toujours été leur principale boisson ; mais le vin et les liqueurs spiritueuses ont pris malheureusement trop de vogue parmi eux. Depuis long-temps ils ne se contentent plus des étoffes faites dans le pays pour leurs vêtemens. Ainsi, cette vallée s'est rendue tributaire de l'étranger, sans pouvoir l'imposer à son tour par quelque nouvelle branche d'industrie. Seulement dans les derniers temps, le grand nombre de voyageurs qui l'ont visitée y ont introduit un surcroît de numéraire.

GLACIERS ET MONTAGNES DU GRINDELWALD.

Trois monts, ou plutôt leurs bases, occupent au sud le fond du vallon du Grindelwald. A droite l'on voit l'Eiger, que l'on appelle souvent l'Eiger extérieur, pareil à une immense pierre à fusil dont l'extrémité tranchante s'élève dans les airs. Puis vient une étroite vallée, dont l'enfoncement est entièrement comblé par le glacier inférieur ou petit glacier. Le Mettenberg, dont le nom indique déjà qu'il est placé au milieu, est à gauche de ce glacier. Cette montagne à large base est le piédestal des Schreckhorns (pics de terreur). On ne désigne proprement par ce nom que la plus haute de ces aiguilles qui se trouve au milieu des autres, lorsqu'on parle de cet amas de cimes glacés. Elles sont situées derrière la sommité du Mettenberg, sur la partie de sa crête qui se prolonge au sud, et trop reculées pour qu'on puisse les voir depuis le terre-plein du Grindelwald.

Enfin, tout-à-fait au sud-est, le Wetterhorn, dont la sommité est plus souvent voilée par des nuages que celles de ses voisins, termine majestueusement cet incomparable tableau.

Les Viescherhœrner, ces sommités couvertes d'une neige éblouissante, qui dominent et entourent le glacier inférieur, forment les limites entre les hautes montagnes du canton de Berne et celles du Valais. De leur flanc méridional, du côté du Valais, descend le grand glacier de Viesch, dont l'écoulement forme un ruisseau qui traverse en bouillonnant le bourg valaisan de Viesch ou Visch il a tiré son nom.

On croyait autrefois que les deux glaciers du Grindelwald se réunissaient dans leur région supérieure, et formaient une grande mer de glace derrière le Mettenberg; mais on sait maintenant qu'ils sont séparés par la puissante arête des Schreckhœrner.

La vallée qui sépare le Westerhorn des Schreckhœrner est celle qui doit nous occuper plus particulièrement, puisque c'est dans son enfoncement que s'étale dans toute sa roideur le glacier supérieur de Grindelwald. Il occupe un vaste espace en partant des racines de ces monts de glace, et court entre le Mettenberg à l'occident, l'Oberberg à l'orient, puis au travers de fertiles prairies jusqu'aux coteaux de la Scheideck.

Quoique le Mettenberg ne soit qu'une branche

beaucoup plus basse du Schreckhorn, sa cime dépasse déjà les limites de la neige éternelle. On ne peut y monter qu'avec de grandes difficultés. Cependant, le pasteur de Grindelwald y est parvenu avec un chasseur de chamois, et a rédigé une description très-détaillée et très-intéressante de ce voyage, que j'aurais insérée ici si les bornes de cet ouvrage me le permettaient. Je n'en rapporterai que quelques traits.

Ces hardis voyageurs, après avoir gravi pendant long-temps du côté du glacier inférieur, trouvèrent qu'ils s'étaient portés trop au sud sur la crête qui, de la sommité du Mettenberg, remonte vers l'aiguille la plus avancée du Schreckhorn. Ils furent obligés de redescendre pendant un quart de lieue sur une large plage de neige glissante qui se termine par une espèce de bassin profond; puis, de regrimper à la distance d'une portée de fusil, pour atteindre enfin le but désiré.

« Il était précisément midi, dit notre auteur. Au-dessous de nous s'ouvrait un vaste et sombre précipice de 7 à 8,000 pieds de profondeur, au fond duquel nous voyions serpenter la Lütschinen comme un fil d'argent. La cure et l'église nous paraissaient de petits points blancs et les autres maisons de la vallée pas beaucoup plus grandes que les petits monceaux de terre que les vers soulèvent en la sillonnant. Derrière nous, la plus haute des trois aiguilles du Schreckorn s'élevait au delà des nuages, sombre, inaccessible et trop escarpée pour que la neige puisse s'y fixer. A l'orient se présentait, à peu près aussi élevée, la cime blanche du Wetterhorn, et à ses pieds, à une immense profondeur, le glacier supérieur, semblable à la voie lactée, serpentait dans les gorges des montagnes. Nous jetâmes quelques grosses pierres dans l'abime; mais avant d'avoir franchi le tiers de la hauteur, elles étaient déjà brisées et réduites en poussière par les rocs saillans sur lesquels elles avaient rebondi.

« Le Mettenberg est en entier de la roche calcaire des Alpes, qui, sur sa sommité, est entièrement décomposée et fendue en petits blocs carrés de 2 à 6 pieds cubiques. On serait tenté de croire que quelques ouvriers munis d'instrumens pourraient en peu de temps abaisser de quelques pieds sa partie septentrionale, là où elle n'est pas couverte de neige. Très-souvent, quelques uns de ces quartiers de roc se détachent et roulent d'eux-mêmes sur la pente, ce qui explique l'abaissement naturel et progressif des montagnes et les causes de l'encombrement des vallées. En hiver et au printemps, de nombreuses avalanches se précipitent régulièrement chaque année des flancs escarpés du Mettenberg, et leur marche est si connue, qu'on leur a donné des noms. Mais souvent aussi il en tombe d'autres en si grande quantité, que toute la montagne semble s'écrouler.

« Au sud-ouest et à l'ouest, nous reconnûmes, à 3,000 pieds au-dessous de nous, une partie de grands pâturages de brebis, et qui peuvent avoir six lieues d'étendue. Un ancien document constate que jadis des bêtes à corne y pâturaient, tandis qu'à présent les moutons y trouvent à peine une chétive nourriture. Fort au-dessus du point où nous étions placés, nous apercevions sur le col septentrional du Schreckhorn de vastes champs de neige, qui vont aboutir à l'orient au glacier supérieur, à l'occident au glacier inférieur, puis s'étendent à perte de vue d'un côté vers la vallée d'Urbach et le Grimsel, et de l'autre vers les glaciers d'Aletsch, de Viesch et de Loetsch.

« Arrivés au Martinsdruck après une descente très-dangereuse, nous n'aurions eu qu'une lieue et demie à faire pour retourner chez nous; mais nous nous dirigeâmes au sud et nous prîmes le chemin le plus court pour atteindre le glacier, en passant près de l'Ortfluh, rocher avancé et anguleux, autour duquel le glacier forme un coude, et où l'on a taillé quelques marches qui descendent jusqu'à la surface de la glace. Il paraît que le glacier était jadis au moins de 50 pieds plus exhaussé, car on voit sur le roc des sillons creusés par le frottement, à cette hauteur au-dessus de son niveau actuel. Deux bancs de débris ou guferlignes, qui se prolongeaient à une grande distance sur le glacier, se terminaient non loin de l'endroit où nous l'atteignîmes.

« Plus bas, la pente devient plus inclinée, la glace par-là même plus déchirée, et les débris de pierres qui forment ces bancs roulent dans les crevasses. Après une demi-lieue de chemin, nous vîmes à nos pieds la place où la Lütschinen, ou du moins l'une de ses principales sources, après avoir coulé sur la surface du glacier, se jette avec un sourd mugissement dans un horrible gouffre pour se frayer un chemin sous ces masses gelées. Les chasseurs ont nommé cette cascade le Foulon (die Walke) à cause du bruit qu'elle fait. Nous jetâmes quelques pierres dans cette profonde ouverture, et nous ne les entendîmes tomber dans l'eau qu'après un intervalle de 12 à 14 secondes.

« Nous pouvions déjà apercevoir le terme de notre journée, les cabanes du Zesenberg à un quart de lieue de distance, et nous nous assîmes tranquillement sur la glace pour allumer nos pipes. Mais à peine étais-je placé, que le singulier phénomène nommé dans la contrée l'accroissement des glaciers se manifesta. Un bruit affreux, assourdissant, plus fort que le tonnerre le plus violent, se fit entendre. Tous les objets autour de nous devinrent mobiles. Nos fusils, nos cannes, nos carnassières que nous avions déposées, paraissaient s'animer. Des blocs de rochers, que nous avions crus fixés dans la glace, commencèrent à rouler et à s'entrechoquer. Des crevasses se fermèrent avec une détonation semblable à un coup de canon, et l'eau dont elles étaient remplies fut lancée à une grande hauteur en l'air et retomba en pluie sur nous. De nouvelles fentes de 10 à 20 pieds de largeur s'ouvrirent à nos yeux avec un fracas épouvantable. La masse de glace entière avança de quelques pas. Une terrible révolution semblait prête à éclater; mais après quelques secondes, tout rentra dans le repos et le silence, interrompu seulement par le sifflement des marmottes.

« Nous avions cheminé pendant environ 1 heure sur le glacier, lorsque nous arrivâmes, on pourrait dire nous abordâmes, aux cabanes du Zesenberg.

« Les pâtres qui les habitaient nous saluèrent de loin par des cris joyeux, vinrent à notre rencontre, et nous introduisirent avec une hospitalité cordiale dans une de leurs habitations, qui n'était guère autre chose qu'une grotte naturelle sous un rocher. Ils y passent deux, trois, tout au plus six semaines, dans les plus grandes chaleurs de l'été, et y gardent un troupeau de chèvres sur le pâturage assez fertile du Zesenberg, qui est situé comme une île au milieu de cette mer de glace. Il représente sur une plus grande échelle le Jardin, ce rocher fleuri dans les glaciers du Mont-Blanc, que les voyageurs vont visiter. Nous y fîmes un frugal repas de lait de chèvre et de pain, et nous nous couchâmes près d'un foyer attisé de bois de mélèze odoriférant. »

J'ajouterai encore quelques mots sur le glacier inférieur, dont l'abord est facile, ce qui lui a fait donner le nom de *Glacier des dames*. C'est aussi de tous les glaciers de l'Oberland celui qui a été le plus souvent visité, dessiné, décrit et observé. Comme plusieurs autres, tantôt il s'accroît et tantôt il diminue.

En 1561, il obstruait encore si peu le passage dans le Valais, qu'une noce vint de ce pays dans le Grindelwald. En 1578, un cortége de baptême passa par la même route, et en 1605, une autre noce. Suivant la tradition, une forêt de pins alviers occupait la place que les glaces ont maintenant envahie; l'on a souvent remarqué qu'elles en ont amené des tiges, et l'on a vu sur leurs bords des plantes de ces arbres qui tenaient encore à la terre par leurs racines desséchées. Mais à la fin du dix-septième siècle, le glacier s'avança avec une force extraordinaire dans la vallée et même à un quart de lieue plus loin que son extrémité actuelle. Il força la Lütschinen à changer de lit; on fut obligé d'enlever quatre maisons et quelques granges; on commença en vain à construire quelques digues pour l'arrêter et une grande étendue de terrain fertile fut dévastée. C'est peut-être alors que la place qu'occupait la chapelle de Sainte-Petronille fut obstruée par les glaces. Depuis l'ancienne carte géographique publiée par Schœpf, en 1570, où cette chapelle était encore marquée, on ne l'a plus trouvée nulle part ni décrite, ni dessinée, comme étant encore existante. Le 30 juillet 1814, je fis une excursion au Nellenbalm (caverne de Nellen) où elle était située, et je me félicite de pouvoir, d'après ma propre expérience, recommander aux voyageurs cette localité curieuse, intéressante et d'un abord facile.

On ne peut pas évaluer exactement la largeur de l'embouchure de cette caverne, parce qu'elle est trop ouverte pour qu'on puisse déterminer précisément le point de son entrée. Il me semble qu'on peut l'estimer à 24 pas sur une hauteur de 60 à 100 pieds. Elle a en général de la ressemblance avec celle de Saint-Béat, sur le lac de Thoun, excepté qu'il n'en sort pas un ruisseau. Seulement quelques gouttes isolées filtrent sur la surface du rocher et tombent à terre en dehors de la voûte. Nous crûmes reconnaître des vestiges évidens du chemin qui passait tout auprès. Il remonte insensiblement sur le bord du glacier et se perd là où il ne reste plus d'espace entre le roc et la glace. On allègue comme une preuve des fréquentes communications qui avaient lieu jadis entre le Grindelwald et le Valais par cette voûte, que plusieurs familles actuellement existantes dans la première de ces vallées sont originaires du Valais, ce qui serait très-difficile à expliquer si ce passage n'avait pas existé. On raconte aussi qu'on voit à Viesch en Valais une cloche qui provient de la chapelle de Sainte-Pétronille, comme celle que l'on montre aujourd'hui à Grindelwald. Les Valaisans doivent l'avoir enlevée à l'époque de la réformation, et il est impossible de croire qu'ils eussent passé le Grimsel ou la Gemmi pour cette expédition.

VOYAGE A HASLI IM GRUND PAR LA GRANDE SCHEIDECK.

Ce fut le 31 juillet, à six heures et demie du matin, que nous quittâmes la cure hospitalière de Grindelwald, après y avoir passé une journée agréable. On croirait pouvoir franchir en très-peu de temps la grande Scheideck, qui ne paraît pas très-élevée entre les hautes montagnes qui l'entourent. Il faut cependant trois heures de marche pour atteindre le haut de l'arête. Près de la haute élévation de l'arête, nous passâmes auprès d'un petit étang, dont la couleur d'un rouge de sang très-vif nous surprit. Peut-être doit-il son origine à quelque source pareille à celles dont Scheuchzer a déjà fait mention et dont il attribue la teinte à un *crocus Martis* naturel. Ce fut plutôt une espèce de répugnance, que le manque de temps, qui nous empêcha de faire quelques expériences sur ces eaux singulières.

La vue sur le Grindelwald, depuis le haut du passage, est encore très-jolie, quoique les objets soient déjà un peu trop éloignés; mais celle que l'on a devant soi, du côté du Hasli, est une des plus insignifiantes que l'on puisse trouver dans un pays aussi pittoresque. La belle vallée de Meyringen est encore trop distante pour qu'on puisse seulement la soupçonner, et l'on n'a devant les yeux qu'un sombre rideau de sapins. Aucun roc majestueux, aucune cascade, aucun chalet, ne décorent cette contrée agreste.

Le glacier du Schwarzwald, celui d'Alpigeln et le petit glacier de Hengstern à droite sur les prolongations rocailleuses du Wetterhorn, ne sont ni assez rapprochés, ni assez remarquables pour dédommager de l'absence de tout autre objet attrayant. La station la plus élevée des pâtres de la Scheideck sur son revers oriental est située à peu près à dix minutes de la route, et les voyageurs ne la visitent jamais. On se hâte plutôt d'arriver à l'auberge du Schwarzwald. Mais le site de l'auberge a quelque chose d'alpestre et indique que cet établissement n'est guère qu'une édition un peu corrigée d'un chalet hospitalier habité pendant tout l'été, où l'on est en mesure pour offrir aux passans du pain, du vin, quelquefois du café, et que les voyageurs rencontrent dans ces lieux avec tant de plaisir, qu'ils n'en perdent jamais le souvenir.

Assis devant cette maison de bois, on a devant soi le puissant Wellhorn, que les habitans de Hasli nomment très-improprement Wetterhorn, ce qui le fait confondre quelquefois avec son voisin, beaucoup plus élevé. Une suite de verts pâturages ressortissans du Hasli s'étend à l'orient de l'arête de la Scheideck jusqu'à la dernière pente de ce passage de montagne, du côté de Meyringen. Le premier, nommé aussi Grindel-Alp, peut nourrir 300 vaches. La Schwarzwald-Alp, seulement 30, ainsi que la Rosenlaui-Alp sur la rive droite du Reichenbach et la Schœnbühl-Alp au pied du Wellhorn. Le pâturage de Breitenboden est estimé à 250 alpages, et celui de Reichenbach, qui se divise en grand et petit, à 50. Enfin, la Kaltbrunnen-Alp, à gauche du Reichenbach, en remontant vers le moulin à scie, peut entretenir de 250 à 300 bêtes à corne. Souvent celles-ci sont remplacées sur ces pâturages par un nombre proportionné de petit bétail, et en général, ces troupeaux n'exigent que très-peu d'hommes pour les soigner. On en emploie trois ou quatre pour 50 à 60 vaches, et chacun d'eux peut traire facilement 18 à 20 vaches par jour. Il y a ordinairement dans chaque chalet deux hommes, dont l'un prépare les fromages et l'autre les porte au magasin et les y sale. Ils ont avec eux un ou deux jeunes garçons pour conduire et garder le troupeau. Une vacherie exige 25 à 30 vaches, qui doivent fournir assez de lait pour remplir une chaudière.

Nous allons poursuivre notre route qui se partage dans deux directions différentes.

A droite, elle conduit au ravin de Reichenbach, dans une solitude boisée, où l'on aperçoit, dans un site bizarrement sauvage, les bains de Rosenlaui. On peut consacrer un circuit d'un quart d'heure à aller les visiter. On y trouve deux bâtimens de bois, dont l'un est arrangé pour une auberge et l'autre pour les bains. En 1793 et 1794, cet établissement, qui avait été fort long-temps négligé, fut restauré. Ces thermes, situés dans une sombre gorge étroite et ombragée entre les rochers, au milieu d'une forêt lugubre, au bord du torrent mugissant de Reichenbach, éloignés de toutes les commodités de la vie, ne deviendront jamais un Baden ou un Schinznacht.

Sur la route la plus courte et la plus droite du Schwarzwald à Meyringen, on voit à peine les bains et le glacier de Rosenlaui.

Depuis là, la vallée dans laquelle on descend se rétrécit de plus en plus. Le Reichenbach, obligé de lutter sans cesse contre les rocs qui encombrent son lit, et de faire des chutes continuelles, paraît exercer ses forces pour l'élan gigantesque avec lequel il se précipite des derniers gradins des rochers dans la délicieuse vallée de Meyringen. On partage son impatience, et quoique le sentier devienne toujours plus rapide et plus raboteux, on se hâte de sortir de ce défilé pour jouir plus tôt de la vue du paysage enchanteur qui va se dérouler. Cependant, près d'un moulin à scie et de quelques autres habitations presque en face de la haute cascade de Seilibach, qui se balance dans les airs, la route traverse un affreux chaos de débris, restes de la chute de la montagne du Lauihorn, qui s'écroula presque en entier en 1792, fit de terribles ravages, et tua une femme et trois enfans.

Après avoir cheminé entre deux collines, nous atteignîmes enfin le dernier plateau du passage de la Scheideck, le Zwirgi, d'où le sentier descend sur une pente très-roide et mal pavée ou sur des bancs de rochers nus dans le vallon, en passant par les hameaux de Schwendi et de Willigen. Il est impossible au voyageur de ne pas s'arrêter sur cette terrasse découverte pour contempler d'un œil ravi l'aspect enchanteur dont on y jouit.

A gauche, au fond d'un profond ravin, on entend gronder sourdement, à peu de distance, le Reichenbach, sur lequel un pont de pierre lance son arche élevée et hardie. La chute que cette rivière fait à cet endroit serait digne d'être admirée, si l'on pouvait trouver au-dessous une station favorable. Au nord, l'œil pénètre jusque vers Brienz et dans la gorge du mont Brünig. Le Wylerhorn borne l'horizon de ce côté-là. A l'orient, en partant du Brünig, se présente la croupe large et fertile du Hasliberg. Les cinq villages qu'elle porte forment le tableau le plus gracieux et le plus champêtre, une véritable scène d'idylle au milieu des Alpes. Des parois de rochers nus, et quelques sombres bandes de bois de sapins qui ne laissent presque point d'espace à la naissance du gazon, la séparent du terre-plein. Mais au-dessus, elle est ornée de belles forêts d'érables et de tilleuls, de riches prairies arrosées par de nombreux ruisseaux; plus haut, d'excellens pâturages au-dessus desquels quelques sommités noirâtres élèvent leurs têtes sourcilleuses. A ses pieds repose le village de Meyringen et les hameaux voisins de Stein et d'Eisenbolgen, tandis que derrière leurs paisibles cabanes tombent, en murmurant, trois cascades écumantes.

A droite, au sud-ouest, par-dessus la croupe peu élevée du mont Kirchhet, on voit l'embouchure de la vallée de Mühlital et la cime élancée du Plattenstock, au pied duquel la vallée de l'Aar remonte au midi vers le Grimsel.

VOYAGE AU GRIMSEL.

CASCADE DE LA HANDECK.

Il faut environ 7 à 8 heures de temps pour se rendre à pied de Grund à l'hôpital du Grimsel. Si l'on veut faire cette route à cheval, il faut se procurer une monture à Meyringen. On la fait alors en moins de temps, mais aussi moins agréablement. On peut la comparer à celle du Saint-Gotthard depuis Amsteg; cependant elle est en grande partie plus étroite et peut-être moins bien entretenue.

Autrefois, la route du Grimsel suivait exactement le cours de l'Aar jusqu'au pâturage de l'Urweid postérieur; mais en 1762, elle fut complétement détruite par un débordement de la rivière, et on la dirigea un peu plus sur la hauteur, où l'on atteint déjà aux couches de gneiss et aux roches primitives. Avant d'entrer dans un joli bois d'aunes, on passe près d'un rocher bizarrement isolé au milieu du vallon nommé Ochi-Stein, situé sur les bords de l'Aar, où un petit pont de bois, élevé et léger, la traverse et conduit sur la rive opposée, aux vingt habitations du hameau d'Unterstock.

La vue sur ce joli tableau et sur les montagnes qu'on laisse en arrière est très-agréable. Le Gysswylerstock, le Wylerhorn et le Rothhorn, situés soit dans le canton d'Unterwald, soit dans les environs de Brienz, semblent contempler de loin avec satisfaction ce charmant petit vallon. On revoit souvent ces sommités dans quelques uns des contours que fait la route.

Sur le pâturage de l'Urweid antérieur sont quelques granges et un chalet, qui forment, avec les arbres dont ces bâtimens sont entourés et les montagnes à l'horizon, un charmant sujet d'étude pour les paysagistes.

On passe ensuite l'Aar pour la première fois, depuis Grund, sur un pont de bois; bientôt on arrive à la Benzenfluh, où jadis le chemin était très-rapproché du lit de la rivière : maintenant il est taillé dans le roc et monte à la Schlafplatte.

Peu de temps après, on arrive au hameau d'Im Boden; à dix minutes plus loin est située sur la route, avec deux ou trois autres habitations, l'ancienne maison de péage d'Aegerstein, appuyée contre une paroi de rochers. Par-ci, par-là, on voit quelques champs qui ne sont pas beaucoup plus grands que des planches de jardins. On y cultive de l'orge, des raves, des pommes de terre et d'autres plantes potagères.

A quelque distance, on aperçoit en avant le village paroissial et assez considérable de Guttanen, siége des dernières habitations d'hiver sur la route du Grimsel. A peine le modeste clocher surpasse-t-il en hauteur les toits nombreux des nouvelles maisons qu'on a reconstruites peu à peu sur les deux rives de l'Aar, jointes par un pont de 24 pas de long. Deux incendies avaient ravagé en peu de temps, en 1803 et en 1812, les deux alignemens de maisons de cet endroit. Maintenant, on en a rebâti de plus grandes, ainsi qu'une nouvelle cure et une jolie auberge. On s'approche avec plaisir de cette dernière, où l'on est sûr d'être bien reçu, et on lit sur son frontispice assez large des inscriptions morales et instructives en vers et en prose. Les dernières retracent les malheurs qu'a éprouvés ce village.

Une route pénible conduit dans les déserts de la Handeck, au pied de l'Aerlenhorn, d'où se verse, à droite, un fort ruisseau, l'Aerlenbach, auquel cette montagne a donné son nom. On aperçoit enfin la célèbre cataracte de la Handeck, qui surpasse toutes celles de la Suisse en force, et qui ne le cède qu'à la chute du Rhin à Lauffen, pour l'abondance de ses eaux. On peut se rendre en moins de temps et avec moins de peine depuis le chalet au bord de la rivière, et l'on voit ce magnifique spectacle d'en haut et de très-près. Le matin, de 9 à 10, au plus tard à 11 heures, est le moment le plus favorable pour en jouir. On est placé sur une saillie du rocher, et l'on voit à droite l'Aar précipiter ses ondes sous la forme d'écume confusément moutonnée, tandis qu'à gauche, l'Aerlenbach accourt avec un joyeux empressement, et réunit, dans sa chute rapide, ses flots abondans avec ceux de la majestueuse rivière, au milieu des airs. Le feu d'artifice liquide par lequel la nature célèbre cette union est d'une beauté inexprimable. Lorsque le soleil l'éclaire, une iris scintille, sans interruption, en flammes mobiles et nuancées, sur l'angle tranchant du rocher. On dirait un feu grégeois, que les eaux de la cascade, dont il est sans cesse aspergé, ne peuvent éteindre. Mais il est impossible de décrire, de peindre même, l'agitation, le fracas des ondes, les ténèbres de l'abîme, profond de 200 pieds, dans lequel elles se jettent, l'horreur du désert où l'on est placé, les sauvages alentours de cette scène! Cependant on aime à se rappeler, à la vue de l'original, les images sublimes que Schiller a tracées dans son beau poëme du *Plongeur*.

On pourrait appeler ce tableau un enfer d'eau. En effet, elle se verse dans un gouffre d'une profondeur presque inabordable, que le soleil n'a jamais éclairé. Cependant, l'homme, qui sait pénétrer partout, a tenté d'y arriver. Le peintre Wolf s'y fit descendre avec des cordes, et trouva ainsi un point de vue favorable pour le dessin qu'il a fait de cette magnifique cascade. Il y a placé un loup (Wolf) qui indique en même temps le nom de l'artiste et l'âpreté de la contrée. Cette planche est devenue très-rare.

L'aspect du chalet de la Handeck repose agréablement le voyageur de l'émotion que lui a causée le tumulte des eaux.

On trouve du plaisir à se reposer dans ce chalet

et à s'y rafraîchir avec du laitage, seule comestible que l'on y trouve.

RETOUR A MEYRINGEN.

LA GORGE OBSCURE. — LE REICHENBACH.

Jamais on n'apprécie mieux les beautés de la vallée de Hasli que lorsqu'on descend des déserts rocailleux du Grimsel.

On descend par la gradation la mieux ordonnée, ni trop vite, ni trop lentement, des contrées âpres et hivernales du Grimsel dans le séjour du printemps, de la fertilité, de la variété et de la vie, dans le charmant pays de Hasli; on fuit d'un pas rapide les régions glaciales.

La première partie de la descente du Grimsel n'est point pénible. On désirerait en vain trouver sur une route différente de nouveaux objets à contempler. Il n'en existe point d'autre que celle que l'Aar a frayée. On marche de pied ferme et sec sur les larges dalles de granit que la nature a posées, et l'on sent avec plaisir, à chaque pas, que la température devient plus douce, le sol plus docile, la contrée plus habitable.

En quittant la Handeck, les pierres morcelées et anguleuses dont le chemin est parsemé commencent à le rendre désagréable et douloureux pour la plante des pieds.

A chaque pas, on voit disparaître quelques uns

des enfans de la Flore des Alpes. Le *silene acaulis*, que Saussure a trouvé à une élévation de 10,668 pieds, se trouve encore à celle de 4,600 pieds, avec une tige sur laquelle sa corolle se balance au-dessus du gazon. Plus bas, les fleurs pourprées du myrtil et du rhododendron s'entrelacent avec le pin de montagne, dont les rameaux rampent sur la terre; sous leurs ombrages se cachent le mulot des Alpes et la timide lagopède au plumage argenté. Plus bas encore, l'if élève sa tête toujours verte au-dessus des buissons du noir genevrier, près de celles des hêtres et des mélèses, que l'hiver dépouille de leur feuillage.

On se rafraîchit avec un nouveau plaisir à l'auberge de Guttannen, et l'on se hâte d'atteindre le joli vallon d'Im Grund. On y parvient en 5 ou 6 heures de marche depuis l'hospice, et l'on franchit avec impatience le Kirchhet, cette dernière cloison qui sépare encore du beau village de Meyringen. Le mont Kirchhet est particulièrement intéressant pour les géologistes.

Une particularité du Kirchhet à laquelle on n'a pas encore fait assez d'attention, ce sont les lits profonds qui doivent avoir été creusés à différentes époques de la plus haute antiquité par les écoulemens du lac existant alors dans le vallon d'Im Grund. Deux de ces gorges, la Finstere Schlauche (gorge obscure) et la Lautere Schlauche (gorge éclairée), méritent d'être visitées par tout voyageur curieux. On parvient sans difficulté dans la seconde, située plus au nord. Elle traverse le roc vif sur l'espace d'un demi-quart de lieue à peu près, comme un grand fossé naturel, large et raboteux, et s'ouvre enfin en offrant un point de vue gracieux sur la grande vallée, par un portail étroit au travers des rochers, dans une prairie plate, sur la rive gauche de l'Aar, près de l'endroit ou cette rivière sort de l'horrible gorge nommée le Lamm.

Bientôt après avoir commencé à monter le Kirchhet en quittant ce vallon, on se détourne à droite vers un enfoncement à quelques centaines de pas, et l'on voit encore à droite, au milieu des rochers entr'ouverts comme des tombeaux, un sombre groupe de broussailles dans un fond resserré, auquel nul sentier ne conduit. On s'en approche avec assez de peine et l'on se trouve sur le bord d'une fosse obscure et escarpée, qui paraît n'avoir aucune issue. On se hasarde à descendre dans ce gouffre, en écartant avec précaution les orties et les buissons épineux qui entourent son orifice et en foulant un terrain mobile. Les poëtes ne pourraient être taxés d'exagération en comparant ces lieux à l'entrée des Enfers.

Bientôt le chemin devient plus pierreux, la cavité plus sombre. Quelques arbres que l'on avait vus jusque alors étendre leur feuillage gracieux au-dessus de soi disparaissent; les parois des rochers se rapprochent et s'enchassent tellement l'une sur l'autre, que pendant quelques instans la voûte des cieux même est masquée. Des troncs d'arbres pouris, apparemment tombés d'en haut, jonchent le sol. On n'aperçoit aucune trace de vie. Le bruit des gouttes d'eau qui distillent du plafond, et un murmure sourd qui paraît sortir des entrailles de la terre, celui de l'Aar, interrompent seuls le silence effrayant qui règne dans ce souterrain. On marche entre deux murs de rochers massifs, hauts de 2 à 300 pieds et pleins d'excavations arrondies en forme de coquilles, que les eaux y ont façonnées. L'un de ces trous est si grand, qu'on peut le comparer à ces petites niches taillées dans le roc que l'on voit quelquefois ornées d'images de saints dans les pays de montagnes. On remarque aussi une espèce d'incision en spirale dans la pierre dure, qui paraît indiquer l'endroit où l'eau, resserrée dans cette gorge et n'ayant pas encore percé l'issue par où l'Aar s'écoule maintenant, s'agitait en tournoyant avec violence.

Après avoir fait à peu près 200 pas dans la nuit de cette fosse, on se retrouve en quelque façon en plein air, dans une petite place d'environ 20 pieds en circonférence entre les rochers écartés. A vos pieds, l'Aar roule ses flots verdâtres. On ne voit pas d'où elle vient ni où elle va. Encaissée entre des rochers à pic, remplissant tout l'espace qui les sépare, elle laisse à peine à découvert, lorsque ses eaux sont basses, une petite plage de pierres roulées et de sable, sur laquelle on peut avancer à une centaine de pas du côté d'Im Grund sans trouver une issue hors de cet horrible ravin. Au milieu de son lit gît un grand bloc de pierre qui doit être tombé du rocher vertical en face, d'une hauteur de 500 pieds au moins. En élevant la tête aussi haut qu'on le peut, on voit une étroite bande des cieux; deux rochers immenses avec quelques saillies verdoyantes et quelques broussailles, couronnés d'arbres à hautes tiges qui coupent un peu l'aspect effrayant et uniforme de ces lieux.

On marche sous un dôme de tilleuls et de chênes, on foule un épais gazon. Le passage subit d'un désert dans un paysage riant, des ténèbres à la clarté, d'un séjour mélancolique à des images attrayantes et animées, dilate le cœur du voyageur. Bientôt les grands arbres restent en arrière; le sol commence à devenir plus rocailleux et à s'incliner. Des broussailles touffues offusquent encore la vue; mais enfin, au pied d'un rocher qui surplombe en grotte, sous lequel est placé un reposoir simple et champêtre, l'horizon s'ouvre et un tableau enchanteur se développe aux regards satisfaits. L'œil suit presque jusqu'au lac de Brienz le cours sinueux de l'Aar serpentant au travers d'une vallée unie, verdoyante, remplie d'habitations et de fenils, signes d'une utile industrie et d'une heureuse population. Des deux côtés les plus belles montagnes s'élèvent en gradins de rochers, en terrasses pittoresques et revêtues de verdure, ou en pentes douces, tapissées d'un gazon touffu. On entend dans le lointain le murmure continuel de vingt chutes d'eau formant une harmonie aérienne, semblable aux voix des esprits de la montagne. Ces cascades brillantes se dessinent en rubans argentés sur le penchant grisâtre des coteaux. Partout des arbres élancés étalent leurs feuillages épais. Les hêtres, les noyers, de riches arbres fruitiers, balancent leur branchage dans les airs. Le rempart dont les Alpes ceignent cette contrée la préserve du souffle glacial des vents du nord et y concentre la chaleur du soleil.

On se hâte de descendre dans ce paradis et on voit avec peine sur les bords du chemin les traces d'anciens écroulemens, d'anciens lits de torrens qui ont pu menacer jadis ce jardin délicieux. On atteint bientôt un pont couvert sur l'Aar, au delà duquel on s'approche du beau village de Meyringen sur un terrain uni, en longeant des prairies, des plantages et des maisons isolées. Au delà de son cours, on entre dans la principale rue du village, où se trouve l'auberge. Fatigué d'une longue traite, on s'empresse d'y entrer et de chercher dans un sommeil réparateur de nouvelles forces pour les jouissances que promet le lendemain, et pour visiter avant tout les superbes chutes du Reichenbach.

Il est juste de vouer une mention toute particulière à cet objet remarquable, le premier et le plus vanté de tous ceux que contient l'Ober Hasli.

Au sud-ouest de la vallée, près du Zwirgi, le Reichenbach fait le premier et le plus hardi de ses sauts vers la plaine, d'un rocher élevé et lavé par les eaux, au milieu d'un coteau gazonné. On voit cette chute haute et dégagée, de presque tous les points de la vallée, et pendant quelques matinées du mois de juin, elle présente depuis le pont couvert un spectacle magnifique, étant alors revêtue du haut en bas des brillantes couleurs de l'iris. Son bruit sourd, semblable au tonnerre, augmenté par celui des cascades inférieures que l'on ne peut voir d'aucun point éloigné, parce qu'elles sont masquées par des arbres et des broussailles, retentit au loin dans la contrée. La dernière et la plus pittoresque de ses chutes se montre aussi à découvert. Celle-ci a été représentée ad-

Cascade de Reichenbach.

mirablement bien par Rieter dans une estampe coloriée et d'une dimension convenable.

Ce n'est pas au premier moment que le spectacle majestueux de cette cataracte pénètre l'âme de toute sa beauté. Un bruit étourdissant, un courant d'air glacé, une pluie perçante, un chaos bizarre de nuages, de brouillards mouvans, de fusées d'écume, assaillent tous les sens avec une telle force qu'il faut se recueillir pendant quelque temps, avant de pouvoir s'élever à la contemplation raisonnée de ce sublime objet. Quelques instans s'écoulent encore avant que l'esprit et le jugement puissent saisir les détails de cette scène si riche et soumettre ses diverses parties aux règles reçues de grandeur, de largeur, de hauteur, de proportions physiques.

Un rocher noirâtre, qui traverse sur une ligne assez longue le flanc de la montagne, forme une niche, devant un profond bassin creusé dans des débris de schistes, se vidant par une large fente dans le lit de la rivière. Le rocher avance des deux côtés de cette niche, haute de 2 à 300 pieds; sur sa marge supérieure, il présente des traces de décomposition et des crénelures nombreuses. Les ondes du Reichenbach, resserrées dans un canal étroit, s'élancent avec une violence inexprimable de la plus profonde de ces entailles, de la gauche à la droite du spectateur. On estime le diamètre de cet énorme rayon d'eau de 20 à 30 pieds, et jusqu'à 40 pieds après de longues pluies. Il tombe presque en entier sur une assiette du rocher et contourne au milieu de sa chute pour achever dans toute sa longueur son trajet vers le sombre abîme. On se penche avec précaution, mais en tremblant, pour regarder au fond de ce gouffre. Des broussailles mobiles qui se balancent au sommet des rochers paraissent aussi trembler devant cette effrayante profondeur. Aucun grand arbre n'étend ses rameaux autour de cette horrible gorge.

L'avant-dernière cascade du Reichenbach est plus gracieuse. On passe sur sa rive gauche et on descend à quelque distance du courant. Bientôt on voit ses ondes, tantôt blanches, tantôt azurées, se presser en bouillonnant entre des blocs de rochers saillans et adhérens au rivage, surmonté d'arbres à tiges élancées.

MIYRENGEN ET LA VALLÉE DE HASLI.

S'il existe en Suisse un délicieux coin de pays, c'est certainement celui de la vallée de Hasli autour de Meyringen, où l'on est toujours tenté de s'écrier avec Horace :

Ille terrarum præter omnes
Angulus ridet.

Plus que tout l'univers j'aime cette retraite.

Une nature riche et variée, un climat tempéré, une foule de tableaux gracieux dans un cadre rapproché et romantique, plein de superbes cascades, les plus beaux pâturages alpestres, des groupes de rochers incomparables, la vue des orgueilleuses cimes de neiges, de nombreux villages, hameaux et chalets, habités par une population d'une beauté remarquable; que de matériaux intéressans pour les poëtes, les peintres, les sensibles amis de la nature!

La contrée ou le district de Hasli se divise en trois paroisses, celles de Meyringen, de Gadmen et de Guttannen, sous l'administration d'un préfet commun, qui, depuis des siècles, a été nommé par le gouvernement de Berne et choisi parmi les habitans de la vallée.

La population de la paroisse de Meyringen est la plus nombreuse. Elle a été portée, par des calculs faits en 1816, au nombre de 4,657 habitans, répandus dans plusieurs communautés plus ou moins grandes, et situées, soit sur les coteaux des deux côtés de la vallée, soit dans son terre-plein, en deçà et en delà du mont Kirchhet. Quelques unes de ces communautés comprennent plusieurs hameaux, réunis par des propriétés communes ou par des droits égaux. Leur nombre est de 18, et chacune est pourvue d'une école. Ce sont : Meyringen avec plusieurs hameaux, Willigen, Schwendi, Lugen, Geissholz, Falcheren, Brünigen, Hasliberg qui comprend plusieurs villages, Gund avec quelques hameaux, Bottigen, Aeppigen, Wyler du côté du soleil avec Mühlithal, Wyler du côté de l'ombre.

La paroisse de Gadmen contient la communauté de Nesselthal; celle de Guttannen, les communautés d'Im, Boden et de Guttannen, et chacune de ces paroisses a deux écoles.

D'après ces indications préliminaires, on peut juger de l'étendue et du produit de ce district. Quoique nulle part la vallée principale n'ait plus d'une demi-lieue de largeur, sa longueur considérable, les flancs des montagnes et les vallées latérales, offrent assez d'espace à de nombreuses habitations, à une culture variée et à d'excellens pâturages. On estime que l'Ober Hasli, depuis le pont de Wyler, où commence le territoire de Brienz, jusqu'aux frontières du Valais, sur le Grimsel, a 10 lieues de long, et que sa largeur, entre le fond des vallées latérales au Joch et au Susten, et la grande Scheideck, est de 7 à 9 lieues.

La population a continuellement augmenté depuis une longue suite d'années. Des extraits des registres d'église de la paroisse de Meyringen prouvent que le nombre de ses habitans a presque doublé depuis un siècle, quoique dans ce période les émigrations dans d'autres parties de la Suisse et dans l'étranger aient été beaucoup plus fréquentes. Dans l'année 1675, il y eut à Meyringen 88 baptêmes, 52 morts et 16 mariages; en 1775, 124 baptêmes, 68 morts et 26 mariages; en 1785, 120 baptêmes, 53 morts et 28 mariages. Dix ans après, en 1795, le nombre des baptêmes monta à 159, celui des morts seulement à 44, et celui des mariages à 39. Les années 1805 et 1815 n'ont pas présenté une proportion aussi favorable. Dans la première, on compta 154 baptêmes, mais 70 morts et 40 mariages; dans la seconde, 151 baptêmes, 69 morts et 42 mariages.

L'agriculture, assez restreinte dans l'Ober Hasli, produit quelque peu de céréales, des fruits, du lin, du chanvre et des plantes potagères. Mais la branche d'économie la plus importante pour cette contrée est celle du bétail, des fromages, et le commerce qu'on en fait. Le nombre très-considérable de 54 Alpes ou pâturages alpestres qui en dépendent prouve évidemment que la nature a destiné ses habitans à être un peuple pasteur. On a calculé que ces Alpes peuvent fournir le fourrage d'été à 4,418 vaches, ou à la quantité proportionnée d'autre bétail, et qu'on y nourrit en effet l'équivalent de 4,000 vaches. L'un de ces pâturages est estimé à 450 vaches, trois autres à 300 et plus, d'autres à 100 et 200; mais il y en a plusieurs aussi dont l'alpage n'est que de 20, 10 et même de 8 vaches.

Cette vallée offre au paysagiste, particulièrement dans le circuit d'une lieue carrée autour du bourg principal, un trésor inépuisable de belles études de la nature. Le vallon de Grund, au delà de Kirchhet, présente encore quelques scènes douces et agréables; mais elles sont déjà trop rapprochées des hautes montagnes et de leur aspect sauvage et monotone, tandis qu'autour de Meyringen il existe une variété sans égale de tableaux gracieux et rians, qui forment un contraste admirable avec les rocs hérissés, et les sombres forêts dont ils sont entrecoupés. Plus bas, vers le lac de Brienz, les nombreuses habitations, les riches vergers, disparaissent; les parois de rochers sont plus escarpées et d'un aspect plus sévère. Des prairies marécageuses, où fermentent les dépôts de l'Aar, y produisent moins d'herbes, et ne sont revêtues ni de beaux arbres, ni de l'émail des fleurs.

Mais aussi, ces alentours de Meyringen et de Stein jusqu'à Willigen et Schwendi ont toujours fait l'admiration des artistes.

M. Ch. L. Zehender de Gerzensee, mort, il y a quelques années, après une longue maladie, trop tôt pour les beaux-arts, dit dans le texte qui accompagne le Recueil de ses paysages suisses :

« Les Haslois sont en général beaux, d'une taille au-dessus de la médiocre, tant les hommes que les femmes. Celles-ci, ne s'adonnant que peu aux travaux de la campagne, et ne s'exposant pas souvent à l'ardeur du soleil, conservent un teint blanc et fleuri. Elles sont parfaitement bien faites. Des physionomies gracieuses, des regards tantôt pensifs, tantôt malins, leur prêtent des charmes inexprimables. »

« J'adhère, dit M. Hegner de Winterthur, à ce qu'on a dit généralement de leurs belles physionomies, de leurs teints fleuris et de leurs tailles avantageuses; mais il faut y ajouter encore une espèce de dignité, de réserve naturelle, qui, dans le grand monde, constitue le bon ton, et qui fait qu'on ne leur voit jamais ce regard étonné et timide des autres campagnards, ni ce désir de plaire, qui se trahit par l'affectation et la gaucherie. Les jeunes filles ne possèdent pas la coquetterie maligne des autres Bernoises, ou ne veulent pas en faire usage. Elles cherchent plutôt à se distinguer par le calme et l'immobilité de leur physionomie, qui cadre fort bien avec leur port élancé et leur tenue décidée, et que la faiblesse seule pourrait faire dégénérer en fadeur. Leur conduite ne dément point cette apparence. Elles sont telles qu'on les voit. L'assurance qui se montre dans leur maintien et dans leur démarche règne aussi dans leur manière de s'exprimer. Elles ont de l'enjouement dans la conversation; mais elles montrent peu de sensibilité; leur contenance froide, réservée, annonce plus de fierté que de cette gaîté dans laquelle on peut s'oublier. Elles se livreraient avec un abandon franc et décidé, plutôt que d'employer une résistance simulée qui exciterait toujours plus les désirs. »

Zehender a donné quelques traits des rapports qui existent entre les jeunes gens des deux sexes. « D'abord, après le service divin, les jeunes garçons vont se placer sous l'avant-toit de l'église; les jeunes filles passent devant eux et vont droit au cabaret, mais elles font un détour pour y entrer par une porte de derrière. C'est là qu'elles attendent leurs amis. Une coterie de jeunes beautés se fait donner par l'aubergiste la clef d'une chambre; si elles soupçonnent qu'on pourrait les voir, elles ferment les rideaux des croisées, et s'il n'y en a point, elles les remplacent par leurs tabliers; d'autres arrangent l'appartement à leur gré, puis elles s'asseyent, et, chaque fois que la porte s'ouvre, elles se couvrent le visage de leurs mouchoirs de poche, car le mystère doit principalement assaisonner leurs plaisirs. Les garçons arrivent enfin, et apportent du vin; leurs belles les régalent de fruits secs, de noix, et d'une espèce de petites torches en pâtisserie très-croquantes, faites avec de la farine fine. Il est très-difficile d'engager ces jeunes personnes à entrer dans la chambre commune du cabaret: ce serait contraire à leurs principes d'honneur, tandis qu'elles se permettent de passer des journées entières et même des nuits dans un appartement retiré, avec des hommes de leur connaissance. Quoique cette conduite paraisse trop libre, quoiqu'il règne une grande familiarité entre ces jeunes gens, il faut cependant se garder de porter un jugement téméraire à cet égard. Toute la société reste réunie, et tout égarement sensuel serait suivi du mépris général: aussi n'en voit-on que peu d'exemples. »

Le costume des femmes est très-désavantageux à leurs tailles sveltes, d'autant plus qu'elles s'appliquent à se faire paraître très-grosses autour des hanches, et qu'elles mettent dans ce but juppes sur juppes, qui, dans leur ampleur roide et disgracieuse, descendent en forme de cloches sur les pieds. Cette pièce de leur vêtement est ordinairement blanche et d'une étoffe de laine tissue dans le pays. Au-dessus des hanches, elles portent un corsage noir ou brun foncé, et sur la poitrine un large plastron de velours en soie ou en coton, sur lequel elles étendent, principalement en été, un mouchoir rouge ou bleu, bordé d'un ruban de velours qui remonte jusqu'au cou et voile complétement la gorge; de longues manches de chemises blanches recouvrent leurs bras jusque près du poignet. La nudité du buste des citadines leur paraît fort indécente. Elles ont ordinairement la tête nue. Les femmes mariées et les veuves l'entourent de tresses de leurs propres cheveux. Les jeunes filles ont seules le privilége de laisser pendre ces tresses sur le dos, mais très-souvent elles les rattachent aussi sur la tête. Le dimanche, elles portent toutes de petits chapeaux qu'elles nomment des chapeaux bas, parce qu'ils le sont en effet en comparaison de ceux des hommes. Ces chapeaux n'ont qu'un fond, sans bords, et elles ne les portent que pour aller à l'église. Dès qu'elles en sortent, elles les déposent. Leur coiffure la plus usitée est un mouchoir de toile de coton, ordinairement rayé rouge et bleu, qu'elles drappent presque en forme de turban et qu'elles font descendre fort bas sur le visage, lorsqu'elles sont exposées à l'ardeur du soleil. La principale parure du dimanche consiste en beaux tabliers bleus d'un tissu qu'elles font venir de Zurich lorsqu'elles veulent l'avoir plus fin, et en des talons à leurs souliers fort hauts et teints en rouge. Leurs bas sont toujours de laine, dans toutes les saisons, et tricotés par elles-mêmes; elles ont pour l'hiver une petite veste à manches très-courte et sans aucune élégance. Autrefois, elles portaient aussi de larges colerettes qui couvraient en partie les épaules; mais la mode en a passé entièrement.

Le costume des hommes n'a rien de bien particulier. Ils portent fréquemment des habits bleus très-amples, dont les basques viennent jusqu'aux genoux, et des pantalons justes de la même couleur qui descendent à peu près jusqu'à mi-jambes et sur lesquels ils rattachent les bas en rouleau au-dessous du genou. Ils ne font point usage de bottes et rarement de guêtres. Leurs souliers sont de cuir fort, amplement garnis de clous, et leurs bas sont de laine. Quelquefois ils mettent de larges ceintures de cuir et une veste ample sans manches et flottante par-dessus un gilet d'une autre couleur et boutonné. En été, dans les jours ouvriers, ils ne portent jamais d'habits et sont toujours en manches de chemise; ils se couvrent alors la tête de bonnets de coton blancs ou de chapeaux ronds et noirs; mais en hiver et le dimanche, ils sont presque généralement revêtus d'habits. On voit dans le Hasli moins d'hommes à longues barbes que dans les autres parties du canton. On a eu presque autant de peine à engager les paysans bernois à se la raser que Pierre-le-Grand pour y forcer les Russes; mais on a employé d'autres moyens. Ceux du czar étaient la contrainte et l'opprobre; le gouvernement de Berne défendit enfin de paraître sous les armes avec une longue barbe, et bientôt on n'en vit plus qu'aux vétérans et aux anabaptistes.

La parure des noces a dans l'Oberhasli quelque chose de particulier, comme dans plusieurs autres parties de la Suisse. Les peintres de costume devraient s'occuper à les recueillir pour présenter enfin au public quelques dessins nouveaux. L'époux est complétement vêtu en bleu; il porte une guirlande de romarin autour du bras droit, une branche de romarin attachée sur sa poitrine et un grand bouquet à son chapeau. La mariée est coiffée d'une toque fort haute de velours noir, presque en forme de couronne, ornée de grains de verre, de fleurs artificielles, d'agraffes brillantes, de beaucoup de clinquant et de paillettes. Autour du cou elle a un collier de cordons de soie, et les longues tresses pendantes de ses cheveux, ordinairement liées avec des rubans noirs, sont entrelacées de rubans bleus et rouges, dont les bouts flottent sur le dos, mais viennent se rattacher au lacet sur la poitrine.

VOYAGE DE MEYRINGEN A BRIENZ.

Le chemin qui conduit à Brienz, par le Hasliberg et les hauteurs du Brünig, est le plus agréable.

On côtoie le bruyant Alpbach, et l'on voit de près, à droite, les ruines du château de Resti, simple manoir d'une famille noble et respectée, qui a donné à la vallée plusieurs premiers magistrats, et ne l'a jamais tyrannisée.

Après avoir suivi pendant quelque temps le chemin du Hasliberg à l'église, on peut prendre à gauche un sentier qui conduit près de la chute par laquelle l'Alpbach s'engouffre dans une sombre gorge avec le bruit du tonnerre. Le rayon de cette cascade tombe avec une impétuosité effrayante sur le roc nu, où il se brise et répand un nuage de vapeur qui s'élève dans les airs, semblable à une colonne mouvante, et humecte tout à l'entour le penchant de la montagne; mais l'aspect du grand bourg de Meyringen, sous l'ombrage de ses vergers, au milieu de ses riches prairies, qu'on domine depuis cette place, contraste avec le cadre sauvage du torrent furieux, en présentant un vaste tableau de fertilité d'autant plus étendu que les prés-marais plus éloignés trompent par leur verdure et paraissent continuer le sol productif de ceux qui entourent le village.

Les hameaux de Willigen et de Schwendi; la terrasse de Zwirgi, au-dessus de laquelle on voit par une trouée les gigantesques sommités du Wellhorn et du Wetterhorn, qui paraissent contempler de leur froide solitude le séjour tempéré des mortels; tous ces objets font un effet ravissant dans ce beau paysage, encadré par le cordon des rochers de Falcheren, du Kaltbrunnenhorn, du Garzen, du Wandelhorn et de l'Olschernburg, dans leur imposante grandeur.

En remontant encore depuis la cascade sur la pente nue de la montagne, cette vue magnifique se développe toujours davantage. On est surpris de la grande étendue du glacier de Rosenlaui, que l'on voit maintenant en entier depuis son origine jusqu'à son extrémité; mais bientôt cette perspective est masquée par une forêt de tilleuls que l'on traverse et qui se rapproche déjà des villages du Hasliberg.

Suivant un document, la communauté du Hasliberg fleurissait déjà en 1358, et comprenait alors les hameaux de Wasserwende, Goldern, Rüti et Wald. Ce dernier n'existe plus, et seulement quelques fermes ont conservé ce nom. Elle contient maintenant quatre villages, dont la population réunie est de 900 à 1,000 âmes, et dont le territoire a, du sud au nord, jusqu'à la croupe des hautes montagnes qui les séparent d'Unterwald, une étendue de trois lieues, et de l'orient à l'occident, celle de deux petites lieues. Goldern, le plus bas des villages du Hasliberg, est environ à une lieue de Meyringen, et les autres ne sont guère plus élevés. Habités par un peuple joyeux, robuste et aisé, remplis de vastes habitations, d'abondantes fontaines, ils offrent les images les plus gracieuses. Le sol y est cultivé avec soin. En été, on y voit souvent les femmes et les filles faucher l'herbe des riches prairies, tandis que les hommes vont soigner pendant le jour leur bétail sur les pâturages très-rapprochés, et reviennent le soir, pour rapporter sur leurs épaules le foin déjà sec dans les granges. Souvent, après leurs travaux, les deux sexes se réunissent, et assis devant leurs maisons, ils babillent gaiement ou chantent avec des voix fortes et sonores qui retentissent au loin dans le vallon.

Au lieu du cor des Alpes, qui y est très-rare, ils jouent fréquemment d'un flageolet de verre. Ils se procurent cet instrument, facile à manier, dans les verreries de l'Entlibouch, situées dans leur voisinage. Il consiste en un tuyau de verre droit et cylindrique, ordinairement long d'une demi-aune, épais comme le doigt, mais quelquefois plus long et plus mince. Il est muni en haut et en bas d'un petit pommeau rond et percé qui est adhérent au tuyau. On en joue en posant le pommeau supérieur sur la bouche et en fermant l'ouverture du pommeau inférieur plus ou moins avec le doigt, pour produire les demi-tons. On peut en tirer tous les tons de la gamme. Le son de cette espèce de flûte est aigu, criard, et n'est agréable qu'en plein air; mais lorsqu'un berger en joue dans le lointain, en s'interrompant par momens pour chanter un couplet du ranz des va ches, terminé par le cri champêtre des habitans des Alpes, qui parcourt toute l'échelle des sons, lorsqu'il reprend ensuite son instrument et exhale ainsi sa joie et son bonheur, on se croit transporté dans la scène de la plus délicieuse des idylles.

En quittant Hohfluh, on traverse dans la direction du Brünig quelques pâturages, un petit bosquet clair, et enfin une forêt de hauts sapins. Les cris des geais et des pics-verts interrompent seuls le silence de la solitude, dans laquelle on marche pendant une demi-heure; puis le chemin descend dans un enfoncement, et remonte bientôt après entre les monts du Giebel à droite, du Wylerhorn à gauche, au travers de prairies marécageuses, couvertes d'une herbe touffue, jusqu'à la marge la plus élevée de cet étroit vallon, d'où l'on descend de nouveau sur une pente très-escarpée, ressemblant plutôt à une rampe d'escalier qu'à une route, vers Lungern dans le canton d'*Unterwalden ob dem Wald*. Une petite chapelle est située au point où la vue sur ce village, qui est assez considérable, et sur son lac brillant, se développe le mieux. Elle se prolonge dans le pays d'Unterwald et ses riches pâturages, jusqu'au mont Pilate, entre les montagnes placées des deux côtés, comme les coulisses d'un théâtre.

On s'éloigne pour regagner le territoire bernois, où l'on se propose de passer la nuit à Brienz ou à Tracht, si l'on ne veut pas dépasser les bornes de l'Oberland. Pendant quelque temps, on suit le chemin par lequel on est venu, puis on se détourne à droite et l'on arrive au péage bernois, non loin de la frontière du côté du Hasli. On y jouit aussi d'un point de vue fort étendu sur cette charmante vallée, et sur les magnifiques montagnes opposées, entre lesquelles se distinguent le Wildgerst et le Wandelhorn. A gauche, à peu de distance, dans un fond encadré par de sombres forêts de sapins, se présente, au milieu d'un gazon vert, le village de montagne de Brünigen. C'est jusque là qu'en 1315, le jour de la bataille de Morgarten, s'avança le corps d'armée du comte de Strassberg, allié de Léopold d'Autriche dans ses guerres contre les premiers cantons, lors de sa malheureuse invasion dans Obwalden.

En approchant de Tracht, on rejoint la route de Meyringen, et bientôt on atteint, en marchant entre le rivage et des coteaux rapides, l'auberge placée devant une rade ouverte et large, sur laquelle on peut se promener, et où l'on s'embarque lorsqu'on veut aller visiter le Giessbach. Cependant, beaucoup de voyageurs se rendent, en traversant le ruisseau de Tracht, dans le grand village paroissial de Brienz qui en est très-voisin, et qui possède une très-bonne auberge villageoise.

BRIENZ ET LE GIESSBACH.

Brienz, ou Brientz, est très-agréable par sa situation entre le lac du même nom, au midi, et le Brienzergrat, au nord, qui lui procurent une chaleur et une douceur de température remarquable. Cependant, il est un peu trop resserré entre la montagne et le rivage, et celui-ci n'offre pas à beaucoup près autant de variété, d'agrémens et de commodités, ni ces découpures de montagnes si belles, si imposantes, si multiformes, que l'on admire sur la partie inférieure du lac de Thun.

Le lac de Brienz est un bassin étroit, large à peu près de trois quarts de lieues, et long de 5 à 5 lieues et demie, ouvert à l'orient et à l'occident, mais encaissée au nord et au midi par deux cordons uniformes de montagnes de moyenne hauteur et sans lacunes. Stapfer le compare au lac de Wallenstadt, et Jean de Müller le nomme avec raison sombre et profond. A son angle supérieur, il reçoit l'Aar, au sud-ouest la Lütschinen; entre ses deux extrémités, plusieurs ruisseaux considérables, tels que le Mühlibach près de Brienz, et le Giessbach vis-à-vis de cet endroit, sans parler de plusieurs autres plus petits, viennent se verser dans son sein. La plus grande profondeur à peu près à l'embouchure du Giessbach est, suivant de Saussure, de 500 pieds. Suivant des mesures antérieures, elle serait de 175 jusqu'à 350 toises, et dans quelques endroit on ne pourrait pas même trouver le fond. La navigation n'y est nullement dangereuse, quoique, à quelques places, de hauts rochers sur le rivage rendent l'atterrage impossible.

Peu de voyageurs quitteront Brienz sans avoir invité les chanteuses de l'endroit à venir à l'auberge pour faire entendre quelques unes de leurs chansons, en leur offrant un verre de bon vin. Si le choix de ces filles est calculé pour le plaisir de l'oreille plutôt que pour celui des yeux, on peut au moins juger du costume et du maintien des femmes en général; d'ailleurs, d'autres jeunes filles s'approchent ordinairement de la maison, où pénètrent même dans la chambre pour écouter ces chants, et dans ce nombre, il s'en trouve toujours quelques unes qui, mieux que les chanteuses, soutiennent la réputation de beauté et de délicatesse de traits que les Brienzoises ont acquis à bon droit. C'est un usage reçu que de demander un tel concert, à Brienz ou à Meyringen, où des femmes s'exercent à chanter dans ce but. Mais elles se font toujours accompagner par un coryphée masculin. Leurs chansons sont du moins nationales suisses, si elles ne sont pas locales, et les airs en sont agréables et mélodieux; cependant leur manière un peu criarde de les chanter rend quelquefois ce concert trop bruyant dans un appartement. Il fait infiniment plus de plaisir en plein air, et l'on peut se le procurer, lorsqu'on se rend par eau au Giessbach, à Iseltwald ou même à Interlacken, en engageant les chanteuses à monter sur le bateau et à le conduire. Toutes les femmes sont habituées à ramer, et plusieurs même font ce métier pour gagner leur vie. Une jolie batelière que l'on a beaucoup vantée, peint et chanté, a ravi pendant plusieurs années les voyageurs par son chant, sa conversation naïve, sa beauté et ses grâces naturelles, qui cadraient si bien avec cette contrée romantique, et contribuaient à en graver le souvenir dans le cœur et dans la mémoire.

Mais que l'on soit conduit par des bateliers ou par des batelières, on aura toujours beaucoup de jouissance en allant par eau de Brienz au Giessbach, en passant quelques heures couché sur le gazon, auprès de sa superbe chute, éclairée par la lumière d'une belle matinée, en y prenant un repas frugal et en s'adonnant au charme de la contemplation, du chant ou d'une conversation amicale, dans cette délicieuse et champêtre solitude. Ces plaisirs valent bien ceux que l'on cherche souvent vainement dans les fêtes pompeuses des cités.

Malgré la quantité de cascades que l'on a vues dans l'Oberland, celles du Giessbach sont encore dignes d'être visitées. Même celle du Mühlibach, nommée aussi le Planalpbach, près de Brienz, mérite plus d'attention qu'on ne lui en a accordé jusqu'ici.

Lorsqu'on s'embarque à Tracht ou à Brienz, l'œil repose encore avec ravissement sur ces deux villages qui se touchent, et dont les nombreuses croisées, ouvertes sur le lac, saluent le voyageur. Placé sur un léger esquif, préservé de l'ardeur du soleil par une toile étendue sur des cerceaux, conduit par des bateliers qui battent avec leurs rames la mesure de leur chant, on sillonne rapidement la nappe azurée du lac, et l'on atteint en 25 minutes le rivage du Giessbach.

On entend déjà à Brientz le bruissement du Giessbach, et mieux encore de son embouchure, où il se précipite en écumant dans le lac, d'un gradin de rocher de la hauteur d'une vingtaine de pieds. Mais le rivage élevé empêche de voir ses chutes les plus remarquables, avant que l'on ait débarqué à peu de distance et que l'on ait monté pendant quelques minutes un sentier escarpé. On voit alors, en sortant d'une feuillée, ces puissantes cascades devant soi.

Le torrent forme ici, avant d'entrer dans le dernier bois, une suite de chutes en gradins, comme le Reichenbach. De cette station on en compte six ou sept, dont les plus élevées brillent à peine entre les sommets des sapins, ou ne se font remarquer que par les nuages de vapeurs qui en émanent. Il est à regretter qu'un chemin frayé ne conduise pas du bas en haut, comme au Reichenbach, auprès de chaque gradin que franchit le ruisseau. Ces deux cascades peuvent d'ailleurs rivaliser entre elles de richesse et de beauté. On pourrait même, à quelques égards, décerner la préférence au Giessbach, et quelques personnes ont cru y observer un plus grand volume d'eau, une végétation plus riche dans ses alentours, et plus de variété dans la forme et le mouvement des nombreuses gerbes.

Des arbres de toute espèce de feuillage alternent sur ses bords, et les tiges blanches des cerisiers coupent agréablement la verdure, sans cesse humectée, des prairies voisines. Quelques bancs de rochers grisâtres percent au-dessus des forêts sombres et épaisses, dont la superficie ne présente que des échancrures un peu plus profondes au commencement de chaque chute : quand on regarde au travers, on voit un réseau transparent de branchages qui arrête les rayons du soleil, pour les laisser s'échapper de nouveau et produire un jeu de lumière admirable. Un pont léger, jeté sur la marge des rochers au-dessus de l'avant-dernière chute, en rend l'aspect infiniment plus pittoresque. Presque à chaque heure de la journée on la voit différemment éclairée et développer de nouveaux effets; cependant le soir et le grand matin sont les momens les plus favorables. On a placé, depuis quelques années, un banc couvert en face de la gerbe d'eau, au point où elle se présente le mieux, assez éloigné pour que l'on soit à l'abri des vapeurs de poussière qui s'en détachent et du vent qui l'accompagne toujours. On en jouit encore mieux lorsqu'en montant depuis le rivage, on se dirige à gauche pour arriver à ce banc, au lieu de côtoyer le ruisseau et de s'exposer à être mouillé par l'écume qu'il jette sur ses rives.

En descendant le lac, il est plus agréable de côtoyer sa rive droite, pour gagner le plus riant des villages de l'Oberland, celui d'Iseltwald, situé à une petite demi-lieue du Giessbach. Non loin de l'embouchure de celui-ci est une terrasse avancée sur la pente de la montagne, couverte d'un épais gazon et nommée le Tanzplatz (la place de danse). La tradition rapporte que, dans une fête très-animée par la danse, deux amans, entraînés par le tourbillon d'une walse, tombèrent dans le précipice et se noyèrent dans le lac. On crut qu'ils l'avaient fait de leur plein gré, pour mourir ensemble en se tenant embrassés.

Le site d'Iseltwald, au fond d'une baie au milieu de laquelle une petite île couronnée de plantes et d'arbrisseaux s'élève au-dessus du miroir des ondes, est infiniment agréable et tranquille. On nomme cet îlot l'*île de Bœnigen*, parce que le premier qui la défricha était un habitant de ce dernier village; mais son nom primitif, un peu moins poétique, était l'*île des Limaçons*. Anciennement elle était complétement inculte. Le rivage s'en rapproche par une langue de terre étroite, bien cultivée et plantée de beaux noyers qui ombragent une cabane champêtre. C'est le véritable original des tableaux que Gessner et d'autres poëtes bucoliques ont tracés d'un séjour gracieux de pêcheurs. Les maisons du village paraissent au milieu d'un grand verger, que de magnifiques noyers rendent singulièrement pittoresque, et toutes les fenêtres sont ouvertes sur le golfe.

Le reste du trajet d'Iseltwald à Bœnigen peut se faire à pied, comme une très-agréable promenade, par un sentier étroit et assez rude, mais sans aucun danger. On laisse de côté à gauche une petite cascade du Mutschbach derrière Iseltwald; on passe à côté d'un groupe de maisons nommées *Sengg*, puis par des prés, des vergers et des broussailles, tantôt en montant les pentes des projections de la montagne, tantôt en les redescendant, et l'on franchit quelques petits torrens qui charrient beaucoup d'éboulis. Cependant le chemin par eau est plus court et plus commode. On traverse le lac en droite ligne dans la direction de Ringgenberg et de la sortie de l'Aar. On remarque de loin, sur la rive droite, près d'Oberried, un monticule alongé que la chute d'une partie de la montagne derrière ce village a poussé dans le lac. Ce petit promontoire forme à présent 200 arpens d'excellentes prairies, parsemées d'un grand nombre de beaux arbres fruitiers. En général, la rive septentrionale jouit d'un climat doux, et produit sur un terrain fertile des cerisiers, de grands noyers et de belles forêts de hêtres; mais la trop grande déclivité des flancs de la montagne empêche de profiter de celles-ci, tellement qu'on ne pourrait les exploiter sans danger. L'on cultive principalement du lin, du chanvre et des pommes de terre sur les deux rives du lac : à Niederried, on a su donner plus de largeur au rivage très-resserré entre le lac et la montagne, en construisant dans l'eau des jetées de pierres que l'on a recouvertes de terreau.

En une heure et demie, on atteint, en partant d'Iseltwald, la sortie de l'Aar, et de là, en un quart d'heure, Interlacken. Tout voyageur que le temps a favorisé, se voyant si près du terme de son voyage, se rappellera avec une douce mélancolie les nombreuses jouissances qu'il a goûtées en parcourant les belles contrées de l'Oberland. Je l'ai éprouvé moi-même, et je répétais involontairement avec serrement de cœur les adieux que Schiller fait prononcer à Jeanne d'Arc, lorsqu'elle quitte le séjour pastoral de sa paisible enfance.

Observations.

SOLEURE.

Monnaie. — *Voyez* canton de Berne.

Ouvrages à consulter. — *Cartes de géographie.* — Une des meilleures cartes du canton de Soleure est celle qui accompagne l'Almanach helvétique de l'année 1813; on peut consulter cet almanach sur la statistique du pays; on peut aussi lire, sur le même sujet, le recueil intitulé : *Solothurnische Wochenblætter*, etc., ou Feuilles hebdomadaires de Soleure, pour les années 1810, 1811, 1812, etc.

Soleure. — **Auberges** : *la Couronne et la Tour rouge.*

Curiosités. — L'église de Saint-Ours. La façade est un des plus beaux morceaux d'architecture qu'il y ait en Suisse. On y voit plusieurs morceaux de Dominique Corvi. En démolissant l'ancienne église, on a trouvé beaucoup d'antiquités romaines. Le vieux clocher qu'on voit au milieu de la ville est, dit-on, l'ouvrage des Romains. — Les prisons publiques, par leurs excellentes dispositions, méritent de servir de modèle. Les prisonniers y sont dans l'entière impossibilité d'échapper, quoiqu'on n'emploie, pour leur détention, ni chaînes, ni aucun des autres moyens odieux usités ailleurs. — L'hôpital est aussi sur un excellent pied. — L'hôpital des Orphelins et celui des Enfans-Trouvés. — La Maison de force. — Le Gymnase, qui a remplacé l'ancien collége des Jésuites. — L'hôtel qu'occupaient autrefois les ambassadeurs de France. — Cinq couvens. — Le chapitre de Saint-Ours. — L'arsenal. — L'hôtel-de-ville, où l'on remarque divers tableaux. — La bibliothèque de la ville, qui possède 10,000 volumes. — — Chez M. Wallier une collection de toutes les pétrifications que l'on trouve dans la partie du mont Jura qui appartient au canton de Soleure.

Points de vue. — **Promenades.** — Sur les remparts, hors de la ville, entre les jardins, au château de *Waldeck*, 1/2 l., où l'on voit une superbe forêt, des sites admirables, et des bains d'eaux soufrées. Au château de *Rhinberg*, 1 l., et à la maison de campagne de M. *Gugger*, près de laquelle est une colline d'où l'on découvre de belles vues. La situation des campagnes de *Rittenberg* et de *Bleikberg* est aussi fort belle. A l'hermitage de *Sainte-Verène*, remarquable par sa situation pittoresque; pour s'y rendre, on passe par le chemin. Aux bains d'*Attisholz*, 1 l.

Chemins. — De Soleure à *Berne*, 6 l. A *Bienne*, 5 l.; on passe par Lengnau. A *Bâle*, 12 l. par Witlisbach et Ballstall. A *Arau*, par Olten, 8 l. A *Mortiers*, dans la vallée de Grandval, 6-7 l. par un sentier qui traverse le mont Wyssenstein. Büren, Arberg et Morat sont situés sur le grand chemin de Bâle et Soleure à Lausanne et à Genève.

Olten. — Auberge : *la Couronne*, tenue par M. *Jean Von Arx* ; réparée à neuf, arrangée pour recevoir de nombreuses familles, des personnes de haut rang; belle situation sur une place hors de la ville, en face de l'église neuve et des promenades. Dans cette maison, diligences de Berne, Lucerne, Bâle, tous les mercredis et samedis à midi.

Société helvétique. — Olten est devenue célèbre depuis que la société patriotique, fondée en 1760 par deux personnages du plus grand mérite, le docteur Hirzel de Zurich et M. Iselin de Bâle, y a tenu ses séances. C'est à cette société que l'on doit les hymnes helvétiques de Lavater, dont la poésie simple, et brûlante du saint amour de la patrie, convient à des chants vraiment nationaux, et est à la portée de toutes les classes. En 1786, M. de Bonstetten institua des prix pour les meilleurs mémoires relatifs à l'éducation publique des divers cantons, et aux moyens de la perfectionner.

Chemins. — D'Olten à *Soleure*, 4-5 l.; à *Arau*, 2 l.; à *Arbourg*, 1 l.; à *Bâle*, par le Nieder-Hauenstein, par la vallée de Homberg, par Sissach et Liestall, 8-9 l.

LE CANTON DE SOLEURE.

Le canton de Soleure est situé entre l'Aar et le Jura et se prolonge assez avant dans l'intérieur de de la chaîne du Jura. Il se divise en deux parties principales, les plaines et les montagnes : la première partie est fertile, couverte d'arbres fruitiers, de forêts, de champs et de prairies, et arrosée par l'Aar et par un grand nombre d'autres rivières et de ruisseaux; la seconde partie est formée par une portion du Jura qui traverse le canton du sud-ouest au nord-est. Ses sommités les plus élevées sont le Hasenmatt, le Rothi et le Vinde. Elle est traversée par un grand nombre de vallées qui conduisent par des routes pittoresques dans l'ancien évêché et dans le canton de Bâle. On trouve aussi sur les bords Jura, dans le canton de Soleure, les restes de plusieurs anciens châteaux, habités jadis par des familles illustres, tels que ceux des comtes de Thierstein, de Falkenstein, de Frobourg, etc. Les plus hautes montagnes du canton ont environ 2,000 pieds d'élévation au-dessus de l'Aar, ou 3,500 au-dessus de la Méditerranée; elles sont calcaires et contiennent un grand nombre de coquillages et de pétrifications.

Depuis une vingtaine d'années, le nombre des bestiaux s'est considérablement accru, par suite d'une bonne administration ; les bêtes à corne sont de la meilleure et de la plus belle espèce qui existe en Suisse ; le canton possède en outre une race particulière de bœufs remarquables par l'épaisseur de leur queue.

Les Soleurois ont des vignes dans quelques parties du canton, et une grande abondance d'arbres à fruits ; ils cultivent toutes sortes de graines et entendent particulièrement le soin des prairies ; depuis long-temps ils ont introduit dans leur agriculture les assolemens et les prairies artificielles. En général, le canton de Soleure passe pour l'un des plus fertiles de la Suisse ; il renferme de bonnes mines de fer, des marbres, du gypse et du charbon de pierre ; les bains d'eaux minérales d'Attisholz près de Soleure, ceux de Lostorf à une lieue et demie d'Olten, et ceux de Fliber, dans les prairies au-dessous du Mont-Bleu, dans le territoire de Dornek, jouissent d'une assez grande réputation.

SOLEURE.

Soleure, capitale du canton, est située à une demi-lieue du pied du Jura, sur l'Aar, qui la divise en deux parties inégales, et que l'on passe sur deux ponts de bois ; elle est traversée par le ruisseau le Goldbach (ruisseau d'or). Ce n'est pas une ville bien bâtie ; cependant elle renferme quelques édifices assez remarquables. L'église collégiale de Saint-Ours, surmontée d'un dôme, et décorée d'une façade moderne, est un des plus beaux morceaux d'architecture qu'il y ait en Suisse. On trouve dans l'Hôtel-de-Ville, qui n'a pas beaucoup d'apparence, une salle aussi grande que belle, ornée de tableaux. Le beffroi ou vieux clocher, qui est au milieu de la ville, est, dit-on, l'ouvrage des Romains. Les prisons publiques, par leurs excellentes dispositions, méritent de servir de modèles : les prisonniers ne peuvent s'en échapper, quoiqu'on n'emploie, pour les retenir, ni chaînes, ni autres moyens correctifs usités ailleurs. Il faut voir l'hôpital, qui est sur un excellent pied et parfaitement administré, dans l'intérêt des malades, l'hospice des orphelins et celui des enfans trouvés, la Maison de Force, le Gymnase qui a remplacé l'ancien collége des jésuites, l'hôtel qu'occupaient autrefois les ambassadeurs de France, l'arsenal et la bibliothéque publique, assez nombreuse et bien composée.

ENVIRONS DE SOLEURE.

PROMENADES. — BAINS. — VUES.

Cette petite ville avait autrefois de jolies promenades sur ses remparts : après leur destruction, on les a regrettées. Cependant il y en une très-jolie le long de l'Aar, et de plus jolies encore au dehors de la ville jusqu'aux montagnes de Wysenstein et du Hasenmatt. Cette excursion offre une grande variété de sites et de beautés naturelles. A travers de jolis jardins et de maisons de campagne, on arrive à l'ermitage de Sainte-Vérène, remarquable par sa situation pittoresque au pied du Jura. Le chemin qui conduit à ce pèlerinage passe sur plusieurs ponts et le long d'un ruisseau d'eau limpide, qui, dans son cours, forme une cascade. On entre ensuite dans un vallon, et l'on aperçoit, au bas d'un rocher, l'ermitage, habité par un solitaire qui s'empresse de montrer et la chapelle taillée dans le roc, où, le Vendredi-Saint, les habitans de Soleure se rendent en foule, et le lieu où, selon la légende, sainte Vérène s'attacha au roc pour résister au torrent qui menaçait de l'engloutir, ainsi qu'à Satan, qui, irrité de sa vertu, s'apprêtait à l'écraser sous des quartiers de roche.

A une demi-lieue de la ville, on va visiter le château de Waldeck, dont la situation au bas des montagnes est charmante, et où l'on voit une superbe forêt, des sites admirables, et des bains sulfureux. Les promenades se prolongent sur le chemin de Bâle, entre des maisons de plaisance et des jardins. Un bois, situé non loin de la grande route, conduit aux bains d'Attisholz, où jaillit la principale source d'eau minérale qu'il y ait dans le canton. En gravissant une colline, située au midi de ces bains, on jouira d'une vue qui se prolonge au delà de l'Aar et de l'Emme jusqu'aux Alpes; la première de ces deux rivières baigne, en écumant, le pied de la colline.

Dans les belles soirées d'été, des personnes se

plaisent quelquefois à faire, au clair de la lune, une excursion au Jura, pour être à même d'y contempler, le lendemain au matin, le lever du soleil. Réunies en société, elles s'acheminent, par les prés et les villages, jusqu'à la hauteur où est situé le chalet de Wyssenstein, arrangé en auberge. Après avoir passé la nuit dans ce chalet, on se remet en route avant l'aurore pour gravir la Rœthe. Du haut de cette montagne, au moment où la chaîne des Alpes commence à être éclairée par les rayons du soleil levant, on découvre la vallée, parsemée de collines, qui sépare les Alpes du Jura, et dont la largeur est de quatorze à seize lieues. On jouit en même temps du spectacle sublime des Alpes, dont la chaîne s'étend en longueur sur une ligne de cent trente à cent quarante lieues, et dans laquelle, en se portant droit au sud, les regards pénètrent à environ trente lieues depuis le Wyssenstein. On voit cette chaîne immense depuis les confins du Tyrol jusque bien au delà du Mont-Blanc, du côté du sud-ouest; et, dans sa largeur au sud, on aperçoit les sommités du Mont-Rose, du Cervin, et des Weisshorns, montagnes qui s'élèvent sur la frontière du Valais et du Piémont. Ce spectale, au moment où le soleil se lève, et surtout lorsqu'il se couche, est trop extraordinaire, trop unique, pour qu'on puisse essayer d'en tracer la plus faible esquisse. Le Jura n'offre aucune autre station d'où l'on puisse ainsi découvrir à la fois toute la chaîne des Alpes; mais il faut avoir soin de choisir, pour cette excursion, un temps très-serein et très-pur. « J'ai vu de cette cime, dit un voyageur, le Mont-Blanc, qui en est à environ quarante lieues de distance, s'embraser des feux du soleil, tandis que les innombrables sommités de la chaîne entière étaient encore dans l'ombre; la seconde qui en sortit après ce colosse fut le Finsteraarhorn, situé à près de trente lieues au nord-est du Mont-Blanc. » A l'est, on reconnaît distinctement le Sentis, au canton d'Appenzell. Vis-à-vis du Wyssenstein, on distingue le Niesen, derrière lequel s'élève la Blumlis-Alp, puis l'Alt-Els, et le Bietschorn; et dans le lointain le plus reculé, les pics du Mont-Rose, et un peu plus à l'ouest, la mince aiguille du Cervin. Cependant, les lacs disséminés dans les intervalles des montagnes, et la vaste vallée dont nous avons parlé, que couvrent d'innombrables villes, villages et hameaux entremêlés de verdure, produisent, sur les spectateurs, des sensations moins imposantes, mais plus variées, et par conséquent plus agréables.

Si l'on descend l'Aar depuis Soleure, on trouve Otten, qui en est environ à la distance de 4 lieues et demie. C'est une petite ville, située sur cette rivière, entre deux montagnes séparées de la chaîne du Jura, et sur le grand chemin de Bâle à Lucerne. Les murailles qui l'entourent sont de construction romaine. Elle n'a de remarquable qu'une église neuve, un pont sur l'Aar, et une société patriotique, fondée en 1760, et à laquelle on doit les hymnes helvétiques de Lavater. En 1786, M. de Bonstetten institua des prix pour les meilleurs mémoires relatifs à l'éducation publique dans les divers cantons, et aux moyens de la per fectionner. Il est à remarquer que les faubourgs d'Olten sont mieux bâtis que la ville même.

De l'autre côté de l'Aar et de cette ville, on voit la source minérale de Lostorf couler au bas du château de Wartenfelz. Le château de Gœschen, dans le voisinage, a été detruit pendant la révolution.

L'intérieur du canton n'offre presque aucun autre lieu remarquable; mais on trouve à l'extrémité du côté de Bâle un petit district, célèbre dans les fastes de l'Helvétie : c'est celui de Dornek, situé sur la Birs, qui le sépare de la France. C'est là que, sur la fin du quinzième siècle, le comte Henri de Fürstemberg, envoyé par l'empereur Maximilien, avec un corps d'armée, contre la Suisse occidentale, dont le château de Dornek était regardé comme la clef, fut surpris par les troupes de Soleure, auxquelles s'étaient joints les secours de Berne, de Zurich, de Zoug et de Lucerne. L'armée impériale, forte de 14,000 hommes d'infanterie et de 2,000 cavaliers, assiégeait Dornek. Fürstemberg craignait si peu les Suisses, qu'il dédaignait de prendre aucune mesure contre les surprises. Presque tout son camp, partageant sa sécurité, se livrait aux divertissemens. Qu'arrive-t-il? Les Soleuriens, les Bernois et les Zurichois arrivent à travers un bois, et surprennent les impériaux au milieu de leurs plaisirs. Ils les assomment auprès des tables, au bain, dans les tentes; la confusion devient générale; Fürstemberg est tué; tout fuit en désordre, et les fuyards sont poursuivis jusqu'à la fin du jour. On voyait encore, au commencement de ce siècle, le vieux pont de la Birs qui, dans cette journée, fut pris et repris. Il était défendu par une tour carrée. Un débordement de la rivière a fait écrouler ce monument.

Ballstall est un autre village, ou plutôt un grand bourg, situé sur la route qui conduit à Bâle, au pied du revers méridional de l'Ober-Hauenstein, et dans la vallée de même nom. De ce lieu pour se rendre à Langhenbruck, on passe le Rümlisbach, ruisseau à côté duquel un chemin praticable, même pour les voitures, mène par un défilé à Thierstein, dans la vallée de Gouldni, et par le Passavang à Zwinghen, lieu situé sur la route de Bâle à Moutiers-Grand-Val, au pied d'une chaîne de rochers nus, sur lesquels est assis le château de Falkenstein; puis le chemin monte sur le Hauenstein, d'où les regards embrassent toute la vallée de Ballstall. Tout au fond, brillent sur la droite les toits rougeâtres du hameau de Holderbank, qu'entourent un grand nombre d'arbres fruitiers, et un peu plus haut, le château de Beckbourg montre ses ruines. A gauche du grand chemin qui conduit hors de la vallée, vous apercevez le château de Blauenstein. De là, vous entrez par le défilé de la Clous, et en suivant le cours du Dunnerbach dans les plaines de la Suisse. En prenant le chemin à droite, vous allez à Thurmulle et à Widlisbach, gros village du canton de Bern. Si vous prenez celui de la gauche, vous arriverez à Otten, en passant par le Bouchsgau. Pendant ce trajet, vous verrez sur le

Jura les châteaux de Neu-Bechbourg et de Guesghen. La Dunner, dans laquelle on pêche beaucoup de truites et d'écrevisses rouges, se jette dans l'Aar près d'Otten. Toute cette contrée est très-agréable à parcourir.

Observations.

BALE.

Monnaie. — L'écu neuf vaut 2 florins et 10 batz; ainsi le louis vaut 10 florins et 10 batz. Le florin vaut 15 batz. La livre de Bâle (*Basler-pfund*) vaut 12 batz. Le batz vaut 4 creutzers, ou 10 rappes, ou 3 sols de France. 6 rappes valent un plappert. Un rappe vaut 3 hellers. Un creutzer 8 hellers. Il y a des pièces d'un demi-batz, d'un batz, de 3, 5, 10, 15, 30 batz.

Ouvrages a consulter. — *Cartes*. — La carte jointe à l'Almanach helvétique pour l'année 1813 mérite d'être distinguée.

Bale. — *Curiosités* : 1° La bibliothèque de l'université. — 2° L'église cathédrale (Münsterkirche). — 3° L'hôtel-de-ville. — 4° L'arsenal, où l'on montre l'armure de Charles-le-Téméraire. — 5° Le jardin des plantes. — 6° Des collections relatives à l'histoire naturelle, chez M. Bernouilli, pharmacien. — 7° Des collections de tableaux et d'estampes, chez MM. Fæsh, Heusler, Hoffmann, Ryhiner, Backofen, Bourcard et Reber. — 8° La fonderie de caractères et l'imprimerie de cartes géographiques avec des caractères mobiles, chez M. Haas.

Promenades et points de vue. — Les promenades de la ville sont la place de Saint-Pierre, les remparts, le pont du Rhin : il a 280 pieds de longueur; et la Pfaltz, ou place de la cathédrale, d'où l'on jouit d'une belle vue, ainsi que sur le clocher de l'église.

Excursions. — A *Arlesheim*, 1 lieue. De là jusqu'aux ruines du château de *Reichenstein*, 1 lieue. Ces ruines, et les paysages qui les environnent, offrent un coup d'œil superbe. En revenant à Bâle, on rencontre de vastes grottes dans une montagne, sur le sommet de laquelle est une croix. On peut aussi faire un petit voyage d'une journée, lequel présente une grande variété d'objets, et dont voici l'itinéraire. Au sortir du Grand-Bâle, on suit le cours du ruisseau de Birseck, et l'on traverse les villages de Binningheim, Bottminghen et Oberwylen. De là, en se dirigeant sur la droite, on passe par ceux de Biel, Benken et Leimen; ensuite on monte à *Landskron*, forteresse française, d'où l'on jouit d'une vue magnifique. De Landskron on peut aller en droiture aux bains de *Bourg*, ou bien on revient sur ses pas jusqu'à Leimen, et de là on se rend à Bourg par un chemin plus commode. De Bourg à l'abbaye de *Mariastein*, d'où l'on descend aux bains de *Fluhen* (Fliehen ou Fluelen), dans le canton de Soleure. Ensuite on revient à Bâle par Reinach.

Bale. — Chemins : il part de Bâle tous les 15 jours un coche pour Schaffouse et Constance, et toutes les semaines des diligences pour Berne, Genève, Zurich, Bienne, Paris, Strasbourg et Francfort sur le Mayn. On peut aussi aller en poste à Schaffouse par l'Allemagne. On passe le Jura par quatre grands chemins différens pour aller de Bâle dans les autres parties de la Suisse. On va à Zurich par le Botzberg; à Olten et à Lucerne par le Nieder-Hauenstein; à Soleure et à Berne par l'Ober-Hauenstein, et à Bienne et à Neuchâtel par le fameux passage de Pierre-pertuis; ce rocher percé est situé dans la partie du département du Haut-Rhin qui formait le ci-devant évêché de Bâle. En faisant cette dernière route, on traverse l'intéressante vallée de Moutiers-grand-Val. De Bâle on passe d'abord par Reinach, Oesch, Grellinghen, Pfeffinghen et Lauffen, et l'on voit pendant ce trajet plusieurs châteaux du canton de Soleure, assis sur des rochers élevés; entre autres celui de Dornach. Près de Grellinghen et de Lauffen, la Birse forme de petites cascades, et c'est au-delà de Lauffen que commencent les vallées.

Bale. — Auberges : *les trois Rois*, *la Cigogne*, *le Sauvage*.

Bale. — Peintre de paysage : M. *Rodolph Follenweider*, place Saint-André, n° 587; vues de Suisse coloriées en aquarelle, estampes avec lavis.

— Commissionnaire expéditeur : M. *J. Rodolph Liechtenhon*.

Liestall. — Auberge : *la Clef*, maison connue.

Liestall. — Forges de Niederschoenthal, à 1 1/4 de l. de la ville; propriété de M. *Henri Sthehelin*; gros et petits fers forgés de toute dimension, première qualité, *fonderie de fer* produisant toute espèce de sablerie; M. *Sthehelin* a une maison à Bâle très-bien assortie.

Liestall. — Chemin de l'Ober-Hauenstein : de Liestall, sur l'Ober-Hauenstein, 3 l. 1/2. On passe par le Frenkenthal; on va d'abord à Hollenstein, 1 l. 1/2. On laisse en chemin sur la gauche les bains de Boubendorf; non loin de là on voit s'ouvrir à droite la vallée de Régoltzwyl, à l'entrée de laquelle est situé le village de Boubendorf. Au fond, on aperçoit le Wasserfall, montagne remplie de grottes et de gorges, et fertile en riches pâturages. Neuf sources s'élancent du haut de ses parois de rochers.

LE CANTON DE BALE.

Le canton de Bâle est situé dans la partie septentrionale et occidentale de la Suisse; il est enveloppé en grande partie par le canton de Soleure, et est aussi borné par les cantons de Berne et d'Argovie, par le grand-duché de Bade et par la France. Sa capitale, dont la grandeur et la population sont considérables relativement au reste du canton, est placée à l'une de ses extrémités, et ainsi le canton ressemble en quelque sorte à une maison de campagne qui aurait sur ses derrières ses jardins et son parc. Sa surface est de 23 lieues carrées et 713 millièmes, d'où l'on voit qu'il est l'un des plus petits cantons suisses; mais il est peuplé et riche en beautés naturelles. Il se compose en grande partie de plaines entrecoupées de collines et garanties des vents du nord, ce qui fait que le climat y est doux et tempéré; on a remarqué aussi qu'il était généralement sain; le sol est propre à toutes sortes de cultures, et le pays abonde en arbres fruitiers.

La population du canton est évaluée, dans le tableau officiel, à 45,900 âmes, ce qui donne 1,937 habitans par lieue carrée. En 1794, lorsque le district de Birseck n'avait pas encore été réuni au canton, Normann portait sa population à 40,000 âmes, et quelques autres auteurs à 42,000.

La ville de Bâle n'a point la population que son étendue et le nombre de ses maisons sembleraient comporter, et elle a considérablement déchu de son ancienne population, ce qui tient essentiellement à sa bourgeoisie, qui, pour ne pas voir diminuer l'étendue des priviléges dont elle jouissait, a constamment repoussé les étrangers qui sollicitaient l'entrée dans son sein. Bâle a une enceinte telle, qu'elle devrait naturellement contenir au moins 3,000 maisons; mais elle n'en a que 2,100, et au lieu de 36,000 habitans qu'elle pourrait facilement loger, elle n'en compte que 12 à 13 mille. L'état suivant de la population du canton a été dressé en 1774.

Ville de Bâle.	15,000 habitans
District de Liestall. . .	3,264
—— de Farnsbourg. . .	8,166
—— de Valdenbourg. .	6,317
—— de Hombourg. . .	1,295
—— de Munchenstein .	2,857
—— de Riehen.	1,281
—— du petit Huningue.	405
Total. . . .	38,585

On comptait dans la ville de Bâle 168 ménages et 710 habitans pour 100 maisons; la proportion des hommes aux femmes était celle 456 à 544, ou de 1,000 à 1,194; les bourgeois et les personnes de leur dépendance ne formaient guère qu'une moitié de la population de la ville. Dans la portion rurale du canton, on comptait 687 étrangers.

Les environ de la ville de Bâle présentent une plaine riante, qui s'étend jusqu'au Jura, à la forêt Noire et à la chaîne des Vosges; les nombreuses collines qui en rompent l'uniformité sont partout cultivées, et de jolies habitations ou des forêts en ornent le sommet: les parties les plus fertiles du canton sont celles qui s'étendent entre Bâle, Augst, Sissach et Liestall jusqu'au canton de Soleure; les flancs du Jura sont recouverts de forêts de sapins.

La partie du Jura qui sépare Valdenbourg, dans le canton de Bâle, de Balstall, dans le canton de Soleure, se nomme Ober-Hauenstein, ou Hauenstein supérieur, et est traversée par la grande route qui conduit de Bâle à Soleure et à Berne; on appelle Nieder-Hauenstein, ou bas Hauenstein, cette partie du Jura qui sépare Hombourg de Olten; on donne les noms de Schafmatt et Wasserfall aux parties du Jura qui s'étendent à droite et à gauche de celles dont nous venons de parler; nulle part ces montagnes n'atteignent à une élévation de plus de 4,000 pieds au-dessus de la Méditerranée. Parmi les sommités du canton on distingue le Rothenflue, qui se rapproche de la limite du canton d'Argovie, le Schafmatt et le Schauenburgerflue, d'où l'on jouit d'une vue très-étendue, ce qui fait qu'on y a placé des signaux d'avertissement pour les cas d'alarme; le Viesenberg, qui s'élève au-dessus de Rumlingen et d'Oltingen, etc.

Les montagnes du canton sont composées d'une pierre calcaire compacte; on y trouve de la marne et des grès, outre un grand nombre de pétrifications, dont on a fait à Bâle de belles collections.

Quoiqu'en générale les fabriques nuisent à l'agriculture, et qu'il en existe un grand nombre dans le canton de Bâle, on remarque que les terres y sont dès long-temps cultivées avec soin : ce qu'on peut expliquer par l'aisance des habitans, qui leur permet de faire les dépenses nécessaires à une bonne culture, et par leur goût pour la campagne. Il est peu d'habitans riches de la ville de Bâle qui ne possèdent pas des terres dans le pays.

Dans les années ordinaires, les Bâlois n'ont pas besoin de faire venir de l'étranger des provisions de blé et d'autres graines farineuses, et ils se suffisent à eux-mêmes sous ce rapport; ils ont beaucoup perfectionné depuis un demi-siècle la culture de leurs jardins, et leurs campagnes leur fournissent toutes sortes de bons fruits, comme poires, pommes, cerises, prunes, noix, etc. En 1794, le seul village de Riehen, près de la ville de Bâle, gagnait au delà de 6,000 florins par la vente de ses cerises et de son eau de cerises; les pommes de terre ont été introduites dans le pays vers le milieu du dix-huitième siècle, mais ce n'est qu'en 1770 qu'on a commencé à les cultiver en grande quantité.

Les Bâlois, employant aux travaux des fabriques une partie considérable de leur population, sont obligés de faire venir des ouvriers de terre des contrées voisines; ils les tirent surtout de la forêt Noire et des cantons de Berne et de Soleure.

On trouve du charbon de pierre auprès de Muncheinstein, de Liestall et de Sissach, et on en exploite quelques carrières; la tourbe se rencontre communément dans plusieurs plaines et vallées; les naturalistes ont trouvé dans le canton 21 espèces de cornes d'ammon, outre diverses espèces de coraux et de coquillages marins. Il existe dans le pays plusieurs sources et plusieurs bains d'eaux minérales : les bains de Schauenbourg, près du château du même nom, sont froids et d'une eau parfaitement claire; les bains de Ramser, à demi-lieue du château de Hombourg, ceux d'Oberdorf près de Valdenbourg, ceux de Bubendorf, où l'on trouve aussi des eaux que boivent les malades, et ceux d'Eptinger, sont tous à moins de six lieues de Bâle et tous plus ou moins visités, quoique aucun ne jouisse d'une grande réputation dans l'étranger.

MOEURS ET USAGES DES BALOIS.

Il s'en faut de beaucoup que les mœurs bâloises soient aussi austères qu'elles l'étaient à l'époque de la réformation, et même un peu avant celle de la révolution. Le séjour des étrangers, et surtout des Français, y a causé encore plus de changement que dans les autres parties de la Suisse. Si, dans la ville de Bâle, on a conservé quelques apparences, et si le gouvernement se montre encore assez rigide sur cet article, la plupart des jeunes gens des deux sexes savent bien se dédommager de la contrainte qui leur est imposée, par la liberté qu'ils ont de se voir dans les environs, et par les parties de plaisir dans les rendez-vous qu'ils s'y donnent.

Quant au caractère national, il est difficile de bien dire ce qu'il est. Pendant la révolution, les opinions étaient partagées sur ce grand drame politique, et parmi ces vieux républicains, on trouvait un bon nombre de royalistes. Peut-être leur intérêt et le voisinage de l'armée de Condé étaient-ils les causes de la façon de penser de ces derniers : ce qui le prouverait, c'est que, pendant toute la durée de l'*acte de médiation*, ils ne voyaient que de mauvais œil les Français royalistes qui entraient dans leurs murs, et que toutes les douceurs de l'hospitalité étaient réservées aux bonapartistes. Cependant, il faut rendre justice à une grande partie de la population : si elle redoutait ces derniers, elle plaignait les autres.

Les habitans de la ville de Bâle offrent dans leur caractère un mélange de sentimens et d'idées qui ne se trouvent point dans le reste du canton. Comme cette ville est très-fréquentée par les étrangers, il est impossible que ceux-ci n'y laissent pas quelque chose de leurs préjugés, de leurs opinions, de leurs mœurs, de leurs mauvaises comme de leurs bonnes qualités. Comparez un Suisse d'Appenzell ou de Schwytz avec un Suisse de Bâle, et vous verrez auquel des deux donner la préférence.

Quant aux habitans des campagnes, des petites

villes, des villages, on trouve encore parmi eux beaucoup de simplicité dans le caractère, de pureté dans les mœurs, d'amour du travail, et d'esprit religieux.

Les Bâlois ont de grands rapports avec leurs voisins de la Souabe et de la haute Alsace. Les femmes de la ville de Bâle ont été de tout temps renommées pour leur aimable figure. « N'oublions pas, disait Daniel-l'Ermite, il y a plus de deux siècles, la beauté et les grâces des Bâloises; il est sans exemple que sur une population aussi nombreuse il y ait si peu de femmes laides. » Et plus loin, il ajoute : « Les plus magnifiques des dames suisses sont les Bâloises, qui n'ignorent pas combien la toilette ajoute à leurs graces naturelles : à ce double égard elles ont le pas sur toutes les autres femmes de la Suisse. »

Ainsi que dans tout le reste de la Suisse, on fume beaucoup à Bâle. Les petits bourgeois et les autres personnes du peuple se rassemblent dans des estaminets ou dans de vastes salles et auberges, pour s'y livrer à cette triste jouissance. Il y a tel de ces endroits où la fumée qui s'élève des pipes est si épaisse, qu'à peine aperçoit-on son voisin. Chaque fumeur, son pot de bierre devant soi, garde un silence profond, et l'on dirait une assemblée qui se dispose à délibérer sur de grands intérêts.

« Le hideux spectacle que j'avais vu à Berne s'est encore présenté à mes regards, dit un voyageur que nous avons déjà cité. Malfaiteurs, hommes et femmes, un collier de fer au cou, et enchaînés deux à deux, balaient les rues de la ville sous l'inspection d'archers qui ne leur ménagent pas les paroles plus que sévères, et lorsqu'ils se sont acquittés de cette pénible fonction, peut-être sous les yeux de quelqu'un de leur famille, on les ramène au cachot. Un contraste bien frappant s'offrit à moi, un jour que je déplorais le sort de ces malheureux. C'était une jeune et jolie femme qui, cachée derrière sa croisée, regardait les passans dans une glace placée en dehors. Affligé de ce contraste de l'oisiveté de cette femme et des travaux de ces malfaiteurs, je me détournai vers la terrasse où est située l'ancienne cathédrale, et je me mis à contempler ces belles campagnes arrosées par les eaux du Rhin, et ces monts qui s'élèvent au midi. »

BALE. — CURIOSITÉS DE CETTE VILLE.

Cette ville, située en grande partie sur la rive gauche du Rhin, et à la frontière d'Alsace, est belle, riche et très-commerçante. On traverse le fleuve pour se rendre à une petite partie de la ville, nommée le petit Bâle, sur un pont de six cents pieds de longueur, très-large, et qui sert de promenade aux habitans, à raison du bon air qu'on y respire et de la belle vue dont on y jouit. La population est d'environ 12,000 individus, dans une enceinte qui pourrait en tenir six fois fois davantage. Les maisons y sont généralement grandes, ornées extérieurement de peintures. Le long du Rhin se développe une suite de beaux édifices, construits à la moderne, et appartenans à de riches négocians.

Parmi les principaux objets de curiosité que renferme la ville de Bâle, on distingue 1° la bibliothéque, où l'on voit plusieurs tableaux peints par Holbein, et dont le meilleur est celui qui représente la Passion de Jésus-Christ; un exemplaire complet du livre intitulé *Biblia pauperum*, avec quarante figures gravées en bois; la bibliothéque de Rome; un grand nombre de lettres inédites des réformateurs et d'autres savans des quinzième et seizième siècles; 2° la cathédrale, dont le clocher a deux cent cinquante pieds d'élévation; on y voit le tombeau d'Érasme et des peintures d'Holbein; tout auprès est la salle où se tinrent les sessions du concile de 1431, et qui dura dix-sept ans; quatre bancs de bois, adossés à quatre murailles nues, en forment toute la décoration : ce temple est d'un gothique médiocre, et ses murailles, peintes en rouge, présentent un aspect désagréable à l'œil; la place, dont il fait le principal ornement, est une terrasse très-exhaussée, d'où la vue s'étend sur le Rhin, sur la forêt Noire et sur l'Alsace; 3° l'Hôtel-de-Ville : cet édifice est d'une apparence peu remarquable; mais on voit dans la cour une statue de Munatius Plancus, fondateur d'*Augusta Rauracorum*, ancienne ville romaine, dont il ne reste que des vestiges, sous le nom d'*Augst*; au haut de l'escalier est peint à fresque le jugement dernier; les peintures de la salle sont de Holbein; 4° l'arsenal, où l'on voit la cuirasse, les trompettes, les tymbales et les harnois de Charles-le-Téméraire, duc de Bourgogne; 5° la *Danse des morts*: c'est une peinture à fresque qui se voyait le long d'un mur du cimetière des Dominicains, au faubourg Saint-Jean, et dont on a conservé trois fragmens à la bibliothèque; elle représente une suite de groupes, où la mort, sous la figure d'un squelette, entraîne, au son du violon, des hommes et des femmes dans des attitudes aussi burlesques que variées; tous ces couples, qui étaient de toutes les conditions, marchaient les uns après les autres; un petit toit et une grille de bois défendaient cette peinture des injures de l'air et de celles des passans; elle est attribuée à un élève d'Holbein, lequel s'y est représenté lui-même; elle a été restaurée à quatre reprises, la dernière en 1703.

Les autres curiosités de Bâle sont le jardin des plantes, plusieurs cabinets d'histoire naturelle, d'antiquités, de tableaux et d'estampes, l'hôpital des orphelins et l'école d'industrie.

Il ne faut pas oublier le tilleul planté en 1680, sur la place Saint-Pierre, où l'on s'est plu à pratiquer trois étages de galeries, avec des balcons diversement enjolivées. Le tronc de l'arbre est leur axe commun.

Dans une embrasure de la tour du pont qui fait face à l'Allemagne, est une tête ceinte du diadème, qui avance et retire sans cesse une langue très-longue, en même temps que ses yeux se portent sur un pays dont elle les détourne ensuite pour les y ramener.

Les horloges de Bâle étaient, il y a environ 25 ans, constamment avancées d'une heure. Les habitans ignoraient eux-mêmes l'origine de cette singulière coutume.

Louis XIV fit construire la citadelle de Huningue à un quart de lieue de Bâle, dans des vues peu favorables à la liberté helvétique. Elle a été détruite par une stipulation du dernier traité de paix. Ce sont les Bâlois qui, par leurs instances, ont obtenu le démantèlement de cette forteresse. Il existe, à ce sujet, une anecdote peu connue, qui trouve naturellement ici sa place. Durant la dernière guerre, le bourguemestre avait, dit-on, réuni à souper quelques amis dans sa maison, située sur les remparts. Voilà qu'un bombe, lancée au hasard des batteries de Huningue, enfonce le toit, traverse l'étage supérieur, et tombe avec fracas sur la table. Ce plat, qui n'était pas porté sur le menu, fit perdre l'appétit aux convives, qui se dispersèrent effrayés. On commença dès lors à faire de sérieuses réflexions sur les inconvéniens d'un si importun voisinage, qui rendait, en cas de guerre, la clause de la neutralité tout-à-fait illusoire à l'égard de Bâle. Le commandant de Huningue, manquant de vivres, n'avait, en effet, qu'à en faire demander à la ville, en appuyant sa requête d'une demi-douzaine de bombes, et il était sûr de recevoir aussitôt par le Rhin ce qu'il lui fallait. Il fut donc résolu qu'on insisterait fortement auprès des puissances alliées pour être débarrassé de cette fâcheuse sujétion, qui portait une atteinte aussi évidente au libre arbitre des Bâlois.

ENVIRONS DE BALE.

Les environs de Bâle offrent de superbes positions. Des hauteurs de Sainte-Marguerite, on découvre toute la ville, la vallée de la Wièse, les montagnes de la forêt Noire, le cours du Rhin dans un espace de 8 lieues, Huningue et les vastes plaines du département du Haut-Rhin, qui s'étendent au pied des Vosges bleuâtres; à l'ouest la vallée de Leimen, d'où sort le Birseck, torrent fougueux qui se jette dans le Rhin.

Des hauteurs dont nous parlons, le voyageur voit sous ses pieds le fameux hameau de Saint-Jacques, sur l'emplacement duquel se livra, en 1444, une sanglante bataille entre 1,600 Suisses et 30,000 Français commandés par le Dauphin, qui fut depuis Louis XI. L'aile droite de l'armée française était appuyée contre le coteau de Sainte-Marguerite. La bataille dura 10 heures; les Français perdirent 8,000 hommes, et tous les Suisses, à l'exception de 16, périrent dans cette mémorable journée. Ces derniers, étant retournés dans leurs cantons, y furent déclarés infâmes et déchus de tous leurs droits civils. Un monument d'un genre unique perpétue chez les Suisses le souvenir de ce généreux dévouement : c'est une vigne plantée sur le champ de bataille. Au printemps, les Bâlois se rendent au hameau de Saint-Jacques pour boire du vin rouge fait avec les raisins vendangés dans cette vigne. On appelle ce vin le *sang des Suisses*.

En revenant de Saint-Jacques au Rhin, on trouve les vestiges de l'ancienne ville d'*Augusta Rauracorum*, aujourd'hui Augst, près le confluent de l'Erghelz et du Rhin. On a déterré dans ce lieu de nombreuses antiquités romaines; mais ce ne sont pas les seules du canton : on a trouvé des tombeaux très-anciens au village de Wintersingen; entre Courgenoi et Porentruï, une pierre brute de 10 pieds de haut, qui rappelle le culte grossier des Celtes. Dans ce même lieu, la charrue met quelquefois à découvert des ossemens, des débris de lances et de casques. Sous un grand tilleul du voisinage se tenaient anciennement les assemblées des habitans du canton. La pierre brute dont il vient d'être question, après avoir reçu les hommages des paysans, a été, jusqu'à nos jours, un objet de superstition pour les chrétiens : les paysans passent par le trou dont elle est percée, afin de se guérir de la colique. Telle a été leur foi dans la vertu miraculeuse de cette pierre, que l'intérieur en est tout usé.

Nous allons parcourir les environs de Bâle, guidés par M. Depping, ajoutant aux souvenirs du voyageur nos propres souvenirs.

« Si nous remontons depuis Augst le cours de l'Erghelz et de ses affluens, nous arrivons graduellement jusqu'aux crêtes du Jura, hautes de deux mille cinq cents pieds : en effet, le sol du canton de Bâle s'exhausse peu à peu depuis les bords du Rhin jusqu'à la chaîne du Jura, qui, au midi, occupe les limites des cantons de Bâle et Soleure, et étend ses ramifications dans les deux pays. C'est une suite de belles terrasses qui, sur un espace de dix à douze lieues carrées, peuplée de vingt-cinq mille âmes, renferme plusieurs beautés naturelles que l'on admire dans les Alpes, de charmantes vallées, de beaux pâturages, une végétation très-vivace, des ruines de vieux châteaux assis sur les cimes des montagnes, des précipices bordés de pans immenses de rochers, des chutes d'eau, des grottes ornées de stalactites, des chalets, etc.; et, si l'on redescend dans les plaines, le spectacle de l'industrie, tout différent de la vie pastorale des montagnards, intéresse encore. La petite Suisse, resserrée dans le canton de Bâle, a cela de commode, que dans une seule journée on peut se rendre des vignobles et des beaux vergers du bord du Rhin à la région des sapins, et éprouver dans quelques heures de temps la différence des climats. Cependant, pour visiter tout ce que le canton offre d'intéressant, il faut au moins une huitaine de jours. On remonte à cet effet, comme il vient d'être dit, l'Erghelz, depuis Augst. On arrive d'abord à la petite ville de Liestall, dont les habitans fabriquent du fer, du papier, du laiton, des gants; puis au village de Sissach, qu'animent une industrie et un commerce assez actifs, et qui, entouré de vignes, est situé au pied d'une montagne, ou *fluh* dans le langage du pays, d'où l'on jouit d'une vue charmante. De Gelterkinden on arrive, toujours en remontant l'Erghelz, et laissant à gauche les ruines du château-fort du Farnsbourg, ancien siége d'un des plus puissans seigneurs de la Suisse, et par conséquent d'un des plus grands ennemis de la liberté du pays, on arrive, dis-je, aux roches rougeâtres dites *Rothen-*

fluh, et de là au village d'Anwyl, situé sur une hauteur au milieu des pâturages et des champs. On cite, comme une particularité de ce village, qu'il n'a ni dettes ni auberges. Mais n'y aurait-il donc en Suisse qu'un seul village sans dettes? Le défaut d'auberges paraît annoncer qu'il n'est pas fréquenté par les voyageurs, et qu'il a peu de relations avec d'autres contrées. Il est situé vers l'extrémité orientale du canton. Un chemin conduit sur la montagne de Schaffmatt en Argovie. L'entrée de la vallée est dominée par le Geissfluh, le Bourgfluh, et par le Loetsch, mont sur lequel passe une chaussée antique, au sujet de laquelle on raconte des histoires merveilleuses; la nuit, des fantômes de chevaliers y passent avec grand fracas à cheval et en carrosse. Il serait curieux de rechercher l'origine de ce conte populaire.

« Pour visiter les vallées transversales qui débouchent dans celle de l'Erghelz, il faut redescendre cette rivière et remonter ensuite successivement les ruisseaux qui confondent leurs eaux avec les siennes. De Gelterkinden, un de ces ruisseaux nous conduit, en passant auprès de la charmante terre d'Ernthalde, à la petite vallée de Teknau, que couvre un tapis de verdure et qu'enferment des rocs escarpés, percés de plusieurs grottes; une cascade, qui tombe dans cette vallée solitaire, interrompt par son murmure le silence qui y règne habituellement.

« Sur le revers de la chaîne de collines qui forme la vallée, on en trouve une autre plus longue qui remonte depuis le cours de l'Erghelz jusqu'aux crêtes du Jura, sur la frontière du canton de Soleure. Ce n'est pas la plus pittoresque du canton : la grande route venant d'Olten par le défilé taillé très-anciennement dans le Hauenstein y passe d'une extrémité à l'autre; la montagne qui porte les ruines du château de Hombourg la domine. Par le mont Bolchen on peut passer à une vallée parallèle aux deux précédentes, et qui conduit à une espèce d'entonnoir, au fond duquel est situé le village d'Eptingen, remarquable par ses bains d'eau minérale. De tous les côtés, ce village est bordé de rochers à pic qui lui dérobent la vue du soleil, excepté au milieu du jour; des chalets sont suspendus au haut de ces murs naturels; l'entrée de l'entonnoir est un défilé dominé par les ruines de quelques vieux châteaux, et arrosé dans la saison pluvieuse par une cataracte haute de quatre-vingts pieds.

« En sortant de ce défilé, le cours d'un ruisseau conduit tout le long de la vallée et de nombreux villages jusqu'à Sissach.

« Une dernière vallée qui mérite d'être visitée est celle qui, commençant sur les hauteurs des frontières du pays de Soleure, aboutit à l'Erghelz auprès de Liestall, et dirige une des grandes routes de Soleure. Langenbrouck, à l'extrémité de la vallée du côté du midi, est le village le plus élevé du canton. On passe, par un autre défilé taillé dans le roc, celui du haut Hauenstein, à la petite ville de Wallenbourg, tellement resserrée entre des rochers à pic, qu'elle en occupe toute l'intervalle, et qu'en fermant la porte de la ville on ferme tout le défilé. Ces rochers continuent sur la droite jusqu'à Eptingen, dont il a été question plus haut.

Depuis Langenbrouck jusqu'à Wallenbourg on jouit, sur une route en pente, de vues charmantes sur la partie inférieure du canton. Des vallées secondaires forment des embranchemens de la grande vallée qui se dirige avec la route sur Liestall. Il y en a entre autres une qui renferme les bains de Bubendorf, et qui conduit à Reigolzwyl, situé au fond d'un entonnoir, dont les bords sont couronnés de bois. Sur un des côtés de la vallée on aperçoit les ruines du château de Wildenstein, habité par un amateur d'histoire naturelle. Les vieux châteaux abondent dans ce canton, où la féodalité s'est maintenue un peu plus long-temps que dans le centre de la confédération helvétique. Celui de Schauenbourg offre un point de vue pittoresque sur les bords du Rhin; il s'écroula au quatorzième siècle par suite d'une secousse de tremblement de terre. On a élevé, il n'y a pas long-temps, sur ses ruines, un petit belvédère dont l'emplacement est on ne peut mieux choisi. Ramstein, autre château, situé dans les montagnes, avait été cédé par ses anciens seigneurs à la ville de Bâle, qui, en dernier lieu, louait ou abandonnait gratuitement en don viager l'ancienne seigneurie à des bourgeois. Le dernier rejeton de la famille de Ramstein, mort en 1459, avait été chargé plusieurs fois des fonctions honorables de pacificateur par ses concitoyens; mais son fils naturel, surnommé Pfefferhans, devint traître à la cause des confédérés; et des deux filles du dernier seigneur de Ramstein, l'une mourut parmi les filles repentantes, et l'autre en prison. Le sort de cette famille nous rappelle une descendante de la famille de Maintenon, Mlle Babet d'Aubigné, qui, au rapport de M. Morel, vivait, en 1790, dans le village de Mallerai, de la bienfaisance du public. Son aïeul était ce Samuel d'Aubigné qui, à la révocation de l'édit de Nantes, autorisée par sa cousine, quitta sa patrie avec d'autres protestans, et alla s'établir en Suisse. »

FRENKENTHAL. — LES ALPES.

Fraenkenthal est une vallée qui débouche à Liestall, et se termine à Ober-Hauenstein, montagne de la chaîne du Jura ; elle est arrosée par la Frenk. En la suivant pour se rendre de Liestall à Ober-Hauenstein, on voit s'ouvrir à droite la vallée de Regolzwyl, étroite, sauvage, et fermée par de hautes montagnes, dont celle de Wasser-Fall est, tout à la fois, remplie de grottes et de gorges, et fertile en pâturages. C'est un superbe spectacle que les neuf sources qui s'élancent des parois de ses rochers. De cette vallée au Schelmenloch, on fait une excursion pleine d'agrémens, à cause des rochers et des cascades pittoresques qui s'offrent aux regards du promeneur. La plus belle de ses chutes se trouve au fond de la vallée.

Sur l'Ober-Hauenstein et sur la route de Bâle à Soleure, s'élève le village de Langenbrouck, à près de 2,000 pieds au-dessus de la capitale du canton. A une petite distance de ce village, on découvre, dans une profonde solitude, le gracieux vallon du Schœntal, dont la longueur n'est que d'une demi-lieue. Des montagnes couvertes d'une verdure charmante, et qui se confondent doucement avec la pente de la vallée, l'entourent de tous les côtés. Un ancien monastère, qu'avoisinent quelques habitations, ajoute à tout ce que le vallon offre de romantique. A son extrémité, on peut se régaler d'un lait excellent dans un chalet occupé par un grand nombre de vachers.

Wallenbourg est une petite ville située au pied de l'Ober-Hauenstein, à 2,230 pieds au-dessus de la mer. En sortant de ce lieu, du côté de Langenbrouck, les parois de rochers forment, en se rapprochant sous un angle aigu, un défilé très-étroit, au milieu duquel s'enfuit la petite rivière de la Frenck, qui paraît évidemment s'être frayé un passage au travers de ces rochers, en entraînant avec elle les terres qui interceptaient son cours. Dans le trajet de cette ville à Langenbrouck, on n'éprouve aucune fatigue; les regards se portent avec plaisir sur des montagnes couvertes de beaux et bons pâturages, et dont les sommités offrent de superbes points de vue. L'ancien château de Wallenbourg est très-considérable et s'aperçoit de loin. De ce château, on a autour de soi le spectacle des Alpes.

Souvent ce mot est revenu dans notre ouvrage. Décrivons les Alpes:

On entend par cette dénomination une chaîne

de hautes montagnes qui séparent l'Italie de l'Allemagne, de la Suisse et de la France. Leurs sommités sont sans cesse couvertes de neige que les chaleurs mêmes de l'été ne peuvent faire fondre. Les diverses parties de cette énorme chaîne portent différens noms. On appelle Alpes maritimes celles qui séparent le Piémont de la Provence: le col de Tende et le mont Viso en font partie; Alpes cottiennes, celles qui s'étendent depuis le mont Genèvre jusqu'au Mont-Blanc, et qui séparent le Piémont de la Savoie; Alpes pennines, la chaîne comprise entre le Mont-Blanc et le Combin : le grand Saint-Bernard en fait partie, et elle sépare le Piémont du bas Valais; Alpes suisses, la chaîne qui va du Combin au Splughen, et dont le Simplon, le Grimsel et le Saint-Gotthard, font partie : cette chaîne sépare le Piémont et la Lombardie du haut Valais et de la Suisse; les Alpes rhétiennes, comprises entre le Splughen et le Dreyherrnnspitz, montagne du Tyrol, séparent le canton des Grisons de la Valteline. C'est dans ces chaînes de montagnes que l'on rencontre les plus hautes sommités de l'ancien monde, et après les Cordilières de l'Amérique méridionale, ce sont les plus hautes du globe. Les moindres élévations se trouvent comprises entre 5 et 6,000 pieds au-dessus de la mer. Il en est un très-grand nombre dont la hauteur est de 10,000 pieds, et l'on en compte plusieurs qui en ont 12 ou 13,000; le Mont-Blanc en a, suivant M. de Saussure, 14,700.

Qu'on tire une ligne idéale de l'endroit où le Rhin verse au lac de Constance jusqu'à Vevey, vers le haut du lac de Genève: toute la partie de la Suisse au sud-est de cette ligne est chargée du poids des grandes Alpes. Le pays est généralement sans culture, sans routes praticables aux voitures. Les habitans n'y vivent que du produit de leurs troupeaux, et les hivers y sont rigoureux. Les éboulemens de neige, de terres et de roches, y menacent continuellement leur séjour et leur vie. Les montagnes qui couvrent le pays, en se groupant de mille manières différentes, présentent un assemblage de cimes dont les formes sont aussi bizarres que variées; elles vont en s'élevant par degrés; elles s'entassent, s'accumulent, et forment, au-dessus des nues, des chaînes de rocs prolongées à de grandes distances, et en toutes sortes de directions, chargées de neiges et de glaces qui étonnent les yeux des voyageurs, même dans les plus grandes chaleurs de l'été.

Cette partie de la Suisse est un assemblage de montagnes contiguës, ou entassées les unes sur les autres, et de vallées plus ou moins larges, plus ou moins profondes, dont les directions, la forme et l'étendue, varient sans cesse.

Le bas des vallées, suivant leur évasement, montre, de loin en loin, quelques maigres cultures, où le peu de grains qu'on y confie à la terre n'acquiert qu'une imparfaite maturité. Souvent même cette faible récolte est emportée ou noyée par les eaux, gelée ou détruite par l'intempérie des saisons. A une moyenne hauteur, les pentes les moins rapides donnent une herbe courte, sèche, dure, mais odoriférante; le reste est couvert de forêts souvent inaccessibles. Plus haut, le roc nu et le voisinage des glaces ne présentent que l'aspect lugubre de la plus affreuse stérilité. Nulle production pour la subsistance de l'homme ou pour celle des animaux ! point d'arbres, point d'arbustes, point de plantes, nul vestige de terre végétale; plus d'hommes, plus d'êtres vivans, plus de mouvement : c'est pour ainsi dire un autre monde! Partout où le curieux ose porter ses pas, c'est la solitude et le silence; point d'autre bruit que celui des torrens qui se précipitent contre les rochers.

Plus haut encore, ce sont des montagnes et des mers de glace, des enchaînemens de sommets couverts de neiges, qui, au milieu de l'été, présentent l'aspect d'un hiver rigoureux. Ces monts entassés portent leurs dernières sommités à une telle hauteur, que, trois quarts d'heure après le coucher du soleil, on les voit encore éclairés par cet astre. Vers le solstice d'été, on n'y voit point d'intervalle entre le crépuscule du soir et celui du matin.

Dans les hautes Alpes, le mélange contrasté des grands bois, des roches renversées, des torrens, des lacs, des cavernes, des gorges, des rivières, des cascades, des glaciers, des précipices, des plaines dont plusieurs s'élèvent à plus de 9,000 pieds au-dessus de la mer; le mélange de montagnes accumulées, de pics qui disputent de hauteur, de cimes, de rocs qui s'élèvent au-dessus des nues; ces rochers antiques, qui bravent depuis tant de siècles le pouvoir du temps, les ombres et la lumière, la solitude et le silence, émeuvent l'âme par le spectacle le plus grand, le plus majestueux.

Rien ne fait naître autant de réflexions profondes que les lieux où, sans trouble et sans distraction, on médite dans le silence et au milieu des merveilles de la nature, parmi les plus anciens monumens de la terre. Un sentiment profond y élève et double notre existence.

Aucun pays ne présente des aspects plus pittoresques et plus variés que la Suisse. Souvent les sites les plus sauvages contrastent avec les points de vue les plus rians et les plus animés. Des glaciers touchent quelquefois à des pâturages émaillés de fleurs, et des fraises excellentes, qui croissent dans leur voisinage, donnent le spectacle simultané du printemps et de l'hiver.

Du haut des Alpes, la couleur du ciel paraît à l'œil plus foncée, et le soleil plus petit. Cet astre est d'une blancheur éblouissante, et, quoiqu'il brille de l'éclat le plus vif, son disque cesse d'être radieux. Les étoiles perdent aussi leur scintillation. La lune paraît plus voisine de la terre, et sous un diamètre moindre que celui que nous lui voyons dans la plaine.

L'atmosphère plus dense à la surface de la terre qu'à la moyenne région de l'air, et la différence de réfraction dans les rayons de lumière, à leur passage dans des milieux différens, occasionent cette diversité dans l'aspect du ciel et dans celui des astres. Ajoutons que ces petits corps imperceptibles qui voltigent dans l'air inférieur, ne pouvant s'élever au-dessus des hautes montagnes, ne produisent point cette scintillation des étoiles qui frappent nos regards dans les basses vallées ou dans les plaines.

Dans les Alpes, les coups de tonnerre, fortifiés et répétés par les rochers et les échos, sont affreux. Souvent l'habitant de ces montagnes voit l'orage se former sous ses pieds, et entend la foudre gronder au-dessous de lui; et tandis que, dans la plaine, le cultivateur voit l'éclair s'abattre sur sa chaumière, il contemple sans danger la sérénité du ciel. Les nuages qui lui dérobent la vue de la terre développent à ses yeux comme une mer immense, où les sommets des montagnes qui s'élèvent au-dessus forment comme autant d'îles de l'aspect le plus pittoresque. Le charme de cette perspective augmente lorsqu'il vient à se faire une ouverture dans les nues, à travers lesquelles l'œil plonge jusqu'à la terre. Les cascades se rencontrent à chaque pas dans les montagnes. Lorsque, à cause de l'élévation d'où elles tombent, les nuages cachent le lieu d'où elles s'élancent, elles semblent verser du ciel même.

Telle est la partie de la Suisse placée au sud-est.

Au nord-ouest le pays est haché. On y trouve beaucoup de rivières et de lacs fort poissonneux, des montagnes assez hautes, qui disparaissent à l'aspect des grandes Alpes. Cette partie, si inégale qu'elle soit, et qui même renferme des montagnes de 2,000 jusqu'à 2,500 pieds de hauteur, ressemble à une vaste plaine, vue du haut du Jura, d'où l'œil atteint aux Alpes. Le bas des montagnes est couvert de vignes, de champs, de prés, de bois, qui s'étendent quelquefois jusqu'au sommet. Ici on ne trouve plus d'Alpes, plus de bans de roche, plus de cascades, et en été, ni neiges, ni glaces. Les montagnes ne sont point entrecoupées par de profonds abîmes, et les prés y sont couverts d'arbres fruitiers.

Cette partie occidentale de la Suisse s'étend, dans le Jura, des bords du Rhône au-dessous de Genève à ceux du Rhin près de Bâle. Dans cette chaîne de montagnes, la nature est la même que dans la région inférieure des Alpes. Ses crêtes les plus élevées ne retiennent les neiges que jusqu'au commencement de juin, et n'atteignent tout au plus qu'à la moyenne hauteur des Alpes.

En général, les neiges disparaissent des terres les plus basses de la Suisse dès la fin de février; elles découvrent les montagnes basses en mars et en avril, et ainsi successivement jusqu'en juillet, où la fonte se porte jusqu'aux glaciers. Cette progression du dégel est un bienfait signalé de la Providence. La fusion seule de glaces qui couronnent les hautes sommités produit des fleuves nombreux, rapides et considérables. Si cette fusion s'opérait en même temps sur toute la superficie et sur toutes les cimes, la Suisse serait, chaque année, submergée par les eaux, et bientôt elle serait changée en un lac immense, à la surface duquel s'élèveraient les montagnes, comme les archipels du grand Océan.

Observations.

ARGOVIE.

Ce canton est fréquenté par les étrangers, à cause surtout des bains de *Baden* ou *Bade*, situés à 600 pas de la ville, sur les deux bords de la Limmat, et distingués sous les noms de *grands* et *petits* bains; on en compte 200. Les auberges sont multipliées; chacune a ses bains en propre; quelques-uns sont fort jolis. C'est au *Hinterhof* que sont les meilleurs et les appartemens les plus commodes. Les prix de ces bains varient. Le séjour de Baden n'est du reste pas aussi cher qu'on pourrait le croire. En 1817, la dépense de notre journée commune était de 16 à 18 fr., en y comprenant le logement, la nourriture, etc. Ordinairement, en quittant les bains, on laisse aux domestiques des étrennes. Il faut les leur promettre d'avance; on est sûr d'être l'objet de soins particuliers. Les bains de *Schintznach* sont aussi en possession d'attirer les nationaux et les étrangers. Il y a 80 baignoires placées dans une chambre obscure. Les malades peuvent faire d'agréables promenades en voitures à Brouck, Baden, etc.

Monnaie. — Voyez Soleure et Berne.

Ouvrage à consulter. — *Cartes.* — Celle de Meyer. *Almanach helvétique*, 1816.

Baden. — Promenades et points de vue : 1° près des ruines du vieux château; 2° sur le *Kreutzberg*, à une lieue de la ville; en redescendant de cette colline, on peut passer par un lieu que l'on appelle *Teufelskeller*; 3° sur le *Heitersberg*, près du chalet de monseigneur : chalet appartenant à l'abbé de Wettinghen, situé à une lieue ½ de Bade. Pour s'y rendre on passe par le couvent de Wettinghen, et on continue jusqu'au premier village, où il faut se pourvoir d'un guide. Au retour du chalet, on peut suivre presque jusqu'à la ville un sentier agréable, pratiqué le long de la croupe de la montagne. 4° Près de la maison de campagne de l'abbé de Wettinghen; elle est connue sous le nom de *Wettingher-Trotte*. 5° Près du Signal, Hochwache, du Legherberg, 2 l. On suit pendant ½ heure le grand chemin de Zurich; ensuite on le quitte pour se diriger sur la gauche du côté de Boppelsen, et l'on monte pendant une bonne ½ heure par une pente fort roide. 6° Sur la montagne du *Schœffli*, ou de *Saint-Martin*. Tout près du grand chemin qui mène à Windisch, 1 l. Du sommet de cette montagne on découvre la fertile vallée du Sigghental. 7° Des bains par le Hartenstein à *Lengnau*, village où habitent des juifs, et de là à Dogherfelden dans le vallon de Sourb. Là, sur une colline couverte de broussailles, on voit les mesures du château de Conrad de Dogherfelden, l'un des assassins de l'empereur Albert. Klingnau, lieu natal de M. Hœchler, habile peintre de Munich, n'est qu'à peu de distance de Dogherfelden.

ARAU. — AUBERGES: *le Bœuf, le Sauvage, la Cigogne*.
CHEMINS: Pour Lenzbourg, par un sentier que les habitans montreront aux voyageurs. *Coches, diligences* de Berne, Zurich et Brouck, plusieurs fois la semaine.

BADEN. — *Hôtel des Balances*, tenu par M. *Goubler*; bon ton, bon goût; écuries, remises; chambres vastes, maison de campagne avec écurie près de la ville, laquelle est à louer; soins, vigilance extrêmes.
— *Hôtel du Lion rouge*, tenu par M. *Niericker*; bel emplacement; chambres, écuries, remises vastes; dans le voisinage un bâtiment contenant des chambres garnies, ayant vue sur la campagne; soins, activité.

LENZBOURG. — AUBERGE: *le Lion d'or*, tenu par M. *Bertschinger* fils. Appartemens vastes et meublés à neuf; situation charmante, au pied d'un rocher couronné du vieux château des comtes de Lenzbourg, où est établi un institut dans le genre de celui de M. *Fellemberg*; vue pittoresque sur la belle vallée arrosée par l'Aar; ajoutons à tous ces agrémens la proximité des bains de Baden et de Schintznach, et un cabinet littéraire ou cercle privé dans la maison, et l'on aura une idée de l'auberge de M. *Bertschinger*, hôte plein d'attention et de politesse.

RHEINFELDEN. — *Hôtel des Trois-Rois*, tenu par M. *P. Adam Kallembach*. Bonne maison, bien soignée, bien entretenue, digne de sa réputation.

ZOFFINGEN. — *Hôtel du Cheval blanc*, tenu par M. *Sigfried*. Zèle, attentions pour les voyageurs; bons appartemens et table bien servie. Si l'on est plusieurs on pourra dîner en plein air, sur un tilleul où cinquante personnes peuvent manger à l'aise; il n'est pas rare d'y voir danser. A côté est un autre tilleul moins beau, mais extraordinaire également. Zoffingen possède une bibliothèque riche en manuscrits, minéraux, momies, ouvrages des peintres de la Suisse.

LE CANTON D'ARGOVIE.

Le canton d'Argovie a 10 lieues de longueur sur 8 de largeur; sa surface est de 69 lieues carées et 745 millièmes; le nombre des villes, bourgs, villages, hameaux, églises, châteaux et couvens qu'il renferme, et qui ont des noms particuliers, s'élève à plus de 1,100; au nord il est borné par l'Allemagne et par le cours du Rhin, depuis la petite ville de Kaisersthul jusqu'à Augst, au confluent de l'Erghelz; à l'occident il a pour limites les cantons de Bâle, de Soleure et de Berne, et une portion du cours de l'Aar; au midi, le canton de Lucerne, et à l'orient, ceux de Zurich et de Zoug, avec une portion du cours de la Reuss.

On remarque une grande variété dans le climat de l'Argovie, à cause du grand nombre de vallées et de montagnes qu'elle renferme. Sur la rive droite de l'Aar, de Niedervyl à Tegerfeld, on trouve des crétins, des goîtreux et des sourds-muets. On a fait des recherches sur la cause de ces infirmités, mais on n'a pu encore la découvrir pleinement : il paraît seulement que la forme de la vallée de l'Aar a une grande influence sur ce phénomène. Des observations répétées ont aussi démontré que les chaleurs de l'été et les froids de l'hiver sont plus intensés sur la rive gauche de l'Aar que sur la rive droite, ce qui prouve que, dans cette dernière partie, l'air est plus sec et plus pur que dans la première. On croit aussi que l'humidité de l'air, due à la grande quantité de rivières qui arrosent le pays, influe sur les maladies dont nous venons de parler. Il est certain qu'elle change la nature du bois et la qualité de la chair et de la peau des animaux : dans les parties du canton qui sont réchauffées par les rayons du soleil réfléchis par le Jura, le bois est plus dur, la végétation plus forte, les hommes plus maigres et la chair des animaux plus ferme que dans les districts humides et moins éclairés par le soleil ; les sourds-muets, les crétins et les goîtreux y sont aussi beaucoup plus rares. En 1810 le nombre des sourds-muets s'élevait dans le canton à 184 individus du sexe masculin, et à 177 du sexe féminin, en tout 361.

La population du canton, d'après le tableau officiel admis par la Diète, est de 120,500 âmes, ou de 1,729 individus par lieue carrée ; elle est beaucoup plus considérable suivant le tableau dressé par la société patriotique du canton, pour l'année 1818.

Le canton est naturellement fertile. La partie du Jura qui lui appartient, et qui en couvre presque une moitié, s'étend dans la direction du sud-ouest au nord-est, et est environnée par l'Aar et le Rhin. Elle n'atteint jamais à une hauteur considérable : ses plus hautes cimes sont celles du Vasserfluh, qui n'a que 2,880 pieds au-dessus de la mer, et celle du Gislafluh, qui n'en a que 2,710. Les montagnes situées dans la chaîne du Jura sont calcaires, et renferment un grand nombre de pétrifications. Le reste du canton est dans la formation de grès.

On trouve du charbon de pierre dans des marnières près de Baden, sur le Heitersberg et près de Gundischvil. On rencontre des granits épars en divers endroits, et entre autres près de Mellingen et de Baden : tout annonce qu'ils ont été détachés des hautes Alpes.

Il existe à Cuttighen, à demi-lieue d'Arau, une mine de fer globuliforme très-riche : pendant dix ans elle a donné 34,200 cuves de minerai, chaque cuve de plus de 400 quintaux, et il en a été vendu pour plus de 137,000 francs dans l'étranger. Plusieurs communes ont des tourbières, dont elles tirent un grand parti : 5 toises de tourbe équivalent, pour la chaleur qu'elles procurent, à une toise de bois de fayard; une toise de tourbe renferme 10 corbeilles, et la corbeille 100 morceaux de tourbe, chacun d'environ 50 pouces cubes.

On a trouvé des sources d'eaux salées près d'Oberhofen, d'Erlinsbach, de Benken, de Gebistorf, et surtout près de Butz, dans le Sultzthal : ces dernières ont été exploitées autrefois, et on ne sait trop pourquoi on les a abandonnées. La source principale fournit dans un quart d'heure 860 mesures d'Arau, chacune du poids de 48 onces, et donnant un peu plus d'un quart d'once de sel de cuisine pur : ainsi la source donnerait plus de 5,000 quintaux de sel par année, si elle coulait toute l'année de la même manière. Il existe près de cette source une grotte qui contient un gaz méphitique si pesant qu'il reste près de terre, et si suffoquant qu'il fait périr les chiens que l'on force à entrer dans la grotte.

Le canton d'Argovie possède plusieurs sources sulfureuses et minérales : les plus connues sont celles de Baden, de Schintznach, de Gontensch-vil, de Leerau et de Niedervil.

Les sources de Baden, à 600 pas de la ville de ce nom, sur les deux bords de la Limmat, étaient déjà renommées du temps des Romains, et connues sous le nom de Thermes Helvétiques ; leur température est à 37° du thermomètre de Réaumur ; elles contiennent du gaz acide carbonique, du plâtre, du sel marin, du sel glauber, de la chaux carbonatée, de la magnésie, etc.

On compte 11 auberges aux bains de Baden, 159 bains particulier, 2 bains communs au lieu dit les Grands-Bains, et 3 aux Petits-Bains ; le bain le plus chaud, appelé bain de Verena, a 34 pieds de longueur sur 20 de largeur, et peu contenir une centaine de baigneurs : il est depuis quelques années entouré d'une barrière qui en ôte aux passans la vue intérieure. Ces bains sont fréquentés dans la belle saison par un grand nombre de Suisses et d'étrangers ; et cependant, quoique leur séjour ait dû, depuis près de 2,000 ans, répandre chaque année des sommes considérables dans la ville de Baden, on remarque, non sans quelque étonnement, qu'elle n'offre point l'apparence de la richesse ni même de l'aisance. Le Pogge, qui visita les bains de Baden en 1446, fut singulièrement frappé de la familiarité qui y régnait entre les baigneurs, et du mélange des deux sexes dans les mêmes bains; il écrivit à ce sujet à son ami Léonard d'Arezzo une lettre curieuse dont on trouve la traduction dans le *Conservateur Suisse:* il cite ces bains comme très-propres à la fécondité, et il dit que les femmes stériles s'y rendaient de toute part, et en ressentaient les plus heureux effets. Sébastien Munster, qui écrivait environ un siècle après le Pogge, parle des bains de Baden comme étant très-fréquentés, et comme donnant lieu à des divertissemens de tout genre, et à des intrigues de galanterie.

Les sources de Schintznach furent cachées sous terre dans le quinzième siècle par des dévastations de l'Aar; mais elles reparurent en 1690 dans une île au milieu de la rivière : maintenant elles coulent sur sa droite, et sont devenues une propriété particulière. Les bains ont été embellis récemment; cependant il reste encore à désirer que le terrain marécageux qui s'étend entre les bains et les logemens des baigneurs soit desséché. La chaleur des eaux est de 26 1/2 degrés de Réaumur, et il s'en échappe continuellement des bulles d'air; elles sortent à 20 pieds au-dessous du niveau de l'Aar, et ont une forte odeur de soufre. On se sert de pompes pour les élever jusqu'à l'emplacement des bains, et on les réchauffe avant de s'en servir: cette opération leur fait perdre beaucoup de leur force et de leur qualité. L'analyse a montré qu'elles renfermaient du gaz sulfureux, du gaz acide carbonique, du plâtre, du sel de glauber, du sel de cuisine, etc.

Le bain de Leerau, dans le cercle de Kulm, est recherché dans la belle saison par les habitans du voisinage. Les sources sont froides; elles renferment du gaz acide carbonique, de la chaux carbonatée, de la magnésie, de la soude, et un peu de terre silicieuse.

Le bain de Schwartzenberg, près de Gontenschvil, dans le cercle de Kulm, à 3 lieues d'Arau, a été récemment ouvert et établi. La température de la source est froide.

Les bains de Niedervil sont aussi froids; leurs eaux, ainsi que celles de Schwartzenberg, ont à peu près les mêmes qualités que celles de Leerau.

MOEURS ET USAGES DES ARGOVIENS.

Un peu plus de la moitié de l'Argovie se compose de protestans; le reste de la population est catholique, et possède quelques couvens. Conformément à la constitution de 1814, le grand conseil doit être composé de 150 membres, appartenans par moitié à l'un de ces deux cultes. La même égalité règne dans la composition du petit conseil et du tribunal d'appel. Chaque commune a un conseil dont les arrêtés sont exécutés par l'amman ou président. Le peuple a très-peu de part aux élections. Les membres du grand conseil siégent 12 ans de suite, et les citoyens n'en élisent que 48, ou plutôt sont-ils réduits à ne proposer que des candidats, dont les deux tiers doivent avoir une propriété immobilière de

15,000 francs. Les législateurs de l'Argovie ont tout fait pour rendre les élections aussi rares qu'il soit possible. Les conseils communaux, à l'instar des deux conseils et du tribunal d'appel, siégent 12 ans de suite.

Le canton doit à son gouvernement quelques institutions utiles. Des établissemens de charité ont été formés dans de certains couvens. L'instruction publique est surveillée par un conseil particulier. Une école publique pour les filles a remplacé l'ancien chapitre des dames d'Olsberg. Dans les écoles d'Arau et de quelques autres villes, les élèves sont exercés aux manœuvres militaires, et leurs revues sont autant de petites fêtes auxquelles la jeunesse et leurs parens s'empressent d'assister. La cérémonie du Mai, qui se célèbre à Arau, est la plus solennelle de ces réjouissances. Le jour qu'elle a lieu, la jeunesse de l'un et de l'autre sexe, ornée de bouquets de fleurs, se rend au temple, où le service divin se célèbre avec des chants accompagnés d'instrumens de musique, et par un sermon analogue à la circonstance. Les rues de la ville sont décorées de guirlandes de fleurs et de couronnes de verdure suspendues. Un vaste banquet en plein air réunit, après la cérémonie religieuse, les membres du gouvernement, les ecclésiastiques des deux communions, les officiers, les bourgeois et les étrangers. Pendant le repas, les jeunes gens, en uniforme, font des évolutions ou se livrent à des exercices gymnastiques. La journée se termine par des danses où toutes les jeunes filles brûlent d'être admises. Le lendemain chacun reprend le cours de ses occupations, et l'on jouit encore des plaisirs de la veille par celui qu'on éprouve à en retracer les circonstances.

Dans un canton où règne une grande simplicité de mœurs, les divertissemens publics doivent être assez rares; d'ailleurs les villes y sont trop petites, et point assez riches pour supporter les frais de spectacles. Cependant, on voit dans plusieurs villages situés le long de la Reuss et de la Limmat quelques fêtes données par des amateurs, et dans lesquelles il règne plus de gaîté que de goût.

Comme dans plusieurs autres cantons, les visites nocturnes des amans ont lieu dans l'Argovie; et l'on dit que dans les endroits où cette coutume est en vigueur, la cérémonie du mariage est suivie de très-près de celle du baptême. Il y a encore beaucoup de pratiques superstitieuses chez les gens de la campagne, principalement chez les catholiques; dans quelques endroits, les noces et les enterremens sont accompagnés d'usages bizarres et surannés. L'inégalité dans les fortunes ne forme pas, comme dans d'autres États, ce contraste aussi pénible que frappant entre l'opulence et la misère.

D'après un règlement de l'année 1806, chaque époux, avant de se marier, plante 6 jeunes arbres sur les communaux de sa paroisse; chaque père, lorsqu'il lui naît un enfant, en plante 2 : ces plantations sont souvent accompagnées de fêtes et de réjouissances. Dans les grandes communes, les bourgeois ont coutume de donner une somme d'argent, au moyen de laquelle l'administration fait faire à leur place, dans les forêts communales, les plantations auxquelles ils sont tenus. Ce règlement vaut chaque année 10 à 15 mille arbres au canton. Quelques villages en ont profité pour avoir des plantations le long de leurs routes.

ARAU. — CHATEAU DE HABSBOURG.

Arau, chef-lieu du canton d'Argovie, est une vieille petite ville. Tout ce que renferment ses murailles est hideux, mais plusieurs rangs de jolies maisons se déploient au dehors. Les établissemens du canton d'Arau sont l'école pour les jeunes filles, l'école cantonale, où les sciences exactes sont enseignées. On y trouve des caisses d'épargne, des caisses pour les veuves.

C'est dans cette ville qu'après la révolution qui renversa la constitution fédérative dont la Suisse avait joui pendant près de cinq siècles, les députés de tous les cantons se rassemblèrent au mois d'avril 1798. Ils se formèrent en assemblée nationale, divisée en deux chambres, et instituèrent un gouvernement central pour toute l'Helvétie. Au mois d'octobre de la même année, le siége de cette assemblée et du gouvernement fut transféré à Lucerne.

Arau possède depuis vingt ans la magnifique bibliothèque de feu M. le général de Zurlauben, de Zoug. Cette bibliothèque a été d'abord achetée par le gouvernement helvétique, et ensuite par celui du canton d'Argovie; elle offre une collection des plus importantes pour ce qui concerne l'histoire de Suisse, de France et d'Allemagne, et contient, entre autres, 450 volumes manuscrits in-folio, relatifs à l'histoire de Suisse; 10 volumes de mélanges historiques sur le même pays; 9 volumes in-folio, contenant des chartres et autres documens sur l'histoire du canton de Zoug; 3 volumes in-folio de cartes représentant l'état des diverses parties de la Suisse, depuis le septième siècle jusqu'en 1555, et enfin 4 volumes in-folio de généalogies helvétiques, enrichis d'une multitude de notes, d'additions et de mémoires de la plume de M. de Zurlauben.

Le château de Habsbourg, berceau de la maison d'Autriche, est situé à quatre lieues d'Arau. Le pays que l'on traverse est agréablement coupé de bois, de prairies et de villages florissans. Ce château est placé sur une colline étroite et longue, formée de cailloux roulés et isolée au milieu de la plaine. Il reste une tour carrée, bâtie de grosses pierres brutes, mais bien liées entre elles, haute de soixante-dix pieds environs, large de trente extérieurement, et de dix-huit pieds dans l'intérieur; les murs ont, par conséquent, six pieds d'épaisseur. Une trappe au fond de la tour vous indique le cachot, accessoire obligé d'un édifice féodal. La maison attenante, quoique ancienne, ne semble pas avoir fait partie du château, et doit être d'une date plus récente. Le gouvernement du canton a fait nettoyer les environs du château, où l'on se promène commodément. De cette hauteur, l'œil embrasse à la fois, non seulement toutes les anciennes possessions de la maison d'Autriche, il y a cinq siècles, mais bien au delà. Vindonissa, ou plutôt son ancien emplacement, et l'abbaye de Kœnigsfelden, s'aperçoivent dans la direction du nord-est, près de la jonction de la Reuss et de l'Aar.

La plus grande partie de l'intervalle du château de Habsbourg à Kœnigsfelden était, du temps des Romains, occupée par un camp fortifié et une grande ville (Vindonissa). Il reste à peine quelques traces de ses aquéducs, de son amphithéâtre, de ses temples; mais un grand nombre de médailles attestent sa grandeur passée, Berne surtout en possède une collection précieuse. Le camp de Vindonissa, défendu par de grandes rivières, était, sur cette frontière de l'empire, la principale position militaire des Romains. La chambre de l'implacable fondatrice du monastère de Kœnigsfelden, la reine Agnès, qui vécut ici cinquante-sept ans, et y finit ses jours, subsiste encore au rez de chaussée : elle a environ vingt-cinq pieds carrés; et le terrain, qui s'est probablement élevé, est de niveau au plancher; le plafond lambrissé est fort bas; son seul meuble est un coffre fait de l'arbre auprès duquel l'empereur Albert son père avait été tué; l'arbre croissait à l'endroit même du maître-autel de l'église; il est revêtu de fer et fermé d'un pesant couvercle. Ce meuble de cinq siècles ne fait pas honneur aux artistes de ce temps-là. L'église, dont on a fait un grenier à blé lors de la réformation, devint, pendant l'invasion des Français, un hôpital militaire; à présent la partie habitable est un hôpital pour les fous. Autour des murs du sanctuaire en ruine, on voit rangées les statues des chevaliers qui périrent à Sempach, agenouillées et les mains jointes. Un tombeau, dans le chœur, contenait les corps d'Agnès, de Léopold, tué à Sempach, et de sept autres princes de la maison d'Autriche; mais une inscription vous apprend qu'ils furent exhumés en 1770, et transportés en Autriche.

L'empereur Albert n'avait point été enterré ici, mais dans l'église collégiale de Spire. Lors de la dévastation du palatinat, sous Louis XIV, les tombes des empereurs ayant été ouvertes, on reconnut le crâne d'Albert à la blessure profonde qu'il avait reçue d'un des conjurés.

Après avoir traversé la Reuss à Kœnigsfelden, on trouve, une lieue plus loin, la Limmat, et sur ses bords, la ville de Bade et ses bains, célèbres dès le temps des Romains : des ruines, parmi lesquelles on trouve des médailles, des ustensiles de tout genres, attestent leur présence. On a beaucoup parlé de ces dés à jouer qu'on y ramasse en si grande abondance, depuis plusieurs siècles, immédiatement sous la surface du sol, comme s'ils y avaient été semés à plaisir : ils sont faits d'os de bœufs; leurs points sont placés comme aujourd'hui, de manière que les deux faces opposées donnent toujours sept. La prairie où l'on en trouve le plus a pris, de cette circonstance, le nom de Wurfel-Wiesen (pré aux dés). Ils ne sont point romains; mais leur origine a donné lieu à beaucoup de conjectures. Un savant Suisse écrivit, en 1717, une dissertation à ce sujet, et il y en a eu plusieurs autres depuis ce temps-là. Le duc Henri de Rohan, mort en 1638, paraît en avoir ramassé un grand nombre; mais le célèbre historien Tschudi, qui avait été bailli de Bade en 1533-1549, n'en fait aucune mention.

BADE. — BAINS. — MELLINGEN.

Des ruines du château de Habsbourg, on voit briller la petite ville de Bade, située dans un défilé au bord de la Limmat.

Les Romains avaient dans ce lieu un château fort qu'ils nommaient *Castellum thermarum*, et ils y entretenaient toujours une légion. Ils appelaient Aquenses les habitans de l'endroit. On y a déterré un grand nombre de médailles et d'ustensiles romains, et surtout une quantité de dés à jouer. L'an 1550 on trouva au Hinterhof, où l'on prétend qu'il y avait un temple, l'inscription suivante : *Deo invicto Tib. Cassius et Sanctus et Tib. Sanctius valens. J. Evi..... L..* La figure que l'on voit dans les bains publics sur une colonne, et que, depuis le temps des Francs, on a gratifiée du nom de sainte Vérène et du titre de patronne des bains, n'est autre chose qu'une Isis qu'on a aussi trouvée dans le voisinage. On lit sur un mur dans l'église du couvent de Wettinghen, à un quart de lieue de Bade, l'inscription suivante en l'honneur de cette déesse : *Deæ Isidis templum à solo T. Anusis Magianus de suo posuit vir Aquensis, ad cujus templi ornamenta Alpina Alpinula conjunx et Peregrina fil. dederunt. L. D. D. Vicanorum.*

Pendant le moyen âge, Bade était une forteresse importante, connue sous le nom du Rocher de Bade (Stein zu Baden), et les ducs d'Autriche y faisaient souvent leur résidence. C'était de ce château fort qu'en 1308 le roi Albert cherchait à intimider les trois Waldstettes, après l'expulsion des tyrans qu'il leur avait envoyés; ce fut là qu'en 1315 le duc Léopold traça le plan de sa malheureuse expédition de Morgarten; ce fut là qu'en 1388 le duc Léopold II forma le projet de l'attaque de Sempach, et que se rassemblèrent les chevaliers et les armées de ces deux princes. Enfin après un long siége les confédérés s'emparèrent de ce rocher formidable, l'an 1415, après quoi ils brûlèrent et détruisirent la citadelle. Dans la suite on rétablit un château pour servir de résidence aux baillis, sous le gouvernement des Suisses; mais pendant la guerre civile de l'an 1712, les cantons de Berne et de Zurich le prirent et le démolirent de fond en comble. Depuis lors il ne s'est pas relevé de ses ruines. Non loin de Bade est situé Tetwyl, lieu remarquable par la victoire signalée qu'un corps de Zurichois au nombre de 1,500 hommes, sous le commandement du brave Roger Maness, y remporta, l'an 1351, sur 4,000 Autrichiens.

Les bains chauds de Bade sont les plus anciens qu'il y ait en Suisse; du temps des Romains, ils étaient connus sous le nom de *Thermæ Helveticæ*. Tacite dit que Bade était un lieu très-fréquenté à cause de ses bains agréables et salubres. C'est au quinzième siècle et surtout pendant le concile de Constance que ces bains ont été plus florissans que jamais. On lit dans l'*Almanach helvétique* de Zurich, pour l'an 1800, une lettre fort curieuse de François Pogge à son ami l'Arétin, à Florence, sur les mœurs et les amusemens usités aux bains à cette époque. Ces bains sont situés à 600 pas de la ville sur les deux bords de la Limmat; on nomme ceux de la rive droite les petits bains, et ceux de la gauche les grands; on en compte en tout 200, indépendamment de plusieurs sources chaudes qui sortent de terre dans le lit même de la rivière, et se confondent avec ses eaux. Chaque auberge a ses bains en propre, lesquels pour la plupart sont assez grands pour fournir de l'eau à 4, 6 et même à 10 personnes; il y en a plusieurs qui sont très-bien éclairés et fort jolis; d'autres sont disposés de sorte que le malade peut entrer dans l'eau sans sortir de sa chambre et par conséquent sans être exposé à l'influence de l'air extérieur. Les plus chauds sont publics et connus sous le nom de bains de Sainte-Vérène. Quatre-vingts à cent personnes peuvent s'y baigner à la fois. Ils sont très-fréquentés, parce qu'ils passent pour avoir la vertu de détruire les causes de la stérilite. L'eau thermale est limpide; la saveur en est un peu saline et l'odeur légèrement sulfureuse; il se forme sur sa surface une pellicule teinte des couleurs de l'iris. D'après l'analyse de M. Morell, pharmacien, une chopine de cette eau (du poids de 12 onces) contient : gaz acide carbonique libre, 3 pouces cubiques; sulfate de soude, 9 grains 1/15; sulfate de magnésie, 2 grains 1/4; sélénite, 8 1/24 grains; muriate de soude, 2 grains 1/4, magnésie, 2 grains 11/16; chaux, 37/48 grains; fer, 1/32 grain.

La ville de Bade est située précisément dans l'endroit où le Légherberg présente l'aspect d'un déchirement opéré par la violence des eaux. La direction de cette montagne est de l'ouest à l'est, et la Limmat traverse ses rochers calcaires en coulant du sud au nord. L'observateur qui examine attentivement le Légherberg et la montagne sur laquelle le vieux château était situé (le Schlofsberg) trouvera dans ses recherches la preuve certaine que ces deux montagnes n'en formaient autrefois qu'une, dont les couches épaisses, composées d'une pierre calcaire des plus solides, opposaient sans cesse une digue impénétrable aux efforts des eaux du midi. Le Légherberg fermait entièrement la vallée de la Limmat, et un lac immense couvrait alors toutes les contrées situées depuis cette montagne jusqu'à Schwanden, dans le canton de Glaris, et jusque dans les Grisons. La débâcle des eaux venues du sud déchira cette digue et entraîna dans son cours furieux une énorme quantité de débris qui servirent à recouvrir les abîmes qu'elles avaient creusés, et à préparer le sol des vallées fertiles qui les ont remplacées dans la suite. A environ 1 lieue et demie sur le chemin de Zurich, qui passe du côté du couvent de Wettinghen, on trouve non loin de la chaussée une énorme quantité de pierres roulées, accumulées sans aucun mélange de sable ou de terre. De même le sol de la petite vallée située au-dehors de Bade, près du couvent, entre le Légherberg et la montagne de Saint-Martin, et de la vallée de Siggi (Siggithal), est uniquement composé d'un amas de pierres roulées de plusieurs toises de hauteur. La Limmat coule dans un lit fort profond au milieu de ces débris, qui couvrent non seulement ses rives, mais aussi son lit. Ces pierres sont arrondies, parfaitement détachées les unes des autres, et recouvertes d'une couche de terre végétale épaisse d'environ un pied, et dans plusieurs endroits à peine de quelques pouces. Ce n'est que dans le Teufelskeller que ces débris sont cimentés entre eux et forment une brèche ou poudingue (nagelflue), qui s'élève fort haut au-dessus de la vallée, en s'appuyant contre le revers méridional du Kreutliberg. Parmi les éboulis de ces vallées, il se trouve des blocs d'une grosseur prodigieuse; ceux de la brèche du Teufelskeller sont beaucoup plus petits. La moitié des pierres qui forment ces énormes amas sont des roches primitives offrant les mélanges les plus variés, et venues du fond de la Rhétie; des débris de la formation des schistes argileux rouges, dans lesquels on retrouve toutes les parties constituantes de ces schistes : le centre de cette formation se trouve dans le canton de Glaris; des pierres calcaires, etc.

On rencontre sur le chemin de Lentzbourg une multitude de blocs de granit et de poudingues épars sur le sol, de même que de l'autre côté. La grande route s'élève sur une colline escarpée, uniquement composée de blocs de granit, de cailloux roulés, de sable et de marne. A trois quarts de lieue, du côté de Baden, on voit à gauche d'énormes débris de granit et de poudingues s'élever à une telle hauteur au-dessus du sol, qu'on ne saurait les voir sans éprouver quelque surprise en passant le long du chemin. La plupart de ces granits ressemblent à ceux qu'on trouve sur les bords des lacs de Zoug et de Lucerne, à Art, à Buonas, à Kussnacht, au pont de la Reuss, situé à 2 lieues de Lucerne, etc. Tous ces blocs ont été amenés par les courans de l'intérieur du canton d'Uri, au travers du déchirement du Righi et du Rouffiberg, et par-dessus le lit du lac de Lucerne. Ces débris de brèche et de poudingues que l'on rencontre bien loin à la ronde, tout autour de Mellingen, faisaient partie de la formation de brèche des monts Righi et Rouffi; ils ont été charriés avec une multitude innombrable d'autres éboulis, composés de toutes sortes de pierres primitives, au travers de tout le bassin de la Reuss, et au delà de Mellingen, où on les voit accumulés au sud-est sur plusieurs des ramifications du Jura.

Lentzbourg est une jolie petite ville bâtie sur l'Aa, ruisseau que forme l'écoulement du lac de Hallwyl, et sur le grand chemin entre Zurich, Arau et Berne. Elle fut autrefois la résidence des puissans comtes de Lentzbourg, dont il est question, pour la première fois, dans les annales du neuvième siècle. Cette famille s'étant éteinte, ses terres échurent à l'Autriche en 1173, et, en 1415, à la ville de Berne, qui en forma un de ses plus riches et de ses plus grands bailliages. Le bailli habitait un vaste château qu'on aperçoit hors de la ville, sur le sommet d'un rocher. Il n'y a pas beaucoup de petites villes en Suisse où l'esprit d'industrie et de commerce ait autant d'activité qu'à Lentzbourg.

Au nord de la ville on aperçoit, sur le revers

du Jura, celui de Wildeck, et au nord-est, à l'angle saillant que forme cette branche du Jura, les ruines du château de Bruneck, ancienne résidence de ce fameux Ghesler qui fut le tyran des pays d'Uri, Schwytz et Unterwald, dont les ducs d'Autriche lui avaient donné le gouvernement, et dont Guillaume Tell délivra sa patrie, au chemin creux, près de Kussnacht. Ce repaire fut conquis et détruit par les Suisses en 1415, c'est-à-dire 108 ans après l'origine de leur confédération.

De Lentzbourg on peut faire une charmante excursion au lac de Hallwyl. Les collines les plus hautes dont il est entouré s'élèvent jusqu'à 1776 pieds au-dessus du lac des Waldstettes. Le ruisseau de l'Aa, qui sort du petit lac nommé Heidecker-Sée, se jette dans celui de Halwyl; il en ressort près de Lentzbourg et tombe à Wildeck dans l'Aar. Ce lac est très-poissonneux; les ablettes qu'on y pêche sont surtout fort estimées. On compte sept villages sur ses rives. Le château de Hallwyl est situé à l'extrémité septentrionale de ce lac : c'est le berceau de l'illustre et antique famille de Hallwyl, laquelle fleurit depuis le onzième siècle; elle a fourni dès l'origine, à la république de Berne, plusieurs de ses principaux citoyens.

C'est de cette grande famille qu'est sorti un des héros les plus célèbres qui aient illustré la Suisse, Hans de Hallwyl, qui commandait les Suisses dans leurs batailles contre le duc de Bourgogne à Grandson et à Morat.

Si nous nous dirigeons à l'est du lac de Hallwyl, nous arriverons à Zofingen (en latin *Tobinium*).

Zofingen est situé au débouché de la vallée de Wighern sur la Wigher, petite rivière qui prend sa source sur les montagnes de Lucerne et se jette à Arbig dans l'Aar, après s'être grossie, au-dessus de Zofingen, des eaux de la Louttern. Cette dernière charrie des paillettes d'or et descend des montagnes de grès et de brèche de l'Entlibouch et de l'Emmenthal. Zofingen se distingue par l'industrie peu commune et les talens mercantiles de ses habitans. On y remarque des blanchisseries de toile, des fabriques de rubans en soie et moitié soie, d'indiennes et de toiles de coton, etc. La bibliothéque de la ville, fondée en 1695, mérite d'être vue : elle contient un superbe cabinet de médailles et de lettres remarquables des réformateurs de la Suisse.

Près de Zofingen est la forêt de Boovald, célèbre par la beauté de ses arbres. Sébastien Munster rapporte que vers le milieu du seizième siècle on y trouvait des sapins de 130 pieds de hauteur, dont on pouvait faire des mâts de 110 pieds ; les Génois les achetaient sur place pour les transporter à grands frais sur l'Aar, le Rhin, l'Océan et la Méditerranée, jusque dans leur patrie ; nul part on ne trouvait en Europe des arbres qui réunissent tant de précieuses qualités.

En redescendant la Wigher jusqu'à l'Aar, nous arriverons à la petite ville d'Arbourg, remarquable par sa forteresse située sur un rocher calcaire fort élevé, d'où elle domine la ville, et défend le défilé au travers duquel l'Aar roule ses flots, ainsi que la grande route qui va à Olten dans le canton de Soleure et à Arau. Les montagnes que l'on voit des deux côtés du défilé sont calcaires et font partie de la chaîne du Jura. On y trouve des glossopètres.

Le défilé et la citadelle offrent des points de vue pittoresques. La chaîne des hautes Alpes se montre, entre autres, dans une grande étendue, au spectateur placé sur les rochers sur lesquels cette forteresse est assise.

C'est là que le colonel Micheli du Crêt, emprisonné à Arbourg, s'occupa, pendant la première moitié du dix-huitième siècle, à mesurer les hauteurs de toutes les montagnes qu'il découvrait. L'imperfection des instrumens dont il pouvait disposer a été cause qu'il s'est glissé beaucoup d'erreurs dans ses résultats, qui cependant ont été généralement reçus pendant long-temps. Ce n'est que pendant les dix dernières années du siècle passé, que M. Trolles a mesuré trigonométriquement ces montagnes avec la plus grande précision.

EXCURSION D'ARAU AUX BAINS DE SCHINTZNACH. — WINDISCH.

Les bains de Schintznach sont situés au canton d'Argovie, au pied du Wulpelsberg, sur la rive droite de l'Aar, à peu de distance de la rivière et sur le grand chemin de Brouck à Lentzbourg et à Arau. Ces bains sont très-fréquentés, et les étrangers y trouvent plus d'agrémens et de commodités que dans la plupart des autres bains de la Suisse. Entourés d'un pays de plaine, les malades peuvent de tous les côtés faire d'agréables promenades en voiture, entre autres à Brouck, Kœnigsfelden, Windisch, Bade, Wildeck et Lentzbourg. Le village de Schintznach, dont les bains portent le nom, est assis sur la rive gauche de l'Aar. Il est vraisemblable que la rivière coulait autrefois entre la source des eaux thermales et les bâtimens actuels des bains. Les ravages de l'Aar firent perdre cette source au quinzième siècle, et ce n'est qu'en 1690 qu'elle a été retrouvée dans une île au milieu de la rivière. On assigna à cette dernière, qui était partagée en plusieurs bras, un cours plus réglé, et dès lors la source est restée sur la rive droite. Le terrain situé entre la source et les habitations est marécageux, et il en sort des exhalaisons malsaines pendant les grandes chaleurs. Les bâtimens des bains sont situés à cent pas de ceux qu'on habite, l'odeur du gaz hépatique y étant trop forte pour qu'on pût la supporter habituellement. Il y a quatre-vingt-quatre baignoires placées chacune dans une petite chambre obscure.

A la source, on voit toujours s'élever des bulles d'air au-dessus de l'eau, qui indique 26° 1/2 du thermomètre de Réaumur; mais après avoir passé par les pompes, dans les chaudières de l'étage supérieur, elle n'est plus qu'à 26°. L'eau thermale exhale une forte odeur de foie de soufre; elle est limpide comme le cristal, mais elle se trouble promptement à l'air; elle se revêt dans les bains d'une pellicule, dont la couleur est verdâtre et changeante. En hiver, la source s'élève de quelques pieds plus haut qu'en été, et se couvre de cristallisations et d'une substance semblable à de la crême. On trouve quelquefois, dans le réservoir de la source, des morceaux de soufres et des cristaux en aiguilles. Les eaux déposent, dans les chaudières où on les fait chauffer, une masse pierreuse fort dure et souvent lustrée, d'un gris blanchâtre avec des raies cendrées. Ce dépôt, connu à Schintznach sous le nom de pierre des bains (badstein), est composé de terre, de sulfate de magnésie, de gaz acide et de cuivre.

Les ruines du château de Habsbourg touchent presque à Schintznach; mais il est près de là une antiquité plus remarquable, et qu'aiment à visiter les malades : c'est le village de Windisch, situé sur le sol qu'occupait le Vindonissa des Romains. Cette grande et célèbre ville avait été élevée par Drusus, Germanicus et Tibère; elle fut embellie par Vespasien : c'était la principale des places d'armes destinées à défendre cette frontière contre les Allemands et les Germains. Vindonissa s'étendait sur toute la contrée où l'on voit aujourd'hui les villages de Gæbisdorf, Am Fahr, Windisch, Kœnigsfelden, Altenbourg et la ville de Brouck. Altenbourg était entouré de hautes murailles, et formait peut-être la partie la plus importante de tout le camp. Le château de Bade (qu'on appela dans la suite le Stein) et le camp de Coblentz (Confluentia Rheni), où l'Aar tombe dans le Rhin, étaient les ouvrages les plus avancés des immenses fortifications de Vindonissa. La vingt et unième légion, qui faisait l'élite des troupes que les Romains entretenaient sur le haut Rhin, était constamment stationnée à Vindonissa; la onzième y a aussi séjourné quelque temps. Cette ville a été totalement détruite aux troisième et quatrième siècles par les Vandales et les Allemani, au cinquième par les Huns, et en 594, par Childebert, roi de France, contre lequel les habitans de cette contrée, qui portait alors le nom de Varnen, s'étaient révoltés. Ce monarque transféra le siége épiscopal de Vindonissa à Constance. On a trouvé souvent à Windisch, à Kœnigsfelden, à Gæbisdorf et à Altenbourg, des antiquités, telles que des pierres sépulcrales et autres, sur lesquelles on lit les nombres XXI et XI; des statues d'or et d'argent représentant Cérès, Vénus, Minerve, Mars, Apollon, Mercure et Isis; une grande quantité de médailles, soit consulaires, soit de César, d'Auguste, de Néron, de Vespasien, de Domitien, des Antonins, de Sévère, de Constantin, de Valentinien, etc.

Les restes de l'amphithéâtre se trouvent dans un lieu nommé la Bœrlisgroube, situé à peu de distance de Windisch. On y a aussi découvert dernièrement des os d'éléphant, et quelques vestiges d'une prison. Un bel aquéduc d'une lieue de longueur amenait jusqu'à Kœnigsfelden les eaux de la montagne de Kernen ou de Bruneck, au travers de la plaine de Birfeld. La régularité du lit de l'Aar décèle encore aujourd'hui les travaux des Romains. Les restes des murs que l'on voit le long de la Reuss, au-dessous de Lindhorf, donnent lieu de présumer qu'il y avait autrefois un pont dans ce lieu. Il existe aussi des masures dans le voisinage d'Altenbourg.

Dans ces derniers temps, on a découvert à Gæbisdorf une inscription qui prouve que le médecin de la onzième légion y faisait sa résidence. On trouve à Voghelsang, hameau situé au confluent de l'Aar et de la Limmat, des inscriptions, des restes d'une voie militaire, etc. Un cippe très-endommagé, représentant Mercure, Castor et Pollux, figure dans une des murailles de l'église de Windisch. Une des inscriptions observées dans les ruines de Vindonissa, et décrites par Gundelfinger, s'était perdue; l'an 1779, on l'a retrouvée à Brouck, au Hallwylerhof. Elle fait partie du cadre d'une des fenêtres du rez de chaussée du grenier à blé de cette maison; mais les officiers en ont détruit deux lignes. L'inscription porte que les habitans de Vindonissa ont fait ériger des arcs ou portiques en l'honneur de Mars, d'Apollon et de Minerve, sous le règne de l'empereur Tite-Vespasien, et sous la direction de T. V. Matto, de T. V. Albanus, de L. V. Mellocotius, de Rufus, de Quintus et de Sextus.

Le couvent de Kœnigsfelden, fondé au commencement du quatorzième siècle, par la veuve de l'empereur Albert d'Autriche, près de la place où ce prince fut assassiné, est tout-à-fait rapproché de Windisch et de Brugg; l'église fut bâtie dans le lieu où le meurtre avait été commis, et l'autel à la place même où l'empereur avait expiré: ce couvent était fort riche autrefois; il fut sécularisé dans le temps de la réformation, et converti en un bailliage bernois, qui passait pour l'un des meilleurs du canton de Berne.

Brugg, qui faisait autrefois partie de l'antique

Vindonissa, comptait en 1804 environ 700 âmes. Ce n'est pas sans motif que cette petite ville, d'une industrie active, a été surnommée, par plaisanterie, *ville des prophètes:* car un grand nombre de ses jeunes gens se destinent à l'état ecclésiastique, et elle compte parmi ses habitans plusieurs hommes distingués dans le gouvernement, dans les sciences ou dans les lettres; elle est la patrie du célèbre médecin et philosophe Zimmermann. Sa position est l'une des plus remarquable de la Suisse; elle est entourée des ruines et des souvenirs les plus intéressans de l'antiquité et du moyen âge.

Observations.

SCHAFFOUSE.

Ouvrages a consulter. — *Cartes*. — La carte du canton de Schaffouse, par Peyer, est estimée; elle a été gravée à Vinterthour, en 1685 : celle qui accompagne l'Amanach helvétique de l'année 1811 est bonne aussi; elle a été dessinée et gravée par Scheurmann. On peut consulter l'Almanach helvétique de 1811 sur la statistique du canton.

Curiosités. — Chez M. le docteur Ammann, un cabinet de coquillages choisis, une collection complète de toutes les pétrifications du canton de Schaffouse, du Wirtemberg, de la France, etc. — Un petit herbier chez M. le docteur Stockar. — La bibliothèque publique des bourgeois, celle de la compagnie des pasteurs, et deux autres bibliothèques qui appartiennent à une société privée. — La maison des Orphelins, fondée en 1783, par le respectable professeur Jezzeler. — La cathédrale. — On trouve de beaux points de vue au haut d'une espèce de fort nommé *Unnhot* ou *Mounnhot*, sur la place des Tireurs, sur une colline qu'on appelle l'*Enghe*, et dans le jardin de *Fæsenstaub*, où on rassemble la société de Rüden. — Promenades agréables : au *Grafenbouck*, au *Muhlithal*, à la *Clous du Hohlenbaum*, à *Herblinghen* et à *Lohn*, 2 l. Le presbytère de ce village jouit de la vue la plus belle et la plus étendue qu'il y ait près de la ville, tant sur les Alpes que sur la Souabe. — La plus agréable excursion que présentent les environs de Schaffouse, est une promenade à *Herblinghen*, 1 l. Non loin de la ville est situé le mont *Randenberg*, fameux par ses pétrifications. — On observe, à 1 l. au-dessus de la capitale, sur les bords du Rhin, le couvent de *Paradies*, près duquel l'archiduc Charles entra en Suisse avec son armée, le 23 mai 1799. Le couvent de *Rhinau* est situé sur le Rhin, à 2 l. au-dessous de Schaffouse. — Les collines basaltiques de Hohentwiel, de Hohenstoffeln, etc., s'élèvent aussi à la distance de 2 l. de cette ville. M. Bleuler, peintre, de qui l'on a d'excellentes vues de la chute du Rhin, des îles de Meinau, de Reichenau et de Mœrsbourg, tient un magasin de tableaux et d'estampes.

La chute du Rhin. — Immédiatement au-dessous du pont de Schaffouse, le cours du fleuve est troublé par une multitude d'écueils qui se succèdent pendant l'espace d'une lieue, c'est-à-dire jusqu'à la chute du Rhin. Cette *cataracte* est la plus grande qu'il y ait en Europe, et forme l'une des scènes les plus étonnantes que la nature présente dans la Suisse. Les habitans du canton la désignent sous le nom de *Lauffen*, et c'est de là qu'est venu celui du château, bâti au haut des rochers qui la dominent. J'invite tout voyageur à s'y rendre, en passant par ce château, situé au canton de Zurich, à une forte 1/2 l. de Schaffouse. Ceux qui viennent de Zurich ou des parties orient. et méridion. de la Suisse, pour se rendre à Schaffouse, doivent éviter le chemin d'Eglisau, et choisir celui d'*Andelfingen*, qui mène en droiture au château de *Lauffen*. Par-là on évite l'inconvénient de voir d'abord la cataracte du petit château d'*Im Wærth*, d'où elle se présente de la manière la plus désavantageuse. Pour faire la route que je propose, en partant de Zurich, on passe à *Kloten*, où l'on franchit la Glatt, à *Embrach* et à *Pfunghen*. On traverse l'impétueuse Toss; puis on se rend par Neftenbach à *Adelfinghen*, et, après avoir passé la Thour, on arrive à *Benken*, à *Uhwiesen* et au château de *Lauffen*. Quand on est à pied, on prend à *Neftenbach* un sentier fort agréable qui passe sur l'*Irchel*, basse montagne couverte de forêts, sur laquelle on trouve les ruines de plusieurs châteaux. On y découvre aussi de fort jolis points de vue au N. E., sur les collines basaltiques de Hohentwiel et Hohenstaufen, ainsi que sur les forteresses dont elles sont surmontées. Une petite vallée, située du côté de Berg, offre un passage romantique.

CHEMINS. — VOITURES PUBLIQUES. — Chaque matin à 7 h., il part de Schaffouse une voiture de poste (Postwagen) pour *Zurich*, 8 l., où elle arrive le soir. On fait en une heure 1/2 le trajet du château d'*im Wærth* sur le Rhin, à *Eglisau*, qui en est à 3 milles de distance. Il part, de deux mardis l'un, pour *Bâle*, un coche qui reste deux jours en route, ainsi que pour Constance, de deux dimanches l'un. On peut aussi aller en poste sur la rive droite du Rhin, de Schaffouse à *Bâle* 6 postes, et de Schaffouse à *Constance* 2 postes 1/2. De Schaffouse à *Constance*, 9 l. Le chemin qui passe par la Suisse, le long du Zeltersée ou Lac inférieur, que l'on rencontre à *Stein*, est infiniment préférable à l'autre. Il part aussi tous les jeudis un bateau public pour *Constance*. Lorsque le vent est contraire, on peut rester jusqu'à deux jours en route. Les chariots de poste partent tous les mercredis pour *Stouttgard*, *Francfort*, *Ulm* et *Augsbourg*. Le droit chemin de Schaffouse à *Berne* (30 l.) passe par le Bohnenberg, par Neunkirch, Ober-Lauchingken et Hasselbourg, où l'on traverse le Rhin; de là par Zurach Tægherfelden, à la *Stille*.

SCHAFFOUSE. — AUBERGES. — *La Couronne, le Vaisseau*.

CANTON DE SCHAFFHOUSE.

••••••••••

Le canton de Schaffhouse est situé sur la rive droite du Rhin, hors des limites de l'ancienne Helvétie; il est entouré, presque de tous les côtés, par le royaume de Wurtenberg, et par le grand duché de Bade, excepté au midi, où il est borné en partie par le Rhin et par les cantons de Zurich et de Thurgovie; sa forme est irrégulière, et il se compose de trois portions, qui ne sont point en communication directe, et qui sont séparées les unes des autres par des terres appartenantes à des États étrangers; sa surface est de 17 lieues carrées et 209 millièmes; sa plus grande longueur est de 7; et sa plus grande largeur de 3 lieues; sa population, d'après le tableau officiel, n'est que de 23,300 âmes, ou de 1,355 âmes par lieue carrée; mais d'après la statistique publiée dans l'*Almanach helvétique*, pour l'année 1811, elle s'élève à 30,000 âmes, dont un cinquième habite la ville de Schaffhouse; plusieurs auteurs portent même à 32,000 âmes cette population. En 1760, d'après Fæsi, on comptait dans la ville de Schaffhouse 7,000 âmes, et dans le reste du canton 23,000, dont au-dessous de 16 ans, 3,000 hommes et 2,500 femmes; de 16 à 70 ans, 6,500 hommes et 7,000 femmes; au-dessus de 70 ans, 1,500 hommes et 2,500 femmes, en tout 11,000 hommes et 12,000 femmes.

Les tableaux des morts et des naissances montrent que la population du canton s'est fort accrue dans le dix-neuvième siècle : dans l'espace de 7 ans, de 1803 à 1810, le nombre des naissances l'a emporté de 1,882 sur celui des morts.

Le canton de Schaffhouse, sans être précisément montagneux, offre un mélange continuel de collines et de vallées dont le coup d'œil est très-agréable : ces collines sont calcaires, car elles forment une des ramifications du mont Jura; la plus élevée est le Randenberg, dont le sommet est à 1,200 pieds au-dessus du Rhin; elle renferme une quantité prodigieuse de pétrifications, des cornes d'ammon de presque toutes les espèces, des térébratulites, des bélemnites, des échinites, des trochites, des tellinites, des tubulites, des globosites, et une espèce de coraux, connue sous le nom de fungites. On a trouvé, en labourant la terre, près du village de Ramsen, de gros morceaux d'ambre. Le banc de mine de fer pisiforme, qui s'étend sur le revers oriental du Jura, se montre aussi dans le canton de Schaffhouse; ces mines de fer sont très-productives, et méritent d'être visitées.

On n'y voit pas de lacs; la seule rivière qui lui appartienne est le Rhin, qui lui sert de limites sur une longueur d'environ quatre lieues, mais qui ne le traverse pas. La fameuse chute de ce fleuve, à demi-lieue au-dessous de Schaffhouse, forme la plus grande cataracte qu'il y ait en Europe, et offre l'une des scènes naturelles les plus étonnantes que l'on puisse admirer dans la Suisse. En descendant de Schaffhouse, le Rhin se brise contre un grand nombre d'écueils qui gênent son cours jusqu'à la cataracte, qui a 60 à 70 pieds de hauteur : les habitans du pays la désignent sous le nom de Laufen, d'où est venu le nom du château qui est bâti tout auprès. Le Rhin, en cet endroit, se divise en cinq branches, qui sont séparées les unes des autres par d'énormes quartiers de rocher. Pour bien voir cette chute, il faut se rendre à Lauffen, et de là descendre sur une petite galerie qui s'avance sur le Rhin, et qu'on nomme le Fischetz. La poussière de vapeurs à laquelle on est exposé sur cette galerie est si épaisse, qu'elle mouille comme de la pluie, et perce bientôt les habillemens des voyageurs. Le bruit de la cataracte est si violent, qu'il imite celui du tonnerre, et qu'il couvre la voix de l'homme.

La meilleure planche noire qui représente la chute du Rhin est celle qui a été gravée par Schalch, d'après Gmelin; les plus belles estampes enluminées de cette chute sont celles de Biedermann, de Louterbourg et de Bleuler. Il est remarquable que les auteurs anciens n'aient fait aucune mention de la cataracte du Rhin : ils devoient cependant la connaître, puisque les Romains possédaient plusieurs forteresses dans le voisinage.

Les Schaffhousois ont plus de rapports dans leurs mœurs avec les Souabes, leurs voisins, qu'avec les Suisses; cependant ils tiennent aussi de ces derniers. Les artisans des villes sont laborieux et vivent dans l'aisance ; les paysans sont sobres, actifs et industrieux : aussi ne présentent-ils point l'aspect de la misère. Quant à leur langage, on remarque qu'il est moins corrompu que celui des autres cantons de la Suisse allemande.

Tout le canton, excepté un tiers de la commune de Ramsen, qui ne lui a été réunie qu'en 1798, suit la religion réformée. Il y a huit places de pasteurs dans Schaffhouse, et vingt-quatre dans le reste du canton ; Schaffhouse fournit aussi des pasteurs au comté de Nellenbourg et à quelques paroisses d'autres cantons. Le premier pasteur de Schaffhouse a le titres d'antiste, et est à la tête du clergé, qui s'assemble en synode au printemps de chaque année. Un consistoire, composé des principaux membres du gouvernement et du clergé, a l'inspection sur tout ce qui a rapport au culte et à l'éducation.

Il existe des écoles primaires dans toutes les communes du canton, et les maîtres, quoique faiblement payés, s'acquittent avec zèle de leurs fonctions. On trouve à Schaffhouse une école publique pour les jeunes filles, une école allemande pour les jeunes gens qui se destinent aux professions manuelles, une autre école pour les enfans pauvres, et un gymnase qui a été rétabli sur un nouveau pied en 1805, et où l'on enseigne les langues latine, grecque, française et allemande, la religion, l'histoire, la géographie, l'histoire naturelle et les mathématiques : on y reste ordinairement huit ans. L'État entretient une école de dessin pour les enfans qui ne fréquentent pas le gymnase.

Les jeunes gens qui se destinent à la théologie, à la médecine ou au droit, passent du gymnase dans le collége d'humanités, et demeurent trois ans sous six professeurs qui leur enseignent les hautes sciences, les langues anciennes, la théologie, la philosophie, l'histoire, les mathématiques, la physique, etc.

La bibliothèque dite des Bourgeois est ouverte à tous les bourgeois; elle a été plus que doublée, en 1809, par l'achat de la bibliothèque de l'historien de la Suisse, Jean de Muller; elle possède plusieurs ouvrages rares et quelques manuscrits. Le clergé a aussi une bibliothèque considérable. Les médecins et les chirurgiens ont formé une société qui possède sa bibliothèque et ses instrumens. On compte encore dans Schaffhouse deux sociétés littéraires qui ont de belles bibliothéques, et qui se composent de 80 à 90 membres.

SCHAFFHOUSE.

Schaffhouse est une vieille petite ville qui ne porte pas son âge : toutes les maisons y sont ornées à l'extérieur de peintures, dans lesquelles l'artiste a fait plus de frais en couleurs qu'en génie; elles ont sur la façade une ou deux moitiés de tours à plusieurs pans, garnies de fenêtres, et assez spacieuses pour tenir lieu de salle à manger.

Un des objets les plus remarquables que cette ville offrait à l'admiration des étrangers n'existe plus : c'était un pont de bois d'une hardiesse extrême, que construisit, en 1758, sur le Rhin, un simple charpentier du canton d'Appenzell, et qui fut brûlé par les Français, en 1799, au moment où les Autrichiens entraient dans la ville.

Schaffhouse est la patrie de Jean de Muller, auteur d'une excellente *Histoire des Suisses*. Le talent de ce grand historien, lorsqu'il s'occupe tout entier des images de son pays, s'élève à des mouvemens de la plus haute éloquence. Voici un morceau que nous ne pouvons nous interdire de citer. « Depuis l'irruption des Barbares jusqu'à Erasme, on a bégayé; depuis Erasme jusqu'à Leibnitz, on a écrit; depuis Leibnitz et Voltaire jusqu'à présent, on a raisonné. Eh bien! moi je parlerai. La nature est si éloquente, dans nos Alpes! Le tonnerre roule dans leurs vastes cimes, et des cantons entiers s'ébranlent à sa voix. Le Rhône et le Rhin jaillissent de leurs entrailles, et se précipitant du haut de nos rochers, vont arroser la Gaule, la Belgique et la Germanie. Et nous, environnés de ces scènes imposantes, notre langage, celui même de nos écrivains les plus célèbres, semblable à la cascade du Staubach, n'est qu'une poussière brillante qui éblouit sans entraîner. Non loin de ma ville natale, le Rhin passe sur des rochers de 80 pieds de hauteur, et tombe tout entier de leur cime. Au lever du soleil, ses eaux brisées en écume brillent de toutes les nuances de l'arc-en-ciel. Rien ne résiste à leur violence: poissons, bateaux, tout ce qui s'en approche est emporté. Le voyageur étonné s'avance avec frayeur, et saisi du vertige, il recule. Chute de Lauffen! que ton souvenir soit pour moi un des

Chûte du Rhin, près de Schaffhusen.

bienfaits de ma patrie! Enseigne-moi par intuition ce que Cicéron et Quintilien ont essayé de m'apprendre par leurs préceptes, ce que doit être l'éloquence! »

On jouit de beaux points de vue au haut d'une espèce de fort nommé Mounnhot, sur une colline qu'on appelle l'Enghe, et dans le jardin de Fœbenstaus. Veut-on faire d'agréables promenades autour de la ville? il faut aller au Grafenbouck, à la vallée de Muhli, à la Cloux du Hohlenbaum, à Herblinghen et à Lohn. Du presbytère de ce dernier village, on jouira d'une vue très-belle et très-étendue sur les Alpes et sur la Souabe. La plus agréable excursion est à Herblinghen, à une lieue de la ville : c'est une position favorable pour voir les montagnes; de là, on découvre les chaînes neigées des cantons de Saint-Gall, d'Appenzell et de Glaris.

CHUTE DU RHIN A LAUFFEN.

Une des merveilles les plus vantées et les plus visitées, sans contredit, de la Suisse, est la chute du Rhin, près de Schaffhouse. Nous donnerons ici trois descriptions de cette cataracte : la première, presque tout entière par M. Raoul-Rochette; la seconde, de M. Simond; la troisième, de M. de Walsh. Chacun de ces trois voyageurs l'a peinte à sa manière : on choisira.

De tous les chemins qui conduisent à cette cataracte, celui qui la présente sous l'aspect le plus frappant, le plus inattendu, est un sentier qu'on suit à partir de Schaffhouse, le long du fleuve, dont le cours, embarrassé d'une multitude de petits écueils, prélude en quelque sorte, par une longue suite de cataractes, à la plus magnifique, à la plus étonnante de toutes les chutes d'eau. Dans ce trajet, on peut se familiariser d'avance avec quelques uns de ses effets.

On arrive sur l'éminence escarpée qui porte le château de Lauffen, sans que ni l'œil ni l'oreille soient encore avertis de la scène prodigieuse dont on n'est éloigné que de quelques pas. Cela vient de ce que la violence avec laquelle les eaux sont emportées en emporte aussi le bruit dans la direction contraire à celle où l'on se trouve. Du pied même du château de Lauffen part une rampe très-escarpée et taillée dans le roc, par où l'on descend au bord du fleuve. Rien encore n'annonce sa présence; seulement, aux frémissemens de l'air, aux vagues secousses de la montagne ébranlée, et surtout à cette agitation intérieure qu'excite en nous l'attente d'un grand phénomène, on pressent quelque mouvement extraordinaire. L'émotion redouble à chaque pas qui entraîne le curieux dans l'atmosphère du fleuve; il arrive au dernier degré, et déjà livré au trouble le plus violent, il ne peut rien voir ni rien entendre : la cataracte entière est devant lui.

Un échafaudage ou balcon en bois a été suspendu contre le rocher, au-dessus de l'endroit où la plus grande masse des eaux se précipite. On court s'y placer : heureux qui peut s'y trouver seul, pour s'abandonner sans réserve au délire des sensations tumultueuses dont on est sans cesse, et de toutes parts, assailli. Figurez-vous un fleuve immense qui, tout à coup tombé d'une hauteur de 60 pieds entre d'énormes fragmens de roc, éclate, tourbillonne avec un bruit, avec une fougue inexprimables. Mais d'abord absorbé, comme le fleuve lui-même, par le choc imprévu de tant d'émotions violentes, couvert en un instant de l'écume de mille cascades qui jaillissent contre les rochers, enveloppé dans les tourbillons du vent affreux qui s'en élève, le spectateur reste éperdu, bouleversé, anéanti. Ce n'est que peu à peu que ce tumulte des sens s'apaise, et qu'on aperçoit les détails de cette scène sublime.

Plusieurs grands quartiers de roche, dont on ne distingue d'abord que les trois plus rapprochés, qui sont aussi les plus divisés, divisent le fleuve en cinq bras. Mais une variété inépuisable de formes et de couleurs accompagne la chute de ces eaux, versées de hauteurs inégales avec la même vitesse, et mille fois brisées dans leur cours par les saillies du rocher. Ici le fleuve, absorbé, réduit en poussière, forme de légers amas de vapeurs, que le vent chasse et disperse au loin, ou d'immenses écharpes que le soleil, en les traversant, teint des plus brillantes couleurs; là, des nappes écumantes, au moment où elles ont touché le fond de l'abîme, rebondissent, puis tombent en pluie de perles, ou pétillent et rayonnent en gerbes de diamant. Du haut d'un roc que l'action des eaux a creusé, on voit s'élancer, par une ouverture ovale, un furieux torrent d'écume d'une blancheur éblouissante, qui, versé sur des lames d'eau du plus beau vert, forme et dissipe à la fois mille accidens de couleur, d'une richesse incomparable. Joignez à tout cela les mugissemens des vagues qui se brisent, l'odeur électrique des rochers, le bruit, surtout ce bruit épouvantable qui semble ébranler la montagne jusque dans ses fondemens, et fait trembler au loin toute la contrée, et vous n'aurez encore qu'une faible idée du spectacle le plus majestueux, le plus terrible, qui puisse frapper dans toute la Suisse les regards du voyageur; un spectacle d'où l'on remporte les impressions les plus fortes et les souvenirs les plus durables.

On invite ordinairement les étrangers à traverser le fleuve au-dessous de la cataracte, pour le contempler sous un point de vue différent, au château d'Immwerth, situé sur la rive opposée. On peut aussi, dans ce trajet, l'envisager de face, et l'agitation du Rhin, qui gronde et frémit encore en s'éloignant, procure une émotion qui n'est pas sans agrément, quoiqu'elle ne soit pas exempte d'inquiétude.

Pour acquérir la connaissance de toutes les beautés que la nature déploie dans ce grand tableau, dit Ebel, on ne doit pas se contenter de le voir tandis qu'il est illuminé par les rayons du soleil levant: il faut le contempler au déclin du jour et au clair de la lune. Le soir, surtout, l'effet en est prodigieux, lorsque toute la contrée est déjà dans l'ombre, et que la cataracte seule est encore éclairée. Quand le temps est très-calme, on l'entend à deux lieues de distance, du côté de l'est, dans le canton de Zurich, et même quelquefois jusqu'à Eglisau, qui en est à 3 ou 4 lieues; mais il arrive aussi quelquefois qu'on ne l'entend pas du tout. Aucun voyageur n'a pu jusqu'ici traverser heureusement cette grande chute d'eau. Une dernière tentative de ce genre fut faite, il y a environ trente ans, par un jeune Anglais à qui elle coûta la vie.

Ecoutons maintenant M. Simond.

Il a plu hier tout le jour, et nous avons gardé la chambre dans notre auberge de Waldshut, prenant patience, et observant toutes choses en Allemagne, à travers les petits carreaux ronds, montés en plomb, de nos fenêtres. Les toits s'avançaient et couvraient la moitié de la rue, formant un abri le long des maisons, et les femmes endimanchées allaient et venaient là-dessous, comme s'il eût fait beau temps. Une énorme tresse de cheveux blonds descendait le long d'une taille rendue très-droite par l'usage de porter sur la tête des cruches d'eau et de lait, et touchait presque la terre. Les manches de chemises, blanches comme la neige, et retroussées jusqu'à l'épaule, découvraient des bras bien ronds, bien fermes et bien brûlés; le corset rouge, lacé de noir, marquait une taille renforcée, et le jupon, de la longueur du kilt écossais, laissait voir un bas propre et bien tiré, et cela jusqu'à la jarretière rouge. Les plus âgées de ces dames avaient un peu l'air de petits vieillards rabougris déguisés en femmes. Nous eûmes tout le temps d'examiner notre ameublement. L'article principal était un canapé de bois de chêne, d'une haute antiquité, artistement ciselé de tous les côtés, de manière à représenter de la dentelle; puis une grande et forte table, de chêne également, et non moins antique, les jambes écartées pour pouvoir résister au roulis des tremblemens de terre, si fréquens le long du Rhin au temps où ce meuble était neuf, c'est-à-dire dans le quinzième siècle; son tapis, propre comme le premier jour, après quelques centaines d'années de bons services, brillait des pures couleurs primitives, le rouge, le bleu et le jaune. Pas une âme de la maison ne parlait d'autre langue que l'allemand, excepté l'aubergiste lui-même, qui entendait un peu le français, et disait : *J'ai l'honneur de vous saluer*, toutes les fois que nous lui demandions quelque chose. L'anglais et l'allemand ont un grand nombre de mots semblables; mais leur prononciation est tellement différente, que la connaissance d'une de ces langues facilite peu l'intelligence de l'autre.

Le pays que nous avons traversé est agréable, inégal, ombragé de beaux arbres, de chênes principalement, et les hauteurs sont fréquemment décorées d'antiques châteaux en ruines. Nous avons remarqué que les bœufs sont attelés par le moyen d'une chaîne passée autour du cou, en forme de collier, de manière à étrangler l'animal s'il était assez mal avisé pour tirer fort.

On revoit le Rhin une heure environ avant d'arriver à Schaffhouse, et tout près de sa chute. Ayant fait prendre le devant à notre voiturier, nous allâmes à pied voir cette merveille du monde. On l'aperçoit d'abord en vue d'oiseau, et l'œil embrasse à la fois tout l'ensemble. Les écueils au-dessus, le gouffre au-dessous, le saut entre deux, divisé en cinq embouchures par quatre grands rochers à tête noire isolés, minés, surplombans, qui opposent à sa fureur la tranquille inertie de leurs masses et la dureté de leurs élémens. Rongés depuis des siècles innombrables sur tous les points de leur surface successivement, mais aujourd'hui à leur base seulement, ils ont vu disparaître d'autres masses beaucoup plus considérables, formant ensemble une barrière continue, par-dessus laquelle le fleuve faisait un saut à peu près double de celui que nous voyons. Nous n'entreprendrons pas de calculer ce qu'il a fallu de siècles pour opérer ce changement : le problème serait trop hardi. On trouve ici des gens qui vous disent que, dans leur jeunesse, deux des piliers étaient encore accessibles, et qui racontent les dangers qu'ils ont souvent courus en allant dénicher des oiseaux sur le sommet où maintenant les nids sont hors de toute atteinte ; mais il se pourrait bien que l'agilité de ces aventureux dénicheurs, et non la chute du Rhin, eût éprouvé quelques changemens.

M. Ébel suppose que, du temps où les Romains formèrent leurs établissemens sur le lac de Constance, la chute du Rhin ne pouvait être beaucoup plus haute qu'elle n'est à présent, parce que le niveau de ce lac a toujours dû se régler sur celui du Rhin, et qu'on ne pourrait ajouter 50 à 60 pieds à la hauteur de celui-ci, sans supposer à l'autre une élévation proportionnée ; mais la rapidité du Rhin, depuis Constance jusqu'ici, fait assez voir que cette hauteur, ajoutée au niveau de la chute du Rhin, laisserait encore assez de pente pour l'écoulement des eaux du lac.

Arrivé au bord du fleuve, au-dessous de sa chute, vous prenez un bateau qui vous transporte à l'autre rive. Les vagues, l'écume, la vapeur, produites par le saut que le Rhin vient de faire, surtout lorsqu'il est aussi plein qu'à présent, vous donnent le beau idéal du danger sans la réalité. Vous trouvez de l'autre côté un petit pavillon de bois établi sur une projection de rocher, tout à côté de la chute; elle y touche, elle y plonge; les eaux, beaucoup plus hautes que de coutume, la baient à tout moment, et menacent de l'emporter : de sorte que, sans nous y arrêter plus d'un instant, nous sommes allés jouir du spectacle quelques pas plus loin. La vélocité, le brisement, la furie de cet enfer d'eau, surpassent le Niagara même; mais il y a beaucoup moins de grandeur et de majesté. La hauteur du saut du Niagara est près de trois fois aussi grande, et sa masse est six fois au moins celle du Rhin; c'est un lac qui se courbe tout d'une pièce, et coule encore plutôt qu'il ne tombe; conservant sa couleur de saphir et d'émeraude jusqu'à ce qu'un voile de vapeur légère, formé par la résistance de l'air, dérobe aux regards sa rapidité toujours croissante, et ses dernières fureurs. Le Rhin au contraire se tourmente dans toute sa chute; il écume du haut en bas; c'est une cascade de poudre de magnésie, soit dit sans l'offenser, car les matériaux ne font rien à la chose, et cette masse de poudre blanche, haute de 60 pieds, large de 450, sans cesse précipitée, aurait bien sa sublimité tout comme une autre.

Les accompagnemens de la chute du Niagara sont insignifians; mais ceux de la chute du Rhin sont positivement ignobles et désagréables, excepté le château de Lauffen, qui cependant est peu pittoresque et d'ailleurs écrase la chute de son volume. Leurs excellences de Zurich et de Schaffhouse devraient bien s'entendre pour raser les misérables édifices placardés, pour ainsi dire, contre une merveille du monde, et dont ils montreraient par-là qu'ils connaissent le prix. Ils devraient aussi acheter le vignoble au-dessus, pour en arracher jusqu'au dernier cep et y planter des chênes. Rien n'est plus mesquin que la vigne dans un tableau. La composition du paysage des deux rives au-dessous de la chute est tout-à-fait bien : malheureusement on lui tourne le dos lorsqu'on la regarde. Il faudrait créer quelque chose de semblable au-dessus de cette chute, qui autrement ressemblera toujours à une grande écluse de moulin débordée.

Le jour approchait de sa fin, et il fallait songer au trajet que nous avions à faire pour regagner notre gîte à Schaffouse, par des chemins en partie inondés. Cependant nous avions peine à nous arracher de ces lieux. Les derniers rayons du soleil éclairaient encore la chute dans sa partie supérieure, rendant plus vives les touches d'un vert d'émeraude qui perçaient à travers l'écume, de plus en plus éclatante de blancheur, et traversée d'un double arc-en-ciel, tandis qu'au-dessous, dans le profond encaissement du Rhin, l'obscurité croissante répandait déjà ses vagues terreurs; enfin la nature semblait faire un dernier effort pour toucher nos insensibles cœurs, et nous forcer d'admirer un de ses plus beaux ouvrages au moment où nous allions nous en éloigner pour toujours.

Il y avait là des curieux allemands, et des curieux anglais, qui nous fournirent l'occasion d'observer certaines différences nationales de mœurs et d'usages. Ceux-ci, divisés en groupes de deux ou trois compagnons de voyage, évitaient avec soin toute communication avec d'autres groupes ou d'autres individus, et surtout ceux de leur propre nation, n'adressant jamais la parole qu'à l'interlocuteur légitime de leur société. On remarque en général que les femmes s'observent encore plus strictement que les hommes, par timidité tout autant que par fierté ou par extrême savoir-vivre. Quelques unes de celles-ci pouvaient être Écossaises; elles portaient les couleurs de leur pays, et d'ailleurs nous en étions assez près pour comprendre qu'elles comparaient Coralyn à la chute du Rhin, donnant la préférence au Clyde, et non sans raison, car il y a dans la composition de celui-ci des circonstances plus importantes que le volume d'eau. Soit qu'elles fussent du nord ou du midi des Iles Britanniques, elles se conduisirent à l'anglaise. Les Allemandes, au contraire, saisirent la première occasion de lier conversation, comme elles purent en français, et s'enhardirent bientôt à demander naïvement à ma compagne de leur faire entendre quelques mots d'anglais, afin d'en connaître le son, auquel elles paraissaient tout-à-fait étrangères, sans soupçonner le moins du monde qu'il y eût de l'indiscrétion. C'est à l'impression que fait l'une ou l'autre manière d'agir et aux sentimens qu'elles inspirent, à déterminer laquelle est la meilleure; je crois que même en Angleterre la question est déjà décidée contre l'usage anglais. Il y est tourné en ridicule, mais il faut du courage pour s'y soustraire le premier.

M. de Walsh va maintenant peindre la cataracte :

« C'est du milieu du Rhin que la cascade se déploie avec le plus d'avantage; c'est de là aussi qu'on en apprécie le mieux la hauteur, et que son aspect est le plus poétique. On a pratiqué, sur la rive gauche, une galerie précisément au point où se précipite la colonne d'eau la plus considérable. La position de cette galerie ne permet pas de voir la chute autrement que de profil; on en perd une grande partie, mais on en est dédommagé par tout ce qu'un pareil spectacle vu de près peut offrir de beautés. Au fracas continu des eaux mugissantes se mêlent, à intervalles inégaux, de sourdes détonnations, dont le contre-coup ébranle la galerie, sur laquelle un vent impétueux pousse en épais tourbillons une pluie fine, qui vous inonde. L'admiration vous rend muet, le bruit vous rend sourd, et vous sortez de là trempé, gelé et enchanté. Il ne manque à cette scène qu'un entourage plus pittoresque : à l'exception du château de Lauffen, qui domine la cataracte, tous les accessoires sont de peu d'effet. Les collines du fond et celles des deux rives n'offrent qu'une nature maigre et des lignes monotones.

En examinant un de ces blocs de rocher qui élèvent du sein du fleuve leurs formes molles et arrondies, on distingue un corps étranger, qui paraît se détacher de la pierre. Après avoir regardé avec plus d'attention, on découvre que c'est un petit homme en planche, grossièrement travaillé et empalé au rocher au moyen d'une barre de fer; il étend fièrement son bras vermoulu sur les ondes courroucées. On ne peut se figurer l'impression que produit cette ridicule conception des hommes, fichée au milieu de la magnificence imposante de la cascade. Du reste, il est encore possible que cette pensée ait trouvé un approbateur. Un Anglais, voyant naguère la chute de Schaffhouse pour la première fois, s'écria d'un ton de mépris : « Quoi ! ce n'est que cela?..... Il « ne vaut pas la peine de venir de si loin pour « voir aussi peu de chose. » Mais, en revanche, ce même spectacle, qui l'avait si peu frappé en nature, le ravit tellement dans la chambre obscure du petit château, qu'il s'arrêta plus d'une heure chez l'opticien, ne trouvant pas de termes assez forts pour exprimer son admiration.

Il est singulier, dit Ebel, qu'il ne soit fait aucune mention de cette cataracte dans les écrits des Romains, qui possédaient tant de places fortes sur les rives du Rhin, qu'ils habitèrent et parcoururent si souvent pendant plusieurs siècles. M. Tralles, membre de l'académie de Berlin, a trouvé dernièrement l'odeur particulière qu'on observe quelquefois près des autres grandes cascades de la Suisse, si forte à celle de Lauffen, qu'il s'est assuré sur-le-champ qu'elle ne différait point de l'odeur électrique. Les rochers au travers desquels le Rhin forme sa chute sont composés de pierre calcaire. Ils offrent sur les deux rives du fleuve une analogie si frappante par leur structure, leur stratification et leur inclinaison, qu'il n'est pas possible de douter que ces rochers, aujourd'hui séparés, n'appartiennent à une seule et même formation, et qu'ils n'aient constitué jadis une masse unique. C'est apparemment aux courans de la mer que cette gorge doit sa première origine; cependant il est incontestable que le Rhin n'a pu couler si long-temps dans son lit actuel sans le rendre toujours plus profond, de sorte que, dans les siècles les plus reculés, cette magnifique cataracte devait être encore beaucoup plus haute et plus prodigieuse que de nos jours. Cependant l'action des frottemens et du rongement des eaux est si lente que les rochers qui forment le lit du fleuve, dans le lieu de sa chute, n'avaient, il y a dix-huit siècles, qu'un petit nombre de pieds de hauteur de plus qu'aujourd'hui : c'est une vérité que des faits historiques mettent hors de doute. En effet, les Romains avaient alors des places fortes à Constance, à Romishorn, à Arbon et à Lindau, sur le sol même qu'occupent aujourd'hui ces villes. Si le lit de la cataracte du Rhin avait été alors de cinquante à cent pieds plus haut qu'aujourd'hui, le niveau du lac de Constance eût été beaucoup plus élevé que le sol qu'occupaient ces châteaux des Romains. On a vu aux articles Ragatz et Bade que le Rhin n'a probablement pas toujours coulé au travers de la gorge de Lauffen.

A quatre lieues de Schaffhouse, sur la rive méridionale du Lac-Inférieur ou Zellersée, on va visiter les collines de Hohentwiel, qui s'élèvent à dix-huit cent cinquante-quatre pieds au-dessus du Rhin, au milieu d'une contrée de plaines, ce qui fait qu'on les aperçoit d'un grand nombre de points du lac de Constance et de la Suisse septentrionale.

Ces collines sont également remarquables sous le rapport historique et sous celui de l'histoire naturelle. Sur la seconde, on aperçoit encore les ruines d'un château qui fut détruit en 1525, pendant la guerre des paysans. C'était le berceau de la famille de Hohenstaufen, dont le rôle brillant commença avec le règne de Conrad III, en 1138, mais qui s'éteignit dès l'an 1268, dans la personne de l'infortuné Conradin, mort à Naples à cette époque. Hohentwiel a été un château dès les temps les plus reculés. Hedwige, duchesse de Souabe, en fit, pendant le dixième siècle, un asile des muses. Son maître dans les sciences était Eckard, religieux, et professeur de l'abbaye de Saint-Gall, et précepteur du fils de l'empereur Othon Ier. Cette illustre dame lisait les écrits d'Horace et de Virgile; elle enseigna même le grec à un jeune homme nommé Bourcard.

Ces montagnes coniques, remarquables par leur situation isolée (on en voit cependant encore trois autres dans le voisinage, savoir Hohen-Howen, Hoven-Kreyen et Megdberg), sont composées de schistes de porphyres qui appartiennent au genre des basaltes : ces schistes sont en partie noirs ou bruns et compactes, et en partie poreux. Les schistes de porphyre bruns et compactes qu'on voit sur la colline de Hohentwiel contiennent des gangues considérables de zéolithe (les naturalistes allemands nomment maintenant natrolite cette espèce de pierre) d'un jaune rougeâtre et formant des rayons divergens. Quant aux schistes de porphyre poreux, leurs lacunes sont remplies de spath calcaire. On n'a jusqu'ici découvert aucune trace de cratère d'un volcan éteint sur ces hauteurs ; mais on prétend qu'on reconnaît les vestiges des torrens de laves du côté où la montagne s'est écroulée, il y a trente ans. On dit que les laves y alternent avec les brèches volcaniques.

Observations.

LUCERNE.

MONNAIE. — *Voyez canton d'Unterwald.*

OUVRAGES À CONSULTER. — *Cartes.* — *Description de Lucerne et de ses environs*, suivie de l'itinéraire du Righi, du Pilate, du Saint-Gotthard et du lac des 4 cantons; Lucerne, 1815, chez Xavier Meyer. Un plan, 2 vues de la Suisse, le pont du Diable, et une excellente carte du lac, sont joints à cette description.

LUCERNE. — CURIOSITÉS. Les principales curiosités de Lucerne sont : l'hôtel-de-ville, l'église cathédrale, la bibliothèque des ex-jésuites et celle des capucins, la bibliothèque de la ville, très-riche en manuscrits et la bibliothèque de la société de lecture; le cabinet de peinture de M. Reinhard, peintre lucernois; cabinet de minéralogie chez M. le colonel et conseiller Pfyffer;* collection de tableaux chez M. le professeur Geiger; la célèbre carte topographique, en relief, d'une partie de la Suisse, levée d'après nature par M. le général *Pfyffer* (mort en 1802, à l'âge de 85 ans).

LUCERNE. — *Hôtel du Cheval blanc*, tenu par M. *Frehli et compagnie :* bel emplacement, vue sur le grand pont, 60 appartemens bien meublés, grandes remises et écuries pour 600 chevaux; domestiques qui entendent les diverses langues de l'Europe; vastes salles à manger; galerie ornée d'orangers, figuiers, etc.; zèle et toutes les commodités possibles.

— AUBERGE : *l'Aigle d'or*, tenue par M. *Frédéric Créther*; bonne maison, aimée et connue des voyageurs qui en rendent un bon témoignage : soins et bon traitement.

LUCERNE. — M. *Antoine Nager; affaires de banque :* il possède la première et la plus complète collection de minéraux du Saint-Gotthard, mentionné par M. *Léonard*, dans son *Manuel de minéralogie universelle*; le cabinet de M. Nager est ouvert gratis à tout le monde; jolis fossiles à prix fixe; dessins en gouache des environs des trois petits cantons et du Saint-Gotthard; deux bas-reliefs très-beaux représentant l'un les trois petits cantons, l'autre la Suisse entière; vieux vitraux en couleur, ornés de peintures à des prix modérés.

SEMPACH. — *Hôtel de la Croix blanche*, M. Genhart, propriétaire, est plein de complaisance pour les voyageurs; sa maison est très-fréquentée.

LUCERNE. — CHEMINS. *Neu-Habsbourg*. Sur le mont *Pilate*, 5 ou 6 l. A *Altorf* au canton d'Uri, sur le lac, en 9 heures, quand le vent n'est pas contraire. A *Küssnacht*, aussi par eau, 3 l. De Lucerne on peut aussi aller à pied, en 3 h. de marche, à Küssnacht, en passant par les villages de Meggen et de Mœrlischachen. Ce chemin présente une variété extraordinaire de points de vue. On passe près des ruines du château de Neu-Habsbourg, sur la Rameflue, colline située au-dessus du village de Meggen, et d'où l'on embrasse d'un coup d'œil toutes les rives du lac. On va en 10 heures à *Zurich*, par une grande route. A *Zoug*, 4 l. Arrivé au pont de la Reuss, à 2 l. de Lucerne, le voyageur à pied se dirige à droite par un chemin qui mène à *Bouonas*, 1 l. A une 1/2 l. au-delà du pont, on entre dans le canton de Zoug, et on s'embarque à *Bouonas* pour Zoug. Le grand chemin de Berne passe par Zofinghen; celui qui y mène par Willisau et Langhenthal est moins bon; le plus court (18 l.), traverse la vallée d'Entlibouch; mais il est très-fatigant pour les personnes qui voyagent en carrosse. De Lucerne, les gens à pied vont en 6 h. à *Entlibouch*, le long de la petite Emme, par Enninghen, Malters et le Brameck.

ENTLIBOUCH (le village d') — AUBERGES passables, ainsi qu'à Schupfen, chef-lieu de la contrée, à Escholtzmatt et à Marbach.

CHEMINS. — On peut parcourir l'Entlibouch en petit char, et se rendre ainsi dans l'Emmenthal et à Lucerne. On a même fait cette route en carrosse; mais cette façon d'aller dans ces contrées est encore plus fatigante que dangereuse. Le sentier qui mène d'Entlibouch à *Lucerne* va par le Brameck, montagne élevée de 3,390 pieds au-dessus de la mer, et par Schaken; puis le long de l'Emme par Malters et Saint-Jost, à Lucerne, 6 l. A *Langnau*, dans l'Emmenthal, 6 l.; par Hasli, Schupfen, Escholtzmatt, le long de l'Ilfisbach, qui descend du Schratten, et de là à Troubschachen, dans l'Emmenthal sur les confins de l'Entlibouch. C'est dans ce lieu qu'on voit la rivière de Troub sortir du Wild-Thal. De Toubschachen à Langnau. Du village d'Entlibouch, on peut suivre un sentier qui monte le long de l'Entle et passe entre le Schimberg et le mont Pilate, pour se rendre à *Sarnen*, dans l'Unterwal supérieur.

LE CANTON DE LUCERNE.

Le canton de Lucerne est situé presque au centre de la Suisse; il l'emporte en fertilité sur la plupart des autres cantons. C'est à lui, lorsque l'on arrive de la France ou de l'Allemagne, que commence la Suisse intérieure proprement dite, qui présente tant de particularités dans ses mœurs, dans sa constitution et dans sa nature. Il est le troisième en rang dans la confédération suisse, et passe pour le premier des cantons catholiques. L'acte de médiation de 1803 lui a fait éprouver quelques légères modifications, par des échanges avec le canton d'Argovie. Sa plus grande longueur, du nord au sud; et sa plus grande largeur, de l'orient à l'occident, sont également d'environ 11 lieues, et sa surface est de 72 lieues carrées et 81 centièmes. On ne peut pas le compter parmi les cantons montagneux de la Suisse; cependant il s'en rapproche autant que possible, et quoique aucune de ses montagnes ne se couvre de neiges éternelles, il n'est presque pas de mois, même en été, où il ne tombe de la neige sur ses hautes sommités; de là résulte que le climat y est plutôt froid que chaud, et que les habitans sont exposés à de grandes variations de température. Du reste, le canton est situé sur un plan élevé; le lac des Quatre-Cantons est à 1,320 pieds au-dessus de la Méditerranée.

La population du canton de Lucerne, d'après le tableau officiel, n'est que de 86,700 âmes, ou de 1,191 âmes par lieue carrée; mais la plupart des auteurs portent cette population au moins à 100,000 âmes. Un dénombrement fait en 1810 donna 101,904 âmes. En 1814, il naquit dans le canton 1,865 garçons et 1,652 filles, en tout 3,517 enfans; la même année il mourut 2,910 individus, et il se fit 558 mariages. La ville de Lucerne compte 6,000 habitans, et de 130 à 150 naissances par année. La population de l'Entlibouch était, en 1796, de 12,557 âmes, et tendait à s'augmenter chaque année. Les habitans de cette vallée s'engagent en grand nombre dans les services militaires étrangers.

Le terrain du canton est naturellement fertile, et en général bien cultivé; ses produits, par leur abondance, récompensent et encouragent l'agriculteur; il offre une grande variété de vues charmantes, de beaux arbres, de collines verdoyantes et de ruisseaux. De toutes les montagnes du canton, la plus remarquable est le mont Pilate, qui lui sert de limites du côté du canton d'Unterwald. Ce mont colossal et majestueux, dont la base septentrionale se rapproche de la ville de Lucerne, est élevé de 6,906 pieds au-dessus de la mer; il lui manque encore près de 1,300 pieds pour atteindre à la limite des neiges éternelles; on le nomme en latin *mons Pileatus*, à cause d'un petit nuage en forme de chapeau, qui couvre ordinairement sa cime lorsque le temps est beau : dans les anciens documens il est nommé *mons Fractus*, *Fractmont* et *Frakmund*, à cause des rocs déchirés qui s'élèvent à son sommet du côté du nord et de l'est.

Sur le côté occidental du mont Pilate, l'Eigenthal, riche et fertile montagne, mérite d'être remarqué; il se compose d'environ trente Alpes, sur lesquelles quelques centaines de vaches paissent en été; on y respire un air pur : c'est pourquoi plusieurs malades de Lucerne vont s'y établir dans la belle saison. On a commencé à y bâtir des cabanes qui sont habitées pendant tout le cours de l'année. Le reste du canton, et en particulier l'Entlibouch, renferme encore un grand nombre de montagnes.

Le mont Pilate possède plusieurs objets propres à attirer l'attention des voyageurs, entre autres, dans le lieu appelé Hergottsvald, une belle église et la cellule d'un ermite; plus bas, on admire le beau château de Schauensée, les vues charmantes de la ville de Lucerne, de son beau lac et des riches cultures de Sonnenberg. En allant au Brundlen-Alp, on trouve un sapin de 8 pieds de diamètre, et à 15 pieds au-dessus du sol, on voit sortir de son tronc neuf branches horizontales de 3 pieds d'épaisseur et de 6 de longueur; de l'extrémité de chacune de ses branches s'élève un grand sapin, de sorte que cet arbre offre un aspect tout-à-fait extraordinaire. On trouve sur le Brundlen-Alp l'un des échos les plus curieux de la Suisse; mais il faut une bonne poitrine et une voix très-forte pour en obtenir un certain effet : les bergers du pays sont accoutumés à le faire résonner; ils se placent vis-à-vis de lui, et se tournent lentement en demi-cercle d'un côté à l'autre, trouvant ainsi le moyen de produire une musique harmonieuse, dont les accens mille fois répétés retentissent dans toutes les parties de ces rochers, et font un effet ravissant, surtout pendant le calme et l'obscurité solennelle d'une belle soirée. Du haut du Brundlen-Alp on aperçoit, au milieu d'un rocher noirâtre, l'entrée d'une caverne, dans laquelle est une statue que les habitans du pays appellent Saint-Dominique; mais il est impossible d'en approcher, et l'on ne sait point encore si elle est un ouvrage de l'art ou de la nature; vue à une certaine distance, elle paraît haute de 30 pieds environ; elle est d'une pierre blanche, et ressemble à un homme dont les jambes sont croisées, et dont les bras sont appuyés sur une table : on dirait, à sa posture, que cet homme a le projet de garder l'entrée de la caverne. Les divers pâturages qui recouvrent les flancs du Pilate nourrissent 4,000 bêtes à corne pendant l'été.

La partie la plus chaude du canton est celle qui est située au pied du mont Rigi, sur les bords du lac de Lucerne; le Rigi la garantit des vents du nord, et l'on y voit croître des fruits de pays chauds, tels que des châtaignes, des amandes et des figues. Au mois de juillet 1795, le beau village de Veggis, qui est bâti dans cet endroit, fut en partie inondé et entraîné dans le lac par un torrent d'une nature singulière, qui descendit inopinément du Rigi. Ce torrent se composait d'une boue rouge et épaisse; il avait plusieurs toises de hauteur, et 500 ou 600 toises de largeur; il s'avançait si lentement, que les habitans eurent le temps de sauver tous leurs biens meubles, et qu'il employa quinze jours à arriver jusqu'au lac; mais il n'en ensevelit et n'en dévasta pas moins un grand nombre de maisons et de campagnes fertiles.

Les habitans du canton de Lucerne font de l'éducation du bétail une de leurs principales occupations; ils ont de superbes bêtes à corne, et élèvent aussi des moutons, des chèvres et des cochons. Dans l'Entlibouch, où ce genre d'industrie est surtout cultivé, on achète des moutons au printemps, on les conduit sur des pâturages montagneux, qui seraient trop élevés pour des vaches, et on les abandonne à eux-mêmes pendant la plus grande partie de la belle saison. Le mont Pilate nourrit de la même manière des troupeaux de moutons considérables, qui s'engraissent au point d'augmenter beaucoup de prix à la fin de l'été; leur laine sert à l'habillement des habitans du pays. En 1796, on compta sur les montagnes et dans les forêts élevées de l'Entlibouch 6,674 vaches, outre un grand nombre de bœufs et de taureaux, 860 chevaux et 11,156 moutons ou chèvres. On peut, d'après cet exemple, se faire une idée de tout le bétail du canton. Le gibier y est abondant. Du reste le canton de Lucerne est plus particulièrement un pays à blé; il est du très-petit nombre des cantons de la Suisse qui non seulement ont du blé pour leur usage, mais qui peuvent en exporter; Lucerne en fournit aux cantons voisins d'Uri, de Schwitz et d'Unterwald : aussi chaque semaine son marché à blé est-il très-fréquenté; d'après un compte public de l'année 1809, l'entrée des fromens, des seigles et des orges fut, dans le cours des douze mois, de 35,502 quarts ou quarterons, dont 5,922 demeurèrent dans la ville pour sa consommation, et le reste fut exporté dans les trois cantons d'Uri, de Schwitz et surtout d'Unterwald : le quart ou quarteron, dont quatre font le malter, contient 1,752 pouces cubes de France.

Les vignes sont peu abondantes dans le canton, et le vin est de qualité inférieure; mais les Lucernois font du vin de fruit, qui devient quelquefois pour eux un objet d'exportation. La botanique du pays n'a pas été suffisamment étudiée, et l'on en peut dire autant de sa minéralogie : la plupart des naturalistes qui visitent le canton n'y font que de courts séjours, et se hâtent de le quitter pour se rendre dans les hautes Alpes, où ils espèrent faire des découvertes et des observations d'un plus grand intérêt. On trouve dans le canton la plupart des métaux connus; mais il n'en existe pas de mines régulièrement exploitées. On y trouve aussi de la tourbe et du charbon de pierre; mais on n'en fait pas un grand usage, à cause du bas prix du bois.

Les Lucernois des deux sexes se font remarquer par la beauté de leurs traits et par leur taille élégante; leurs mœurs sont encore simples, malgré les changemens que les dernières révolutions y ont apportés. Les produits qu'ils exportent sont principalement des fromages, des bestiaux et des grains; mais ils ne sont pas riches, parce que leurs importations l'emportent sur leurs exportations : on estimait, en 1783, que le sel et le vin seuls, achetés dans l'étranger, absorbaient annuellement une somme de 400,000 florins du pays. Le commerce languit, et pendant long-temps on n'a eu dans le canton d'autres manufactures que les filatures de l'Entlibouch. Depuis quelques années, il s'est introduit des changemens avantageux sous ce rapport, particulièrement dans la ville de Lucerne.

LUCERNE.

On n'est pas encore certain qu'il ait existé du temps des Romains un lieu nommé *Lucerna*. Vers la fin du 7ᵉ siècle, Wickard, frère du duc Robert, bâtit dans les solitudes de cette contrée une chapelle, qui bientôt après fut convertie en église canoniale, et consacrée à saint Léodégar, sous les auspices duquel on jeta dans la suite les fondemens de la ville de Lucerne. Le père de Charlemagne donna ce couvent, l'an 768, à l'abbaye de Murbach, dans la haute Alsace. La ville passa ainsi sous la domination de cette abbaye; cependant elle conserva de belles franchises. Sur la fin du treizième siècle, l'abbé de Murbach rendit ses droits aux fils de l'empereur Rodolphe de Habsbourg. Mais Lucerne, excédée des guerres perpétuelles qu'il lui fallait soutenir, surtout contre ses voisins, les habitans des trois Waldstettes, pour la maison d'Autriche, et ne pouvant plus supporter les rigueurs de sa domination, contracta, l'an

1332, une alliance perpétuelle avec les trois cantons d'Ury, Schwitz et Unterwald, qui lui cédèrent le premier rang dans leur confédération. Dès lors elle fit diverses acquisitions qui agrandirent son territoire; pendant les guerres de 1386 et de 1415, elle l'étendit davantage encore par des conquêtes considérables sur l'Autriche, laquelle renonça formellement aux domaines que cette ville venait de lui enlever. Le 30 avril 1798, elle fut occupée par les Français, et depuis le 24 septembre de la même année jusqu'au 31 mai 1799, elle a été le siége du gouvernement et des conseils législatifs de la république helvétique.

On voit à Lucerne une vieille tour massive, qui paraît avoir remplacé son ancien phare. Lucerne est située à l'extrémité du lac des Waldstettes, sur la Reuss, qui la divise en deux parties, et au pied du mont Pilate. Elle renferme plusieurs objets dignes de piquer la curiosité. On distingue à l'Hôtel-de-Ville un tableau de Würsch, représentant la loi donnée à Moïse sur le mont Sinaï; les portraits d'un grand nombre des anciens chefs de l'État, et un grand squelette qu'on trouva, en 1577, sous un chêne près de Rieden. On montre à l'arsenal la bannière de la ville, encore teinte du sang de l'avoyer Gundolding, qui, en 1386, la portait à la bataille de Sempach, où il mourut pour sa patrie; la cotte d'armes du duc Léopold, et le collier de fer, garni de pointes, que les Autrichiens destinaient à ce brave patriote; enfin, une partie du butin fait par les Lucernois, en 1477, dans les batailles de Morat et de Grandson. L'église cathédrale renferme des antiquités curieuses, et un orgue d'une grandeur remarquable. Il faut voir aussi la bibliothéque des ci-devant jésuites, et celle des capucins, la plus belle et la plus riche que possède cet ordre religieux.

Ce qu'il y a de plus intéressant dans Lucerne est le relief du général Pfiffer. Laissons parler ici M. de Lally-Tollendal :

« Je l'ai enfin parcouru ce lac des Waldstettes ou des Quatre-Cantons, Lucerne, Schwitz, Zuri, Unterwald. Je les ai vus tous ces lieux que je vous nommais hier, au gré de mon imagination poétique : et la chapelle de Tell, dans ce Berghlen où il reçut le jour ; et l'autre chapelle de Tell, près de ce roc sur lequel il s'élança du milieu de la tempête, quand on le transférait des cachots d'Altorf dans ceux de Küssnach ; et la troisième chapelle de Tell, dans ce même Küssnacht où il mérita, le 18 novembre 1307, que son nom fût inscrit dans les temples au-dessous de celui de l'Éternel, avec le titre de *Libérateur de la patrie;* et cette prairie escarpée du Grutly, où la veille, dans le silence de la nuit, un ciel étoilé avait éclairé la réunion et reçu les sermens des trente premiers citoyens libres de la Suisse, ayant à leur tête le beau-père de Tell ; et cette tour blanche qui s'élève maintenant où s'élevait, il y a cinq siècles, l'arbre que frappa la flèche du père condamné à percer une pomme sur la tête de son fils ; et le cachot d'Altorf, où il fut enfermé pour l'autre flèche qu'il avait tenue en réserve, s'il eût eu le malheur de tuer son fils ; et enfin ce roi des monts, qui descend de la hauteur de 3,876 pieds dans les vallées que baigne le golfe de Küssnacht. Voilà, mon ami, tous les lieux que j'ai vus dans le plus grand détail, depuis la lettre que je vous écrivais ce matin un peu avant midi. Mais la sérénité a donc reparu dans les plaines de l'air? le lac orageux s'est donc changé en mer paisible? le vent propice s'est donc accordé avec la rame agile pour faire voler nos barques sur tous les points où nous avions à descendre? des coursiers aussi prompts que le vent nous atttendaient donc à chaque descente pour nous porter rapidement dans les terres? Non, mon ami, rien de tout cela. Les torrens de pluie continuent à tomber, et ne sont interrompus que par des bourrasques de vents qui soulèvent, brisent et entr'ouvrent les vagues. Je n'en ai pas moins côtoyé tantôt les rochers effrayans et inabordables, tantôt les douces collines, les forêts touffues, et les plaines fertiles qui bordent le lac. Je n'en ai pas moins observé, avec le plus grand détail, tous les lieux que je viens de vous citer. J'ai pu mesurer la hauteur, les distances, examiner les villes et les bourgs, compter les villages, les hameaux, les rivières, les sources, les moulins, suivre les routes, remarquer jusqu'aux bornes qui les divisent, jusqu'aux croix dont la plupart sont semées. Mais pour faire tant de chemin et tant d'observations, il ne m'a fallu qu'entrer, à une courte distance de mon auberge, dans la maison du feu général Pfiffer, et y voir le magnifique chef-d'œuvre sorti des mains de ce savant militaire, près de 8 cantons de la Suisse, 180 lieues carrées de pays, en relief, sur une table qui a 22 pieds et demi de longueur et 12 de largeur. Pas un objet, depuis le mont le plus élevé jusqu'au plus humble buisson, qui ne se trouve là représenté d'après nature, dans ses formes ou ses couleurs, et géométriquement calculé dans ses proportions. Dix pouces de hauteur y représentent 10,000 pieds. C'est un prodige de science et de patience, de talent et de patriotisme. Si demain, dernier jour que je puisse donner à ma curiosité, le temps ne me permet pas d'aller contempler le grand tableau, ce sera pour moi une consolation d'en avoir vu une si parfaite miniature. Du reste, j'ai fort bien passé ma journée. Le ministre de France, pour lequel je vous ai quitté ce matin, a encore échauffé mon zèle pour les Suisses du 10 août. Il a bien voulu me communiquer plusieurs dépêches anciennes et nouvelles, dans lesquelles il a plaidé cette belle cause avec autant d'âme que de raison. Nous avons confondu nos ministères, et je partirai en courrier de sa légation; nous nous sommes embrassés, en nous souhaitant bon voyage et bon succès; il est maintenant à Soleure. Lui parti, j'ai été rejoint par mon jeune ami des Pays-Bas; nous avons dîné avec le consul anglais et sa charmante famille. Au milieu des jeux innocens qui ont suivi le dîner, cette brillante et vive jeunesse a remarqué qu'il ne tombait plus qu'une pluie bien fine, et qu'il serait bon de saisir ce moment pour prendre un peu d'air, un peu d'exercice, et faire un bon petit tour de promenade. Je n'ai pas voulu fausser compagnie. On s'est déterminé à côtoyer cette rivière imposante de la Reuss, qui, sortie des flancs du mont Saint-

Gotthard, traverse le lac des Waldstettes sans s'y confondre, en sort avec impétuosité pour diviser Lucerne en deux villes, se calme ensuite pour arroser paisiblement des campagnes, et, aussi noble dans sa chute que dans sa source, va tomber dans le Rhin, près de Coblentz. J'aurais fort aimé à considérer l'eau qui coulait à mes pieds, si je n'avais pas senti celle qui tombait sur ma tête : vous savez que ce n'est pas mon fait de nager entre deux eaux (grâce pour cette mauvaise plaisanterie). Heureusement les ponts à toiture, que les anciens Lucernois ont construits de distance en distance sur leur rivière, nous offraient des refuges et des abris dont nous avons profité. Lorsque nous étions sur celui qu'on appelle pont de la Cathédrale, et qui a 1,380 pieds de long, l'horizon s'est éclairci quelques minutes, et assez pour nous découvrir l'admirable amphithéâtre de la chaîne des Alpes, depuis le verdoyant et populeux Righi, jusqu'au sauvage et solitaire Pilate, vue dont la beauté, a dit avec raison M. Ebel, est au-dessus de toute description. Je n'en dirai pas autant des tableaux gothiques peints entre les chevrons qui soutiennent la toiture de ce pont, tableaux très-respectables par leurs sujets, leur intention, et leur antiquité, mais qui représentent, avec des figures par trop bizarres, des personnages et des faits appartenans à l'ancien et au nouveau Testament. On m'a demandé si j'étais curieux d'aller voir sur un autre pont couvert, dit pont des Moulins, une copie de la *Danse des morts*, peinte sur l'escalier de la maison commune de Bâle, par ordre du concile siégeant alors dans cette ville, singulier *ex voto* pour obtenir du ciel la cessation de la peste. J'ai répondu que je ne connaissais pas un bal qui eût plus besoin que celui-là d'être égayé par un rayon de soleil, que je voyais l'horizon se charger de nouveau, que la pluie bien fine grossissait à vue d'œil, et que je demandais à regagner mon gîte avant que toutes les cataractes du ciel se rouvrissent. On a eu pitié de moi, et c'est en retournant à notre auberge que, la maison du feu général Pfiffer s'étant trouvée sur notre chemin, on m'a proposé d'y entrer : je me suis bien gardé de m'y refuser, et, à dire vrai, j'aurais payé très-volontiers d'une forte ondée le plaisir que j'ai goûté à y voir tout ce que j'y ai vu. »

La nature a dispensé la ville de créer des promenades autour de ses remparts. Soit que l'on vogue sur le lac, soit que l'on gravisse les pentes du mont Pilate, soit que l'on erre entre les jardins, les vergers et les champs, on est assuré de rencontrer de charmans paysages.

Du pont de la Cour on découvre, sur le lac et sur l'amphithéâtre formé par les Alpes, une vue admirable, surtout au soleil couchant. A l'est, le Righi verdoyant; au sud, le sombre et sauvage Pilate, et entre ces deux montagnes les rochers escarpés du Burgenstock, en avant duquel les regards se portent sur le lac et ses rives gracieuses.

Au-dessus de ce mont, on aperçoit la Bloum-Alp du canton d'Unterwald, montagne remarquable par sa forme bizarre, et dont, vers le soir, on distingue fort bien les chalets. A l'est et à l'ouest, plusieurs autres montagnes s'élèvent à l'horizon.

LAC DE LUCERNE. — PANORAMA. — NAVIGATION.

Ce lac est plus généralement connu sous le nom de lac des Waldstettes ou des Quatre Cantons : on l'appelle ainsi parce qu'il est situé entre les pays de Lucerne, Ury, Schwitz et Unterwald. Sa surface est de 1,320 pieds au-dessus de la mer, à 1,314 p. Il a, de Lucerne à Flüelen, 9 lieues de long, et 4 ou 5 lieues de large depuis Küssnacht jusqu'à Alpnach. En divers endroits de ce lac, par exemple près de l'Achsenberg, on a trouvé 600 pieds de profondeur. L'enceinte des montagnes dont il est entouré, et dont toutes les sources viennent grossir ses ondes, commence au mont Righi, s'étend par le Rouffiberg, le Mithen, le Miessern et les Alpes Clarides, par les monts Scheerhorn, Crispalt, Badoutz, Prosa, Feudo, Matthorn, Furca, Galenstock ou Gletscherberg, Thierstock, Süstenhorn, Steinberg, Uratzhorn, Titlis, Rothhorn, Hochstollen, Breitenberg, Haslerberg et Brünig, jusqu'au mont Pilate, où elle se termine. De tous les torrens qui se jettent dans le lac, les plus considérables sont la Mouotta, la Severn, les deux Aa et le Mehlbach. La Reuss y tombe près de Flüelen et en sort à Lucerne.

Des nombreux lacs de la Suisse, il n'en est aucun qui puisse entrer en comparaison avec celui de Lucerne. Ses rives ne sont point ornées d'une multitude de villes, de villages, de maisons de plaisance, de jardins, de vergers et de vignobles; des coteaux couverts d'une végétation riche et vigoureuse ne s'élèvent pas sur ses bords; et cependant l'aspect qu'il offre est d'un attrait irrésistible; il laisse à l'âme des souvenirs ineffaçables. Dégagée de la vaine pompe et du clinquant d'un art impuissant, la nature y déploie tout l'empire de sa majesté; l'inépuisable variété de ses images, les contrastes singuliers de tout ce qu'il y a de plus imposant et de plus affreux dans le monde, et des scènes les plus douces et les plus romantiques, étonnent et ravissent le spectateur. A mesure qu'on pénètre dans les golfes de Küssnacht, de Lucerne, de Winkel, d'Alpnach, de Bouocks et de Flüelen, dont l'aspect est tantôt gracieux, tantôt sublime, tantôt mélancolique et tantôt effrayant, on voit, pour ainsi dire, à chaque coup de rame, changer les formes des montagnes qui s'élèvent du sein de ses ondes jusqu'à la région des nues; les vues, les sites pittoresques qu'on aperçoit, et depuis ces golfes, et depuis le milieu du lac, à l'endroit nommé Trichter, offrent une diversité infinie selon les différens effets de la lumière et des ombres, surtout quand ces grands objets sont éclairés par les rayons du soleil le matin et le soir. De quelque point que l'on contemple ce lac, on voit régner dans toutes ses parties un caractère majestueux, sublime et extraordinaire, qui excite la surprise de l'admiration. Aucun autre lac ne présente d'aussi fortes ombres, des teintes aussi sombres et des effets de lumière aussi singuliers.

L'on n'est pas exempt de péril lorsqu'on se voit surpris par une tempête violente dans le golfe de Brounnen et de Flüelen, et aux environs de l'Obernase et de l'Unternase, où les rochers descendent verticalement dans le lac, de sorte qu'on ne trouve qu'un petit nombre d'endroits où il soit possible d'aborder : dans ces cas, l'aspect de la nature irritée est vraiment terrible. Mais partout ailleurs il y a bien moins de dangers à craindre ; et, pourvu qu'on ait la précaution de prendre un bateau qui ne soit point trop petit et des bateliers expérimentés et sobres, on échappe, même dans ces golfes si décriés, aux abîmes qui s'entr'ouvrent mille fois avec fureur aux yeux du voyageur épouvanté.

L'aspect que le lac, dans toute sa largeur, dominé par le sombre Pilate, présente au voyageur qui s'embarque à Küssnacht, est d'une grandeur pompeuse et solennelle. La tour blanche et brillante de Stantzstad, qui semble sortir du sein des ondes noirâtres du lac, ajoute un nouvel attrait aux teintes obscures des Loper-Alps sur les bords du golfe d'Alpnach. A droite, on voit s'élever doucement les collines du Meckenberg ; on y distingue le village de Mœrlischachen, la frontière du canton de Schwytz, et plus loin le village de Mecken, et les ruines du château de Neu-Habsbourg, sur la colline de Rameflue, d'où l'on découvre une fort belle vue au-dessus de Mecken ; à gauche, au pied du Righi, qui s'abaisse par une pente douce, une langue de terre couverte de forêts et nommée la Zinne, le village de Greppen et le promontoire du Tantzenberg. Au bout d'une heure et demie, on aborde à la pointe de Mekenhorn, près de laquelle est située l'île d'Altstadt. On voit en face le Kreutztrichter (sous ce nom on entend le milieu du lac, où la partie du lac qui s'étend entre Küssnacht et Alpnach coupe à angle droit celle qui est comprise entre Lucerne et les Nases); au sud-est, entre les Nases, les regards pénètrent au nord-est dans le golfe de Küssnacht, et au sud dans celui d'Alpnach. A l'est domine le Righi dans toute la beauté de ses formes et de ses contours gracieux; au sud-ouest, le Pilate sauvage et déchiré; entre eux deux, le Bürghenstock, le Rotzberg et les Loper-Alps. Au-dessus de ces derniers s'élève la Bloum-Alp ou Schœn-Alp; entre le Righi et le Barghenstock, le Sélisberg, le Beckenriederberg, Bouochserhorn, le Wispleneck, le Mouttenstein. Un peu à côté des Alpes de l'Enghelberg et des Alpes Surènes, dont la hauteur est de plus de 8,000 p., et directement au-dessus de la Bloum-Alp, on aperçoit le sommet du Titlis; entre la Bloum-Alp et le Pilate, les montagnes de Saxelen, de Sarne et de Melchthal, et plus haut le Wetterhorn, de 10,140 pieds au-dessus de la surface du lac. C'est dans l'île d'Alstadt que l'abbé Raynal avait érigé, à la gloire des trois libérateurs de la Suisse, une pyramide de granit de 40 p. de hauteur. Depuis l'île d'Alstadt, on se rend, en une heure, à la ville, en traversant le golfe de Lucerne; dans ce trajet, on voit à droite les belles collines d'An der Halden, et à gauche les longs coteaux de Piereck et de Schottenberg.

EXCURSION AU MONT PILATE.

De Lucerne on va en 6 heures sur le mont Pilate. Le chemin passe par Herrgottswald et Eigenthal. Là il faut opter entre deux sentiers : l'un qui passe près du Kaltwehbrounnen (fontaine de la fièvre), est le plus court, mais aussi le plus fatiguant; l'autre, moins pénible, monte en 1 lieue un quart à l'Alpe de Brundlen.

Sur le chemin qui y mène, on rencontre un sapin de 8 pieds de diamètre; à 15 pieds au-dessus du sol on voit sortir de son tronc 9 branches horizontales de 3 pieds d'épaisseur et de 6 de longueur; de l'extrémité de chacune de ces branches s'élève un grand sapin, de sorte que cet arbre prolifère est d'un aspect excessivement singulier. Le mont Pilate est habité toute l'année jusqu'à l'Alpe de Brundlen; la petite peuplade de bergers qu'on y trouve mène un genre de vie extrêmement simple; ces bonnes gens parviennent à une grande vieillesse; ils se croient fort supérieurs aux habitans des plaines, et ils aiment beaucoup les exercices gymnastiques.

On rencontre sur la Brundlen-Alp un petit lac dont les bords sont plantés de sapins : il a 154 pieds de long sur 78 pieds de largeur; quant à sa profondeur, elle est inconnue. Les orages se rassemblent et se forment souvent au-dessus de cette espèce de mare, à cause des nuages qui en sortent et vont s'étendre à peu de distance de là le long des pics du mont Pilate. Quand la colonne de vapeurs s'élève au-dessus de la cime, elle se dissipe dans les airs; mais ordinairement elle demeure attachée aux pics de la montagne, elle se dilate, et devient enfin si grande et si formidable qu'elle finit par crever sur les contrées voisines, au milieu de l'orage et des plus terribles coups de tonnerre. La fréquence de ce phénomène causait les plus vives alarmes aux habitans du mont Pilate et de Lucerne pendant les temps de la barbarie du moyen âge. Au douzième siècle, ce petit lac était connu sous le nom de la Mare infernale et passait pour être habité par le gouverneur Ponce-Pilate, et peuplé d'esprits de montagne, de spectres et de dragons; on prétendait qu'il suffisait d'en approcher pour mettre Pilate en fureur, et que dans ses transports il excitait la tempête, la grêle et les orages. En conséquence le conseil de Lucerne interdit à tout le monde l'approche de ce lac. L'an 1387, quelques prêtres et d'autres personnes furent mis en prison pour avoir voulu le visiter. Il était même défendu d'aller, sans une permission spéciale, dans la partie de la montagne où le lac est situé. Dans la suite, le conseil avait coutume d'accorder cette permission aux voyageurs de distinction. Pendant ces temps superstitieux, la Mare infernale du mont Pilate avait été le sujet d'un grand nombre d'écrits.

Des deux côtés de la Brundlen-Alp s'élèvent les sept pics du mont Pilate : à gauche, du côté de l'est et du sud, l'Esel, l'Oberhaupt, le Band et le Tomlishorn, le plus haut de tous; à droite, c'est-à-dire du côté du nord et de l'ouest, le Ghemsmettle, le Widderhorn ou Widderfeld et le Knappstein. L'Esel, le plus oriental de ces pics, est à une lieue et demie du Knappstein, que l'on voit à l'extrémité occidentale de la montagne. Indépendamment de la Brundlen-Alp, dont les pâturages nourrissent 40 vaches, on trouve autour de ces pics les Alpes de Tomlis (7 vaches), de Matt (15 vaches), de Treyen (7 vaches), de Kastelen (180 vaches : les pâturages de cette dernière montagne furent couverts d'éboulis en 1739) et l'Ober-Alp (60 vaches). C'est au milieu de ces sommités que les ruisseaux du Kriensbach supérieur et inférieur, du Rumling, du Fischern et du Rothbach, prennent leurs sources.

Depuis la Brundlen-Alp, on peut sans peine atteindre le sommet du Widderfeld, le plus sauvage de ces pics. Il en est de même du Knappstein en passant par l'Ober-Alp. Le Knappstein (pierre chancelante) est ainsi nommé parce qu'on voit sur le sommet de ce pic un quartier de rocher de la grandeur d'une maison, lequel semble toujours prêt à tomber, et chancelle (*knappet*, selon l'expression dont se servent les habitans de ces montagnes) aussitôt qu'un homme veut y monter ou s'y asseoir. Le Ghemsmettle est difficile à gravir ; mais depuis cette sommité on peut aisément s'élever jusque sur le Tomlishorn. Du reste, il n'y a pas d'autre chemin pour aller sur le Tomlishorn depuis la Brundlen-Alp. L'Oberhaupt et le Band ne sont point accessibles de ce côté-là ; mais on y monte aisément, ainsi que sur le Tomlishorn, en les attaquant par le revers méridional. Des chemins fort dangereux mènent par l'Alpe de Brundlen à celle de Kastelen : cette dernière est la plus remarquable de toutes, à cause des pétrifications, des chamois et des coqs de bruyère qu'on y trouve. Le chemin qui mène au haut du pic de l'Esel n'offre pas de difficultés ; mais la pointe qui la termine est si étroite à son sommet, que 50 personnes ont peine à y trouver place à la fois, et les précipices affreux qui l'entourent presque de toutes parts lui donnent quelque chose d'effrayant. Au-dessous d'un des côtés de ce pic, on voit quelques places qui sont couvertes de neige, quoiqu'il n'en reste point ailleurs pendant l'été dans les autres parties du mont Pilate.

De la Brundlen-Alp, on aperçoit, à la hauteur d'une centaine de toises, au milieu d'un rocher noirâtre qui fait une saillie, l'entrée d'une caverne dans laquelle il y a une statue que les habitans de la montagne appellent notre Cornell ou St-Dominique : de là vient qu'ils donnent à l'entrée de cette grotte le nom de Dominiks-Loch. Il est absolument impossible d'approcher de cette entrée ; mais la caverne traverse toute la montagne et va s'ouvrir de l'autre côté au-dessous de la Tomlis-Alp. Cette seconde ouverture se nomme le Trou de la Lune, parce qu'on y trouve beaucoup de lait de lune. L'accès de ce trou est lui-même assez pénible ; il en sort un air glacé, et un ruisseau qui s'élance au-dehors. L'entrée a 16 pieds de hauteur sur 9 de largeur. Au bout de 10 pas, la caverne forme des voûtes spacieuses ; mais à la distance de 4 à 500 p. au delà, elle se rétrécit tellement, que si l'on veut pénétrer plus avant, on est obligé de se traîner sur le ventre au milieu de l'eau qui y coule en abondance. On a essayé plusieurs fois, mais sans succès, d'aller jusqu'à la statue; cependant ces tentatives ont prouvé que la caverne traverse toute la montagne, et que c'est à l'extrémité opposée au Trou de la Lune qu'est placée la statue singulière. Cette dernière, vue depuis la Brundlen-Alp, paraît avoir une trentaine de pieds de hauteur; elle est d'une pierre blanche et ressemble à un homme dont les bras sont appuyés sur une table et les jambes croisées; sa posture annonce l'intention de garder l'entrée de la caverne. Un certain Huber, de Lucerne, forma un jour le projet d'aller examiner de près cette statue. Dans ce dessein, il se fit attacher à une corde, et dévaler ainsi du haut de la montagne : une saillie formée par les rochers l'empêcha de parvenir jusqu'à l'entrée de la caverne, près de laquelle il était suspendu. S'étant fait remonter au haut de la montagne, il se pourvut d'une perche crochue et descendit une seconde fois; mais, par malheur, la corde vint à se rompre, et l'infortuné trouva la mort au fond du précipice. Il avait assuré, avant de descendre pour la seconde fois dans cet abîme, que la statue portait trop manifestement l'empreinte de l'art pour être un ouvrage fortuit de la nature. Maintenant on croit que des soldats déserteurs des légions romaines, s'étant rendus sur le mont Pilate, ont taillé cette pierre en forme de statue, et que dès lors la décomposition continuelle des rochers a rendu l'accès de la caverne impraticable.

VALLÉE D'ENTLIBOUCH.

La vallée de l'Entlibouch touche presque aux pieds du mont Pilate; elle a dix ou onze lieues de de long et huit lieues de large; elle est arrosée par la petite Emme et l'Entle. Cette dernière rivière, dont la vallée tire son nom, est formée de trois ruisseaux. C'est un torrent d'une extrême rapidité, dont les eaux se précipitent entre des gorges affreuses, et entraînent dans leur cours d'énormes quartiers de rochers. Elle se jette près du village d'Entlibouch, dans la petite Emme, qui a deux sources peu éloignées de la grande Emme, rivière de l'Emmenthat, au canton de Berne. Après avoir formé une cascade près de Clousstald, elle reçoit l'Entle et d'autres torrens qui viennent du nord, et va ensuite se jeter dans la Reuss, à peu de distance de Lucerne; elle charrie de l'or en paillettes: il est très-probable que cet or provient d'une espèce de cailloux roulés, dispersés dans les immenses montagnes de débris, dont les torrens le détachent.

Le village d'Entlibouch est situé au confluent de l'Entle et de la petite Emme. Le sentier qui de là mène à Lucerne va par le Bramech, montagne de trois mille trois cent quatre-vingt-dix pieds au-dessus de la mer, et par Schaken, puis, le long de l'Emme, par Malterr et Saint-Jost. C'est une route de six lieues.

Des pies noires au bec rouge et aux pieds jaunes

voltigent en grand nombre dans la vallée; elle nourrit de nombreux troupeaux de vaches, de brebis et de chèvres, et les montagnes sont couvertes de pâturages et de chalets. Le grain y réussit, surtout l'orge; les pentes des montagnes sont ombragées de sapins, d'érables, de bouleaux et de belles forêts de frênes. Ces bois renferment beaucoup de chats sauvages.

Le costume des montagnards de l'Entle consiste en une veste brune; celui des filles qui habitent la plaine, dans un jupon court, un corset avec le pourpoint de couleur tranchante, et le chapeau de paille garni de fleurs. Celui des femmes des montagnes est moins attrayant.

Les habitans de l'Entlibouch offrent, par l'énergie de leur caractère, une peuplade alpine extrêmement remarquable. Ils ne sont pas moins attachés à leurs anciens usages qu'à leur liberté; ils ont beaucoup d'esprit poétique, et cet esprit se manifeste par des compositions satiriques que des poëtes rustiques chantent le lundi du carnaval devant le peuple de la commune, en passant en revue la conduite que les habitans ont tenue dans le cours de l'année précédente. Ces poëmes, faits souvent avec esprit, plaisent infiniment à l'assemblée et sont écoutés avec un vif intérêt. C'est avec solennité qu'ils se récitent.

Dès que, le lundi du carnaval, le service divin est terminé, on plante, dans chaque commune, un drapeau devant la maison de justice. La foule s'assemble et les magistrats se disposent à paraître. On voit arriver ensuite le poëte à cheval, avec un costume bigarré, et la tête couverte d'un chapeau orné de fleurs et de petits miroirs. Il se rend à la maison commune et s'arrête devant le drapeau, où il est complimenté par les magistrats. On lui présente ensuite le vin d'honneur dans un grand bocal. Sans descendre de cheval, il tire de son sein un grand papier sur lequel est apposé le sceau de l'Entlibouch : ce papier contient le poëme dans lequel il fait la critique de la conduite secrète des habitans du village. Il commence cette satire par un petit précis de l'histoire de la Suisse et de l'Entlibouch ; et le reste est la critique, assez souvent bouffonne, d'individus qui se reconnaissent ou que la foule reconnaît, sans qu'il soit besoin de les nommer. Leur caricature est précisément ce qui amuse la multitude. L'épitre est ordinairement divisée en plusieurs parties, entre lesquelles le poëte se repose et se ranime par un verre de vin. Une partie est ordinairement destinée à faire rire aux dépens de tous les habitans du village.

La lecture achevée, le poëte est régalé par les magistrats, puis il se retire dans son village, où il reçoit les mêmes honneurs. Il ne manque jamais, dit-on, de s'en retourner avant la nuit, de peur de s'exposer à la vengeance de quelqu'un de ceux aux dépens desquels il a fait rire son auditoire.

Les entrevues nocturnes des jeunes amans continuent, dans l'Entlibouch, comme autrefois. A la nuit, le jeune homme fait la prière, et puis, lorsque son père se retire dans la chambre nuptiale, il s'esquive, et court pour se rendre auprès de l'objet de son amour, dont l'impatience n'est pas moins vive. Il ne connaît ni les dangers de la route, ni ceux dont il est menacé de la part d'un rival. Le chapeau enfoncé sur le visage, il lui arrive quelquefois de faire quelques lieues avant d'arriver à la chaumière où l'heure du berger doit sonner pour lui. Autrefois il n'apportait que sa personne, ou quelque présent de peu de valeur, tel qu'un bouquet de fleurs champêtres, cueillies sur les bords d'un précipice; mais aujourd'hui il se présente avec des dons plus substantiels, des friandises et des liqueurs. La nuit se passe en discours pleins de tendresse, et ce n'est qu'à la première pointe du jour que notre amoureux regagne le toit paternel, pour reprendre ses travaux ordinaires.

Lorsque ces rendez-vous sont suivis du mariage, ce qui arrive presque toujours, la noce se célèbre avec toutes les anciennes cérémonies. Précédé des musiciens et des paranymphes décorés de rubans, le couple, dans le costume du pays, et suivi des parens et de la *femme jaune*, qui tient un panier rempli de fleurs, se rend à l'église. La fiancée porte une couronne, un tablier blanc plissé, des bas rouges et un corset violet; sur le pourpoint sont marqués ses noms et prénoms, ainsi que l'année. Le premier paranymphe, enveloppé dans un manteau noir, la tient par le tablier, et veille à ce que personne ne lui enlève sa pupille. Après la bénédiction nuptiale, le peuple barre le chemin aux jeunes mariés, qui ne peuvent s'ouvrir un passage qu'en distribuant du vin. On se rend ensuite dans l'auberge du village. Au son d'une hachoire et d'une basse, on exécute de vieilles danses suisses, auxquelles la jeune mariée ne prend part qu'avec une modestie indiquée par des yeux à moitié fermés. La *femme jaune* se présente ensuite et demande la couronne virginale pour la livrer aux flammes. Si le feu pétille pendant cette cérémonie, c'est un mauvais augure pour les mariés. Les pauvres ne sont pas oubliés ; on les régale dans quelque pré voisin, et souvent on leur permet d'emporter chez eux les débris du repas. Le cortége se rend ensuite à la maison du jeunes époux ; mais avant d'y entrer tout le monde se met à genoux sur le seuil, et prie pour la prospérité de l'établissement qui commence.

Les maisons des paysans de l'Entlibouch sont en bois, et distribuées d'une manière assez commode. Un de leurs divertissemens publics, ce sont des exercices gymnastiques qui ont lieu, par intervalles, dans les prés, en présence des parens des jeunes lutteurs, des vieillards et des femmes de tout âge. Il se tient par an 7 luttes solennelles dans 7 lieux différens, savoir : le second dimanche d'août, le premier dimanche de l'automne, le jour de Saint-Pierre et de Saint-Paul, à la Saint-Michel, le premier dimanche après la Saint-Mathieu, le dernier dimanche d'août et le premier dimanche d'octobre. On invite à ces jeux les habitans des montagnes et vallées voisines, et les vainqueurs y acquièrent une grande renommée. Joseph Voget, de Hasli, sur la fin du dix-huitième siècle, était un athlète qui jouissait de la réputation d'invincible. Il remporta, pour la première fois, la palme à sa dix-huitième année, et, pendant trente ans, il ne fut jamais vaincu. La vieillesse seule l'obligea de renoncer à la lutte.

Tout l'Entlibouch renferme une population de plus de 12,000 individus. L'uniforme national de ses habitans consiste en une veste brune avec des paremens rouges, des culottes bleues, des bas blancs à baguettes noires, des demi-guêtres noires, et un chapeau rond, relevé sur le côté, bordé de blanc, et surmonté d'un plumet. Indépendamment du fromage et du bétail, dont l'exportation les enrichit, ils filent le lin, le chanvre et le coton. Le fil que l'on fabrique dans le haut de la vallée est remarquable par sa finesse. Beaucoup de montagnards se rendent dans d'autres parties de la Suisse, ainsi qu'en Alsace, pour travailler aux fromageries des pâturages; d'autres se mettent au service des puissances étrangères.

PÈLERINAGE A SEMPACH.

Qui jamais a traversé le canton de Lucerne sans visiter Sempach. Le village, ou la ville, si l'on veut, est petite, de peu d'importance; mais quels souvenirs elle réveille dans l'âme de tout homme libre : son nom s'associe à l'une des plus belles conquêtes de l'humanité, celle de la liberté. On se sent troublé, ému jusqu'aux larmes, en foulant cette terre teinte du sang de tant de héros. Un voyageur qui sent vivement, et exprime ses sensations comme il les éprouve, va nous raconter cette bataille mémorable de Sempach, à laquelle une partie de la Suisse doit son affranchissement.

«Cinquante et une villes impériales de la Souabe et de la Franconie avaient demandé à être reçues dans la ligue helvétique ; mais Léopold d'Autriche, ayant réussi à empêcher qu'elles ne le fussent, montra moins d'égard que jamais aux confédérés. Une rixe accidentelle qui eut lieu dans le marché de Rapperschwyl fit éclater la guerre, et les quatre Waldstettes (en y comprenant Lucerne) enlevèrent plusieurs châteaux. Le duc Léopold, malgré sa réputation de modération, jura de châtier l'insolence des paysans, et, en moins de douze jours, les Suisses se virent menacés par cent soixante-sept seigneurs, tant spirituels que temporels. Le nombre croissant incessamment, un messager de Wirtemberg leur apporta tout à la fois quinze déclarations de guerre et le jour suivant, quarante-trois autres leur furent solennellement délivrées. Rien n'est plus propre à donner une idée de l'état déplorable d'anarchie et de confusion où se trouvait l'Europe à cette époque, que cette multitude de souverains, rassemblée sur une étendue de pays qui se distingue à peine sur la carte de l'Europe, ligués contre un groupe de républiques également imperceptibles. Les confédérés contemplaient sans s'étonner cette multitude d'ennemis, et pouvaient voir dans leur nombre même et l'extravagance de leurs menaces des raisons de se rassurer. Berne, oubliant les secours qui lui avaient été prodigués avec tant de zèle à Laupen, et dans plusieurs autres occasions importantes, répondit aux demandes qui lui furent faites par les Waldstettes, que ses traités avec Léopold n'expiraient que dans quelques mois, et déclara ne pouvoir prendre part à la guerre jusqu'à cette époque. Elle ne se lavera jamais, dit le bon Muller, de n'avoir pas combattu à Sempach. Les contingens de Glaris, Zoug, Lucerne et les Waldstettes, s'assemblèrent sous les murs de Zurich, où l'on s'attendait que la première attaque aurait lieu, et firent, en attendant, la guerre à leur manière, emportant d'assaut et détruisant une multitude de châteaux. Léopold laissa un un corps d'observation près de Zurich, sous le commandement d'un baron de Bonstetten, afin de tenir la ville et l'armée en échec, et se mit en marche pour Lucerne, avec l'intention de châtier, en passant, les rebelles de Sempach. Les confédérés devinèrent son projet, et, laissant Zurich à la garde de ses habitans, ils se hâtèrent vers Sempach, qu'ils atteignirent avant le duc, renforcés en chemin par plusieurs détachemens de volontaires, et ils se postèrent sur une éminence boisée près de ses murs. Les Bernois s'étaient avancés en même temps, jusqu'à deux lieues de Sempach, probablement dans la vue de protéger Lucerne, au cas où Léopold s'y serait porté. Mais, ayant un traité avec lui, et Sempach étant sur ses terres, ils ne pouvaient prendre part à la bataille. Cependant ils profitèrent sans scrupule de sa défaite, pour s'emparer de quelques terres à leur convenance.

« L'armée de Léopold se présenta en bataille le 9 juin; elle était forte de 4,000 chevaux, suivant Tschudi, et suivant d'autres de 8,000 bien montés et magnifiquement équipés; chaque baron conduisant ses vassaux, chaque avoyer de ville autrichienne ses bourgeois; les serfs et les mercenaires formaient l'infanterie; on avait de l'artillerie, c'est-à-dire de grosses arquebuses montées sur des roues. Les confédérés voyaient dans les rangs ennemis le bailli Gessler, animé d'une haine héréditaire contre eux. Le duc lui-même, âgé de 35 ans, se distinguait par sa bonne mine à la tête de ses troupes, ayant à ses côtés le plus loyal et le plus brave de ses chevaliers, Egloff d'Ems. Pendant que les fantassins fourageaient les champs de blé des environs de Sempach, les chevaliers, caracolant sous ses murs, insultaient les bourgeois. L'un leur criait, en montrant une corde : Voilà pour votre avoyer! Un autre demandait qu'on envoyât aux moissonneurs leur déjeuner. — Les confédérés l'apportent, répliqua l'avoyer de Sempach, du haut de la muraille.

« Les chevaliers, persuadés de leur supériorité, et croyant n'avoir pas besoin de leur infanterie pour châtier les rebelles, se décidèrent à les attaquer immédiatement sur la hauteur où ils étaient placés. Le duc, oubliant que la cavalerie charge avec plus de force en montant qu'en descendant, ou peut-être dédaignant des armes inégales, fit mettre pied à terre à ses chevaliers, et les envoya ainsi, embarrassés d'une pesante armure, attaquer un ennemi accoutumé à combattre à pied, et équipé pour ce service. Cependant leur phalange, hérissée de piques longues de 18 pieds, dont le quatrième rang même pouvait se servir, présentait un front impénétrable; elle s'avançait au son formidable des armures, qui s'entrechoquaient dans la marche; leurs gens de pieds formaient l'arrière-garde, et les archers étaient sur les ailes.

« Un vieux guerrier, appelé Jean de Hasemburg, ayant examiné la position des confédérés, conseillait d'attendre le corps de Bonstetten; mais sa prudence ne lui attira que des mépris et un jeu de mots sur son nom, qui, prononcé d'une certaine manière, pouvait signifier *Cœur-de-Lièvre*.

« La petite armée des confédérés, commandée par Gondoldingen, avoyer de Lucerne, était composée de 400 hommes de Lucerne, 900 de Waldstettes, et environ 100 de Glaris, Zoug, Gersau et l'Entlibouch; chaque détachement rangé sous sa bannière et conduit par son landamman. Ils étaient armés d'épées courtes et de petits boucliers de bois; un certain nombre portaient les mêmes hallebardes avec lesquelles leurs pères avaient combattu à Morgarten. Pendant que, suivant leur coutume, ils priaient à genoux avant le combat, le duc faisait des chevaliers, et les seigneurs étaient occupés à rattacher leurs casques et à couper l'extrémité crochue du pied de leurs bottes, qui les incommodait en marchant. Il était déjà tard, et la chaleur du jour excessive, lorsque les confédérés, serrant leurs rangs, descendirent en poussant de grands cris; ils formaient un bataillon en forme de coin, avec lequel ils comptaient rompre la ligne ennemie. Le choc fut extrêmement meurtrier; Gondoldingen, dangereusement blessé lui-même, avait déjà vu tomber son gendre et un grand nombre de braves guerriers. Une voix cria : Frappez sur les bandes, elles sont creuses. On en brisa en effet quelques unes, mais sans réussir à s'ouvrir un passage. La petite armée des Suisses perdait beaucoup de monde, et le corps de Bonstetten, attendu à chaque instant, pouvait l'envelopper. Dans cette extrémité, Arnold Strutthan, de Winkelried, chevalier (car les confédérés avaient aussi leurs chevaliers), sortant des rangs, s'écria: Confédérés! je vais vous ouvrir le chemin : prenez soin de ma femme et de mes enfans. A ces mots, il se jeta sur les piques, et en couvrit un grand nombre en tombant. La brèche fut aussitôt remplie par ceux qui le suivaient, et qui s'y précipitèrent en lui passant sur le corps. Les ennemis, étonnés, se culbutaient les uns sur les autres ; quantité de seigneurs furent trouvés étouffés sous le poids de leur armure, et morts sans avoir été blessés. Incapables de manœuvrer et de faire usage de leurs armes dans la mêlée, leur défaite devint inévitable du moment qu'ils furent rompus. La grande bannière d'Autriche tomba des mains de celui qui la portait, et son successeur fut bientôt après mortellement blessé : le duc, se faisant jour jusqu'à lui, reçut cette bannière de sa main mourante, et la releva toute pleine de sang. Une foule de chevaliers, se ralliant autour d'elle, périrent aux côtés du duc. *Et moi aussi, je veux mourir avec eux!* l'entendait-on crier; et se jetant parmi les confédérés, il y fut tué par un homme de Schwitz. Tel était le respect qu'inspirait la maison d'Autriche, que plusieurs de ceux qui virent tomber le duc parmi les morts se jetèrent sur son corps pour empêcher qu'il ne fût mutilé, ou périrent en défendant ses restes inanimés.

« L'armée autrichienne, privée de son chef, se

dispersa dans le plus grand désordre ; mais les chevaliers cherchaient en vain leur monture, car les gens de pied s'en étaient servis pour s'échapper, et un nuage de poussière seul indiquait le chemin qu'ils avaient pris. Les nobles succombèrent presque tous ; des familles entières furent éteintes ; de tous les hommes de la maison de Reinach, il n'en survécut qu'un seul, lequel, ayant été blessé par accident avant le commencement du combat, avait été obligé de se retirer. Les corps d'environ 60 des principaux seigneurs furent transportés à l'abbaye de Kœnigsfelden, avec celui du duc de Léopold ; et l'on voit encore dans son église, le long des murailles du chœur, les statues de ces chevaliers, agenouillés et les mains jointes. Lorsque les ossemens de Léopold furent exhumés, 380 ans après la bataille, pour être transportés en Autriche, on distinguait encore quelques marques de ses blessures.

« Les confédérés, après avoir passé trois jours sur le champ de bataille, enterrèrent à Lucerne le corps de Gondoldingen et de 200 autres de leurs guerriers ; ils y fondèrent un service annuel pour le repos de l'âme de tous ceux qui avaient péri dans ce jour, sans distinction d'amis ni d'ennemis, et se retirèrent ensuite chez eux, emportant 15 bannières qu'ils avaient prises.

« Cette victoire n'amena point la paix : le jeune duc Léopold, surnommé *Superbus*, succédant à son père, envoya, quelques jours après, sa déclaration de guerre aux confédérés ; 50 grands barons y joignirent les leurs, et on continua à dévaster le pays de part et d'autre : il y eut encore un grand nombre de châteaux détruits ; et telle était la barbarie du siècle, que l'on précipitait quelquefois la garnison du haut des murailles. Berne, qui s'était enfin jointe aux confédérés, s'empara de l'Oberland, et le garda. »

Une chapelle a été érigée sur le champ de bataille où 13 cent Suisses défirent complétement 4,000 Autrichiens : l'autel est placé à l'endroit même où périt le duc d'Autriche. On voit dans cette chapelle un tableau représentant le dévoûment d'Arnold de Winkelried, et l'on a inscrit sur les murs les noms des nobles de l'armée autrichienne avec leurs écussons, et ceux des Suisses qui périrent dans ce combat : 4 croix de pierre marquent à l'entour de la chapelle l'emplacement où le sang helvétique coula pour la patrie. Les ossemens des combattans ont été déposés dans un charnier ombragé d'arbres. Tous les ans, le 9 juillet, jour anniversaire de la bataille, on célèbre le service divin dans cette chapelle antique.

Sursée est le nom d'un bourg situé à l'extrémité septentrionale du lac de Sempach, dans une contrée fort agréable. On y jouit de très-beaux points de vue sur les monts Righi et Pilate, ainsi que sur les hautes montagnes des cantons d'Uri et d'Unterwald, dont la surface du lac réfléchit les formes imposantes. C'est surtout près de la chapelle nommée Mariazell, située à un petit quart de lieue du bourg, dans l'endroit où la Sur sort du lac, que la vue est intéressante. La Sur, qui nourrit d'énormes écrevisses, traverse la fertile vallée qui porte son nom, et va se jeter dans l'Aar. A une lieue de Sursée, vers le sud-ouest, on remarque, près du village de Buttisholtz, la colline des Anglais, ainsi nommée parce qu'elle renferme les ossemens de plus de 3,000 hommes de l'armée anglaise d'Enguerrand de Couci, qui, en 1376, fut battue dans ce lieu par les paysans de l'Entlibouch. Non loin, et à l'ouest de Sursée, est le petit lac de Mauen, au milieu duquel s'élève le château du nom de ce lac.

A une lieue au nord-ouest du bourg sont situés les bains de Knoutwyl, les plus fréquentés de tous ceux du canton : la situation en est des plus agréables. La Sur serpente au milieu de la vallée, qu'enferment plusieurs collines couvertes de verdure, et au sud-est de laquelle la vue se porte sur les sommités neigées des Alpes. De nombreux troupeaux, paissant dans les prairies, ajoutent à l'intérêt de cette vallée. Le bâtiment des bains est aussi vaste que commode ; les personnes qui les fréquentent ont l'agrément d'une jolie promenade dans une allée de peupliers qui aboutit à un petit bois de chênes ; elles peuvent faire aussi d'agréables excursions aux villages de Knoutwyl, de Büren et de Tringhen. Du haut de la montagne de Saint-Erard, on découvre une vue très-étendue sur la romantique Mouensée, sur le canton, et sur la cime des Alpes. Les eaux des bains sont excellentes pour la guérison d'un grand nombre de maladies, surtout contre celles qui proviennent de l'atonie du système limphatique. On les boit et l'on prend les bains jusqu'à ce qu'il s'ensuive une éruption cutanée.

MONUMENT DE LUCERNE.

LE LION DE THORWALDSON.

Il appartenait au canton qui montre avec un si juste orgueil Sempach à l'étranger, d'honorer les victimes du 10 août, ces Suisses qui périrent en défendant la monarchie. C'est une grande et belle idée que celle de consacrer un monument à ces soldats vaillans du 10 août, martyrs de leur fidélité envers Louis XVI. M. de Lally-Tollendal, qui assistait à l'inauguration du saint monument, va décrire les cérémonies qui l'ont précédée.

« A travers les flots de peuple, que la pluie et les vents ne pouvaient disperser, et qui tantôt nous voyaient passer avec le recueillement d'un silence religieux, tantôt interrompaient ce silence par des bénédictions adressées aux mânes de leurs héroïques compatriotes, nous sommes arrivés à la cathédrale, le ministre de France, moi à ses côtés, et tous les membres du corps diplomatique.

« Sur la façade, tendue de noir, était une inscription latine du meilleur style, concise sans obscurité, énergique sans enflure, et qui retraçait, avec autant de force que de vérité, le désastre du 10 août, le dévoûment des victimes, leur droit aux honneurs qui leur étaient rendus, et aux invocations qui allaient être adressées par eux à la Divinité. Entrés dans l'intérieur de l'église, qui, toute vaste qu'elle était, ne suffisait pas à l'affluence des fidèles empressés de s'y rendre, nous avons tous été frappés de respect; et pour moi, je me suis senti saisi d'une émotion indéfinissable à l'aspect du catafalque élevé au milieu de la croix de l'église, entre le chœur et la nef. Figurez-vous, mon ami, une première plate-forme posée sur des canons braqués et muets, comme ceux qui avaient été tout à coup réduits au silence dans le fort de la bataille du 10 août. Aux quatre coins de cette plate-forme, couverte d'une draperie funèbre, qui tombait jusqu'à terre entre les canons, étaient quatre faisceaux de fusils armés de leurs baïonnettes, que les héros désarmés semblaient y avoir posés à l'instant même, en s'immolant docilement à la discipline militaire et à la volonté souveraine. Des sabres suisses, croisés en losanges, nus, et plusieurs faussés dans l'action du combat, formaient une balustrade autour de la seconde plate-forme, d'où s'élevaient une infinité de gradins chargés alternativement de grosses torches de cire jaune et blanche, de trépieds de bronze, portant les uns des lampes funéraires, les autres des vases où fumait un trop juste encens. Sur le cénotaphe, couvert de guirlandes de laurier, et d'un monceau d'insignes militaires, s'élevait une croix brillante, au-dessus de laquelle était suspendue, en guise de dais, une multitude d'enseignes et de drapeaux entremêlés aux couleurs de France et à celles des cantons suisses. Sur le lien qui unissait tous ces faisceaux, un vaste bouclier offrait aux regards la décoration de la grande croix de l'ordre de Saint-Louis, avec sa devise : *Récompense de la vertu guerrière.* (Illustres victimes! disait-on en lisant ces mots, votre *récompense* n'a pas été sur la terre!) Enfin à la hauteur du cénotaphe, on avait élevé et adossé contre la grille du chœur un autel funéraire, dont la draperie présentait les vingt-six écussons des vingt-six officiers tués les armes à la main, ou massacrés dans les boucheries du 2 septembre. Cette draperie s'étendait dans toute la largeur de l'église, et formait un rideau convenable entre le chœur où allait se célébrer le grand mystère de la communion catholique, et la nef où étaient réunies les diverses communions chrétiennes de tous les cantons.

« Je n'omettrai pas, dans la description de cette pompe funèbre, une de ses parties certainement les plus intéressantes. Quarante-deux soldats ou sous-officiers, échappés autrefois à la funeste journée, inspirant le respect par leurs rides, par leurs cicatrices, par la médaille du 10 août que leur a décernée la confédération helvétique, étaient rangés latéralement au pied du catafalque, et formaient, près du monument matériel, autant de monumens vivans des actions héroïques consacrées par la solennité du jour.

« En face du catafalque on voyait rassemblés, dans une première enceinte, d'abord les autorités supérieures de l'Etat, les deux avoyers du canton de Lucerne, MM. d'Amrhyn et de Ruttyman, M. de Wattenwille, avoyer de Berne, dont le nom est si connu et si respecté en France, plusieurs membres des conseils souverains des différens cantons, ensuite le prince royal de Danemarck, deux jeunes princes de Brunswick, les ministres diplomatiques de France, d'Angleterre, d'Espagne, de Russie, d'Autriche, de Prusse, de Danemarck, de Suède, des Pays-Bas, de Naples, des États-Unis d'Amérique, etc.; une foule d'officiers-généraux, supérieurs, et de tous grades, ayant appartenu ou appartenans, soit à l'ancienne, soit à la nouvelle garde suisse de France; les Maillardoz, les Courten, les Vevai, les Micheli, les Pfiffer, les Reding, les Glutz, les Gady, les Muller, etc., etc.; puis les députés des cantons, les souscripteurs du monument, mêlés avec la foule d'étrangers qu'un sentiment ou un autre avait amenés à cette grande cérémonie. A gauche étaient les femmes de ces avoyers, de ces dignitaires, princes, ministres, officiers, souscripteurs, parmi lesquelles la princesse de Danemarck brillait d'un éclat d'autant plus frappant qu'il était plus modeste et plus religieux.

« Une seconde enceinte renfermait des citoyens distingués de tous les ordres, mêlés encore d'étrangers de toutes les conditions, des ecclésiastiques et des pasteurs, des militaires, des professeurs, une jeunesse édifiante par son maintien et par les bons sentimens dont on voyait l'impression sur tous les visages. Une multitude de peuple occupait, sans confusion et sans tumulte, le reste de la nef et les bas-côtés de l'Église.

« Le nonce du pape, reçu par le clergé à une porte latérale du temple, a été conduit à la place qui lui était préparée dans l'intérieur du chœur, et le service divin a commencé.

« Une musique excellente, placée dans la tribune de l'orgue renommé qui en faisait partie, a exécuté une messe de Chérubini, qui a été entendue avec un profond recueillement, quoique avec une vive émotion. Le moment de la quête a été remarquable : elle a été faite par deux sergens du 10 août. Celui qui quêtait de notre côté portait les marques d'une blessure. A l'aspect du monument qui lui retraçait cette funeste journée, au souvenir de ses chefs et de ses camarades massacrés, son visage s'était enflammé; de grosses larmes roulaient dans ses yeux. Sa vue m'a ramené violemment sur le lieu de la scène ; un mouvement irrésistible m'a entraîné à lui prendre la main et à la serrer dans la mienne......

« Nous sortons de table, et voilà qu'on nous fait dire qu'il n'y a pas moyen d'aller en cortége et processionnellement inaugurer le monument sur le lieu même; qu'ainsi la cérémonie civile aura lieu, comme la cérémonie religieuse de ce matin, dans la cathédrale, et qu'elle va commencer immédiatement. En effet, quoique l'orage soit moins violent, il tombe une pluie fine et continuelle, qu'on ne peut pas braver pendant la durée d'une cérémonie qui sera nécessairement fort longue. Mais tandis qu'elle nous tiendra enfermés dans l'église, on n'en procédera pas moins au dehors à découvrir le monument, et, dussé-je y recevoir des torrens de pluie, j'y courrai, et jouirai de son aspect au moins pendant quelques instans. On part, on m'appelle. A ce soir ou à cette nuit : je ne me coucherai pas sans vous avoir écrit tout ce que j'aurai vu.

> Je l'ai vu ce rocher, cette masse imposante,
> D'une noble cité désormais le trésor.

Je l'ai vu ce lion, moins colossal encor
    Que les vertus qu'il représente.
Du sang des meurtriers sa lèvre est écumante.
Tant qu'il a pu combattre, il est resté vainqueur.
Accablé sous le nombre, épuisé, sans défense,
    Il a perdu toute espérance,
    Mais il a gardé tout son cœur.
Dans son flanc s'est brisé le trait dont il expire.
Couché sur les débris garans de sa valeur,
    Il ne rugit plus, il soupire.
Sur son front la fierté s'unit à la douleur.
Le froid glaçait déjà sa griffe vengeresse :
Il y sent circuler un reste de chaleur ;
Sur l'écusson des lis il l'étend, il le presse,
Il y pose sa tête, et mourra consolé
Si son dernier soupir sur lui s'est exhalé.
Près du lis de la France est la croix d'Helvétie :
Le lion généreux sur tous deux à la fois
    Veut fixer sa vue obscurcie,
Et le dernier effort de son âme attendrie
Dit aux Français : *Je meurs fidèle envers vos rois* ;
Dit aux Suisses : *Je meurs digne de ma patrie*.

C'est M. de Walsh qui va continuer le récit :

« Rien de plus simple à la fois et de plus poétique que cette pensée qui a été saisie et rendue par Thorwaldson avec tout le succès qu'on devait attendre d'un artiste aussi célèbre : un lion, percé d'une lance, expire, en couvrant de son corps un bouclier fleurdelisé, qu'il ne peut plus défendre. Je m'attendais, continue le même voyageur, je ne sais pourquoi, à quelque chose de petit et de mesquin, en un mot, à un joli monument de tabatière ; mais j'ai été saisi d'admiration et de respect en contemplant cette œuvre du génie. L'expression du lion mourant est sublime : il est caché dans une grotte peu profonde, et creusée dans un pan de rocher absolument vertical ; le tronçon de la lance qui l'a percé est resté enfoncé dans son flanc ; il étend sa griffe redoutable comme pour repousser une nouvelle attaque ; ses yeux, à demi fermés, vont s'éteindre pour jamais, et cependant son regard semble menacer encore ; sa face majestueuse offre l'image d'une noble douleur et d'un courage tranquille et résigné. Au-dessus de la grotte on lit l'inscription suivante : *Helvetiorum fidei ac virtuti*. Au bas sont les noms des officiers et des soldats qui périrent le 10 août, et de ceux qui, soustraits à la mort, ont contribué à l'érection du monument. A 10 pas de là s'élève une petite chapelle, sur l'entrée de laquelle on a gravé ces deux mots : *Invictis pax*. Du côté opposé, on voit la maison de l'invalide, gardien du monument. Une pièce d'eau vive, alimentée par plusieurs sources, baigne le pied du rocher, dont le sommet est couronné de végétation. Tout autour sont disposés avec beaucoup de goût quelques groupes d'arbres qui ombragent les bancs placés dans les points de vue les plus favorables.

« Pour achever de donner une idée de cet admirable ouvrage, il me reste à dire un mot des dimensions. Le lion a 28 pieds depuis l'extrémité du museau jusqu'à l'origine de la queue, et sa hauteur est de 18 pieds. Il est en haut-relief, et taillé d'un seul morceau, dans la masse même du rocher. La grotte dans laquelle il est couché a 44 pieds de long sur 28 d'élévation.

« C'est un jeune sculpteur de Constance, nommé Ahorn, qui a exécuté ce travail, sur le modèle en plâtre envoyé de Rome par Thorwaldson, et sous la direction du colonel Pfiffer d'Altishof. Après avoir reçu la lettre qui contenait ses premières instructions, Thorwaldson, voulant prouver au négociateur qu'il comprenait ce que l'on voulait de lui, prit un crayon et traça à la hâte, sur le dos de la lettre, un croquis que j'ai vu, et qui, tout incorrect qu'il est, n'en est pas moins précieux, puisqu'il renferme la première intention de l'artiste. Je ne sais par quel accident le modèle arriva à Lucerne tellement endommagé, que le masque fut trouvé gisant en morceaux au fond de la caisse. Ce fut un coup de foudre pour les souscripteurs. L'un d'eux, le colonel Pfiffer Wesher, ramassa les précieux fragmens que le frottement, par bonheur, n'avait point encore usés, les étendit sur un tapis, et parvint, à force de patience et de soins, à les réunir dans leur ordre, et à les coller ensemble.

« Thordwaldson, soit par inadvertence, soit à dessein, a omis dans son modèle le cinquième doigt, à peine ébauché, qui pend au dedans de la patte de plusieurs familles de quadrupèdes. Cette omission, répétée sur le monument, a été sévèrement critiquée par quelques connaisseurs pointilleux, auxquels je ne crois pas qu'on doive envier le triste honneur d'avoir signalé les premiers une tache légère dans un pareil chef-d'œuvre. Il est des gens doués d'un malheureux sang-froid : le génie ne peut les émouvoir ; il les trouve inexorables.

« L'inauguration de ce monument national eut lieu le 10 août 1821. L'affluence des Suisses et des étranger fut telle, à cette occasion, que les auberges et les maisons particulières regorgeaient de monde; on voyait des voyageurs sans asile implorer, à l'entrée de la nuit, l'hospitalité des habitans, et s'établir, pour ainsi dire, de vive force, sur l'escalier et dans les vestibules des maisons où ils étaient parvenus à se glisser. Une pension de demoiselles erra toute une journée par la ville, sonnant partout et n'étant reçue nulle part.

« Au moment où l'on enleva la toile qui cachait l'ouverture de la grotte, deux pigeons qui, pendant les travaux, y avaient établi leur domicile, s'envolèrent effrayés, et revinrent, un instant après, reprendre possession de leur gîte, d'où l'on ne voulut pas les chasser. Ils y sont encore, eux et leur famille. Trompé par les proportions colossales du lion, je les ai pris pour des moineaux, quoique je les visse de très près : je n'ai pas été seul dupe de cette illusion. »

Observations.

ZOUG.

MONNAIE. — L'écu *neuf* vaut 3 florins et 5 schelings; ainsi le *louis* vaut 12 florins et 20 schelings.

OUVRAGES A CONSULTER. — *Cartes* : celle de l'atlas de *Meyer*. — *Almanach helvétique* pour 1807.

ZOUG. — *Hôtel du Cerf*, tenu par M. *Souter*, avec un grand soin, beaucoup de propreté et d'intelligence; fréquenté des voyageurs.

CHEMINS. — De Zoug à *Zurich*, 5 l. On passe par Baar, Cappel et le mont Albis. A *Horghen*, sur le lac de Zurich, 4-5 l. en suivant la route des marchandises, savoir, par Baar et le Silbrouck. A *Lucerne*, le long de la grande route, 5 l. On passe deux fois le Loretz, par Cham, Honau, etc. Le plus court chemin, en partant de Zoug, mène par le lac à *Bouonos*; de là, par un sentier dont une partie est très-agréable, jusqu'au pont de la Reuss, où l'on retrouve le grand chemin de Lucerne. Mais celui de tous qui offre le plus de beautés va de Zoug, sur le lac, à *Immensée*, 2 l. De là on se rend à pied, par la Holl-Grasse ou Chemin-Creux, à *Küssnacht*, 1/2 l., où l'on s'embarque pour Lucerne. A *Egheri*, par Allewinde, 3 l. A *Mentzinghen*, 2 l. A *Art*, 3 l. soit par eau, soit en suivant les bords du lac, par *Oberwyl*, ander Eylen, Walchwyl et Saint-Adrien. Cette petite excursion est une des plus agréables que l'on puisse faire en Suisse; mais le chemin n'est praticable que pour les voyageurs à pied ou à cheval.

BAAR. — CHEMINS. — De Baar à *Zoug*, 1 l. Sur le mont *Alby*, 1 l. 1/2. A *Horgen* sur le lac de Zurich, en passant par le pont de la Silh, qu'on trouve à 1 l. de Baar, 4 l.

MORGARTEN. — CHEMINS. — D'Ober-Egheri à *Zoug*, 3 l. Au hameau d'*Imschorn*, 1 l.; puis à *Sattel*, 1/2 l., et, par Steinen, à *Schwytz*, 3 l. D'Egheri, par Sattel et Steinerberg, à *Art*, 4-5 l. Il n'y en a que 3 en passant par le Rouffiberg; mais on a beaucoup à monter. A *Mentzighen* au Sihlbruke, sur les frontières du canton de Zurich, de Zoug et de Schwytz, 3 l. de descente presque continuelle. De là, en suivant la hauteur, on va au *Weidenbach*, à *la Bocke* et à *Zurich*. D'Egheri, par la montagne qu'on nomme Die Ecke ou Mangliberg, à *Hutten*, au canton de Zurich (on rencontre plusieurs beaux points de vue dans ce trajet), et de là à *Richterschwyl*, au bord du lac de Zurich.

Silbrücke. — C'est là que sont les limites des cantons de Zurich et de Zoug; on y trouve deux auberges situées l'une dans le premier de ces cantons, et l'autre dans le second; cette dernière a été jusqu'ici la meilleure. La grande route marchande qui, de Zurich, va par Horgen à *Zoug*, passe par la Silbrücke.

Chemins. — De la Silbrücke à *Zoug*, 2 l. Pendant l'espace d'une 1/2 l. le chemin est excessivement mauvais pour les voitures, surtout quand il pleut. A *Mentsinghen*, 2 l. dont 1 1/2 de montée, par un chemin très-agréable. A *Zurich*, le long du grand chemin, le voyageur trouve d'agréables points de vue. Les gens à pied quittent la grande route à 1/4 de l. de la Silbrücke, pour prendre à gauche un sentier qui mène, à travers de belles prairies, à la ferme de *Wydenbach*. Dans ce trajet, on découvre, en regardant en arrière du côté du sud, de magnifiques vues sur les monts Righi et Pilate, sur le lac de Zoug et sur la plaine de Baar (Baarerboden). Il y a un endroit d'où l'on aperçoit une petite partie du lac de Lucerne. On trouve, en général, diverses stations admirablement bien placées pour contempler ces lacs et ces montagnes. Le plus beau point de vue de toute cette contrée est celui du Signal du Zimmerberg. Il est bon de prendre un enfant à la ferme de Wydenbach, pour se faire conduire à la *Bocke*, auberge située dans le canton de Zurich, et célèbre par la beauté de sa position : on y trouve aussi des bains. De là, en suivant la grande route, ou bien le sentier qui règne le long du rivage, à *Zurich*, 4 l. Un troisième chemin, qui va par le Forst au *Nydelbad*, mène de ce dernier endroit en 2 h. 1/2 à Zurich.

LE CANTON DE ZOUG.

Le canton de Zoug est le plus petit de toute la Suisse ; il n'a que 4 à 5 lieues dans sa plus grande longueur, sur 3 dans sa plus grande largeur ; sa surface est de 10 lieues carrées et 122 millièmes. Sa population est évaluée ordinairement à 14,500 âmes ; mais d'après le tableau officiel, elle est seulement de 12,500 âmes, ce qui lui donne 1,238 habitans par lieue carrée. En 1743, on fit un récensement qui ne donna que 11,000 âmes pour la population de tout le canton, savoir, 2,000 pour Zoug, c'étaient là les habitans souverains, 1,000 sujets à Cham, Rusch, Valchvil et Steinhausen, 2,000 âmes dans le district de Baar, et 1,500 dans chacun de ceux d'Egeri et de Menzingen. Le canton est entouré par les cantons de Zurich, d'Argovie, de Lucerne et de Schwitz ; son climat est doux et sain.

Le territoire du canton de Zoug consiste en une plaine qui s'étend entre le Zougherberg, le Lorez et la Reuss, et un grand nombre de montagnes boisées et en partie cultivées ; mais les plus hautes de ces montagnes, telles que le Rufi ou Rossberg, ne dépassent pas 4,836 pieds d'élévation au-dessus de la mer; on n'y voit point de glaciers, et la neige y fond de bonne heure au printemps. Le pays, considéré géologiquement, se compose de brèches, de marnes et de grès; on trouve dans la plaine et sur la pente des montagnes d'énormes blocs de granit, dont plusieurs atteignent le poids de plusieurs milliers de quintaux, et ont été, suivant toute apparence, apportés par des courans du Saint-Gotthard et du mont Crispalt, qui se sont fait jour entre le Rigi et le mont Rufi. Les habitans du pays détruisent continuellement ces blocs pour les faire entrer dans les fondemens des maisons, de manière que ces monumens des grandes révolutions du globe ne tarderont pas à disparaître.

On fait dans le canton de Zoug un peu de mauvais vin de raisin et beaucoup de vin de fruit; mais les habitans sont surtout occupés du soin de leurs bestiaux. Les cercles d'Egeri et de Menzingen appartiennent aux pays montagneux de la Suisse. Les bestiaux n'y sont pas si beaux que dans le canton de Schwitz, mais ils sont cependant d'une grande espèce, et les bêtes à corne y pèsent de 4 à 5 quintaux; elles ont le cou plus long et plus mince, et la tête moins semblable à celle du taureau que ne l'ont les vaches du Simmenthal et de Frutigen. On ne fait dans le canton que des fromages maigres. L'agriculture n'a pas fait des progrès sensibles depuis long-temps, à cause du trop grand nombre des communaux; le territoire de Baar est cependant renommé pour sa fertilité. Il est peuplé d'une quantité prodigieuse de beaux arbres fruitiers; chaque bourgeois est obligé d'en planter dans de certaines occasions. Il y a à Valterschvil, dans ce même cercle de Baar, des bains qui étaient autrefois très-fréquentés, mais qui ont été négligés, et qui sont tombés dans un abandon total, depuis qu'ils n'appartiennent plus à l'abbaye de Vettingen, ce qui date du milieu du dix-huitième siècle.

On pourrait croire qu'un peuple qui ne fait aucun commerce, et qui n'existe que du produit de quelques travaux et des fruits de ses vergers, ne jouit que d'une existence au moins médiocre, et que son costume est toujours conforme à la simplicité de sa vie habituelle. Cependant on remarque dans plusieurs villages une sorte d'aisance, ainsi que des usages, un costume, un luxe même, effets de cette aisance. La jeunesse aime à se parer de rubans et d'étoffes de diverses couleurs; tel pâtre jeune et aux formes athlétiques couvre sa tête d'un petit chapeau de paille d'où pendent de jolies bandelettes, porte des bas à fleurs et des souliers écarlate. C'est un plaisant coup d'œil que de voir sortir de son chalet ce petit-maître, un dimanche, pour se rendre à l'église de son village.

Le même goût pour la parure doit, à plus forte raison, se montrer dans les jeunes filles; leurs petits chapeaux de paille sont ornés de fleurs et de rubans; des rubans rouges entourent leur corset et leur collerette; une chaîne dont la couleur imite l'or fait le tour de leurs reins et retombe sur le tablier. Qu'on ajoute à ces ornemens un court jupon d'étoffe verte et des bas rouges, et l'on aura une idée du costume bizarre de la paysanne zougoise qui cherche à faire une conquête.

Ce costume des garçons et des filles du canton de Zoug n'est pas celui de tous les jours. Lorsqu'on voit un montagnard occupé à faire paître son troupeau, on le trouve revêtu d'une souquenille de grosse toile, au-dessous de laquelle il porte des vêtemens non moins grossiers. Cette blouse est surmontée d'une cape dont il s'enveloppe la tête en cas de pluie, et qui lui sert encore à porter une charge de foin. Ces montagnards ont les traits fortement prononcés et une physionomie presque guerrière. Si vous les abordez, dit un voyageur suisse, ils vous serrent cordialement la main à vous disloquer les doigts. Accoutumés à se parler de loin, au fracas des torrens et au bruissement des sapins agités par le vent, ils élèvent la voix à vous faire croire qu'ils se fâchent quand ils vous font des amitiés.

ZOUG.

CETTE ville est située au pied du Zugherberg, petite montagne d'une grande fertilité, dans une contrée extrêmement gracieuse, et sur la rive occidentale du lac de son nom. Le voisinage de ce grand bassin lui procure de charmans points de vue. Il lui fut funeste le 5 mars 1433. Un rempart flanqué de grosses tours, et contre lequel étaient adossées les maisons d'une rue de la ville, était baigné par les eaux. Soit qu'il fût ruiné par leur action, ou, comme on dit dans le pays, par les brochets et par les carpes ; soit qu'un tremblement de terre l'eût ébranlé, il s'écroula vers le soir, avec un bruit épouvantable, et entraîna dans le lac une trentaine de maisons et 60 personnes, au nombre desquelles se trouva Kollin, chef du canton, sa femme, et l'archiviste, nommé Wickard. Le fils de Kollin fut retiré du lac, où surnageait son berceau. En 1594 quelques maisons s'abîmèrent de nouveau dans le lac, et en 1795 une grande partie de la ville fut consumée par les flammes.

L'arsenal renferme un grand nombre d'armures enlevées par les Suisses à leurs ennemis : c'est là qu'on voyait la bannière de la ville, encore teinte du sang de Pierre Kollin et de son fils, tués en 1422 à la bataille de Bellinzona, que les Suisses, au nombre de 3,000, gagnèrent contre l'armée du duc de Milan, forte de 24,000 combattans. Cette bannière a été brûlée par les Français. L'Hôtel-de-Ville possède une excellente carte du canton, levée par le colonel Landwing, et des vitraux peints par Michel Muller, artiste distingué dans ce genre, qui vivait dans le seixième siècle. L'église est ornée de quelques tableaux de Jean Brandenberg, mort en 1729. On y trouve les tombeaux de la famille de Lurtauben, qui s'est éteinte à la fin du dix-huitième siècle. Les membres de cette race soutinrent, pendant 4 siècles, dans les camps et les diètes helvétiques, l'honneur de leur patrie.

Le cimetière de Zoug est peut-être ce qu'il y a de plus curieux à voir. Tous les tombeaux y sont couverts de fleurs, et l'on croit y marcher dans un véritable parterre. Tout près est un ossuaire, où l'on a rangé très-proprement les crânes des personnes enterrées dans cet asile de la mort. Sur chaque crâne est une étiquette qui contient le nom de la personne à laquelle il a appartenu.

On jouit de beaux points de vue du haut de la tour des Capucins, près de la cathédrale, située hors de la ville, et en quantité d'autres endroits sur la rive du lac. Le Righi et le mont Pilate s'élèvent majestueusement sur le devant du tableau. Entre ces deux montagnes se présentent celles du canton d'Unterwald, au-dessus desquelles apparaissent, dans la région des nuages, les cimes neigées des Alpes de Grindelwald et de Lauterbrounn. On fait une charmante promenade en suivant le bord du lac jusqu'à Oberwyl : c'est une variété de prairies, de vignes, de châtaigners, de cabanes et de rochers, qui enchante les regards. Rien de plus agréable encore que la route de Zoug au village d'Arth, situé sur le canton de Schwitz. Elle serpente le long du lac sous des arbres touffus, ou entre les treilles. Le paysage est encore embelli de jolies maisons de plaisance, de chapelles et d'autres monumens.

FIN.

IMPRIMERIE DE GUIRAUDET, RUE SAINT-HONORÉ, N° 315.

TABLE DES MATIÈRES.

CANTON DE GENÈVE.

Vue générale du canton de Genève. Genève, ses habitans.	1
Lac de Genève. Navigation sur le lac.	5
Promenade sur la rive gauche du lac de Genève. Dovaine, Thonon, Amphion, Evian, Meillerie, le Boveret, etc.	9
Ferney.	17
Le mont Salève. Grotte, rochers.	23
Montagne et couvent des Voirons.	26
Perte du Rhône, l'Écluse.	27
Vallée de Chamouny, Servoz, Chède; effet de lune.	31
Source de l'Arveyron	37
Mont Blanc, mer de glace, glaciers, Montanvert.	38
La grotte de Bange.	48
Le Bout du monde, la Dent de Nivolet.	50

CANTON DE VAUD.

Vue générale du canton de Vaud.	53
Bassin du Rhône. Excursion du Boveret à Villeneuve, port Valais, Muraz, Monthey, Saint-Maurice, salines de Bex, Bévieux, Aigle, Renaz, Villeneuve, etc.	54

Vallée et lac de Joux, lac Brenet, source de
l'Orbe, grotte aux Fées. 66
La Dole. 66
Le Jorat, Montreux, la Dent de Jaman. 72
Yverdun, Copet, Nyon, Prangin, Morges,
Vevey. 75
Lausanne. Environ de la ville, promenades. . . 80
Promenade de Lausanne à Genève, Vidy, Morges, Saint-Prex, Rolle, Nyon, Copet, Sécheron. 85

CANTON DU VALAIS.

Vue générale du Valais. Sion, vallée d'Erheim,
Panorama. 91
Excursion au Simplon, Gliss, Brigg, pont de
Gauther, l'Hospice, vallée de Gondo, etc. . . 97
Excursion de Gondo au lac Majeur, Dovredo,
Pont de Crevola, Domo-d'Ossola, le mont Rose,
lac Majeur, Isola-Madre, Isola-Bella, île des
Pêcheurs. 104
Le Saint-Bernard. 110
Course de Sion aux Diablerets. Cascade de la
Lizerne. 113
Promenade de Sion à Bex. Cascade de Pisse-
Vache, Saint-Maurice, la Morcle. 115
Excursion de Sion aux bains de Leuch. Village
de Leuch, montagnes, vues. 117
Le mont Gemmi. Chalets du Gemmi. 120
Le mont Furca. Glacier du Rhône. Cascades
d'Egina et de la Tosa. 125
Vallées du Valais, Visp. Vallée de Sass, le mont
Rose. Vallée de Saint-Nicolas ou de Matterthal,
le mont Cervin. 127

CANTON DU TÉSIN.

Vue générale du Tésin. Coutumes, mœurs... 135
Bellinzone, le Carosso, la Motta, le Gamoghé.. 137
Excursion dans la vallée Lévantine....... 139
Autres vallées du canton du Tesin. Curiosités, cascades.................... 143
Locarno, lac Majeur, vallées............. 146
Promenade de Bellinzone à Lugano, Mendrisio. 150
Promenade de Mendrisio au lac de Côme. Vue du lac..................... 155

CANTON D'URI.

Vue générale du canton d'Uri............ 159
Altorf. Pélerinage à la chapelle de Tell..... 163
Excursion d'Altorf au Saint-Gotthard, la Reuss, le Saut-du-Moine, le Pont-du-Diable, la vallée d'Unsern................ 167

CANTON D'UNTERWALD.

Vue générale du canton d'Unterwald....... 177
Sarnen, Saxeln, Standtz, Standtzad, Lungern, vallées, montagnes................ 178

CANTON DE SCHWITZ.

Vue générale du canton de Schwitz........ 189
Schwitz. Mœurs................... 190
Le Rigi, Art, Gersau................ 192
Vallée de Linth. Villages, le Rotsberg...... 199
Pélerinage de Schwitz à Ensiedeln, (Notre-Dame

des Ermites). 209
Vallée de Muotta. Le mont Praghel. 216

CANTON DE GLARIS.

Vue générale du canton de Glaris. 219
Sion. Vallée de Kloenthal. Monument de Gessner. 221
Endroits remarquables du canton. Næfels, Mollis, Elm, Matt. 223
Glacier de Dœœdi.. 225

CANTON DES GRISONS.

Vue générale du canton des Grisons. Mœurs, coutumes, gouvernement. 229
Coire, Mayenfeld, le Prettigau. 236
Excursions de Coire aux bains de Pfeffers. La Tamina. 240
Promenades, chute de la Tamina. 245
Vallée de Domlesch, bourg de Tusis, la Via-Malla. 247
Vallées de Misox et de Bregell, l'Engadine. . . 250

CANTON DE SAINT-GALL.

Vue générale du canton de Saint-Gall. 255
Saint-Gall, Roschach, Château de Dottenwyl. . 256
Lac de Constance, Meynau, Reichenau, Lindau. 260
Lac de Wallenstadt, Wallenstadt, Sargans, Rapperschswill. 264
Chalets de la Suisse. 272

CANTON D'APPENZELL.

Vue générale du canton d'Appenzell. 279
Mœurs et coutumes des Appenzellois. 280

Appenzell. 285
Excursion d'Apenzell à Gais et à Trogen. . . . 286
Promenade à la chapelle des Rochers. 288
Excursion d'Appenzell à Hérisau, Teuffen. . . 291
Chasse aux chamois. 292

CANTON DE THURGOVIE.

Vue générale du canton de Thurgovie. 301
Frauenfeld. Villes, villages. 303
Architecture champêtre de la Suisse. 306

CANTON DE ZURICH.

Vue générale du canton de Zurich. 311
Zurich. Mœurs des habitans. 315
Lac de Zurich. Villages, panorama. 322
Promenades dans les environs de Zurich. . . . 328
L'Albis. Panorama. 330
Knonau. 332
Grifensée. Lac, vallées, villes. 333
Regensberg. 340
Mythologie de la Suisse. 342

CANTON DE NEUCHATEL.

Vue générale du canton de Neuchâtel. 359
Lac de Neuchâtel. 361
Neuchâtel et ses environs. 364
Promenade à l'île de Saint-Pierre; lac de Bienne. 366
De Neuchâtel à Motiers Travers. 371
Vallées. Saut du Doubs. 373

CANTON DE FRIBOURG.

Vue générale du canton de Fribourg. 385
Fribourg. Mœurs des Fribourgeois. 386

Pélerinage à Morat................. 391
De Fribourg à Gruyères.............. 400

CANTON DE BERNE.

Vue générale du canton............... 405
Berne................................ 409
Visite à Hofwyl...................... 415
Bugdorf. L'Emmenthal. Languau........ 419
L'Oberland. Le voyage. Veille du départ... 424
Départ de Berne pour Thoun........... 431
Thoun. Promenades.................... 441
Lac de Thoun......................... 451
Strœtligen et Einigen................ 458
La caverne de Saint-Béat............. 462
Suite de la promenade sur le lac de Thoun,
   Unterseen, Interlacken, le Boedelein..... 465
Départ d'Interlacken, Unspunnen, Wilderswyl,
   Gsteig............................ 483
De Zweylutschinen à Grindelwald et à Lauter-
   brunnen........................... 493
Einsenfluh. Murren et Sevinenthal....... 499
Lauterbrunnen........................ 504
Le Staubach.......................... 514
Promenade à Traschellauenen et à la cascade du
   Smadribach........................ 520
Voyage par la Wengen-Alp, la Iungfrau, le
   Grindelwald....................... 525
Vallée de Grindelwald................ 530
Glaciers et montagnes du Grindelwald..... 538
Voyage à Hasli-Im-Grund, par la grande Schei-
   deck.............................. 546
Voyage au Grimsel. Cascade de la Handeck... 551
Retour à Meyringhen; la Gorge obscure, le Rein-

chenbach. 555
Meyringhen et la vallée de Hasli. 562
Voyage de Meyringhen à Brienz ou Brientz. . 571
Brienz et le Giessbach. 575

CANTON DE SOLEURE.

Vue générale du canton de Soleure. 583
Soleure. 584
Environs de Soleure. Promenades, bains, vues. 585

CANTON DE BALE.

Vue générale du canton de Bâle. 593
Mœurs et usages des Bâlois. 597
Bâle, curiosités de cette ville. 600
Environs de Bâle. 604
Frenkenthal, les Alpes. 610

CANTON D'ARGOVIE.

Vue générale du canton d'Argovie. 619
Mœurs et usage des Argoviens. 624
Arau, château de Habsbourg. 627
Bade, bains, Mellingen.. 631
Excursion d'Arau aux bains de Schintznach,
　　Windisch. 639

CANTON DE SCHAFFOUSE.

Vue générale du canton de Schaffouse. 645
Chute du Rhin. 651

CANTON DE LUCERNE.

Vue générale du canton de Lucerne. 667
Lucerne, le relief du général Pfiffer. 673
Lac de Lucerne. Panorama, navigation. 680
Excursion au mont Pilate. 684
Vallée d'Entlibouch. 689
Pèlerinage à Sempach. 694
Monument de Lucerne, le lion de Thorwaldson. 703

CANTON DE ZOUG.

Vue générale du canton de Zoug, mœurs, habitudes. 713
Zoug. 716

www.ingramcontent.com/pod-product-compliance
Lightning Source LLC
Chambersburg PA
CBHW071427300426
44114CB00013B/1341